韓国の産業と市場

2024

産業概況及び市場動向データブック

ビスタ ピー・エス

地名		
漢字	ハングル	読み
釜山広域市	부산	プサン
大邱広域市	대구	テグ
仁川広域市	인천	インチョン
大田広域市	대전	テジョン
蔚山広域市	울산	ウルサン
世宗特別自治市	세종	セジョン
京畿道	경기도	キョンギド
江原道	강원도	カンウォンド
忠清北道(忠北)	충청북도(충북)	チュンチョンブクト(チュンブク)
忠清南道(忠南)	충청남도(충남)	チュンチョンナムド(チュンナム)
全羅北道(全北)	전라북도(전북)	チョルラブクト(チョンブク)
全羅南道(全南)	전라남도(전남)	チョルラナムド(チョンナム)
慶尚北道(慶北)	경상북도(경북;)	キョンサンブクト(キョンブク)
慶尚南道(慶南)	경상남도(경남)	キョンサンナムド(キョンナム)
済州特別自治道	제주특별자치도(제주도)	チェジュド(チェジュ)
開城	개성특별시(개성)	ケソン
金海	김해	キメ
議政府	의정부	ウィジョンブ
龍仁	용인	ヨンイン
原州	원주	ウォンジュ
城南	성남	ソンナム
麗川	여천	ヨチョン
大山	대산	テサン
麗水	여수	ヨス
温山	온산	オンサン
光陽	광양	クァンヤン
全州	전주	チョンジュ
群山	군산	グンサン
浦項	포항	ポハン
亀尾	구미	クミ
金泉	김천	キムチョン
益山	익산	イクサン
羅州	나주	ナジュ
西海	서해	ヘソ
南海	남해	ナムヘ

はじめに

　世界的な Covid-19 が終息し、グローバル経済は新たな成長の期待を抱こうとしていた矢先に、米中の覇権競争が激化し、ウクライナーロシアの戦争の長期化とイスラエルーアラブ圏の衝突に誘発された中東の不安定な情勢は、グローバルサプライチェーンの再編と原油価格や穀物の需給不安を引き起こし、世界的なインフレ圧力が強化され、経済回復の不安定性を維持しています。特に米中貿易紛争から始まった紛争は、技術覇権競争につながり、先端産業に対する保護貿易傾向がさらに強化され、グローバルサプライチェーン再編が全産業分野に拡大しており、輸出主導型産業に成長した国内企業には生存と競争力確保のための賢明な戦略的判断を実行しなければならない主要な瞬間を迎えています。

　半半導体のようにグローバルサプライチェーンで競争力のある技術保有の可否がますます重要になっており、核心鉱物をはじめ、産業と技術側面のバリューチェーンでの自給率向上や調達の多様化戦略が求められています。また、未来産業の革新キーワードである AI、IoT、ビッグデータ、コンピューティング、3D プリンティング技術など第4次産業革命の核心技術を通じて、既存の製造業とサービス業など伝統産業を新たな成長動力として育成し、XR、ロボット、自動運転、バイオ・医療分野、新事業による未来の食料確保が重要になっています。

　急激な変化の波はすべての企業にリスクとチャンスを公平に与えており、先制的に変化に適応する企業は、生存はもちろんより多くの事業機会を持つことになるのは明らかな事実です。それには統計とデータに基づく市場分析が見逃せない有効な手段となります。データに基づく情報分析は主観的判断の誤りをなくすツールです。これが、1989 年以降毎年本書が発行されている理由です。

　特に近年、産業間の境界が崩れ、融合技術が重要な競争力の源泉となり、事業の核心軸として位置づけられています。そのため隣接産業と異業種の理解と分析はますますその価値が高まっています。

　本書は事業企画とマーケティング戦略の樹立に役に立てるように、韓国の主要産業と市場に関する幅広い二次資料を最大限網羅して紹介しています。今後も本書は新成長産業と未来産業への眺望を通じて変化する産業構造を指し示す様々な統計を発掘し拡大していきます。

　本書が出版されるまで助けを惜しまなかった多くの方々に感謝いたします。

2023 年 8 月
デイコ産業研究所

目次

目次

1章 一次産業

1. 農業 ・・・・・・・・・・・・・ 3
2. 畜産業 ・・・・・・・・・・・・ 21
3. 林業 ・・・・・・・・・・・・・ 29
4. 水産業 ・・・・・・・・・・・・ 33

2章 エネルギー・電力・ガス産業

1. エネルギー ・・・・・・・・・・ 51
2. 石油 ・・・・・・・・・・・・・ 56
3. 電力 ・・・・・・・・・・・・・ 66
4. ガス ・・・・・・・・・・・・・ 78
5. 新再生エネルギー ・・・・・・・ 82
1) 太陽エネルギー ・・・・・・・ 106
   (1) 太陽熱 ・・・・・・・・・・ 106
   (2) 太陽光 ・・・・・・・・・・ 109
2) 風力 ・・・・・・・・・・・・ 112
3) 水力 ・・・・・・・・・・・・ 114
4) 海洋 ・・・・・・・・・・・・ 116
5) 地熱 ・・・・・・・・・・・・ 118
6) 地熱 ・・・・・・・・・・・・ 120
7) バイオエネルギー ・・・・・・ 122
   (1) バイオガス ・・・・・・・・ 122
   (2) 埋立地ガス(LFG) ・・・・・ 124
   (3) バイオディーゼル ・・・・・ 126
   (4) ウッドチップ ・・・・・・・ 127
   (5) 成形炭 ・・・・・・・・・・ 129
   (6) 林産燃料 ・・・・・・・・・ 130
   (7) 木材ペレット ・・・・・・・ 131
   (8) 廃木材 ・・・・・・・・・・ 133
   (9) 黒液 ・・・・・・・・・・・ 135
   (10) 下水汚泥固形燃料 ・・・・・ 137
   (11) Bio-SRF ・・・・・・・・・ 139
   (12) バイオ重油 ・・・・・・・・ 141
8) 廃棄物 ・・・・・・・・・・・ 142
   (1) 廃ガス ・・・・・・・・・・ 142
   (2) 産業廃棄物 ・・・・・・・・ 144
   (3) 生活廃棄物 ・・・・・・・・ 146
   (4) セメントキルン補助燃料 ・・ 148
   (5) SRF ・・・・・・・・・・・ 149
   (6) 精製燃料油 ・・・・・・・・ 151
9) 燃料電池 ・・・・・・・・・・ 152
10) IGCC ・・・・・・・・・・・・ 154

3章 鉄・非鉄金属産業

1. 鉄鋼産業 ・・・・・・・・・・・ 159
2. 非鉄金属 ・・・・・・・・・・・ 189

4章 輸送機械

1. 自動車 ・・・・・・・・・・・・ 227
1) 自動車登録現況 ・・・・・・・ 227
2) 自動車産業 ・・・・・・・・・ 236
2. 鉄道車両 ・・・・・・・・・・・ 271
3. 航空・宇宙産業 ・・・・・・・・ 282
4. 造船・海洋プラント ・・・・・・ 287
1) 造船 ・・・・・・・・・・・・ 287
2) 造船機資材 ・・・・・・・・・ 298
3) 海洋プラント ・・・・・・・・ 300

5章 機械工業

1. 機械産業概況 ・・・・・・・・・ 311
2. 工作機械 ・・・・・・・・・・・ 316
3. 農業用機械 ・・・・・・・・・・ 321
4. 建設・鉱山機械 ・・・・・・・・ 323
5. 繊維機械 ・・・・・・・・・・・ 329
6. ロボット産業 ・・・・・・・・・ 335

6章 電子・情報通信産業

1. IT産業総括 ・・・・・・・・・・ 347

2. 製品別主要IT部品市場 ・・・・・・・ 386
3. 通信・インターネット・モバイル産業 ・・・・ 391
1) 通信 ・・・・・・・・・・・・・・・ 391
2) インターネット ・・・・・・・・・・ 399
3) モノのインターネット ・・・・・・・ 404
4. 放送産業 ・・・・・・・・・・・・・ 409
5. SW・コンテンツ産業 ・・・・・・・・ 420
1) SW産業 ・・・・・・・・・・・・・ 420
2) コンテンツ産業 ・・・・・・・・・・ 422
(1) 音楽産業 ・・・・・・・・・・・・ 422
(2) ゲーム産業 ・・・・・・・・・・・ 426
(3) 映画産業 ・・・・・・・・・・・・ 431
(4) アニメーション産業 ・・・・・・・ 434
(5) キャラクター産業 ・・・・・・・・ 438
(6) コンテンツソリューション産業 ・・ 441
(7) 出版産業 ・・・・・・・・・・・・ 444
(8) 漫画産業 ・・・・・・・・・・・・ 448
(9) 広告産業 ・・・・・・・・・・・・ 452
(10) 知識情報産業 ・・・・・・・・・・ 456
3) DB産業 ・・・・・・・・・・・・・ 461
6. eラーニング産業 ・・・・・・・・・・ 469
1) 個人 ・・・・・・・・・・・・・・ 473
2) 事業体 ・・・・・・・・・・・・・ 475
3) 正規教育機関 ・・・・・・・・・・ 480
4) 政府/公共機関 ・・・・・・・・・・ 485
7. 医療機器産業 ・・・・・・・・・・・ 490
8. 情報保護産業 ・・・・・・・・・・・ 498

7章 石油化学工業

1. 石油化学総括 ・・・・・・・・・・・ 507
2. 基礎油分 ・・・・・・・・・・・・・ 525
3. 中間原料 ・・・・・・・・・・・・・ 532
4. 合成樹脂 ・・・・・・・・・・・・・ 535
5. 合繊原料 ・・・・・・・・・・・・・ 546
6. 合成ゴム ・・・・・・・・・・・・・ 550
7. その他化成品 ・・・・・・・・・・・ 552

8章 精密化学工業

1. 化粧品 ・・・・・・・・・・・・・・ 563
2. 医薬品 ・・・・・・・・・・・・・・ 569
3. 農薬・肥料 ・・・・・・・・・・・・ 579
4. バイオ ・・・・・・・・・・・・・・ 582

9章 繊維・衣類・雑貨

1. 繊維産業 ・・・・・・・・・・・・・ 599
1) 繊維産業総括 ・・・・・・・・・・・ 599
2) 綿紡産業 ・・・・・・・・・・・・・ 618
2. 化学繊維 ・・・・・・・・・・・・・ 621

10章 食品産業

1. 食品産業 ・・・・・・・・・・・・・ 647
1) 食品生産 ・・・・・・・・・・・・・ 647
2) 輸入食品 ・・・・・・・・・・・・・ 653
2. 食品原料、添加物、醤類 ・・・・・・・ 662
1) 製粉、澱粉、澱粉糖 ・・・・・・・・ 662
2) 食用油脂 ・・・・・・・・・・・・・ 667
3) 調味食品・醤油製造業 ・・・・・・・ 672
3. 加工食品 ・・・・・・・・・・・・・ 680
1) 菓子、製パン、ラーメン ・・・・・・ 680
2) 乳加工、肉加工 ・・・・・・・・・・ 690
3) 水産加工 ・・・・・・・・・・・・・ 699
4) 冷凍食品 ・・・・・・・・・・・・・ 705
5) キムチ製造 ・・・・・・・・・・・・ 707
4. 飲料、コーヒー、高麗人参、健康機能食品 ・ 711
1) 飲料、コーヒー ・・・・・・・・・・ 711
2) 高麗人参 ・・・・・・・・・・・・・ 722
3) 健康機能食品 ・・・・・・・・・・・ 729
5. 簡便調理食、外食産業 ・・・・・・・・ 737
1) 簡便調理食 ・・・・・・・・・・・・ 737
2) 外食産業 ・・・・・・・・・・・・・ 742
6. 代替食品 ・・・・・・・・・・・・・ 744

11章 その他製造業

1. タイヤ工業 ・・・・・・・・・ 749	5) 準大規模店舗(SSM) ・・・・・・・・ 890
2. 窯業 ・・・・・・・・・・・・・ 758	6) オンライン流通 ・・・・・・・・・・ 892
1) セメント産業 ・・・・・・・・・ 758	2. 金融産業 ・・・・・・・・・・・ 906
2) 骨材工業 ・・・・・・・・・・・ 764	
3. 木材・家具工業 ・・・・・・・・ 770	**16章　観光・レジャー産業**
1) 木材工業 ・・・・・・・・・・・ 770	
2) 家具工業 ・・・・・・・・・・・ 774	1. 観光産業 ・・・・・・・・・・・ 923
4. 製紙・パルプ工業 ・・・・・・・ 776	
5. 楽器工業 ・・・・・・・・・・・ 779	

12章　建設・住宅

1. 建設業 ・・・・・・・・・・・・・ 783
2. 国内建設 ・・・・・・・・・・・・ 795
3. 海外建設 ・・・・・・・・・・・・ 804
4. 住宅建設 ・・・・・・・・・・・・ 807

13章　環境産業

1. 大気環境 ・・・・・・・・・・・・ 815
2. 水質環境 ・・・・・・・・・・・・ 820
3. 上下水道 ・・・・・・・・・・・・ 826
4. 廃棄物 ・・・・・・・・・・・・・ 839

14章　運輸業

1. 運輸産業 ・・・・・・・・・・・・ 849
2. 陸上輸送 ・・・・・・・・・・・・ 860
3. 海上輸送 ・・・・・・・・・・・・ 868
4. 航空輸送 ・・・・・・・・・・・・ 875

15章　流通・金融産業

1. 流通産業 ・・・・・・・・・・・・ 885
1) 流通産業総括 ・・・・・・・・・・ 885
2) 大型マート ・・・・・・・・・・・ 885
3) デパート ・・・・・・・・・・・・ 887
4) コンビニ ・・・・・・・・・・・・ 888

表目次

1章 一次産業

1. 農業 ・・・・・・・・・・・・・・・ 3
<表1-1> 年度別食用作物生産量推移 ・・・・・ 3
<表1-2> 年度別米穀栽培面積及び生産量推移 ・ 3
<表1-3> 地域別米穀栽培面積及び生産実績現況(2022) ・・・・・・・・・・・・・・・ 4
<表1-4> 年度別麦類栽培面積及び生産量推移 ・ 4
<表1-5> 年度別大豆栽培面積及び生産量推移 ・ 5
<表1-6> 年度別サツマイモ栽培面積及び生産量推移 ・・・・・・・・・・・・・・・ 5
<表1-7> 年度別ジャガイモ栽培面積及び生産量推移 ・・・・・・・・・・・・・・・ 5
<表1-8> 年度別トウモロコシ栽培面積及び生産量推移 ・・・・・・・・・・・・・・・ 5
<表1-9> 年度別サツマイモ生産・買上及び用途別消費実績推移 ・・・・・・・・・・・ 5
<表1-10> 年度別豆類生産・買上及び用途別消費実績推移 ・・・・・・・・・・・・・ 6
<表1-11> 年度別トウモロコシ生産・買上及び用途別消費実績推移 ・・・・・・・・・ 6
<表1-12> 年度別全穀物需給実績推移 ・・・・・ 7
<表1-13> 年度別全穀物自給率推移 ・・・・・・ 8
<表1-14> 年度別穀物1人当たり年間消費量推移 8
<表1-15> 年度別野菜類生産量推移 ・・・・・・ 9
<表1-16> 年度別野菜類1人当たり年間消費量推移 ・・・・・・・・・・・・・・・ 9
<表1-17> 年度別唐辛子需給実績推移 ・・・・ 10
<表1-18> 年度別ニンニク需給実績推移 ・・・ 10
<表1-19> 年度別玉葱需給実績推移 ・・・・・ 11
<表1-20> 年度別施設野菜栽培実績推移 ・・・ 11
<表1-21> 年度別果実類栽培面積及び生産量推移 ・・・・・・・・・・・・・・ 12
<表1-22> 年度別果実類1人当たり年間消費量推移 ・・・・・・・・・・・・・・ 12
<表1-23> 年度別果実類輸出実績推移 ・・・・ 13
<表1-24> 年度別油脂作物生産面積及び生産量推移 ・・・・・・・・・・・・・・ 13
<表1-25> 年度別胡麻需給実績推移 ・・・・ 14
<表1-26> 年度別落花生需給実績推移 ・・・ 14
<表1-27> 年度別高麗人参栽培面積及び生産推移 ・・・・・・・・・・・・・・ 15
<表1-28> 市道別高麗人参栽培実績(2022) ・・ 15
<表1-29> 品目別高麗人参輸出実績推移 ・・ 16
<表1-30> 年度別キノコ類栽培面積及び生産量推移 ・・・・・・・・・・・・・・ 16
<表1-31> 年度別キノコ類輸出実績推移 ・・・ 17
<表1-32> 年度別茶葉栽培面積及び生産実績推移 ・・・・・・・・・・・・・・ 17
<表1-33> 年度別花卉生産農家数及び栽培面積推移 ・・・・・・・・・・・・・・ 18
<表1-34> 年度別花卉生産及び消費実績推移 18
<表1-35> 年度別花卉輸出実績推移 ・・・・・ 19
<表1-36> 年度別花卉輸入実績推 ・・・・・ 19
<表1-37> 年度別蚕業一般現況推移 ・・・・・ 20
2. 畜産業 ・・・・・・・・・・・・・・ 21
<表2-1> 年度別家畜飼育頭数及び戸数推移 ・ 21
<表2-2> 家畜別・規模別飼育戸数推移 ・・・ 21
<表2-3> その他の家畜飼育実績推移 ・・・・ 22
<表2-4> 種畜別輸入実績推移 ・・・・・・・ 22
<表2-5> 年度別畜産物需給実績推移 ・・・・ 23
<表2-6> 年度別牛肉需給実績推移 ・・・・・ 24
<表2-7> 年度別牛乳生産及び消費推移 ・・・ 24
<表2-8> 年度別原乳需給推移(原乳基準) ・・ 25
<表2-9> 年度別乳製品輸入推移 ・・・・・ 26
<表2-10> 製品別乳製品生産及び消費実績推移 26
<表2-11> 年度別飼料需給実績推移 ・・・・・ 27
<表2-12> 年度別配合飼料生産実績推移 ・・・ 27
<表2-13> 年度別飼料穀物使用実績推移 ・・・ 28
3. 林業 ・・・・・・・・・・・・・・・ 29
<表3-1> 年度別主要林産物輸出実績推移 ・・ 29
<表3-2> 年度別林産物生産実績推移 ・・・・ 30
<表3-3> 年度別主要林産物輸入実績推移 ・・ 31
<表3-4> 年度別木材供給量(原木)推移 ・・・ 31
<表3-5> 年度別木材需要量(原木)推移 ・・・ 32

<表3-6> 用途別国産材原木供給実績推移	32		消費推移 ・・・・・・・・・・・	54
4. 水産業 ・・・・・・・・・・・・	33		<表1-8> 部門別年度別最終エネルギー消費推移	55
<表4-1> トン数別漁船保有漁家推移・・・・	33		2. 石油 ・・・・・・・・・・・・・	56
<表4-2> 漁業形態別漁業生産額推移 ・・・・	33		<表2-1> 原油・精製原料需給推移 ・・・・	56
<表4-3> 漁業形態別漁業生産量推移 ・・・・	34		<表2-2> 年度別原油輸入価格推移 ・・・・	56
<表4-4> 魚類別漁業生産量推移 ・・・・・	34		<表2-3> 年度別・契約形態別原油輸入推移 ・	57
<表4-5> 漁業別生産量動向 ・・・・・・・	35		<表2-4> 年度別原油処理推移 ・・・・・	57
<表4-6> 漁業別生産額動向 ・・・・・・・	35		<表2-5> 年度別石油精製及び転換工程投入状況	58
<表4-7> 主要魚種別沿近海漁業生産推移 ・・	36		<表2-6> 石油製品需給推移 ・・・・・・	58
<表4-8> 魚種別海面養殖業生産推移 ・・・	37		<表2-7> 石油製品輸入推移 ・・・・・・	59
<表4-9> 魚種別遠洋漁業生産推移 ・・・・	38		<表2-8> 石油製品輸出推移 ・・・・・・	59
<表4-10> 魚種別内水面漁業生産推移 ・・・	39		<表2-9> 石油製品精製生産推移 ・・・・	60
<表4-11> 市道別水産物生産現況・・・・・・	40		<表2-10> 石油製品消費推移 ・・・・・	60
<表4-12> 年度別水産物輸出入推移 ・・・・	41		<表2-11> プロパン需給推移 ・・・・・	61
<表4-13> 年度別・品目別水産物加工実績推移	42		<表2-12> ブタン需給推移 ・・・・・・	61
<表4-14> 品目別練製品加工実績推移 ・・・	42		<表2-13> ガソリン需給推移 ・・・・・	62
<表4-15> 品目別冷凍品加工実績推移 ・・・	43		<表2-14> 航空油需給推移 ・・・・・・	62
<表4-16> 品目別缶詰加工実績推移・・・・	44		<表2-15> 灯油需給推移 ・・・・・・・	63
<表4-17> 品目別素乾品加工実績推移 ・・・	44		<表2-16> 軽油需給推移 ・・・・・・・	63
<表4-18> 品目別塩乾品加工実績推移 ・・・	44		<表2-17> 重油需給推移 ・・・・・・・	64
<表4-19> 品目別煮干品煮干品加工実績推移	45		<表2-18> ナフサ需給推移 ・・・・・・	64
<表4-20> 品目別海藻製品加工実績推移 ・・	45		<表2-19> 石油製品消費現況(2022)・・・・	65
<表4-21> 品目別寒天加工実績推移・・・・	45		3. 電力 ・・・・・・・・・・・・・	66
<表4-22> 品目別調味加工品加工実績推移 ・	46		<表3-1> 年度別主要電力指標推移 ・・・	66
<表4-23> 品目別魚油粉加工実績推移 ・・・	46		<表3-2> 年度別発電設備推移 ・・・・・	67
<表4-24> 品目別塩蔵品加工実績推移 ・・・	46		<表3-3> 設備別発電電力量推移 ・・・・・	67
<表4-25> 品目別塩辛品加工実績推移 ・・・	47		<表3-4> エネルギー源別発電電力量推移 ・	68
<表4-26> 市道別水産品加工実績現況 ・・・	48		<表3-5> 年度別送配電損失推移 ・・・・・	68
			<表3-6> 年度別発電用燃料消費量推移 ・・・	69
2章 エネルギー・電力・ガス産業			<表3-7> 年度別火力発電所熱効率推移 ・・・	70
			<表3-8> 産業分類別電力消費量推移 ・・・	71
1. エネルギー ・・・・・・・・・・・	51		<表3-9> 用途別顧客戸数及び販売電力量推移	72
<表1-1> 年度別主要エネルギー指標推移 ・・	51		<表3-10> 地域別顧客戸数推移 ・・・・・	72
<表1-2> 年度別エネルギー生産推移 ・・・・	52		<表3-11> 地域別販売電力量推移 ・・・・	73
<表1-3> 年度別エネルギー輸出入推移 ・・・	52		<表3-12> 用途別電力販売単価及び販売収入	
<表1-4> 年度別エネルギー輸入額推移 ・・・	53		推移 ・・・・・・・・・・・・・	73
<表1-5> 年度別1次エネルギー供給推移 ・・・	53		<表3-13> 年度別電力購入実績推移 ・・・・	74
<表1-6> 年度別1次エネルギー消費推移 ・・・	54		<表3-14> 発電源別電力購入実績(電力市場購入	
<表1-7> エネルギー源別年度別最終エネルギー				

2022)・・・・・・・・・・・・・・ 74	・・・・・・・・・・・・・・・ 107
<表3-15> 発電源別電力購入実績(PPA事業者購入 2022)・・・・・・・・・・・・・・ 75	<表5-13> 容量別太陽熱累積普及容量現況(2022) ・・・・・・・・・・・・・・・ 107
<表3-16> 年度別送電設備推移 ・・・・ 75	<表5-14> 最近3年間太陽光新規普及容量推移 ・・・・・・・・・・・・・・・ 109
<表3-17> 年度別変電設備推移・・・・ 76	<表5-15> 用途別太陽光累積普及容量現況(2022)
<表3-18> 年度別配電設備推移・・・・ 76	・・・・・・・・・・・・・・・ 110
<表3-19> 用途別販売電力量推移・・・ 77	<表5-16> 容量別太陽光累積普及容量現況(2022)
4. ガス ・・・・・・・・・・・・ 78	・・・・・・・・・・・・・・・ 110
<表4-1> 年度別天然ガス需給推移 ・・ 78	<表5-17> 最近3年間風力普及容量推移 ・・ 112
<表4-2> 国別天然ガス輸入推移 ・・・ 78	<表5-18> 最近3年間水力普及容量推移 ・・ 114
<表4-3> 液化天然ガス生産設備及び配管推移 79	<表5-19> 最近3年間海洋普及容量推移 ・・ 116
<表4-4> 用途別都市ガス消費推移 ・・・ 79	<表5-20> 最近3年間地熱普及容量推移 ・・ 118
<表4-5> 部門別都市ガス消費推移 ・・・ 79	<表5-21> 最近3年間水熱普及容量推移 ・・ 120
<表4-6> 地域別都市ガス利用世帯数推移 ・・ 80	<表5-22> 最近3年間バイオガス普及容量推移 122
<表4-7> 地域別都市ガス需要家数推移 ・・・ 81	<表5-23> 最近3年間埋立地ガス普及容量推移 124
5. 新再生エネルギー ・・・・・・・ 82	<表5-24> 地域別バイオディーゼル普及容量現況 (2022) ・・・・・・・・・・・・・・ 126
<表5-1> 年度別新再生エネルギー生産量推移 (非再生廃棄物全体を除外)・・・・・・ 82	<表5-25> 最近3年間ウッドチップ普及容量推移 127
<表5-2> 年度別新再生エネルギー発電量推移 (非再生廃棄物全体を除外) ・・・・ 84	<表5-26> 地域別成形炭普及容量現況(2022) 129
<表5-3> 年度別新再生可能エネルギー生産量 (原油単位)・・・・・・・・・・・・ 87	<表5-27> 地域別林産燃料普及容量現況(2022) ・・・・・・・・・・・・・・・ 130
<表5-4> 年度別新再生エネルギー普及容量(発電-新規)推移(非再生廃棄物全体を除外) ・・・ 89	<表5-28> 最近3年間木材ペレット普及容量推移 131
<表5-5> 年度別新再生エネルギー普及容量(原油単位-発電以外-新規)・・・・・・・・・ 91	<表5-29> 最近3年間廃木材普及容量推移 ・ 133
<表5-6> 地域別新再生エネルギー生産量現況 (2022)・・・・・・・・・・・・・ 92	<表5-30> 最近3年間黒液普及容量推移 ・・ 135
<表5-7> 地域別新再生エネルギー発電量現況 (2022)・・・・・・・・・・・・・ 94	<表5-31> 最近3年間下水汚泥固形燃料普及容量推移 ・・・・・・・・・・・・・・ 137
<表5-8> 地域別新再生エネルギー生産量(原油単位)現況(2022) ・・・・・・・・ 98	<表5-32> 最近3年間Bio-SRF普及容量推移 ・ 139
<表5-9> 地域別新再生可能エネルギー普及容量 (発電-新規)現況(2022)・・・・・・ 100	<表5-33> 最近3年間バイオ重油普及容量推移 141
	<表5-34> 最近3年間廃ガス普及容量推移 ・・ 142
<表5-10> 地域別新再生エネルギー普及容量現況 (原油単位-発電以外の累積)〈2022〉・・・・ 104	<表5-35> 最近3年間産業廃棄物普及容量推移 ・・・・・・・・・・・・・・・ 144
<表5-11> 最近3年間太陽熱新規普及容量推移 106	<表5-36> 最近3年間生活廃棄物普及容量推移 146
	<表5-37> 最近3年間セメントキルン補助燃料普及容量推移 ・・・・・・・・・・・・ 148
<表5-12> 用途別太陽熱累積普及容量現況((2022)	<表5-38> 最近3年間SRF普及容量推移 ・・・ 149
	<表5-39> 最近3年間精製燃料油普及容量推移 151
	<表5-40> 最近3年間燃料電池普及容量推移 152

<표5-41> 최근3년간IGCC보급용량추이 ‥ 154

3장 철·비철금속산업

1. 철강산업 ‥‥‥‥‥‥‥ 159
<표1-1> 연도별조강생산추이 ‥‥‥ 159
<표1-2> 연도별전로생산추이 ‥‥‥ 159
<표1-3> 연도별전기로생산추이 ‥‥ 159
<표1-4> 연도별형강생산추이 ‥‥‥ 160
<표1-5> 연도별H형강생산추이 ‥‥ 160
<표1-6> 연도별봉강생산추이 ‥‥‥ 160
<표1-7> 연도별철근생산추이 ‥‥‥ 161
<표1-8> 연도별선재생산추이 ‥‥‥ 161
<표1-9> 연도별중후판생산추이 ‥‥ 161
<표1-10> 연도별열연강판생산추이 ‥ 162
<표1-11> 연도별냉연강판생산추이 ‥ 162
<표1-12> 연도별용융아연강판생산추이 162
<표1-13> 연도별전기아연강판생산추이 163
<표1-14> 연도별칼라강판생산추이 ‥ 163
<표1-15> 연도별주석도금강판생산추이 163
<표1-16> 연도별강관생산추이 ‥‥‥ 164
<표1-17> 연도별·월별강재생산및재고추이 164
<표1-18> 연도별·월별형강생산및재고추이 165
<표1-19> 연도별·월별봉강생산·출하·재고추이
‥‥‥‥‥‥‥‥‥ 166
<표1-20> 연도별·월별철근생산·출하·재고추이
‥‥‥‥‥‥‥‥‥ 167
<표1-21> 연도별·월별선재생산·출하·재고추이
‥‥‥‥‥‥‥‥‥ 168
<표1-22> 연도별·월별중후판생산·출하·재고추이
‥‥‥‥‥‥‥‥‥ 169
<표1-23> 연도별·월별열연강판생산·출하·재고
추이 ‥‥‥‥‥‥‥ 170
<표1-24> 연도별·월별냉연강판생산·출하·재고
추이 ‥‥‥‥‥‥‥ 171
<표1-25> 연도별·월별아연강판생산·출하·재고
추이 ‥‥‥‥‥‥‥ 172
<표1-26> 연도별·월별강관생산·출하·재고추이
‥‥‥‥‥‥‥‥‥ 173

<표1-27> 연도별선철생산·출하·재고추이 · 174
<표1-28> 연도별합금철생산·출하·재고추이 174
<표1-29> 연도별조강생산·출하·재고추이 · 175
<표1-30> 연도별강판제품생산·출하·재고추이 177
<표1-31> 연도별열간압연강재생산·출하·재고
추이 ‥‥‥‥‥‥‥ 178
<표1-32> 연도별냉간압연강재생산·출하·재고
추이 ‥‥‥‥‥‥‥ 181
<표1-33> 연도별도금강재생산·출하·재고추이
‥‥‥‥‥‥‥‥‥ 182
<표1-34> 연도별강관생산·출하·재고추이 · 183
<표1-35> 연도별주철관·주단강품생산·출하·재고
추이 ‥‥‥‥‥‥‥ 185
<표1-36> 연도별철강이차제품생산·출하·재고
추이 ‥‥‥‥‥‥‥ 185
<표1-37> 철스크랩수급현황 ‥‥‥ 187
<표1-38> 원료수급현황 ‥‥‥‥‥ 188
<표1-39> 부원료수급현황 ‥‥‥‥ 188
<표1-40> 연료수급현황 ‥‥‥‥‥ 188

2. 비철금속 ‥‥‥‥‥‥‥ 189
<표2-1> 분기별비철금속(전체)생산·판매실적
(2023) ‥‥‥‥‥‥ 189
<표2-2> 분기별비철금속(동봉)생산·판매실적
(2023) ‥‥‥‥‥‥ 189
<표2-3> 분기별비철금속(나동선)생산·판매실적
(2023) ‥‥‥‥‥‥ 189
<표2-4> 분기별비철금속(알루미늄박판)생
산·판매실적(2023) ‥‥‥‥ 190
<표2-5> 분기별비철금속(알루미늄박)생산·
판매실적(2023) ‥‥‥‥‥ 190
<표2-6> 품목별비철금속수출실적 ‥ 191
<표2-7> 품목별비철금속수입실적 ‥ 192
<표2-8> 세부품목별비철금속수출실적 ‥‥ 193
<표2-9> 세부품목별비철금속수입실적 ‥‥ 196
<표2-10> 국별비철금속수출실적(2023) ‥ 199
<표2-11> 국별비철금속수입실적(2023) ‥ 200
<표2-12> 국별전기동수출입실적(2023) ‥ 201
<표2-13> 국별동봉수출입실적(2023) ‥‥ 202

<表2-14> 国別銅線輸出入実績(2023)・・・・203	<表1-16> 年度別バス需給動向・・・・・・238
<表2-15> 国別銅板輸出入実績(2023)・・・・204	<表1-17> 年度別トラック需給動向・・・・・238
<表2-16> 国別銅箔輸出入実績(2023)・・・・205	<表1-18> 年度別特装車需給動向 ・・・・238
<表2-17> 国別銅管輸出入実績(2023)・・・・206	<表1-19> 会社別自動車需給動向 － 現代・・239
<表2-18> 国別鉛塊輸出入実績(2023)・・・・207	<表1-20> 会社別自動車需給動向 － KIA・・239
<表2-19> 国別亜鉛塊輸出入実績(2023)・・209	<表1-21> 会社別自動車需給動向 －韓国GM・239
<表2-20> 国別アルミ塊輸出入実績(2023)・・211	<表1-22> 会社別自動車需給動向 －KGモビリティ ・・・・・・240
<表2-21> 国別アルミ板輸出入実績(2023)・・214	<表1-23> 会社別自動車需給動向 －ルノーコリア ・・・・・・240
<表2-22> 国別アルミ箔輸出入実績(2023)・・216	
<表2-23> 国別アルミ棒輸出入実績(2023)・・218	<表1-24> 会社別自動車需給動向 －その他・・240
<表2-24> 国別アルミ線輸出入実績(2023)・・219	<表1-25> 会社別・モデル別自動車生産推移・241
<表2-25> 国別アルミ建材輸出入実績(2023)・220	<表1-26> 会社別特装車生産推移 ・・・・245
<表2-26> 国別アルミ家庭用品輸出入実績(2023) ・・・・・・・・・・・222	<表1-27> 車種別自動車生産推移 ・・・・246
	<表1-28> サイズ別乗用車生産推移・・・・246
<表2-27> 国別ニッケル塊輸出入実績(2023)・223	<表1-29> サイズ別バス生産推移・・・・・246
<表2-28> 国別マグネシウム塊輸出入実績(2023) ・・・・・・・・・・・224	<表1-30> サイズ別トラック・特装車生産推移・247
	<表1-31> 車種別現代自動車生産推移・・・247
4章 輸送機械	<表1-32> 車種別KIA自動車生産推移・・・247
	<表1-33> 車種別韓国GM生産推移・・・・248
1. 自動車 ・・・・・・・・・・・227	<表1-34> 車種別その他の会社生産推移・・248
<表1-1> 年度別自動車登録推移 ・・・・・227	<表1-35> 会社別国内販売推移(数量)・・・248
<表1-2> 地域別・用途別自動車登録現況・・・228	<表1-36> 車種別・会社別乗用車国内販売推移 (数量) ・・・・・・・・・249
<表1-3> 用途別・年度別自動車登録推移・・・228	
<表1-4> 地域別輸入自動車登録現況 ・・・・229	<表1-37> 車種別・会社別バス国内販売推移(数量) ・・・・・・・・・249
<表1-5> 年度別・使用燃料別自動車登録推移・230	
<表1-6> 排気量別・地域別乗用車登録現況・・231	<表1-38> 車種別・会社別トラック国内販売推移 (数量) ・・・・・・・・・250
<表1-7> 車種別・市道別自動車抹消(自発的)登録 現況(累計)・・・・・・・・・232	
	<表1-39> 車種別・会社別特装車国内販売推移 (数量) ・・・・・・・・・250
<表1-8> 地域別・事由別自動車移転登録現況(累計) ・・・・・・・・・・・233	
	<表1-40> 会社別・モデル別内需・輸出推移・・251
<表1-9> 市道別・用途別二輪自動車使用申告現況 ・・・・・・・・・・・234	<表1-41> 会社別特装車内需・輸出推移・・・255
	<表1-42> 車種別自動車国内販売推移 ・・・256
<表1-10> 年度別自動車リコール推移 ・・・235	<表1-43> サイズ別・会社別バス国内販売推移 256
<表1-11> 市道別自動車管理事業者現況 ・236	<表1-44> サイズ別・会社別乗用車国内販売推移 ・・・・・・・・・257
<表1-12> 年度別自動車需給動向・・・・・236	
<表1-13> 年度別乗用車需給動向・・・・・237	<表1-45> サイズ別・会社別トラック国内販売推移 ・・・・・・・・・258
<表1-14> 年度別多目的型乗用車需給動向・・237	
<表1-15> 年度別商用車需給動向 ・・・・237	

<表1-46>	会社別特装車国内販売推移 ・・・ 258	<表2-11>	年度別電気動車車両保有推移 ・・ 279
<表1-47>	会社別乗用車エコカー国内販売推移 259	<表2-12>	年度別幹線型電気動車車両保有推移 ・・・・・・・・・・・・・ 279
<表1-48>	車種別自動車国内販売・輸出推移 260	<表2-13>	年度別ITX-チョンチュン(青春)車両保有推移 ・・・・・・・・・・・・ 279
<表1-49>	会社別乗用車輸出推移(数量) ・・ 260	<表2-14>	年度別客車保有推移 ・・・・・ 280
<表1-50>	会社別バス輸出推移(数量) ・・・・ 261	<表2-15>	年度別発電車保有推移 ・・・・ 280
<表1-51>	会社別トラック輸出推移(数量) ・・ 261	<表2-16>	年度別貨車保有推移 ・・・・・ 280
<表1-52>	会社別特装車輸出推移(数量) ・・・ 261	<表2-17>	年度別クレーン車両保有推移 ・・・ 280
<表1-53>	会社別自動車輸出推移(数量) ・・・ 261	<表2-18>	年度別都市鉄道乗車人員推移 ・・・ 281
<表1-54>	サイズ別・会社別社別乗用車輸出推移(数量) ・・・・・・・・・・・・ 262	3. 航空・宇宙産業 ・・・・・・・・・ 282	
		<表3-1>	航空宇宙産業需給動向 ・・・・・ 282
<表1-55>	サイズ別・会社別社別トラック輸出推移(数量) ・・・・・・・・・・・・ 263	<表3-2>	事業別航空宇宙産業生産推移 ・・・ 282
		<表3-3>	需要別航空宇宙産業生産推移 ・・・ 283
<表1-56>	サイズ別・会社別社別トラック輸出推移(数量) ・・・・・・・・・・・・ 263	<表3-4>	品目別航空宇宙産業生産推移 ・・・ 283
		<表3-5>	地域別航空宇宙産業生産推移 ・・・ 284
<表1-57>	会社別社別特装車輸出推移(数量) 263	<表3-6>	航空宇宙産業貿易収支動向 ・・・ 285
<表1-58>	地域別自動車輸出推移(数量) ・・ 264	<表3-7>	航空宇宙産業受注・引渡・残高推移 ・ 285
<表1-59>	地域別KD輸出推移 ・・・・・・・ 264	<表3-8>	国別航空宇宙産業輸出推移 ・・・ 286
<表1-60>	会社別KD輸出推移 ・・・・・・・ 265	<表3-9>	航空宇宙産業投資推移 ・・・・・ 286
<表1-61>	国別自動車輸入推移・・・・・・・ 266	4. 造船・海洋プラント ・・・・・・・・ 287	
<表1-62>	ブランド別輸入自動車Bestselling現況 ・・・・・・・・・・・・・・・・ 266	<表4-1>	年度別新 造船受注量推移 ・・・ 287
		<表4-2>	会社別新造船受注量現況(2022) 287
<表1-63>	国別・ブランド別自動車輸入推移・・ 267	<表4-3>	船種別新造船受注量現況(2022) 288
<表1-64>	市・道別自動車輸入推移 ・・・・・ 268	<表4-4>	発注国別新造船受注量推移 ・・・ 289
<表1-65>	型式別自動車輸入推移 ・・・・・・ 269	<表4-5>	年度別新造船建造量推移 ・・・・ 290
<表1-66>	排気量別自動車輸入推移・・・・・・ 269	<表4-6>	会社別新造船建造量現況(2022) 290
<表1-67>	燃料別自動車輸入推移・・・・・・ 270	<表4-7>	船種別新造船建造量現況(2022) 291
2. 鉄道車両・・・・・・・・・・・・ 271		<表4-8>	発注国別新造船建造量推移 ・・・ 292
<表2-1>	年度別鉄道駅数及び営業キロ推移 ・ 271	<表4-9>	年度別新造船受注残量推移 ・・・ 293
<表2-2>	年度別旅客輸送(人員)推移 ・・・ 272	<表4-10>	会社別新造船受注残量現況(2022) 293
<表2-3>	年度別旅客輸送(人/距離)推移 ・・・ 273	<表4-11>	船種別新造船受注残量現況(2022) 294
<表2-4>	年度別・月別・品目別貨物輸送実績推移 ・・・・・・・・・・・・・ 275	<表4-12>	発注国別新造船受注残量推移 ・・ 295
		<表4-13>	会社別造船設備現況 ・・・・・・ 296
<表2-5>	年度別鉄道車両保有推移 ・・・・ 276	<表4-14>	造船機資材企業現況 ・・・・・・ 298
<表2-6>	車齢別鉄道車両保有現況 ・・・・ 277	<表4-15>	造船機資材企業人材推移 ・・・・ 298
<表2-7>	年度別高速鉄道車両保有推移 ・・ 278	<表4-16>	造船機資材生産及び売上実績推移 298
<表2-8>	年度別ディーゼル機関車車両保有推移 278	<表4-17>	造船機資材直輸出実績推移 ・・・ 299
<表2-9>	年度別電気機関車車両保有推移 ・・ 278		
<表2-10>	年度別ディーゼル動車車両保有推移 279		

<表4-18> 世界Offshore掘削設備稼働推移(Jack-Up類) ･･････････ 300
<表4-19> 世界Offshore掘削設備稼働推移(Semi-Subs類) ･･････････ 300
<表4-20> 世界Offshore掘削設備稼働推移(Drillships類) ･･･････ 301
<表4-21> 世界Offshore生産設備稼働推移(FPSO類) ･･･････････ 301
<表4-22> 世界Offshore生産設備稼働推移(その他MOPU類) ･･････ 302
<表4-23> 世界Offshore生産設備稼働推移(固定式設備類) ･･････ 302
<表4-24> 世界Offshore船腹及び受注残推移(生産設備) ･････････ 303
<表4-25> 世界Offshore船腹及び受注残推移(開発設備) ･････････ 304
<表4-26> 世界Offshore船腹及び受注残推移(支援設備) ･････････ 305
<表4-27> 世界Offshore船腹及び受注残推移(固定式生産設備) ･･･ 306
<表4-28> 世界Offshore発注推移(固定式) ･･ 306
<表4-29> 世界Offshore発注推移(移動式) ･･ 307

5章　機械工業

1. 機械産業概況 ････････････ 311
<表1-1> 主要機械産業関連指標動向 ･･･ 311
<表1-2> 機械産業生産・出荷・在庫動向 ･･･ 311
<表1-3> 機械産業(造船除外)生産・出荷・在庫動向 ･･････ 311
<表1-4> 機械産業輸出入動向 ････････ 312
<表1-5> 機械産業(造船除外)輸出入動向 ･･ 312
<表1-6> 業種別設備投資指数推移 (2015=100) ･･････ 312
<表1-7> 業種別生産動向推移 ･･････ 313
<表1-8> 業種別出荷動向推移 ･･････ 313
<表1-9> 業種別在庫動向推移 ･･････ 314
<表1-10> 業種別機械産業輸出入現況 ･･ 314
<表1-11> 地域別機械産業輸出入現況 ･･･ 315

2. 工作機械 ･･･････････ 316
<表2-1> 需要業種別工作機械受注現況 ･･･ 316
<表2-2> 機種別工作機械受注現況 ･････ 316
<表2-3> 工作機械生産現況 ･･･････ 317
<表2-4> 工作機械出荷現況 ･･･････ 317
<表2-5> 機種別工作機械輸出現況 ･････ 318
<表2-6> 地域別工作機械輸出現況(2023) ･･･ 318
<表2-7> 機種別工作機械輸入現況 ･････ 319
<表2-8> 地域別工作機械輸入現況(2023) ･･ 320

3. 農業用機械 ･･･････････ 321
<表3-1> 年度別主要農業機械保有推移 ･･ 321
<表3-2> 機種別主要農業機械供給及び資金支援推移 ･････････ 321
<表3-3> 年度別稲作農業機械化率推移 ･･･ 322
<表3-4> 年度別畑作農業機械化率推移 ･･･ 322

4. 建設・鉱山機械 ･･･････････ 323
<表4-1> 市道別・用途別建設機械登録現況 ･ 323
<表4-2> 年度別建設機械登録推移 ････ 324
<表4-3> 機種別・用途別建設機械登録現況 ･ 325
<表4-4> 市道別・機種別建設機械登録現況(2023) ･････････ 326
<表4-5> 地域別建設機械事業者現況 ･･･ 328

5. 繊維機械 ･･･････････ 329
<表5-1> 品目別繊維機械輸出入推移 ･･･ 329
<表5-2> 品目別繊維機械貿易収支推移 ･･ 330
<表5-3> 地域別繊維機械輸出入推移 ････ 331
<表5-4> 地域別紡糸・延伸・テクスチャー・切断機輸出入推移 ･･････ 331
<表5-5> 地域別カード機・合成・連糸・巻糸・整経機輸出入推移 ･･････ 331
<表5-6> 地域別織機輸出入推移 ･････ 332
<表5-7> 地域別編織機・横編機・刺繍機輸出入推移 ･･････････ 332
<表5-8> 地域別ドビー・ジャカード・補助機械輸出入推移 ･･････････ 332
<表5-9> 地域別不織布製造機械類輸出入推移 333
<表5-10> 地域別洗濯機10kg以上輸出入推移 333
<表5-11> 地域別巻取り・切断・染色・乾燥機輸出入

　　　　推移　・・・・・・・・・・・333
<表5-12>　地域別裁縫機輸出入推移　・・・・334
<表5-13>　地域別皮革・履物加工機輸出入推移　334
<表5-14>　地域別紡績用ホビン・重合機輸出入推移
　　　　　・・・・・・・・・・・・・・・334

6. ロボット産業　・・・・・・・・・・・335
<表6-1>　部門別ロボット産業生産推移　・・・335
<表6-2>　ロボットシステム生産現況(2022)　・・335
<表6-3>　ロボット埋め込み生産現況(2022)　・・336
<表6-4>　ロボットサービス生産現況(2022)　・・336
<表6-5>　部門別ロボット産業出荷推移　・・・337
<表6-6>　部門別ロボット産業内需推移　・・・337
<表6-7>　部門別ロボット産業輸出推移　・・・338
<表6-8>　ロボットシステム出荷現況(2022)　・・338
<表6-9>　ロボットシステム内需現況(2022)　・・338
<表6-10>　ロボットシステム輸出現況(2022)　・・339
<表6-11>　ロボット埋め込み出荷現況(2022)　・339
<表6-12>　ロボット埋め込み内需現況(2022)　・339
<表6-13>　ロボット埋め込み輸出現況(2022)　・340
<表6-14>　ロボットサービス出荷現況(2022)　・340
<表6-15>　ロボットサービス内需現況(2022)　・341
<表6-16>　ロボットサービス輸出現況(2022)　・341
<表6-17>　国別ロボット輸出現況(2022)　・・・342
<表6-18>　年度別ロボット輸出推移　・・・・・342
<表6-19>　国別ロボット輸入現況(2022)　・・・343
<表6-20>　年度別ロボット輸入推移　・・・・・343

6章　電子・情報通信産業

1. IT産業総括　・・・・・・・・・・・347
<表1-1>　品目別・年度別ICT生産額推移　・・・347
<表1-2>　年度別ICT内需額推移　・・・・・・349
<表1-3>　年度別電子部品生産額推移　・・・・350
<表1-4>　年度別電子部品輸出額推移　・・・・352
<表1-5>　年度別電子部品輸入額推移　・・・・354
<表1-6>　年度別コンピュータ及び周辺機器生産額
　　　　推移　・・・・・・・・・・・356
<表1-7>　年度別コンピュータ及び周辺機器輸出額
　　　　推移　・・・・・・・・・・・357
<表1-8>　年度別コンピュータ及び周辺機器輸入額
　　　　推移　・・・・・・・・・・・358
<表1-9>　年度別通信及び放送機器生産額推移　359
<表1-10>　年度別通信及び放送機器輸出額推移　361
<表1-11>　年度別通信及び放送機器輸入額推移　363
<表1-12>　年度別映像及び音響機器生産額推移　365
<表1-13>　年度別映像及び音響機器輸出額推移　366
<表1-14>　年度別映像及び音響機器輸入額推移　367
<表1-15>　年度別情報通信応用基盤機器生産額
　　　　推移　・・・・・・・・・・・368
<表1-16>　年度別情報通信応用基盤機器輸出額
　　　　推移　・・・・・・・・・・・370
<表1-17>　年度別情報通信応用基盤機器輸入額
　　　　推移　・・・・・・・・・・・372
<表1-18>　年度別有線通信サービス売上額推移　374
<表1-19>　年度別無線通信サービス売上額推移　375
<表1-20>　年度別通信再販売及び仲介サービス売上
額推移　・・・・・・・・・・・・・376
<表1-21>　年度別放送サービス売上額推移　・・377
<表1-22>　年度別情報サービス売上額推移　・・378
<表1-23>　年度別ソフトウェア売上額推移　・・・379
<表1-24>　年度別ソフトウェア輸出額推移　・・・379
<表1-25>　品目別主要ICT輸出実績　・・・・・380
<表1-26>　品目別主要ICT輸入実績　・・・・・381
<表1-27>　品目別主要ICT貿易収支現況　・・・382
<表1-28>　主要国別ICT輸出実績　・・・・・・383
<表1-29>　主要国別ICT輸入実績　・・・・・・384
<表1-30>　主要地域別ICT貿易収支現況　・・・385

2. 製品別主要IT部品市場　・・・・・・・386
<表2-1>　品目別・国別ICT輸出額(2023)　・・・386
<表2-2>　ICT及び全産業輸出入現況　・・・・・386
<表2-3>　月別半導体輸出推移(2023)　・・・・387
<表2-4>　半導体輸出額上位10ヵ国現況(2023)　388
<表2-5>　月別ディスプレイパネル輸出現況(2023)
　　　　　・・・・・・・・・・・・・388
<表2-6>　月別携帯電話(部分品を含む)輸出現況
(2023)　・・・・・・・・・・・・・389
<表2-7>　月別コンピュータ及び周辺機器輸出現況

3. 通信・インターネット・モバイル産業 ・・・・ 391

- \<表3-1\> 技術方式別無線通信トラフィック現況 ・ 391
- \<表3-2\> 端末機別携帯電話トラフィック現況 ・・ 392
- \<表3-3\> 四半期別大量利用者(ヘビーユーザー)トラフィック現況(3G, 4G, 5G) ・・・・・ 392
- \<表3-4\> 四半期別無制限/一般料金制トラフィック現況(3G/4G/5G) ・・・・・・・・・ 393
- \<表3-5\> 類型別・四半期別コンテンツトラフィック現況 ・・・・・・・・・・・・・・・・ 393
- \<表3-6\> 無線通信サービス回線推移 ・・・・ 394
- \<表3-7\> 技術方式別移動通信回線推移 ・・・ 395
- \<表3-8\> 加入類型別携帯電話回線数推移 ・・ 396
- \<表3-9\> 回線別・料金制度別携帯電話回線数推移 ・・・・・・・・・・・・・・・・・・・ 397
- \<表3-10\> 類型別携帯電話・端末機回線数推移 397
- \<表3-11\> 有線通信サービス回線推移 ・・・ 398
- \<表3-12\> 年度別市内電話回線数推移 ・・・ 398
- \<表3-13\> インターネット電話回線数推移 ・・ 399
- \<表3-14\> 技術方式別高速インターネット回線数推移 ・・・・・・・・・・・・・・・・・・ 400
- \<表3-15\> 高速インターネット回線数推移 ・・・ 401
- \<表3-16\> 電子支払決済代行サービス(PG)利用状況(日平均基準) ・・・・・・・・・ 401
- \<表3-17\> 前払い電子支払サービスの利用状況(日平均基準) ・・・・・・・・・・・ 402
- \<表3-18\> 決済代金預金サービスの利用状況(日平均基準) ・・・・・・・・・・・ 402
- \<表3-19\> 電子告知決済サービスの利用状況(日平均基準) ・・・・・・・・・・・ 402
- \<表3-20\> 簡易決済サービスの利用状況1)(日平均基準) ・・・・・・・・・・・・・ 403
- \<表3-21\> 簡便送金サービスの利用状況(日平均基準) ・・・・・・・・・・・・・・・ 403
- \<表3-22\> モノのインターネット事業者数現況(2023) ・・・・・・・・・・・・・・・・ 404
- \<表3-23\> 事業形態別モノのインターネット事業者数現況(2023) ・・・・・・・・・・・ 404
- \<表3-24\> 事業分野別・資本金規模別モノのインターネット事業者数(2023) ・・・・・ 404
- \<表3-25\> 事業分野別モノのインターネット売上額推移 ・・・・・・・・・・・・・・・ 405
- \<表3-26\> 活用分野別モノのインターネットサービス売上額推移 ・・・・・・・・・・・ 405
- \<表3-27\> 事業分野別モノのインターネット内需額推移 ・・・・・・・・・・・・・・・ 406
- \<表3-28\> 活用分野別モノのインターネットサービス内需額推移 ・・・・・・・・・・・ 406
- \<表3-29\> 事業分野別モノのインターネット輸出額推移 ・・・・・・・・・・・・・・・ 407
- \<表3-30\> 活用分野別モノのインターネットサービス輸出額推移 ・・・・・・・・・・・ 407
- \<表3-31\> 事業分野別モノのインターネット輸入額推移 ・・・・・・・・・・・・・・・ 408
- \<表3-32\> 活用分野別モノのインターネットサービス輸入額推移 ・・・・・・・・・・・ 408

4. 放送産業 ・・・・・・・・・・・・・・ 409

- \<表4-1\> 年度別放送産業総括推移 ・・・・ 409
- \<表4-2\> 事業者別放送産業平均売上額及び従事者当たり平均売上額現況(2023) ・・・・・ 409
- \<表4-3\> 業種別・年度別放送産業事業者数推移 410
- \<表4-4\> 業種別・年度別放送産業売上額推移 410
- \<表4-5\> 業種別放送産業売上額構成内訳現況(2022) ・・・・・・・・・・・・・・・・ 411
- \<表4-6\> 業種別地上波放送及び地上波DMB売上額推移 ・・・・・・・・・・・・・・・ 412
- \<表4-7\> 年度別総合有線放送及び中継有線放送売上額推移 ・・・・・・・・・・・・ 413
- \<表4-8\> 年度別放送映像独立制作会社売上額構成内訳推移 ・・・・・・・・・・・ 413
- \<表4-9\> 年度別一般衛星放送及び衛星DMB売上額推移 ・・・・・・・・・・・・・・・ 414
- \<表4-10\> 年度別放送チャンネル使用事業売上高推移 ・・・・・・・・・・・・・・・・ 414
- \<表4-11\> 年度別放送産業番組輸出額推移 ・ 415
- \<表4-12\> 年度別放送産業番組輸入額推移 ・ 416

\<表4-13\> 年度別放送産業輸出入額推移 ・・416	\<表5-23\> 業種別・年度別映画産業売上額推移 432
\<表4-14\> 国別・地域別・年度別放送産業輸出額推移 ・・・・・・・・・・・・・417	\<表5-24\> 年度別映画産業輸出入額推移 ・・433
\<表4-15\> 国別・地域別・年度別放送産業輸入額推移 ・・・・・・・・・・・・・418	\<表5-25\> 国別映画産業輸出額推移 ・・・433
	\<表5-26\> 国別映画産業輸入額推移 ・・・434
\<表4-16\> ジャンル別放送番組(完成品)輸出額推移 ・・・・・・・・・・・・・419	\<表5-27\> 年度別アニメーション産業総括 ・434
\<表4-17\> ジャンル別放送産業輸入額推移 ・419	\<表5-28\> 事業者別・従事者別アニメーション産業平均売上額現況(2022) ・・・・・435
5. SW・コンテンツ産業・・・・・・・・420	\<表5-29\> 業種別アニメーション産業売上額・・435
\<表5-1\> 国内SW市場規模推移・・・・・420	\<表5-30\> 地域別・年度別アニメーション産業売上額推移 ・・・・・・・・・・・・436
\<表5-2\> 産業別国内SW市場規模推移(2022年基準) ・・・・・・・・・・・・420	\<表5-31\> 年度別アニメーション産業輸出入額推移 ・・・・・・・・・・・・・・436
\<表5-3\> 年度別SW産業生産額推移・・・421	
\<表5-4\> SW企業数推移・・・・・・・421	\<表5-32\> 地域別・年度別アニメーション産業輸出額推移 ・・・・・・・・・・・・437
\<表5-4\> 年度別SW産業輸出額推移・・・421	\<表5-33\> 地域別・年度別アニメーション産業輸入額推移 ・・・・・・・・・・・・437
\<表5-5\> 年度別音楽産業総括推移 ・・・422	
\<表5-6\> 地域別・年度別音楽産業事業者数推移 422	\<表5-34\> 年度別キャラクター産業総括推移 ・438
\<表5-7\> 業種別・年度別音楽産業事業者数推移 423	\<表5-35\> 業種別・年度別キャラクター産業売上額推移 ・・・・・・・・・・・・438
\<表5-8\> 業種別音楽産業売上額推移 ・・・424	\<表5-36\> 地域別・年度別キャラクター産業売上額推移 ・・・・・・・・・・・・439
\<表5-9\> 音楽産業輸出入額推移 ・・・・・424	
\<表5-10\> 国別・地域別音楽産業輸出額推移 ・425	\<表5-37\> 年度別キャラクター産業輸出入額推移 ・・・・・・・・・・・・・・439
\<表5-11\> 国別・地域別音楽産業輸入額推移 ・425	
\<表5-12\> 年度別ゲーム産業総括 ・・・・426	\<表5-38\> 地域別キャラクター産業輸出額推移 440
\<表5-13\> 業種別・年度別ゲーム産業事業者数推移 ・・・・・・・・・・・・・・426	\<表5-39\> 地域別キャラクター産業輸入額推移 440
\<表5-14\> 地域別・業種別ゲーム産業事業者数現況(2022) ・・・・・・・・・・427	\<表5-40\> 年度別コンテンツソリューション産業総括推移 ・・・・・・・・・・・441
\<表5-15\> 地域別・年度別ゲーム産業売上額推移 ・・・・・・・・・・・・・・428	\<表5-41\> 業種別・年度別コンテンツソリューション産業売上額推移 ・・・・・・441
\<表5-16\> 業種別ゲーム産業売上額推移 ・・429	\<表5-42\> 地域別・年度別コンテンツソリューション産業売上額推移 ・・・・・・442
\<表5-17\> 年度別ゲーム産業輸入額推移 ・・429	
\<表5-18\> 国・地域別ゲーム産業輸出額推移 ・429	\<表5-43\> 年度別コンテンツソリューション産業輸出入額推移 ・・・・・・・・・442
\<表5-19\> 国・地域別ゲーム産業輸入額推移 ・430	
\<表5-20\> 年度別映画産業総括推移 ・・・431	\<表5-44\> 地域別コンテンツソリューション産業輸出額推移 ・・・・・・・・・・443
\<表5-21\> 事業者別・従事者別映画産業平均売上額(2022) ・・・・・・・・・・431	\<表5-45\> 地域別コンテンツソリューション産業輸入額推移 ・・・・・・・・・・443
\<表5-22\> 業種別・年度別映画産業事業者数推移 ・・・・・・・・・・・・・・432	\<表5-46\> 年度別出版産業総括推移 ・・・444

表番号	タイトル	ページ
<表5-47>	事業者別・従事者別出版産業平均売上額現況(2022)	444
<表5-48>	年度別・業種別出版産業売上額推移	445
<表5-49>	地域別・年度別出版産業売上額推移	446
<表5-50>	年度別出版産業輸出入額推移	446
<表5-51>	地域別・年度別出版産業輸出額推移	447
<表5-52>	地域別・年度別出版産業輸入額推移	447
<表5-53>	年度別漫画産業総括推移	448
<表5-54>	事業者別・従事者別漫画産業平均売上額現況(2022)	448
<表5-55>	年度別・業種別漫画産業売上額推移	449
<表5-56>	地域別・年度別漫画産業売上額推移	450
<表5-57>	年度別漫画産業輸出入額推移	450
<表5-58>	地域別・年度別漫画産業輸出額推移	451
<表5-59>	地域別・年度別漫画産業輸入額推移	451
<表5-60>	年度別広告産業総括推移	452
<表5-61>	年度別・業種別広告産業売上額推移	453
<表5-62>	媒体別・年度別広告産業売上額推移	454
<表5-63>	地域別・年度別広告産業売上額推移	455
<表5-64>	年度別広告産業輸出入額推移	455
<表5-65>	年度別・国内外別広告産業輸出入額推移	456
<表5-66>	年度別知識情報産業総括推移	456
<表5-67>	事業者別・従事者別知識情報産業平均売上額現況(2022)	457
<表5-68>	年度別・業種別知識情報産業売上額推移	458
<表5-69>	地域別・年度別知識情報産業売上額推移	459
<表5-70>	年度別知識情報産業輸出入額推移	459
<表5-71>	地域別・年度別知識情報産業輸出額推移	460
<表5-72>	地域別・年度別知識情報産業輸入額推移	460
<表5-73>	部門別データ産業市場規模推移	461
<表5-74>	中分類別データ処理及び管理ソリューション開発・供給業市場規模推移	461
<表5-75>	データ産業市場展望推移	462
<表5-76>	領域別データ処理及び管理ソリューション開発・供給業市場規模推移	462
<表5-77>	中分類別データ構築・コンサルタントサービス業市場規模推移	463
<表5-78>	領域別データ構築・コンサルタントサービス業市場規模推移	463
<表5-79>	中分類別データ販売及び提供サービス業市場規模推移	463
<表5-80>	サービス形態別データ販売及び提供サービス業市場規模推移	464
<表5-81>	収益基盤別データ販売・提供サービス業市場規模推移	464
<表5-82>	分野別データ販売・提供サービス業市場規模推移	465
<表5-83>	需要先別データ産業市場規模現況	466
<表5-84>	部門別データ産業直接売上市場規模推移	467
<表5-85>	中分類別データ処理及び管理ソリューション開発供給業売上市場規模推移	467
<表5-86>	中分類別データ構築及びコンサルタントサービス業売上市場規模推移	468
<表5-87>	中分類別データ販売・提供サービス業売上市場規模推移	468

6. eラーニング産業 ・・・・・・・・・ 469

表番号	タイトル	ページ
<表6-1>	年度別eラーニング事業者数推移	469
<表6-2>	年度別eラーニング供給市場規模推移	469
<表6-3>	事業別eラーニング売上額推移	470
<表6-4>	取引相手別eラーニング売上額現況	470
<表6-5>	事業領域別eラーニング売上比率現況	470
<表6-6>	eラーニング関連投資企業比率推移	471
<表6-7>	教育対象別eラーニング売上比重現況	471
<表6-8>	事業部門別eラーニングシステム開発構築方式現状	471
<表6-9>	eラーニング関連知的財産権保有率及び支出額推移	472
<表6-10>	eラーニング知的財産権平均保有件数現況	472

<表6-11> eラーニング需要市場規模(支出額)現況 ・・・・・・・・・・・・・・・・・・ 472
<表6-12> 年度別eラーニング需要市場規模推移 473
<表6-13> 需要先別eラーニング市場比率推移 473
<表6-14> 個人特性別eラーニング利用率推移・ 473
<表6-15> eラーニング総支出額規模推移・・・ 474
<表6-16> 年齢別eラーニング支出額現況・・・ 474
<表6-17> 個人特性別eラーニング利用方法比率現況 ・・・・・・・・・・・・・・・・・・ 474
<表6-18> 主要機器別eラーニング利用比率現況 ・・・・・・・・・・・・・・・・・・ 475
<表6-19> 従業員規模別eラーニング導入率推移 ・・・・・・・・・・・・・・・・・・ 475
<表6-20> 業種別eラーニング導入率現況・・・ 476
<表6-21> 従業員規模別eラーニング導入時期推移 ・・・・・・・・・・・・・・・・・・ 476
<表6-22> 従業員規模別eラーニング総支出額推移 ・・・・・・・・・・・・・・・・・・ 477
<表6-23> 業種別eラーニング支出額現況・・・ 477
<表6-24> 従業員規模別・分野別eラーニング導入比率現況 ・・・・・・・・・・・・・・・・・・ 478
<表6-25> 業種別・分野別eラーニング導入比率現況 ・・・・・・・・・・・・・・・・・・ 479
<表6-26> 学校別・年度別eラーニング導入率推移 ・・・・・・・・・・・・・・・・・・ 480
<表6-27> 年度別eラーニング支出額推移・・・ 481
<表6-28> 学校別eラーニング支出額規模現況・ 481
<表6-29> 今後のeラーニング課程及び予算推移予測 ・・・・・・・・・・・・・・・・・・ 481
<表6-30> 今後のeラーニング活用予想推移・・ 482
<表6-31> 学校別eラーニング利用方法比率現況 ・・・・・・・・・・・・・・・・・・ 482
<表6-32> 学校別eラーニングコンテンツ開発比率現況 ・・・・・・・・・・・・・・・・・・ 482
<表6-33> 学校別eラーニングコンテンツ開発件数現況 ・・・・・・・・・・・・・・・・・・ 483
<表6-34> 教育コンテンツ別eラーニング活用比率現況 ・・・・・・・・・・・・・・・・・・ 483

<表6-35> eラーニング導入分野比率現況 ・・ 484
<表6-36> eラーニング運営目的比率現況 ・・ 484
<表6-37> 組織形態別政府/公共機関eラーニング導入率推移 ・・・・・・・・・・・・・・・・・・ 485
<表6-38> 政府/公共機関eラーニング導入時期推移 ・・・・・・・・・・・・・・・・・・ 485
<表6-39> 度別政府/公共機関eラーニング総支出額推移 ・・・・・・・・・・・・・・・・・・ 485
<表6-40> 政府/公共機関eラーニング支出額規模現況 ・・・・・・・・・・・・・・・・・・ 486
<表6-41> 政府/公共機関の今後のeラーニング活用展望 ・・・・・・・・・・・・・・・・・・ 486
<表6-42> 政府/公共機関eラーニング利用方法現況 ・・・・・・・・・・・・・・・・・・ 487
<表6-43> 政府/公共機関eラーニングコンテンツ開発・利用方法現況・・・・・・・・・・・ 487
<表6-44> 政府/公共機関eラーニングコンテンツ開発件数現況 ・・・・・・・・・・・・・・ 488
<表6-45> 政府/公共機関eラーニング導入分野現況 ・・・・・・・・・・・・・・・・・・ 488
<表6-46> 政府/公共機関のeラーニング選好分野現況 ・・・・・・・・・・・・・・・・・・ 489

7. 医療機器産業・・・・・・・・・・・・ 490
<表7-1> 国内医療機器市場規模動向 ・・・・・ 490
<表7-2> 年度別医療機器生産実績推移・・・ 490
<表7-3> 生産額規模別医療機器製造企業数及び生産額推移 ・・・・・・・・・・・・・・・・・・ 491
<表7-4> 等級別医療機器(一般+体外)生産現況 ・・・・・・・・・・・・・・・・・・ 491
<表7-5> 医療機器生産額上位10品目現況 ・ 491
<表7-6> 医療機器生産額上位10社現況・・・ 492
<表7-7> 大分類別医療機器生産品目実績 ・・ 492
<表7-8> 大分類別医療機器輸出実績・・・・ 493
<表7-9> 大分類別医療機器輸入実績・・・・ 493
<表7-10> 等級別医療機器(一般+体外)輸出実績 ・・・・・・・・・・・・・・・・・・ 494
<表7-11> 等級別医療機器(一般+体外)輸入実績 ・・・・・・・・・・・・・・・・・・ 494

<表7-12> 等級別医療機器(一般＋体外)輸入実績 ・・・・・・・・・・・ 495
<表7-13> 医療機器輸入額上位10品目現況・・ 495
<表7-14> 年度別医療機器輸出上位10ヵ国推移 496
<表7-15> 年度別医療機器輸入上位10ヵ国推移 496
<表7-16> 医療機器輸出上位10社の品目数及び輸出額現況 ・・・・・・・・・・・・・ 497
<表7-17> 年度別医療機器輸入上位10社の品目数及び輸入額現況 ・・・・・・・・・ 497
8. 情報保護産業 ・・・・・・・・・・ 498
<表8-1> 年度別情報保護産業売上推移 ・・・ 498
<表8-2> 大分類別情報セキュリティ産業売上推移 ・・・・・・・・・・・・・・・・ 498
<表8-3> 業種別(需要先別)情報セキュリティ産業売上現況(2022) ・・・・・・・・・ 498
<表8-4> 中分類別情報セキュリティ産業売上現況(2022) ・・・・・・・・・・・・ 499
<表8-5> 特性別情報セキュリティ産業売上現況(2022) ・・・・・・・・・・・・・・ 499
<表8-6> 中分類品目別物理セキュリティ企業現業(2022) ・・・・・・・・・・・・ 500
<表8-7> 大分類別物理セキュリティ産業売上推移 ・・・・・・・・・・・・・・・・ 500
<表8-8> 中分類別物理セキュリティ産業売上現況 ・・・・・・・・・・・・・・・ 501
<表8-9> 企業特性別物理セキュリティ産業売上現況(2022) ・・・・・・・・・・・・ 501
<表8-10> 年度別情報保護産業輸出推移・・・ 502
<表8-11> 情報セキュリティ製品及びサービス輸出現況(2022) ・・・・・・・・・・ 502
<表8-12> 大分類別情報セキュリティ輸出現況(2022) ・・・・・・・・・・・・・・ 502
<表8-13> 国別情報セキュリティ輸出割合現況(2022) ・・・・・・・・・・・・・・ 503
<表8-14> 物理セキュリティ製品およびサービスの輸出現況(2022) ・・・・・・・・・ 503
<表8-15> 国別物理セキュリティ輸出比率現況(2022) ・・・・・・・・・・・・・・・ 503

7章 石油化学工業

1. 石油化学総括 ・・・・・・・・・・ 507
<表1-1> 部門別石油化学製品需給実績推移 ・ 507
<表1-2> 石油化学製品生産能力推移 ・・・ 508
<表1-3> 品目別基礎油分輸出推移 ・・・・ 509
<表1-4> 品目別基礎油分輸入推移 ・・・・ 509
<表1-5> 品目別中間原料輸出推移 ・・・・ 510
<表1-6> 品目別中間原料輸入推移 ・・・・ 510
<表1-7> 品目別合成樹脂輸出推移 ・・・・ 511
<表1-8> 品目別合成樹脂輸入推移 ・・・・ 511
<表1-9> 品目別合成ゴム輸出推移 ・・・・ 512
<表1-10> 品目別合成ゴム輸入推移 ・・・・ 512
<表1-11> 品目別合繊原料輸出推移 ・・・・ 512
<表1-12> 品目別合繊原料輸入推移 ・・・ 513
<表1-13> 品目別その他石油化学製品輸出推移 513
<表1-14> 品目別その他石油化学製品輸入推移 514
<表1-15> 石油化学輸出入実績(エチレン換算)推移 ・・・・・・・・・・・・・・・ 514
<表1-16> 分野別石油化学製品輸出推移 ・・ 515
<表1-17> 分野別石油化学製品輸入推移 ・・ 515
<表1-18> 会社別石油化学施設能力現況(2022) 516
<表1-19> ナフサ(原料)需給推移 ・・・・・ 524
<表1-20> ナフサ及び原油価格推移 ・・・・ 524
2. 基礎油分 ・・・・・・・・・・・・ 525
<表2-1> エチレン需給推移 ・・・・・・・ 525
<表2-2> 用途別エチレン出荷比重推移 ・・ 525
<表2-3> 会社別エチレン生産能力推移 ・・ 526
<表2-4> プロピレン需給推移 ・・・・・・ 526
<表2-5> 用途別プロピレン出荷比重推移 ・ 526
<表2-6> 会社別プロピレン生産能力推移 ・ 527
<表2-7> ブタジエン需給推移・・・・・・ 527
<表2-8> 用途別ブタジエン出荷比重推移・・ 527
<表2-9> 会社別ブタジエン生産能力推移・・ 528
<表2-10> ベンゼン需給推移 ・・・・・・・ 528
<表2-11> 用途別ベンゼン出荷比重推移 ・・ 528
<表2-12> 会社別ベンゼン生産能力推移 ・・ 529
<表2-13> トルエン需給推移 ・・・・・・・ 529
<表2-14> 会社別トルエン生産能力推移 ・・・ 530

<表2-15> キシレン需給実績推移 ・・・・・ 530
<表2-16> 会社別キシレン生産能力推移 ・・・ 531
3. 中間原料 ・・・・・・・・・・・・・ 532
<表3-1> SM需給実績推移 ・・・・・・・ 532
<表3-2> 用途別SM出荷比重推移 ・・・・・ 532
<表3-3> P-X需給推移 ・・・・・・・・・ 532
<表3-4> 用途別P-X出荷比重推移 ・・・・ 533
<表3-5> 会社別P-X生産能力推移 ・・・・ 533
<表3-6> O-X需給推移 ・・・・・・・・・ 533
<表3-7> CH需給推移 ・・・・・・・・・ 534
<表3-8> EDC需給推移 ・・・・・・・・ 534
<表3-9> VCM需給推移 ・・・・・・・・ 534
4. 合成樹脂 ・・・・・・・・・・・・・ 535
<表4-1> LDPE(Total)需給推移 ・・・・・ 535
<表4-2> LDPE(Total)需給推移 ・・・・・ 535
<表4-3> 会社別LDPE(Total)生産能力推移 ・ 535
<表4-4> LDPE(Only)需給推移 ・・・・・ 536
<表4-5> 用途別LDPE(Only)出荷比重推移 ・ 536
<表4-6> L-LDPE需給推移 ・・・・・・・ 536
<表4-7> 用途別L-LDPE出荷比重推移 ・・ 537
<表4-8> 会社別L-LDPE生産能力推移 ・・ 537
<表4-9> EVA需給推移 ・・・・・・・・ 537
<表4-10> 用途別EVA出荷比重推移 ・・・ 538
<表4-11> HDPE需給実績推移 ・・・・・ 538
<表4-12> 用途別HDPE出荷比重推移 ・・ 538
<表4-13> 会社別HDPE生産能力推移 ・・ 539
<表4-14> PP需給実績推移 ・・・・・・・ 539
<表4-15> 用途別PP出荷比重推移 ・・・・ 539
<表4-16> 会社別PP生産能力推移 ・・・・ 540
<表4-17> PS(Total)需給実績推移 ・・・・ 540
<表4-18> 用途別PS(Total)出荷比重推移 ・・ 541
<表4-19> PS(Only)需給実績推移 ・・・・ 541
<表4-20> 用途別PS(Only)出荷比重推移 ・・ 541
<表4-21> EPS需給実績推移 ・・・・・・ 542
<表4-22> 用途別EPS出荷比重推移 ・・・ 542
<表4-23> ABS需給実績推移 ・・・・・・ 542
<表4-24> 用途別ABS出荷比重推移 ・・・ 543
<表4-25> 会社別ABS生産能力推移 ・・・ 543

<表4-26> PVC需給実績推移 ・・・・・・ 543
<表4-27> 用途別PVC出荷比重推移 ・・・ 544
<表4-28> 会社別PVC生産能力推移 ・・・ 544
<表4-29> PC需給実績推移 ・・・・・・・ 544
<表4-30> 用途別PC出荷比重推移 ・・・・ 545
5. 合繊原料 ・・・・・・・・・・・・・ 546
<表5-1> TPA需給実績推移 ・・・・・・ 546
<表5-2> 用途別TPA出荷比重推移 ・・・ 546
<表5-3> 会社別TPA生産能力推移 ・・・ 546
<表5-4> EG需給実績推移 ・・・・・・・ 547
<表5-5> 用途別EG出荷比重推移 ・・・・ 547
<表5-6> 会社別EG生産能力推移 ・・・・ 547
<表5-7> AN需給推移 ・・・・・・・・・ 548
<表5-8> 用途別AN出荷比重推移 ・・・・ 548
<表5-9> 会社別AN生産能力推移 ・・・・ 548
<表5-10> CPLM需給推移 ・・・・・・・ 548
<表5-11> 用途別CPLM出荷比重推移 ・・ 549
<表5-12> DMT需給推移 ・・・・・・・ 549
6. 合成ゴム ・・・・・・・・・・・・・ 550
<表6-1> SBR需給推移 ・・・・・・・・ 550
<表6-2> 用途別SBR出荷比重推移 ・・・ 550
<表6-3> 会社別SBR生産能力推移 ・・・ 550
<表6-4> BR需給推移 ・・・・・・・・・ 551
<表6-5> 用途別BR出荷比重推移 ・・・・ 551
<表6-6> 会社別BR生産能力推移 ・・・・ 551
7. その他化成品 ・・・・・・・・・・・ 552
<表7-1> 酢酸需給推移 ・・・・・・・・・ 552
<表7-2> 用途酢酸出荷比重推移 ・・・・・ 552
<表7-3> 会社別酢酸生産能力推移 ・・・・ 552
<表7-4> カーボンブラック需給推移 ・・・ 553
<表7-5> 用途別カーボンブラック出荷比重推移 ・ 553
<表7-6> 会社別カーボンブラック生産能力推移 ・ 553
<表7-7> フェノール需給推移 ・・・・・・ 554
<表7-8> 用途別フェノール出荷比重推移 ・ 554
<表7-9> 会社別フェノール生産能力推移 ・ 554
<表7-10> アセトン需給推移 ・・・・・・ 555
<表7-11> 用途別アセトン出荷比重推移 ・ 555
<表7-12> 会社別アセトン生産能力推移 ・・ 555

<表7-13> BPA需給推移・・・・・・・・・ 556	<表2-9> 年度別・地域別医薬品輸入業者推移 574
<表7-14> 用途別BPA出荷比重推移・・・・ 556	<表2-10> 年度別完成医薬品輸入額上位10品目
<表7-15> 会社別BPA生産能力推移・・・・ 556	推移 ・・・・・・・・・・・・・ 575
<表7-16> オクタノール需給推移・・・・・・ 557	<表2-11> 年度別原料医薬品輸入額上位10品目
<表7-17> 会社別オクタノール生産能力推移 ・ 557	推移 ・・・・・・・・・・・・・ 575
<表7-18> ブタノール需給推移 ・・・・・ 557	<表2-12> 国別医薬品輸出額上位10ヵ国現況 ・ 576
<表7-19> 会社別ブタノール生産能力推移 ・ 558	<表2-13> 国別医薬品輸入額上位10ヵ国現況 ・ 576
<表7-20> 酢酸エチル需給推移 ・・・・・ 558	<表2-14> 年度別完成医薬品国内自給度推移 577
<表7-21> TDI需給推移 ・・・・・・・ 558	<表2-15> 年度別原料医薬品国内自給度推移 577
<表7-22> 会社別TDI生産能力推移 ・・・ 559	<表2-16> 品目別・年度別漢方薬生産額推移(上位10薬品)・・・・・・・・・・・・ 577

8章 精密化学工業

1. 化粧品 ・・・・・・・・・・・・ 563	<表2-17> 品目別・年度別漢方薬輸入額推移(上位10薬品)・・・・・・・・・・・・ 578
<表1-1> 年度別化粧品生産実績推移 ・・・ 563	3. 農薬・肥料 ・・・・・・・・・・ 579
<表1-2> 国内化粧品産業推移 ・・・・・ 563	<表3-1> 用途別・年度別農薬生産・出荷推移 579
<表1-3> 国内化粧品製造会社推移 ・・・ 563	<表3-2> 年度別ha当たり農薬使用量推移 ・・ 579
<表1-4> 類型別化粧品生産実績推移 ・・・ 564	<表3-3> 主要農薬の農協引受価格推移 ・・・ 580
<表1-5> 責任販売会社の生産実績現況(2022) 564	<表3-4> 年度別化学肥料生産量及び消費量推移 ・・・・・・・・・・・・ 580
<表1-6> 化粧品生産実績現況(上位10品目)・ 565	<表3-5> 年度別農業用肥料需給実績推移 ・・ 581
<表1-7> 機能性化粧品生産実績推移 ・・・ 565	<表3-6> 年度別化学肥料販売量推移 ・・・ 581
<表1-8> 国別韓国化粧品輸出実績現況 ・・ 566	<表3-7> 年度別肥料輸出入実績推移 ・・・ 581
<表1-9> 国別韓国の化粧品輸入実績現況 ・ 567	4. バイオ ・・・・・・・・・・・・ 582
<表1-10> 類型別化粧品輸入実績現状 ・・・ 567	<表4-1> 分野別バイオ産業生産及び内需現況(2022) ・・・・・・・・・・・・ 582
<表1-11> 国別化粧品輸出実績推移 ・・・・ 568	<表4-2> 年度別・分野別バイオ産業需給推移 ・ 583
2. 医薬品 ・・・・・・・・・・・・ 569	<表4-3> 年度別バイオ産業需給変動推移 ・・ 584
<表2-1> 年度別医薬品産業市場推移 ・・・ 569	<表4-4> 年度別バイオ産業国内販売推移 ・・ 584
<表2-2> 年度別バイオ医薬品生産・輸入推移 ・ 569	<表4-5> 主要バイオ製品国内販売規模現況(2022) ・・・・・・・・・・・・ 585
<表2-3> 年度別医薬品生産業者数・品目数・生産額推移 ・・・・・・・・・・・・ 570	<表4-6> 主要バイオ産業製品輸出現況(2022) 585
<表2-4> GDP対比医薬品産業比重推移 ・・・ 570	<表4-7> 年度別バイオ産業輸出変動推移 ・・ 586
<表2-5> 薬効群別・年度別医薬品生産実績推移(中分類) ・・・・・・・・・・・・ 571	<表4-8> 年度別・分野別バイオ産業輸出変動推移 ・・・・・・・・・・・・ 586
<表2-6> 年度別国内製薬会社生産額推移(上位20社) ・・・・・・・・・・・・ 572	<表4-9> 年度別バイオ産業輸入変動推移 ・・ 586
<表2-7> 国内医薬品上位20品目生産額現況(2022) ・・・・・・・・・・・・ 573	<表4-10> 主要バイオ産業製品輸入現況(2022) ・・・・・・・・・・・・ 587
<表2-8> 年度別原料・完成医薬品輸出入額推移 ・・・・・・・・・・・・ 574	<表4-11> 年度別・分野別バイオ産業輸入推移 587

<表4-12> 年度別・分野別バイオ産業総投資規模推移 ・・・・・・・・・・ 588
<表4-13> 年度別・分野別バイオ産業研究開発費及び施設投資額推移 ・・・・・・・ 588
<表4-14> 年度別バイオ産業投資変動推移 ・・ 589
<表4-15> バイオ医薬品市場規模推移 ・・・・ 589
<表4-16> 年度別バイオ医薬品生産実績推移 ・ 589
<表4-17> 製剤別バイオ医薬品生産実績推移 ・ 590
<表4-18> 会社別バイオ医薬品上位10社生産実績現況 ・・・・・・・・・・・・ 590
<表4-19> 品目別バイオ医薬品上位10品目生産実績現況 ・・・・・・・・・・・ 591
<表4-20> 年度別バイオ医薬品輸出入実績推移 591
<表4-21> 会社別バイオ医薬品上位10社輸入実績現況 ・・・・・・・・・・・・ 592
<表4-22> 品目別バイオ医薬品上位10品目輸入実績現況 ・・・・・・・・・・・ 592
<表4-23> 製剤別バイオ医薬品輸出実績現況 ・ 593
<表4-24> 製剤別バイオ医薬品輸入実績現況 ・ 593
<表4-25> 国別バイオ医薬品輸出実績現況(上位10カ国) ・・・・・・・・・・・ 594
<表4-26> 国別バイオ医薬品輸入実績現況(上位10カ国) ・・・・・・・・・・・ 594
<表4-27> 医薬品別バイオ医薬品臨床承認推移 595
<表4-28> 製薬会社及び研究者臨床承認推移 595
<表4-29> 段階別製薬会社臨床試験承認推移 595
<表4-30> 効能群別臨床試験承認推移 ・・・ 596

9章 繊維・衣類・雑貨

1. 繊維産業 ・・・・・・・・・・・・ 599
<表1-1> 品目別繊維類輸出入現況 ・・・・ 599
<表1-2> 月別繊維類輸出入現況(2022) ・・・ 599
<表1-3> 品目別繊維類輸出現況 ・・・・・ 600
<表1-4> 品目別繊維類輸入現況 ・・・・・ 601
<表1-5> 国別繊維類輸出現況 ・・・・・・ 602
<表1-6> 国別繊維類輸入現況 ・・・・・・ 603
<表1-7> 月別・品目別織物類輸出現況(2022) 604
<表1-8> 月別・品目別織物類輸入現況(2022) 606
<表1-9> 月別・国別織物類輸出現況(2022) ・ 608
<表1-10> 月別・国別織物類輸入現況(2022) ・ 610
<表1-11> 繊維ファッション産業需給現況 ・・・ 612
<表1-12> 化繊需給現況 ・・・・・・・ 612
<表1-13> 綿紡需給現況 ・・・・・・・ 613
<表1-14> 織物需給現況 ・・・・・・・ 613
<表1-15> 衣類国内小売販売及びオンラインショッピング取引現況 ・・・・・・・・・・ 613
<表1-16> 衣類需給現況 ・・・・・・・ 614
<表1-17> 毛糸輸出実績推移 ・・・・・・ 614
<表1-18> 毛織物輸出実績 ・・・・・・・ 615
<表1-19> 毛織物輸入実績 ・・・・・・・ 615
<表1-20> 毛糸(原料)輸入実績 ・・・・・ 616
<表1-21> 品目別毛糸輸入実績 ・・・・・ 616
<表1-22> 羊毛価格現況 ・・・・・・・ 617
<表1-23> 紡績会社生産現況 ・・・・・・ 618
<表1-24> 原綿価格現況 ・・・・・・・ 618
<表1-25> 綿糸輸出現況 ・・・・・・・ 619
<表1-26> 主要国別綿糸輸出現況 ・・・・・ 619
<表1-27> 綿糸輸入現況 ・・・・・・・ 620
<表1-28> 主要国別綿糸輸入現況 ・・・・・ 620

2. 化学繊維 ・・・・・・・・・・・・ 621
<表2-1> 会社別化繊生産能力推移 ・・・・ 621
<表2-2> 品目別化繊生産推移 ・・・・・ 622
<表2-3> 年度別Acrylic需給推移 ・・・・・ 622
<表2-4> 年度別Nylon Filament需給推移 ・ 623
<表2-5> 年度別Polyester Filament需給推移 ・ 623
<表2-6> 年度別Polyester Staple Fiber需給推移 624
<表2-7> 年度別Chemical Fiber総需給推移 ・ 624
<表2-8> 品目別化繊類輸出推移 ・・・・・ 625
<表2-9> 品目別Acrylic輸出推移 ・・・・・ 625
<表2-10> 品目別Nylon輸出推移 ・・・・・ 626
<表2-11> 品目別Polyester輸出推移 ・・・・ 627
<表2-12> 品目別Synthetic Fiber輸出推移 ・・ 627
<表2-13> 品目別Rayon輸出推移 ・・・・・ 628
<表2-14> 品目別Cellulosic Fiber輸出推移 ・・ 629
<表2-15> 品目別Chemical Fiber輸出推移 ・ 630
<表2-16> 品目別化繊輸入推移 ・・・・・ 630

<表2-17> 品目別Acrylic輸入推移・・・・・・ 631
<表2-18> 品目別Nylon輸入推移・・・・・・ 631
<表2-19> 品目別Polyester輸入推移・・・・ 632
<表2-20> 品目別Synthetic Fiber輸入推移・・ 632
<表2-21> 品目別品目別Rayon輸入推移・・・ 633
<表2-22> 品目別Cellulosic Fiber輸入推移・・ 634
<表2-23> 品目別Chemical Fiber輸入推移・・ 634
<表2-24> 年度別Spandex輸出入推移・・・・ 635
<表2-25> 国別化繊類輸出推移・・・・・・・ 636
<表2-26> 国別Nylon Filament輸出推移・・・ 637
<表2-27> 国別Polyester Filament輸出推移・ 637
<表2-28> 国別Polyester POY/FDY/DTY輸出推移
・・・・・・・・・・・・・・・・ 638
<表2-29> 国別Acrylic Staple Fiber輸出推移・ 639
<表2-30> 国別Polyester Staple Fiber輸出推移 640
<表2-31> 国別化繊類輸入推移・・・・・・・ 642
<表2-32> 国別Nylon Filament輸入推移・・・ 642
<表2-33> 国別Polyester Filament輸入推移・ 643
<表2-34> 国別Polyester POY/FDY/DTY輸入推移
・・・・・・・・・・・・・・・・ 643
<表2-35> 国別Acrylic Staple Fiber輸入推移・ 644
<表2-36> 国別Polyester Staple Fiber輸入推移 644

10章　食品産業

1. 食品産業・・・・・・・・・・・・・・・ 647
<表1-1> 国内産業対比食品産業生産比重・ 647
<表1-2> 食品産業製造業者推移・・・・・・ 647
<表1-3> 年度別食品産業生産実績推移・・・ 647
<表1-4> 業種別食品産業生産実績現況・・・ 648
<表1-5> 加工食品生産実績現況(上位5品目)・ 648
<表1-6> 食品別生産実績現状(上位20品目)・ 649
<表1-7> 食品添加物生産実績現況(上位5品目) 650
<表1-8> 畜産物生産実績現況(上位5品目)・ 650
<表1-9> 健康機能食品生産実績現況(上位5品目)
・・・・・・・・・・・・・・・・ 650
<表1-10> 加工食品上位10社の生産実績現況・ 651
<表1-11> 食品添加物上位10社の生産実績現況
・・・・・・・・・・・・・・・・ 651
<表1-12> 畜産物上位10社の生産実績現況　・ 652
<表1-13> 健康機能食品上位10社の生産実績現況
・・・・・・・・・・・・・・・・ 652
<表1-14> 品目群別食品輸入推移・・・・・ 653
<表1-15> 食品輸入額上位10カ国推移・・・ 654
<表1-16> 農産物輸入額上位10カ国推移・・・ 654
<表1-17> 畜産物輸入額上位10カ国推移・・・ 655
<表1-18> 水産物輸入額上位10カ国推移・・ 655
<表1-19> 加工食品輸入額上位10カ国推移・・ 656
<表1-20> 健康機能食品輸入額上位10カ国推移 656
<表1-21> 食品添加物輸入額上位10カ国推移・ 657
<表1-22> 器具または容器・包装類輸入額上位10カ
国推移・・・・・・・・・・・・・ 657
<表1-23> 農産物輸入額上位10品目推移・・ 658
<表1-24> 畜産物輸入額上位10品目推移・・・ 658
<表1-25> 水産物輸入額上位10品目推移・・・ 659
<表1-26> 加工食品輸入額上位10品目推移・ 659
<表1-27> 健康機能食品輸入額上位10品目推移 660
<表1-28> 食品添加物輸入額上位10品目推移・ 660
<表1-29> 器具または容器、包装類輸入額上位10品
目推移・・・・・・・・・・・・・ 661
2. 食品原料、添加物、醬類・・・・・・・・・ 662
<表2-1> 年度別小麦加工能力・実績推移・・ 662
<表2-2> 原産地別小麦導入量推移・・・・・ 662
<表2-3> 種類別小麦粉生産実績推移・・・・ 662
<表2-4> 年度別一人当たり小麦粉消費量推移 663
<表2-5> 玉粉及び澱粉用原料トウモロコシ使用量及
び玉粉・澱粉生産量推移・・・・・ 663
<表2-6> 澱粉糖産業のトウモロコシ導入量推移 663
<表2-7> 用途別トウモロコシ澱粉処分量推移・ 664
<表2-8> 産地別輸入トウモロコシ購入実績推移 664
<表2-9> 種類別澱粉輸出実績推移・・・・・ 664
<表2-10> 国別トウモロコシ澱粉輸出実績推移・ 665
<表2-11> 韓国の中国製澱粉糖輸入推移・・ 665
<表2-12> 年度別澱粉製品輸入実績推移・・ 666
<表2-13> 年度別食用油主要原料輸入実績推移 667
<表2-14> 種類別家庭用食用油小売市場規模推移
・・・・・・・・・・・・・・・・ 667

<表2-15> 食用油脂類国内販売額上位10社現況(2021) ・・・・・・・・・668	<表3-11> 流通チャネル別スナック類オン・オフライン小売比重推移 ・・・・・・・・・684
<表2-16> 種類別ごま油生産規模推移 ・・・ 668	<表3-12> 流通チャネル別スナック類小売額及び比重 ・・・・・・・・・685
<表2-17> 種類別ごま油出荷規模推移 ・・・ 669	<表3-13> スナック類販売規模推移 ・・・・ 685
<表2-18> 種類別えごま油生産規模推移 ・・ 669	<表3-14> 製品別スナック類販売ランキング・・ 685
<表2-19> 種類別えごま油出荷規模推移 ・・ 670	<表3-15> 種類別氷菓類生産現況(2023) ・ 686
<表2-20> 年度別ごま油輸出入推移 ・・・・ 670	<表3-16> 種類別氷菓類売上現況(2023) ・ 686
<表2-21> 年度別えごま油輸出入推移 ・・・ 670	<表3-17> 種類別氷菓類国内販売額推移 ・ 686
<表2-22> 会社別伝統油小売市場規模現況 ・ 671	<表3-18> 品目別氷菓類市場規模推移 ・・ 687
<表2-23> 品目別全飴類生産規模推移 ・・・ 672	<表3-19> 品目別パン類生産現況(2023) ・ 687
<表2-24> 品目別全飴類出荷規模推移 ・・・ 672	<表3-20> 品目別パン類売上現況(2023) ・ 688
<表2-25> 品目別全飴類輸出規模推移 ・・・ 673	<表3-21> 種類別麺類生産現況(2023) ・・ 688
<表2-26> 品目別全飴類輸入規模推移 ・・・ 673	<表3-22> 種類別麺類売上現況(2023) ・・ 688
<表2-27> 醤類販売額推移 ・・・・・・・・ 674	<表3-23> 類型別ラーメン出荷規模推移 ・・ 689
<表2-28> 品目別醤類売上高推移 ・・・・・ 674	<表3-24> 年度別ラーメン輸出入推移 ・・・ 689
<表2-29> 醤油小売市場推移 ・・・・・・・ 675	<表3-25> 乳牛飼育頭数推移 ・・・・・・・ 690
<表2-30> 味噌小売市場推移 ・・・・・・・ 675	<表3-26> 牛乳生産費推移 ・・・・・・・・ 690
<表2-31> 味噌小売市場推移 ・・・・・・・ 675	<表3-27> 地域別原乳生産量現況(2023) ・ 691
<表2-32> 品目別醤類生産及び売上現況(2021) ・・・・・・・・ 676	<表3-28> 地域別原乳受取価格現況(2023) ・ 691
<表2-33> 大豆輸出入推移 ・・・・・・・・ 677	<表3-29> 原乳需給推移 ・・・・・・・・・ 692
<表2-34> 国別大豆輸出入推移 ・・・・・・ 677	<表3-30> 原乳使用実績推移 ・・・・・・・ 692
<表2-35> 味噌輸出入推移 ・・・・・・・・ 678	<表3-31> 乳製品消費推移 ・・・・・・・・ 692
<表2-36> 国別味噌輸出入推移 ・・・・・・ 678	<表3-32> 市乳需給推移 ・・・・・・・・・ 693
<表2-37> コチュジャン輸出入推移 ・・・・ 679	<表3-33> 発酵乳需給推移 ・・・・・・・・ 693
<表2-38> 国別コチュジャン輸出入推移 ・・ 679	<表3-34> チーズ需給推移 ・・・・・・・・ 694
3. 加工食品 ・・・・・・・・・・・・・ 680	<表3-35> クリーム需給推移 ・・・・・・・ 694
<表3-1> スナック類市場規模推移 ・・・・ 680	<表3-36> 練乳需給推移 ・・・・・・・・・ 694
<表3-2> スナック類生産規模推移 ・・・・ 680	<表3-37> バター需給推移 ・・・・・・・・ 695
<表3-3> スナック類主要企業現況(2022) ・・・ 681	<表3-38> 粉ミルク需給推移 ・・・・・・・ 695
<表3-4> スナック類輸出規模推移 ・・・・ 681	<表3-39> 乳製品輸入推移 ・・・・・・・・ 696
<表3-5> 国別スナック類輸出推移 ・・・・ 682	<表3-40> 乳製品輸出推移 ・・・・・・・・ 696
<表3-6> 品目別スナック類輸出規模推移 ・・・ 682	<表3-41> 年度別肉加工生産量推移 ・・・・ 697
<表3-7> 菓子類・パン類・餅類主要輸出企業現況(2022) ・・・・・・・・ 683	<表3-42> 年度別肉加工販売量推移 ・・・・ 697
<表3-8> スナック類輸入推移 ・・・・・・ 683	<表3-43> 類型別・年度別食肉加工品輸入推移 698
<表3-9> 品目別スナック類輸入規模推移 ・・・ 683	<表3-44> 年度別水産物加工実績推移 ・・・ 699
<表3-10> 国別スナック類輸入推移 ・・・・ 684	<表3-45> 品目別練製品加工実績推移 ・・・ 699
	<表3-46> 品目別冷凍品加工実績推移 ・・・ 700

<表3-47> 品目別缶詰加工実績推移・・・・701
<表3-48> 品目別素乾品加工実績推移・・・701
<表3-49> 品目別塩乾品加工実績推移・・・701
<表3-50> 品目別煮干品煮干品加工実績推移・702
<表3-51> 品目別海藻製品加工実績推移・・・702
<表3-52> 品目別寒天加工実績推移・・・・・702
<表3-53> 品目別調味加工品加工実績推移・・703
<表3-54> 品目別魚油粉加工実績推移・・・・703
<表3-55> 品目別塩辛品加工実績推移・・・・703
<表3-56> 品目別塩蔵品加工実績推移・・・・704
<表3-57> 冷凍加工食品オフライン全市場規模推移
・・・・・・・・・・・・・・705
<表3-58> 会社別冷凍加工食品市場占有率推移 705
<表3-59> 会社別冷凍餃子市場占有率推移・・705
<表3-60> 細部カテゴリー別冷凍餃子市場規模推移
・・・・・・・・・・・・・・706
<表3-61> 会社別調理冷凍食品市場占有率推移 706
<表3-62> 細部カテゴリー別調理冷凍市場規模推移
・・・・・・・・・・・・・・706
<表3-63> キムチ国内消費量推移・・・・・707
<表3-64> 国内キムチ市場規模及び原産地別平均
単価推移 ・・・・・・・・・・707
<表3-65> 年度別・月別白菜価格推移 ・・・708
<表3-66> 年度別・月別大根価格推移 ・・・708
<表3-67> 年度別・月別乾唐辛子価格推移 ・708
<表3-68> 年度別・月別乾長ネギ価格推移 ・・709
<表3-69> 年度別・月別皮を剥いたニンニク(国産)
価格推移 ・・・・・・・・・・709
<表3-70> 年度別・月別玉ねぎ価格推移 ・・・709
<表3-71> キムチ生産実績推移 ・・・・・710
<表3-72> 主要国別キムチ輸出額推移 ・・・710
4. 飲料、コーヒー、高麗人参、健康機能食品・・711
<表4-1> 飲料類市場規模推移 ・・・・・711
<表4-2> 飲料類生産規模推移 ・・・・・712
<表4-3> 飲料類主要企業現況(2022) ・・712
<表4-4> 飲料類輸出規模推移 ・・・・・713
<表4-5> 飲料類主要輸出企業現況(2022) ・713
<表4-6> 国別飲料類輸出推移 ・・・・・714

<表4-7> 飲料類輸入規模推移 ・・・・・714
<表4-8> 飲料類主要輸入品目推移- 果菜ジュース
・・・・・・・・・・・・・・715
<表4-9> 飲料類主要輸入品目推移- 飲料類 ・716
<表4-10> 主要国別飲料類輸入推移 ・・・716
<表4-11> 流通チャンネル別飲料類小売比重(2022)
・・・・・・・・・・・・・・717
<表4-12> 流通チャネル別飲料類オン・オフライン小
売比重推移 ・・・・・・・・・717
<表4-13> 飲料類販売規模推移 ・・・・・718
<表4-14> 種類別コーヒー消費量推移 ・・・719
<表4-15> コーヒー市場における小売店売上高推移
・・・・・・・・・・・・・・719
<表4-16> 会社別インスタントコーヒー販売金額及び
物量推移 ・・・・・・・・・・719
<表4-17> 会社別インスタントコーヒー市場占有率推
移(物量基準) ・・・・・・・・719
<表4-18> 会社別インスタント豆コーヒー(アメリカーノ)
販売金額及び物量推移 ・・・・720
<表4-19> 会社別インスタント豆コーヒー(アメリカーノ)
物量基準市場占有率推移 ・・・720
<表4-20> 会社別インスタント豆コーヒー(ラテ)販売
金額及び物量推移 ・・・・・・720
<表4-21> 会社別インスタント豆コーヒー(ラテ)物量
基準市場占有率推移 ・・・・・720
<表4-22> 会社別コーヒーミックス販売金額及び物量
推移 ・・・・・・・・・・・・721
<表4-23> 会社別コーヒーミックス市場占有率推移
(物量基準) ・・・・・・・・・721
<表4-24> 会社別コーヒー飲料販売金額及び物量
推移 ・・・・・・・・・・・・721
<表4-25> 会社別コーヒー飲料市場占有率推移(物
量基準) ・・・・・・・・・・721
<表4-26> 年度別高麗人参生産推移 ・・・722
<表4-27> 市道別高麗人参栽培現況(2022) ・722
<表4-28> 市道別高麗人参生産量及び生産実績現
況(2022) ・・・・・・・・・・723
<表4-29> 年度別高麗人参栽培面積変動推移 723

<表4-30> 年度別高麗人参生産量推移 ・・724
<表4-31> 市道別・年根別高麗人参生産現況(2022) ・・・・・・・・・・・・・・・・・724
<表4-32> 年度別高麗人参需給動向 ・・・725
<表4-33> 最近5カ年の高麗人参価格動向 ・・725
<表4-34> 高麗人参主要国輸出実績推移(最近3カ年) ・・・・・・・・・・・・・・・・・726
<表4-35> 高麗人参類及び高麗人参製品類輸出実績推移(最近3カ年) ・・・・・・・・・・726
<表4-36> 品目別高麗人参輸出実績推移 ・・727
<表4-37> 年度別高麗人参輸入推移・・・728
<表4-38> 健康機能食品市場規模推移 ・・729
<表4-39> 健康機能食品生産推移・・・・729
<表4-40> 原料別健康機能食品製品数現況(2022) ・・・・・・・・・・・・・・・・・729
<表4-41> 機能性原料認定推移・・・・・730
<表4-42> 健康機能食品製造会社推移 ・・730
<表4-43> 健康機能食品主要企業現況(2022) 730
<表4-44> 健康機能食品輸出推移・・・・・731
<表4-45> 健康機能食品主要輸出品目(告示型)現況(2022) ・・・・・・・・・・・・・731
<表4-46> 健康機能食品主要輸出品目(個別認定型)現況(2022)・・・・・・・・・・・・・732
<表4-47> 健康機能食品の輸入推移・・・・732
<表4-48> 主要品目別健康機能食品輸入現況(2022) ・・・・・・・・・・・・・・・・733
<表4-49> 主要品目別健康機能食品輸入現況(輸入届出件数)(2022) ・・・・・・・・・733
<表4-50> 健康機能食品主要輸入国現況(輸入額)(2022) ・・・・・・・・・・・・・・・・734
<表4-51> 健康機能食品主要輸入国現況(輸入件数)(2022) ・・・・・・・・・・・・・734
<表4-52> 健康機能食品主要輸入業者現況(2022) ・・・・・・・・・・・・・・・735
<表4-53> 健康機能食品国内販売推移 ・・・735
<表4-54> 品目別健康機能食品売上推移 ・・736
<表4-55> 機能性別健康機能食品売上比重(2022) ・・・・・・・・・・・・・・・・736

5. 簡便調理食、外食産業 ・・・・・・・737
<表5-1> インスタント食品及び簡便食品セット(ミールキット)市場規模推移 ・・・・・・・737
<表5-2> インスタント食品及び簡便食品セット(ミールキット)生産額推移 ・・・・・・・738
<表5-3> インスタント食品及び簡便食品セット(ミールキット)生産量推移 ・・・・・・・738
<表5-4> インスタント食品生産業者推移 ・・739
<表5-5> 会社別・ブランド別簡便食品セット(ミールキット)市場比重推移 ・・・・・・・739
<表5-6> 簡便食品セット(ミールキット)輸出規模推移 ・・・・・・・・・・・・・・・739
<表5-7> インスタント食品輸出上位20社及び輸出実績(2022) ・・・・・・・・・・・・・740
<表5-8> インスタント食品及び簡便食品セット(ミールキット)販売額推移 ・・・・・・・740
<表5-9> インスタント食品生産上位20社及び実績現況(2022) ・・・・・・・・・・・・・741
<表5-10> 会社別ファーストフード売上・店舗数推移 ・・・・・・・・・・・・・・・・742
<表5-11> 会社別ファミリーレストラン売上・店舗数推移 ・・・・・・・・・・・・・・742
<表5-12> 会社別ピザ売上・店舗数推移 ・・・743
<表5-13> 会社別チキン売上・店舗数推移 ・・743
<表5-14> 会社別コーヒー売上・店舗数推移 ・743

6. 代替食品 ・・・・・・・・・・・・・744
<表6-1> 分野別代替食品市場規模現況 ・・744
<表6-2> 類型別代替食品(国内生産+輸入)現況 ・・・・・・・・・・・・・・・・・744
<表6-3> 目的別代替食品現況 ・・・・・745
<表6-4> 代替食品輸入国数・製品数・輸入量推移 ・・・・・・・・・・・・・・・・・745
<表6-5> 流通チャネル別植物性食品市場規模推移 ・・・・・・・・・・・・・・・・・745

11章 その他製造業

1. タイヤ工業 ・・・・・・・・・・・・749
<表1-1> 自動車タイヤ生産・販売推移(数量) ・749

表番号	タイトル	頁
<表1-2>	自動車タイヤ生産・販売推移(重量)	750
<表1-3>	自動車タイヤ内需(新車用及び交換用)販売推移(数量)	751
<表1-4>	自動車タイヤ内需(新車用及び交換用)販売推移(重量)	751
<表1-5>	地域別タイヤチューブ輸出推移(金額)	751
<表1-6>	種類別自動車タイヤ輸入推移(数量及び金額)	752
<表1-7>	国別乗用車用ラジアルタイヤ輸入推移(数量及び金額)	752
<表1-8>	国別バス用(小型トラック含む)ラジアルタイヤ輸入推移(数量及び金額)	752
<表1-9>	二輪車用タイヤ生産・販売推移(数量及び重量)	753
<表1-10>	二輪車用チューブ生産・販売推移(数量及び重量)	753
<表1-11>	国別二輪車用タイヤ輸入推移(数量及び金額)	754
<表1-12>	国別二輪車用チューブ輸入推移(数量及び金額)	754
<表1-13>	年度別廃タイヤ発生量及びリサイクル推移	755
<表1-14>	利用方法別廃タイヤ処理推移	755
<表1-15>	世界の天然ゴム生産及び消費推移	756
<表1-16>	地域別天然ゴム生産(消費)推移	756
<表1-17>	韓国の天然ゴム消費推移	756
<表1-18>	世界の合成ゴム生産及び消費推移	757
<表1-19>	地域別合成ゴム生産(消費)推移	757
<表1-20>	韓国の合成ゴム生産(消費)推移	757
2. 窯業		758
<表2-1>	セメント需給現況(総括)(2022)	758
<表2-2>	会社別クリンカー生産能力及び稼働率現況	759
<表2-3>	年度別製造業及びセメント産業平均稼働率推移	759
<表2-4>	年度別クリンカー需給推移(総括)	759
<表2-5>	年度別セメント需給推移(総括)	760
<表2-6>	セメント産業生産推移(総括)	760
<表2-7>	セメント産業内需推移(総括)	761
<表2-8>	品目別セメント産業内需推移	761
<表2-9>	需要別セメント産業内需推移	762
<表2-10>	セメント産業輸出推移	762
<表2-11>	セメント産業輸入推移	763
<表2-12>	輸送手段別セメント産業輸送推移	763
<表2-13>	年度別骨材許可実績及び採取実績推移	764
<表2-14>	供給元別骨材採取構成比推移	764
<表2-15>	種類別・四半期別骨材採取実績(全国)(2022)	765
<表2-16>	市道別骨材採取許可実績(2021)	767
<表2-17>	市道別骨材許可採取実績(2022)	768
<表2-18>	市道別骨材申告採取実績(2022)	769
3. 木材・家具工業		770
<表3-1>	年度別木材パネル生産及び供給推移	770
<表3-2>	年度別原木需給実績推移	770
<表3-3>	用途別国内材供給実績推移	771
<表3-4>	年度別・地域別チップ生産実績推移	771
<表3-5>	年度別パルプ生産実績推移	772
<表3-6>	年度別・地域別木材ペレット生産実績推移	772
<表3-7>	年度別パーティクルボード輸出入推移	773
<表3-8>	年度別合板輸出入推移	773
<表3-9>	年度別製材木輸出入推移	773
<表3-10>	椅子輸出入推移	774
<表3-11>	医療用家具輸出入推移	774
<表3-12>	その他家具及びその部分品輸出入推移	774
<表3-13>	マットレス支持物等輸出入推移	775
4. 製紙・パルプ工業		776
<表4-1>	年度別紙類生産実績推移	776
<表4-2>	月別紙類生産実績推移(2023)	776
<表4-3>	年度別紙類内需推移	777
<表4-4>	月別紙類内需実績推移(2023)	777
<表4-5>	年度別製紙類輸出実績推移	778
<表4-6>	月別製紙類輸出実績推移(2023)	778

5. 楽器工業・・・・・・・・・・・779
<表5-1> 年度別ピアノ輸出入推移・・・・・779
<表5-2> 年度別ギター・弦楽器輸出入推移・・779
<表5-3> 年度別管楽器輸出入推移・・・・・779
<表5-4> 年度別打楽器輸出入推移・・・・・780

12章 建設・住宅

1. 建設業・・・・・・・・・・・・・783
<表1-1> 地域別総合建設企業及び建設業登録分布現況・・・・・・・・・・・・・・・・・783
<表1-2> 発注機関別・工種別総合建設企業契約実績・・・・・・・・・・・・・・・・・・784
<表1-3> 発注機関別・工種別総合建設企業既成実績・・・・・・・・・・・・・・・・・・784
<表1-4> 地域別専門建設業登録分布現況・・785
<表1-5> 市道別・請負別専門建設業契約実績現況・・・・・・・・・・・・・・・・・・・786
<表1-6> 業種別・請負別専門建設業契約実績現況・・・・・・・・・・・・・・・・・・・787
<表1-7> 市道別・細分工種別専門建設業契約実績(合計)現況・・・・・・・・・・・・・・788
<表1-8> 市道別・請負別専門建設業既成実績現況・・・・・・・・・・・・・・・・・・・789
<表1-9> 業種別・請負別専門建設業既成実績現況・・・・・・・・・・・・・・・・・・・789
<表1-10> 市道別設備建設業登録数及び企業数現況・・・・・・・・・・・・・・・・・・・790
<表1-11> 市道別・請負別設備建設業契約及び既成実績・・・・・・・・・・・・・・・・・791
<表1-12> 市道別・業種別設備建設業契約及び既成実績・・・・・・・・・・・・・・・・・792
<表1-13> 業種別・工種別・請負別設備建設業契約及び既成実績・・・・・・・・・・・・・793
2. 国内建設・・・・・・・・・・・795
<表2-1> 項目別建設投資構成比推移・・・795
<表2-2> 民間・公共別建設投資構成比推移・795
<表2-3> 年度別・資材別・用途別建築物着工推移・・・・・・・・・・・・・・・・・・・795

<表2-4> 年度別・資材別・用途別建築物着工延床面積推移・・・・・・・・・・・・・・・・・796
<表2-5> 年度別・資材別・用途別建築許可推移 797
<表2-6> 年度別・資材別・用途別建築許可延床面積推移・・・・・・・・・・・・・・・・・798
<表2-7> 地域別骨材所要量及び比重現況(2022)・・・・・・・・・・・・・・・・・・・799
<表2-8> 地域別・四半期別砂需要量算定現況(2022)・・・・・・・・・・・・・・・・・800
<表2-9> 地域別・四半期別砂利需要量算定現況(2022)・・・・・・・・・・・・・・・・・801
<表2-10> 骨材源別骨材供給・比率現況(2022) 802
<表2-11> 地域別骨材許可供給計画現況(2022)・・・・・・・・・・・・・・・・・・・803
3. 海外建設・・・・・・・・・・・804
<表3-1> 地域別海外建設受注金額推移・・・804
<表3-2> 地域別海外建設受注件数推移・・・804
<表3-3> 工種別海外建設受注金額推移・・・804
<表3-4> 工種別海外建設受注件数推移・・・805
<表3-5> 年度別海外建設人材進出推移・・・806
4. 住宅建設・・・・・・・・・・・807
<表4-1> 年度別公共住宅建設実績推移・・・807
<表4-2> 類型別・年度別住宅建設実績推移・807
<表4-3> 部門別・類型別住宅着工実績推移・808
<表4-4> 部門別・類型別住宅竣工実績推移・810
<表4-5> 年度別・市道別住宅未分譲推移・・812

13章 環境産業

1. 大気環境・・・・・・・・・・・815
<表1-1> 都市別亜硫酸ガス汚染度推移・・・815
<表1-2> 都市別微細粉塵(PM10)汚染度推移 815
<表1-3> 都市別二酸化窒素(NO2)汚染度推移 816
<表1-4> 都市別オゾン(O3)汚染度推移・・816
<表1-5> 都市別一酸化炭素(CO)汚染度推移・817
<表1-6> 都市別鉛(Pb)汚染度推移・・・・817
<表1-7> 年度別主要都市の雨水酸度推移・・818
<表1-8> 年度別オゾン注意報発令推移・・・818
<表1-9> 年度別主要都市の黄砂発生推移・・819

2. 水質環境 ・・・・・・・・・・・・・・ 820
<表2-1> 4大河川主要地点水質汚染度推移(BOD)
・・・・・・・・・・・・・・ 820
<表2-2> 4大河川主要地点水質汚染度推移(COD)
・・・・・・・・・・・・・・ 820
<表2-3> 4大河川主要地点水質汚染度推移(T-P)
・・・・・・・・・・・・・・ 821
<表2-4> 4大河川主要地点水質汚染度推移(T-N)
・・・・・・・・・・・・・・ 821
<表2-5> 4大河川主要地点水質汚染度推移
(クロロフィル-a) ・・・・・・・・・ 822
<表2-6> 市道別地下水施設現況 ・・・・・ 822
<表2-7> 市道別地下水利用現況 ・・・・ 824
3. 上下水道 ・・・・・・・・・・・・・・ 826
<表3-1> 市道別上水道普及現況(2022) ・・ 826
<表3-2> 年度別上水道普及推移 ・・・・・ 827
<表3-3> 行政区域別上水道普及水準(2022) ・ 827
<表3-4> 取水源別施設容量現況(2022) ・・ 828
<表3-5> 年度別取水場稼働率推移 ・・・・ 828
<表3-6> 市道別取水場現況(2022) ・・・・ 829
<表3-7> 市道別浄水場施設現況(2022) ・・ 830
<表3-8> 年度別浄水場稼働率推移 ・・・・ 831
<表3-9> 方式別浄水処理施設現況(2022) ・・ 831
<表3-10> 年度別水道管延長推移・・・・・ 831
<表3-11> 年度別上水道総給水量分析推移・ 831
<表3-12> 業種別水道水使用量推移 ・・・・ 832
<表3-13> 地域別1人1日当たり水道水使用量推移
・・・・・・・・・・・・・・ 832
<表3-14> 市道別水道料金現況(2022) ・・・ 833
<表3-15> 年度別水道料金変化推移 ・・・・ 833
<表3-16> 市道別下水道普及現況(2022) ・・ 834
<表3-17> 年度別下水道料金推移・・・・・ 835
<表3-18> 市道別下水道料金現況(2022) ・・ 835
<表3-19> 年度別・地域別糞尿処理施設推移 ・ 836
<表3-20> 年度別・地域別下水処理場推移 ・ 837
<表3-21> 市道別公共下水処理水再利用現況
(2022) ・・・・・・・・・・・・ 838
4. 廃棄物 ・・・・・・・・・・・・・・ 839

<表4-1> 年度別・種類別廃棄物発生推移 ・・ 839
<表4-2> 年度別生活廃棄物の性状変化推移 ・ 839
<表4-3> 年度別生活(家庭)廃棄物の性状変化推移
・・・・・・・・・・・・・・ 840
<表4-4> 年度別事業所(非)排出施設系廃棄物の性
状変化推移 ・・・・・・・・・・・ 840
<表4-5> 年度別排出施設系事業場廃棄物の性状変
化推移 ・・・・・・・・・・・・・ 841
<表4-6> 年度別建設廃棄物の性状変化推移 ・ 841
<表4-7> 年度別指定廃棄物の性状変化推移 ・ 842
<表4-8> 廃棄物処理方法変化推移 ・・・・ 842
<表4-9> 生活廃棄物処理方法変化推移 ・・ 843
<表4-10> 事業場排出施設廃棄物処理方法変化
推移 ・・・・・・・・・・・・・ 843
<表4-11> 建設廃棄物処理方法変化推移 ・・ 844
<表4-12> 指定廃棄物処理方法変化推移 ・ 844
<表4-13> 処理主体別廃棄物処理現況(2022) ・ 845
<表4-14> 廃棄物埋立施設現況(2022) ・・ 845
<表4-15> 廃棄物焼却施設現況(2022) ・・ 846
<表4-16> 廃棄物処理業者現況(2022) ・・ 846

14章 運輸業

1. 運輸産業 ・・・・・・・・・・・・・・ 849
<表1-1> 年度別国内旅客輸送推移(1) ・・・・ 849
<表1-2> 年度別国内旅客輸送推移(2) ・・・・ 850
<表1-3> 手段別国内旅客輸送推移(1) ・・・ 850
<表1-4> 手段別国内旅客輸送推移(2) ・・・ 851
<表1-5> 年度別国際旅客推移 ・・・・・・・ 851
<表1-6> 年度別・輸送手段別国際旅客推移 ・ 852
<表1-7> 年度別国内貨物総括推移 ・・・・・ 854
<表1-8> 年度別・輸送手段別国内貨物輸送量推移
・・・・・・・・・・・・・・ 856
<表1-9> 年度別国際貨物総括推移 ・・・・・ 858
<表1-10> 年度別・輸送手段別国際貨物推移 ・ 859
2. 陸上輸送 ・・・・・・・・・・・・・・ 860
<表2-1> 輸送手段別輸送実績推移(1) ・・・ 860
<表2-2> 輸送手段別輸送実績推移(2) ・・・ 860
<表2-3> 年度別鉄道総括指標推移 ・・・・・ 862

<表2-4> 年度別鉄道貨物輸送実績推移 ・・・ 863
<表2-5> 年度別鉄道車両保有推移 ・・・・・ 864
<表2-6> 営業用自動車輸送総括 ・・・・・・ 864
<表2-7> 年度別自動車登録台数推移 ・・・・ 865
<表2-8> 市道別自動車登録台数現況(2022) ・ 866
3. 海上輸送 ・・・・・・・・・・・・・・ 868
<表3-1> 海運貨物輸送推移(入港) ・・・・・ 868
<表3-2> 海運貨物輸送推移(出港) ・・・・・ 869
<表3-3> 年度別船舶入出港推移 ・・・・・・ 870
<表3-4> トン級別船舶入港現況・・・・・・ 872
<表3-5> 年度別貨物輸送推移(総括) ・・・・ 873
4. 航空輸送 ・・・・・・・・・・・・・・ 875
<表4-1> 国内旅客輸送実績推移 ・・・・・・ 875
<表4-2> 国際旅客輸送実績推移 ・・・・・・ 875
<表4-3> 国内貨物輸送実績推移 ・・・・・・ 877
<表4-4> 国際貨物輸送実績(1)推移 ・・・・・ 878
<表4-5> 国際貨物輸送実績(2)推移 ・・・・・ 879
<表4-6> 国内線運航実績推移 ・・・・・・・ 880
<表4-7> 国際線運航実績推移 ・・・・・・・ 881

15章 流通・金融産業

1. 流通産業 ・・・・・・・・・・・・・・ 885
<表1-1> オフライン流通業者の売上比重及び増減率現況 ・・・・・・・・・・・・ 885
<表1-2> 月別前年同月比主要流通業者売上増減率現況(2023) ・・・・・・・・・・ 885
<表1-3> 大型マート前年同期比売上増減率現況 ・・・・・・・・・・・・・・・・ 885
<表1-4> 商品群別大型マート前年同月比売上増加率現況 ・・・・・・・・・・・ 886
<表1-5> 月別大型マート購入件数・購入単価及び店舗当たり売上額増加率推移(2023) ・・・・ 886
<表1-6> 商品群別大型マート売上比重推移 ・・ 887
<表1-7> 商品群別・月別デパート前年同月比売上増加率現況 ・・・・・・・・・ 887
<表1-8> デパート前年同期比売上増減率推移 ・ 888
<表1-9> 商品群別デパート売上比重推移(2023) ・・・・・・・・・・・・・・・ 888
<表1-10> デパートの購入件数・購入単価及び店舗当たり売上増加率推移 ・・・・・・・・ 888
<表1-11> コンビニ前年同期比売上増減率推移 888
<表1-12> 商品群別コンビニ前年同月比売上増加率推移 ・・・・・・・・・・・・・・ 889
<表1-13> 商品群別コンビニ売上比重推移 ・・ 889
<表1-14> 月別コンビニ購入件数及び購入単価増加率推移 ・・・・・・・・・・・・ 890
<表1-15> 月別コンビニ店舗当たり売上額増加率及び店舗数推移 ・・・・・・・・・ 890
<表1-16> 準大規模店舗(SSM)前年同期比売上増減率推移 ・・・・・・・・・・・・ 890
<表1-17> 準大規模店舗(SSM)購入件数・購入単価及び店舗当たり売上増加率推移 ・・ 891
<表1-18> 商品群別準大規模店舗(SSM)前年同月比売上増加率推移 ・・・・・・・・ 891
<表1-19> 商品群別準大規模店舗(SSM)売上比重推移 ・・・・・・・・・・・・・・ 892
<表1-20> 小売販売額中のオンラインショッピング取引額比重推移 ・・・・・・・ 892
<表1-21> オンラインショッピング中のモバイル取引額推移 ・・・・・・・・・・ 892
<表1-22> 商品群別オンラインショッピング取引額現況 ・・・・・・・・・・・・ 893
<表1-23> 商品群別オンラインショッピング取引額前年同期比現況 ・・・・・・・ 895
<表1-24> 商品群別モバイルショッピング取引額現況 ・・・・・・・・・・・・・ 896
<表1-25> 商品群別モバイルショッピング取引額前年同期比現況 ・・・・・・・・ 898
<表1-26> 商品群別オンラインショッピング取引額(総合モール)動向 ・・・・・・ 900
<表1-27> 商品群別オンラインショッピング取引額(専門モール)動向 ・・・・・・ 901
<表1-28> 商品群別オンラインモール取引額動向 903
<表1-29> 商品群別オン・オフライン並行モールのオンラインショッピング取引額動向 ・・・・・・ 904
2. 金融産業 ・・・・・・・・・・・・・・ 906

<表2-1> 年度別家計信用動向推移 ・・・・906	<表2-24> 損害保険会社店舗及び代理店推移　915
<表2-2> 年度別企業資金調達推移 ・・・・906	<表2-25> 損害保険損害保険会社資産健全性現況 ・・・・・・・・・・・・・915
<表2-3> 年度別保険会社の収入保険料規模推移 ・・・・・・・・・・・・906	<表2-26> クレジットカード会社営業店舗推移　916
<表2-4> 年度別保険会社財務状況推移 ・・・907	<表2-27> クレジットカード会社与信健全性推移　916
<表2-5> 年度別保険会社支給余力比率推移・907	<表2-28> デビットカード利用実績推移 ・・・916
<表2-6> 年度別相互貯蓄銀行BIS自己資本比率推移 ・・・・・・・・・907	<表2-29> クレジットカード利用実績推移 ・・917
<表2-7> 年度別相互貯蓄銀行の固定以下与信比率推移 ・・・・・・・・・907	<表2-30> プリペイドカード利用実績推移 ・・917
<表2-8> 年度別市場金利推移 ・・・・・・908	<表2-31> カード購入実績推移 ・・・・・・917
<表2-9> 年度別信用保証規模推移 ・・・・908	<表2-32> リース会社営業店舗推移 ・・・・918
<表2-10> 年度別クレジットカード会社調整自己資本比率推移 ・・・・・・・・908	<表2-33> リース会社与信健全性 ・・・・・918
<表2-11> 年度別外国人証券投資推移・・・909	<表2-34> 割賦金融会社営業店舗推移 ・・・919
<表2-12> 年度別銀行の固定以下与信比率推移　909	<表2-35> 割賦金融会社与信健全性推移 ・・919
<表2-13> 年度別銀行の企業及び家計貸付延滞貸付債権比率推移 ・・・・・・・909	<表2-36> 新技術金融会社営業店舗推移 ・・920
<表2-14> 種類別・年度別債権発行/流通推移・910	<表2-37> 新技術金融会社与信健全性推移 ・920
<表2-15> 年度別手形不渡率推移 ・・・・・910	
<表2-16> 年度別一般銀行営業店舗推移・・・911	16章　観光・レジャー産業
<表2-17> 年度別証券会社店舗推移 ・・・・911	1. 観光産業 ・・・・・・・・・・・・・923
<表2-18> 証券会社資産健全性分類現況 ・・912	<表1-1> 年度別観光客入出国推移 ・・・923
<表2-19> 証券会社の金融商品委託売買手数料現況 ・・・・・・・・・・912	<表1-2> 年齢別観光客入国推移 ・・・・・923
<表2-20> 年度別証券会社証券取引推移 ・・913	<表1-3> 国別訪韓観光客入国者数推移 ・・924
<表2-21> 年度別証券会社デリバティブ取引推移 ・・・・・・・・・・・913	<表1-4> 目的別訪韓観光客入国推移 ・・・926
<表2-22> 生命保険会社店舗及び販売店推移・914	<表1-5> 外来旅行客入国数推移 ・・・・・926
<表2-23> 生命保険会社資産健全性現況 ・・914	<表1-6> 交通手段別外来旅行客入国推移・・926
	<表1-7> 性別入国者推移 ・・・・・・・・927
	<表1-8> 年齢別韓国人出国推移 ・・・・・927
	<表1-9> 交通手段別韓国人出国推移 ・・・928
	<表1-10> 性別韓国人出国推移 ・・・・・928

1章 一次産業

1. 農業

<表1-1> 年度別食用作物生産量推移　　　　　　　　　　　　　　　　　　（単位：千ha, 千トン）

		2017	2018	2019	2020	2021	2022
米穀	面積	755	738	730	726	732	727
	生産量	3,972	3,868	3,744	3,507	3,882	3,764
麦類	面積	38	54	47	40	35	32
	生産量	112	128	152	115	115	103
豆類	面積	58	63	72	67	65	76
	生産量	101	106	125	99	128	150
薯類	面積	43	44	49	46	45	41
	生産量	194	204	252	213	129	201
雑穀	面積	26	26	27	27	27	28
	生産量	86	91	101	113	113	115
合計	面積	920	924	924	906	905	904
	生産量	4,466	4,398	4,375	4,047	4,457	4,332

出所：農林畜産食品部

<表1-2> 年度別米穀栽培面積及び生産量推移　　　　　　　　　　　　　　（単位：千ha, 千トン）

	水稲		陸稲		合計	
	面積	生産量	面積	生産量	面積	生産量
2013	831	4,227	1.3	2.7	833	4,230
2014	814	4,238	1.2	3.2	816	4,241
2015	798	4,323	1.4	3.8	799	4,327
2016	778	4,195	0.9	2.1	779	4,197
2017	754	3,972	0.4	0.9	755	3,972
2018	738	3,868	0.3	0.6	738	3,868
2019	730	3,744	0.2	0.6	730	3,744
2020	726	3,507	0.3	0.6	726	3,507
2021	732	3,882	0.4	1.3	732	3,882
2022	727	3,763	0.4	1.1	727	3,764

出所：農林畜産食品部

<表1-3> 地域別米穀栽培面積及び生産実績現況(2022)　　　　　　　　　　　　(単位：ha, kg, トン)

	計		水稲			陸稲		
	栽培面積	生産量	栽培面積	10ha当たり	生産量	栽培面積	10ha当たり	生産量
ソウル	173	864	173	498	864	0	0	0
釜山	2,123	10,801	2,123	509	10,801	0	0	0
大邱	2,935	15,512	2,935	529	15,512	0	0	0
仁川	11,331	56,176	11,331	496	56,176	0	0	0
光州	5,066	24,901	5,066	492	24,901	0	0	0
大田	1,132	5,825	1,132	514	5,825	0	0	0
蔚山	3,710	17,772	3,710	479	17,772	0	0	0
世宗	3,294	17,443	3,294	530	17,443	0	0	0
京畿	73,648	366,863	73,645	498	366,857	3	230	6
江原	28,708	143,908	28,708	501	143,908	0	0	0
忠北	33,195	171,414	33,194	516	171,412	1	276	2
忠南	133,978	725,273	133,978	541	725,273	0	0	0
全北	113,775	621,838	113,775	547	621,838	0	0	0
全南	154,679	742,913	154,359	481	742,043	320	272	870
慶北	94,757	511,392	94,746	540	511,363	11	257	29
慶南	64,481	330,604	64,481	513	330,604	0	0	0
済州	70	201	5	378	18	66	278	183
合計	727,054	3,763,700	726,654	518	3,762,610	400	272	1,090

出所：農林畜産食品部

<表1-4> 年度別麦類栽培面積及び生産量推移　　　　　　　　　　　　　　(単位：千ha, 千トン)

	大麦		裸麦		ビール麦		小麦		ライ麦		合計	
	面積	生産量	面積	生産量	面積	生産量	面積	生産量	面積	生産量	面積	生産量
2013	8	18	14	30	5	12	7	19	-	-	33	88
2014	8	22	17	48	6	18	7	23	-	-	38	112
2015	8	18	18	37	8	21	10	26	-	-	44	102
2016	9	17	17	35	9	21	10	39	-	-	47	113
2017	9	21	12	31	8	23	9	37	-	-	38	112
2018	12	26	25	52	11	25	7	26	-	-	54	128
2019	10	30	23	71	11	36	4	15	-	-	47	152
2020	7	19	19	56	8	24	5	17	-	-	40	115
2021	6	17	16	49	7	23	6	26	-	-	35	115
2022	5	12	13	38	6	18	8	35	-	-	32	103

注) 精穀基準。

出所：農林畜産食品部

<表1-5> 年度別大豆栽培面積及び生産量推移　　　　　　　　　　　　　　（単位：千ha, 千トン）

	2015	2016	2017	2018	2019	2020	2021	2022
栽培面積	57	49	46	51	59	55	54	64
生産量	104	75	86	89	105	81	111	130

出所：農林畜産食品部

<表1-6> 年度別サツマイモ栽培面積及び生産量推移　　　　　　　　　　（単位：千ha, 千トン）

	2015	2016	2017	2018	2019	2020	2021	2022
栽培面積	19	23	22	21	22	22	23	21
生産量	295	341	325	305	368	330	349	337

出所：農林畜産食品部

<表1-7> 年度別ジャガイモ栽培面積及び生産量推移　　　　　　　　　　（単位：千ha, 千トン）

	2015	2016	2017	2018	2019	2020	2021	2022
栽培面積	20	22	21	23	27	24	22	20
生産量	538	556	467	548	690	553	555	481

出所：農林畜産食品部

<表1-8> 年度別トウモロコシ栽培面積及び生産量推移　　　　　　　　　（単位：千ha, 千トン）

	2015	2016	2017	2018	2019	2020	2021	2022
栽培面積	15	15	15	15	15	16	16	15
生産量	78	74	73	78	76	92	95	91

出所：農林畜産食品部

<表1-9> 年度別サツマイモ生産・買上及び用途別消費実績推移

	生産量（千トン）	買上実績（千トン）	買上比率（%）	買上価格（ウォン/kg）	加工用消費実績(千トン)		
					合計	酒精	澱粉
2014	322	-	-	-	36	1	35
2015	295	-	-	-	34	1	33
2016	341	-	-	-	37	1	36
2017	325	-	-	-	35	1	34
2018	305	-	-	-	15	0	14
2019	368	-	-	-	18	0	17
2020	330	-	-	-	24	1	23
2021	349	-	-	-	13	0	12
2022	337	-	-	-	15	0	14

注）買上価格は生芋基準。

出所：農林畜産食品部

<表1-10> 年度別豆類生産・買上及び用途別消費実績推移

	生産量(千トン)	買上実績(千トン)	買上比率(%)	買上価格*(ウォン/75kg)	輸入量(千トン)	用途別消費実績(千トン)		
							飼料用	食用/その他
2014	139	9.4	6.8	276,675	1,290	1,358	928	430
2015	104	11.4	11.0	276,675	1,317	1,474	1,041	433
2016	75	2.1	2.8	276,675	1,342	1,486	1,066	420
2017	86	10.7	12.5	286,875	1,286	1,388	1,045	343
2018	89	0.5	1.0	277,200	1,338	1,371	1,033	338
2019	105	16.8	27.9	304,500	1,312	1,350	1,015	335
2020	81	0.6	0.7	304,500	1,242	1,404	1,057	347
2021	111	2.2	2.0	318,000	1,343	1,383	1,042	341
2022	130	18.7	14.4	318,000	1,288	-	-	-

出所：農林畜産食品部

<表1-11> 年度別トウモロコシ生産・買上及び用途別消費実績推移

	生産量(千トン)	輸入量(千トン)	用途別消費実績(千トン)			
				飼料用	玉粉用	澱粉用
2014	82	10,138	9,906	7,850	71	1,985
2015	78	9,632	10,034	7,907	78	2,049
2016	74	9,743	9,942	7,711	73	2,158
2017	73	9,041	9,245	6,978	75	2,238
2018	78	9,969	9,894	7,667	73	2,246
2019	76	10,759	10,865	8,631	69	2,208
2020	92	11,641	11,658	9,527	68	2,125
2021	95	11,307	11,482	9,277	66	2,170
2022	91	11,634	11,334	9,137	65	2,132

出所：農林畜産食品部

<表1-12> 年度別全穀物需給実績推移　　　　　　　　　　　　　　　　（単位：千ha，千トン）

		供給					需要	
		前年繰越	生産	輸入	その他		食糧	加工
2014	23,289	1,853	5,524	15,912	-	20,833	5,155	4,525
2015	23,554	2,456	5,472	15,626	-	20,817	5,119	4,641
2016	24,321	2,726	5,506	16,090	-	21,154	5,018	4,829
2017	23,791	3,166	5,291	15,333	-	20,693	5,049	4,859
2018	24,266	3,098	5,137	16,031	-	21,388	4,971	4,969
2019	24,091	2,878	5,059	16,153	-	21,723	4,844	5,010
2020	24,491	2,368	4,915	17,207	-	21,977	4,827	4,717
2021	25,168	2,585	4,721	17,862	-	22,655	4,735	5,129
2022	26,012	2,513	5,054	184,45	-	22,714	4,764	5,132

	需要				年末在庫	1人当たり消費量(kg)	自給率(%)	飼料用を除く自給率
種子	飼料	減耗・その他	海外援助	輸出				
97	10,450	605	-	2	2,456	127.9	26.5	53.2
99	10,587	371	-	2	2,726	126.4	26.3	53.5
101	10,968	235	-	2	3,167	124.6	26.0	54.1
95	10,485	195	1	3	3,099	122.5	25.6	51.9
101	11,113	172	62	2	2,878	121.6	24.1	50.3
100	11,402	315	51	2	2,368	119.4	23.3	49.3
96	11,947	334	53	3	2,514	118.1	22.4	49.3
100	11,961	679	51	2	2,513	123.9	20.9	44.4
96	12,413	256	51	4	3297	125.4	22.3	49.3

注）1. 穀物年度（前年11月1日から当年10月31日まで）基準。
2. '11年の穀物年度から諸類は生重量（水分含む）基準、それ以前の年度は乾燥重量基準。

出所：農林畜産食品部

<表1-13> 年度別全穀物自給率推移 (単位：%)

	計	米	精麦	小麦	トウモロコシ	豆類	薯類	その他
2014	26.5	95.4	24.8	0.6	0.8	11.3	95.4	11.2
2015	26.3	101.0	21.9	0.7	0.8	9.4	93.6	11.8
2016	26.0	-	23.3	0.9	0.8	7.0	93.8	11.9
2017	25.6	-	24.9	0.9	0.8	5.4	94.2	9.3
2018	24.1	-	30.9	0.7	0.7	6.3	94.3	6.9
2019	23.3	-	46.1	0.5	0.7	6.6	94.4	9.4
2020	22.4	-	36.5	0.5	0.7	7.5	94.5	12.6
2021	20.9	-	31.3	0.7	0.8	5.9	94.2	10.5
2022	22.3	-	25.7	0.7	0.8	7.7	93.4	9.6

注）1. 穀物年度（前年11月1日から当年10月31日まで）基準。
2. '11年の穀物年度から薯類は生重量（水分含む）基準、それ以前の年度は乾燥重量基準。
3. 飼料用消費を含む。

出所：農林畜産食品部

<表1-14> 年度別穀物1人当たり年間消費量推移 (単位：kg)

	計	米	精麦	小麦	トウモロコシ	大豆	薯類	その他
2014	127.9	65.1	1.3	31.7	3.5	8.1	14.1	4.1
2015	126.4	62.9	1.3	32.2	3.6	8.2	13.7	4.5
2016	124.6	61.9	1.4	32.1	3.4	8.0	13.2	4.6
2017	122.5	61.8	1.3	32.4	3.3	6.5	12.3	4.9
2018	121.6	61.0	1.3	31.6	3.2	6.4	13.0	5.1
2019	119.4	59.2	1.4	31.6	3.1	6.3	12.9	4.9
2020	118.1	57.7	1.4	31.2	3.1	6.5	12.7	5.5
2021	123.9	56.9	0.6	36.9	3.6	6.4	13.7	5.8
2022	125.4	56.7	0.5	38.0	4.0	7.3	13.0	5.9

注）1. 穀物年度（前年11月1日から当年10月31日まで）基準。
2. '11年の穀物年度から薯類は生重量（水分含む）基準、それ以前の年度は乾燥重量基準。

出所：農林畜産食品部

<表1-15> 年度別野菜類生産量推移　　　　　　　　　　　　　　　　　　　　　　　　　（単位：千トン）

	白菜	大根	唐辛子	ニンニク	施設野菜	玉ねぎ	その他	合計
2014	2,539	1,297	85	354	2,715	1,590	1,324	9,904
2015	2,060	1,249	98	266	2,558	1,094	2,522	8,549
2016	1,764	1,012	85	276	2,396	1,299	1,208	8,040
2017	2,396	1,159	56	304	2,414	1,144	1,189	8,662
2018	2,392	1,235	72	332	2,381	1,521	1,253	9,186
2019	1,860	1,111	78	388	2,441	1,595	1,208	8,681
2020	2,243	1,179	60	363	2,375	1,168	1,190	8,578
2021	2,018	1,172	93	309	2,280	1,577	1,275	8,724

出所：農林畜産食品部

<表1-16> 年度別野菜類1人当たり年間消費量推移　　　　　　　　　　　　　　　　　（単位：kg）

	計	大根	白菜	ニンニク	玉ねぎ	唐辛子	その他
2014	176.2	25.8	58.5	8.2	30.6	3.4	49.7
2015	158.1	24.7	49.3	6.8	26.7	3.4	47.2
2016	144.3	19.8	44.3	6.6	26.7	3.3	43.6
2017	157.7	22.5	57.0	6.9	25.7	3.0	42.6
2018	165.3	23.9	58.7	7.6	30.8	3.1	41.2
2019	152.8	21.5	47.5	8.2	30.9	3.1	41.6
2020	149.8	22.7	53.4	7.9	24.1	2.8	38.8
2021	149.5	22.7	47.1	7.1	31.8	3.3	37.5
2022	149.5	23.0	52.0	6.7	25.7	3.0	39.1

注）純食料基準。

出所：農林畜産食品部

<表1-17> 年度別唐辛子需給実績推移　　　　　　　　　　　　　　　　　　　　　　（単位：千トン）

	需要			供給		
		消費	輸出(繰越)		生産	輸入(繰越)
2014	201	171	22(8)	201	85	106(10)
2015	211	172	24(14)	211	98	106(8)
2016	211	172	28(11)	211	86	111(14)
2017	189	154	29(6)	189	56	122(11)
2018	201	162	34(5)	201	72	124(5)
2019	207	160	42(5)	207	78	124(5)
2020	199	145	52(2)	199	60	133(6)
2021	226	172	53(1)	226	93	131(2)
2022	206	156	50(-)	206	69	136(1)

出所：農林畜産食品部

<表1-18> 年度別ニンニク需給実績推移　　　　　　　　　　　　　　　　　　　　　（単位：千トン）

	需要			供給		
		消費	輸出(繰越)		生産	輸入(繰越)
2014	419	414	-(5)	419	354	50(15)
2015	348	345	-(3)	348	266	77(5)
2016	349	339	-(10)	349	276	70(3)
2017	364	355	-(9)	364	304	50(10)
2018	396	391	-(5)	396	332	55(9)
2019	434	426	4(4)	434	388	40(6)
2020	417	411	2(4)	417	363	50(4)
2021	367	367	-(-)	367	309	54(4)
2022	351	349	-(2)	351	273	78(-)

出所：農林畜産食品部

<表1-19> 年度別玉葱需給実績推移　　　　　　　　　　　　　　　　　　　　　　　　　　（単位：千トン）

	需要			供給		
		消費	輸出(繰越)		生産	輸入(繰越)
2015	1,354	1,353	0.2(-)	1,354	1,094	216(44)
2016	1,378	1,369	9(-)	1,378	1,299	79(-)
2017	1,325	1,324	1(-)	1,325	1,145	180(-)
2018	1,594	1,589	5(-)	1,594	1,524	73(-)
2019	1,652	1,600	49(3)	1,644	1,594	58(-)
2020	1,270	1,251	6(13)	1,270	1,168	99(3)
2021	1,654	1,643	11(-)	1,654	1,577	64(13)
2022	1,336	1,330	3(3)	1,336	1,196	140(-)

出所：農林畜産食品部

<表1-20> 年度別施設野菜栽培実績推移　　　　　　　　　　　　　　　　　　　　　　（単位：ha，千トン）

	ビニールハウス等施設面積	栽培面積			生産量
			施設	トンネル	
2015	52,099	61,330	61,330	-	2,558
2016	51,477	56,405	56,405	-	2,396
2017	52,418	55,217	55,217	-	2,414
2018	51,226	55,407	55,407	-	2,381
2019	52,094	54,443	54,443	-	2,441
2020	52,444	52,571	52,571	-	2,312
2021	53,239	53,869	53,869	-	2,280
2022	52,808	53,620	53,620	-	2,270

出所：農林畜産食品部

<表1-21> 年度別果実類栽培面積及び生産量推移　　　　　　　　　　　　　　　　　　(単位：千ha，千トン)

	リンゴ		梨		葡萄		桃		柑橘類		その他		計	
	面積	生産量	面積	生産量	面積	生産量	面積	生産量	面積	生産量	面積	生産量	面積	生産量
2014	31	475	13	303	16	269	16	210	21	722	65	291	162	2,697
2015	32	583	13	261	15	259	17	238	21	672	65	301	163	2,697
2016	33	576	11	238	15	249	20	287	22	640	65	310	166	2,652
2017	34	545	11	266	13	190	21	222	22	597	67	537	167	2,358
2018	33	475	10	203	13	175	21	207	22	621	66	479	165	2,160
2019	33	535	10	201	13	166	21	210	21	630	64	464	161	2,206
2020	32	422	9	133	13	166	20	189	21	659	61	407	157	1,976
2021	34	516	10	210	13	168	19	192	22	636	55	387	153	2,109
2022	35	266	10	251	15	189	20	191	22	610	57	398	159	2,206

注) その他は柿(甘柿、渋柿)、プラム、アプリコット、梅、イチジクなどである。

出所：農林畜産食品部

<表1-22> 年度別果実類1人当たり年間消費量推移　　　　　　　　　　　　　　　　　　(単位:kg)

	リンゴ	梨	桃	葡萄	甘柿	柑橘類	その他	計
2014	9.4	5.5	4.2	6.5	3.7	14.3	22.9	66.5
2015	11.4	4.7	4.7	6.4	3.3	13.2	23.0	66.7
2016	11.2	4.1	5.6	5.8	2.5	12.4	24.1	65.8
2017	10.5	4.6	4.3	4.7	2.1	11.6	23.4	61.2
2018	9.2	3.3	4.0	4.5	1.9	12.0	22.6	57.5
2019	10.3	3.3	4.1	4.5	1.8	12.1	20.6	56.6
2020	8.1	2.1	3.6	4.3	1.6	12.6	19.1	51.5
2021	10.0	3.6	3.7	4.2	1.9	12.2	18.8	54.4
2022	11.0	4.4	3.7	4.4	1.9	11.8	17.8	55.0

注) 1人当たり消費量=(生産量+輸入量-輸出量)÷人口数，朝食基準。

出所：農林畜産食品部

<表1-23> 年度別果実類輸出実績推移　　　　　　　　　　　　　　　　　　　　　　　　（単位：千ドル）

	リンゴ	梨	桃	柑橘類	その他果実	冷凍果実	調製果実	果実ジュース	計
2014	5,430	62,956	508	4,028	17,216	627	73,087	95,629	259,480
2015	8,181	57,713	482	3,289	17,244	764	73,185	89,356	250,171
2016	8,748	65,356	1,013	2,602	18,751	1,542	93,223	107,868	299,103
2017	7,014	66,677	1,574	2,092	20,690	475	84,409	90,368	273,299
2018	6,965	79,999	2,050	2,365	28,832	1,478	92,471	96,728	310,888
2019	6,364	83,224	2,301	2,932	39,522	673	125,341	91,094	351,451
2020	5,049	71,652	2,197	5,983	48,724	1,267	127,132	86,811	348,815
2021	3,698	71,707	2,702	6,545	50,108	1,263	146,053	127,025	409,101
2022	4,782	74,359	3,663	3,442	50,141	1,693	121,023	131,376	390,479

出所：農林畜産食品部

<表1-24> 年度別油脂作物生産面積及び生産量推移　　　　　　　　　　　　　　　　　（単位：千ha，千t）

	胡麻		落花生		菜種		荏胡麻	
	面積	生産量	面積	生産量	面積	生産量	面積	生産量
2014	28.3	12.1	4.6	12.4	0	0	37.5	43.3
2015	25.1	11.7	4.6	11.7	0.3	0.2	42.6	50.9
2016	27.2	13.6	5.6	15.5	0.2	0.2	45.5	52.0
2017	29.7	14.3	5.1	14.9	0.2	0.2	43.4	50.7
2018	24.8	12.7	4.1	11.0	0.2	0.2	34.9	40.3
2019	25.2	13.0	3.2	8.2	0.1	0.2	37.4	42.3
2020	22.9	6.8	3.7	9.5	0.2	0.2	36.1	38.8
2021	19.2	10.1	4.1	10.7	0.2	0.2	37.4	42.5
2022	22.0	11.7	4.1	10.7	0.2	0.2	40.4	47.6

出所：農林畜産食品部

<表1-25> 年度別胡麻需給実績推移 (単位：千トン)

	需要			供給				1人当たり年間消費量(kg)	自給率(%)
		消費	次年度繰越		前年繰越	生産	輸入		
2014	101.5	85.7	15.8	101.5	8.3	12.2	81.0	2.03	14.2
2015	107.5	94.8	12.7	107.5	15.8	11.7	80.0	1.86	12.4
2016	104.2	91.1	12.3	104.2	12.7	13.6	77.9	1.79	14.9
2017	101.6	91.4	10.2	101.6	12.3	14.3	75.0	1.78	15.7
2018	95.0	83.3	11.7	95.0	10.2	12.7	72.1	1.61	15.3
2019	101.5	93.4	8.1	101.5	11.7	13.0	76.8	1.81	13.9
2020	92.6	83.2	9.4	92.6	8.1	6.8	77.7	1.60	8.2
2021	106.4	94.9	11.5	106.4	9.4	10.1	86.9	1.83	10.6
2022	107.5	92.6	14.9	107.5	11.5	11.7	84.3	1.79	12.6

出所：農林畜産食品部

<表1-26> 年度別落花生需給実績推移 (単位：千トン)

	需要			供給				1人当たり年間消費量(kg)	自給率(%)
		消費	次年度繰越		前年繰越	生産	輸入		
2014	45.8	45.8	0.0	45.8	0.0	12.4	33.4	0.92	27.0
2015	42.3	42.3	0.0	42.3	0.0	11.7	30.6	0.83	27.9
2016	43.6	42.9	0.7	43.6	0.0	15.5	28.1	0.84	36.1
2017	42.8	42.8	0.0	42.8	0.0	14.9	27.9	0.83	35.0
2018	44.1	44.1	0.0	44.1	0.0	11.0	33.1	0.85	24.9
2019	41.5	41.5	0.0	41.5	0.0	8.2	33.3	0.80	19.8
2020	40.6	40.6	0.0	40.6	0.0	9.5	31.1	0.78	23.4
2021	44.9	44.9	0.0	44.9	0.0	10.7	34.2	0.87	23.8
2022	44.1	44.1	0.0	44.1	0.0	10.7	33.4	0.85	24.3

出所：農林畜産食品部

<表1-27> 年度別高麗人参栽培面積及び生産推移　　　　　　　　　　　　　　　　　　　　　（単位：ha, トン, 戸）

	一般参園		契約(指定)		合計		農家戸数
	面積	生産量	面積	生産量	面積	生産量	
2015	6,364 (1,416)	8,966	7,849 (1,788)	11,692	14,213 (3,204)	21,043	21,087 (5,414)
2016	7,689 (3,225)	9806	6,990 (1,569)	10,256	14,679 (3,225)	20,386	22,945 (5,114)
2017	8,088 (1,849)	11,624	6,024 (1,888)	11,344	14,832 (3,737)	23,310	21,008 (6,550)
2018	10,489 (2,534)	14,078	4,963 (1,450)	9,187	15,452 (3,984)	23,265	20,556 (6,225)
2019	10,349 (1,770)	11,608	4,421 (1,197)	7,974	14,770 (2,967)	19,582	16,981 (4,571)
2020	10,637 (2,454)	16,729	4,523 (1,008)	7,167	15,160 (3,462)	23,896	17,707 (5,988)
2021	9,771 **(2,075)**	14,895	4,958 (772)	5,877	14,729 (2,487)	20,772	19,044 (5,237)
2022	9,061 (2,233)	14,902	5,673 (928)	7,118	14,734 (3,161)	22,020	18,236 (5,501)

注) ( )は実収穫面積及び農家数

出所：農林畜産食品部

<表1-28> 市道別高麗人参栽培実績(2022)　　　　　　　　　　　　　　　　　　　　　　　（単位：ha, 戸）

	計		申告(未契約)		指定(契約)	
	面積	農家数	面積	農家数	面積	農家数
計	14,734	18,236	9,061	7,832	5,673	10,404
仁川	150	309	68	202	82	107
光州	3	2	3	2	0	0
大田	42	46	42	46	0	0
世宗	98	93	76	51	22	42
京畿	2,311	3,428	825	929	1,486	2,499
江原	2,446	4,551	501	489	1,945	4,062
忠北	2,770	3,586	2,015	1,868	755	1,718
忠南	2,295	2,480	1,879	1,813	416	667
全北	2,381	1,671	2,105	1,345	276	326
全南	359	282	191	101	168	181
慶北	1,750	1,713	1,231	913	519	800
慶南	129	75	125	73	4	2

出所：農林畜産食品部

<表1-29> 品目別高麗人参輸出実績推移 　　　　　　　　　　　　　　　　　　　　（単位：M/T，千ドル）

	2019		2020		2021		2022	
	物量	金額	物量	金額	物量	金額	物量	金額
水参	32	1,503	32	1,270	39	1,522	34	1,332
白参(原形参)	25	4,317	18	3,184	22	3,914	19	3,426
白参粉	6	1,477	5	1,751	5	1,459	5	1,256
白参錠	22	6,554	21	6,607	54	7,257	32	6,676
白参調剤品	189	3,460	211	3,912	269	4,488	375	4,837
紅参(原形参)	222	67,341	184	56,971	238	69,088	241	74,368
紅参粉	34	7,292	29	5,758	28	4,780	26	4,908
紅参錠	411	28,698	497	39,702	585	46,529	614	38,607
紅参調剤品	2,502	49,071	2,195	55,814	2,377	67,348	3,222	71,724
高麗人参液汁	9	337	15	357	73	969	42	901
高麗人参飲料	7,122	40,106	8,687	54,430	9,963	59,563	11,356	61,656
高麗人参副産物	1	68	0	8	1	49	1	31
高麗人参製剤	1	53	0	0	0	1	0	0
合計	10,575	210,227	11,894	229,764	13,652	266,968	15,965	269,731

出所：農林畜産食品部

<表1-30> 年度別キノコ類栽培面積及び生産量推移 　　　　　　　　　　　　　　　　　　　　単位：ha，トン）

		2018	2019	2020	2021	2022
マッシュルーム	面積	102	123	107	76	86
	生産量	11,348	21,913	20,493	9,259	7,954
平茸	面積	121	144	151	146	151
	生産量	39,497	48,327	45,724	47,084	49,951
霊芝	面積	11	8	10	12	13
	生産量	79	78	80	104	105
えのき茸	面積	35	35	34	35	35
	生産量	28,532	31,818	26,128	27,038	26,478
その他	面積	142	178	226	260	257
	生産量	56,142	50,717	55,008	60,135	57,864
合計	面積	411	488	528	529	542
	生産量	135,598	152,853	144,393	143,620	142,352

出所：農林畜産食品部

<表1-31> 年度別キノコ類輸出実績推移 (単位:トン,千ドル)

	計		マッシュルーム		霊芝		その他	
	物量	金額	物量	金額	物量	金額	物量	金額
2014	15,397	36,919	3.5	186	20	438	15,373.5	36,295
2015	15,079	36,606	3	11	13	352	15,063	36,243
2016	15,612	37,932	22	109	5	54	15,585	37,768
2017	17,452	42,478	33	135	8	84	17,411	42,259
2018	19,822	49,644	11	22	2	89	19,809	49,533
2019	22,010	54,411	8	70	2	93	22,000	54,248
2020	19,114	48,985	5	12	11	19	19,098	48,954
2021	15,457	45,068	2	8	4	202	15,451	44,859
2022	12,429	38,347	4	11	3	163	12,242	38,173

出所:農林畜産食品部

<表1-32> 年度別茶葉栽培面積及び生産実績推移 (単位:ha,トン)

	2016	2017	2018	2019	2020	2021	2022
面積	2,906	3,050	2,744	2,845	2,704	2,721	2,654
生産量	3,985	4,026	3,878	4,758	4,061	3,576	3,581

出所:農林畜産食品部

<表1-33> 年度別花卉生産農家数及び栽培面積推移　　　　　　　　　　　　　　　　　(単位：戸, ha)

	農家数		栽培面積	
		専業農家数		ハウス面積
2014	8,688	5,892	6,222	2,381
2015	8,328	5,682	5,831	2,489
2016	7,837	5,372	5,365	2,309
2017	7,421	5,171	4,936	2,214
2018	6,918	5,005	4,353	2,048
2019	6,824	4,971	4,244	2,024
2020	7,069	5,106	4,299	2,083
2021	7,009	5,059	4,218	2,036
2022	7,134	5,171	4,229	2,042

出所：農林畜産食品部

<表1-34> 年度別花卉生産及び消費実績推移

	生産額(百万ウォン)							1人当たり消費額(ウォン)
		切花	盆花	球根	花木	鑑賞樹	種子	
2014	704,692	264,339	226,733	2,786	34,314	30,445	10,470	13,867
2015	633,207	217,409	221,491	3,443	30,275	28,316	10,906	13,310
2016	560,248	177,350	194,678	2,688	28,824	24309	9,435	11,722
2017	565,788	183,264	192,796	2,668	21,065	25,824	10,468	11,906
2018	538,543	178,647	196,909	2,824	19,754	20,858	9,173	11,888
2019	517,445	178,145	201,449	3,037	19,496	18,318	7,361	11,616
2020	526,900	169,922	193545	3,436	34,159	34,157	6,132	11,676
2021	538,240	174,021	207,679	3,281	34,362	34,589	5,644	12,386
2022	565,130	183,776	220,831	3,543	33,759	35,048	5,319	13,764

出所：農林畜産食品部

<表1-35> 年度別花卉輸出実績推移　　　　　　　　　　　　　　　　　　　　　　　　（単位：千ドル）

	合計	バラ	菊	百合	サボテン	蘭	その他
2014	40,604	7,807	4,723	12,309	4,544	7,459	3,762
2015	28,460	3,264	2,370	9,328	3,786	6,648	1,823
2016	26,434	2,363	2,197	10,104	3,855	3,244	4,671
2017	23,630	1,885	1,975	8,220	4,197	2,352	5,001
2018	18,685	1,591	1,441	6,922	3,931	1,989	2,811
2019	17,159	1,709	1,000	6,110	4,063	1,442	2,835
2020	15,858	1,484	918	5,000	4,322	815	3,319
2021	16,558	1,173	726	3,925	4,893	1,010	4,831
2022	12,446	871	365	1,686	447	923	4,154

出所：農林畜産食品部

<表1-36> 年度別花卉輸入実績推　　　　　　　　　　　　　　　　　　　　　　　　（単位：千ドル）

	計	蘭	百合	菊	洋蘭	カーネーション	チューリップ	アイリス	その他
2014	57,213	22,532	4,437	8,154	1,231	2,344	1,707	156	16,652
2015	60,769	22,209	2,670	9,572	1,242	2,282	2,131	84	20,579
2016	62,971	19264	2,811	9,315	1,341	2553	1,924	93	25,670
2017	65,361	13,847	3,130	8,814	1,557	3,620	2,690	166	31,537
2018	80,799	16,015	3,057	10,394	1,920	4,978	3,587	94	40,754
2019	86,515	15,656	2,649	10,407	1,782	6,987	4,510	28	44,496
2020	81,716	14,816	2,435	10,071	1,461	7,372	4,458	98	41,005
2021	105,252	16,526	2,709	16,398	1,728	11,882	5,721	96	50,192
2022	125,048	19,339	2,519	23,883	2,378	17,116	5,891	73	53,849

出所：農林畜産食品部

<表1-37> 年度別蚕業一般現況推移

単位	養蚕戸数 千戸	桑畑面積 千ha	蚕飼育 千箱	蚕繭生産 t
2014	1.0	0.6	15.6	13
2015	0.9	0.6	14.5	12
2016	0.8	0.6	12.0	14
2017	0.7	0.5	11.6	14
2018	0.6	0.4	10.2	15
2019	0.6	0.3	9.5	13
2020	0.5	0.3	9.0	11
2021	0.5	0.2	8.2	10
2022	0.4	0.2	8.0	9

出所：農林畜産食品部

2. 畜産業

<表2-1> 年度別家畜飼育頭数及び戸数推移　　　　　　　　　　　　　　　（単位：千頭，千戸，千羽）

	韓(肉)牛		乳牛		豚		鶏	
	頭数	戸数	頭数	戸数	頭数	戸数	羽数	戸数
2014	2,759	104	431	6	10,090	5	156,410	3.0
2015	2,676	94	411	5	10,187	5	164,131	3.0
2016	2,717	90	404	5	10,367	5	170,147	3.0
2017	3,020	99	409	7	11,273	6	170,551	3.0
2018	3,113	97	408	6	11,333	6	172,993	2.8
2019	3,237	94	408	6	11,280	6	172,920	2.8
2020	3,395	93	410	6	11,078	6	178,528	2.8
2021	3,589	94	401	6	11,217	6	177194	2.8
2022	3,727	92	390	6	11,124	6	173,136	2.7

注) 1. 鶏の飼育戸数は農家数である。
2. 17年以後は履歴書資料の活用により牛畜種と豚の戸数は農場数を意味。

出所：農林畜産食品部

<表2-2> 家畜別・規模別飼育戸数推移

		2017	2018	2019	2020	2021	2022
韓(肉)牛	計(千戸)	99	97	94	93	94	92
	20頭未満(千戸)	61	58	53	51	49	45
	20〜49頭(千戸)	21	21	22	23	24	24
	50頭以上(千戸)	17	18	19	20	22	23
乳牛	計(千戸)	6.5	6.4	6.2	6.1	6.1	5.9
	20頭未満(千戸)	1.5	1.5	1.5	1.4	1.5	1.4
	20〜49頭(千戸)	1.2	1.1	1.0	1.1	1.1	1.1
	50頭以上(千戸)	3.7	3.7	3.7	3.6	3.5	3.4
豚	計(千戸)	6.3	6.2	6.1	6.1	5.9	5.7
	1,000頭未満(千戸)	3.0	2.8	2.8	2.7	2.5	2.3
	1,000〜9,999頭(千戸)	3.3	3.3	3.2	3.2	3.3	3.2
	10,000頭以上(千戸)	0.1	0.1	0.1	0.1	0.1	0.1
鶏	計(千戸)	3.0	2.8	2.8	2.8	2.8	2.7
	10,000羽未満(千戸)	0.2	0.2	0.2	0.2	0.2	0.2
	10,000〜50,000羽(千戸)	1.5	1.4	1.3	1.3	1.3	1.2
	50,000羽以上(千戸)	1.2	1.2	1.3	1.3	1.3	1.3

出所：農林畜産食品部

<表2-3> その他の家畜飼育実績推移

	'21. 12月末 (A)		'22. 12月末 (B)		前年末対比(B/A)	
	農場数	飼育数	農場数	飼育数	農場数	飼育数
	カ所	匹(羽)	カ所	匹(羽)	%	%
馬	671	26,868	652	27,631	-2.8	2.8
ヤギ	10,982	443,094	10,073	432,765	-8.3	-2.3
綿羊	77	2,410	72	1,710	-6.5	-29.0
鹿	1,205	23,063	1,007	20,500	-16.4	-11.1
うさぎ	1,890	46,008	1,540	43,579	-18.5	-5.3
犬	15,426	509,123	11,385	551,991	-26.2	8.4
アヒル	379	6,752,058	338	5,994,362	-10.8	-11.2
七面鳥	475	3,669	409	1,595	-13.9	-56.5
ガチョウ	894	4,803	864	4,307	-3.4	-10.3
ウズラ	111	15,449,737	96	15,216,066	-13.5	-1.5
ミツバチ	27,583	2,690,023	26,805	2,504,703	-2.8	-6.9
鑑賞鳥	302	47,870	317	47,417	5.0	-0.9
ダチョウ	78	1,150	77	1,106	-1.3	-3.8
アナグマ	27	1,775	22	1,200	-18.5	-32.4
キジ	170	145,312	170	136,627	0.0	-6.0
ミミズ	154	636,012	143	550,798	-7.1	-13.4

出所：農林畜産食品部

<表2-4> 種畜別輸入実績推移　　　　　　　　　　　　　　　（単位：頭(羽)，千ドル）

	乳牛		種豚		種鶏	
	数量(頭)	金額	数量(頭)	金額	数量(羽)	金額
2015	3	900	1,873	3,964	1,210,691	9,488
2016	3	900	3,076	5,376	914,659	11,910
2017	4	985	4,409	7,192	979,075	12,365
2018	4	959	1,967	3,638	734,152	10,567
2019	3	849	931	1,818	759,268	11,050
2020	2	430	911	1,575	663,510	10,127
2021	2	475	1,378	2,956	754,929	13,257
2022	2	413	1,546	2803	553,108	11,521

注）輸入推薦実績基準。

出所：農林畜産食品部

<表2-5> 年度別畜産物需給実績推移

			2017	2018	2019	2020	2021	2022
肉類	需要(千トン)		2,536	2,819	2,876	2,893	2,946	3,146
	供給(千トン)		2,536	2,819	2,876	2,893	2,946	3,146
		生産	1,691	1,776	1,851	1,993	1,984	2,011
		牛肉	239	237	245	249	264	290
		豚肉	894	935	969	1,097	1,097	1,107
		鶏肉	558	604	637	647	622	614
		輸入	845	1,043	1,025	900	962	1,135
		牛肉	344	417	426	420	453	477
		豚肉	369	463	421	310	333	442
		鶏肉	132	163	178	170	176	216
	1人当たり消費(kg)		49.1	53.9	54.6	52.5	56.1	59.8
		牛肉	11.3	12.7	13.0	12.9	13.9	14.9
		豚肉	24.5	27.0	26.8	27.1	27.6	30.1
		鶏肉	13.3	14.2	14.8	12.5	14.6	14.8
	自給率(%)		66.7	63.0	65.5	68.9	67.3	63.9
卵	生産及び消費(百万個)		12,773	13,818	14,626	14,594	13,698	16,393
	1人当たり消費(個)		248	268	282	281	281	278
牛乳	需要(千トン)		4,199	4,264	4,347	4,470	4,579	4,537
	供給(千トン)		4,306	4,347	4,436	4,611	4,687	4,609
		生産	2,058	2,041	2,049	2,089	2,034	1,975
		輸入	2,116	2,198	2,304	2,434	2,511	2,526
	次年度繰越(千トン)		108	108	82	89	108	72
	1人当たり消費(kg)		79.5	80.1	81.8	83.9	86.1	85.7

注) 1. 1人当たり消費量は精肉基準。
2. '20年から牛肉、豚肉の生産量は畜産物等級判定統計年報適用(畜産物品質評価院)。

出所：農林畜産食品部

<表2-6> 年度別牛肉需給実績推移 (単位：千トン)

	需要	供給			1人当たり消費量 (kg)	自給率 (%)
			生産	輸入		
2014	542.3	542.3	260.8	281.5	10.8	48.1
2015	553.7	553.7	246.0	290.0	10.7	45.9
2016	593.8	593.8	231.0	362.8	11.6	38.9
2017	582.7	582.7	238.7	344.0	11.3	41.0
2018	653.7	653.7	236.7	417.0	12.7	36.2
2019	671.8	671.8	245.4	426.4	13.0	36.5
2020	668.1	668.1	248.6	419.5	12.9	37.2
2021	716.5	716.5	263.7	452.8	13.9	36.8
2022	766.7	766.7	290.0	476.7	14.9	37.8

注）'09年からは輸入量の繰越量を除く。

出所：農林畜産食品部

<表2-7> 年度別牛乳生産及び消費推移 (単位：トン)

区分	納乳量	国内消費量		搾乳頭数(頭)
		総量	1人当たり(kg)	
2014	2,214,039	3,645,665	72.4	208,205
2015	2,168,157	3,834,096	75.7	197,105
2016	2,069,581	3,913,515	76.4	193,608
2017	2,058,230	4,091,871	79.5	205,143
2018	2,040,751	4,138,116	80.1	205,292
2019	2,049,434	4,227,625	81.8	203,551
2020	2,088,786	4,345,185	83.9	202,349
2021	2,034,384	4,448,453	86.1	196,098
2022	1,975,414	4,410,490	85.7	190,803

出所：農林畜産食品部

<表2-8> 年度別原乳需給推移(原乳基準)　　　　　　　　　　　　　　　　　　　　(単位：トン)

区分	供給				消費	年末在庫
	繰越	生産	輸入	計		
2014	92,677	2,214,039	1,682,811	3,989,527	3,756,955	232,572
2015	232,572	2,168,157	1,788,222	4,188,951	3,936,189	252,762
2016	252,762	2,069,581	1,832,497	4,154,840	4,022,922	131,918
2017	131,918	2,058,230	2,115,998	4,306,146	4,198,543	107,603
2018	107,603	2,040,751	2,198,484	4,346,838	4,264,353	82,485
2019	82,485	2,049,434	2,303,965	4,436,884	4,346,930	88,954
2020	88,954	2,088,786	2,433,635	4,611,375	4,470,173	141,202
2021	141,202	2,034,384	2,511,938	4,687,524	4,579,282	108,242
2022	108,236	1,975,414	2,524,991	4,608,641	4,536,738	71,903

出所：農林畜産食品部

<表2-9> 年度別乳製品輸入実績推移 (単位：トン，千ドル)

	乳糖		カゼイン		脱脂粉乳		ホエー	
	物量	金額	物量	金額	物量	金額	物量	金額
2015	22,861	23,404	6,427	55,072	21,260	55,054	34,419	46,444
2016	25,398	26,247	6,574	42,878	20,610	42,713	35,444	38,203
2017	22,475	28,087	6,979	52,643	23,187	53,138	33,728	42,767
2018	23,117	25,120	6,852	48,978	24,775	49,338	75,826	40,843
2019	23,649	29,820	7,856	56,824	23,765	55,960	38,372	46,154
2020	22,413	31,267	7,839	66,405	17,469	49,118	33,241	41,940
2021	23,142	32,779	8,748	83,580	14,510	42,307	37,378	52,354
2022	21,584	34,321	10,631	137,366	14,690	57,033	35,959	51,760

出所：農林畜産食品部

<表2-10> 製品別乳製品生産及び消費実績推移 (単位：トン)

		2018	2019	2020	2021	2022
白色市乳	生産	1,378,255	1,378,364	1,362,497	1,371,011	1,346,629
加工市乳	生産	309,198	323,561	285,267	280,815	279,915
調製粉乳	生産	16,353	16,565	12,501	10,755	9,683
	消費	11,149	12,177	8,831	5,785	5,116
全脂粉乳	生産	1,284	1,478	1,289	1,049	749
	消費	6,382	6,616	6,937	5,735	7,572
脱脂粉乳	生産	8,018	9,356	12,974	7,404	5,813
	消費	34,745	32,320	26,190	24,375	23,328
練乳	生産	11,278	12,262	11,872	12,951	15,674
	消費	7,522	6,338	4,410	4,113	3,501
バター	生産	1,958	2,757	3,574	2,034	1,937
	消費	13,093	16,949	17,832	26,281	31,684
チーズ	生産	37,322	37,946	44,671	44,409	39,543
	消費	154,680	162,650	188,231	191,429	188,323
発酵乳	生産	556,216	583,690	571,599	578,567	536,874
	消費	551,259	578,407	564,719	571,679	536,328

注）1. 白色市乳，加工市乳，発酵乳は長期間の保存が難しいので消費量は生産量と同じとみなす。
2. 全脂・脱脂粉乳，チーズは他製品生産の原料として投入された量を含む。

出所：農林畜産食品部

<表2-11> 年度別飼料需給実績推移 (単位：千トン，%)

	濃厚飼料					農家自給飼料	粗飼料	合計
		配合飼料						
			国内産	輸入	自給率			
2014	21,297	18,868	4,353	14,366	23	2,429	4,643	25,791
2015	21,900	19,295	4,510	14,628	23	2,608	4,508	26,254
2016	23,167	19,593	4,824	14,594	25	3,574	4,391	27,380
2017	21,987	19,204	5,403	13,546	29	2,783	4,384	26,116
2018	22,791	20,139	5,816	14,069	29	2,652	4,535	27,072
2019	23,649	20,862	5,645	14,954	27	2,787	4,791	28,177
2020	23,472	21,319	5,276	15,736	25	2,153	4,999	28,164
2021	23,564	21,332	5,222	15,739	25	2,232	5,218	28,411
2022	24,311	21,829	4,280	17,182	20	2,482	5,306	29,617

注) 1. 国内産, 輸入：配合飼料生産に投入された原料の使用量基準。
2. 配合飼料：畜産用、魚類用、代用乳配合飼料の生産量基準。
3. '10年以降の調査は需給統計算出方法が改善されたので資料は修正された。('21.3月)

出所：農林畜産食品部

<表2-12> 年度別配合飼料生産実績推移 (単位：千トン，%)

	養鶏	養豚	畜牛		その他	合計	増減率
			酪農用	肥育用			
2014	5,172	5,963	1,340	4,951	1,442	18,868	-1.1
2015	5,671	6,094	1,330	4,567	4,633	19,295	2.3
2016	5,813	6,256	1,252	4,543	1,728	19,593	1.5
2017	5,432	6,365	1,192	4,567	1,648	19,204	-2.0
2018	5,953	6,554	1,196	4,637	1,799	20,139	4.9
2019	6,196	6,850	1,188	4,791	1,837	20,862	3.6
2020	6,260	6,921	1,208	5,050	1,880	21,319	2.2
2021	6,014	6,932	1,230	5,385	1,771	21,332	0.1
2022	6,114	7,032	1,224	5,660	1,799	21,829	2.3

注) その他はその他の家畜、代用乳用及び魚類、実験動物用を含む。

出所：農林畜産食品部

<表2-13> 年度別飼料穀物使用実績推移 (単位：千t)

	合計			トウモロコシ			その他の穀物		
		国産	輸入		国産	輸入		国産	輸入
2015	10,287	277	10,010	8,120	-	8,120	2,167	277	1,890
2016	10,425	371	10,054	7,612	-	7,612	2,813	371	2,442
2017	10,068	825	9,243	7,079	-	7,079	2,988	825	2,163
2018	10,609	1,047	9,562	7,748	-	7,748	2,861	1,047	1,814
2019	10,985	775	10,210	8,787	-	8,787	2,198	775	1,423
2020	11,400	355	11,045	9,712	-	9,712	1,688	355	1,333
2021	11,499	354	11,145	9,156	-	9,156	2,343	354	1,989
2022	11,541	232	11,309	9,259	-	9,259	2,282	232	2,050

出所：農林畜産食品部

3. 林業

<表3-1> 年度別主要林産物輸出実績推移　　　　　　　　　　　　　　　（単位：千ドル）

		2018	2019	2020	2021	2022
合板(千㎡)	物量 金額	3 3,563	3 4,891	2 4,573	3 4,408	4 6,309
木材及び木製品 (トン)	物量 金額	809,427 241,997	464,061 164,260	510,390 159,670	548,734 198,512	517,215 171,954
壁紙類(トン)	物量 金額	541 11,256	488 11,032	392 8,649	528 12,572	457 11,676
シイタケ・その他の キノコ(トン)	物量 金額	122 2,415	113 2,695	84 2,033	102 2,377	89 1,889
クルミ(トン)	物量 金額	39 297	30 199	24 150	53 369	91 265
栗(トン)	物量 金額	8,537 24,021	7,891 17,519	4,190 12,953	6,165 16,759	5,685 15,148
銀杏(トン)	物量 金額	8 52	7 50	4 37	6 56	6 75
種子	物量 金額	0.08 0.4	0.07 2.68	0.09 10.4	- -	- 5
苗木(トン)	物量 金額	1,025 1,862	2,214 1,972	1,278 1,926	829 1,389	690 1,577
ワラビ	物量 金額	39 400	29 372	20 336	21 383	14 260
石材	物量 金額	83,582 158,209	109,969 131,502	68,814 129,615	63,482 155,375	55,290 211,892
樹皮類	物量 金額	- -	- -	- -	- -	- -
イチョウの葉	物量 金額	- -	- -	- -	- -	- -
その他(トン)	物量 金額	- 76,843	- 72,609	- 60,366	- 58,688	- 62,178
合計	金額	520,915	470,104	380,317	450,888	483,228

出所：農林畜産食品部

<表3-2> 年度別林産物生産実績推移 (単位:百万ウォン)

		2018	2019	2020	2021	2022
用材	物量	4,429	4,312	3,050	3,852	3,770
(千m³)	金額	458,614	442,321	380,479	442,118	434,564
純林木成長	物量	24,266	21,917	23,127	24,201	25,280
(千m³)	金額	2,046,527	1,569,619	4,233,500	2,901,972	2,854,024
竹材	物量	(トン)962	(トン)662	(トン)342	(トン)18,050	(トン)10
(千束)	金額	2,006	124	90	363	10
タケノコ	物量	237	153	437	206	208
(トン)	金額	918	511	705	1,045	593
山菜	物量	50,282	48,639	39,555	37,829	37,470
(トン)	金額	473,171	474,148	393,112	406,101	395,172
燃料	物量	2,396	457	500	300	555
(千トン)	金額	183,218	48,128	44,958	31,045	54,112
農業資材	物量	123	769	22	18	3
(千トン)	金額	9,884	56,739	1,425	1,741	1
木実(樹実)	物量	266,330	253,289	228,212	251,935	262,090
(トン)	金額	612,058	621,127	533,331	591,909	628,641
キノコ	物量	23,243	20,668	19,372	18,562	18,585
(トン)	金額	240,510	230,546	226,058	251,958	240,008
造園材	物量	116,618	92,172	93,859	-	-
(千本)	金額	704,357	413,811	284,171	367,861	408,473
繊維原料	物量	19	15	7	12	2
(トン)	金額	585	477	257	529	78
樹液	物量	6,036	4,824	4,217	4,892	4,899
(千ℓ)	金額	16,475	12,702	13,198	18,914	12,688
樹脂	物量	130	48	50	45	1
(ℓ)	金額	88	34	34	28	21
薬用植物	物量	28,850	31,091	25,576	25,685	24,703
(トン)	金額	614,829	787,810	642,782	623,692	591,727
木粉	物量	262	129	133	163	103
(m³)	金額	17,919	19,931	25,180	32,146	18,628
木醋液	物量	1,460	823	636	495	329
(千ℓ)	金額	1,621	605	757	651	423
土石類	物量	123,728	113,474	88,895	92,280	96,570
(千m³)	金額	1,776,440	1,654,932	1,287454	1,356,031	1,917,199
造林	面積	23	23	23	21	19
(千ha)	金額	111,873	136,765	144,407	131,925	131,987
養苗	本数	51	58	53	56	50
(百万本)	金額	39,786	36,163	29,892	33,676	29,872
樹木副産物	物量	-	-	-	-	-
	金額	96,162	63,027	41,175	4,534	9,354
合計	金額	6,837,977	6,569,520	8,205,586	7,198,240	7,727,571

注) 1. '21年からその他の名称が樹木副産物に変更さた。
2. '21年から草など樹木副産物のサブ品目が変更されため、金額計算算定内容が異なる。

出所:農林畜産食品部

1章　一次産業

<表3-3> 年度別主要林産物輸入実績推移　　　　　　　　　　　　　　　　　（単位：千ドル）

	合計	木材類						石材類		生松脂及びロジン		その他
		原木(千㎥)		合板(千㎥)		その他						
		物量	金額	物量	金額	金額		物量(t)	金額	物量(t)	金額	金額
2014	4,945,349	3,676	714,516	1,348	709,308	1,941,356		2,325,966	670,248	24,847	63,894	846,027
2015	4,619,727	3,777	593,775	1,384	694,887	1,823,294		2,511,729	703,574	22,551	47,722	756,475
2016	6,403,783	3,852	578,027	1,655	755,580	3,306,878		3,320,591	998,945	21,944	39,452	724,901
2017	7,009,892	3,599	586,155	1,719	777,598	3,801,595		3,662,798	1,086,262	21,717	38,029	720,253
2018	7,821,863	3,028	515,979	1,686	897,209	4,459,919		3,578,488	1,116,538	19,409	32,965	799,258
2019	6,511,578	2,616	406,590	1,516	723,635	3,662,834		3,069,094	935,148	15,779	22,161	761,210
2020	5,791,889	2,668	368,907	1,535	716,860	3,123,200		2,709,741	825,986	18,506	24,930	732,006
2021	7,289,193	3,033	528,188	1,588	837,115	4,124,583		2,785,336	945,129	15,384	31,181	822,997
2022	7,715,416	2,607	451,860	1,402	778,032	4,599,290		2,783,922	978,968	12,389	26,087	881,179

出所：農林畜産食品部

<表3-4> 年度別木材供給量(原木)推移　　　　　　　　　　　　　　　　　（単位：千㎥）

	供給量			合計	自給率(%)
	原木供給量				
	内材	外材	計		
2014	5,179	3,676	8,855	8,855	58.5
2015	4,914	3,777	8,691	8,691	56.5
2016	5,151	3,852	9,003	9,003	57.2
2017	4,845	3,601	8,446	8,446	57.4
2018	4,577	3,030	7,607	7,607	60.2
2019	4,273	2,616	6,889	6,889	60.2
2020	4,049	2,669	6,718	6,718	60.3
2021	3,811	3,033	6,844	6,844	55.7
2022	3,700	2,610	6,310	6,310	58.6

出所：農林畜産食品部

<表3-5> 年度別木材需要量(原木)推移 (単位：千㎥)

	合計	需要量							
		内需用					輸出用		
		計	坑木	パルプ	合板	一般	計	合板	製材木その他
2014	8,855	8,854	7	4,398	427	4,022	1	-	1
2015	8,691	8,691	4	973	432	7,281	-	-	-
2016	9,003	9,003	2	1,222	414	7,365	-	-	-
2017	8,446	8,444	1	896	373	7,174	2	-	2
2018	7,607	7,605	-	843	200	6,562	2	-	2
2019	6,889	6,889	-	935	194	5,760	-	-	-
2020	6,718	6,717	-	904	117	5,696	1	-	1
2021	6,844	6,844	-	725	175	5,944	-	-	-
2022	6,310	6,310	-	738	187	5,385	-	-	-

出所：農林畜産食品部

<表3-6> 用途別国産材原木供給実績推移 (単位：千㎥)

	合計	坑木	パルプ材	一般材
2014	5,179	7	910	4,262
2015	4,914	4	973	3,937
2016	5,151	2	1,222	3,927
2017	4,845	1	896	3,848
2018	4,577	-	843	3,734
2019	4,273	-	935	3,338
2020	4,049	-	904	3,145
2021	3,811	-	725	3,086
2022	3,700	-	738	2,962

出所：農林畜産食品部

4. 水産業

<表4-1> トン数別漁船保有漁家推移　　　　　　　　　　　　　　　　　　　　（単位：世帯）

	計	2トン未満	2～5トン	5～10トン	10～20トン	20～50トン	50トン以上
2015	32,837	14,962	10,638	5,073	986	719	459
2016	32,384	14,985	10,083	5,161	916	722	517
2017	31,010	14,236	9,529	5,044	1,103	710	388
2018	29,654	13,265	8,967	5,126	1,089	716	491
2019	29,159	12,954	8,856	4,888	1,172	684	605
2020	26,525	10,652	9,176	4,585	1,014	743	355
2021	26,377	10,444	8,961	4,913	1,122	650	286
2022	25,769	9,918	9,434	4,729	993	525	166

出所：海洋水産部

<表4-2> 漁業形態別漁業生産額推移　　　　　　　　　　　　　　　　　　　　（単位：千ウォン）

	合計	沿近海漁業	海面養殖漁業	遠洋漁業	内水面漁業
2015	7,257,464,629	3,702,306,439	2,123,938,465	1,023,738,173	407,481,551
2016	7,476,747,061	3,635,893,251	2,345,544,257	1,077,762,729	417,546,823
2017	8,566,870,876	4,014,055,960	2,960,014,603	1,134,303,285	458,497,028
2018	8,608,418,348	4,136,066,330	2,880,673,105	1,130,696,582	460,982,330
2019	8,366,328,166	3,957,149,057	2,805,298,312	1,119,095,801	484,784,996
2020	8,832,970,810	4,371,756,600	2,895,227,331	1,121,154,992	444,831,888
2021	9,281,651,650	4,150,427,061	3,255,896,184	1,354,729,863	520,598,542
2022	9,241,255,027	4,036,954,179	3,384,319,641	1,125,919,508	694,061,699

出所：統計庁

<表4-3> 漁業形態別漁業生産量推移　(単位：M/T)

	合計	沿近海漁業	海面養殖漁業	遠洋漁業	内水面漁業
2015	3,337,383	1,058,319	1,667,872	578,137	33,055
2016	3,269,432	907,580	1,872,400	454,053	35,400
2017	3,724,711	926,941	2,315,775	445,726	36,270
2018	3,770,057	1,011,536	2,249,605	473,589	35,326
2019	3,860,969	911,852	2,410,040	503,795	35,282
2020	3,712,873	933,880	2,308,407	436,617	33,968
2021	3,832,171	942,875	2,401,120	445,505	42,,672
2022	3,603,580	887,239	2,267,830	399,759	48,753

出所：統計庁

<表4-4> 魚類別漁業生産量推移　(単位：M/T)

	合計	魚類	甲殻類	貝類	軟体動物	その他水産動物	海藻類
2015	3,337,383	1,226,117	117,238	408,795	335,103	37,440	1,212,690
2016	3,269,432	1,125,256	113,268	420,650	169,693	45,192	1,395,373
2017	3,724,711	1,142,945	115,887	490,215	165,184	40,782	1,769,698
2018	3,770,057	1,258,685	116,336	512,030	112,259	48,925	1,721,821
2019	3,860,969	1,218,979	115,271	532,884	105,241	37,370	1,851,224
2020	3,712,873	1,152,790	124,747	500,867	123,841	41,427	1,769,040
2021	3,832,171	1,134,346	130,291	514,545	165,995	28,829	1,858,165
2022	3,603,580	1,103,601	128,670	491,547	114,402	28,750	1,736,610

出所：海洋水産部

<表4-5> 漁業別生産量動向 (単位：千トン, %)

	2022年(A)	比重	2023年(B)	比重	増減率 B-A	B/A
合計	3,610	100.0	3,678	100.0	68	1.9
沿近海漁業	889	24.6	956	26.0	67	7.6
海面養殖業	2,274	63.0	2,269	61.7	-5	-0.2
遠洋漁業	399	11.1	410	11.2	11	2.7
内水面漁業	49	1.4	43	1.2	-6	-12.1

出所：統計庁

<表4-6> 漁業別生産額動向 (単位：億ウォン, %)

	2022年(A)	比重	2023年(B)	比重	増減率 B-A	B/A
合計	92,494	100.0	92,884	100.0	390	0.4
沿近海漁業	40,430	43.7	43,673	47.0	3,243	8.0
海面養殖業	33,866	36.6	31,379	33.8	-2,487	-7.3
遠洋漁業	11,257	12.2	10,986	11.8	-271	-2.4
内水面漁業	6,941	7.5	6,846	7.4	-95	-1.4

出所：統計庁

<表4-7> 主要魚種別沿近海漁業生産推移　　　　　　　　　　　　　（単位：トン，百万ウォン，%）

		2019	2020	2021	2022	2023(P)	増減率 ('23/'22)
サバ類	生産量	121,373	82,839	151,029	152,574	162,974	6.8
	生産金額	148,817	173,030	216,650	187,097	241,495	29.1
カタクチイワシ	生産量	171,677	216,748	143,414	132,152	147,770	11.8
	生産金額	283,204	337,970	197,878	254,090	310,259	22.1
タチウオ	生産量	43,479	65,719	63,056	54,024	60,595	12.2
	生産金額	302,600	466,031	453,686	450,173	476,466	5.8
イワシ	生産量	2,218	1,139	90	12,030	48,027	299.2
	生産金額	1,673	1,006	137	7,819	28,093	259.3
サワラ類	生産量	37,841	32,949	30,950	35,655	45,692	28.2
	生産金額	134,993	112,672	92,912	150,867	191,669	27.0
アジ類	生産量	43,053	46,207	49,692	37,761	38,681	2.4
	生産金額	32,648	41,095	40,982	35,007	44,110	26.0
ブリ類	生産量	15,928	13,051	15,046	21,270	25,372	19.3
	生産金額	69,407	50,279	54,593	81,798	89,440	9.3
ニシン	生産量	25,771	21,035	14,025	27,810	21,318	-23.3
	生産金額	27,044	17,608	12,327	21,201	15,903	-25.0
カレイ類	生産量	14,672	16,360	17,683	14,739	17,897	21.4
	生産金額	131,537	126,413	127,206	127,424	135,476	6.3
キグチ	生産量	25,741	41,039	31,562	16,400	15117	-7.8
	生産金額	186,059	289,879	207,441	123,227	144,715	17.4
コウナゴ	生産量	14,252	13,196	17,776	21,049	6,377	-69.7
	生産金額	10,473	9,855	11,332	13,279	5,086	-61.7
ベニズワイガニ	生産量	15,874	15,548	21,050	24,694	31,584	27.9
	生産金額	100,926	95,134	86,764	99,902	114,065	14.2
ワタリガニ	生産量	12,306	15,418	19,715	21,809	27,150	24.5
	生産金額	221,664	268,281	303,291	293,933	339,266	15.4
アキアミ類	生産量	12,844	19,422	19,946	24,566	13,229	-46.1
	生産金額	94,237	128,625	113,930	71,409	70,986	-0.6
アサリ	生産量	23,773	27,701	22,018	14,996	29,166	94.5
	生産金額	71,867	83,132	68,567	48,025	119,941	149.7
カキ類	生産量	31,092	25,805	24,006	22,994	21,070	-8.4
	生産金額	34,236	30,523	29,752	30,464	33,821	11.0
スルメイカ	生産量	51,817	56,989	60,880	36,578	23,343	-36.2
	生産金額	384,354	506,153	461,690	306,097	254,245	-16.0
タコ類	生産量	9,808	8,998	9,239	7,748	8,283	6.9
	生産金額	175,635	159,361	150,069	154,651	165,689	7.1

出所：統計庁

<表4-8> 魚種別海面養殖業生産推移　　　　　　　　　　　　　　　　　　　　　（単位：トン，百万ウォン，％）

		2019	2020	2021	2022	2023(P)	増減率 ('22/'21)
ヒラメ類	生産量	43,360	43,813	41,776	45,827	39,931	12.9
	生産金額	430,809	539,218	661,958	702,678	646,430	-8.0
クロソイ	生産量	20,348	21,568	17,473	16,189	14,429	-10.9
	生産金額	155,473	171,182	219,308	201,103	146,318	-27.2
カレイ類	生産量	3,669	3,336	6,214	7,725	7,730	0.1
	生産金額	37,600	36,628	67,034	92,379	88,581	-4.1
ボラ類	生産量	6,609	8,449	10,352	7,756	6,642	-14.4
	生産金額	51,012	58,044	89,516	92,814	74,488	-19.7
マダイ	生産量	5,502	5,745	8,313	8,083	6,283	-22.3
	生産金額	60,911	50,021	83,830	102,385	82,591	19.3
バナメイエビ	生産量	7,542	8,124	9,545	9,504	6,996	-26.4
	生産金額	105,447	139,247	153,787	168,326	132,350	-21.4
カキ類	生産量	326,190	300,084	305,914	310,483	310,753	0.1
	生産金額	228,788	263,487	277,347	306,533	302,275	-1.4
ムール貝類	生産量	59,759	61,968	63,672	53,064	54,322	2.4
	生産金額	23,578	27,563	25,020	25,503	29,386	15.2
アワビ類	生産量	18,436	20,059	23,199	22,078	24,126	9.3
	生産金額	591,855	610,340	694,243	678,606	540,422	-20.4
ホタテガイ類	生産量	5,082	5,591	5,107	7,129	12,153	70.5
	生産金額	19,891	24,526	25,064	27,612	31,789	15.1
ハイガイ類	生産量	8,412	6,765	4,649	5,809	4,888	-15.9
	生産金額	17,871	21,362	19,024	17,814	15,703	-11.9
ホヤ	生産量	26,040	30,613	17,400	17,928	24,693	37.7
	生産金額	56,310	63,212	44,118	62,169	76,820	23.6
シロボヤ	生産量	3,939	3,512	2,464	1,545	732	-52.6
	生産金額	4,126	5,487	6,106	10,712	6,738	-37.1
コンブ類	生産量	662,558	675,074	685,239	560,839	595,931	6.3
	生産金額	88,743	87,012	119,679	110,882	102,478	-7.6
ワカメ類	生産量	520,267	501,501	574,504	584,133	566,564	-3.0
	生産金額	194,068	131,009	104,515	117,073	93,210	-20.4
海苔類	生産量	605,767	536,127	547,413	550,221	533,249	-3.1
	生産金額	560,584	508,324	474,852	469,477	630,894	34.4
ヒジキ	生産量	3,258	7,108	11,317	2,462	7,594	208.4
	生産金額	1,801	4,004	3,830	1,617	3,772	133.3

出所：統計庁

<表4-9> 魚種別遠洋漁業生産推移 (単位：トン，百万ウォン，％)

		2019	2020	2021	2022	2023(P)	増減率('23/'22)
カツオ	生産量	279,032	214,685	189,457	201631	201,150	-0.2
	生産金額	383,719	312,719	276,128	293,937	293,113	-0.3
キハダマグロ	生産量	56,881	59,315	60,472	51,993	60,517	16.4
	生産金額	201,268	176,970	174,663	159,269	171,618	7.8
スケトウダラ	生産量	23,915	27,196	27,779	21,591	28,432	31.7
	生産金額	27,335	39,081	39,919	31,026	40,857	31.7
メバチマグロ	生産量	23,592	22,952	23,415	20,995	24,727	17.8
	生産金額	182,218	159,592	164,277	154,922	190,286	22.8
マダラ類	生産量	12,623	5,574	9,382	4,060	8,217	102.4
	生産金額	18,258	8,461	14,241	6,162	12,449	102.0
マジェランアイナメ類(メロ)	生産量	3,114	3,098	4,393	3,541	4,236	19.6
	生産金額	73,307	66,084	93,724	75,538	90,366	19.6
サンマ	生産量	10,465	5,993	4,788	3,438	3,107	-9.6
	生産金額	15,729	28,896	23,086	16,578	14,981	-9.6
タラ	生産量	4,400	4,823	3,474	1,627	1,523	-6.4
	生産金額	9,990	10,952	7,888	3,692	3,445	-6.7
ビンナガ	生産量	2,902	1,430	1,746	2,309	1,252	-45.8
	生産金額	7,867	4,182	5,104	6,750	3,659	-45.8
エイ類	生産量	1351	863	1050	837	1,209	44.4
	生産金額	4778	3441	5123	4,102	6,024	46.9
メカジキ	生産量	1024	1076	960	1,130	1,192	5.5
	生産金額	5760	6194	5528	6,505	6,862	5.5
ナンキョクオキアミ	生産量	42,939	44,567	37,984	30,896	35,781	15.8
	生産金額	26,923	33,568	28,610	23,272	26,951	15.8
イカ類	生産量	20,540	36,540	73,867	48,133	31,511	-34.5
	生産金額	92,814	225,719	476,351	302,252	196,388	-35.0
ヤリイカ類	生産量	1,680	2,237	1,134	3,325	1,976	-40.6
	生産金額	3,327	8,481	4,298	12,603	7,491	-40.6

出所：統計庁

<表4-10> 魚種別内水面漁業生産推移　　　　　　　　　　　　　　　　　　（単位：トン，百万ウォン，％）

		2019	2020	2021	2022	2023(P)	増減率（'23/'22）
ウナギ	生産量	10,942	9,788	15,722	18,131	16,100	-11.2
	生産金額	332,058	314,520	377,459	511,144	504,560	-1.3
マス類	生産量	3285	2414	2483	3,043	2,757	-9.4
	生産金額	27319	19426	22151	40,016	38,273	-4.4
ナマズ	生産量	4,269	3,951	3,783	3,909	2,528	-35.3
	生産金額	19,644	13,315	12,981	16,973	16,224	-4.4
フナ類	生産量	2,249	2,609	2,977	3,464	2,094	-39.5
	生産金額	13,245	14,266	14,778	18,196	10,983	-39.6
ドイツゴイ	生産量	1,523	1,678	2,028	1,847	1,729	-6.4
	生産金額	8,841	7,677	9,619	10,880	10,428	-4.2
コイ	生産量	1,125	1,278	1,477	1,798	867	-51.8
	生産金額	4,627	4,768	5,090	6,346	3,479	-45.2
ボラ類	生産量	455	295	626	741	757	2.2
	生産金額	1931	1188	2882	3,526	3,276	-7.1
ドジョウ類	生産量	645	690	678	690	668	-3.2
	生産金額	7150	7237	7186	7,520	7,767	3.3
ヤマメ	生産量	191	201	178	67	139	107.5
	生産金額	2930	3029	2663	985	2,236	127.0
エビ類	生産量	235	178	90	97	222	128.9
	生産金額	3783	2568	1722	1,800	4,201	133.4
サワガニ類	生産量	174	107	158	118	148	25.4
	生産金額	2,904	1,909	2,555	2,032	2,080	2.4
タニシ類	生産量	5,469	6,073	8,055	10,306	10,085	-2.1
	生産金額	14,327	14,777	21,092	32,010	34,312	7.2
カワニナ類	生産量	945	728	553	523	802	53.3
	生産金額	8,763	7,093	5,860	6,328	11,282	78.3
シジミ類	生産量	496	230	258	506	472	-6.7
	生産金額	1,518	777	907	1,279	1,466	14.6
スッポン	生産量	153	59	50	66	62	-6.1
	生産金額	7,549	2,788	2,326	3,186	3,108	-2.4

出所：統計庁

<表4-11> 市道別水産物生産現況 (単位：トン，百万ウォン，％)

		2023(P) 合計	沿近海漁業	海面養殖業	内水面漁業	2022	増減率 ('23/'22)
全国	生産量	3,268,191	955,955	2,269,357	42,879	3,211,102	1.8
	生産金額	8,189,751	4,367,256	3,137,860	684,636	8,123,687	0.8
釜山	生産量	279,793	238,993	38,410	2,390	257,948	8.5
	生産金額	630,595	587,536	32,914	10,144	561,715	12.3
大邱	生産量	10	-	-	10	11	-9.1
	生産金額	62	-	-	62	58	6.9
仁川	生産量	43,429	36,071	7,033	325	31,341	38.6
	生産金額	245,996	222,033	14,192	9,771	209,031	17.7
光州	生産量	54	-	-	54	21	157.1
	生産金額	1,598	-	-	1,598	625	155.7
大田	生産量	43	-	-	43	40	7.5
	生産金額	219	-	-	219	118	85.6
蔚山	生産量	15,150	12,721	2,424	5	17,203	-11.9
	生産金額	77,949	71,664	6,111	174	80,902	-3.7
世宗	生産量	106	-	-	106	196	-45.9
	生産金額	778	-	-	778	1,009	-22.9
京畿	生産量	32,555	5,748	22,516	4,291	32,034	1.6
	生産金額	125,223	51,206	28,717	45,299	103,875	20.6
江原	生産量	45,643	38,823	4,584	2,236	58,318	-21.7
	生産金額	274,476	229,284	13,803	31,388	316,289	-13.2
忠北	生産量	2,297	-	-	2,297	1,955	17.5
	生産金額	27,718	-	-	27,718	19,072	17.5
忠南	生産量	141,561	86,428	52,415	2,719	140,719	0.6
	生産金額	628,224	489,454	111,295	27,475	552,529	13.7
全北	生産量	57,126	23,145	36,608	7,372	81,095	-17.2
	生産金額	357,145	160,523	51,933	144,690	352,777	1.2
全南	生産量	1,909,942	160,168	1,734,477	15,298	1877,007	1.8
	生産金額	3,112,663	972,246	1,805,033	335,384	3139,999	-0.9
慶北	生産量	102,959	94,966	6,237	1,756	108,910	-5.5
	生産金額	482,043	405,444	55,251	21,348	533,349	-9.6
慶南	生産量	547,003	204,076	338,956	3,971	522,968	4.6
	生産金額	1,318,042	659,876	629,775	28,391	1349,873	-2.4
済州	生産量	80,520	54,817	25,698	5	81,335	-1.0
	生産金額	907,020	517,989	388,835	196	902,467	0.5

出所：統計庁

<表4-12> 年度別水産物輸出入推移　　　　　　　　　　　　　　　　（単位：百万ドル，千トン）

	輸入金額	輸入重量	輸出金額	輸出重量
2015	4,564	5,504	1,924	651
2016	4,799	5,374	2,128	612
2017	5,268	5,492	2,329	540
2018	6,125	6,419	2,377	632
2019	5,794	5,606	2,505	688
2020	5,621	5,518	2,306	614
2021	6,182	6,375	2,825	813
2022	6,959	6,443	3,150	926

出所：海洋水産部

<表4-13> 年度別・品目別水産物加工実績推移　　　　　　　　　　　　　　　　　　　　　　（単位：kg）

	総計	冷凍品	缶詰品	練製品	素乾品	塩乾品	煮乾品
2015	1,829,028,399	1,180,534,122	89,770,935	162,906,539	22,654,732	19,921,833	29,183,298
2016	1,574,950,765	775,959,805	96,832,214	119,574,658	21,491,808	1,124,954	5,329,887
2017	1,291,630,055	591,675,541	72,601,295	125,845,081	15,542,426	2,167,792	4,495,161
2018	1,356,579,217	541,997,799	78,121,503	144,901,317	24,288,669	2,624,793	5,048,432
2019	1,085,522,705	357,166,388	69,638,561	157,627,532	17,374,014	1,761,673	3,702,165
2020	1,305,415,497	446,621,332	49,090,115	194,962,197	14,085,717	4,397,075	6,251,422
2021	1,373,401,940	435,514,688	48,999,401	197,655,646	25,567,756	1,159,789	3,065,749
2022	1,299,739,844	449,061,334	57,329,905	184,474,473	13,145,175	14,164,445	4,050,822

	海藻製品	寒天	調味加工品	魚油粉	塩蔵品	塩辛品	水産皮革品	その他製品
2015	152,593,189	850,942	50,133,589	25,672,018	24,183,015	40,091,023	0	30,533,164
2016	194,419,100	157,124	202,624,470	29,216,709	55,431,132	44,337,763	193	38,450,948
2017	264,035,215	249,082	82,820,924	17,286,707	15,347,491	63,262,087	8,662	36,301,591
2018	275,995,092	259,050	89,245,961	29,055,851	38,368,684	65,552,780	0	61,119,286
2019	197,759,646	213,500	73,974,750	38,623,413	23,024,513	80,328,106	6,105	64,322,339
2020	223,694,617	267,260	99,437,985	40,293,211	13,355,700	75,682,351	5,275	137,171,240
2021	201,860,942	234,700	102,103,130	17,746,414	16,356,236	68,753,473	24,400	254,359,616
2022	228,392,149	1,229,498	95,106,479	7,497,796	16,344,486	82,489,772	0	146,453,510

出所：海洋水産部

<表4-14> 品目別練製品加工実績推移　　　　　　　　　　　　　　　　　　　　　　　　（単位：kg）

区分	2018	2019	2020	2021	2022
かにかま	23,367,858	18,186,779	45,766,783	40,658,747	41,193,121
魚肉ソーセージ	11,631,156	6,298,195	5,993,705	9,307,057	7,422,722
揚げかまぼこ	101,251,663	119,717,219	84,991,143	93,761,473	104,328,495
蒸しかまぼこ	1,257,049	1,909,533	44,661,218	27,173,515	5,236,215
焼きかまぼこ	2,251,237	1,551,112	1,036,922	1,094,471	1,401,258
その他	5,142,354	9,964,694	12,512,426	25,660,383	24,892,662
合計	144,901,317	157,627,532	194,962,197	197,655,646	184,474,473

出所：海洋水産部

<表4-15> 品目別冷凍品加工実績推移 (単位：kg)

区分	2018	2019	2020	2021	2022
イカ	48,370,484	39,110,640	35,530,637	39,846,467	48,419,057
スケトウダラ	36,845,207	17,627,571	24,772,957	40,617,744	46,586,598
カレイ	3,886,265	3,651,603	2,507,139	2,959,849	4,016,736
サバ	113,525,989	60,718,382	48,701,227	87,466,324	87,935,847
タラ	1,058,618	1,138,585	843,156	2,187,975	10,051,665
イシモチ	10,017,122	9,896,533	11,011,800	10,207,244	2,481,969
サンマ	23,160,691	10,103,972	4,815,953	5,403,399	5,652,740
タチウオ	7,314,751	5,968,054	5,950,404	8,184,015	11,885,763
マアジ	5,261,150	6,370,491	12,660,965	18,084,141	8,256,429
エビ	4,770,522	3,435,138	2,298,879	3,240,653	3,566,044
サワラ	11,469,984	13,576,026	17,041,729	12,411,787	10,300,839
イワシ	25,017,715	765,603	2,750,020	2,684,264	5,455,555
マナガツオ	578,271	359,587	409,887	592,147	189,769
フグ	10,602,744	774,285	326,262	620,417	411,908
フウセイ	678,648	1,870,503	1,948,900	2,641,181	254,516
テナガダコ	507,323	555,921	698,276	700,369	569,247
ワタリガニ	4,267,960	3,771,481	2,587,139	3,532,420	5,108,466
アマダイ	206,245	366,160	354,439	724,066	461,708
マグロ類	30,936,363	18,348,121	20,945,030	10,850,595	19,616,301
その他	98,569,485	69,643,481	151,404,907	90,598,705	89,915,402
コウイカ	1,715,251	1,387,407	1,192,354	2,665,479	2,092,204
エビ	2,405,490	5,885,452	3,117,407	4,076,114	3,993,524
アナゴ	1,029,121	1,532,679	3,003,497	1,336,745	1,341,895
スケトウダラ	7,263,914	11,755,474	12,483,076	4,543,219	16,044,408
すり身	3,273,630	3,636,833	3,131,108	3,617,704	4,246,912
トリガイ	320,478	322,918	20,900	18,823	7,542
カキ	7,545,017	8,547,819	6,968,283	5,387,318	4,787,365
アサリ	894,330	577,858	802,921	6,793,923	5,124,490
イガイ	1,009,362	1,668,072	1,551,414	395,665	1,277,102
その他	79,495,669	53,799,739	66,790,666	63,125,936	49,009,333
合計	541,997,799	357,166,388	446,621,332	435,514,688	449,061,334

出所：海洋水産部

<表4-16> 品目別缶詰加工実績推移　　　　　　　　　　　　　　　　　　　　　　　　　（単位：kg）

区分	2018	2019	2020	2021	2022
サンマ	12,037,550	7,453,187	6,146,149	5,356,635	6,417,484
イワシ	0	0	0	0	158,124
サバ	2,611,635	1,870,793	1,944,369	1,593,804	2,072,867
カキ	1,364,861	2,812,632	1,409,597	1,629,581	1,555,027
ツブガイ	4,869,452	5,059,010	2,024,538	1,779,189	4,465,584
イガイ	3,024	127,876	32,343	36,376	39,676
アサリ	30,690	2,343	40,811	9,537	38,884
マグロ	36,727,814	37,139,291	37,144,508	38,489,029	42,474,543
その他	20,476,477	15,173,429	347,800	105,250	107,716
合計	78,121,503	69,638,561	49,090,115	48,999,401	57,329,905

出所：海洋水産部

<表4-17> 品目別素乾品加工実績推移　　　　　　　　　　　　　　　　　　　　　　　　（単位：kg）

区分	2018	2019	2020	2021	2022
イカ	3,564,023	1,616,408	1,221,188	7,642,186	2,232,550
スケトウダラ	11,861,634	11,967,915	8,867,725	14,301,127	9,073,942
エビ	4,187	44,730	4,135	400	3,325
白魚	0	1,234	0	0	736
タコ(白ダコ*)	146	1,000	1,000	0	0
貝類	1,000	316	0	392,152	1,100,064
その他	8,857,679	3,742,411	3,991,669	3,231,891	734,558
合計	24,288,669	17,374,014	14,085,717	25,567,756	13,145,175

＊出版社注：タコの皮をむいてきれいに平干しにした白いタコ。

出所：海洋水産部

<表4-18> 品目別塩乾品加工実績推移　　　　　　　　　　　　　　　　　　　　　　　　（単位：kg）

区分	2018	2019	2020	2021	2022
イシモチ類	2,248,143	1,201,388	2,561,655	847,330	13,915,518
その他	376,650	560,285	1,835,420	312,459	248,927
合計	2,624,793	1,761,673	4,397,075	1,159,789	14,164,445

出所：海洋水産部

<表4-19> 品目別煮干品煮干品加工実績推移 (単位：kg)

区分	2018	2019	2020	2021	2022
カキ	854,194	893,388	1,478,527	896,604	822,044
カタクチイワシ	2,361,062	1,047,349	1,865,118	740,684	1,541,407
エビ	56,122	35,086	68,378	47,568	55,107
イガイ	28,894	274,623	826,206	317,925	713,405
その他	1,748,160	1,451,719	2,013,193	1,062,968	918,859
合計	5,048,432	3,702,165	6,251,422	3,065,749	4,050,822

出所：海洋水産部

<表4-20> 品目別海藻製品加工実績推移 (単位：kg)

区分	2018	2019	2020	2021	2022
乾燥海苔	130,263,634	53,588,373	38,742,912	37,869,637	48,837,168
乾燥ワカメ	9,978,018	18,228,195	20,346,125	19,900,148	15,039,518
塩蔵ワカメ	89,581,441	78,770,117	106,274,402	94,490,708	120,601,211
乾燥コンブ	5,153,539	3,516,001	2,270,547	2,099,333	4,041,523
ヒジキ	336,822	202,248	216,603	248,410	166,840
海藻類	19,421,668	18,853,977	9,135,302	16,993,141	34,245,520
塩蔵コンブ	9,095,824	7,812,437	5,386,038	4,669,120	103,941
その他	12,164,146	16,788,298	41,322,688	25,590,445	5,356,428
合計	275,995,092	197,759,646	223,694,617	201,860,942	228,392,149

出所：海洋水産部

<表4-21> 品目別寒天加工実績推移 (単位：kg)

区分	2018	2019	2020	2021	2022
糸寒天	0	0	198,260	148,100	106,218
粉寒天	44,050	213,500	69,000	77,500	1,116,000
その他	215,000	0	0	9,100	7,280
合計	259,050	213,500	267,260	234,700	1,229,498

出所：海洋水産部

<表4-22> 品目別調味加工品加工実績推移　　　　　　　　　　　　　　　　　　　　　　（単位：kg）

区分	2018	2019	2020	2021	2022
味付け海苔	36,908,022	33,106,438	49,681,922	51,355,475	65,296,281
調味イカ	37,774,887	28,971,165	11,127,386	20,792,680	19,334,359
調味カワハギ	1,189,353	928,219	1,131,214	966,778	919,281
調味スケトウダラ	364,123	1,074,684	1,120,380	573,940	709,476
その他	13,009,576	9,894,244	36,377,083	28,414,257	8,847,082
合計	89,245,961	73,974,750	99,437,985	102,103,130	95,106,479

出所：海洋水産部

<表4-23> 品目別魚油粉加工実績推移　　　　　　　　　　　　　　　　　　　　　　（単位：kg）

区分	2018	2019	2020	2021	2022
イカ油	347,840	633,600	0	4,800,000	396,200
その他魚肝油	1,016,792	20,537,402	19,403,670	769,780	3,984,880
魚粉,魚肥	1,614,926	14,880,747	1,783,820	7,713,808	2,067,475
その他	26,076,293	2,571,664	19,205,721	4,462,826	1,049,241
合計	29,055,851	38,623,413	40,393,211	17,746,414	7,497,796

出所：海洋水産部

<表4-24> 品目別塩蔵品加工実績推移　　　　　　　　　　　　　　　　　　　　　　（単位：kg）

区分	2018	2019	2020	2021	2022
サバ	23,767,565	19,323,297	9,293,280	12,928,459	12,488,326
数の子	6,188	331,720	229,700	0	0
その他	14,594,931	3,369,496	3,832,720	3,427,777	3,856,160
合計	38,368,684	23,024,513	13,355,700	16,356,236	16,344,486

出所：海洋水産部

<表4-25> 品目別塩辛品加工実績推移 (単位：kg)

区分	2018	2019	2020	2021	2022
カタクチイワシの塩辛	9,012,705	17,345,017	21,521,252	19,815,327	26,749,369
エビの塩辛	9,118,206	3,856,164	6,412,550	5,583,668	5,513,118
スルメイカの塩辛	4,252,850	3,754,061	4,383,003	3,765,321	6,156,297
貝の塩辛	144,524	63,073	24,007	202,995	96,202
カキ(牡蠣の塩辛)	396,566	315,778	384,582	627,654	734,603
ウニの塩辛	603	958	0	30	198,623
明太子	5,118,970	4,680,256	4,534,669	2,363,542	5,425,892
スケトウダラの内臓の塩辛	1,776,470	1,278,003	2,147,919	1,963,486	2,212,669
キングチの塩辛	107,155	164,465	101,754	100,577	141,549
その他	35,624,731	48,870,331	36,172,615	34,330,873	35,261,450
合計	65,552,780	80,328,106	75,682,351	68,753,473	82,489,772

出所：海洋水産部

<表4-26> 市道別水産品加工実績現況 　　　　　　　　　　　　　　　　　　　　(単位：kg)

	冷凍品	缶詰品	練製品	素乾品	塩乾品	煮乾品	海藻製品
ソウル	247,803	0	40,000	0	1,357	0	0
釜山	287,564,698	2,548,730	63,108,860	69,681	578,540	47,517	158,842
大邱	145,567	0	0	0	6,400	0	0
仁川	7,196,182	80	1,047,344	147,996	102,961	319,706	156,374
光州	170,000	0	0	0	0	0	0
大田	133,210	0	345,983	0	0	0	0
蔚山	478,334	0	0	0	0	0	194,500
京畿	9,303,002	88,000	68,484,074	1,294,322	0	450,797	2,607,204
忠北	358,157	3,054,258	4,940,362	23,686	2,000,000	1,662	2,437
忠南	233,277	0	2,172,429	850	2,000	358,329	9,750,866
全南	31,156,981	19,688,647	1,036,699	1,292,151	11,197,462	2,336,603	211,237,221
慶北	24,374,291	800,216	9,035,420	1,212,126	116,538	30	353,347
慶南	47,764,479	31,088,725	12,608,783	31,200	7,000	442,427	196,448
済州	7,775,591	0	0	0	0	0	23,300
江原	22,817,364	61,249	2,058,969	8,292,163	144,000	8,751	7,260
全北	9,342,398	0	38,550	781,000	8,187	85,000	3,704,350

	寒天	調味加工品	魚油粉	塩蔵品	塩辛品	水産皮革品	その他	合計
ソウル	0	507,350	0	0	35,883	0	1,429,355	2,262,748
釜山	0	3,858,834	14,501	8,835,833	3,568,113	0	15,529,350	385,883,499
大邱	0	370,038	0	1,277,937	0	0	2,035	1,801,977
仁川	0	1,312,220	0	7,474	1,476,283	0	6,444,561	18,211,181
光州	0	236,738	0	0	0	0	117,932	524,670
大田	0	3,107,284	0	541	0	0	0	3,587,018
蔚山	0	0	193,190	0	1,535,752	0	2,800	2,404,576
京畿	0	8,661,469	3,178	309,634	4,420,943	0	2,1550,615	117,173,238
忠北	0	507,357	152	0	142,139	0	106,978	11,137,188
忠南	0	26,601,817	0	32,700	24,973,550	0	6,553,534	90,236,352
全南	1,160,840	30,559,063	1,145	2,862,538	12,874,880	0	29,707,589	355,111,819
慶北	0	48,455	0	2,637,421	10,496,463	0	136,866	49,211,173
慶南	68,658	723,601	2782,840	152,727	10,667,484	0	9,959,693	116,494,065
済州	0	0	0	21,181	22,120	0	41,500	7,883,692
江原	0	16,849,094	4,502,790	2,500	9,918,214	0	47,247,856	111,910,210
全北	0	1,763,159	0	204,000	2,356,948	0	7,622,846	25,906,438

注) 2022年度。

出所：海洋水産部

2章 エネルギー・電力・ガス産業

1. エネルギー

<表1-1> 年度別主要エネルギー指標推移

	国内生産	輸入	輸出	1次エネルギー供給[1]	1次エネルギー消費[2]	転換工程[3]
	1,000 TOE	1,000 TOE	1,000 TOE	1,000 TOE	1,000 TOE	1,000 TOE
2018	41,133	354,196	74,878	300,738	301,324	-72,068
2019	44,078	338,899	72,526	297,612	298,618	-71,114
2020	48,325	313,504	65,399	285,512	288,410	-68,960
2021	49,234	326,861	62,376	300,515	303,183	-71,956
2022	54,621	336,444	69,339	303,954	305,083	-74,990

	最終消費[4]	純輸入[5]	エネルギー輸入依存度[6]	TPES/GDP[7]	TFC/GDP[7]	TPES/人口[8]	TFC/人口[8]
	1,000 TOE	1,000 TOE	%	TOE/百万ウォン	TOE/百万ウォン	TOE/1人当たり	TOE/1人当たり
2018	214,001	279,318	95.8(86.3)	0.166	0.118	5.83	4.15
2019	211,733	266,374	95.7(85.2)	0.161	0.114	5.75	4.09
2020	203,747	248,106	95.0(83.1)	0.155	0.111	5.51	3.93
2021	215,664	264,486	94.8(83.6)	0.157	0.112	5.81	4.17
2022	214,482	267,105	94.4(82.0)	0.154	0.109	5.88	4.15

注) 1. Total Primary Energy Supply
2. Total Primary Energy Consumption
3. 転換工程は二次燃料を生産するために投入された燃料と電気及び販売用に熱生成に使用される燃料の量。
4. Total Final Consumption
5. 輸入-輸出。
6. 1次エネルギー供給量( )のうち、輸入エネルギーが占める比重, ( )( )は原子力を輸入エネルギーから除外。
7. 連鎖加重法により推計された実質GDP(2015年基準年)、韓国銀行。
8. 統計庁、「将来人口推計」。

出所：エネルギー経済研究院

<表1-2> 年度別エネルギー生産推移 (単位：千TOE)

	2018	2019	2020	2021	2022
石炭	569	513	482	425	386
天然ガス	305	259	185	55	-
原油及び精製原料	28	23	15	5	2
バイオ及び廃棄物	7,984	7,604	7,478	8,053	8,251
地熱, 太陽及びその他	3,024	3,940	5,146	6,320	7,657
原子力	28,437	31,079	34,119	33,657	37,500
水力	719	594	826	651	755
熱	68	66	73	68	69
合計	41,133	44,078	48,325	49,234	54,621

出所：エネルギー経済研究院

<表1-3> 年度別エネルギー輸出入推移 (単位：千TOE)

		2018	2019	2020	2021	2022
輸入	石炭	89,484	85,586	74,875	76,172	75,794
	天然ガス	57,484	53,217	52,217	59,987	60,683
	原油及び精製原料	165,588	157,955	145,093	143,343	156,690
	石油製品	41,639	42,141	41,319	47,360	43,277
	計	354,196	338,899	313,504	326,861	336,444
輸出	石炭	47	12	110	217	19
	原油及び精製原料	764	138	80	323	331
	石油製品	74,067	72,376	65,209	61,836	68,988
	計	74,878	72,526	65,399	62,376	69,339

出所：エネルギー経済研究院

<表1-4> 年度別エネルギー輸入額推移 (単位：百万ドル, %)

		2018	2019	2020	2021	2022
総輸入(A)		535,202	503,343	467,633	615,093	731,370
エネルギー 輸入(B)		145,970	126,701	86,554	135935	216,409
	エネルギー輸入比率(B/A)	27.3	25.2	18.5	22.1	29.6
石炭	小計	16,703	14,209	9,596	14,699	28,332
	無煙炭	1,199	927	611	889	1,661
	有煙炭	14,668	13,062	8,805	13,485	26,231
	その他石炭[1]	835	219	181	325	441
石油	小計	105,856	89,295	59,406	95,039	137,603
	原油及び精製原料	80,521	70,430	44,791	68,771	107,255
	石油製品	22,335	18,865	14,615	26,268	30,348
天然ガス		23,189	20,567	15,716	25,453	50,022
ウラニウム		538	707	725	744	451

注) そのその他石炭は亜炭と泥炭を含む。

出所：エネルギー経済研究院

<表1-5> 年度別1次エネルギー供給推移[1] (単位：千TOE)

	2018	2019	2020	2021	2022
石炭	90,965	85,048	75,983	76,968	75,869
天然ガス	55,090	53,875	53,915	59,594	59,176
石油[2]	114,450	115,408	107,970	115,204	114,675
バイオ及び廃棄物	7,985	7,601	7,479	8,052	7,252
地熱, 太陽及びその他	3,024	3,940	5,146	6,320	7,657
原子力	28,437	31,079	34,119	33,657	37,500
水力	719	594	826	651	755
熱	68	66	73	68	69
合計	300,738	297,612	285,512	300,515	303,954

注) 1. 国内生産(+)+輸入(+)+輸出(-)+国際海運バンカーリング(-)+国際海運バンカーリング(-)+在庫変化(±)。
2. 原油及び精製原料，石油製品。

出所：エネルギー経済研究院

<表1-6> 年度別1次エネルギー消費推移[1]　　　　　　　　　　　　　　　　　　（単位：千TOE）

	2018	2019	2020	2021	2022
石炭	87,795	82,825	72,786	72,808	69,644
ガス[2]	55,468	54,039	54,578	60,106	59,530
石油[3]	117,828	118,473	113,403	121,523	121,677
バイオ及び廃棄物	7,985	7,601	7,477	8,051	8,252
地熱, 太陽及びその他	3,024	3,940	5,146	6,320	7,657
原子力	28,437	31,079	34,119	33,657	37,500
水力	719	594	826	651	755
熱	68	66	73	68	69
合計	301,324	298,618	288,410	303,183	305,083

注) 1. -転換工程(±)-転換自体消費(-)-損失(±)+最終消費(+)。
2. 天然ガス, 都市ガス。
3. 原油及び精製原料, 石油製品。

出所：エネルギー経済研究院

<表1-7> エネルギー源別年度別最終エネルギー消費推移　　　　　　　　　　　（単位：千TOE）

	2018	2019	2020	2021	2022
石炭	34,297	32,887	31,152	32,251	30,563
ガス[1]	25,566	25,027	24,751	25,513	26,064
石油製品	100,411	101,189	95,850	103,310	101,602
水力	3	1	0	1	1
バイオ及び廃棄物	6,397	5,751	5,826	6,241	6,159
地熱, 太陽及びその他	643	757	842	900	1,106
電気	44,148	43,649	42,733	44,748	46,041
熱	2,535	2,471	2,592	2,701	2,946
合計	214,001	211,733	203,747	215,664	214,482

注) 1. 天然ガス, 都市ガス。

出所：エネルギー経済研究院

<表1-8> 部門別年度別最終エネルギー消費推移　　　　　　　　　　　　　　（単位：千TOE）

	2018	2019	2020	2021	2022
産業	130,769	129,223	124,013	132,960	130,463
輸送	36,227	37,194	34,746	36,636	36,294
家庭	22,114	21,466	22,356	22,940	23,560
商業/公共	24,890	23,850	22,632	23,128	24,165
合計	214,001	211,733	203,747	215,664	214,482

出所：エネルギー経済研究院

2. 石油

<表2-1> 原油・精製原料需給推移

		2018	2019	2020	2021	2022
生産	1,000 bbl	189	155	103	36	17
輸入		1,126,403	1,075,973	987,422	973,734	1,047,685
原油		1,116,281	1,071,923	980,259	960,147	1,031,283
その他[2]		10,122	4,050	7,163	13,587	16,402
輸出		4,124	769	448	1,782	1,848
在庫		59,367	52,761	50,884	48,956	52,246
1次エネルギー供給		1,113,842	1,081,117	988,952	973,916	1,042,564
転換工程[1]		1,175,276	1,159,008	1,089,285	1,089,068	1,155,425
原油		1,106,317	1,064,217	980,379	961,384	1,026,102
精製原料		68,740	94,852	108,939	128,356	130,311
その他[2]		219	-62	-33	-672	-988
精製能力[3]	1,000 BPSD	3,204	3,204	3,204	3,204	3,204

注) 1. 石油製品生産(精製投入), ガス製造等の工程に投入された物量で負の数はこの工程を通して該当エネルギー商品が生産されたことを意味する。
2. 精製原料(半製品), 添加物, その他炭化水素。
3. 添加物とその他炭化水素。
4. 国内すべての精油会社の精製能力の合計。

出所：エネルギー経済研究院

<表2-2> 年度別原油輸入価格推移

		2018	2019	2020	2021	2022
輸入量(千bbl)		1,116,281	1,071,923	980,259	960,147	1,031,283
輸入量(千kℓ)		177,471	170,419	155,846	152,648	163,957
輸入額 (千USD)	総額	79,790,402	70,222,972	44,427,432	67,690,685	105,378,658
	輸送コスト[1]	1,676,386	1,962,470	2,117,756	1,609,966	2,252,028
	本船渡し価格	78,114,015	68,260,502	42,309,677	66,080,720	103,126,631
輸入単価 (USD/bbl)	総額	71.48	65.51	45.32	70.50	102.18
	輸送コスト	1.50	1.83	2.16	1.68	2.18
	本船渡し価格	69.98	63.68	43.16	68.82	100.00
輸送コスト比重(%)		2.1	2.8	4.8	2.4	2.1

注) 1. 送料と保険料の合計。

出所：エネルギー経済研究院

<表2-3> 年度別・契約形態別原油輸入推移　　　　　　　　　　　　　　　　　　　　　　　　（単位：千Bbl）

		2018	2019	2020	2021	2022
合計	合計	1,116,281	1,071,923	980,259	960,147	1,031,283
中東	小計	820,994	752,564	676,409	574,430	695,122
	長期契約	529,317	593,774	543,834	483,832	512,095
	現物	276,972	147,450	122,068	85,262	182,291
	賃加工	-	-	-	-	-
	開発導入	14,704	11,340	10,507	5,335	735
アジア	小計	122,832	107,943	88,493	113,932	91,418
	長期契約	36,446	12,728	5,595	4,965	8,703
	現物	86,385	95,215	82,899	108,967	82,715
	賃加工	-	-	-	-	-
	開発導入	-	-	-	-	-
アフリカ	小計	40,901	19,928	24,549	32,000	27,703
	長期契約	17,395	6,979	1,801	6,567	5,505
	現物	23,506	12,949	22,747	25,433	22,198
	賃加工	-	-	-	-	-
	開発導入	-	-	-	-	-
アメリカ/ヨーロッパ	小計	131,554	191,489	190,808	239,785	217,040
	長期契約	52,912	44,981	49,105	59,764	47,367
	現物	78,643	146,507	141,704	180,021	169,673
	開発導入	-	-	-	-	-

出所：エネルギー経済研究院

<表2-4> 年度別原油処理推移　　　　　　　　　　　　　　　　　　　　　　　　　　　　（単位：千Bbl）

	輸入量	処理量			1日精製能力（千BPSD）	稼動率（%）
		年間	月平均	日平均		
2017	1,118,167	1,116,614	93,051	3,059	3,105	98.53
2018	1,116,281	1,106,317	92,193	3,031	3,204	94.60
2019	1,071,923	1,064,217	88,685	2,916	3,204	91.00
2020	980,259	980,379	81,698	2,679	3,204	83.60
2021	960,147	961,384	80,115	2,634	3,204	82.21
2022	1,031,283	1,026,102	85,509	2,811	3,204	87.74

出所：エネルギー経済研究院

<表2-5> 年度別石油精製及び転換工程投入状況　　　　　　　　　　　　（単位：千Bbl）

	石油精製		発電及び熱生産投入		
	原油及び精製原料投入	石油製品精製生産	発電専用	熱併合	熱専用
2017	1,153,915	1,185,996	7,042	1,019	1,184
2018	1,175,276	1,207,900	8,016	591	1,099
2019	1,159,008	1,196,345	5,287	397	1,711
2020	1,089,285	1,112,863	3,377	449	1,594
2021	1,089,068	1,113,422	3,811	377	1,773
2022	1,155,425	1,189,404	4,056	967	1,683

出所：エネルギー経済研究院

<表2-6> 石油製品需給推移　　　　　　　　　　　　　　　　　　　（単位：千Bbl）

		2018	2019	2020	2021	2022
供給	輸入	341,628	352,147	347,302	392,317	367,072
	輸出	531,563	522,099	468,529	446,559	497,020
	国際海運バンカーリング	62672	54281	65664	70042	77,484
	国際航空バンカーリング	39620	40375	25204	19801	24,851
	在庫	62,772	54,709	53,557	52,402	52,353
	1次エネルギー供給[1]	-303,132	-256,545	-210,942	-142,976	-232,234
	精製生産	1,207,900	1,196,345	1,112,863	1,113,422	1,189,404
消費	発電及び熱生産投入	9,706	7,396	5,420	5,961	6,706
	エネルギー産業自体消費	41,509	41,642	40,956	37,613	38,981
	最終消費	788,210	796,132	752,269	809,098	798,903
	産業	478,445	483,878	462,169	505,836	496,939
	石油化学原料	408941	412370	382656	417203	412,631
	輸送	256,066	263,189	245,380	259,041	258,008
	建物[2]	53,700	49,065	44,720	44,221	43,955

注）1. 輸出や国際バンカリングが輸入や在庫の変化による供給よりも大きい場合、1次エネルギー供給は 負の数で表される。
2. 家庭，商業，公共部門の合計。

出所：エネルギー経済研究院

<表2-7> 石油製品輸入推移 (単位：千Bbl)

	2018	2019	2020	2021	2022
合計	341,628	352,147	347,302	392,317	367,072
プロパン	59,549	74,600	80,930	76,363	85,845
ブタン	19,776	19,493	20,235	20,535	21,227
ガソリン	174	130	0	299	86
航空油	3	3	5	5	2
灯油	1	35	80	216	38
軽油	237	138	19	0	300
重油	42,915	31,585	29,626	37,239	20,800
ナフサ	218,814	226,088	215,927	253,313	236,608
溶剤	9	3	8	2	9
潤滑油	11	35	41	993	1,605
アスファルト	65	-	430	3,353	551
その他	74	37	0	0	-

出所：エネルギー経済研究院

<表2-8> 石油製品輸出推移 (単位：千Bbl)

	2018	2019	2020	2021	2022
合計	531,563	522,099	468,529	446,559	497,020
プロパン	3,898	5,126	5,826	2,850	607
ブタン	1,044	681	218	406	96
ガソリン	87,895	87,872	74,147	98,370	100,335
航空油	115,417	114,850	82,248	65,465	85,777
灯油	6,530	4,171	6,397	7,878	5,014
軽油	190,712	195,231	200,099	180,871	203,530
重油	26,345	17,490	13,262	8,829	12,776
ナフサ	43,564	47,382	36,680	31,203	33,944
溶剤	1,412	1,260	2,018	1,383	1,102
潤滑油	18,664	15,915	17,421	23,321	25,412
アスファルト	24,008	20,808	19,785	14,978	13,811
その他	12,074	11,311	10,429	11,007	14,620

出所：エネルギー経済研究院

<表2-9> 石油製品精製生産推移 (単位：千Bbl)

	2018	2019	2020	2021	2022
合計	1,207,900	1196,345	1,112,863	1,113,422	1,189,404
プロパン	9,127	6,833	4,713	6,706	2,224
ブタン	24,200	22,216	19,105	17,735	17,488
ガソリン	169,511	170,280	151,393	178,751	183,838
航空油	170,998	170,766	112,582	97,182	122,855
灯油	26,829	21,485	44,372	53,657	47,659
軽油	360,752	367,540	351,861	337,745	363,454
重油	70,667	59,492	77,276	77,512	93,575
ナフサ	248,724	254,353	224,925	214,883	224,504
溶剤	4,225	4,374	6,429	4,169	3,382
潤滑油	23,748	20,874	22,789	32,443	33,919
アスファルト	35,908	31,219	25,945	16,159	17,487
その他	63,211	66,914	71,474	76,478	79,018

出所：エネルギー経済研究院

<表2-10> 石油製品消費推移 (単位：千Bbl)

	2018	2019	2020	2021	2022
合計	788,210	796,132	752,269	809,098	798,903
プロパン	55,972	67,840	70,644	72,524	78,163
ブタン	44,472	43,096	38,456	36,709	37,088
ガソリン	79,683	82,750	80,965	84,873	88,368
航空油	13,724	13,120	7,793	15,531	15,606
灯油	18,511	16,668	16,831	16,490	15,446
軽油	160,316	163,781	155,042	156,318	151,783
重油	9,987	8,402	6,833	6,405	6,697
ナフサ	372,559	365,443	333,938	369,918	355,984
溶剤	1,614	1,728	2,154	1,585	1,403
潤滑油	4,675	4,764	4,593	8,030	7,594
アスファルト	10,658	10,540	10,054	9,450	8,383
その他	16,040	18,001	24,967	31,266	32,387

出所：エネルギー経済研究院

<表2-11> プロパン需給推移 (単位：千Bbl)

		2018	2019	2020	2021	2022
供給	輸入	59,549	74,600	80,930	76,363	85,845
	輸出	3,898	5,126	5,826	2,850	607
	在庫	3,195	2,610	3,234	2,678	3,493
	1次エネルギー供給	54,835	70,059	74,481	74,071	84,424
	精製生産	9,127	6,833	4,713	6,706	2,224
消費	発電及び熱生産投入	258	943	829	1,245	2,257
	エネルギー産業自体消費	987	1,915	2,136	1,350	2,177
	最終消費	55,972	67,840	70,644	72,524	78,163
	産業	38,410	50,037	52,893	54,359	59,353
	石油化学原料	29,240	39,847	42,383	40,872	49,188
	輸送	16	17	17	17	18
	建物[1]	17,546	17,786	17,734	18,148	18,792

注) 1) 家庭，商業，公共部門の合計。

出所：エネルギー経済研究院

<表2-12> ブタン需給推移 (単位：千Bbl)

		2018	2019	2020	2021	2022
供給	輸入	19,776	19,493	20,235	20,535	21,227
	輸出	1,044	681	218	406	96
	在庫	1,669	1,149	1,384	1,225	1,645
	1次エネルギー供給	18,645	19,332	19,781	20,289	20,711
	精製生産	24,200	22,216	19,105	17,735	17,488
消費	発電及び熱生産投入	6	6	5	5	5
	エネルギー産業自体消費	85	81	72	67	64
	最終消費	44,472	43,096	38,456	36,709	37,088
	産業	9,270	8,821	8,630	7,908	8,529
	石油化学原料	7,142	7,081	6,407	6,414	7,460
	輸送	33,709	33,198	28,890	27,902	27,662
	建物[1]	1,492	1,078	936	899	897

注) 1) 家庭，商業，公共部門の合計。

出所：エネルギー経済研究院

<表2-13> ガソリン需給推移 (単位：千Bbl)

		2018	2019	2020	2021	2022
供給	輸入	174	130	0	299	86
	輸出	87,895	87,872	74,147	98,370	100,335
	在庫	7,179	6,134	4,906	5,445	5,841
	1次エネルギー供給	-89,223	-86,697	-72,918	-98,611	-100,646
	精製生産	169,511	170,280	151,393	178,751	183,838
消費	発電及び熱生産投入	0	0	0	0	0
	エネルギー産業自体消費	3	2	2	2	2
	最終消費	79,683	82,750	80,965	84,873	88,368
	産業	1,388	1,353	1,298	1,189	1,128
	輸送	77,710	80,942	79,388	83,389	86,957
	建物[1]	584	455	278	295	283

注) 1) 家庭, 商業, 公共部門の合計。

出所：エネルギー経済研究院

<表2-14> 航空油需給推移 (単位：千Bbl)

		2018	2019	2020	2021	2022
供給	輸入	3	3	5	5	2
	輸出	115,417	114,850	82,248	65,465	85,772
	国際航空バンカーリング	39,620	40,375	25,204	19,801	24,850
	在庫	6,680	6,572	4,968	3,818	3,876
	1次エネルギー供給	-155,845	-155,114	-105,842	-84,111	-110,677
	精製生産	170,998	170,766	112,582	97,182	122,855
消費	発電及び熱生産投入	-	-	-	-	-
	エネルギー産業自体消費	-	-	-	-	0
	最終消費	13,724	13,120	7,793	15,531	15,606
	産業	2	3	2	5	5
	輸送	10,033	9,833	4,484	12,075	12,038
	建物[1]	3,689	3,284	3,307	3,451	3,563

注) 1) 家庭, 商業, 公共部門の合計。

出所：エネルギー経済研究院

<表2-15> 灯油需給推移 (単位:千Bbl)

		2018	2019	2020	2021	2022
供給	輸入	1	35	80	216	38
	輸出	6,530	4,171	6,397	7,878	5,014
	在庫	2,318	2,553	1,591	1,975	1,589
	1次エネルギー供給	-7,018	-4,371	-5,355	-8,046	-4,500
	精製生産	26,829	21,485	44,372	53,657	47,659
消費	発電及び熱生産投入	1,254	1,330	1,105	1,191	1,462
	エネルギー産業自体消費	10	10	4	4	1
	最終消費	18,511	16,668	16,831	16,490	15,446
	産業	1,277	1,521	2,256	2,280	2,086
	輸送	32	44	50	38	34
	建物[1]	17,202	15,102	14,525	14,171	13,327

注) 1) 家庭, 商業, 公共部門の合計。

出所:エネルギー経済研究院

<表2-16> 軽油需給推移 (単位:千Bbl)

		2018	2019	2020	2021	2022
供給	輸入	237	138	19	0	300
	輸出	190,712	195,231	200,099	180,871	203,530
	在庫	11,149	10,473	7,511	8,144	8,672
	1次エネルギー供給	-199,308	-203,407	-207,256	-194,224	-219,163
	精製生産	360,752	367,540	351,861	337,745	363,454
消費	発電及び熱生産投入	329	972	391	616	964
	エネルギー産業自体消費	37	32	44	11	11
	最終消費	160,316	163,781	155,042	156,318	151,783
	産業	15,129	15,810	16,479	15,524	15,540
	輸送	133,341	137,642	131,401	134,062	129,608
	建物[1]	11,845	10,329	7,162	6,732	6,635

注) 1) 家庭, 商業, 公共部門の合計。

出所:エネルギー経済研究院

<表2-17> 重油需給推移 (単位：千Bbl)

		2018	2019	2020	2021	2022
供給	輸入	42,915	31,585	29,626	37,239	20,800
	輸出	26,345	17,490	13,262	8,829	12,776
	国際航空バンカーリング	55,524	45,291	55,525	57,322	62,081
	在庫	11,912	9,880	8,702	9,749	9,056
	1次エネルギー供給	-39,236	-29,164	-37,982	-29,959	-53,364
	精製生産	70,667	59,492	77,276	77,512	93,575
消費	発電及び熱生産投入	7,859	4,145	3,089	2,903	2,019
	エネルギー産業自体消費	5,255	2,124	1,779	719	607
	最終消費	9,987	8,402	6,833	6,405	6,697
	産業	7,714	6,108	5,216	4,547	4,741
	輸送	1,224	1,513	1,150	1,557	1,692
	建物[1]	1,048	780	467	300	265

注）1）家庭, 商業, 公共部門の合計。

出所：エネルギー経済研究院

<表2-18> ナフサ需給推移 (単位：千Bbl)

		2018	2019	2020	2021	2022
供給	輸入	218,814	226,088	215,927	253,313	236,608
	輸出	43,564	47,382	36,680	31,203	33,944
	在庫	15,096	11,595	16,954	14,529	13,461
	1次エネルギー供給	170,359	182,206	173,888	224,486	203,732
	精製生産	248,724	254,353	224,925	214,883	224,504
消費	発電及び熱生産投入	-	-	-	-	-
	エネルギー産業自体消費	-	-	-	-	-
	最終消費	372,559	365,443	333,938	369,918	355,984
	産業	372,559	365,443	333,938	369,918	355,984
	輸送	-	-	-	-	-
	建物[1]	-	-	-	-	-

注）1）家庭, 商業, 公共部門の合計。

出所：エネルギー経済研究院

<表2-19> 石油製品消費現況(2022)　　　　　　　　　　　　　　　　　　　　　（単位：千Bbl)

	最終消費	産業	輸送	家庭	商業	公共
合計	798,903	496,939	258,008	12,057	19,452	19,182
精製ガス	9,285	9,285	-	-	-	-
プロパン	78,163	59,353	18	6,123	12,407	262
ブタン	37,088	8,529	27,662	122	774	1
ガソリン	88,368	1,128	86,957	3	57	222
航空油	15,606	5	12,038	-	53	3,510
灯油	15,446	2,086	34	10,132	2,955	240
軽油	151,783	15,540	129,608	10	2,578	4,046
軽重質油	990	559	387	8	19	17
重油	159	128	21	2	6	2
重質重油	5,548	4,054	1,284	51	139	20
ナフサ	355,984	355,984	0	-	-	-
溶剤	1,403	1,209	-	-	193	1
潤滑油	7,594	7,594	-	-	-	-
アスファルト	8,383	8,383	-	-	-	-
パラフィンワックス	184	184	-	-	-	-
石油コークス	794	794	-	-	-	-
その他石油製品	22,124	22,124	-	-	-	-

出所：エネルギー経済研究院

3. 電力

<表3-1> 年度別主要電力指標推移

		2018	2019	2020	2021	2022
- 発電設備	(kW)	123,096,245	129,747,830	133,655,412	138,482,028p	143,484,834p
.韓電, 子会社	(kW)	81,362,425	83,672,341	83,853,696	82,459,277	82,723,285
.他社	(kW)	37,729,234	41,665,328	45,337,578	51,560,498	55,471,470
.商用自家	(MWh)	4,004,585	4,410,161	4,464139	4,462,253p	5,290,079p
- 総発電量	(MWh)	593,406,797	586,806,004	577111901	601,938,354p	624,600,113p
.韓電, 子会社	(kW)	418,327,451	409,069,939	394,522,245	400,373,182	407,441,461
.他社	(MWh)	151,520,206	152,823,960	155,963,475	175,412,367	185,507,861
.商用自家[1]	(MWh)	23,559,141 (798,850)	24,912,104 (1,146,405)	26626181 (1,676,440)	26,152,804p (1,023,939)	30,650,791p (451,043)
- 所内消費電力量	(MWh)	21,389,786	21,572,766	21,135,360	21,254,113	22,081,218
.所内消費率	(%)	3.75	3.83	3.83	3.68	3.72
- 揚水用電力量	(MWh)	5,105,659	4,587,619	4,352176	4,855,815	4,911,837
- 送電端電力量	(MWh)	543,231,596	536,197,809	525,850,762	549,623,783	566,864,976
- 送配電損失量	(MWh)	19,359,355	19,000,475	18,609,971	19,424,218	20,019,815
送配電損失率	(%)	3.56	3.54	3.54	3.53	3.53
- 販売電力量	(MWh)	526,149,162	520,498,738	509,269,715	533,430,811	547,932,742
.需要成長率	(%)	3.6	-1.1	-2.2	4.7	2.7
- 最大電力	(kW)	92,478,000	90,314,000	89,091,000	91,141,000	94,509,000
- 平均電力	(kW)	65,142,295	64,274,007	62,859,991	65,845,832	67,853,923
.負荷率[2]	(%)	70.4	71.2	70.6	72.2	71.8
.利用率	(%)	54.7	51.3	48.7	49.1	49.1
- 販売単価	(원/kWh)	108.75	108.66	109.80	108.11	120.51
- 受容家数	(戸数)	23,501,542	23,860,032	24,198,304	24,523,304	24,866,375
- 人口1人当たり電力生産量[3]	(kWh/人)	11,058 (11,489)	10,859 (11,317)	10,654 (11,099)	11,170 (11,657)	11,555 (12,143)
- 人口1人当たり電力消費量	(kWh/人)	10,195	10,039	9,826	10,330	10,652

注) 1. ( )内は商用自家発電量のうち、韓電の購入電力量。

2. 最大電力に対する平均電力の比をパーセンテージで表したもの。

3. ( )内は商用発電自体の消費量を含む分。

出所：エネルギー経済研究院

<表3-2> 年度別発電設備推移 (単位：MW)

		2018	2019	2020	2021	2022
総計		119,092	125,338	129,191	134,020	139,195
水力		6,490	6,508	6,506	6,541	6,513
原子力		21,850	23,250	23,250	23,250	24,650
集団		9,208	9,191	9,191	9,229	8,919
代替		11,623	14,250	18,739	23,014	26,326
その他[1]		-	852	366	367	369
火力	合計	69,921	71,287	71,139	71,618	71,418
	石炭混焼	35,408	35,501	35,351	35,829	36,869
	石油火力	2,950	2,600	1,200	1,200	-
	LNG	-	-	1,400	1,400	1,400
	複合火力	31,224	32,846	33,013	33,013	33,013
	内燃力	339	341	176	177	137

注) 1. 副生ガス，蒸留塔廃熱．余熱回収，天然ガス圧タービン。

出所：エネルギー経済研究院

<表3-3> 設備別発電電力量推移 (単位：GWh)

		2018	2019	2020	2021	2022
総計		570,647	563,040	552,162	576,809	594,400
水力		7,270	6,247	7,148	6,737	7,256
原子力		133,505	145,910	160,184	158,015	170,054
集団		47,033	46,058	45,567	48,326	49,159
新再生		27,177	30,526	31,057	39,102	47,266
その他[1]		-	1,367	4,940	1,181	1,172
火力[2]	合計	355,661	332,933	303,266	323448	313,494
	石炭混焼	231,653	219,076	187,335	188,905	186,748
	石油火力	5,845	1,842	1,504	1,494	352
	LNG	-	-	587	1,177	1,377
	複合火力	116,836	110,289	111,759	130,358	123,996
	内燃力	528	579	405	491	570

注) 1. 副生ガス，蒸留塔廃熱．余熱回収，天然ガス圧タービン。
2. 火力は韓電の購入量を含む。

出所：エネルギー経済研究院

<表3-4> エネルギー源別発電電力量推移 (単位:GWh)

		2018	2019	2020	2021	2022
総計		570,647	563,040	552,162	576,809	594,400
水力[1]		7,270	6,247	7,148	6,737	7,256
原子力		133,505	145,910	160,184	158,015	176,054
集団[2]		-	-	-	-	-
新再生[1]		32,239	33,603	32,650	40,041	49,640
その他[3]		-	2,249	7,681	3,316	2,678
火力	合計	397,632	375,031	344,499	368,699	358,772
	石炭	238,967	227,384	196,333	197,966	193,231
	石油	5,740	3,292	2,255	2,354	1,966
	LNG	152,924	144,355	145,911	168,378	163,575

注) 1. 新再生:(小)水力発電量を含まない。
2. 201年から集団エネルギー源別発電量として分類。
3. 副生ガス, 蒸留塔廃熱, 余熱回収, 天然ガス圧タービン。

出所:エネルギー経済研究院

<表3-5> 年度別送配電損失推移 (単位:MWh)

		2018	2019	2020	2021	2022
送電端電力量(A)(MWh)		543,231,596	536,197,809	525,850,762	549,623,783	566,864,976
送変電損失	損失量(B)(MWh)	8,619,366	8,445,564	8,278,987	8,651,079	8,914,502
	損失率(B/A)(%)	1.59	1.58	1.57	1.57	1.57
配電損失	損失量(C)(MWh)	10,739,989	10,554,911	10,330,984	10,773,139	11,105,313
	損失率((A-B)/C)(%)	2.01	2.00	2.00	1.99	1.99
販売量(D)(MWh)		523,872,241	517,197,335	507,240791	530,199,565	546,845,160
総損失	損失量(A-D)(MWh)	19,359,355	19,000,475	18,609,971	19,424,218	20,019,815
	損失率((A-D)/A)(%)	3.56	3.54	3.54	3.53	3.53

注) 送電端は揚水電力量を除いた電力量。

出所:エネルギー経済研究院

<表3-6> 年度別発電用燃料消費量推移

			2018	2019	2020	2021	2022
合計		合計(千TOE)	92,789	91,057	87,767	89,007	91,566
		占有率(%)	100.0	100.0	100.0	100.0	100.0
石炭	小計	消費量(M/T)	90,540,880	84,486,191	70,065,113	67,777,536	66,087,039
		消費量(千TOE)	48,640	46,471	38,539	37,282	36,352
		占有率(%)	52.4	51.0	43.9	41.9	39.7
	無煙炭	消費量(M/T)	991,627	1,164,840	971,161	899,642	884,962
		消費量(千TOE)	522	603	503	466	458
		占有率(%)	0.6	0.7	0.6	0.5	0.5
	有煙炭	消費量(M/T)	89,549,253	83,321,351	69,093,952	66,877,894	65,202,077
		消費量(千TOE)	48,118	45,868	38,036	36,816	35,893
		占有率(%)	51.9	50.4	43.4	41.4	392
石油	小計	消費量(kℓ)	1,228,356	684,493	451951	497,710	374,600
		消費量(千TOE)	1,212	648	433	474	346
		占有率(%)	1.3	0.7	0.3	0.5	0.4
	BC油	消費量(kℓ)	1,013,229	361,925	283,175	290,828	113,554
		消費量(千TOE)	1,020	360	282	290	113
		占有率(%)	1.1	0.4	0.3	0.3	0.1
	その他重油	消費量(kℓ)	-	-	-	-	-
		消費量(千TOE)	-	-	-	-	-
		占有率(%)	-	-	-	-	-
	軽油	消費量(kℓ)	215,128	322,568	168,777	206,882	261,046
		消費量(千TOE)	192	288	151	185	233
		占有率(%)	0.2	0.3	0.2	0.2	0.3
	ナフサ	消費量(kℓ)	-	-	-	-	-
		消費量(千TOE)	-	-	-	-	-
		占有率(%)	-	-	-	-	-
LNG		消費量(kℓ)	9,889,858	8,890,733	10,144,036	12,461,751	12,203,303
		消費量(千TOE)	12,952	11,528	13,153	16,159	15,824
		占有率(%)	14.0	12.7	14.8	18.2	17.3
原子力		消費量(千TOE)	28,437	31,079	34,119	33,657	37,500
		占有率(%)	30.6	34.1	38.3	37.8	41.0
水力		消費量(千TOE)	1,549	1,331	1,523	1,435	1,546
		占有率(%)	1.7	1.5	1.7	1.6	1.7

出所：エネルギー経済研究院

<表3-7> 年度別火力発電所熱効率推移 (単位：%)

	合計		韓電, 子会社		汽力					
					小計		無煙炭		有煙炭	
	発電端	送電端	発電端	送電端	発電端	送電端	発電端	送電端	発電端	送電端
2017	39.82	37.90	39.50	37.51	38.66	36.56	35.32	32.06	38.79	367.2
2018	40.82	38.88	40.21	38.25	38.94	36.84	35.75	32.36	39.03	36.95
2019	40.70	38.71	39.88	37.88	38.78	36.65	36.40	32.77	38.84	36.73
2020	41.14	39.20	40.16	38.11	38.84	36.64	36.05	32.34	38.91	36.73
2021	41.53	39.62	40.50	38.48	3881	36.56	34.53	30.87	38.91	36.68
2022	41.65	39.78	40.58	38.61	38.93	36.72	34.56	30.98	39.02	36.83

	汽力								他社	
	重油		LNG		複合火力		内燃力			
	発電端	送電端	発電端	送電端	発電端	送電端	発電端	送電端	発電端	送電端
2017	36.55	34.20	35.32	33.91	46.16	45.13	38.80	33.73	44.30	43.40
2018	37.44	35.04	-	-	47.65	46.60	37.96	35.82	48.99	47.33
2019	35.77	33.66	-	-	46.94	45.84	40.56	38.41	51.02	49.07
2020	36.08	33.64	35.89	34.56	47.01	45.77	38.28	35.80	49.41	48.34
2021	35.78	33.37	35.56	34.19	47.05	45.96	38.62	36.30	49.85	48.73
2022	36.32	33.94	35.68	34.40	46.76	45.70	39.17	36.89	50.17	49.07

出所：エネルギー経済研究院

<表3-8> 産業分類別電力消費量推移

	2020	構成比	2021	構成比	2022	構成比
	GWh	%	GWh	%	GWh	%
合計	509,270	100.0	533,431	100.0	547,933	100.0
- 家庭用	74,074	14.5	77,558	14.5	78,558	14.3
- 公共用	23,623	4.6	25,026	4.7	26,218	4.8
サービス業及びその他	144,444	28.4	148,182	27.8	155,220	28.3
産業	267,129	52.5	282,665	53.0	287,937	52.5
- 農林漁業	17,037	3.3	18,496	3.5	19,285	3.5
- 鉱業	1,552	0.3	1,807	0.3	1,759	0.3
- 製造業	248,541	48.8	262,362	49.2	266,893	48.7
- 食料品	11,534	2.3	12,114	2.3	12,422	2.3
- 飲料	1,167	0.2	1,229	0.2	1,284	0.2
- タバコ	201	0.0	194	0.0	202	0.0
- 繊維製品	7,654	1.5	8,166	1.5	7,797	1.4
- 衣服, アクセサリー, 毛皮製品	583	0.1	594	0.1	596	0.1
- 皮革, カバン, 靴	459	0.1	472	0.1	465	0.1
- 木材, 木製品	1,703	0.3	1,761	0.3	1,754	0.3
- パルプ, 紙, 紙製品	7,854	1.5	8,010	1.5	8,010	1.5
- 印刷, 記録媒体	1,188	0.2	1,204	0.2	1,185	0.2
- コークス, 練炭, 石油精製品	12,550	2.5	13,281	2.5	14,038	2.6
- 化学物質, 化学製品	38,343	7.5	41,256	7.7	40,984	7.5
- 医療用物質, 医薬品	2,499	0.5	2,676	0.5	2,957	0.5
- ゴム製品, プラスチック製品	8,679	1.7	9,473	1.8	9,480	1.7
- 非金属鉱物製品	11,154	2.2	11,700	2.2	11,798	2.2
- 1次金属	36,343	7.1	35,044	6.6	35,044	6.4
- 金属加工製品	8,409	1.7	8,764	1.6	8,659	1.6
- 電子, 映像, 音響, コンピュータ, 通信機器	53,311	10.5	57,788	10.8	60,192	11.0
- 医療, 精密, 光学, 時計	3,843	0.8	4,144	0.8	4,090	0.7
- 電気機器	6,902	1.4	7,710	1.4	8,219	1.5
- その他機械, 装備	10,170	2.0	11,131	2.1	11,391	2.1
- 自動車, トレーラー	16,489	3.2	17,983	3.4	18,517	3.4
- その他輸送装備	4,170	0.8	4,103	0.8	4,226	0.8
- 家具	673	0.1	702	0.1	699	0.1
- その他製品	2,589	0.5	2,781	0.5	2,803	0.5
- 産業機械, 装備修理	76	0.0	79	0.0	80	0.0

出所：エネルギー経済研究院

<表3-9> 用途別顧客戸数及び販売電力量推移

			2018	2019	2020	2021	2022
顧客戸数(戸)	合計		23,501,542	23,860,032	24,198,304	24,523,304	24,866,375
	電灯	住宅用	15,317,045	15,487,494	15,609,631	15,728,358	15,811,248
		街灯	1,918,848	2,010,103	2,130,215	2,206,425	2,293,016
	動力		5464537	5584965	5706405	5,864,705	6,029,983
契約容量(kW)			-	-	-	-	-
販売電力量(MWh)	合計		526,149,162	520,498,738	509,269,715	533,430,811	547,932,742
	増加率(%)		3.6	-1.1	-2.2	4.7	2.7
	電灯	住宅用	72,894,709	72,638,868	76,303,405	79,914,811	80,996,133
		街灯	3,582,649	3,571,475	3,506,999	3,444,429	3,424,194
	動力		449,671,804	444,288,395	429,459,312	439,909,625	453,722,462
1人当たり電力消費量(kW)			10,195	10,039	9,826	10,330	10,652

出所：エネルギー経済研究院

<表3-10> 地域別顧客戸数推移　　　　　　　　　　　　　　　　　　　　（単位：世帯）

	2018	2019	2020	2021	2022
合計	23,501,542	23,860,032	24,198,304	24,523,304	24,866,375
ソウル	3,605,300	3,647,702	3,692,337	3,713,891	3,750,590
釜山	1,282,195	1,286,717	1,287,766	1,290,387	1,293,428
大邱	941,398	932,965	933,257	928,295	929,132
仁川	1,020,655	1,026,667	1,032,731	1,042,093	1,046,654
光州	545,480	550,818	553,028	558,106	564,128
大田	584,853	588,843	591,180	594,286	598,108
蔚山	465,067	468,077	470,696	471,793	473,960
京畿	4,482,784	4,563,003	4,615,521	4,687,268	4,760,852
江原	1,062,000	1,089,261	1,112,938	1,137,935	1,161,285
忠北	1,065,629	1,089,307	1,108,181	1,129,889	1,152,014
忠南	1,390,063	1,423,311	1,451,902	1,482,070	1,511,149
全北	1,193,339	1,217,739	1,243,394	1,272,614	1,300,586
全南	1,423,206	1,454,637	1,497,359	1,527,926	1,557,714
慶北	2,015,725	2,047,790	2,086,877	2,122,187	2,162,676
慶南	1,889,174	1,912,803	1,935,540	1,958,431	1,979,070
済州	442,334	461,797	484,825	502,738	519,422
世宗	92,326	98,581	100,758	103,381	105,607
開城	14	14	14	14	-

出所：エネルギー経済研究院

<表3-11> 地域別販売電力量推移　　　　　　　　　　　　　　　　　　　　　　　　　　　（単位：MWh）

	2018	2019	2020	2021	2022
合計	526,149,162	520,498,738	509,269,715	533,430,811	547,932,742
ソウル	47,810,210	47,167,206	45,787,926	47,295,807	48,788,677
釜山	21,216,605	20,802,410	20,503,969	21,067,833	21,493,648
大邱	15,675,749	15,265,585	14,758,569	15,443,949	16,039,260
仁川	24,921,926	24,280,690	23,638,583	24,901,194	25,506,864
光州	8,773,811	8,603,297	8,531,108	8,973,447	9,116,871
大田	9,648,827	9,415,699	9,405,221	9,748,621	10,016,877
蔚山	33,748,169	34,138,999	33,157,835	33,593,123	32,919,181
京畿	122,695,954	123,022,307	124,688,964	133,455,948	140,531,012
江原	16,845,836	16,368,275	16,120,067	16,808,006	17,325,520
忠北	26,239,895	26,732,303	26,901,895	28,402,063	29,412,227
忠南	52,012,705	52,644,854	50,422,732	48,801,626	50,259,638
全北	22,961,959	22,280,693	20,538,912	21,486,861	21,838,474
全南	34,118,388	32,385,388	30,973,975	33,486,886	34,665,105
慶北	45,958,814	44,314,767	41,001,627	44,258,297	44,601,033
慶南	35,158,610	34,472,017	34,069,974	35,734,059	36,190,920
済州	5,272,604	5,374,285	5,373,288	5,687,730	6,045,356
世宗	3,087,693	3,226,179	3,393,223	4,295,363	3,182,079
開城	1,405	3,786	1,851	-	-

出所：エネルギー経済研究院

<表3-12> 用途別電力販売単価及び販売収入推移

		2018	2019	2020	2021	2022
販売単価 (ウォン/kWh)	住宅用	106.87	104.95	107.89	109.16	121.32
	一般用	129.97	130.33	131.60	128.47	139.10
	教育用	104.12	103.85	103.99	101.69	111.53
	産業用	106.46	106.56	107.35	105.48	118.66
	農業用	47.43	47.74	48.45	45.95	56.89
	街灯	113.76	113.91	114.35	112.97	124.53
	平均	108.75	108.66	109.80	108.11	120.51
販売収入 (千ウォン)	総計	57,217,586,406	56,556,500,292	55,918,578,210	57,671,487,528	66,030,084,285
	電灯 住宅用	7,790,409,259	7,623,684,703	8,232,506,704	8,723,165,593	9,826,366,412
	街灯	407,555,748	406,828,844	401,011,598	389,133,677	426,407,864
	動力	49,019,621,399	48,525,986,745	47,285,059,907	48,559,188,258	55,777,310

出所：エネルギー経済研究院

<表3-13> 年度別電力購入実績推移

		2018	2019	2020	2021	2022
電力市場	購入量(GWh)	536,287	529,075	515,107	535,985	550,832
	購入額(十億ウォン)	50,850	50,142	43,767	55,295	88,670
	単価(ウォン/kWh)	94.82	94.77	84.97	103.17	160.98
PPA	購入量(GWh)	11,805	11,446	14,732	18,211	20,679
	購入額(十億ウォン)	1,585	1,346	1,291	1,900	4,188
	単価(ウォン/kWh)	134.25	117.62	87.62	104.35	202.54
合計	購入量(GWh)	548,093	540,520	529,839	554,196	571,512
	購入額(十億ウォン)	52,435	51,488	45,058	57,195	92,858
	単価(ウォン/kWh)	95.67	95.26	85.04	103.20	162.48

出所：エネルギー経済研究院

<表3-14> 発電源別電力購入実績(電力市場購入、2022)

	購入量(GWh)	購入額(十億ウォン)	単価(ウォン/kWh)
合計	550,832	88,670	160.98
原子力	167,346	8,799	52.58
有煙炭	184,048	29,076	157.98
無煙炭	1,675	340	202.71
石油類	1,337	406	304.02
液化天然ガス/複合LNG	159,461	38,254	239.90
新再生	28,361	5,771	203.47
水力	2,923	616	210.81
揚水	3,702	1,029	277.84
その他	1,981	4,379	196.30

出所：エネルギー経済研究院

<表3-15> 発電源別電力購入実績(PPA事業者購入、2022)

		購入量(GWh)	購入額(十億ウォン)	単価(ウォン/kWh)
	合計	20,679	4,188	202.54
複合火力	POSCOエネルギー	-	-	-
	GS EPS	-	-	-
	GS Power	-	-	-
	CGN	1,896	551	290.47
	小計	1,896	551	290.47
区域電力		94	16	168.12
太陽光		18,601	3,605	193.82
その他新再生		89	17	188.41

注)その他新再生は小水力, 風力, バイオ, 廃棄物, 燃料電池を含む。

出所:エネルギー経済研究院

<表3-16> 年度別送電設備推移

		2018	2019	2020	2021	2022
回線全長 (cm)	計	34,155,090	34,440,096	34,664,582	35,184,407	35,450,963
	765kV	1,019,470	1,024,816	1,024,816	1,023,770	1,023,770
	345kV	9,744,189	9,800,628	9,812,595	9,899,138	9,995,791
	154kV	23,031,381	23,264,610	23,484,681	23,668,239	23,838,133
	66kV	128,992	118,984	111,414	101,064	101,064
	500kV(HVDC)	-	-	-	35,171	35,171
	250kV(HVDC)	-	-	-	225,949	225,949
	180kV(HVDC)	231,058	231,058	231,076	231,076	231,085
電線全長 (m)	計	215,988,247	217,550,598	218,719,320	220,768,788	221,873,676
	765kV	18,036,828	18,446,688	18,446,688	18,427,860	18,427,860
	345kV	100,546,213	101,153,545	101,245,124	101,955,281	102,623,826
	154kV	96,760,878	97,334,423	98,435,595	99,232,205	99,668,530
	66kV	383,698	355,311	331,245	300,195	300,195
	500kV(HVDC)				140,682	140,682
	250kV(HVDC)				451,898	451,898
	180kV(DC)	260,631	260,631	260,667	260,667	260,685
支持物 (基数)	鉄塔	40,953	40,955	40,915	40,968	40,986
	鉄柱	126	105	92	87	88
	コンクリート柱	642	603	604	593	596
	木柱	-	-	-	-	-
	鋼管柱	856	916	963	999	1,050

出所:韓国電力公社

<表3-17> 年度別変電設備推移

		2018	2019	2020	2021	2022
変電所数 (カ所)	計	850	864	877	892	895
	765kV	7	7	8	8	8
	345kV	113	114	115	118	117
	154kV	723	736	747	760	764
	66kV	2	2	2	1	1
	22kV	5	5	5	5	5
変圧器容量 (kVA)	計	316,661,200	326,329,400	336,926,000	344,266,000	347,426,000
	765kV	39,116,400	38,117,400	42,110,000	44,110,000	44,110,000
	345kV	137,610,000	138,597,200	141,570,000	144,070,000	144,970,000
	154kV	139,760,800	149,380,800	153,020,000	156,000,000	158,240,000
	66kV	80,000	140,000	120,000	-	-
	22kV	94,000	94,000	106,000	106,000	106,000
電力用コンデンサ (kVAR)		23,490,000	23,467,000	24,872,000	21,095,000	347,426,000

出所:韓国電力公社

<表3-18> 年度別配電設備推移

		2019	2020	2021	2022
線路長 (cm)	高圧	237,242,268	242,518,587	247,846,171	252,283,065
	低圧	267,161,008	272,260,312	277,325,819	282,958,607
	計	504,403,276	514,778,899	525,171,990	535,241,672
電線全長 (m)	高圧	819,176,251	838,343,176	857,347,610	872,922,307
	低圧	627,508,511	639,567,256	652,454,411	664,583,911
	計	1,446,684,762	1,477,910,432	1,509,802,021	1,537,506,218
支持物 (基)	鉄塔	1,099	1,088	1,081	1,045
	鉄柱	190	186	177	157
	コンクリート	9,239,741	9,378,483	9,524,863	9,662,358
	木柱	198	182	170	154
	鋼管柱	400,460	407,826	413,947	420,134
	FRP	203	202	202	202
	計	9,641,891	9,787,967	9,941,440	10,084,050
変圧器	台数(台)	2,324,753	2,379,603	2,434,980	2,489,919
	容量(kVA)	125,066,913	129,788,561	134,492,601	139,265,043

注) 高圧-600V以上, 低圧-600V未満。

出所:韓国電力公社

<表3-19> 用途別販売電力量推移　　　　　　　　　　　　　　　　　　　　　　　　　　（単位：MWh，%）

	2018	2019	2020	2021	2022
家庭用	70,687,228	70,455,407	74,073,575	77,558,386	78,557,569
占有率	13.4	13.5	14.5	14.5	14.3
公共用	24,568,576	24,458,148	23,622,905	25,025,912	26,218,458
占有率	4.7	4.7	4.6	4.7	4.8
サービス業	147,188,694	145,815,709	144,443,993	148,181,597	155,219,784
占有率	28.0	28.0	28.4	27.8	28.3
農林漁業	17,126,088	17,304,668	17,036,659	18,496,161	19,285,373
占有率	3.3	3.3	3.3	3.5	3.5
鉱業	1,478,381	1,492,516	1,552,100	1,806,892	1,758,985
占有率	0.3	0.3	0.3	0.3	0.3
製造業	265,100,194	260,972,290	248,540,483	262,361,863	266,892,573
占有率	50.4	50.1	48.8	49.2	48.7
計	526,149,162	520,498,738	509,269,715	533,430,811	547,932,742

出所：韓国電力公社

4. ガス

<表4-1> 年度別天然ガス需給推移 (単位：千トン，千ドル)

			2018	2019	2020	2021	2022
供給	国内生産		234	198	142	42	-
	輸入	輸入額	44,015	40,748	39,982	45,932	46,394
		輸入量	23,189	20,567	15,716	25,453	50,022
	在庫		4,374	4,069	2,886	3,207	4,351
	1次エネルギー供給		42,183	41,252	41,307	45,653	45,242
消費	発電専用		15,791	15,201	14,650	17,338	16,128
	熱併合・熱専用		4,573	4,205	5,329	5,910	6,579
	ガス製造		19,624	18,633	18,045	19,118	19,643
	エネルギー産業自体消費[1]		919	1,487	1,848	1,817	1,514
	産業[2]		1,357	1,479	1,623	1,632	1,703

注) 1. 石油精製，LNG生産基地及び発電所の試運転など。
2. 最終消費。

出所：エネルギー経済研究院

<表4-2> 国別天然ガス輸入推移 (単位：千トン)

	2018	2019	2020	2021	2022
合計	44,015	40,748	39,982	45,932	46,394
インドネシア	3,447	2,336	2,699	2,387	3,226
カタール	14,245	11,311	9,087	11,464	9,727
マレーシア	3,702	4,802	4,918	3,906	5,516
オマーン	4,282	3,946	3,900	4,415	4,757
アメリカ	4,658	5,226	5,762	8,478	5,759
オーストラリア	7,871	7,775	7,972	9,465	11,651
ロシア	1930	2247	2019	2,867	1,962
その他[1]	5,811	5,353	5,646	2,950	3,796

注) 1) ブルネイ，ナイジェリア，ペルー，パプアニューギニア，トリニダード・トバゴ，赤道ギニア，アラブ首長国連邦など。

出所：エネルギー経済研究院

<表4-3> 液化天然ガス生産設備及び配管推移

	生産設備				配管全長 (km)
	接岸設備 (船席)	貯蔵タンク (10万kl)	気化設備 (トン/時間)	送出設備 (トン/時間)	
2018	7	114.7	15,376	15,770	4,854
2019	8	115.6	15,360	15,720	4,908
2020	8	121.6	15,360	15,720	4,945
2021	8	121.6	15,360	15,720	5,027
2022	8	121.6	15,420	15,720	5,105

出所：エネルギー経済研究院

<表4-4> 用途別都市ガス消費推移 (単位：TJ)

		2018	2019	2020	2021	2022
合計		1,087,868	1,040,349	1,004,217	1,063,975	1,086,970
家庭用	炊事	59,175	76,462	67,023	66,397	65,029
	暖房	397,216	362,278	389,350	398,489	415,167
一般用(商業用)		94,199	95,101	84,274	84,663	92,425
業務用		65,398	60,154	53,415	56,163	56,533
産業用		377,974	357,557	327,108	366,761	360,612
熱併合発電		42,067	29,645	24,364	26,533	28,846
輸送用		51,840	50,893	45,994	44,363	42,934
燃料電池用		-	8,261	12,689	20,607	25,424

注) 2019年以前は熱併合に燃料電池用を合算。

出所：エネルギー経済研究院

<表4-5> 部門別都市ガス消費推移 (単位：TJ)

	合計	発電輸送	エネルギー産業自体消費[1]	産業[2]	輸送	家庭	商業・公共
2018	1,087,868	42,067	49,625	328,349	51,840	456,391	159,597
2019	1,032,089	29,645	35,525	322,031	50,893	438,740	155,254
2020	991,528	24,364	19,591	307,517	45,994	456,373	137,689
2021	1,043,368	26,533	37,892	328,869	44,363	464,885	140,826
2022	1,085,407	42,067	34,698	325,914	42,934	480,197	159,597

注) 1. コークス，練炭及び石油精製品製造。
2. 鉱業を含む。

出所：エネルギー経済研究院

<表4-6> 地域別都市ガス利用世帯数推移 (単位：千世帯)

	2018	2019	2020	2021	2022
合計	21,696	22,147	22,749	23,187	23,404
ソウル	4,262	4,326	4,416	4,426	4,446
釜山	1,480	1,498	1,530	1,545	1,556
大邱	1,021	1,031	1,057	1,064	1,071
仁川	1,201	1,227	1,256	1,286	1,310
光州	603	616	634	646	652
大田	625	635	653	664	673
蔚山	462	469	477	483	486
世宗	124	135	144	154	159
京畿	5,297	5,462	5,661	5,835	5,906
江原	646	672	690	753	697
忠北	707	722	746	761	772
忠南	942	959	983	1,002	1,020
全北	795	805	825	835	844
全南	793	805	824	834	839
慶北	1,179	1,197	1,226	1,248	1,261
慶南	1,360	1,385	1,418	1,439	1,494
済州	198	203	209	213	216

注）家庭用都市ガスの需要家数。

出所：エネルギー経済研究院

<表4-7> 地域別都市ガス需要家数推移　　　　　　　　　　　　　　　　　　　　　　（単位：千軒）

	2018	2019	2020	2021	2022	普及量(%)
合計	18,306	18,815	19,257	19,641	19,992	85.4
ソウル	4,186	4,250	4,310	4,358	4,408	99.1
釜山	1,367	1,419	1,461	1,495	1,509	97.0
大邱	984	1,001	1,028	1,036	1,044	97.5
仁川	1,116	1,135	1,144	1,165	1,184	90.4
光州	602	618	632	646	659	101.1
大田	593	604	622	634	643	95.5
蔚山	434	445	457	464	471	96.9
世宗	100	108	111	112	114	71.3
京畿	4,669	4,791	4,870	4,956	5,049	85.5
江原	340	363	383	404	619	60.1
忠北	472	488	509	526	537	69.6
忠南	634	660	688	711	742	72.7
全北	557	572	592	611	627	74.3
全南	423	447	471	491	509	60.6
慶北	777	800	829	856	870	69.0
慶南	1,024	1,085	1,120	1,140	1,161	77.7
済州	28	29	32	36	45	20.9

注）家庭用都市ガスの需要家。

出所：エネルギー経済研究院

5. 新再生エネルギー

<表5-1> 年度別新再生エネルギー生産量推移(非再生廃棄物全体を除外)　　　　　(単位：TOE)

区分			2018	2019	2020	2021	2022
総1次エネルギー(千TOE)			300,738	297,612	285,512	300,515	303,954
新再生エネルギー供給比重(%)			3.36	3.56	4.34	4.66	5.17
再生エネルギー			3.11	3.32	3.89	4.16	4.65
新エネルギー			0.25	0.24	0.44	0.50	0.52
新再生エネル計(TOE)			10,101,986	10,595,221	12,378,065	14,000,317	15,706,206
再生エネルギー			9,360,826	9,883,455	11,115,797	12,510,554	14,134,169
新エネルギー			741,160	711,766	1,262,268	1,489,762	1,572,037
再生エネルギー	太陽熱		27,198	26,688	26,048	25,568	25,035
	太陽光		2,196,855	3,062,023	4,165,154	5,317,227	6,609,387
		事業用	1,750,684	2,504,790	3,504,379	4,567,632	5,683,463
		自家用	446,171	557,234	660,775	749,595	925,924
	風力		525,210	570,596	671,107	677,507	717,864
		事業用	522,772	568,596	668,708	675,174	715,435
		自家用	2,438	2,241	2,398	2,332	2,429
	水力		718,787	594,539	826,344	651,227	755,117
		事業用	718,140	593,974	825,838	650,633	754,249
		自家用	647	565	506	594	869
	海洋(事業用)		103,380	101,030	97,397	96,911	90,279
	地熱		205,442	224,698	240,933	255,590	279,650
	地熱		14,725	21,398	23,647	24,756	26,543
	バイオ		4,442,376	4,162,427	3,899,174	4,263,576	4,372,872
	バイオガス		91,740	96,281	95,385	114,343	101,807
	埋立地ガス		65,179	75,518	62,190	81,226	69,389
	バイオディーゼル		683,234	699,713	689,957	597,068	683,019
	ウッドチップ		140,232	226,865	237,346	231,309	170,717
	成形炭		17,221	16,505	10,858	10,598	2,645
	林産燃料		674,167	131,073	142,876	96,770	157,598
	木材パレット		1,486,488	1,543,390	1,325,675	1787,454	1,836,137
	廃木材		73,771	66,663	72,501	66,622	65,629
	黒液		218,902	205,286	197,589	212,208	224,899

<続く>

	区分	2018	2019	2020	2021	2022
再生エネルギー	下水汚泥固形燃料	114,451	102,061	154832	152,762	66,808
	Bio-SRF	532,943	510,194	501,406	522,913	641,883
	バイオ重油	344,048	488,877	408,559	390,302	352,340
	廃棄物	1,126,853	1,119,816	1,165,993	1,198,193	1,257,422
	廃ガス	-	-	-	-	-
	産業廃棄物	303,262	290,430	308,446	308,638	306,647
	生活廃棄物	412,133	403,700	410,219	420,039	408,095
	大都市ごみ	-	-	-	-	-
	セメントキルン補助燃料	201,115	224,361	234,334	272,998	318,115
	RDF/RPF/TDF	-	-	-	-	-
	SRF	210,343	201,325	212,993	196,517	224,565
	精製燃料油	-	-	-	-	-
新エネルギー	燃料電池	378,633	492,105	755,887	1,023,132	1,153,529
	事業用	371,004	480,826	742,434	1,006,930	1,135,223
	自家用	7,629	11,279	13,453	16,202	18,307
	IGCC(事業用)	362,527	219,661	506,381	466,631	418,508

注) 1. 水力は揚水発電を除外、'03年から水力に大水力(10MW)を含む。

2. '11年から廃木材は廃棄物からバイオに分類を変更。

3. TDFは'11年から追加された。

4. '14年からRDF/RPF/TDFはSRFに置き換えて調査。

5. '14年からウッドチップ、木質ペレット中いくつかはBio-SRFに置き換えて分類。

6. '15年から大型都市ごみは生活廃棄物に含まれる。

7. '17年から林産燃料は行政資料提供機関(山林庁:林産統計年報)の統計収集方法が変更された。

8. 新エネルギー及び再生エネルギーの開発・利用・普及促進法改正(「19.10.01施行)により、廃棄物エネルギーのうち非再生廃棄物は除外。

9. '17年から'19年まで再生／非再生廃棄物分離算定比重('19年基準)を一括適用。

出所：新再生可能エネルギーセンター

<表5-2> 年度別新再生エネルギー発電量推移(非再生廃棄物全体を除外)　　　　　　　　　(単位：MWh)

区分			2019	2020	2021	2022
総発電量(MWh)			589,199,929	579,999,196	611,015,325	626,448,138
揚水発電			3,458,385	3,271,019	3,682,932	3,715,019
新再生エネルギー供給比重(%)			5.81	7.44	8.29	9.22
再生エネルギー			5.25	6.41	7.15	8.05
新エネルギー			0.57	1.02	1.14	1.18
新再生エネルギー総発電量(MWh)			34,247,264	43,123,776	50,657,393	57,779,999
	事業用		31,342,653	39,791,354	46,856,560	53,154,366
	自家用		2,904,611	3,332,422	3,800,833	4,625,634
再生エネルギー合計			30,909,337	37,202,048	43,668,518	50,405,547
	事業用		28,053,980	33,928,372	39,938,435	45,859,855
	自家用		2,855,357	3,273,676	3,730,083	4,545,692
新エネルギー合計			3,337,926	5,921,728	6,988,875	7,374,452
	事業用		3,288,673	5,862,982	6,918,125	7,294,511
	自家用		49,254	58,746	70,750	79,942
再生エネルギー	太陽光		14,192,911	19,337,964	24,717,623	30,726,260
		事業用	11,759,577	16,452,484	21,444,281	26,682,924
		自家用	2,433,335	2,885,480	3,273,342	4,043,336
	風力		2,679,248	3,149,948	3,180,017	3,369,458
		事業用	2,669,463	3,139,475	3,169,833	3,358,850
		自家用	9,785	10,474	10,184	10,608
	水力		2,791,076	3,879,383	3,057,210	3,544,866
		事業用	2,788,609	3,877,175	3,054,616	3,541,073
		自家用	2,467	2,208	2,595	3,793
	海洋		474,321	457,263	454,980	423,843
		事業用	474,321	457,263	454,980	423,843
	バイオ		10,415,632	9,938,354	11,788,068	11,927,592
		事業用	1011,154	9,664,364	11,454,757	11,503,337
		自家用	304,478	273,990	333,310	424,255
	バイオガス		195,247	179,046	191,081	152,742
		事業用	167,409	149,710	174,406	135,429
		自家用	26,838	29,336	16,675	17,312
	埋立地ガス		239,527	180,043	187,485	206,760
		事業用	238,527	180,043	187,485	206,760
		自家用	-	-	-	-

<続く>

	区分		2018	2019	2020	2021
再生エネルギー	ウッドチップ		41,753	99,242	222,248	319,428
		事業用	41,753	95,538	167,583	319,428
		自家用	-	3,704	54,665	-
	木材パレット		4,959,229	4,926,845	6,794,232	7,393,419
		事業用	4,959,229	4,926,845	6,794,232	7,393,419
		自家用	-	-	-	-
	廃木材		-	-	-	-
		事業用	-	-	-	-
		自家用	-	-	-	-
	黒液		277,640	240,950	261,970	234,792
		自家用	277,640	240,950	261,970	234,792
	下水汚泥固形燃料		338,143	410,193	406,146	73,784
		事業用	338,143	410,193	406,146	73,784
	Bio-SRF		2,068,895	1,983,916	1,892,499	1,892,487
		事業用	2,068,895	1,983,916	1,892,499	1,720,336
		自家用	-	-	-	172,150
	バイオ重油		2,295,198	1,918,119	1,832,406	1,654,179
		事業用	2,295,198	1,918,119	1,832,406	1,654,179
	廃棄物		356,149	439,137	470,620	413,529
		事業用	250,856	337,612	359,968	349,828
		自家用	105,293	101,525	110,652	63,701
	廃ガス		-	-	-	-
		事業用	-	-	-	-
		自家用	-	-	-	-
	産業廃棄物		61,302	91,821	108,574	142,400
		事業用	59,646	90,776	98,312	139,179
		自家用	1,656	1,045	10,263	3,221
	生活廃棄物		150,081	187,677	222,835	173,702
		事業用	49,971	91,181	128,370	116,984
		自家用	100,110	96,496	94,465	56,718
	大都市ごみ		-	-	-	-
		事業用	-	-	-	-
		自家用	-	-	-	-
	RDF/RPF/TDF		-	-	-	-
		事業用	-	-	-	-

〈続く〉

区分		2018	2019	2020	2021
新エネルギー	SRF	144,766	159,639	139,211	97,427
	事業用	141,239	155,654	133,286	93,665
	自家用	3,527	3,984	5,924	3,762
	セメントキルン補助燃料	-	-	-	-
	自家用	-	-	-	-
	精製燃料油	-	-	-	-
	事業用	-	-	-	-
	燃料電池	2,306,654	3,544,354	4,798,120	5,409,625
	事業用	2,257,401	3,485,608	4,727,370	5,329,684
	自家用	49,254	58,746	70,750	79,942
	IGCC	1,031,272	2,377,374	2,190,755	1,964,827
	事業用	1,031,272	2,377,374	2,190,755	1,964,827

注）1. 総発電量は揚水発電を含む、新再生エネルギー総発電量は事業者+商用自家+新再生小規模自家用の合計。
2. 水力は揚水発電を除外、'03年から水力に大水力(10MW)を含む。
3. '11年から廃棄物発電量の調査を実施。
4. '12年からRPS供給認定証発給対象のバイオ・廃棄物混焼発電は混焼比率を反映して発電量を算定。
5. '14年からRDF/RPF/TDFはSRFに置き換えて調査。
6. '14年からウッドチップ，木質ペレット中いくつかはBio-SRFに置き換えて分類。
7. '15年から大型都市ごみは生活廃棄物に含まれる。
8. 新エネルギー及び再生エネルギーの開発・利用・普及促進法改正（「19.10.01施行）により、廃棄物エネルギーのうち非再生廃棄物は除外。
9. '17年から'19年まで再生／非再生廃棄物分離算定比重（'19年基準）を一括適用。

出所：新再生可能エネルギーセンター

2章 エネルギー・電力・ガス産業

<表5-3> 年度別新再生可能エネルギー生産量(原油単位)

区分		2017	2018	2019	2020	2021
太陽熱(TOE)		28,121	27,395	26,912	26,390	25,568
太陽光 (MWh)	計	7,737,852	10,154,964	14,163,040	19,297,854	24,717,623
	事業用(MWh)	6,220,719	8,219,173	11,759,577	16,452,484	21,444,281
	自家用(MWh)	1,517,133	1,935,790	2,403,463	2,845,369	3,273,342
風力	計	2,169,014	2,464,879	2,979,158	3,149,798	3,180,017
	事業用(MWh)	2,158,913	2,454,329	2,669,463	3,139,475	3,169,833
	自家用(MWh)	10,101	10,550	9,695	10,324	10,184
水力	計	2,819,882	3,374,375	2,791,076	3,879,383	3,057,210
	事業用(MWh)	2,816,419	3,371,552	2,788,609	3,877,175	3,054,616
	自家用(MWh)	3,463	2,823	2,467	2,208	2,595
海洋	計	489,466	485,353	474,321	457,263	454,980
	事業用(MWh)	489,466	485,353	474,321	457,263	454,980
地熱		183,922	205,464	224,722	240,967	255,590
地熱		7,941	14,725	21,236	21,258	24,756
バイオ	バイオガス(千蒸気トン)	1,820	1,702	1,786	1,770	2,121
	埋立地ガス(千蒸気トン)	1,429	1,209	1,401	1,154	1,507
	バイオディーゼル(kℓ)	4,281	6,832	6,997	6,900	5,971
	ウッドチップ(Tcal)	1,224	1,402	2,269	2,373	2,313
	成形炭(Tcal)	157	172	165	109	106
	林産燃料(Tcal)	6,483	6,742	1,311	1,429	968
	木材ペレット(Tcal)	10,990	14,865	15,434	13,257	17,875
	廃木材(千蒸気トン)	1,403	1,369	1,237	1,345	1,236
	黒液(Tcal)	2,300	2,189	2,053	1,976	2,122
	下水汚泥固形燃料(Tcal)	1,007	1,145	1,021	1,548	1,528
	Bio-SRF(Tcal)	4,377	5,329	5,102	5,014	5,229
	バイオ重油(kℓ)	2,660	3,440	4,889	4,086	3,903
廃棄物	廃ガス(千蒸気トン)	103,187	104,426	78,190	-	-
	産業廃棄物(千蒸気トン)	17,689	17,530	13,871	5,723	5,726
	生活廃棄物(千蒸気トン)	18,581	18,449	15,364	7,611	7,793
	大都市ごみ(千蒸気トン)	-	-	-	-	-
	セメントキルン補助燃料(千蒸気トン)	12,136	11,626	10,716	4,348	5,065
	RDF/RPF/TDF(Tcal)	-	-	-	-	-
	SRF(Tcal)	10,058	6,950	5,465	2,130	1,965

<続く>

区分		2017	2018	2019	2020	2021
廃棄物	精製燃料油(Tcal)	1,824	1,947	1,352	-	-
	廃木材(千蒸気トン)	-	-	-	-	-
燃料電池(MWh)	計	1,469,289	1,764,948	2,285,164	3,522,350	4,798,120
	事業用(MWh)	1,447,768	1,741,801	2,257,401	3,485,608	4,727,370
	自家用(MWh)	21,521	23,147	27,764	36,742	70,750
IGCC(MWh)	計	1,285,733	1,702,006	1,031,272	2,377,374	2,190,755
	事業用(MWh)	1,285,733	1,702,006	1,031,272	2,377,374	2,190,755

注) 1. 水力は揚水発電を除外、'03年から水力に大水力(10MW)を含む。
2. '11年から廃木材は廃棄物からバイオに分類を変更。
3. '11年からTDFを追加。
4. '14年からRDF/RPF/TDFはSRFに置き換えて調査。
5. '14年からウッドチップ，木質ペレット中いくつかはBio-SRFに置き換えて分類。
6. '15年から大型都市ごみは生活廃棄物に含まれる。
7. 新エネルギー及び再生エネルギーの開発・利用・普及促進法改正(「19.10.01施行)により、廃棄物エネルギーのうち非再生廃棄物は除外。

出所：新再生可能エネルギーセンター

<表5-4> 年度別新再生エネルギー普及容量(発電-新規)推移(非再生廃棄物全体を除外)　　(単位: kW)

区分		2019	2020	2021	2022
総普及容量(発電)	計	4,615,926	5,503,265	4,453,978	3,808,912
	事業用	4,221,595	5,080,008	3,907,796	3,341,326
	自家用	394,331	423,257	546,183	467,586
太陽光	計	3,927,256	4,664,287	3,915,086	3,278,244
	事業用	3,535,059	4,285,023	3,461,563	2,825,075
	自家用	392,197	379,264	453,524	453,169
風力	計	191,224	160,189	63,729	237,595
	事業用	191,201	160,050	63,600	237,490
	自家用	23	139	129	105
水力	計	11,723	3,007	18,221	216
	事業用	11,723	2,927	18,166	216
	自家用	-	80	55	-
海洋	計	500	-	80	
	事業用	500		80	
バイオ	計	290,046	454,350	187,397	160,681
	事業用	289,277	414,350	187,397	157,700
	自家用	769	40,000	-	2,981
バイオガス	計	5,569	3,925	1,499	5,281
	事業用	4,800	3,925	1,499	2,300
	自家用	769	-	-	2,981
埋立地ガス	計	700	925	998	-
	事業用	700	925	998	-
	自家用	-	-	-	-
ウッドチップ	計	6,549	44,600	8037	-
	事業用	6,549	4,600	8037	-
	自家用	-	40,000	-	-
木材ペレット	計	43,325	259,551	151,963	115,400
	事業用	43,325	259,551	151,963	115,400
	自家用	-	-	-	-
廃木材	計	-	-	-	-
	事業用	-	-	-	-
	自家用	-	-	-	-
黒液	計	-	-	-	-
	自家用	-	-	-	-

<続く>

区分		2019	2020	2021	2022
下水汚泥固形燃料	計	20,673	-	-	-
	事業用	20,673	-	-	-
Bio-SRF	計	113,229	145,319	24,900	-
	事業用	113,229	145,349	24,900	-
	自家用	-	-	-	-
バイオ重油	計	100,000	-	-	40,000
	事業用	100,000	-	-	40,000
廃棄物	計	73,325	64,800	90,415	12,653
	事業用	72,645	63,000	-	2,700
	自家用	680	1,800	90,415	9,753
廃ガス	計	-	-	-	-
	事業用	-	-	-	-
	自家用	-	-	-	-
産業廃棄物	計	42,233	11,400	89,920	4,000
	事業用	42,233	11,400	-	-
	自家用	-	-	89,920	4,000
生活廃棄物	計	14,780	53,400	-	5,753
	事業用	14,100	51,600	-	-
	自家用	680	1,800	-	5,753
SRF	計	16,312	-	495	2,900
	事業用	16,312	-	-	2,900
	自家用	-	-	495	-
セメントキルン補助燃料	計	-	-	-	-
	自家用	-	-	-	-
精製燃料油	計	-	-	-	-
	事業用	-	-	-	-
燃料電池	計	121,852	156,632	179,050	119,523
	事業用	121,190	154,658	176,990	117,945
	自家用	662	1,974	2,060	1,578
IGCC	計	-	-	-	-
	事業用	-	-	-	-

注）1. RPS供給認定証発給対象バイオ・廃棄物混焼発電は混焼比率を反映して普及容量を算定。
2. 水力は揚水発電を除外、'03年から水力に大水力(10MW)を含む。
3. 太陽光, 風力, 水力, 海洋, バイオ, 廃棄物, 燃料電池, IGCCは各年度別新設及び増設容量である。.
4. 普及年度は自家用竣工、事業用商業運転開始基準である。

出所：新再生可能エネルギーセンター

<表5-5> 年度別新再生エネルギー普及容量(原油単位-発電以外-新規)

		2019	2020	2021	2022
太陽熱(㎡)		27,054	23,297	28,379	23,336
地熱(kW)		95,342	89,300	79,130	113,257
地熱(kW)		36,770	78,111	46,402	71,160
バイオ	バイオガス(蒸気トン/時間)	34	13	12	7
	埋立地ガス(蒸気トン/時間)	-	-	-	-
	バイオディーゼル(kℓ/年)	1,441,330	1,237,630	1,259,230	1,325,880
	ウッドチップ(蒸気トン/時間)	48	-	35	-
	成形炭(トン/年)	39,298	25,852	25,234	6,297
	林産燃料(トン/年)	457,174	499,748	336,035	554,966
	木材ペレット(蒸気トン/時間)	34	-	14	10
	廃木材(蒸気トン/時間)	-	-	-	-
	黒液(蒸気トン/時間)	-	-	-	-
	下水汚泥固形燃料(蒸気トン/時間)	-	-	-	-
	Bio-SRF(蒸気トン/時間)	-	-	15	-
廃棄物	廃ガス(蒸気トン/時間)	50	-	-	-
	産業廃棄物(蒸気トン/時間)	107	15	75	106
	生活廃棄物(蒸気トン/時間)	62	-	149	40
	セメントキルン補助燃料(トン/年)	1,676,440	1,711,594	2,025,596	2,519,747
	SRF(蒸気トン/時間)	-	-	102	-
	精製燃料油(kℓ/年)	184,293	-	-	-

注) 1. 太陽熱, 地熱, 地熱, バイオガス, 埋立地ガス, ウッドチップ, 木材ペレット, 廃木材, 黒液, 下水汚泥固形燃料, Bio-SRF, 廃ガス, 産業廃棄物, 生活廃棄物, SRFは年度別の新設容量である。
2. バイオディーゼルの容量は該当年度基準の生産能力。
3. 成形炭, 林産燃料, 精製燃料油は該当年度基準の生産量(販売量)。
4. セメントキルン補助燃料の容量は該当年度基準の消費量。
5. '14年からRDF/RPF/TDFはSRFに置き換えて調査。
6. '14年からウッドチップ, 木質ペレット中いくつかはBio-SRFに置き換えて分類。
7. '15年から大型都市ごみは生活廃棄物に含まれる。
8. 新エネルギー及び再生エネルギーの開発・利用・普及促進法改正('19.10.01施行)で'20年から廃棄物エネルギーのうち非再生廃棄物である廃ガス, 精製燃料油の普及容量の集計を除く。

出所：新再生可能エネルギーセンター

<表5-6> 地域別新再生エネルギー生産量現況(2022)　　　　　　　　　　　　　　　　（単位：TOE）

区分			全国	ソウル	釜山	大邱	仁川	光州	大田	蔚山	世宗
新再生エネルギー合計			15,706,206	317,023	236,408	179,814	586,824	128,439	114,634	480,459	90,157
地域別供給比重(%)			10,0.00	2.02	1.51	1.14	3.74	0.82	0.73	3.06	0.57
再生エネルギー		太陽熱	25,035	503	617	648	543	520	528	277	102
	太陽光	計	6,609,387	65,697	71,015	55,601	57,128	84,614	30,136	38,903	24,538
		事業用	5,683,463	11,102	43,416	32,857	26,773	64,017	11,176	23,094	15,598
		自家用	925,924	54,595	27,599	22,744	30,354	20,598	18,960	15,809	8,940
	風力	計	717,864	46	16	6	8,263	2	88	54	-
		事業用	715,435	-	1	-	8,203	-	-	49	-
		自家用	2,429	46	15	6	60	2	88	4	-
	水力	計	755,117	81	55	3,188	6,481	1,335	28	93	-
		事業用	754,249	81	7	3,188	6,057	1,335	-	93	-
		自家用	869	-	48	-	424	-	28	-	-
	海洋		90,279	-	-	-	-	-	-	-	-
	地熱		279,650	20,070	3,610	9,877	9,912	3,914	7,025	4,839	16,258
	地熱		26,543	18	73	-	157	-	-	17	-
	バイオ	計	4,372,872	89,647	58,160	73,361	167,582	22,761	25,098	286,450	35,240
		バイオガス	101,807	13,537	5,488	6,854	5,947	2,660	6,045	6,445	549
		埋立地ガス	69,389	1,587	1,381	22,752	40,168	650	1,009	-	-
		バイオディーゼル	683,019	74,006	37,795	31,065	42,131	18,455	17,204	14,970	4,613
		ウッドチップ	170,717	-	8,398	11,821	14,462	-	-	27,356	-
		成形炭	2,645	437	170	118	134	72	79	66	17
		林産燃料	157,598	43	62	162	173	924	496	104	1,045
		木材ペレット	1,836,137	37	4,867	589	978	-	265	794	456
		廃木材	65,629	-	-	-	5,429	-	-	-	-
		黒液	224,899	-	-	-	-	-	-	224,899	-
		下水汚泥固形燃料	66,808	-	-	-	-	-	-	-	-
		Bio-SRF	641,883	-	-	-	58,162	-	-	-	28,560
		バイオ重油	352,340	-	-	-	-	-	-	11,816	-
	廃棄物	計	1,257,422	69,477	32,952	33,895	49,723	1,387	33,304	103,624	5,414
		廃ガス	-	-	-	-	-	-	-	-	-
		産業廃棄物	306,647	-	5,709	12,315	15,964	1,387	11,948	33,352	767
		生活廃棄物	408,095	69,477	13,378	21,580	29,174	-	9,199	18,893	719
		セメントキルン補助燃料	318,115	-	-	-	-	-	-	-	-
		SRF	224,565	-	13,865	-	4,585	-	12,157	51,379	3,929
		精製燃料油	-	-	-	-	-	-	-	-	-
新エネルギー		燃料電池	1,153,529	71,483	69,911	3,238	287,034	13,906	18,427	46,201	8,605
		事業用	1,135,223	69,633	69,163	2,459	286,013	12,849	12,696	45,882	8,589
		自家用	18,307	1,851	748	779	1,021	1,057	5,731	319	16
		IGCC 事業用	418,508	-	-	-	-	-	-	-	-

<続く>

2章 エネルギー・電力・ガス産業

	区分	京畿	江原	忠北	忠南	全北	全南	慶北	慶南	済州
	新再生エネルギー合計	782,795	1,730,425	851,656	2,163,189	2,539,588	1,754,851	1,288,507	782,019	679,417
	地域別供給比重(%)	11.35	11.02	5.42	13.77	16.17	11.17	8.20	4.98	4.33
	太陽熱	2208	2492	1289	2,079	1216	3532	4328	3874	279
太陽光	計	464,713	468,677	369,737	792,320	1,183,907	1,364,272	875,924	492,688	169,517
	事業用	317,901	411,415	296,031	712,666	1,110,016	1,276,247	795,013	391,363	144,777
	自家用	146,812	57,262	73,706	79,653	73,890	88,024	80,912	101,325	24,740
風力	計	959	203,379	17	456	34,440	124,776	194,644	28,436	122,284
	事業用	941	202,876	-	430	34,428	124,071	164,460	28,067	121,908
	自家用	18	502	17	26	13	705	183	369	376
水力	計	152,857	249,064	175,602	11,157	45,345	11,936	50,805	46,485	606
	事業用	152,535	249,065	175,602	11,574	45,345	11,936	50,805	46,485	562
	自家用	322	-	-	3	-	-	-	-	44
海洋		90,278	-	-	-	1	-	-	-	0
地熱		60,038	24,057	14,148	24,069	23,817	19,374	20,559	16,312	1,771
地熱		97	709	15	17,979	904	15,175	739	4,706	1,955
バイオ	計	431,014	481,691	71,941	767,937	1,178,969	83,502	102,072	124,747	372,699
	バイオガス	21,107	4,193	4,348	2,659	10,936	515	3,205	6,444	875
	埋立地ガス	-	266	108	-	-	1,088	-	-	379
	バイオディーゼル	170,991	25,840	26,508	36,089	30,014	38,575	46,003	51,567	17,192
	ウッドチップ	2,662	342	-	85,823	6,826	13,029	-	-	-
	成形炭	634	107	95	116	90	99	160	200	50
	林産燃料	18,477	38,460	21,496	17,984	22,506	8,371	19,118	7,290	888
	木材ペレット	19,945	368,854	18,120	359,623	959,766	16,241	26,706	47,906	10,991
	廃木材	2,141	183	146	33,199	24,531	-	-	-	-
	黒液	-	-	-	-	-	-	-	-	-
	下水汚泥固形燃料	46,644	-	-	13,285	-	-	6,879	-	-
	Bio-SRF	148,413	43,445	1,119	219,158	124,301	5,584	-	11,340	1,800
	バイオ重油	-	-	-	-	-	-	-	-	340,524
廃棄物	計	251,332	241,538	174,966	40,548	47,277	70,007	33,129	58,631	10,218
	廃ガス	-	-	-	-	-	-	-	-	-
	産業廃棄物	93,701	-	36,387	15,528	14,133	19,974	20,421	24,002	1,059
	生活廃棄物	121,220	3,471	21,036	24,928	21,386	7,103	9,754	27,618	9,159
	セメントキルン補助燃料	-	235,691	82,424	-	-	-	-	-	-
	SRF	36,411	2,376	35,119	92	11,758	42,930	2,954	7,011	-
	精製燃料油	-	-	-	-	-	-	-	-	-
新エネルギー	燃料電池	329,301	58,819	43,942	104,136	23,713	62,277	6,308	6,142	88
	事業用	326,451	58,621	43,712	103,583	23,311	61,707	5,147	5,408	-
	自家用	2,850	198	230	553	403	569	1,161	734	88
	IGCC 事業用	-	-	-	418,508	-	-	-	-	-

注) 1. 水力は揚水発電を除外、'03年から水力に大水力(10MW)を含む。
2. 新エネルギー及び再生エネルギーの開発・利用・普及促進法改正(「19.10.01施行)により、廃棄物エネルギーのうち非再生廃棄物は除外。

出所：新再生可能エネルギーセンター

<表5-7> 地域別新再生エネルギー発電量現況(2022)　　　　　　　　　　　　　　　　（単位：MWh）

区分			全国	ソウル	釜山	大邱	仁川	光州	大田	蔚山	世宗
新再生総発電量		計	57,779,999	723,176	693,590	293,356	1911,643	471,271	224,281	224,281	169,375
		事業用	53,154,366	464,244	564,693	185,954	1770,371	376,701	112,075	112,075	129,900
		自家用	4,625,634	258,933	128,897	107,401	141,272	94,570	112,206	112,206	39,475
太陽光		計	30,726,260	290,528	324,351	253,577	258,249	390,494	135,265	177,458	112,270
		事業用	26,682,924	52,124	203,830	154,257	125,697	300,547	52,470	108,421	73,232
		自家用	4,043,336	238,404	120,521	99,320	132,552	89,947	82,795	69,037	39,038
風力		計	3,369,458	202	69	26	38,774	8	386	250	-
		事業用	3,358,850	-	5	-	38,511	-	-	232	-
		自家用	10,608	202	63	26	263	8	386	19	-
水力		計	3,544,866	379	244	14,966	30,288	6,269	122	437	-
		事業用	3,541,073	379	32	14,966	28,438	6,269	-	437	-
		自家用	3,793	-	212	-	1,850	-	122	-	-
海洋		計	423,843	-	-	-	-	-	-	-	-
		事業用	423,843	-	-	-	-	-	-	-	-
バイオ		計	11,927,592	27,783	12,534	6,072	228,231	3,051	-	290,267	12,460
		事業用	11,503,337	27,783	10,614	5,187	228,231	3,051	-	55,475	12,460
		自家用	424,255	-	1,920	885	-	-	-	234,792	-
	バイオガス	計	152,742	27,783	6,051	885	18,425	-	-	-	-
		事業用	135,429	27,783	4,131	-	18,425	-	-	-	-
		自家用	17,312	-	1,920	885	-	-	-	-	-
	埋立地ガス	計	206,760	-	6,483	-	188,584	3,051	-	-	-
		事業用	206,760	-	6,483	-	188,584	3,051	-	-	-
		自家用	-	-	-	-	-	-	-	-	-
	ウッドチップ	計	319,428	-	-	5,187	1,278	-	-	-	-
		事業用	319,428	-	-	5,187	1,278	-	-	-	-
		自家用	-	-	-	-	-	-	-	-	-
	木材ペレット	計	7,393,419	-	-	-	-	-	-	-	-
		事業用	7,393,419	-	-	-	-	-	-	-	-
		自家用	-	-	-	-	-	-	-	-	-
	廃木材	計	-	-	-	-	-	-	-	-	-
		事業用	-	-	-	-	-	-	-	-	-
		自家用	-	-	-	-	-	-	-	-	-
	黒液	計	234,792	-	-	-	-	-	-	234,792	-
		自家用	234,792	-	-	-	-	-	-	234,792	-
	下水汚泥固形燃料	計	73,784	-	-	-	-	-	-	-	-
		事業用	73,784	-	-	-	-	-	-	-	-
	Bio-SRF	計	1,892,487	-	-	-	19,945	-	-	-	12,460
		事業用	1,720,336	-	-	-	19,945	-	-	-	12,460
		自家用	172,150	-	-	-	-	-	-	-	-
	バイオ重油	計	1,654,179	-	-	-	-	-	-	55,475	-
		事業用	1,654,179	-	-	-	-	-	-	55,475	-

<続く>

区分			全国	ソウル	釜山	大邱	仁川	光州	大田	蔚山	世宗
廃棄物		計	413,529	69,288	28,419	3,768	8,858	6,510	3,878	4,532	4,251
		事業用	349,828	57,044	25,503	-	6,709	6,510	-	3,283	3,884
		自家用	63,701	12,244	2,916	3,768	2,149	-	3,878	1,249	367
	廃ガス	計	-	-	-	-	-	-	-	-	-
		事業用	-	-	-	-	-	-	-	-	-
		自家用	-	-	-	-	-	-	-	-	-
	産業廃棄物	計	142,400	-	-	-	8,705	6,510	116	-	3,599
		事業用	139,179	-	-	-	6,556	6,510	-	-	3,599
		自家用	3,221	-	-	-	2,149	-	116	-	-
	生活廃棄物	計	173,702	69,288	2,916	3,768	153	-	-	1,249	367
		事業用	116,984	57,044	-	-	153	-	-	-	-
		自家用	56,718	12,244	2,916	3,768	-	-	-	1,249	367
	SRF	計	97,427	-	25,503	-	-	-	3,762	3,283	285
		事業用	93,665	-	25,503	-	-	-	-	3,283	285
		自家用	3,762	-	-	-	-	-	3,762	-	-
	セメントキルン補助燃料	計	-	-	-	-	-	-	-	-	-
		自家用	-	-	-	-	-	-	-	-	-
	精製燃料油	計	-	-	-	-	-	-	-	-	-
		事業用	-	-	-	-	-	-	-	-	-
新エネルギー	燃料電池	計	5,409,625	334,996	327,973	14,947	1,347,243	64,940	84,631	216,800	40,394
		事業用	5,329,684	326,914	324,708	11,544	1,342,785	60,324	59,605	215,409	40,324
		自家用	79,942	8,082	3,265	3,403	4,458	4,616	25,026	1,392	70
	IGCC	計	1,964,827	-	-	-	-	-	-	-	-
		事業用	1,964,827	-	-	-	-	-	-	-	-

〈続く〉

区分		京畿	江原	忠北	忠南	全北	全南	慶北	慶南	済州
新再生総発電量	計	5,269,025	6,479,493	2,785,854	9,023,827	10,385,213	7,481,402	5,315,057	2,867,620	2,996,072
	事業用	4,593,272	6,226,302	2,458,115	8,500,371	10,060,735	7,091,288	4,943,687	2,409,541	2,883,863
	自家用	675,753	253,191	327,739	523,456	324,479	390,114	371,370	458,079	112,209
太陽光	計	2,133,592	2,181,578	1,711,676	3,693,682	5,534,009	6,376,158	4,085,780	2,279,853	787,739
	事業用	1,492,491	1,931,527	1,389,816	3,345,851	5,211,344	5,991,772	3,732,454	1,837,387	679,703
	自家用	641,101	250,051	321,761	347,831	322,665	384,385	353,326	442,466	108,036
風力	計	4,495	954,664	73	2,133	161,686	585,571	913,760	133,380	573,980
	事業用	4,418	952,472	-	2,021	161,631	582,492	912,960	131,769	572,340
	自家用	76	2,192	73	112	55	3,079	801	1,611	1,641
水力	計	717,533	1,169,315	824,421	52,379	212,888	56,039	238,520	218,238	2,829
	事業用	716,126	1,169,315	824,421	52,367	212,888	56,039	238,520	218,238	2,638
	自家用	1,408	-	-	12	-	-	-	-	190
海洋	計	423,839	-	-	-	-	3	-	-	1
	事業用	423,839	-	-	-	-	3	-	-	1
バイオ	計	379,897	1,883,771	8,211	2,810,616	4,347,686	93,969	19,547	191,845	1,611,653
	事業用	374,028	1,883,771	6,231	2,638,367	4,347,686	93,806	13,151	191,845	1,611,653
	自家用	5,869	-	1,980	172,249	-	163	6,396	-	-
バイオガス	計	32,676	11,306	7,703	12,051	16,314	1,477	8,136	7,217	2,718
	事業用	26,807	11,306	5,723	11,953	16,314	1,314	1,739	7,217	2,718
	自家用	5,869	-	1,980	99	-	163	6,396	-	-
埋立地ガス	計	-	1,251	508	-	-	5,106	-	-	1,778
	事業用	-	1,251	508	-	-	5,106	-	-	1,778
	自家用	-	-	-	-	-	-	-	-	-
ウッドチップ	計	-	-	-	219,746	32,047	61,170	-	-	-
	事業用	-	-	-	219,746	32,047	61,170	-	-	-
	自家用	-	-	-	-	-	-	-	-	-
木材ペレット	計	-	1,667,245	-	1,627,134	3,967,655	-	-	131,386	-
	事業用	-	1,667,245	-	1,627,134	3,967,655	-	-	131,386	-
	自家用	-	-	-	-	-	-	-	-	-
廃木材	計	-	-	-	-	-	-	-	-	-
	事業用	-	-	-	-	-	-	-	-	-
	自家用	-	-	-	-	-	-	-	-	-
黒液	計	-	-	-	-	-	-	-	-	-
	自家用	-	-	-	-	-	-	-	-	-
下水汚泥固形燃料	計	-	-	-	62,373	-	11,412	-	-	-
	事業用	-	-	-	62,373	-	11,412	-	-	-

<続く>

2章 エネルギー・電力・ガス産業

区分			京畿	江原	忠北	忠南	全北	全南	慶北	慶南	済州
	Bio-SRF	計	347,221	203,969	-	889,312	331,670	26,216	-	53,242	8,452
		事業用	347,221	203,969	-	717,162	331,670	26,216	-	53,242	8,452
		自家用	-	-	-	172,150	-	-	-	-	-
	バイオ重油	計	-	-	-	-	-	-	-	-	1,598,705
		事業用	-	-	-	-	-	-	-	-	1,598,705
廃棄物		計	64,591	14,084	32,549	11,469	17,747	77,472	28,216	15,711	19,487
		事業用	49,736	14,001	32,426	10,633	17,747	77,472	22,438	4,914	17,528
		自家用	14,855	83	2,823	836	-	-	5,778	10,797	1,959
	廃ガス	計	-	-	-	-	-	-	-	-	-
		事業用	-	-	-	-	-	-	-	-	-
		自家用	-	-	-	-	-	-	-	-	-
	産業廃棄物	計	35,809	-	30,180	9,059	6,875	34,373	5,563	1,611	-
		事業用	35,809	-	29,224	9,059	6,875	34,373	5,563	1,611	-
		自家用	-	-	956	-	-	-	-	-	-
	生活廃棄物	計	28,782	2,927	3,807	1,980	10,847	-	14,030	14,100	19,487
		事業用	13,927	2,844	1,940	1,144	10,847	-	8,252	3,303	17,528
		自家用	14,855	83	1,867	836	-	-	5,778	10,797	1,959
	SRF	計	-	11,157	1,262	430	25	43,099	8,623	-	-
		事業用	-	11,157	1,262	430	25	43,099	8,623	-	-
		自家用	-	-	-	-	-	-	-	-	-
	セメントキルン補助燃料	計	-	-	-	-	-	-	-	-	-
		自家用	-	-	-	-	-	-	-	-	-
	精製燃料油	計	-	-	-	-	-	-	-	-	-
		事業用	-	-	-	-	-	-	-	-	-
新エネルギー	燃料電池	計	1,545,077	276,081	206,224	488,720	11,198	292,191	29,233	28,593	383
		事業用	1,532,633	275,216	205,222	486,304	109,438	289,705	24,164	25,388	-
		自家用	12,444	865	1,002	2,416	1,759	2,487	5,069	3,205	383
	IGCC	計	-	-	-	1,964,827	-	-	-	-	-
		事業用	-	-	-	1,964,827	-	-	-	-	-

注) 1. 総発電量は揚水発電を含む、新再生エネルギー総発電量は事業者+商用自家+新再生小規模自家用の合計。
2. 水力は揚水発電を除外、'03年から水力に大水力(10MW)を含む。
3. '11年から廃棄物発電量の調査を実施。
4. '12年からRPS供給認定証発給対象のバイオ・廃棄物混焼発電は混焼比率を反映して発電量を算定。
5. '14年からRDF/RPF/TDFはSRFに置き換えて調査。
6. '14年からウッドチップ, 木質ペレット中いくつかはBio-SRFに置き換えて分類。
7. '15年から大型都市ごみは生活廃棄物に含まれる。
8. 新エネルギー及び再生エネルギーの開発・利用・普及促進法改正(「19.10.01施行)により、廃棄物エネルギーのうち非再生廃棄物は除外。

出所:新再生可能エネルギーセンター

<表5-8> 地域別新再生エネルギー生産量(原油単位)現況(2022)

区分			全国	ソウル	釜山	大邱	仁川	光州	大田	蔚山	世宗
再生エネルギー		太陽熱(TOE)	25,035	503	617	648	543	520	528	277	102
	太陽光	計	30,726,260	290,528	324,351	253,577	258,249	390,494	135,265	177,458	112,270
		事業用(MWh)	26,682,924	52,124	203,830	154,257	125,697	300,547	52,470	108,421	73,232
		自家用(MWh)	4,043,336	238,404	120,521	99,320	132,552	89,947	82,795	69,037	39,038
	風力	計	3,369,458	202	69	26	38,774	8	386	250	-
		事業用(MWh)	3,358,850	-	5	-	38,511	-	-	232	-
		自家用(MWh)	10,608	202	63	26	263	8	386	19	-
	水力	計	3,544,866	379	244	14,966	30,288	6,269	122	437	-
		事業用(MWh)	3,541,073	379	32	14,966	28,438	6,269	-	437	-
		自家用(MWh)	3,793	-	212	-	1,850	-	122	-	-
	海洋(MWh)		423,843	-	-	-	-	-	-	-	-
	地熱(TOE)		279,650	20,070	3,610	9,877	9,912	3,914	7,025	4,839	16,258
	地熱(TOE)		26,543	18	73	-	157	-	-	17	-
	バイオ	バイオガス(千蒸気トン)	1,889	251	102	127	110	49	112	120	10
		埋立地ガス(千蒸気トン)	1,287	29	26	422	745	12	19	-	-
		バイオディーゼル(Tcal)	6,830	740	378	311	421	185	172	150	46
		ウッドチップ(Tcal)	1,707	-	84	118	145	-	-	274	-
		成形炭(Tcal)	26	4	2	1	1	1	1	1	0
		林産燃料(Tcal)	1,576	0	1	2	2	9	5	1	10
		木材ペレット(Tcal)	18,361	0	49	6	10	-	3	8	5
		廃木材(千蒸気トン)	1,218	-	-	-	101	-	-	-	-
		黒液(Tcal)	2,249	-	-	-	-	-	-	2,249	-
		下水汚泥固形燃料(Tcal)	668	-	-	-	-	-	-	-	-
		Bio-SRF(Tcal)	6,419	-	-	-	582	-	-	-	286
		バイオ重油(Tcal)	3,523	-	-	-	-	-	-	118	-
	廃棄物	廃ガス(千蒸気トン)	-	-	-	-	-	-	-	-	-
		産業廃棄物(千蒸気トン)	2,689	-	106	228	296	26	222	619	14
		生活廃棄物(千蒸気トン)	7,571	1,289	248	400	541	-	171	351	13
		セメントキルン補助燃料(千蒸気トン)	5,902	-	-	-	-	-	-	-	-
		SRF(Tcal)	2,246	-	139	-	46	-	122	514	39
		精製燃料油(Tcal)	-	-	-	-	-	-	-	-	-
新エネルギー	燃料電池	計	5,409,625	334,996	327,973	14,947	1,347,243	64,940	84,631	216,800	40,394
		事業用(MWh)	5,329,684	326,914	324,708	11,544	1,342,785	60,324	59,605	215,409	40,324
		自家用(MWh)	79,942	8,082	3,265	3,403	4,458	4,616	25,026	1,392	70
	IGCC(MWh) 事業用		1,964,827	-	-	-	-	-	-	-	-

<続く>

区分		京畿	江原	忠北	忠南	全北	全南	慶北	慶南	済州
太陽熱(TOE)		2,208	2,492	1,289	2,079	1,216	3,532	4,328	3,874	279
太陽光	計	2,133,592	2,181,578	1,711,676	3,693,682	5,534,009	6,376,158	4,085,780	2,279,853	787,739
	事業用(MWh)	1,492,491	1,931,527	1,389,819	3,345,851	5,211,344	5,991,772	3,732,454	1,837,387	679,703
	自家用(MWh)	641,101	250,051	321,861	347,831	322,665	384,385	353,326	442,466	108,036
風力	計	4,495	954,664	73	2,133	161,686	585,571	913,760	133,380	573,980
	事業用(MWh)	4,418	952,472	-	2,021	161,631	582,492	912,960	131,769	572,340
	自家用(MWh)	76	2,192	73	112	55	3,079	801	1,611	1,641
水力	計	717,533	1,169,315	824,421	52,379	212,888	56,039	238,520	218,238	2,829
	事業用(MWh)	716,126	1,169,315	824,421	52,367	212,888	56,039	238,520	218,238	2,638
	自家用(MWh)	1,408	-	-	12	-	-	-	-	190
海洋(MWh)		423,839	-	-	-	-	3	-	-	1
地熱(TOE)		60,038	24,057	14,148	24,069	23,817	19,374	20,559	16,312	1,771
地熱(TOE)		97	709	15	1,979	904	15,175	739	4,706	1,955
バイオ	バイオガス(千蒸気トン)	392	78	81	49	203	10	59	120	16
	埋立地ガス(千蒸気トン)	-	5	2	-	-	20	-	-	7
	バイオディーゼル(Tcal)	1,710	258	265	361	300	386	460	516	172
	ウッドチップ(Tcal)	27	3	-	858	68	130	-	-	-
	成形炭(Tcal)	6	1	1	1	1	1	2	2	1
	林産燃料(Tcal)	185	385	215	180	225	84	191	73	9
	木材ペレット(Tcal)	199	3689	181	3,596	9,598	162	267	479	110
	廃木材(千蒸気トン)	40	3	3	616	455	-	-	-	-
	黒液(Tcal)	-	-	-	-	-	-	-	-	-
	下水汚泥固形燃料(Tcal)	466	-	-	133	-	-	69	-	-
	Bio-SRF(Tcal)	1,484	434	11	2,192	1,243	56	-	113	18
	バイオ重油(Tcal)	-	-	-	-	-	-	-	-	3,405
廃棄物	廃ガス(千蒸気トン)	-	-	-	-	-	-	-	-	-
	産業廃棄物(千蒸気トン)	1,738	-	675	288	262	371	379	445	20
	生活廃棄物(千蒸気トン)	2,249	64	390	462	397	132	181	512	170
	セメントキルン補助燃料(千蒸気トン)	-	4,373	1,529	-	-	-	-	-	-
	SRF(Tcal)	364	24	351	1	118	429	30	70	-
	精製燃料油(Tcal)	-	-	-	-	-	-	-	-	-
燃料電池	計	1,545,077	276,081	206,224	488,720	111,198	292,191	29,233	28,593	383
	事業用(MWh)	1,532,633	275,216	205,222	486,304	109,439	289,705	24,164	25,388	-
	自家用(MWh)	12,444	865	1,002	2,416	1,759	2,487	5,069	3,205	383
IGCC(MWh)		-	-	-	1,964,827	-	-	-	-	-

注) 1. 水力は揚水発電を除外、'03年から水力に大水力(10MW)を含む。
2. '11年から廃棄物は廃棄物からバイオに分類を変更。
3. '11年からTDFを追加。
4. '14年からRDF/RPF/TDFはSRFに置き換えて調査。
5. '14年からウッドチップ,木質ペレット中いくつかはBio-SRFに置き換えて分類。
6. '15年から大型都市ごみは生活廃棄物に含まれる。
7. 新エネルギー及び再生エネルギーの開発・利用・普及促進法改正(「19.10.01施行」)により、廃棄物エネルギーのうち非再生廃棄物は除外。

出所：新再生可能エネルギーセンター

<表5-9> 地域別新再生可能エネルギー普及容量(発電-新規)現況(2022)　　(単位：kW)

区分			全国	ソウル	釜山	大邱	仁川	光州	大田	蔚山	世宗
総普及容量(発電)			3,808,912	34,688	48,479	40,760	41,826	62,407	13,114	15,668	13,295
事業用			3,341,326	3,998	36,717	27,303	26,666	49,100	4,990	8,868	7,561
自家用			467,586	30,691	11,762	13,457	15,161	13,307	8,124	6,800	5,734
太陽光	計		3,278,244	33,924	47,868	37,670	25,663	41,627	13,056	15,628	13,175
太陽光	事業用		2,825,075	3,398	36,717	27,303	10,721	28,360	4,990	6,760	7,561
太陽光	自家用		453,169	30,527	11,151	10,367	14,943	13,267	8,066	-	5,614
風力	計		237,595	-	-	-	3	-	-	-	-
風力	事業用		237,490	-	-	-	-	-	-	-	-
風力	自家用		105	-	-	-	3	-	-	-	-
水力	計		216	-	-	-	-	-	-	-	-
水力	事業用		216	-	-	-	-	-	-	-	-
水力	自家用		-	-	-	-	-	-	-	-	-
海洋	計		-	-	-	-	-	-	-	-	-
海洋	事業用		-	-	-	-	-	-	-	-	-
再生エネルギー バイオ	計		160,681	-	600	-	-	20	-	-	-
再生エネルギー バイオ	事業用		157,700	-	-	-	-	20	-	-	-
再生エネルギー バイオ	自家用		2,981	-	600	-	-	-	-	-	-
再生エネルギー バイオ	バイオガス	計	5,281	-	600	-	-	20	-	-	-
再生エネルギー バイオ	バイオガス	事業用	2,300	-	-	-	-	20	-	-	-
再生エネルギー バイオ	バイオガス	自家用	2,981	-	600	-	-	-	-	-	-
再生エネルギー バイオ	埋立地ガス	計	-	-	-	-	-	-	-	-	-
再生エネルギー バイオ	埋立地ガス	事業用	-	-	-	-	-	-	-	-	-
再生エネルギー バイオ	埋立地ガス	自家用	-	-	-	-	-	-	-	-	-
再生エネルギー バイオ	ウッドチップ	計	-	-	-	-	-	-	-	-	-
再生エネルギー バイオ	ウッドチップ	事業用	-	-	-	-	-	-	-	-	-
再生エネルギー バイオ	ウッドチップ	自家用	-	-	-	-	-	-	-	-	-
再生エネルギー バイオ	木材ペレット	計	115,400	-	-	-	-	-	-	-	-
再生エネルギー バイオ	木材ペレット	事業用	115,400	-	-	-	-	-	-	-	-
再生エネルギー バイオ	木材ペレット	自家用	-	-	-	-	-	-	-	-	-
再生エネルギー バイオ	廃木材	計	-	-	-	-	-	-	-	-	-
再生エネルギー バイオ	廃木材	事業用	-	-	-	-	-	-	-	-	-
再生エネルギー バイオ	廃木材	自家用	-	-	-	-	-	-	-	-	-
再生エネルギー バイオ	黒液	計	-	-	-	-	-	-	-	-	-
再生エネルギー バイオ	黒液	自家用	-	-	-	-	-	-	-	-	-
再生エネルギー バイオ	下水汚泥固形燃料	計	-	-	-	-	-	-	-	-	-
再生エネルギー バイオ	下水汚泥固形燃料	事業用	-	-	-	-	-	-	-	-	-

<続く>

区分				全国	ソウル	釜山	大邱	仁川	光州	大田	蔚山	世宗
再生エネルギー	廃棄物	Bio-SRF	計	–	–	–	–	–	–	–	–	–
			事業用	–	–	–	–	–	–	–	–	–
			自家用	–	–	–	–	–	–	–	–	–
		バイオ重油	計	40,000	–	–	–	–	–	–	–	–
			事業用	40,000	–	–	–	–	–	–	–	–
		計		12,653	–	–	3,000	–	–	–	–	–
		事業用		2,900	–	–	–	–	–	–	–	–
		自家用		9,753	–	–	3,000	–	–	–	–	–
		廃ガス	計	–	–	–	–	–	–	–	–	–
			事業用	–	–	–	–	–	–	–	–	–
			自家用	–	–	–	–	–	–	–	–	–
		産業廃棄物	計	4,000	–	–	–	–	–	–	–	–
			事業用	–	–	–	–	–	–	–	–	–
			自家用	4,000	–	–	–	–	–	–	–	–
		生活廃棄物	計	5,753	–	–	3,000	–	–	–	–	–
			事業用	–	–	–	–	–	–	–	–	–
			自家用	5,753	–	–	3,000	–	–	–	–	–
		SRF	計	2,900	–	–	–	–	–	–	–	–
			事業用	2,900	–	–	–	–	–	–	–	–
			自家用	–	–	–	–	–	–	–	–	–
		セメントキルン補助燃料	計	–	–	–	–	–	–	–	–	–
			自家用	–	–	–	–	–	–	–	–	–
		精製燃料油	計	–	–	–	–	–	–	–	–	–
			事業用	–	–	–	–	–	–	–	–	–
新エネルギー	燃料電池	計		119,523	764	11	90	16,160	20,760	58	40	–
		事業用		117,945	600	–	–	15,945	20,720	–	–	–
		自家用		1,578	164	11	90	215	40	58	40	–
	IGCC	計		–	–	–	–	–	–	–	–	–
		事業用		–	–	–	–	–	–	–	–	–

〈続く〉

区分				京畿	江原	忠北	忠南	全北	全南	慶北	慶南	済州
総普及容量(発電)				321,438	278,557	222,935	295,015	570,850	775,912	560,326	407,647	105,993
	事業用			238,178	253,822	192,888	248,654	535,208	736,914	510,576	364,822	95,064
	自家用			83,261	24,736	30,047	46,361	35,642	38,999	49,751	42,825	10,929
再生エネルギー	太陽光	計		280,214	202,616	199,705	288,832	555,682	696,193	510,806	251,006	64,577
		事業用		198,048	177,922	170,068	247,484	520,208	657,278	462,876	209,622	53,654
		自家用		82,167	24,695	29,637	41,348	35,474	38,916	47,931	41,384	10,923
	風力	計		-	68,730	-	40	3	79,523	47,700	40,180	1,416
		事業用		-	68,700	-	-	-	79,500	47,700	40,180	1,410
		自家用		-	30	-	40	3	23	-	-	6
	水力	計		-	-	-	80	-	136	-	-	-
		事業用		-	-	-	80	-	136	-	-	-
		自家用		-	-	-	-	-	-	-	-	-
	海洋	計		-	-	-	-	-	-	-	-	-
		事業用		-	-	-	-	-	-	-	-	-
	バイオ	計		881	3,000	120	1,090	-	-	1,750	113,220	40,000
		事業用		250	3,000	120	1,090	-	-	-	113,220	40,000
		自家用		631	-	-	-	-	-	1,750	-	-
		バイオガス	計	881	-	120	1,090	-	-	1,750	820	-
			事業用	250	-	120	1,090	-	-	-	820	-
			自家用	631	-	-	-	-	-	1,750	-	-
		埋立地ガス	計	-	-	-	-	-	-	-	-	-
			事業用	-	-	-	-	-	-	-	-	-
			自家用	-	-	-	-	-	-	-	-	-
		ウッドチップ	計	-	-	-	-	-	-	-	-	-
			事業用	-	-	-	-	-	-	-	-	-
			自家用	-	-	-	-	-	-	-	-	-
		木材ペレット	計	-	3,000	-	-	-	-	-	112,400	-
			事業用	-	3,000	-	-	-	-	-	112,400	-
			自家用	-	-	-	-	-	-	-	-	-
		廃木材	計	-	-	-	-	-	-	-	-	-
			事業用	-	-	-	-	-	-	-	-	-
			自家用	-	-	-	-	-	-	-	-	-
		黒液	計	-	-	-	-	-	-	-	-	-
			自家用	-	-	-	-	-	-	-	-	-
		下水汚泥固形燃料	計	-	-	-	-	-	-	-	-	-
			事業用	-	-	-	-	-	-	-	-	-

〈続く〉

2章 エネルギー・電力・ガス産業

区分			京畿	江原	忠北	忠南	全北	全南	慶北	慶南	済州
再生エネルギー	廃棄物	Bio-SRF 計	-	-	-	-	-	-	-	-	-
		事業用	-	-	-	-	-	-	-	-	-
		自家用	-	-	-	-	-	-	-	-	-
		バイオ重油 計	-	-	-	-	-	-	-	-	40,000
		事業用	-	-	-	-	-	-	-	-	40,000
		計	-	-	3,290	4,862	-	-	-	1,381	-
		事業用	-	-	2,900	-	-	-	-	-	-
		自家用	-	-	390	4,862	-	-	-	1,381	-
		廃ガス 計	-	-	-	-	-	-	-	-	-
		事業用	-	-	-	-	-	-	-	-	-
		自家用	-	-	-	-	-	-	-	-	-
		産業廃棄物 計	-	-	-	4,000	-	-	-	-	-
		事業用	-	-	-	-	-	-	-	-	-
		自家用	-	-	-	4,000	-	-	-	-	-
		生活廃棄物 計	-	-	390	862	-	-	-	1,381	-
		事業用	-	-	-	-	-	-	-	-	-
		自家用	-	-	390	862	-	-	-	1,381	-
		SRF 計	-	-	2,900	-	-	-	-	-	-
		事業用	-	-	2,900	-	-	-	-	-	-
		自家用	-	-	-	-	-	-	-	-	-
		セメントキルン補助燃料 計	-	-	-	-	-	-	-	-	-
		自家用	-	-	-	-	-	-	-	-	-
		精製燃料油 計	-	-	-	-	-	-	-	-	-
		事業用	-	-	-	-	-	-	-	-	-
新エネルギー	燃料電池	計	40,343	4,211	19,820	111	15,165	60	70	1,860	-
		事業用	39,880	4,200	19,800	-	15,000	-	-	1,800	-
		自家用	463	11	20	111	165	60	70	60	-
	IGCC	計	-	-	-	-	-	-	-	-	-
		事業用	-	-	-	-	-	-	-	-	-

注) 1. RPS供給認定証発給対象バイオ・廃棄物混焼発電は混焼比率を反映して普及容量を算定。
2. 水力は揚水発電を除外、'03年から水力に大水力(10MW)を含む。
3. 太陽光, 風力, 水力, 海洋, バイオ, 廃棄物, 燃料電池, IGCCは各年度別新設及び増設容量である。
4. 普及年度は自家用竣工、事業用商業運転開始基準である。
5. '14年からRDF/RPF/TDFはSRFに置き換えて調査。
6. '14年からウッドチップ, 木質ペレット中いくつかはBio-SRFに置き換えて分類。
7. '15年から大型都市ごみは生活廃棄物に含まれる。
8. 新エネルギー及び再生エネルギーの開発・利用・普及促進法の改正('19.10.01施行)により、'20年から廃棄物エネルギー再生廃棄物である廃ガス、精製燃料油の普及容量を除く。

出所：新再生可能エネルギーセンター

<表5-10> 地域別新再生エネルギー普及容量現況(原油単位-発電以外の累積)〈2022〉

区分		全国	ソウル	釜山	大邱	仁川	光州	大田	蔚山	世宗
太陽熱(㎡)		666,457	16,403	17,907	23,577	16,459	15,040	15,505	7,948	2,411
地熱(kW)		1,599,891	115,266	20,841	56,597	57,339	22,303	39,863	27,888	94,394
地熱(kW)		437,829	350	1,435	-	4,270	-	-	735	-
バイオ	バイオガス(蒸気トン/時間)	705	97	28	32	57	35	24	96	6
	埋立地ガス(蒸気トン/時間)	147	6	-	126	-	-	15	-	-
	ウッドチップ(蒸気トン/時間)	515	-	30	68	85	-	-	50	-
	木材ペレット(蒸気トン/時間)	2,122	5	27	10	-	-	13	5	7
	廃木材(蒸気トン/時間)	339	-	-	-	37	-	-	5	-
	黒液(蒸気トン/時間)	311	-	-	-	-	-	-	311	-
	下水汚泥固形燃料(蒸気トン/時間)	18	-	-	-	-	-	-	-	-
	Bio-SRF(蒸気トン/時間)	877	-	-	-	82	-	-	-	35
廃棄物	廃ガス(蒸気トン/時間)	-	-	-	-	-	-	-	-	-
	産業廃棄物(蒸気トン/時間)	3,993	-	93	136	168	172	94	310	111
	生活廃棄物(蒸気トン/時間)	3,314	437	94	201	194	-	71	245	9
	SRF(蒸気トン/時間)	2,496	-	190	-	30	-	49	274	94

〈続く〉

区分		京畿	江原	忠北	忠南	全北	全南	慶北	慶南	済州
太陽熱(㎡)		64,797	70,748	31,620	62,295	32,198	82,086	100,031	98,559	8,901
地熱(kW)		344,054	138,240	80,987	136,921	137,772	110,792	118,365	88,594	9,676
地熱(kW)		3,335	9,458	373	45,840	26,054	246,236	13,275	72,363	14,106
バイオ	バイオガス(蒸気トン/時間)	137	23	21	2	69	3	19	56	2
	埋立地ガス(蒸気トン/時間)	-	-	-	-	-	-	-	-	-
	ウッドチップ(蒸気トン/時間)	84	3	-	153	35	3	3	-	3
	木材ペレット(蒸気トン/時間)	134	30	85	35	1,464	24	163	87	34
	廃木材(蒸気トン/時間)	59	2	29	81	97	30	-	-	-
	黒液(蒸気トン/時間)	-	-	-	-	-	-	-	-	-
	下水汚泥固形燃料(蒸気トン/時間)	13	-	-	6	-	-	-	-	-
	Bio-SRF(蒸気トン/時間)	417	106	30	129	71	7	-	-	-
廃棄物	廃ガス(蒸気トン/時間)	-	-	-	-	-	-	-	-	-
	産業廃棄物(蒸気トン/時間)	1,358	-	327	267	202	151	265	326	14
	生活廃棄物(蒸気トン/時間)	890	102	147	176	104	65	148	278	152
	SRF(蒸気トン/時間)	470	98	243	-	128	817	70	33	-

注) 1. 太陽熱, 地熱, 水熱の合計容量は各年度別の設置容量の単純合計である。
2. バイオ及び廃棄物は、各年ごとの基準可動設備ボイラーの容量である。
3. '14年からRDF/RPF/TDFはSRFに置き換えて調査。
4. '14年からウッドチップ, 木質ペレット中いくつかはBio-SRFに置き換えて分類。
5. '15年から大型都市ごみは生活廃棄物に含まれる。
6. 新エネルギー及び再生エネルギー開発・利用・普及促進法の改正('19.10.01施行)により、'20年から廃棄物エ再生廃棄物である廃ガス、精製燃料油の普及容量を除く。

出所：新再生可能エネルギーセンター

1) 太陽エネルギー

(1) 太陽熱

<表5-11> 最近3年間太陽熱新規普及容量推移

	全国	ソウル	釜山	大邱	仁川	光州	大田	蔚山	世宗
2022エネルギー生産量(TOE)	25,035	503	617	648	543	520	528	277	102
2022累積普及容量(㎡)	666,457	16,403	17,907	23,577	16,459	15,010	15,505	7,948	2,411
最近3年間新規普及容量									
2022	23,336	-	-	21	203	252	20	14	21
2021	28,379	6	12	-	403	784	414	6	-
2020	23,297	18	429	-	80	162	-	97	

	京畿	江原	忠北	忠南	全北	全南	慶北	慶南	済州
2022エネルギー生産量(TOE)	2,208	2,492	1,289	2,079	1,216	3,532	4,328	3,874	279
2022累積普及容量	64,797	70,748	31,620	62,295	32,198	82,086	100,031	98,559	8,901
最近3年間新規普及容量									
2022	1,548	549	361	3,527	1,759	6,069	4,818	4,108	67
2021	2,176	1,138	1,317	788	1,423	8,689	5,944	5,249	30
2020	913	967	3,297	1,985	622	4,741	6,613	3,373	-

注) 累積普及容量は各年度別新設、解約を反映した容量である。

出所：新再生可能エネルギーセンター

<表5-12> 用途別太陽熱累積普及容量現況((2022)　　　　　　　　　　　　　　　　　　　　（単位：㎡/年）

	全国	ソウル	釜山	大邱	仁川	光州	大田	蔚山	世宗
家庭用	297,429	1,453	6,466	7,605	4,283	5,643	1,949	3,633	437
公共施設	92,698	4,256	2,368	7,841	4,707	2,781	6,485	1,983	1,148
教育施設	29,218	4,269	674	1,985	1,461	114	624	705	180
社会福祉施設	126,389	3,128	7,005	3,273	3,953	2,549	4,549	245	61
産業施設	32,100	36	263	587	305	701	484	530	411
商業施設	43,780	1,714	222	1,098	856	958	975	497	155
その他	44,843	1,546	910	1,187	894	1,253	440	355	21

	京畿	江原	忠北	忠南	全北	全南	慶北	慶南	済州
家庭用	25,496	43,861	6,409	21,363	15,865	54,377	34,088	63,155	1,345
公共施設	9,226	5,875	6,297	7,581	4,261	8,318	9,750	7,260	2,561
教育施設	5,618	564	1,071	3,292	1,498	1,003	2,494	2,590	65
社会福祉施設	7,280	9,070	3,232	10,560	4,729	8,982	41,124	13,587	3,060
産業施設	4,364	2,006	8,587	6,057	3,518	270	1,895	1,947	140
商業施設	6,059	5,901	3,509	8,558	1,136	3,942	2,677	4,516	1,006
その他	6,754	3,470	2,514	4,883	1,192	5,194	8,002	5,505	723

注）累積普及容量は各年度別普及容量の単純合計である。

出所：新再生可能エネルギーセンター

<表5-13> 容量別太陽熱累積普及容量現況(2022)　　　　　　　　　　　　　　　　　　　　（単位：㎡/年）

	全国	ソウル	釜山	大邱	仁川	光州	大田	蔚山	世宗
20㎡以下	151,348	1,143	2,211	815	1,982	4,020	648	2,556	82
20～100㎡以下	263,257	5,032	7,110	9,914	9,496	3,309	2,659	1,881	631
100～500㎡以下	168,340	9,527	7,177	7,777	4,980	5,501	9,553	3,512	1,698
500～1,000㎡以下	57,373	702	1,409	3,819	-	2,181	1,340	-	-
1,000～1,500㎡以下	18,576	-	-	1,252	-	-	1,305	-	-
1,500～5,000㎡以下	7,563	-	-	-	-	-	-	-	-
5,000～10,000㎡以下	-	-	-	-	-	-	-	-	-
10,000㎡超過	-	-	-	-	-	-	-	-	-

<続く>

	京畿	江原	忠北	忠南	全北	全南	慶北	慶南	済州
20㎡以下	10,936	11,590	1,714	10,930	10,424	40,501	15,209	36,199	388
20～100㎡以下	21,467	41,071	3,803	21,080	7,775	24,767	63,003	37,774	2,486
100～500㎡以下	22,733	14,558	13,871	17,243	9,273	10,115	11,512	13,805	5,506
500～1,000㎡以下	7,961	2,229	7,345	8,950	3,669	4,225	6,530	6,492	521
1,000～1,500㎡以下	-	1,300	4,889	-	1,057	2,479	2,006	4,289	-
1,500～5,000㎡以下	1,700	-	-	4,092	-	-	1,771	-	-
5,000～10,000㎡以下	-	-	-	-	-	-	-	-	-
10,000㎡超過	-	-	-	-	-	-	-	-	-

注）累積普及容量は各年度別普及容量の単純合計である。

出所：新再生可能エネルギーセンター

(2) 太陽光

<表5-14> 最近3年間太陽光新規普及容量推移

	全国	ソウル	釜山	大邱	仁川	光州	大田	蔚山	世宗
2022エネルギー生産量(TOE)	6,609,387	65,697	71,015	55,601	57,128	84,614	30,136	38,903	24,538
2022発電量(MWh)	30,726,260	290,528	324,351	253,577	258,249	390,494	135,265	177,458	112,270
2022累積普及容量(kW)	24,369,532	239,811	270,881	216,476	216,498	320,287	111,622	140,168	94,900
最近3年間新規普及容量									
2022	3,278,244	33,924	47,868	37,670	25,663	41,627	13,056	15,628	13,175
2021	3,915,086	19,026	44,421	33,618	26,158	34,574	20,156	23,304	9,593
2020	4,664,287	18,515	25,554	23,491	28,032	29,484	8,219	21,346	12,035

	京畿	江原	忠北	忠南	全北	全南	慶北	慶南	済州
2022エネルギー生産量(TOE)	464,713	468,677	369,737	792,320	1,183,907	1,364,272	875,924	492,688	169,517
2022エネルギー発電量(MWh)	2,133,592	2,181,578	1,711,676	3,693,682	5,534,009	6,376,158	4,085,780	2,279,853	787,739
2022累積普及容量(kW)	1,830,268	1,788,838	1,414,649	2,854,218	4,238,560	4,989,276	3,219,463	1,799,272	624,345
最近3年間新規普及容量									
2022	280,214	202,616	199,705	288,832	555,682	696,193	510,806	251,006	64,577
2021	257,818	288,857	210,557	382,875	796,184	678,055	689,561	288,873	111,457
2020	291,730	363,479	261,916	589,891	805,827	1,208,359	547,550	300,902	127,957

注) 事業用累積普及容量は各年度別新設、増減説、解約を反映した容量である。

出所：新再生可能エネルギーセンター

<表5-15> 用途別太陽光累積普及容量現況(2022) （単位：kW)

	全国	ソウル	釜山	大邱	仁川	光州	大田	蔚山	世宗
家庭用	1,897,216	107,907	44,086	32,066	43,365	38,615	29,970	34,274	13,609
公共施設	526,745	35,384	17,521	21,654	32,724	10,358	21,152	9,310	6,455
教育施設	247,275	17,822	16,065	14,564	18,301	6,226	6,239	5,368	5,729
社会福祉施設	68,963	2,290	1,159	1,254	1,762	1,646	422	501	1,284
産業施設	111,946	1,175	5,542	5,825	2,576	5,487	2,011	1,052	2,248
商業施設	240,415	13,644	10,353	3,466	7,696	8,242	5,075	3,845	160
発電事業用	21,051,253	44,744	173,302	134,021	105,118	245,843	44,720	83,288	62,474
その他	225,719	16,846	2,854	3,627	4,956	3,871	2,035	2,530	1,471

	京畿	江原	忠北	忠南	全北	全南	慶北	慶南	済州
家庭用	301,579	126,485	149,458	177,733	171,170	191,965	172,209	214,866	47,587
公共施設	75,131	35,649	34,375	35,924	34,765	43,110	42,468	53,915	16,850
教育施設	66,371	8,127	12,521	11,660	7,572	8,841	14,242	19,172	8,458
社会福祉施設	7,926	3,273	11,269	7,070	3,821	5,474	5,457	12,067	2,289
産業施設	17,663	3,530	16,784	7,729	4,265	7,766	16,115	11,255	923
商業施設	40,761	15,530	13,877	17,157	16,798	29,824	18,370	26,351	7,798
発電事業用	1,292,094	1,584,749	1,153,599	2,567,567	3,975,415	4,677,583	2,925,162	1,444,064	537,511
その他	28,744	11,496	22,766	29,377	24,754	24,713	25,439	17,581	2,659

注）事業用累積普及容量は各年度別新設、増減説、解約を反映した容量である。

出所：新再生可能エネルギーセンター

<表5-16> 容量別太陽光累積普及容量現況(2022) （単位：kW)

	全国	ソウル	釜山	大邱	仁川	光州	大田	蔚山	世宗
1kW以下	40,697	26,973	692	630	984	827	2,225	253	24
1～3kW以下	1,503,398	56,559	40,434	27,182	33,625	31,370	25,823	29,487	10,792
3～10kW以下	351,453	14,256	9,850	5,433	9,864	10,114	5,109	5,955	2,594
10～50kW以下	1,231,022	39,238	25,441	21,701	24,218	26,460	17,861	10,999	9,108
50～100kW以下	7,236,266	30,027	28,766	39,640	30,631	53,524	17,735	22,757	16,232
100～500kW以下	5,141,286	38,158	61,126	58,255	46,363	112,695	18,408	31,326	23,222
500～1,000kW以下	4,810,230	14,881	36,915	23,872	27,253	46,600	10,997	14,891	7,788
1,000～5,000kW以下	2,601,108	19,718	41,657	33,791	43,559	33,171	13,464	19,355	25,139
5,000～10,000kW以下	281,703	-	15,000	5,873	-	5,524	-	5,146	-
10,000～20,000kW以下	331,260	-	11,000	-	-	-	-	-	-
20,000kWkW超過	841,109	-	-	-	-	-	-	-	-

<続く>

	京畿	江原	忠北	忠南	全北	全南	慶北	慶南	済州
1kW以下	4,045	138	30	413	1,015	538	85	1,812	14
1～3kW以下	241,603	101,467	120,103	139,909	133,382	155,171	130,290	186,177	40,024
3～10kW以下	58,589	24,299	21,860	28,173	32,285	38,544	32,928	36,259	15,339
10～50kW以下	154,319	73,190	119,510	137,176	182,333	125,715	143,190	104,346	16,188
50～100kW以下	500,602	465,019	465,941	1,011,389	1,925,221	1,062,942	1,061,287	427,696	76,856
100～500kW以下	412,353	287,300	274,293	527,114	896,255	1,038,948	718,400	398,151	198,917
500～1,000kW以下	260,247	538,190	208,828	448,770	594,367	1,162,691	798,578	399,531	215,831
1,000～5,000kW以下	183,296	260,409	204,083	389,106	107,147	671,807	302,050	192,179	61,177
5,000～10,000kW以下	15,184	8,237	-	55,154	9,968	117,212	32,657	11,649	-
10,000～20,000kW以下	-	30,589	-	27,060	59,600	203,010	-	-	-
20,000kW超過	-	-	-	89,952	296,987	412,698	-	41,472	-

注）事業用累積普及容量は各年度別新設、増減説、解約を反映した容量である。

出所：新再生可能エネルギーセンター

2) 風力

<表5-17> 最近3年間風力普及容量推移

	全国	ソウル	釜山	大邱	仁川	光州	大田	蔚山	世宗
2022エネルギー生産量(TOE)	717,864	46	16	9	8,263	2	88	54	-
2022発電量(MWh)	3,369,458	202	69	26	38,774	8	386	250	-
2022累積 普及容量(kW)	1,945,861	105	791	13	49,138	4	200	1,660	-
最近3年間新規普及容量(kW)									
2022	237,595	-	-	-	3	-	-	-	-
2021	63,729	1	-	-	40	3	-	3	-
2020	160,189	3	-	-	-	-	-	-	-
用途別累積普及容量('22)(kW)									
家庭用	1,170	5	5	-	3	3	-	8	-
公共施設	4,421	-	25	6	74	-	-	-	-
教育施設	62	-	3	-	-	1	-	1	-
社会福祉施設	60	-	-	-	-	-	-	-	-
産業施設	332	-	-	7	20	-	-	-	-
商業施設	87	-	-	-	1	-	-	-	-
発電事業用	1,932,395	-	758	-	49,000	-	-	1,650	-
その他	7,433	100	-	-	40	-	200	1	-
容量別累積普及容量('22)(kW)									
1kW以下	34	2	-	1	2	1	-	2	-
1～3kW以下	299	3	15	-	3	3	-	8	-
3～10kW以下	257	-	8	12	-	-	-	-	-
10～50kW以下	785	-	18	-	133	-	-	-	-
50～100kW以下	735	100	-	-	-	-	200	-	-
100～500kW以下	1,295	-	-	-	-	-	-	-	-
500～1,000kW以下	5,160	-	750	-	-	-	-	-	-
1,000～5,000kW以下	137,280	-	-	-	3,000	-	-	1,650	-
5,000～10,000kW以下	69,440	-	-	-	-	-	-	-	-
10,000～20,000kW以下	703,625	-	-	-	-	-	-	-	-
20,000kW超過	1,027,050	-	-	-	46,000	-	-	-	-

<続く>

	京畿	江原	忠北	忠南	全北	全南	慶北	慶南	済州
2022エネルギー生産量(TOE)	959	203,379	17	456	34,440	124,776	194,644	28,436	122,284
2022発電量(MWh)	4,495	954,664	73	2,133	161,686	585,571	913,760	133,380	573,980
2022累積普及容量(kW)	5,366	522,351	38	2,095	82,530	427,082	467,115	87,021	300,453
最近3年間新規普及容量(kW)									
2022	-	66,730	-	40	3	79,523	47,700	40,180	1,416
2021	5	45,620	24	-	3	18,012	10	1	8
2020	6	85,580	-	9	60,009	3	11,564	12	3,003
用途別累積普及容量('22)(kW)									
家庭用	16	27	9	19	15	491	19	30	521
公共施設	10	254	24	30	3,007	811	16	10	154
教育施設	1	1	1	-	1	19	34	-	-
社会福祉施設	-	-	-	40	-	20	-	-	-
産業施設	10	11	-	-	-	24	239	13	8
商業施設	-	19	4	6	4	20	2	20	10
発電事業用	5,326	521,200	-	2,000	79,500	425,475	466,700	86,186	294,600
その他	2	839	-	-	3	222	105	762	5,160
容量別累積普及容量('22)(kW)									
1kW以下	4	4	1	1	3	4	6	3	2
1〜3kW以下	16	27	9	24	21	67	24	41	39
3〜10kW以下	20	52	4	10	6	42	29	27	47
10〜50kW以下	21	238	24	60	-	174	32	20	65
50〜100kW以下	55	80	-	-	-	-	100	-	200
100〜500kW以下	-	-	-	-	-	570	225	-	500
500〜1,000kW以下	-	750	-	-	-	750	-	1,500	1,410
1,000〜5,000kW以下	5,230	40,100	-	2,000	14,600	23,550	9,200	5,080	32,850
5,000〜10,000kW以下	-	6,800	-	-	7,900	17,000	14,100	10,000	13,640
10,000〜20,000kW以下	-	193,800	-	-	-	225,425	106,350	70,350	107,700
20,000kW超過	-	280,500	-	-	60,000	159,500	337,050	-	144,000

注）累積普及容量事業用は各年度別の新設、増減説、解約を反映した容量であり、自家用は各年度別設置容量の単純合計である。

出所：新再生可能エネルギーセンター

3) 水力

<表5-18> 最近3年間水力普及容量推移

	全国	ソウル	釜山	大邱	仁川	光州	大田	蔚山	世宗
2022エネルギー生産量(TOE)	755,117	81	55	3,188	6,481	1,335	28	93	-
2022発電量(MWh)	3,544,866	379	244	14,966	30,288	6,269	122	437	-
2022累積普及容量(kW)	1,813,392	316	120	3,560	12,919	1,830	100	300	2,310
最近3年間新規普及容量(kW)									
2022	216	-	-	-	-	-	-	-	-
2021	18,221	-	55	-	-	-	-	-	-
2020	3,007	-	-	-	-	-	-	-	-
用途別累積普及容量('22)(kW)									
家庭用	-	-	-	-	-	-	-	-	-
公共施設	1,479	-	110	-	320	-	100	-	-
教育施設	-	-	-	-	-	-	-	-	-
社会福祉施設	-	-	-	-	-	-	-	-	-
産業施設	-	-	-	-	-	-	-	-	-
商業施設	-	-	-	-	-	-	-	-	-
発電事業用	1,811,823	316	10	3,560	12,599	1,830	-	300	2,310
その他	90	-	-	-	-	-	-	-	-
容量別累積普及容量('22)(kW)									
1kW以下	-	-	-	-	-	-	-	-	-
1~3kW以下	3	-	-	-	-	-	-	-	-
3~10kW以下	44	16	10	-	-	-	-	-	-
10~50kW以下	456	-	-	-	-	-	-	-	-
50~100kW以下	1,674	-	110	-	-	-	100	-	-
100~500kW以下	17,476	300	-	-	320	270	-	300	-
500~1,000kW以下	23,536	-	-	560	-	1,560	-	-	-
1,000~5,000kW以下	170,223	-	-	3,000	12,599	-	-	-	2,310
5,000~10,000kW以下	-	-	-	-	-	-	-	-	-
10,000~20,000kW以下	18,000	-	-	-	-	-	-	-	-
20,000kW超過	1,581,980	-	-	-	-	-	-	-	-

<続く>

	京畿	江原	忠北	忠南	全北	全南	慶北	慶南	済州
2022エネルギー生産量 (TOE)	152,857	249,064	175,602	11,157	45,345	11,936	50,805	46,485	606
2022発電量(MWh)	717,533	1,169,315	824,421	52,379	212,888	56,039	238,520	218,238	2,829
2022累積 普及容量(kW)	277,028	520,095	519,007	32,333	80,037	37,107	179,955	145,469	906
最近3年間新規 普及容量(kW)									
2022	-	-	-	80	-	136	-	-	-
2021	-	80	5,000	7,586	-	500	-	5,000	-
2020	134	150	-	-	2,130	216	10	80	287
用途別累積 普及容量('22)(kW)									
家庭用	-	-	-	-	-	-	-	-	-
公共施設	910	-	3	36	-	-	-	-	-
教育施設	-	-	-	-	-	-	-	-	-
社会福祉施設	-	-	-	-	-	-	-	-	-
産業施設	-	-	-	-	-	-	-	-	-
商業施設	-	-	-	-	-	-	-	-	-
発電事業用	276,118	520,095	519,004	32,297	80,037	37,107	179,955	14,469	816
その他	-	-	-	-	-	-	-	-	90
容量別累積 普及容量('22)(kW)									
1kW以下	-	-	-	-	-	-	-	-	-
1〜3kW以下	-	-	3	-	-	-	-	-	-
3〜10kW以下	9	-	-	-	-	9	-	-	-
10〜50kW以下	45	-	-	36	50	151	25	80	69
50〜100kW以下	234	178	-	-	234	504	65	99	150
100〜500kW以下	2,240	2,865	1,140	1,615	2,263	1,457	2,859	1,160	687
500〜1,000kW以下	-	1,530	2,300	556	6,010	3,000	4,990	3,030	-
1,000〜5,000kW以下	14,400	15,242	13,564	30,126	14,380	9,486	32,016	23,100	-
5,000〜10,000kW以下	-	-	-	-	-	-	-	-	-
10,000〜20,000kW以下	-	-	-	-	-	-	-	18,000	-
20,000kW超過	260,100	500,280	502,000	-	57,100	22,500	140,000	100,000	-

注）累積普及容量：事業用は各年度別新設，増減設，解約を反映した容量であり，自家用は各年度別の設置容量の単純合計である。

出所：新再生可能エネルギーセンター

4) 海洋

<表5-19> 最近3年間海洋普及容量推移 (単位：kW)

	全国	ソウル	釜山	大邱	仁川	光州	大田	蔚山	世宗
2022エネルギー生産量(TOE)	90,279	-	-	-	-	-	-	-	-
2023発電量(MWh)	423,843	-	-	-	-	-	-	-	-
2023累積普及容量(kW)	255,580	-	-	-	-	-	-	-	-
最近3年間新規普及容量(kW)									
2022	-	-	-	-	-	-	-	-	-
2021	80	-	-	-	-	-	-	-	-
2020	-	-	-	-	-	-	-	-	-
用途別累積普及容量('22)(kW)									
家庭用	-	-	-	-	-	-	-	-	-
公共施設	-	-	-	-	-	-	-	-	-
教育施設	-	-	-	-	-	-	-	-	-
社会福祉施設	-	-	-	-	-	-	-	-	-
産業施設	-	-	-	-	-	-	-	-	-
商業施設	-	-	-	-	-	-	-	-	-
発電事業用	255,580	-	-	-	-	-	-	-	-
その他	-	-	-	-	-	-	-	-	-
容量別累積普及容量('22)(kW)									
1kW以下	-	-	-	-	-	-	-	-	-
1～3kW以下	-	-	-	-	-	-	-	-	-
3～10kW以下	-	-	-	-	-	-	-	-	-
10～50kW以下	-	-	-	-	-	-	-	-	-
50～100kW以下	80	-	-	-	-	-	-	-	-
100～500kW以下	500	-	-	-	-	-	-	-	-
500～1,000kW以下	1,000	-	-	-	-	-	-	-	-
1,000～5,000kW以下	-	-	-	-	-	-	-	-	-
5,000～10,000kW以下	-	-	-	-	-	-	-	-	-
10,000～20,000kW以下	-	-	-	-	-	-	-	-	-
20,000kW超過	254,000	-	-	-	-	-	-	-	-

<続く>

	京畿	江原	忠北	忠南	全北	全南	慶北	慶南	済州
2022エネルギー生産量(TOE)	90,278	-	-	-	-	1	-	-	0
2022発電量(MWh)	423,839	-	-	-	-	3	-	-	1
2022累積普及容量(kW)	254,000	-	-	-	-	1,080	-	-	500
最近3年間新規普及容量(kW)									
2022	-	-	-	-	-	-	-	-	-
2021	-	-	-	-	-	80	-	-	-
2020	-	-	-	-	-	-	-	-	-
用途別累積普及容量('22)(kW)									
家庭用	-	-	-	-	-	-	-	-	-
公共施設	-	-	-	-	-	-	-	-	-
教育施設	-	-	-	-	-	-	-	-	-
社会福祉施設	-	-	-	-	-	-	-	-	-
産業施設	-	-	-	-	-	-	-	-	-
商業施設	-	-	-	-	-	-	-	-	-
発電事業用	254,000	-	-	-	-	1,080	-	-	500
その他	-	-	-	-	-	-	-	-	-
容量別累積普及容量('22)(kW)									
1kW以下	-	-	-	-	-	-	-	-	-
1～3kW以下	-	-	-	-	-	-	-	-	-
3～10kW以下	-	-	-	-	-	-	-	-	-
10～50kW以下	-	-	-	-	-	-	-	-	-
50～100kW以下	-	-	-	-	-	80	-	-	-
100～500kW以下	-	-	-	-	-	-	-	-	500
500～1,000kW以下	-	-	-	-	-	1,000	-	-	-
1,000～5,000kW以下	-	-	-	-	-	-	-	-	-
5,000～10,000kW以下	-	-	-	-	-	-	-	-	-
10,000～20,000kW以下	-	-	-	-	-	-	-	-	-
20,000kW超過	254,000	-	-	-	-	-	-	-	-

注) 累積普及容量事業用は各年度別新設、増減説、解約を反映した容量。

出所：新再生可能エネルギーセンター

5) 地熱

<表5-20> 最近3年間地熱普及容量推移（単位：kW）

	全国	ソウル	釜山	大邱	仁川	光州	大田	蔚山	世宗
2022エネルギー生産量（TOE）	279,650	20,070	3,610	9,877	9,912	3,914	7,025	4,839	16,258
2022累積普及容量-熱(kW)	1,599,891	115,266	20,841	56,597	57,339	22,303	39,863	27,888	94,394
最近3年間新規普及容量(kW)									
2022	113,257	9,585	2,524	4,138	7,642	394	5,284	1,986	2,154
2021	79,130	8,196	1,410	9,742	1,066	226	4,766	1,414	2,834
2020	89,300	8,273	-	1,099	1,047	701	1,206	1,067	5,961
用途別累積普及容量('22)(kW)									
家庭用	280,202	6,691	948	1,287	10,137	630	1,300	401	1,452
公共施設	72,425	80,102	12,972	36,744	31,631	10,777	25,957	21,258	45,874
教育施設	223,294	8,910	2,163	10,830	10,015	5,113	6,252	4,235	42,194
社会福祉施設	69,584	5,412	466	2,677	1,990	4,260	455	1,144	2,068
産業施設	28,438	1,501	-	1,343	204	399	281	301	-
商業施設	27,271	1,804	2,390	-	1,708	-	936	159	-
その他	268,677	10,846	1,903	3,716	1,653	1,124	4,681	390	2,805
容量別累積普及容量('22)(kW)									
1.75kW以下	269,645	486	558	874	10,144	210	1,409	401	1,680
1.75〜100kW以下	13,829	949	385	222	805	35	123	361	-
100〜200kW以下	64,053	7,977	2,075	1,229	1,613	479	1,987	448	563
200〜500kW以下	318,477	36,021	5,230	6,783	5,568	8,621	9,695	5,413	7,064
500〜1,000kW以下	420,013	34,390	5,969	14,858	11,251	5,986	14,962	11,829	33,043
1,000〜3,000kW以下	408,475	27,525	6,623	20,172	12,226	6,972	8,424	9,437	38,180
3,000kW超過	105,400	7,919	-	12,459	15,732	-	3,263	-	13,864

<続く>

	京畿	江原	忠北	忠南	全北	全南	慶北	慶南	済州
2022エネルギー生産量(TOE)	60,038	24,057	14,148	24,069	23,817	19,374	20,559	16,312	1,771
2022累積普及容量-熱(kW)	344,054	138,240	80,987	136,921	137,772	110,792	118,365	88,594	9,676
最近3年間新規普及容量(kW)									
2022	21,892	12,497	4,466	11,862	11,093	1,941	11,343	4,457	-
2021	15,895	8,016	4,065	5,626	4,815	4,468	4,439	2,154	-
2020	16,602	12,256	6,731	8,797	3,164	12,372	8,363	1,661	
用途別累積普及容量('22)(kW)									
家庭用	116,628	46,741	13,214	32,968	10,938	8,685	20,911	7,271	-
公共施設	123,894	52,655	38,977	48,365	41,117	36,112	60,729	33,938	1,322
教育施設	41,632	12,555	12,507	21,836	14,423	12,593	10,288	7,748	
社会福祉施設	16,860	4,637	2,461	8,860	6,542	2,540	6,186	3,027	
産業施設	12,713	3,059	1,551	2,048	1,970	1,148	1,060	859	
商業施設	4,697	5,028	2,627	1,695	2,579	1,091	735	1,542	280
その他	27,630	13,564	9,649	21,149	60,205	48,623	18,456	34,208	8,073
容量別累積普及容量('22)(kW)									
1.75kW以下	112,963	48,509	12,952	34,727	10,185	5,310	21,556	7,681	-
1.75〜100kW以下	3,524	1,402	369	1,926	1,030	980	861	821	35
100〜200kW以下	16,072	6,015	4,916	4,705	3,444	2,216	6,436	3,282	597
200〜500kW以下	75,388	20,921	19,758	28,436	21,999	24,678	21,842	16,858	4,200
500〜1,000kW以下	70,571	26,236	23,950	42,910	35,370	30,405	29,823	27,257	1,204
1,000〜3,000kW以下	54,635	28,670	19,042	16,549	59,097	36,312	31,467	29,505	3,640
3,000kW超過	10,900	6,486	-	7,668	6,647	10,892	6,380	3,190	-

注) 1. 累積普及容量は各年度別普及容量の単純合計。
2. 統計の1RTは3.5 kWで計算。

出所：新再生可能エネルギーセンター

6) 水熱

<表5-21> 最近3年間水熱普及容量推移 （単位：kW）

	全国	ソウル	釜山	大邱	仁川	光州	大田	蔚山	世宗
2022エネルギー生産量(TOE)	26,543	18	73	-	157	-	-	17	-
2022累積普及容量-熱(kW)	437,829	350	1,435	-	4,270	-	-	735	-
最近3年間新規普及容量(kW)									
2022	71,160	-	525	-	-	-	-	735	-
2021	46,402	350	-	-	-	-	-	-	-
2020	78,111	-	420	-	980	-	-	-	-
用途別累積普及容量('22)(kW)									
家庭用	-	-	-	-	-	-	-	-	-
公共施設	2,415	350	-	-	-	-	-	-	-
教育施設	-	-	-	-	-	-	-	-	-
社会福祉施設	-	-	-	-	-	-	-	-	-
産業施設	2,252	-	-	-	-	-	-	-	-
商業施設	-	-	-	-	-	-	-	-	-
その他	433,161	-	1,435	-	4,270	-	-	735	-
容量別累積普及容量('22)(kW)									
1.75kW以下	-	-	-	-	-	-	-	-	-
1.75～100kW以下	1,006	-	-	-	-	-	-	-	-
100～200kW以下	6,684	-	-	-	-	-	-	-	-
200～500kW以下	218,875	350	910	-	1,993	-	-	-	-
500～1,000kW以下	134,380	-	525	-	2,277	-	-	735	-
1,000～3,000kW以下	71,737	-	-	-	-	-	-	-	-
3,000kW超過	5,145	-	-	-	-	-	-	-	-

<続く>

	京畿	江原	忠北	忠南	全北	全南	慶北	慶南	済州
2022エネルギー生産量(TOE)	97	709	15	1,979	904	15,175	739	4,706	1,955
2022累積普及容量-熱(kW)	3,335	9,458	373	45,840	26,054	246,236	13,275	72,363	14,106
最近3年間新規普及容量(kW)									
2022	2,880	715	198	2,985	2,495	44,201	3,102	12,535	790
2021	210	980	-	3,852	1,587	21,913	3,185	10,780	3,546
2020	-	668	175	4,381	1,660	56,072	490	11,795	1,470
用途別累積普及容量('22)(kW)									
家庭用	-	-	-	-	-	-	-	-	-
公共施設	569	295	198	-	181	294	528	-	-
教育施設	-	-	-	-	-	-	-	-	-
社会福祉施設	-	-	-	-	-	-	-	-	-
産業施設	-	1,750	-	-	-	502	-	-	-
商業施設	-	-	-	-	-	-	-	-	-
その他	2,765	7,413	175	45,840	25,873	245,440	12,747	72,363	14,106
容量別累積普及容量('22)(kW)									
1.75kW以下	-	-	-	-	-	-	-	-	-
1.75～100kW以下	99	-	-	88	181	228	110	-	300
100～200kW以下	-	1,338	373	347	172	1,371	764	2,319	-
200～500kW以下	1,698	4,093	-	11,906	4,580	132,621	6,119	45,864	8,741
500～1,000kW以下	1,537	-	-	26,101	8,929	72,937	5,249	12,665	3,427
1,000～3,000kW以下	-	4,027	-	7,399	12,192	33,934	1,032	11,515	1,638
3,000kW超過	-	-	-	-	-	5,145	-	-	-

注) 1. 累積普及容量は各年度別普及容量の単純合計。
2. 統計の1RTは3.5 kWで計算。

出所：新再生可能エネルギーセンター

7) バイオエネルギー

(1) バイオガス

<表5-22> 最近3年間バイオガス普及容量推移

	全国	ソウル	釜山	大邱	仁川	光州	大田	蔚山	世宗
2022エネルギー生産量(TOE)	101,807	13,537	5,488	6,854	5,947	2,660	6,045	6,445	549
2022発電量(MWh)	152,742	27,783	6,051	885	18,425	-	-	-	-
2022累積普及容量									
電気(kW)	65,816	8,865	4,116	1,210	4,300	20	-	-	-
熱(蒸気トン/時間)	705	97	28	32	57	35	24	96	6
最近3年間新規普及容量									
電気(kW)									
2022	5,281	-	600	-	-	20	-	-	-
2021	14,989	-	-	-	-	-	-	-	-
2020	3,925	-	1,400	-	-	-	-	-	-
熱(蒸気トン/時間)									
2022	7	7	-	-	-	-	-	-	-
2021	12	-	-	-	-	-	-	5	-
2020	13	-	-	-	-	-	-	-	-

<続く>

	京畿	江原	忠北	忠南	全北	全南	慶北	慶南	済州
2022エネルギー生産量(TOE)	21,107	4,193	4,348	2,659	10,936	515	3,205	6,444	875
2022発電量(MWh)	32,676	11,306	7,703	12,051	16,314	1,477	8,136	7,217	2,718
2022累積普及容量									
電気(kW)	18,274	2,335	2,700	6,260	695	406	3,200	4,280	2,900
熱(蒸気トン/時間)	137	23	21	2	69	3	19	56	2
最近3年間新規普及容量									
電気(kW)									
2022	881	-	120	1,090	-	-	1,750	820	-
2021	499	-	-	400	-	-	-	600	-
2020	495	845	-	-	998	187	-	-	-
熱(蒸気トン/時間)									
2022	-	-	-	-	-	-	-	-	-
2021	6	1	-	-	-	-	-	-	-
2020	-	-	-	-	10	-	-	3	-

注) 1. 累積普及容量は2022年基準稼動設備の累積容量である。

2. 最近3年間の新規普及容量は各年度別に設置された稼働設備の容量である。

出所：新再生可能エネルギーセンター

(2) 埋立地ガス(LFG)

<表5-23> 最近3年間埋立地ガス普及容量推移

	全国	ソウル	釜山	大邱	仁川	光州	大田	蔚山	世宗
2022エネルギー生産量(TOE)	69,389	1,587	1,381	22,752	40,168	650	1,009	-	-
2022発電量(MWh)	206,760	-	683	-	188,584	3,051	-	-	-
2022累積普及容量									
電気(kW)	66,309	-	3,714	-	50,000	2,120	99	-	-
熱(蒸気トン/時間)	147	-	-	126	-	-	15	-	-
最近3年間新規普及容量									
電気(kW)									
2022	-	-	-	-	-	-	-	-	-
2021	998	-	-	-	-	-	-	-	-
2020	925	-	-	-	-	-	-	-	-
熱(蒸気トン/時間)									
2022	-	-	-	-	-	-	-	-	-
2021	-	-	-	-	-	-	-	-	-
2020	-	-	-	-	-	-	-	-	-

<続く>

	京畿	江原	忠北	忠南	全北	全南	慶北	慶南	済州
2022エネルギー生産量(TOE)	-	266	108	-	-	1,088	-	-	379
2022発電量（MWh）	-	1,251	508	-	-	5,106	-	-	1,778
2022累積普及容量									
電気(kW)	-	980	800	-	1,498	2,563	2,450	1,625	1,000
熱(蒸気トン/時間)	-	-	-	-	-	-	-	-	-
最近3年間新規普及容量									
電気(kW)									
2022	-	-	-	-	-	-	-	-	-
2021	-	-	-	-	-	998	-	-	-
2020	-	-	-	-	-	95	-	-	-
熱(蒸気トン/時間)									
2022	-	-	-	-	-	-	-	-	-
2021	-	-	-	-	-	-	-	-	-
2020	-	-	-	-	-	-	-	-	-

注）1. 累積普及容量は2022年基準稼動設備の累積容量である。

2. 最近3年間の新規普及容量は各年度別に設置された稼働設備の容量である。

出所：新再生可能エネルギーセンター

(3) バイオディーゼル

<表5-24> 地域別バイオディーゼル普及容量現況（2022）

	全国	ソウル	釜山	大邱	仁川	光州	大田	蔚山	世宗
2022エネルギー生産量(TOE)	683,019	74,006	37,795	31,065	42,131	18,455	17,204	14,970	4,613
2022普及容量(kℓ/年)	1,325,880	143,660	73,368	60,304	81,785	32,825	33,397	29,059	8,955

	京畿	江原	忠北	忠南	全北	全南	慶北	慶南	済州
2022エネルギー生産量(TOE)	170,991	25,840	26,508	36,089	30,014	38,575	46,003	51,567	17,192
2022普及容量(kℓ/年)	331,928	50,161	51,458	70,057	58,263	74,881	89,302	100,102	33,374

注）1. バイオディーゼルの普及容量は2020年基準の生産能力である。
2. 全国のディーゼル乗用車数(自動車登録現況報告, ,軽乗用車現況, 国土交通部, 2022年基準)を地域別に比例配分し、その比率でバイオディーゼルエネルギー生産量及び普及容量を再分配。

出所：新再生可能エネルギーセンター

(4) ウッドチップ

<表5-25> 最近3年間ウッドチップ普及容量推移

	全国	ソウル	釜山	大邱	仁川	光州	大田	蔚山	世宗
2022エネルギー生産量(TOE)	170,717	-	8,398	11,821	14,462	-	-	27,356	-
2022発電量(MWh)	319,428	-	-	5,187	1,278	-	-	-	-
2022累積普及容量									
電気(kW)	77,314	-	-	4,500	12,600	-	-	-	-
熱(蒸気トン/時間)	515	-	30	68	85	-	-	50	-
最近3年間新規普及容量									
電気(kW)									
2022	-	-	-	-	-	-	-	-	-
2021	8,037	-	-	-	-	-	-	-	-
2020	44,600	-	-	-	4,600	-	-	-	-
熱(蒸気トン/時間)									
2022	-	-	-	-	-	-	-	-	-
2021	35	-	-	-	-	-	-	-	-
2020	-	-	-	-	-	-	-	-	-

<続く>

	京畿	江原	忠北	忠南	全北	全南	慶北	慶南	済州
2022エネルギー生産量(TOE)	2,662	342	-	85,823	6,826	13,029	-	-	-
2022発電量(MWh)	-	-	-	219,746	32,047	61,170	-	-	-
2022累積普及容量									
電気(kW)	-	-	-	38,900	9,137	12,177	-	-	-
熱(蒸気トン/時間)	84	3	-	153	35	3	3	-	3
最近3年間新規普及容量									
電気(kW)									
2022	-	-	-	-	-	-	-	-	-
2021	-	-	-	-	8,037	-	-	-	-
2020	-	-	-	40,000	-	-	-	-	-
熱(蒸気トン/時間)									
2022	-	-	-	-	-	-	-	-	-
2021	-	-	-	-	35	-	-	-	-
2020	-	-	-	-	-	-	-	-	-

注) 1. 累積普及容量は2022年基準稼動設備の累積容量である。
2. 最近3年間の新規普及容量は各年度別に設置された稼働設備の容量である。
3. '14年からウッドチップ，木質ペレット中いくつかはBio-SRFに置き換えて分類。

出所：新再生可能エネルギーセンター

(5) 成形炭

<表5-26> 地域別成形炭普及容量現況(2022)

	全国	ソウル	釜山	大邱	仁川	光州	大田	蔚山	世宗
2022エネルギー生産量(TOE)	2,645	437	170	118	14	72	79	66	17
2022普及容量(トン/年)	6,297	1,041	405	281	319	172	187	158	39

	京畿	江原	忠北	忠南	全北	全南	慶北	慶南	済州
2022エネルギー生産量(TOE)	634	107	95	116	90	99	160	200	50
2022普及容量(トン/年)	1,510	254	227	227	213	236	382	475	120

注) 1. 成形炭の普及容量は2022年基準の生産量(販売量)である。
2. 全国人口数(住民登録人口統計_行政自治部, 2022年基準), 飲食店数(全国事業体調査韓国料理肉類料理専門店現況_統計庁, 2021年 基準)を地域別に比例配分し、その割合で成形炭エネルギー生産量及び普及容量を再分配。
3. 2022年全国事業体調査の結果が未公開のため2021全国事業体調査韓国料理肉類料理専門店現況統計を活用。

出所：新再生可能エネルギーセンター

(6) 林産燃料

<表5-27> 地域別林産燃料普及容量現況(2022)

	全国	ソウル	釜山	大邱	仁川	光州	大田	蔚山	世宗
2022エネルギー生産量(TOE)	157,598	43	62	162	173	924	496	104	1,045
2022普及容量(トン/年)	554,966	154	100	580	617	3,300	1,773	311	3,731

	京畿	江原	忠北	忠南	全北	全南	慶北	慶南	済州
2022エネルギー生産量(TOE)	18,477	38,460	21,496	17,984	22,506	8,371	19,118	7,290	888
2022普及容量(トン/年)	64,275	134,180	74,317	63,960	80,378	29,896	68,188	26,036	3,170

注) 1. 林産燃料の普及容量は2022年基準の燃料生産量(販売量)である。
2. 2017年から林産燃料は行政資料提供機関(山林庁:林産統計年報)の統計収集方法が変更された。

出所：新再生可能エネルギーセンター

(7) 木材ペレット

<表5-28> 最近3年間木材ペレット普及容量推移

	全国	ソウル	釜山	大邱	仁川	光州	大田	蔚山	世宗
2022エネルギー生産量(TOE)	1,836,137	37	4,867	589	978	-	265	794	456
20222発電量(MWh)	7,393,419	-	-	-	-	-	-	-	-
2022累積普及容量									
電気(kW)	2,075,903	-	-	-	167,000	-	-	-	-
熱(蒸気トン/時間)	2,122	5	27	10	-	-	13	5	7
最近3年間新規普及容量									
電気(kW)									
2022	115,400	-	-	-	-	-	-	-	-
2021	151,963	-	-	-	-	-	-	-	-
2020	259,551	-	-	-	-	-	-	-	-
熱(蒸気トン/時間)									
2022	10	-	-	-	-	-	-	-	-
2021	14	-	-	-	-	-	-	-	-
2020	-	-	-	-	-	-	-	-	-

<続く>

	京畿	江原	忠北	忠南	全北	全南	慶北	慶南	済州
2022エネルギー生産量(TOE)	19,945	368,854	18,120	359,623	959,766	16,241	26,706	47,906	10,991
2022発電量(MWh)	-	1,667,245	-	1,627,134	3,967,655	-	-	131,386	-
2022累積普及容量									
電気(kW)	-	430,200	-	547,500	546,373	16,430	-	368,400	-
熱(蒸気トン/時間)	134	30	85	35	1,464	24	163	87	34
最近3年間新規普及容量									
電気(kW)									
2022	-	3,000	-	-	-	-	-	112,400	-
2021	-	-	-	-	151,963	-	-	-	-
2020	-	190,000	-	69,551	-	-	-	-	-
熱(蒸気トン/時間)									
2022	-	-	-	-	5	-	-	5	-
2021	-	-	14	-	-	-	-	-	-
2020	-	-	-	-	-	-	-	-	-

注) 1. 累積普及容量は2022年基準稼動設備の累積容量である。
2. 最近3年間の新規普及容量は各年度別に設置された稼働設備の容量である。
3. '14年からウッドチップ，木質ペレット中いくつかはBio-SRFに置き換えて分類。

出所：新再生可能エネルギーセンター

(8) 廃木材

<表5-29> 最近3年間廃木材普及容量推移

	全国	ソウル	釜山	大邱	仁川	光州	大田	蔚山	世宗
2022エネルギー生産量(TOE)	65,629	-	-	-	5,429	-	-	-	-
2022発電量(MWh)	-	-	-	-	-	-	-	-	-
2022累積普及容量									
電気(kW)	-	-	-	-	-	-	-	-	-
熱(蒸気トン/時間)	339	-	-	-	37	-	5	-	-
最近3年間普及容量									
電気(kW)									
2022	-	-	-	-	-	-	-	-	-
2021	-	-	-	-	-	-	-	-	-
2020	-	-	-	-	-	-	-	-	-
熱(蒸気トン/時間)									
2022	-	-	-	-	-	-	-	-	-
2021	-	-	-	-	-	-	-	-	-
2020	-	-	-	-	-	-	-	-	-

<続く>

	京畿	江原	忠北	忠南	全北	全南	慶北	慶南	済州
2022エネルギー生産量(TOE)	2,141	183	146	33,199	24,531	-	-	-	-
2022発電量(MWh)	-	-	-	-	-	-	-	-	-
2022累積普及容量									
電気(kW)	-	-	-	-	-	-	-	-	-
熱(蒸気トン/時間)	59	2	29	81	97	30	-	-	-
最近3年間新規普及容量									
電気(kW)									
2022	-	-	-	-	-	-	-	-	-
2021	-	-	-	-	-	-	-	-	-
2020	-	-	-	-	-	-	-	-	-
熱(蒸気トン/時間)									
2022	-	-	-	-	-	-	-	-	-
2021	-	-	-	-	-	-	-	-	-
2020	-	-	-	-	-	-	-	-	-

注) 1. 累積普及容量は2022年基準稼動設備の累積容量である。
2. 最近3年間の普及容量は各年度別に設置された稼働設備容量である。

出所：新再生可能エネルギーセンター

(9) 黒液

<表5-30> 最近3年間黒液普及容量推移

	全国	ソウル	釜山	大邱	仁川	光州	大田	蔚山	世宗
2022エネルギー生産量(TOE)	224,899	-	-	-	-	-	-	224,899	-
2022発電量(MWh)	234,792	-	-	-	-	-	-	234,792	-
2022累積普及容量									
電気(kW)	36,430	-	-	-	-	-	-	36,430	-
熱(蒸気トン/時間)	311	-	-	-	-	-	-	311	-
最近3年間新規普及容量									
電気(kW)									
2022	-	-	-	-	-	-	-	-	-
2021	-	-	-	-	-	-	-	-	-
2020	-	-	-	-	-	-	-	-	-
熱(蒸気トン/時間)									
2022	-	-	-	-	-	-	-	-	-
2021	-	-	-	-	-	-	-	-	-
2020	-	-	-	-	-	-	-	-	-

<続く>

	京畿	江原	忠北	忠南	全北	全南	慶北	慶南	済州
2022エネルギー生産量(TOE)	-	-	-	-	-	-	-	-	-
2022発電量(MWh)	-	-	-	-	-	-	-	-	-
2022累積普及容量									
電気(kW)	-	-	-	-	-	-	-	-	-
熱(蒸気トン/時間)	-	-	-	-	-	-	-	-	-
最近3年間新規普及容量									
電気(kW)									
2022	-	-	-	-	-	-	-	-	-
2021	-	-	-	-	-	-	-	-	-
2020	-	-	-	-	-	-	-	-	-
熱(蒸気トン/時間)									
2022	-	-	-	-	-	-	-	-	-
2021	-	-	-	-	-	-	-	-	-
2020	-	-	-	-	-	-	-	-	-

注) 1. 累積普及容量は2022年基準稼動設備の累積容量である。
2. 最近3年間 普及容量は各年度別に設置された稼働設備容量である。

出所：新再生可能エネルギーセンター

(10) 下水汚泥固形燃料

<表5-31> 最近3年間下水汚泥固形燃料普及容量推移

	全国	ソウル	釜山	大邱	仁川	光州	大田	蔚山	世宗
2022エネルギー生産量(TOE)	66,808	-	-	-	-	-	-	-	-
2022発電量(MWh)	73,784	-	-	-	-	-	-	-	-
2022累積普及容量									
電気(kW)	52,950	-	-	-	-	-	-	-	-
熱(蒸気トン/時間)	18	-	-	-	-	-	-	-	-
最近3年間新規普及容量									
電気(kW)									
2022		-	-	-	-	-	-	-	-
2021		-	-	-	-	-	-	-	-
2020		-	-	-	-	-	-	-	-
熱(蒸気トン/時間)									
2022	-	-	-	-	-	-	-	-	-
2021	-	-	-	-	-	-	-	-	-
2020	-	-	-	-	-	-	-	-	-

<続く>

	京畿	江原	忠北	忠南	全北	全南	慶北	慶南	済州
2022エネルギー生産量(TOE)	46,644	-	-	13,285	-	-	6,879	-	-
2022発電量(MWh)	-	-	-	62,373	-	-	11,412	-	-
2022累積普及容量									
電気(kW)	-	-	-	50,000	-	-	2,950	-	-
熱(蒸気トン/時間)	13	-	-	6	-	-	-	-	-
最近3年間新規普及容量									
電気(kW)									
2022	-	-	-	-	-	-	-	-	-
2021	-	-	-	-	-	-	-	-	-
2020	-	-	-	-	-	-	-	-	-
熱(蒸気トン/時間)									
2022	-	-	-	-	-	-	-	-	-
2021	-	-	-	-	-	-	-	-	-
2020	-	-	-	-	-	-	-	-	-

注) 1. 累積普及容量は20222年基準稼働設備累積容量である。
2. 最近3年間 普及容量は各年度別に設置された稼働設備容量である。

出所：新再生可能エネルギーセンター

(11) Bio-SRF

<表5-32> 最近3年間Bio-SRF普及容量推移

	全国	ソウル	釜山	大邱	仁川	光州	大田	蔚山	世宗
2022エネルギー生産量(TOE)	641,883	-	-	-	58,162	-	-	-	28,560
2022発電量(MWh)	1,892,487	-	-	-	19,945	-	-	-	12,460
2022累積普及容量									
電気(kW)	369,384	-	-	-	11,330	-	-	-	5,000
熱(蒸気トン/時間)	877	-	-	-	82	-	-	-	35
最近3年間新規普及容量									
電気(kW)									
2022	-	-	-	-	-	-	-	-	-
2021	24,900	-	-	-	-	-	-	-	-
2020	145,349	-	-	-	-	-	-	-	-
熱(蒸気トン/時間)									
2022	-	-	-	-	-	-	-	-	-
2021	15	-	-	-	-	-	-	-	-
2020	-	-	-	-	-	-	-	-	-

<続く>

	京畿	江原	忠北	忠南	全北	全南	慶北	慶南	済州
2022エネルギー生産量(TOE)	148,413	43,445	1,119	219,158	124,301	5,584	-	11,340	1,800
2022発電量(MWh)	347,221	203,969	-	889,312	331,670	26,216	-	53,242	8,452
2022累積普及容量									
電気(kW)	62,730	90,000	-	127,400	54,855	5,219	-	9,900	2,950
熱(蒸気トン/時間)	417	106	30	129	71	7	-	-	-
最近3年間新規普及容量									
電気(kW)									
2022	-	-	-	-	-	-	-	-	-
2021	-	-	-	24,900	-	-	-	-	-
2020	-	-	-	135,449	-	-	-	9,900	-
熱(蒸気トン/時間)	-								
2022	-	-	-	-	-	-	-	-	-
2021	-	-	-	15	-	-	-	-	-
2020	-	-	-	-	-	-	-	-	-

注) 1. 累積普及容量は2022年基準稼動設備の累積容量である。
2. 最近3年間 普及容量は各年度別に設置された稼働設備容量である。
3. '14年からウッドチップ，木質ペレット中いくつかはBio-SRFに置き換えて分類。

出所：新再生可能エネルギーセンター

(12) バイオ重油

<表5-33> 最近3年間バイオ重油普及容量推移

	全国	ソウル	釜山	大邱	仁川	光州	大田	蔚山	世宗
2022エネルギー生産量(TOE)	352,340	-	-	-	-	-	-	11,816	-
2022発電量(MWh)	1,654,179	-	-	-	-	-	-	55,475	-
2022累積普及容量 電気(kW)	920,350	-	-	4,350	-	-	-	526,000	-
最近3年間新規普及容量 電気(kW)									
2022	40,000	-	-	-	-	-	-	-	-
2021	-	-	-	-	-	-	-	-	-
2020	-	-	-	-	-	-	-	-	-

	京畿	江原	忠北	忠南	全北	全南	慶北	慶南	済州
2022エネルギー生産量(TOE)	-	-	-	-	-	-	-	-	340,524
2022発電量(MWh)	-	-	-	-	-	-	-	-	1,598,705
2022累積普及容量 電気(kW)	-	-	-	-	-	-	-	-	390,000
最近3年間新規普及容量 電気(kW)									
2022	-	-	-	-	-	-	-	-	40,000
2021	-	-	-	-	-	-	-	-	-
2020	-	-	-	-	-	-	-	-	-

注) 1. 累積普及容量は2022年基準稼動設備の累積容量である。
2. 最近3年間の新規普及容量は各年度別に設置された稼働設備の容量である。

出所：新再生可能エネルギーセンター

8) 廃棄物

(1) 廃ガス

<表5-34> 最近3年間廃ガス普及容量推移

	全国	ソウル	釜山	大邱	仁川	光州	大田	蔚山	世宗
2022エネルギー生産量(TOE)	-	-	-	-	-	-	-	-	-
2022発電量(MWh)	-	-	-	-	-	-	-	-	-
2022累積普及容量									
電気(kW)	-	-	-	-	-	-	-	-	-
熱(蒸気トン/時間)	-	-	-	-	-	-	-	-	-
最近3年間新規普及容量									
電気(kW)									
2022	-	-	-	-	-	-	-	-	-
2021	-	-	-	-	-	-	-	-	-
2020	-	-	-	-	-	-	-	-	-
熱(蒸気トン/時間)									
2022	-	-	-	-	-	-	-	-	-
2021	-	-	-	-	-	-	-	-	-
2020	-	-	-	-	-	-	-	-	-

<続く>

	京畿	江原	忠北	忠南	全北	全南	慶北	慶南	済州
2022エネルギー生産量(TOE)	-	-	-	-	-	-	-	-	-
2022発電量(MWh)	-	-	-	-	-	-	-	-	-
2022累積普及容量									
電気(kW)	-	-	-	-	-	-	-	-	-
熱(蒸気トン/時間)	-	-	-	-	-	-	-	-	-
最近3年間新規普及容量									
電気(kW)									
2022	-	-	-	-	-	-	-	-	-
2021	-	-	-	-	-	-	-	-	-
2020	-	-	-	-	-	-	-	-	-
熱(蒸気トン/時間)									
2022	-	-	-	-	-	-	-	-	-
2021	-	-	-	-	-	-	-	-	-
2020	-	-	-	-	-	-	-	-	-

注) 1. 累積普及容量は2022年基準稼動設備の累積容量である。
2. 最近3年間の新規普及容量は各年度別に設置された稼働設備の容量である。
3. 新エネルギー及び再生エネルギー開発・利用・普及促進法の改正('19.10.01施行)により 廃棄物エネルギー中の非再生廃棄物は除く。

出所：新再生可能エネルギーセンター

(2) 産業廃棄物

<表5-35> 最近3年間産業廃棄物普及容量推移

	全国	ソウル	釜山	大邱	仁川	光州	大田	蔚山	世宗
2022エネルギー生産量(TOE)	306,647	-	5,709	12,315	15,964	1,387	11,948	33,352	767
2022発電量(MWh)	14,400	-	-	-	8,705	6,510	16	-	3,599
2022累積普及容量									
電気(kW)	168,042	-	-	-	4,080	4,360	4,800	2,200	3,002
熱(蒸気トン/時間)	3,993	-	93	136	168	172	94	310	111
最近3年間新規普及容量									
電気(kW)									
2022	4,000	-	-	-	-	-	-	-	-
2021	89,920	-	-	-	1,100	-	4,800	-	-
2020	11,400	-	-	-	-	3,100	-	-	-
熱(蒸気トン/時間)									
2022	106	-	-	-	-	-	-	-	-
2021	75	-	-	-	-	-	-	-	-
2020	15	-	15	-	-	-	-	-	-

<続く>

	京畿	江原	忠北	忠南	全北	全南	慶北	慶南	済州
2022エネルギー生産量(TOE)	93,701	-	36,387	15,528	14,133	19,974	20,421	24,002	1,059
2022発電量(MWh)	35,809	-	30,180	9,059	6,875	34,373	5,563	1,611	-
2022累積普及容量									
電気(kW)	29,083	-	13,942	9,850	3,535	85,040	5,400	2,750	-
熱(蒸気トン/時間)	1,358	-	327	267	202	151	265	326	14
最近3年間新規普及容量									
電気(kW)									
2022	-	-	-	4,000	-	-	-	-	-
2021	-	-	-	-	-	84,020	-	-	-
2020	8,300	-	-	-	-	-	-	-	-
熱(蒸気トン/時間)									
2022	88	-	-	-	-	-	-	18	-
2021	10	-	-	-	55	-	-	10	-
2020	-	-	-	-	-	-	-	-	-

注) 1. 累積普及容量は2022年基準稼動設備の累積容量である。
2. 最近3年間の新規普及容量は各年度別に設置された稼働設備の容量である。
3. 新エネルギー及び再生エネルギー開発・利用・普及促進法の改正('19.10.01施行)により 廃棄物エネルギー中の非再生廃棄物は除く。

出所：新再生可能エネルギーセンター

(3) 生活廃棄物

<表5-36> 最近3年間生活廃棄物普及容量推移

	全国	ソウル	釜山	大邱	仁川	光州	大田	蔚山	世宗
2022エネルギー生産量(TOE)	408,095	69,477	13,378	21,580	29,174	-	9,199	18,893	719
2022発電量(MWh)	173,702	69,288	2,916	3,768	153	-	-	1,249	367
2022累積普及容量									
電気(kW)	167,813	35,150	5,800	5,000	1,800	-	-	1,500	120
熱(蒸気トン/時間)	3,314	437	94	201	194	-	71	245	9
最近3年間新規普及容量									
電気(kW)									
2022	5,753	-	-	3,000	-	-	-	-	120
2021	-	-	-	-	-	-	-	-	-
2020	53,400	9,500	-	9,900	1,800	-	-	-	-
熱(蒸気トン/時間)									
2022	40	-	-	-	-	-	40	-	-
2021	149	-	-	-	-	-	-	-	-
2020	-	-	-	-	-	-	-	-	-

<続く>

	京畿	江原	忠北	忠南	全北	全南	慶北	慶南	済州
2022エネルギー生産量(TOE)	121,220	3,471	21,036	24,928	21,386	7,103	9,754	27,618	9,159
2022発電量（MWh）	28,782	2,927	3,807	1,980	10,847	-	14,030	14,100	19,487
2022累積普及容量									
電気(kW)	41,360	4,008	4,112	1,732	11,000	-	23,985	11,714	20,532
熱(蒸気トン/時間)	890	102	147	176	104	65	148	278	152
最近3年間新規普及容量									
電気(kW)									
2022	-	-	390	862	-	-	-	1,381	-
2021	-	-	-	-	-	-	-	-	-
2020	7,000	-	-	-	6,000	-	-	-	19,200
熱(蒸気トン/時間)									
2022	-	-	-	-	-	-	-	-	-
2021	14	-	-	129	6	-	-	-	-
2020	-	-	-	-	-	-	-	-	-

注）1. 累積普及容量は2022年基準稼動設備の累積容量である。
2. 最近3年間の新規普及容量は各年度別に設置された稼働設備の容量である。
3. 2015年から大型都市ごみは生活廃棄物に含まれる。
4. 新エネルギー及び再生エネルギー開発・利用・普及促進法の改正（'19.10.01施行）により廃棄物エネルギー中の非再生廃棄物は除く。

出所：新再生可能エネルギーセンター

(4) セメントキルン補助燃料

<表5-37> 最近3年間セメントキルン補助燃料普及容量推移

	全国	ソウル	釜山	大邱	仁川	光州	大田	蔚山	世宗
2022エネルギー生産量(TOE)	318,115	-	-	-	-	-	-	-	-
2022普及容量(トン/年)	2,519,747	-	-	-	-	-	-	-	-

	京畿	江原	忠北	忠南	全北	全南	慶北	慶南	済州
2022エネルギー生産量(TOE)	-	235,691	82,424	-	-	-	-	-	-
2022普及容量(トン/年)	-	1,861,262	703,485	-	-	-	-	-	-

注) 1. 累積普及容量は2022年基準稼動設備の累積容量である。
2. 最近3年間の新規普及容量は各年度別に設置された稼働設備の容量である。
3. 新エネルギー及び再生エネルギー開発・利用・普及促進法の改正('19.10.01施行)により廃棄物エネルギー中の非再生廃棄物は除く。

出所：新再生可能エネルギーセンター

(5) SRF

<表5-38> 最近3年間SRF普及容量推移

	全国	ソウル	釜山	大邱	仁川	光州	大田	蔚山	世宗
2022エネルギー生産量(TOE)	224,565	-	13,865	-	4,585	-	12,157	51,379	3,929
2022発電量(MWh)	97,427	-	25,503	-	-	-	3,762	3,283	285
2022累積普及容量									
電気(kW)	137,467	-	34,395	9,900	-	-	4,000	5,500	248
熱(蒸気トン/時間)	2,496	-	190	-	30	-	49	274	94
最近3年間新規普及容量									
電気(kW)									
2022	2,900	-	-	-	-	-	-	-	-
2021	495	-	495	-	-	-	-	-	-
2020	-	-	-	-	-	-	-	-	-
熱(蒸気トン/時間)									
2022	-	-	-	-	-	-	-	-	-
2021	102	-	4	-	-	-	-	-	-
2020	-	-	-	-	-	-	-	-	-

<続く>

	京畿	江原	忠北	忠南	全北	全南	慶北	慶南	済州
2022エネルギー生産量(TOE)	36,411	2,376	35,119	92	11,758	42,930	2,954	7,011	-
2022発電量(MWh)	-	11,157	1,262	430	25	43,099	8,623	-	-
2022累積普及容量									
電気(kW)	2,950	10,000	4,700	2,990	2,050	48,085	12,650	-	-
熱(蒸気トン/時間)	470	98	243	-	128	817	70	33	-
最近3年間新規普及容量									
電気(kW)									
2022	-	-	2,900	-	-	-	-	-	-
2021	-	-	-	-	-	-	-	-	-
2020	-	-	-	-	-	-	-	-	-
熱(蒸気トン/時間)									
2022	-	-	-	-	-	-	-	-	-
2021	-	98	-	-	-	-	-	-	-
2020	-	-	-	-	-	-	-	-	-

注) 1. 累積普及容量は2022年基準稼動設備の累積容量である。
2. 最近3年間の新規普及容量は各年度別に設置された稼働設備の容量である。
3. 新エネルギー及び再生エネルギー開発・利用・普及促進法の改正('19.10.01施行)により廃棄物エネルギー中の非再生廃棄物は除く。

出所：新再生可能エネルギーセンター

(6) 精製燃料油

<表5-39> 最近3年間精製燃料油普及容量推移

	全国	ソウル	釜山	大邱	仁川	光州	大田	蔚山	世宗
2022エネルギー生産量(TOE)	-	-	-	-	-	-	-	-	-
2022発電量(MWh)	-	-	-	-	-	-	-	-	-
2022累積普及容量 電気(kW)	-	-	-	-	-	-	-	-	-
最近3年間新規普及容量 電気(kW)									
2022	-	-	-	-	-	-	-	-	-
2021	-	-	-	-	-	-	-	-	-
2020	-	-	-	-	-	-	-	-	-

	京畿	江原	忠北	忠南	全北	全南	慶北	慶南	済州
2022エネルギー生産量(TOE)	-	-	-	-	-	-	-	-	-
2022発電量(MWh)	-	-	-	-	-	-	-	-	-
2022累積普及容量 電気(kW)	-	-	-	-	-	-	-	-	-
最近3年間新規普及容量 電気(kW)									
2022	-	-	-	-	-	-	-	-	-
2021	-	-	-	-	-	-	-	-	-
2020	-	-	-	-	-	-	-	-	-

注) 1. 累積普及容量は2022年基準稼動設備の累積容量である。
2. 最近3年間の新規普及容量は各年度別に設置された稼働設備の容量である。
3. 新エネルギー及び再生エネルギー開発・利用・普及促進法の改正('19.10.01施行)により廃棄物エネルギー中の非再生廃棄物は除く。

出所：新再生可能エネルギーセンター

9) 燃料電池

<表5-40> 最近3年間燃料電池普及容量推移

	全国	ソウル	釜山	大邱	仁川	光州	大田	蔚山	世宗
2022エネルギー生産量(TOE)	1,153,529	71,483	69,911	3,238	287,034	13,906	18,427	46201	8,605
2022発電量(MWh)	5,409,625	334,996	327,973	14,947	1,347,243	64,940	84,631	216,800	40,394
2022累積普及容量(kW)	891,860	69,748	42,197	1,985	228,071	21,778	11,114	28,116	5,291
最近3年間新規普及容量(kW)									
2022	119,523	764	11	90	16,160	20,760	58	40	-
2021	179,050	183	9,972	334	60,594	428	6,345	20,740	-
2020	156,632	26,013	100	940	58,190	190	137	6,728	5,280
2022用途別累積普及容量(kW)									
家庭用	1,485	272	20	15	67	106	58	126	-
公共施設	1,892	582	74	61	94	60	45	-	5
教育施設	1,433	101	-	35	394	250	-	-	6
社会福祉施設	159	24	8	30	-	-	-	10	-
産業施設	3,852	22	32	15	2	50	3,604	5	-
商業施設	2,671	142	170	162	128	200	182	85	-
発電事業用	878,549	68,400	41,680	1,407	227,265	21,035	7,165	27,878	5,280
その他	1,819	205	213	260	121	77	60	12	-
2022容量別累積普及容量(kW)									
1kW以下	1,070	196	21	6	31	107	51	1	-
1~3kW以下	127	26	7	8	12	3	8	2	-
3~10kW以下	2,443	283	181	326	170	85	139	70	11
10~50kW以下	4,881	393	308	238	593	298	151	165	-
50~100kW以下	406	90	-	-	-	-	-	-	-
100~500kW以下	4,425	960	-	507	105	565	105	440	-
500~1,000kW以下	10,220	-	-	900	-	-	2,900	1,940	-
1,000~5,000kW以下	57,708	2,400	1,200	-	-	-	1,600	5,698	-
5,000~10,000kW以下	154,420	6,000	9,680	-	-	8,400	6,160	-	5,280
10,000~20,000kW以下	376,280	59,400	30,800	-	56,240	12,320	-	19,800	-
20,000kW超過	279,880	-	-	-	170,920	-	-	-	-

<続く>

	京畿	江原	忠北	忠南	全北	全南	慶北	慶南	済州
2022エネルギー生産量(TOE)	29,301	58,819	43,942	104,136	23,713	62,277	6,308	6,142	88
2022発電量(MWh)	1,545,077	276,081	206,224	488,720	111,198	292,191	29,233	28,593	383
2022累積普及容量(kW)	263,671	34,437	39,767	64,354	21,418	50,500	4,307	5,047	60
最近3年間新規普及容量(kW)									
2022	40,343	4,211	19,820	111	15,165	60	70	1,860	-
2021	30,012	15,071	19,835	40	-	15,052	174	270	-
2020	28,430	15,035	30	90	608	9,880	2,421	2,500	60
2022用途別累積普及容量(kW)									
家庭用	520	15	2	107	-	56	122	-	-
公共施設	526	42	90	75	55	38	85	-	60
教育施設	367	18	-	10	-	-	252	-	-
社会福祉施設	61	-	-	5	-	-	16	5	-
産業施設	32	-	5	10	-	26	-	49	-
商業施設	415	42	60	170	278	247	106	284	-
発電事業用	261,490	34,296	39,600	63,920	21,060	50,080	3,478	4,515	-
その他	260	24	10	57	25	53	248	194	-
2022容量別累積普及容量(kW)									
1kW以下	352	16	2	108	-	57	122	1	-
1〜3kW以下	41	-	-	6	-	3	5	6	-
3〜10kW以下	554	40	50	90	89	61	134	160	-
10〜50kW以下	1,114	85	115	230	269	299	258	365	-
50〜100kW以下	100	96	-	-	-	-	60	-	60
100〜500kW以下	560	-	-	-	420	-	448	315	-
500〜1,000kW以下	1,760	-	-	1,000	840	-	880	-	-
1,000〜5,000kW以下	21,410	4,200	-	-	4,800	9,800	,2400	4,200	-
5,000〜10,000kW以下	80,860	-	-	12,760	-	25,280	-	-	-
10,000〜20,000kW以下	98,120	30,000	39,600	-	15,000	15,000	-	-	-
20,000kW超過	58,800	-	-	50,160	-	-	-	-	-

注) 事業用の**累積普**及容量は各年度別の増減設, 解約を反映した容量。

出所：新再生可能エネルギーセンター

10) IGCC

<表5-41> 最近3年間IGCC普及容量推移

	全国	ソウル	釜山	大邱	仁川	光州	大田	蔚山	世宗
2022エネルギー生産量(TOE)	418,508	-	-	-	-	-	-	-	-
2022発電量(MWh)	1,964,827	-	-	-	-	-	-	-	-
2022累積普及容量(kW)	346,330	-	-	-	-	-	-	-	-
最近3年間新規普及容量(kW)									
2022	-	-	-	-	-	-	-	-	-
2021	-	-	-	-	-	-	-	-	-
2020	-	-	-	-	-	-	-	-	-
2022用途別累積普及容量(kW)									
家庭用	-	-	-	-	-	-	-	-	-
公共施設	-	-	-	-	-	-	-	-	-
教育施設	-	-	-	-	-	-	-	-	-
社会福祉施設	-	-	-	-	-	-	-	-	-
産業施設	-	-	-	-	-	-	-	-	-
商業施設	-	-	-	-	-	-	-	-	-
発電事業用	346,330	-	-	-	-	-	-	-	-
その他	-	-	-	-	-	-	-	-	-
2022容量別普及容量(kW)									
1kW以下	-	-	-	-	-	-	-	-	-
1～3kW以下	-	-	-	-	-	-	-	-	-
3～10kW以下	-	-	-	-	-	-	-	-	-
10～50kW以下	-	-	-	-	-	-	-	-	-
50～100kW以下	-	-	-	-	-	-	-	-	-
100～500kW以下	-	-	-	-	-	-	-	-	-
500～1,000kW以下	-	-	-	-	-	-	-	-	-
1,000～5,000kW以下	-	-	-	-	-	-	-	-	-
5,000～10,000kW以下	-	-	-	-	-	-	-	-	-
10,000～20,000kW以下	-	-	-	-	-	-	-	-	-
20,000kW超過	346,330	-	-	-	-	-	-	-	-

<続く>

	京畿	江原	忠北	忠南	全北	全南	慶北	慶南	済州
2022エネルギー生産量(TOE)	-	-	-	418,508	-	-	-	-	-
2022発電量(MWh)	-	-	-	1,964,827	-	-	-	-	-
2022累積普及容量(kW)	-	-	-	346,330	-	-	-	-	-
最近3年間新規普及容量(kW)									
2022	-	-	-	-	-	-	-	-	-
2021	-	-	-	-	-	-	-	-	-
2020	-	-	-	-	-	-	-	-	-
2022 用途別累積普及容量(kW)									
家庭用	-	-	-	-	-	-	-	-	-
公共施設	-	-	-	-	-	-	-	-	-
教育施設	-	-	-	-	-	-	-	-	-
社会福祉施設	-	-	-	-	-	-	-	-	-
産業施設	-	-	-	-	-	-	-	-	-
商業施設	-	-	-	-	-	-	-	-	-
発電事業用	-	-	-	346,330	-	-	-	-	-
その他	-	-	-	-	-	-	-	-	-
2022容量別普及容量(kW)									
1kW以下	-	-	-	-	-	-	-	-	-
1～3kW以下	-	-	-	-	-	-	-	-	-
3～10kW以下	-	-	-	-	-	-	-	-	-
10～50kW以下	-	-	-	-	-	-	-	-	-
50～100kW以下	-	-	-	-	-	-	-	-	-
100～500kW以下	-	-	-	-	-	-	-	-	-
500～1,000kW以下	-	-	-	-	-	-	-	-	-
1,000～5,000kW以下	-	-	-	-	-	-	-	-	-
5,000～10,000kW以下	-	-	-	-	-	-	-	-	-
10,000～20,000kW以下	-	-	-	-	-	-	-	-	-
20,000kW超過	-	-	-	346,330	-	-	-	-	-

注）事業用累積普及容量は各年度別新設、増減説、解約を反映した容量である。

出所：新再生可能エネルギーセンター

3章 鉄・非鉄金属産業

1. 鉄鋼産業

<表1-1> 年度別粗鋼生産推移　　　　　　　　　　　　　　　　　　　　　　　(単位: 千トン, %)

	物量	前年比
2019	71,411	-1.5
2020	67,098	-6.0
2021	70,419	5.0
2022	65,846	-6.5
2023	66,681	1.3

出所：韓国鉄鋼協会

<表1-2> 年度別転炉生産推移　　　　　　　　　　　　　　　　　　　　　　　(単位: 千トン, %)

	物量	前年比
2019	48,715	0.9
2020	46,261	-5.0
2021	48,028	3.8
2022	45,104	-6.1
2023	46,998	4.2

出所：韓国鉄鋼協会

<表1-3> 年度別電気炉生産推移　　　　　　　　　　　　　　　　　　　　　　(単位: 千トン, %)

	物量	前年比
2019	22,696	-6.2
2020	20,837	-8.2
2021	22,391	7.5
2022	20,742	-7.4
2023	19,683	-5.1

出所：韓国鉄鋼協会

<表1-4> 年度別形鋼生産推移 (単位: 千トン, %)

	物量	前年比
2019	4,641	-3.0
2020	4,430	-4.6
2021	4,307	-2.8
2022	4,124	-4.2
2023	3,769	-8.6

出所：韓国鉄鋼協会

<表1-5> 年度別H形鋼生産推移 (単位: 千トン, %)

	物量	前年比
2019	3,335	-3.5
2020	3,214	-3.6
2021	3,177	-1.1
2022	3,048	-4.1
2023	2,721	-10.8

出所：韓国鉄鋼協会

<表1-6> 年度別棒鋼生産推移 (単位: 千トン, %)

	物量	前年比
2019	2,962	-11.4
2020	2,537	-14.3
2021	3,866	28.6
2022	3,478	-10.1
2023	3,227	-7.2

出所：韓国鉄鋼協会

<表1-7> 年度別鉄筋生産推移 (単位：千トン, %)

	物量	前年比
2019	9,938	-6.4
2020	9,403	-5.4
2021	10,414	10.7
2022	9,990	-4.1
2023	9,489	-5.0

出所：韓国鉄鋼協会

<表1-8> 年度別線材生産推移 (単位：千トン, %)

	物量	前年比
2019	3,471	-2.1
2020	3,658	5.4
2021	3,700	1.1
2022	2,666	-27.9
2023	2854	7.0

出所：韓国鉄鋼協会

<表1-9> 年度別中厚板生産推移 (単位：千トン, %)

	物量	前年比
2019	9,525	1.4
2020	9,018	-5.3
2021	8,889	-1.4
2022	8,343	-6.1
2023	8,834	5.9

出所：韓国鉄鋼協会

<表1-10> 年度別熱延鋼板生産推移　　　　　　　　　　　　　　　　　　　　　（単位：千トン, %）

	物量	前年比
2019	17,767	4.7
2020	17,204	-3.2
2021	17,430	1.0
2022	15,173	-12.9
2023	16,443	8.4

出所：韓国鉄鋼協会

<表1-11> 年度別冷延鋼板生産推移　　　　　　　　　　　　　　　　　　　　　（単位：千トン, %）

	物量	前年比
2019	9,687	-3.2
2020	8,720	-10.0
2021	9,513	9.1
2022	8,649	-9.1
2023	8,589	-0.7

出所：韓国鉄鋼協会

<表1-12> 年度別溶融亜鉛鋼板生産推移　　　　　　　　　　　　　　　　　　　（単位：千トン, %）

	物量	前年比
2019	8,162	0.6
2020	7,279	-10.8
2021	7,627	4.8
2022	7,169	-6.0
2023	7,878	9.9

出所：韓国鉄鋼協会

<表1-13> 年度別電気亜鉛鋼板生産推移　　　　　　　　　　　　　　　　　　　　（単位：千トン，%）

	物量	前年比
2019	1,636	-7.3
2020	1,586	-3.1
2021	1,672	5.6
2022	1,388	-17.0
2023	1,437	3.6

出所：韓国鉄鋼協会

<表1-14> 年度別カラー鋼板生産推移　　　　　　　　　　　　　　　　　　　　（単位：千トン，%）

	物量	前年比
2019	2,233	-1.6
2020	2,044	-8.5
2021	2,384	16.7
2022	2,148	-9.9
2023	2,239	4.3

出所：韓国鉄鋼協会

<表1-15> 年度別錫めっき鋼板生産推移　　　　　　　　　　　　　　　　　　　（単位：千トン，%）

	物量	前年比
2019	606	-2.4
2020	592	-2.3
2021	635	7.3
2022	589	-7.3
2023	565	-4.0

出所：韓国鉄鋼協会

<表1-16> 年度別鋼管生産推移 (単位: 千トン, %)

	物量	前年比
2019	4,649	-7.2
2020	4,513	-2.9
2021	4,626	2.5
2022	4,586	-0.9
2023	4,677	2.0

出所：韓国鉄鋼協会

<表1-17> 年度別・月別鋼材生産及び在庫推移 (単位: 千トン)

		1月	2月	3月	4月	5月	6月	7月
粗鋼生産	2021	6,043	5,489	6,062	5,753	5,880	5,971	6,124
	2022	6,071	5,146	5,708	5,522	5,802	5,585	6,275
	2023	5,626	5,206	5,835	5,681	5,795	5,530	5,714
熱間圧延鋼材生産	2021	5,926	5,293	5,681	5,933	5,966	5,803	5,983
	2022	6,035	5,047	5,828	5,473	5,868	5,695	5,841
	2023	5,331	5,274	6,110	5,600	5,819	5,796	5,701
熱間圧延鋼材在庫	2021	2,052	2,114	2,057	1,973	2,008	1,984	2,093
	2022	2,701	2,504	2,474	2,302	2,379	2,647	2,771
	2023	2,376	2,247	2,214	2,319	2,461	2,464	2,563

		8月	9月	10月	11月	12月	計
粗鋼生産	2021	6,104	5,441	5,782	5,834	5,935	70,418
	2022	5,934	4,615	5,151	4,810	5,238	65,858
	2023	5,588	5,451	5,492	5,383	5,382	66,683
熱間圧延鋼材生産	2021	5,933	5,533	5,552	5,689	5,839	69,131
	2022	5,452	4,193	4,219	4,143	5,018	62,814
	2023	5,553	4,962	5,349	5,366	5,647	66,508
熱間圧延鋼材在庫	2021	2,256	2,205	2,273	2,441	2,514	2,514
	2022	2,686	2,431	2,118	2,160	2,083	2,083
	2023	2,632	2,480	2,501	2,534	2,695	2,695

出所：韓国鉄鋼協会

<表1-18> 年度別・月別形鋼生産及び在庫推移 　　　　　　　　　　　　　　　　（単位：千トン）

		1月	2月	3月	4月	5月	6月	7月
生産	2021	345	349	395	387	428	403	411
	2022	355	300	418	417	384	304	365
	2023	292	300	372	381	369	290	303
輸出	2021	65	52	94	92	90	89	93
	2022	57	53	85	74	70	67	66
	2023	59	54	63	60	76	63	62
国内販売	2021	263	242	305	321	328	320	275
	2022	285	262	347	334	298	244	250
	2023	220	278	288	287	271	265	230
在庫	2021	448	500	492	465	472	465	507
	2022	497	484	469	478	491	483	531
	2023	461	414	401	433	454	413	422

		8月	9月	10月	11月	12月	計
生産	2021	379	283	321	302	304	4,307
	2022	307	277	356	358	288	4,129
	2023	261	283	315	285	318	3,769
輸出	2021	78	65	68	68	44	898
	2022	61	60	64	57	37	751
	2023	67	67	67	54	44	736
国内販売	2021	275	229	273	262	256	3,349
	2022	274	287	285	240	276	3,383
	2023	216	222	228	251	217	2,973
在庫	2021	534	523	503	473	478	478
	2022	504	433	436	488	449	449
	2023	392	385	403	384	440	440

出所：韓国鉄鋼協会

<表1-19> 年度別・月別棒鋼生産・出荷・在庫推移　　　　　　　　　　　　　　　　　　（単位: 千トン）

		1月	2月	3月	4月	5月	6月	7月
生産	2021	301	275	334	354	351	360	352
	2022	315	290	354	295	326	296	328
	2023	284	267	321	294	308	294	271
輸出	2021	42	44	43	58	44	46	47
	2022	49	33	42	40	40	30	64
	2023	37	36	39	33	38	36	29
国内販売	2021	262	246	291	306	306	286	289
	2022	265	252	299	278	262	245	246
	2023	256	257	301	275	283	269	256
在庫	2021	305	287	279	263	260	283	395
	2022	368	370	379	351	368	383	399
	2023	330	281	284	295	318	339	354

		8月	9月	10月	11月	12月	計
生産	2021	293	292	332	321	300	3,865
	2022	257	235	270	265	268	3,499
	2023	221	237	251	252	229	3229
輸出	2021	43	32	46	46	42	533
	2022	33	36	35	33	34	469
	2023	33	32	33	27	25	398
国内販売	2021	248	248	253	243	230	3,208
	2022	217	223	257	246	234	3,024
	2023	236	239	251	251	221	3,095
在庫	2021	281	290	318	348	371	371
	2022	402	376	348	333	335	335
	2023	342	338	342	340	348	340

出所：韓国鉄鋼協会

<表1-20> 年度別・月別鉄筋生産・出荷・在庫推移　　　　　　　　　　　　　　　（単位：千トン）

		1月	2月	3月	4月	5月	6月	7月
生産	2021	786	615	899	919	914	946	898
	2022	880	697	941	921	918	897	812
	2023	698	776	887	875	914	870	768
輸出	2021	1	3	3	4	4	4	3
	2022	2	5	1	2	3	3	1
	2023	1	1	1	1	-	2	2
国内販売	2021	722	665	878	936	876	985	878
	2022	779	714	919	930	889	766	698
	2023	641	748	922	83.3	858	852	702
在庫	2021	394	3429	356	339	359	318	342
	2022	458	384	406	388	423	508	590
	2023	477	500	449	474	505	494	536

		8月	9月	10月	11月	12月	計
生産	2021	905	784	940	903	905	10,414
	2022	799	690	793	784	762	9,894
	2023	769	737	698	777	720	9,489
輸出	2021	4	5	1	1	1	34
	2022	3	1	1	1	1	24
	2023	2	1	2	1	2	16
国内販売	2021	869	807	904	917	870	10,307
	2022	754	816	885	787	743	8,37
	2023	682	705	729	814	699	9,185
在庫	2021	329	310	340	326	358	358
	2022	601	472	458	393	354	354
	2023	605	646	576	525	547	547

出所：韓国鉄鋼協会

<表1-21> 年度別・月別線材生産・出荷・在庫推移 (単位: 千トン)

		1月	2月	3月	4月	5月	6月	7月
生産	2021	351	290	302	317	331	329	320
	2022	286	249	251	280	304	289	280
	2023	248	244	252	213	242	242	258
輸出	2021	116	95	100	101	107	109	82
	2022	82	75	64	77	81	71	77
	2023	72	90	66	60	79	65	79
国内販売	2021	223	189	201	207	216	207	274
	2022	196	175	206	206	203	164	190
	2023	164	160	171	160	158	163	172
在庫	2021	111	107	95	92	89	94	95
	2022	140	135	113	112	127	143	154
	2023	110	108	118	110	114	127	133

		8月	9月	10月	11月	12月	計
生産	2021	343	287	323	226	281	3,700
	2022	218	85	80	106	238	2,666
	2023	235	225	222	237	236	2,854
輸出	2021	86	79	114	104	109	1,202
	2022	74	19	19	19	46	704
	2023	66	70	74	65	75	861
国内販売	2021	243	194	220	192	205	2,571
	2022	170	98	85	81	162	1,936
	2023	172	166	155	150	152	1,943
在庫	2021	112	116	116	137	126	126
	2022	127	93	68	73	102	102
	2023	129	115	108	127	133	133

出所：韓国鉄鋼協会

<表1-22> 年度別・月別中厚板生産・出荷・在庫推移　　　　　　　　　　（単位：千トン）

		1月	2月	3月	4月	5月	6月	7月
生産	2021	770	705	695	722	793	788	705
	2022	822	723	701	733	777	782	811
	2023	697	663	798	778	793	719	722
輸出	2021	222	200	175	168	164	185	176
	2022	170	143	165	176	173	172	156
	2023	158	184	181	219	221	205	196
国内販売	2021	551	505	536	588	608	608	573
	2022	642	575	569	589	603	543	624
	2023	501	511	637	567	537	534	505
在庫	2021	435	430	411	373	390	381	335
	2022	439	439	403	369	362	428	413
	2023	392	359	337	326	359	336	358

		8月	9月	10月	11月	12月	計
生産	2021	750	691	678	815	777	8,889
	2022	730	479	512	585	688	8,343
	2023	757	588	781	778	760	8,834
輸出	2021	123	182	118	128	148	1,989
	2022	177	146	141	119	160	1,898
	2023	208	195	211	201	230	2,409
国内販売	2021	558	536	603	663	603	6,932
	2022	540	409	460	412	474	6,440
	2023	526	448	548	543	475	6,332
在庫	2021	405	374	330	422	438	438
	2022	421	344	253	305	357	357
	2023	378	313	341	370	424	424

出所：韓国鉄鋼協会

<表1-23> 年度別・月別熱延鋼板生産・出荷・在庫推移　　　　　　　　　　　　　　（単位：千トン）

		1月	2月	3月	4月	5月	6月	7月
生産	2021	3,407	3,092	3,098	3,277	3,196	3,025	3,340
	2022	3,411	2,820	3,205	2,866	3,199	3,162	3,302
	2023	3142	3060	3517	3092	3229	3412	3,409
輸出	2021	661	487	561	558	583	486	486
	2022	516	410	505	431	495	477	477
	2023	496	555	591	551	598	551	593
国内販売	2021	926	854	868	914	843	935	935
	2022	889	766	877	781	864	885	885
	2023	733	787	901	807	893	859	812
在庫	2021	370	457	428	444	444	536	536
	2022	826	716	726	626	633	713	713
	2023	637	620	660	717	749	789	799

		8月	9月	10月	11月	12月	計
生産	2021	3,298	3,229	2,996	3,161	3,310	38,429
	2022	3,171	2,460	2,246	2,083	2,806	34,731
	2023	3342	2921	3112	3073	3412	38,721
輸出	2021	417	532	452	503	664	6,411
	2022	545	466	514	464	529	5,844
	2023	612	605	558	562	662	6,934
国内販売	2021	892	934	883	884	775	10,499
	2022	762	547	679	595	707	9,153
	2023	699	682	843	820	768	9,604
在庫	2021	609	607	683	757	771	771
	2022	659	739	580	552	516	516
	2023	827	724	769	829	840	840

出所：韓国鉄鋼協会

<表1-24> 年度別・月別冷延鋼板生産・出荷・在庫推移　　　　　　　　　　　　　　　　（単位：千トン）

		1月	2月	3月	4月	5月	6月	7月
生産	2021	870	790	843	778	832	737	844
	2022	875	757	823	743	782	760	822
	2023	737	709	763	670	727	777	781
輸出	2021	459	396	399	408	421	401	421
	2022	469	371	421	396	383	382	399
	2023	353	358	402	330	349	398	410
国内販売	2021	390	375	393	375	385	404	378
	2022	383	387	401	390	388	346	418
	2023	345	319	363	338	351	352	366
在庫	2021	483	500	549	540	566	534	552
	2022	679	693	697	652	660	690	743
	2023	592	605	596	591	614	630	628

		8月	9月	10月	11月	12月	計
生産	2021	822	768	732	695	802	9,513
	2022	772	560	564	572	709	8,030
	2023	789	642	642	603	749	8,589
輸出	2021	352	446	390	367	420	4,880
	2022	411	363	316	288	389	4,199
	2023	377	362	372	309	384	4,404
国内販売	2021	378	374	343	329	346	4,459
	2022	358	262	272	270	305	3,875
	2023	351	342	338	329	319	4,113
在庫	2021	652	604	604	602	635	635
	2022	738	669	632	639	636	639
	2023	684	637	584	546	585	585

注）ステンレスを含む。

出所：韓国鉄鋼協会

<表1-25> 年度別・月別亜鉛鋼板生産・出荷・在庫推移　　　　　　　　　　　　　　（単位：千トン）

		1月	2月	3月	4月	5月	6月	7月
生産	2021	818	735	790	786	820	638	790
	2022	839	742	746	753	704	738	831
	2033	752	731	806	742	728	806	842
輸出	2021	340	288	365	304	299	265	252
	2022	361	295	320	281	263	258	339
	2033	276	290	321	306	248	322	346
国内販売	2021	481	442	479	497	495	407	480
	2022	447	437	468	466	444	393	452
	2033	442	441	484	461	446	471	444
在庫	2021	449	463	404	386	406	367	421
	2022	589	589	542	543	533	612	647
	2033	381	376	374	345	375	384	430

		8月	9月	10月	11月	12月	計
生産	2021	812	811	776	762	765	9,303
	2022	812	646	545	590	628	8,574
	2033	816	797	782	720	794	9,316
輸出	2021	278	355	318	321	314	3,699
	2022	340	306	249	264	277	3,553
	2033	317	368	355	352	300	3,801
国内販売	2021	466	435	468	420	383	5,453
	2022	447	390	402	362	402	5,110
	2033	457	445	458	425	411	5,385
在庫	2021	472	495	488	508	570	570
	2022	665	610	498	454	393	393
	2033	468	448	414	354	436	436

出所：韓国鉄鋼協会

<表1-26> 年度別・月別鋼管生産・出荷・在庫推移　　　　　　　　　　　　　　　　（単位：千トン）

		1月	2月	3月	4月	5月	6月	7月
生産	2021	379	348	416	405	396	419	387
	2022	382	339	441	415	412	379	359
	2023	382	385	431	396	405	405	378
輸出	2021	109	112	109	124	121	139	130
	2022	131	129	173	130	139	136	155
	2023	149	147	155	150	141	174	133
国内販売	2021	265	241	294	300	284	279	234
	2022	218	249	298	278	243	208	215
	2023	244	243	261	244	240	244	234
在庫	2021	612	613	628	614	612	610	631
	2022	659	606	567	566	586	612	593
	2023	593	588	599	594	614	602	610

		8月	9月	10月	11月	12月	計
生産	2021	336	343	386	395	416	4,626
	2022	318	345	406	421	368	4,581
	2023	352	372	402	393	380	4,681
輸出	2021	109	101	141	141	149	1,485
	2022	126	107	127	155	111	1,619
	2023	119	110	145	118	117	1,658
国内販売	2021	241	197	229	235	244	3,043
	2022	218	261	243	231	238	2,900
	2023	244	230	262	276	264	2,986
在庫	2021	618	661	675	692	716	716
	2022	563	541	572	590	604	614
	2023	592	619	631	640	645	645

出所：韓国鉄鋼協会

<表1-27> 年度別銑鉄生産・出荷・在庫推移　　　　　　　　　　　　　　　　　　（単位：トン）

		銑鉄	製鋼用銑	鋳造用銑
生産	2021	46,440,525	46,251,331	189,194
	2022	42,658,246	42,489,613	168,633
	2023	45,204,992	45098035	106,857
内需	2021	78,874	0	78,874
	2022	142,322	0	142,322
	2023	115,221	51	115,170
輸出	2021	0	0	0
	2022	0	0	0
	2023	0	0	0
在庫	2021.12	118,031	112,193	5,853
	2022.12	200,840	187,732	13,108
	2023.12	171,950	167,156	4,794

出所：韓国鉄鋼協会

<表1-28> 年度別合金鉄生産・出荷・在庫推移　　　　　　　　　　　　　　　　（単位：トン）

		合金鉄	フェロマンガン	シリコンマンガン	その他合金鉄
生産	2021	855145	407,516	146,289	301,340
	2022	786,096	372,490	151,263	262,343
	2023	558,731	193,446	113,045	252,240
内需	2021	579,051	191,937	151,264	235,850
	2022	447,836	165,113	125,752	156,971
	2023	399,310	117,891	132,635	148,784
輸出	2021	201,822	137,672	125	64,025
	2022	219,448	122,537	2	96,909
	2023	181,406	87,132	0	94,274
在庫	2021.12	96,776	67,291	17,018	12,467
	2022.12	117,718	65,720	32,148	19,850
	2023.12	76,982	35,768	13,036	28,178

出所：韓国鉄鋼協会

<表1-29> 年度別粗鋼生産・出荷・在庫推移 (単位:トン)

		粗鋼系	普通鋼	特殊鋼	転炉	特殊鋼
生産	2021	70,418,036	62,309,940	8,108,096	48,027,064	1,404,565
	2022	65,846,167	58,847,518	6,998,649	45,104,867	1,368,613
	2023	66,683,280	58,885,740	7,797,540	46,999,009	2,274,851
内需	2021	2,455,623	1,457,307	998,316	1,017,070	23,337
	2022	2,345,805	1,375,351	970,454	883,798	20,920
	2023	2,016,917	1,104,902	912,015	703,339	55,232
輸出	2021	562,045	518,044	44,001	259,359	11,495
	2022	966,735	838,739	127,996	607,858	22606
	2023	816,072	687,168	128,904	511,240	7,656
在庫	2021.12	6781227	6,317,293	463,934	5,926,575	188,136
	2022.12	8,087,685	7,769,957	317,728	7,354,600	140934
	2023.12	7,291,986	7,104,270	187,716	6,583,581	63,313

		電気炉	特殊鋼	鋼塊 電気炉	特殊鋼	連続鋳造鋼
生産	2021	22,390,972	6,703,531	574,493	267,979	69,411,567
	2022	20,741,300	5,630,036	649,422	263,909	64,669,007
	2023	19,684,271	5,522,689	712,037	274,895	65,412,745
内需	2021	1,438,553	974,979	206,339	153,933	2,145,557
	2022	1,462,007	949,534	275,575	157,355	1,921,571
	2023	1,313,578	856,783	338,884	175,527	1,554,939
輸出	2021	302,686	32,506	13,070	2,244	413,897
	2022	358,877	105,390	34,404	3,322	752,044
	2023	304,832	121,248	52,427	2,634	591,643
在庫	2021.12	854,652	275,798	56,843	40,093	6,684,021
	2022.12	733,085	176,794	50,161	35,349	7,984,451
	2023.12	623,350	90,403	63,377	31,457	7,031,383

<続く>

		連続鋳造鋼				鋳鋼	
		転炉		電気炉		電気炉	
			特殊鋼		特殊鋼		特殊鋼
生産	2021	48,027,064	1,404,565	21,384,503	6,282,889	431,976	152,663
	2022	45,104,867	1,368,613	19,564,140	5,174,593	537,418	191,534
	2023	46,999,009	2,274,851	18,413,736	5,047,256	558,498	200,538
内需	2021	1,017,070	23,337	1,128,487	788,696	103,727	32,350
	2022	883,798	20,920	1,067,427	750,882	119,005	41,297
	2023	703,339	55,232	851,600	637,425	123,094	43,831
輸出	2021	259,359	11,495	154,538	10	135,078	30,252
	2022	607,858	22,606	144,186	63,447	180,287	38,621
	2023	511,240	7,656	80,403	78,470	172,002	40,144
在庫	2021.12	5,926,575	188,136	757,446	221,909	40,363	13,796
	2022.12	7,354,600	140,934	638,133	122,834	53,073	18,611
	2023.12	6,491,438	61,890	539,945	41,197	50,028	17,749

出所：韓国鉄鋼協会

<表1-30> 年度別鋼板製品生産・出荷・在庫推移　　　　　　　　　　　　　　　　　　（単位：トン）

		鋼板製品	ビレット				ブルーム	
				普通鋼	特殊鋼			普通鋼
						ステンレス		
生産	2021	70,023,613	12,586,373	11,292,007	1,294,366	223,346	9,934,445	6,063,863
	2022	65,209,658	11,926203	10,719877	1,206,326	173,100	8,481,639	5,143,963
	2023	66,009,935	10,945,001	9,777,694	1,167,307	135,301	8,674,580	4,651,604
内需	2021	2,342,640	1,006,682	364,922	643,760	193,134	182,769	15,693
	2022	2,267,952	911,717	316,038	595,679	166,021	245,621	20,478
	2023	1,860,078	782,503	256,559	525,944	123,425	183,021	11,968
輸出	2021	425,659	165,225	154,528	10,697	0	10	0
	2022	814,916	103,539	80,739	22,800	0	18,716	0
	2023	644,070	16,291	8,635	7,656	0	1,985	1,933
在庫	2021.12	7,129,685	702,412	612,521	89,891	16,086	510,500	227,166
	2022.12	8,164,081	740,015	656,102	83,913	9,541	373,078	193,897
	2023.12	7,212,622	698,188	635,464	67,558	9,124	305,824	175,610

		鋼板 製品		スリーブ				
		特殊鋼			普通鋼	特殊鋼		
			ステンレス					ステンレス
生産	2021	3,870,582	74,993	46,995,244	44,459,244	2,535,258	2,117,528	
	2022	3,337,676	78,667	44,256,883	42,360,638	1,896,245	1,577,553	
	2023	4,022,976	59,242	45,799,563	43,664,040	2,135,523	1,715,227	
内需	2021	167,076	71,905	952,909	952,909	0	0	
	2022	225,143	72,891	870,409	842,907	27,502	2,754	
	2023	171,033	55,738	598,990	593,735	5,255	5,255	
輸出	2021	10	0	247,864	247,864	0	0	
	2022	18,716	0	658,257	585,252	73,005	63,447	
	2023	52	0	573,367	494,949	78,418	78418	
在庫	2021.12	283,334	1,452	5,877,380	5,769,456	107,924	0	
	2022.12	179,181	2,345	7,017,334	6,932,616	84,718	2,948	
	2023.12	130,214	2,512	6,163,168	6,162,071	1,097	1,097	

出所：韓国鉄鋼協会

<表1-31> 年度別熱間圧延鋼材生産・出荷・在庫推移　　　　　　　　　　　　　　　　（単位: トン）

		形鋼											特殊鋼
			普通鋼										
				H形鋼	鋼矢板	アングル	鉄鋼			溝 形鋼	I形鋼 I-Beam	その他	
							大型	中型	小型	中型	中型		
生産	2021	4,305,743	4,074,231	3,177,998	28,722	596,802	154,434	257,323	185,045	236,317	182,575	20,889	8,643	12,988	130,581
生産	2022	4,123,749	3,934,716	3,048,587	22,930	624,537	202,048	238,980	183,509	218,019	158,943	12,196	1,507	8,086	103,461
生産	2023	3,770,220	3,599,161	2,720,304	52,437	595,783	214,329	219,664	161,790	206,222	149,571	18,785	6,051	5,477	93,832
内需	2021	3,203,293	3,103,171	2,286,348	26,860	580,831	152,554	249,299	178,978	171,695	122,733	23,709	9,725	13,206	0
内需	2022	3,270,768	3,186,500	2,395,099	6,432	583,332	170,110	230,993	182,229	178,437	121,767	15,673	4,773	7,316	0
内需	2023	2,904,506	2,806,932	2,037,170	17,462	574,737	205,056	208,517	161,164	156,075	103,378	16,481	5,108	4,869	21,473
輸出	2021	898,889	898,866	813,741	8,215	10,512	5,250	4,867	395	66,398	62,240	0	0	0	23
輸出	2022	752,258	752,258	681,529	17,877	12,467	8,640	3,827	0	40,385	39,896	0	0	0	0
輸出	2023	735,793	732,267	642,011	33,617	12,157	8,519	3,634	4	44,245	43,884	237	237	0	3,526
在庫	2021.12	479,006	452,268	327,545	6,426	77,979	26,849	13,695	37,435	25,392	12,388	4,383	3,667	10,345	14,598
在庫	2022.12	446,983	419,638	270,347	4,279	105,053	48,904	18,810	37,339	28,253	14,109	1,018	423	10,340	17,084
在庫	2023.12	439,611	416,467	268,078	3,039	109,077	46,019	27,426	35,632	25,950	17,349	3,071	1,115	6,889	16,012

<続く>

		形鋼		棒鋼			
		特殊鋼	軽量形鋼	普通鋼		丸棒	
		高炭素&合金鋼					小型
生産	2021	130,551	100,931	3,866,871	243,721	49,426	43,159
	2022	103,461	85,572	3,477,241	239,795	40,576	35,465
	2023	93,832	77,227	3,229,056	199,068	35,545	33,687
内需	2021	0	100,122	3,103,670	239,130	50,780	44,706
	2022	0	84,268	2,919,900	212,120	39,590	35,047
	2023	21,473	76,101	3,058,289	187,565	33,020	30,564
輸出	2021	0	0	533,954	1,163	2	2
	2022	0	0	455,434	9,840	0	0
	2023	3,526	0	398,669	96	0	0
在庫	2021.12	14,520	11,043	370,544	36,341	4,241	3,408
	2022.12	17,084	10,261	334,808	45,533	5,188	3,818
	2023.12	16,012	7,132	347,525	40,460	6,667	5,891

		棒鋼				特殊鋼		
		普通鋼						
		平鋼			角鋼		ステンレス	高炭素&合金鋼
			中型	小型				
生産	2021	178,936	80,819	98,117	15,359	3,207,630	54,060	3,153,570
	2022	187,382	72,144	115,238	11,837	2,854,998	61,396	2,793,602
	2023	150,035	60,796	89,239	13,488	2,656,891	54,286	2,602,605
内需	2021	182,249	78,110	104,139	6,101	2,484,957	44,146	2,440,991
	2022	166,199	58,879	107,320	6,331	2,355,362	50,488	2,304,874
	2023	149,491	58,121	91,370	5,054	2,525,225	44,254	2,480,971
輸出	2021	996	765	231	165	500,981	9,205	491,776
	2022	9,840	9,840	0	0	416,680	9,805	406,875
	2023	96	14	82	0	371,763	8,192	363,571
在庫	2021.12	26,327	11,401	14,926	5,773	290,950	6,536	284,585
	2022.12	35,641	12,827	22,814	4,704	245,205	6,456	238,749
	2023.12	28,123	11,511	16,612	5,670	263,722	7,402	256,320

〈続く〉

		棒鋼					鉄筋	線材		
			みがき棒鋼						普通鋼	特殊鋼
				普通鋼	特殊鋼					
						ステンレス	その他			
生産	2021	415,277	207,888	207,389	19,285	188,104	10,412,347	3,699,614	1,994,508	1,705,106
	2022	382,448	192,323	190,125	19,617	170,508	9,893,762	2,666,286	891,658	1,774,628
	2023	373,097	189,651	183,446	16,684	166,762	9,490,777	2,853,030	614,526	2,238,504
内需	2021	379,146	186,501	192,645	19,353	173,292	10,284,405	2,571,907	1,205,609	1,366,298
	2022	352,418	178,764	173,654	18,532	155,122	9,670,153	1,938,278	617,962	1,320,316
	2023	345,499	172,111	173,388	16,098	157,283	9,092,678	1,938,128	434,690	1,503,438
輸出	2021	31,810	14,788	17,022	814	16,208	34,353	1,202,263	564,414	637,849
	2022	28,914	15,476	13,438	645	12,793	24,015	704,656	277,726	426,930
	2023	26,810	16,823	9,987	524	9,463	13,646	860,726	158,112	702,614
在庫	2021.12	43,253	24,495	18,758	1,125	17,633	357,750	125,606	78,515	47,091
	2022.12	44,070	22,438	21,632	1,541	20,091	426,246	101,651	15,918	85,733
	2023.12	43,343	22,119	21,224	2,053	19,171	546,593	133,357	34,161	99,196

		線材		軌条	重厚板				
		特殊鋼				普通鋼	特殊鋼		
		ステンレス	高炭素&合金鋼					ステンレス	高炭素&合金鋼
生産	2021	144,590	1,560,516	47,913	8,888,896	8,759,783	129,113	105,790	23,323
	2022	120,210	1,654,418	40,839	8,343,702	8,197,451	145,651	112,452	33,199
	2023	89,283	2,149,221	59,665	8,835,168	8,686,417	148,751	118,556	30,195
内需	2021	53,711	1,312,587	47,024	6,931,907	6,836,535	95,372	77,362	18,010
	2022	58,004	1,262,312	36,725	6,440,178	6,327,973	112,205	85,918	26,287
	2023	39,204	1,464,230	60,883	6,324,942	6,220,748	104,194	90,874	13,320
輸出	2021	89,464	548,385	1,438	1,988,917	1,957,861	31,056	25,743	5,313
	2022	62,134	364,796	2,769	1,898,074	1,871,944	26,130	18,668	7,462
	2023	49,064	653,550	3,725	2,410,018	2,375,129	34,889	18,358	16,531
在庫	2021.12	16,891	33,283	27,267	367,898	315,164	52,734	7,175	45,559
	2022.12	14,864	70,869	24,276	357,253	347,800	9,453	8,803	650
	2023.12	9,179	90,017	13,703	424,337	415,649	8,688	7,609	1,079

〈続く〉

		熱延 鋼板	熱延薄板	熱延広幅鋼帯			特殊鋼		高炭素 & 合金鋼
					普通鋼				
						PO鋼帯		ステンレス	
生産	2021	38,428,710	19,719	38,408,991	35,985,198	3,711,899	2,423,793	2,117,528	306,265
	2022	34,729,937	27,403	34,702,534	32,937,845	3,568,922	1,764,689	1,409,706	354,983
	2023	38,721,590	29967	38,691,623	36,374,523	3,734,084	2,317,100	1,711,528	605,572
内需	2021	10,261,336	0	10,261,336	9,499,862	1,964,428	761,474	529,920	231,554
	2022	9,084,693	0	9,084,693	8,501,225	1,944,887	583,468	426,305	157,163
	2023	8,995,702	0	8,995,702	8,403,941	2,055,498	591,761	419,180	172,581
輸出	2021	6,411,429	16,662	6,394,767	5,782,646	1,684,233	612,121	537,408	74,713
	2022	5,831,738	27,757	5,803,981	5,405,222	1,649,584	398,759	326,551	72,208
	2023	6,936,006	58605	6,907,401	6,344,861	1,640,644	562,540	468,439	94,101
在庫	2021.12	771,038	975	770,063	681,818	126,128	88,245	37,909	50,336
	2022.12	515,667	748	514,919	483,667	134,455	31,252	26,402	4,850
	2023.12	840,384	219	840,165	791,356	167,650	48,809	41,500	7,309

出所：韓国鉄鋼協会

<表1-32> 年度別冷間圧延鋼材生産・出荷・在庫推移　　　　　　　　　　　　（単位: トン）

		冷延鋼板	冷延薄板	冷延広幅鋼帯				冷延狭幅鋼帯
				普通鋼				
						Full Hard	석도용원판	
生産	2021	9,513,004	9,904	7,849,115	7,849,115	2,326,556	459,597	459,162
	2022	8,648,351	9,194	7,266,517	7,266,517	2,054,273	486,215	414,770
	2023	8,589,292	333	7,290,923	7,290,923	2,080,041	486,247	410,145
内需	2021	4,459,306	0	3,312,043	3,312,043	747,719	366,826	303,985
	2022	4,139,219	0	3,110,095	3,110,095	653,090	381,476	285,625
	2023	4,109,350	0	3,205,128	3,205,128	690,751	384,805	290,626
輸出	2021	4,880,703	9,723	4,343,432	4,343,432	1,453,110	87,803	149,469
	2022	4,570,451	8,723	4,200,630	4,200,630	1,400,091	93,585	119,611
	2023	4,404,658	128	4,013,247	4,013,247	1,352,300	104,913	119,078
在庫	2021.12	634,968	32	395,112	395,112	155,861	18,027	86,077
	2022.12	560,488	76	344,003	344,003	130,781	25,333	63,511
	2023.12	584,747	147	351,599	351,599	121,960	16,717	52,613

<続く>

		冷延鋼板						電気鋼板	
		冷延狭幅鋼帯			ステンレス			方向性	無方向性
		普通鋼	特殊鋼		冷延薄板	冷延広幅鋼帯	冷延狭幅鋼帯		
生産	2021	128,703	330,459	1,194,823	37,487	1,099,802	57,534	200,807	643,105
	2022	132,212	282,558	957,870	13,697	889,851	54,322	138,162	563,045
	2023	142,546	267,599	887,891	20,983	819,036	47,872	158,332	463,009
内需	2021	93,252	210,733	843,278	25,481	786,032	31,765	70,246	322,449
	2022	86,825	198,800	747,499	7,162	705,000	31,337	87,265	308,460
	2023	105,114	185,512	613,596	12,844	569,629	31,123	90,173	267,669
輸出	2021	37,991	111,478	378,079	12,058	339,429	26,592	134,248	303,811
	2022	35,694	83,917	241,487	6,253	212,796	22,438	51,334	230,662
	2023	40,219	78,859	272,205	8,242	247,142	16,821	56,905	174,500
在庫	2021.12	28,330	57,747	153,747	8,524	129,066	16,157	10,756	27,044
	2022.12	27,264	36,247	152,898	8,806	128,281	15,811	5,258	33,014
	2023.12	19,286	33,327	180,388	8,703	156,527	15,158	13,464	29,849

出所：韓国鉄鋼協会

<表1-33> 年度別めっき鋼材生産・出荷・在庫推移 (単位：トン)

		亜鉛メッキ鋼板					カラー鋼板		錫メッキ鋼板
			溶融						
				熱延	GA鋼板	電気	着色	その他カラー鋼板	
生産	2021	9,302,130	7,628,911	991,511	3,282,607	1,673,219	2,234,902	148,472	635,505
	2022	8,556,864	7,168,733	848,066	3,201,991	1,388,131	1,997,038	149,556	589,212
	2023	9,315,940	7,878,414	848,295	3,613,596	1,437,526	2,088,189	150,645	565,506
内需	2021	5,463,124	4,560,152	685,380	2,107,740	902,972	1,068,404	121,466	274,480
	2022	5,109,228	4,312,659	547,261	2,236,815	796,569	1,024,024	146,221	240,963
	2023	5,365,805	4,541,203	510,119	2,381,560	824,602	1,013,695	147,908	214,249
輸出	2021	3,699,874	2,971,556	318,677	1,146,657	728,318	1,094,265	38,350	349,655
	2022	3,557,412	2,944,535	321,948	1,047,146	612,877	990,382	10,420	329,288
	2023	3,801,306	3,215,611	315,941	1,192,540	585,695	1,062,357	9,740	355,862
在庫	2021.12	569,827	469,434	45,804	267,143	100,393	181,922	32,836	120,839
	2022.12	372,115	319,247	22,087	176,928	52,868	134,818	83,294	58,015
	2023.12	435,957	370,693	43,136	178,108	65,264	121,580	76,654	46,420

<続く>

			その他メッキ鋼板			
			クロムメッキ	Zn-Al合金	銅メッキ	アルミメッキ鋼板
生産	2021	1,342,075	136,834	694,304	14,528	495,900
	2022	1,097,975	149,300	649,505	2,970	296,200
	2023	1,222,468	139,725	706,058	2,985	373,700
内需	2021	314,388	37,700	152,615	3,722	119,500
	2022	274,591	31,600	149,931	3,290	88,990
	2023	271,917	31,080	142,630	2,627	94,800
輸出	2021	890,785	100,879	449,724	262	339,920
	2022	755,301	100,940	454,471	0	199,890
	2023	833,995	115,920	467,875	0	250,200
在庫	2021.12	126,347	31,589	55,629	10,105	26,023
	2022.12	53,734	20,651	18,632	0	12,230
	2023.12	54,903	9,785	26,782	195	16,700

出所：韓国鉄鋼協会

<表1-34> 年度別鋼管生産・出荷・在庫推移　　　　　　　　　　　　　　　（単位：トン）

			鋼管(製法別)					
			普通鋼	アーク溶接		電気溶接		波形鋼管
				スパイラル	ベンディングロール	大口径	中小口径	
生産	2021	4,626,536	4,291,299	156,493	329,765	336,901	3,357,786	24,169
	2022	4,585,985	4,272,187	176,312	419,487	370,471	3,278,900	27,017
	2023	4,680,973	4,380,973	135,755	525,923	413,941	3,284,330	20,083
内需	2021	3,037,747	2,813,190	138,841	81,759	200,386	2,367,281	24,923
	2022	2,898,733	2,699,865	172,447	99,452	157,714	2,243,033	27,219
	2023	2,986,805	2,794,448	128,054	126,326	171,528	2,347,589	20,951
輸出	2021	1,485,282	1,369,326	1,695	239,655	130,606	997,370	0
	2022	1,618,131	1,509,203	3,960	313,129	229,266	962,848	0
	2023	1,657,281	1,524,437	937	425,029	231,127	867,344	0
在庫	2021.12	715,592	665,767	31,186	65,850	142,349	423,922	2,460
	2022.12	610,276	553,890	24,312	75,024	43,094	408,117	3,343
	2023.12	645,309	597,180	22,735	57,533	57,298	456,923	2,691

<続く>

		鋼管(製法別)				鋼管(用途別)		
		特殊鋼	溶接			配管用	特殊配管用	油井用送油管
			シームレス	ステンレス	高炭素 & 合金鋼			
生産	2021	335,237	137,525	187,959	9,753	722,832	372,404	922,100
	2022	313,798	124,379	181,354	8,065	842,433	349,489	1,005,997
	2023	300,941	98,296	193,930	8,715	891,575	429,766	994,469
内需	2021	224,557	54,170	161,959	8,428	550,405	258,679	30,944
	2022	198,868	41,885	151,082	5,901	567,495	233,803	40,160
	2023	192,357	40,668	147,751	3,938	586,838	318,948	40,629
輸出	2021	115,956	83,958	30,586	1,412	141,655	118,529	868,989
	2022	108,928	76,570	30,360	1,998	211,977	110,089	940,860
	2023	132,844	81,996	45,948	4,900	212,888	162681	930,941
在庫	2021.12	49,825	17,782	30,117	1,926	109,716	61,365	146,409
	2022.12	56,386	23,010	31,284	2,092	114,084	67,772	160,437
	2023.12	48,129	12,277	33,881	1,971	170,615	58,851	161,784

		鋼管(用途別)					加工用 鋼管		
		電線管	構造用	ビニールハウス用	熱交換器用	その他		ポリエチレン被服鋼管	メッキ鋼管
生産	2021	22,731	2,319,523	99,804	10,622	132,351	581,236	44,655	419,812
	2022	28,309	2,120,780	68,183	9,345	134,432	549,022	40,689	403,353
	2023	38,683	2,098,006	67,039	9,793	131,559	514,124	39,033	370,277
内需	2021	22,574	1,941,628	89,330	9,088	110,176	526,868	42,644	395,427
	2022	23,121	1,821,376	68,593	7,063	109,903	490,333	35,167	371,847
	2023	20,013	1,828,220	60,072	4,977	106,157	486,879	35,217	367,716
輸出	2021	0	333,368	0	1,620	21,121	48,158	4,980	16,431
	2022	20	313,308	0	2,136	21,741	67,143	4,980	37,398
	2023	418	324,557	75	4,939	20,782	42,550	4,980	13,699
在庫	2021.12	5,510	342,540	24,042	1,949	21,601	69,474	20,757	45,766
	2022.12	7,049	210,166	20,934	2,092	24,399	60,366	25,484	33,403
	2023.12	24,721	179,987	14,980	1,971	29,709	51,129	24,332	23,404

出所：韓国鉄鋼協会

<表1-35> 年度別鋳鉄管・鋳鍛鋼品生産・出荷・在庫推移　　　　　　　　　　　　　　　（単位: トン）

		鋳鉄管	鋳・鍛鋼品	鋳鋼品			鍛鋼品		
					普通鋼	特殊鋼		普通鋼	特殊鋼
生産	2021	89,967	1,714,269	478,802	377,208	151,594	1,235,467	846,609	388,858
	2022	87,051	1,876,940	591,785	399,821	191,964	1,285,155	921,635	363,520
	2023	88,998	2,031,266	614,214	413,656	200,558	1,417,052	954,385	462,667
内需	2021	99,065	1,310,165	353,517	240,201	113,316	956,648	601,347	355,301
	2022	99,676	1,195,232	162,373	121,076	41,297	1,032,859	692,550	340,309
	2023	89,127	1,240,893	166,294	122,463	43,831	1,074,599	647,296	427,303
輸出	2021	0	451,780	98,068	68,983	29,085	353,712	247,028	106,684
	2022	0	519,167	190,865	152,244	38,621	328,302	247,430	80,872
	2023	0	561,217	182,670	142,526	40,144	378,547	288,280	90,267
在庫	2021.12	34,503	104,482	44,769	30,837	13,932	59,713	30,090	29,623
	2022.12	22,905	110,877	59,833	41,086	18,747	51,044	20,003	31,041
	2023.12	23,570	134,049	58,648	40,763	17,885	75,401	40,917	34,484

出所：韓国鉄鋼協会

<表1-36> 年度別鉄鋼二次製品生産・出荷・在庫推移　　　　　　　　　　　　　　　（単位: トン）

		鋼線類	普通鋼						その他
				鉄線	亜鉛メッキ鉄線	軽鋼線	亜鉛メッキ軽鋼線	冷間圧造用鋼線	
生産	2021	1,866,606	886,091	326,461	77,866	226,962	48,156	207,681	0
	2022	1,694,723	800,716	306,053	67,245	198,564	42,567	186,287	0
	2023	1,498,065	658,145	219,696	49,702	178,998	27,799	181,950	0
内需	2021	1,344,822	619,087	232,769	42,803	119,476	26,120	197,919	0
	2022	1,269,692	583,581	228,663	37,581	110,720	23,242	183,375	0
	2023	1,124,985	487,441	168,866	26,561	99,032	13,419	179,563	0
輸出	2021	399,742	144,192	2	17,062	108,018	8,044	11,066	0
	2022	327,543	118,844	457	15,097	93,446	5,329	4,515	0
	2023	279,698	94,501	94	9,687	79,946	3,831	941	0
在庫	2021.12	116,285	45,694	3,610	6,827	24,689	3,151	7,043	374
	2022.12	94,580	32,173	1,764	5,222	16,367	3,026	5,420	374
	2023.12	102,307	34,467	1,039	5,420	18,218	1,652	7,764	374

<続く>

		鋼線類				
		特殊鋼				
			PC鋼線	ステンレス鋼線	ビードワイヤー	冷間圧造用鋼線
生産	2021	980,515	177,118	89,379	103,599	610,211
	2022	894,007	158,590	83,123	97,000	555,066
	2023	839,920	127,469	70,036	82,500	559,687
内需	2021	725,735	143,020	40,734	22,200	519,696
	2022	686,111	123,697	38,693	21,200	502,437
	2023	637,544	103,016	34,926	16,100	483,418
輸出	2021	255,550	31,397	45,148	81,899	97,082
	2022	208,699	31,309	40,761	76,200	60,405
	2023	185,197	26,250	32,094	66,100	60,729
在庫	2021.12	70,591	12,453	5,880	4,500	47,550
	2022.12	62,407	10,852	5,989	4,300	40,950
	2023.12	67,840	8,295	6,645	4,600	47,876

		鉄鋼 加工製品					
		ワイヤー ロープ			鋼より線	スチールタイヤコード	焼鈍線
			一般ワイヤーロープ	ステンレスワイヤーロープ			
生産	2021	286,687	145,840	127,736	16,312	3,342	131,191	6,314
	2022	303,908	144,643	128,848	13,922	2,480	152,223	4,121
	2023	258,557	120,570	108,709	9,870	2,502	133,725	1,760
内需	2021	60,045	37,681	33,160	3,844	1,417	17,318	3,629
	2022	70,812	36,616	32,255	3,528	860	28,712	4,553
	2023	55,251	31,486	27,950	2,841	1,114	20,875	1776
輸出	2021	204,839	87,385	74,496	11,811	1,901	113,312	2,241
	2022	220,775	92,134	80,647	10,616	1,539	126,655	312
	2023	189,554	75,338	67,036	7,082	1,535	112,681	0
在庫	2021.12	63,947	32,075	30,258	1,643	1,185	29,808	879
	2022.12	57,726	29,950	28,156	1,546	1,250	26,187	103
	2023.12	50,898	27,606	25,829	1,489	1,097	22,195	0

〈続く〉

		その他鉄鋼加工製品			
		鉄釘	電気溶接棒	スプリング	金網
生産	2021	27,536	352,184	65,499	295,412
	2022	25,043	345,775	65,599	267,566
	2023	18,660	305,509	69,799	160,691
内需	2021	10,124	244,521	43,194	265,735
	2022	10,351	226,163	46,183	243,584
	2023	9,715	220,835	48,720	180,561
輸出	2021	16,139	106,285	21,330	-3,524
	2022	15,385	92,361	20,479	154
	2023	9,218	90,675	21,017	44
在庫	2021.12	2,076	19,601	3,178	16,859
	2022.12	1,075	17,677	3,057	16,929
	2023.12	702	15,281	3,117	22,366

出所：韓国鉄鋼協会

<表1-37> 鉄スクラップ需給現況　　　　　　　　　　　　　　　　　　　(単位: トン)

	2023.11 在庫	購入				自家消費	販売	2023.12 在庫
		国内購入	輸入	自家発生	計		計	
溶解用	1,313,178	1,172,234	215,233	453,312	1,840,779	1,999,944	-	1,154,013
ステンレス鋼溶解用	34,139	41,617	21,538	12,796	75,951	71,568	-	38,522
圧延用	-	1,341	-	-	1,341	1,341	-	-

出所：韓国鉄鋼協会

<表1-38> 原料需給現況 (単位: トン)

	2023.11 在庫	購入				自家消費	販売	2023.12 在庫
		国内購入	輸入	自家発生	計			
鉄鉱石	2,808,134	9,215	5,659,359	0	5,668,574	5,815,864	0	2,660,844
フェロマンガン	18,460	9,526	1,820	4,741	16,087	12,082	3,043	19,422
フェロシリコン	23,385	5,002	8,665	0	13,667	16,873	0	20,179
シリコンマンガン	16,432	15,065	1,585	0	16,650	18,556	2,128	12,398
フェロクロム	14,177	1,246	16,798	0	18,044	19,936	0	12,285

出所：韓国鉄鋼協会

<表1-39> 副原料需給現況 (単位: トン)

	2023.11 在庫	購入				自家消費	販売	2023.12 在庫
		国内購入	輸入	自家発生	計			
石灰石	343256	899,891	94,217	0	994,108	915,518	190,453	231,393
マンガン鉱石	161067	0	31,804	0	31,804	47,388	0	145,483
蛍石	3248	1,073	3,185	0	4,258	2,645	0	4,861
苦灰岩	9501	90,432	0	0	90,432	86,340	0	13,593
珪石	4331	4,331	4,170	0	8,501	9,644	0	11,256
珪砂	2643	2,643	0	0	2,643	2,687	0	8,664

出所：韓国鉄鋼協会

<表1-40> 燃料需給現況 (単位: トン)

	2023.11 在庫	購入				自家消費	販売	2023.12 在庫
		国内購入	輸入	自家発生	計			
原料炭	1,330,947	3,224	2,199,531	0	2,202,755	2,444,606	0	1,089,096
コークス	166,019	1,955	6,471	1,007,204	1,015,630	1,004,524	0	177,125
無煙炭	266,699	0	247,159	0	247,159	241,239	0	272,619

出所：韓国鉄鋼協会

2. 非鉄金属

<表2-1> 四半期別非鉄金属(全体)生産・販売実績(2023) (単位:トン, %)

		1四半期	2四半期	3四半期	4四半期(P)	合計(P)
生産		453,542	460,416	445,788	446,770	1,806,516
		-11.6	-11.6	90.3	6.9	-7.1
出荷		437,043	441,075	436,741	428,867	1,743,726
		-12.5	-8.5	-7.8	7.6	-6.0
	内需	297,020	310,433	314,537	299,367	1,221,357
		-15.5	-6.1	-3.0	0.5	-6.4
	輸出	140,023	130,642	122,204	129,500	522,369
		-5.4	-13.9	-18.0	28.4	-4.9

注) 下段は前年同期比。

出所:韓国非鉄金属協会

<表2-2> 四半期別非鉄金属(銅棒)生産・販売実績(2023) (単位:トン)

		1四半期	2四半期	3四半期	4四半期(P)	合計(P)
生産		52,165	47,832	42,862	45,135	187,994
出荷		49,966	48,204	44,361	46,191	188,722
	内需	36,988	34,257	31,579	34,163	136,987
	輸出	12,978	13,947	12,782	12,028	51,735
在庫		24,748	25,042	24,374	23,085	23,085

出所:韓国非鉄金属協会

<表2-3> 四半期別非鉄金属(裸銅線)生産・販売実績(2023) (単位:トン)

		1四半期	2四半期	3四半期	4四半期(P)	合計(P)
生産		128,633	124,056	120,919	127,009	500,617
出荷		113,701	107,958	107,363	109,165	438,187
	内需	103,736	99,340	100,345	100,362	403,783
	輸出	9,965	8,618	7,018	8,803	34,404
在庫		7,703	7,469	5,711	8,211	8,211

出所:韓国非鉄金属協会

<表2-4> 四半期別非鉄金属(アルミニウム薄板)生産・販売実績(2023)　　　(単位：トン)

		1四半期	2四半期	3四半期	4四半期(P)	合計(P)
生産		245,047	263,453	257,803	251,251	1,017,554
出荷		246,204	260,403	261,009	250,260	1,017,876
	内需	142,217	164,069	170,239	152,482	629,007
	輸出	103,987	96,334	90,770	97,778	388,869
在庫		34,099	37,010	33,205	33,971	33,971

出所：韓国非鉄金属協会

<表2-5> 四半期別非鉄金属(アルミニウム箔)生産・販売実績(2023)　　　(単位：トン)

		1四半期	2四半期	3四半期	4四半期(P)	合計(P)
生産		27,697	25,075	24,204	23,375	100,351
出荷		27,172	24,510	24,008	23,251	98,941
	内需	14,079	12,767	12,374	12,360	51,580
	輸出	13,093	11,743	11,634	10,891	47,361
在庫		3,694	3,821	6,776	3,628	3,628

出所：韓国非鉄金属協会

<表2-6> 品目別非鉄金属輸出実績 (単位：トン，千ドル，%)

		12月			1-12月		
		2022	2023	同期比	2022	2023	同期比
銅	重量	64,953	49,034	-24.5	749,843	655,706	-12.6
	金額	552,316	388,453	-29.7	7,003,732	5,681,862	-18.9
	単価	8,503	7,922	-6.8	9,340	8,665	-7.2
鉛	重量	29,235	34,180	16.9	338,359	352,400	4.1
	金額	68,578	79,319	15.7	805,400	828,719	2.9
	単価	2,346	2,321	-1.1	2,380	2,352	-1.2
亜鉛	重量	52,224	51,412	-1.6	589,237	627,351	6.5
	金額	168,357	136,930	-18.7	2,105,783	1,763,598	-16.2
	単価	3,224	2,663	-17.4	3,574	2,811	-21.3
アルミニウム	重量	91,416	95,351	4.3	1,282,441	1,193,696	-6.9
	金額	367,657	357,225	-2.8	5,620,359	4,521,243	-19.6
	単価	4,022	3,746	-6.8	4,383	3,788	-13.6
ニッケル	重量	1,616	1,397	-13.6	16,334	16,278	-0.3
	金額	25,197	17,473	-30.7	298,474	296,500	-0.7
	単価	15,592	12,508	-19.8	18,273	18,215	-0.3
錫	重量	142	117	-17.6	2,148	2,152	0.2
	金額	5,384	4,095	-23.9	74,490	73,873	-0.8
	単価	37,915	35,000	-7.7	34,679	34,328	-1.0
その他	重量	3,101	1,902	-38.7	50,603	22,758	-55.0
	金額	24,788	23,672	-4.5	318,379	305,825	-3.9
	単価	7,994	12,446	55.7	6,292	13,438	113.6
計	重量	242,687	233,393	-3.8	3,028,965	2,870,341	-5.2
	金額	1,212,277	1,007,167	-16.9	16,226,617	13,471,620	-17.0
	単価	4,995	4,315	-13.6	5,357	4,693	-12.4

出所：韓国非鉄金属協会

<表2-7> 品目別非鉄金属輸入実績　　　　　　　　　　　　　　　　　　　　　　（単位：トン，千ドル，％）

		12月			1-12月		
		2022	2023	同期比	2022	2023	同期比
銅	重量	3,023	63,302	-13.3	951,553	825,612	-13.2
銅	金額	574,243	500,965	-12.8	8,643,383	7,050,102	-18.4
銅	単価	7,864	7,914	0.6	9,083	8,539	-6.0
鉛	重量	12,805	11,184	-12.7	166,064	143,438	-13.6
鉛	金額	27,910	25,708	-7.9	399,735	335,281	-16.1
鉛	単価	2,180	2,299	5.5	2,407	2,337	-2.9
亜鉛	重量	1,984	1,729	-12.9	29,100	33,768	16.0
亜鉛	金額	7,386	5,362	-27.4	112,423	106,198	-5.5
亜鉛	単価	3,723	3,101	-16.7	3,863	3,145	-18.6
アルミニウム	重量	229,410	236,609	3.1	3,116,928	3,014,398	--3.3
アルミニウム	金額	641,471	626,830	-2.3	9,753,227	8,203,428	-15.9
アルミニウム	単価	2,796	2,649	-5.3	3,129	2,721	-13.0
ニッケル	重量	4,596	6,133	33.4	92,945	99,990	7.6
ニッケル	金額	119,580	136,799	14.4	1,861,625	1,911,108	2.7
ニッケル	単価	26,018	22,305	-14.3	20,029	19,113	-4.6
錫	重量	893	917	2.7	14,173	14,421	1.7
錫	金額	22,317	25,981	16.4	527,856	415,650	-21.3
錫	単価	24,991	28,333	13.4	37,244	28,823	-22.6
その他	重量	10,754	11,987	11.5	135,705	151,418	11.6
その他	金額	107,523	102,237	-4.9	1,551,994	1,328,456	-14.4
その他	単価	9,998	8,529	-14.7	11,437	8,773	-23.3
計	重量	333,465	331,861	-0.5	4,506,468	4,283,045	-5.0
計	金額	1,500,430	1,423,882	-5.1	22,850,243	19,350,223	-15.3
計	単価	4,500	4,291	-4.6	5,071	4,518	-10.9

出所：韓国非鉄金属協会

<表2-8> 細部品目別非鉄金属輸出実績　　　　　　　　　　　　　　　　　　　（単位：トン，千ドル，％）

区分				12月			1-12月		
				2022	2023	同期比	2022	2023	同期比
銅(74類)	電気銅	740311	重量	27,411	11,792	-57.0	270,112	196,476	-27.3
			金額	229,551	100,267	-56.3	2,410,627	1,673,172	-30.6
			単価	8,374	8,503	1.5	8,925	8,516	-4.6
	半製品	7403(740311除外)	重量	1,946	2,487	27.8	27,289	28,185	3.3
			金額	14,444	17,584	21.7	188,120	201,839	7.3
			単価	7,422	7,070	-4.7	6,894	7,161	3.9
	スクラップ	7404	重量	8,950	11,916	33.1	90,139	101,851	13.0
			金額	17,077	15,158	-11.2	154,286	168,654	9.3
			単価	1,908	1,272	-33.3	1,712	1,656	-3.3
	棒	7407	重量	3,124	2,866	-8.3	54,194	42,535	-21.5
			金額	21,624	19,516	-9.7	412,765	289,235	-29.9
			単価	6,922	6,809	-1.6	7,616	6,800	-10.7
	線	7408	重量	3,397	3,459	1.8	52,327	54,637	4.4
			金額	29,817	30,428	2.0	485,927	472,516	-2.8
			単価	8,777	8,797	0.2	9,286	8,648	-6.9
	板	7409	重量	6,292	4,554	-27.6	76,140	67,844	-10.9
			金額	60,737	45,478	-24.8	801,736	695,567	-13.2
			単価	9,653	10,030	3.9	10,530	10,252	-2.6
	箔	7410	重量	4,037	2,530	-37.3	56,512	48,850	-13.6
			金額	77,866	62,591	-19.6	1,206,588	989,561	-18.0
			単価	19,288	24,740	28.3	21,351	20,257	-5.1
	管	7411	重量	3,888	3,649	-6.1	44,664	40,677	-8.9
			金額	39,729	36,873	-7.2	476,357	421,837	-11.4
			単価	10,218	10,105	-1.1	10,665	10,370	-2.8
	その他		重量	5,908	5,781	-2.1	78,466	74,651	-4.9
			金額	61,471	60,358	-1.8	867,326	769,481	-11.3
			単価	10,405	10,441	0.3	11,054	10,308	-6.7
	小計		重量	64,953	49,034	-24.5	749,843	655,706	-12.6
			金額	552,316	388,453	-29.7	7,003,732	5,681,862	-18.9
			単価	8,503	7,922	-6.8	9,340	8,665	-7.2
アルミニウム(76類)	純塊	760110	重量	66	741	1022.7	944	1,972	108.9
			金額	140	1,759	1156.4	3,152	4,199	33.2
			単価	2,121	2,374	11.9	3,339	2,129	-36.2

<続く>

区分				12月			1-12月		
				2022	2023	同期比	2022	2023	同期比
	合金塊	7601 20	重量	16,031	17,434	8.8	296,386	243,085	-18.0
			金額	39,361	42,064	6.9	898,876	602,959	-32.9
			単価	2,455	2,413	-1.7	3,033	2,480	-18.2
	スクラップ	7602	重量	5,361	6,272	17.0	47,664	59,277	24.4
			金額	7,166	9,399	31.2	79,312	86,719	9.3
			単価	1,337	1,499	12.1	1,664	1,463	-12.1
	棒	7604	重量	3,505	3,833	9.4	41,178	46,317	12.5
			金額	19,816	18,101	-8.7	234,345	229,457	-2.1
			単価	5,654	4,722	-16.5	5,691	4,954	-12.9
	線	7605	重量	505	820	62.4	6,171	14,009	127.0
			金額	1,887	2,510	33.0	26,273	42,939	63.4
			単価	3,737	3,061	-18.1	4,257	3,065	-28.0
	板	7606	重量	47,489	50,392	6.1	675,832	634,273	-6.1
			金額	158,325	160,236	1.2	2,695,360	2,096,872	-22.2
			単価	3,334	3,180	-4.6	3,988	3,306	-17.1
	箔	7607	重量	7,042	5,211	-26.0	92,887	68,274	-26.5
			金額	45,806	32,507	-29.0	618,057	441,435	-28.6
			単価	6,505	6,238	-4.1	6,654	6,466	-2.8
	建材	7610	重量	2,563	1,913	-25.4	32,141	29,710	-7.6
			金額	19,131	14,966	-21.8	241,148	201,682	-5.8
			単価	7,464	7,823	4.8	6,663	6,788	1.9
	家庭用品	7615	重量	1,306	1,046	-19.9	11,635	10,354	-11.0
			金額	13,882	10,455	-24.7	124,236	104,793	-15.7
			単価	10,629	9,995	-6.0	10,678	10,121	-5.2
	その他		重量	7,548	7,689	1.9	77,603	86,425	11.4
			金額	62,143	65,228	5.0	726,600	710,188	-2.3
			単価	8,233	8,483	3.0	9,363	8,217	-12.2
	小計		重量	91,416	95,351	4.3	1,282,441	1,193,696	-6.9
			金額	367,657	357,225	-2.8	5,620,359	4,521,243	-19.6
			単価	4,022	3,746	-6.8	4,383	3,788	-13.6
亜鉛(79類)	塊	7901	重量	50,706	49,715	-2.0	569,182	609,145	7.0
			金額	163,566	132,129	-19.2	2,038,128	1,708,874	-16.2
			単価	3,226	2,658	-17.6	3,581	2,805	-21.7
	その他		重量	1,518	1,697	11.8	20,055	18,206	-9.2
			金額	4,791	4,801	0.2	67,655	54,724	-19.1
			単価	3,156	2,829	-10.4	3,373	3,006	-10.9

〈続く〉

区分				12月			1-12月		
				2022	2023	同期比	2022	2023	同期比
鉛 (78類)	小計		重量	52,224	51,412	-1.6	589,237	627,351	6.5
			金額	168,357	136,930	-18.7	2,105,783	1,763,598	-16.2
			単価	3,224	2,663	-17.4	3,574	2,811	-21.3
	塊	7801 (7801 991000除外)	重量	28,987	33,951	-17.1	335,592	350,259	4.4
			金額	67,679	78,366	15.8	789,249	820,065	3.9
			単価	2,335	2,308	-1.1	2,352	2,341	-0.4
	その他		重量	248	229	-7.7	2,767	2,141	-22.6
			金額	899	953	6.0	16,151	8,654	-46.4
			単価	3,625	4,162	14.8	5,837	4,042	-30.8
	小計		重量	29,235	34,180	16.9	338,359	352,400	4.1
			金額	68,578	79,319	15.7	805,400	828,719	2.9
			単価	2,346	2,321	-1.1	2,380	2,352	-1.2
ニッケル (75類)	塊	7502	重量	387	172	-55.6	3,352	4,125	23.1
			金額	10,622	2,803	-73.6	87,486	103,308	18.1
			単価	27,447	16,297	-40.6	26,097	25,044	-4.0
	その他		重量	1,229	1,225	-0.3	12,982	12,153	-6.4
			金額	14,575	14,670	0.7	210,998	193,192	-8.4
			単価	11,859	11,976	1.0	16,253	15,897	-2.2
	小計		重量	1,616	1,397	-13.6	16,334	16,278	-0.3
			金額	25,197	17,473	-30.7	298,474	296,500	-0.7
			単価	15,592	12,508	-19.8	18,273	18,215	-0.3
錫 (80類)	塊	8001	重量	34	24	-29.4	527	623	18.2
			金額	569	647	13.7	16,383	15,782	-3.7
			単価	16,735	26,958	61.1	31,087	25,332	-18.5
	その他		重量	108	93	-13.9	1,621	1,529	-5.7
			金額	4,815	3,448	-28.4	58,107	58,091	0.0
			単価	44,583	37,075	-16.8	35,846	37,993	6.0
	小計		重量	142	117	-17.6	2,148	2,152	0.2
			金額	5,384	4,095	-23.9	74,490	73,873	-0.8
			単価	37,915	35,000	-7.7	34,679	34,328	-1.0
その他 (81類)		81	重量	3,101	1,902	-38.7	50,603	22,758	-55.0
			金額	24,788	23,672	-4.5	318,379	305,825	-3.9
			単価	7,994	12,446	55.7	6,292	13,438	113.6
合計			重量	242,687	233,393	-3.8	3,028,965	2,870,341	-5.2
			金額	1,212,277	1,007,167	-16.9	16,226,617	13,471,620	-17.0
			単価	4,995	4,315	-13.6	5,357	4,693	-12.4

出所：韓国非鉄金属協会

<表2-9> 細部品目別非鉄金属輸入実績　　　　　　　　　　　　　　　　（単位：トン，千ドル，%）

区分				12月			1-12月		
				2022	2023	同期比	2022	2023	同期比
銅 (74類)	電気銅	7403 11	重量	21,905	17,296	-21.0	319,314	242,415	-24.1
			金額	174,571	132,262	-24.2	2876,568	2,090,688	-27.3
			単価	7,969	7,647	-4.0	9,009	8,624	-4.3
	半製品	7403 (740311除外)	重量	2,553	2,060	-19.3	22,061	23,539	6.7
			金額	19,566	15,763	-19.4	205,714	198,374	-3.6
			単価	7,664	7,652	-0.2	9,325	8,427	-9.6
	スクラップ	7404	重量	26,940	23,562	-12.5	342,042	305,310	-10.7
			金額	192,650	170,222	-11.6	2763,425	2,319,722	-16.1
			単価	7,151	7,224	1.0	8,079	7,598	-6.0
	棒	7407	重量	248	242	-2.4	2,642	2,369	-10.3
			金額	2,676	3,322	24.1	31,612	30,236	-4.4
			単価	10,790	13,727	27.2	11,965	12,763	6.7
	線	7408	重量	1,148	571	-50.3	11,273	15,305	35.8
			金額	10,298	5,417	-47.4	114,135	143,597	25.8
			単価	8,970	9,487	5.8	10,125	9,382	-7.3
	板	7409	重量	2,453	1,556	-36.6	27,922	23,021	-17.6
			金額	29,099	18,875	-35.1	340,437	290,566	-14.6
			単価	11,863	12,130	2.3	12,192	12,622	3.5
	箔	7410	重量	4,982	4,495	-9.8	64,055	62,070	-3.1
			金額	62,908	61,840	-1.7	1,023,635	829,633	-19.0
			単価	12,627	13,758	9.0	15,981	13,366	-16.4
	管	7411	重量	1,922	14,251	-841.5	24,065	3,642	-84.9
			金額	19,839	133,739	-774.1	264,406	51,409	-80.6
			単価	10,322	9,385	-9.1	10,987	14,116	28.5
	その他		重量	10,872	27,771	155.4	138,179	147,941	7.1
			金額	62,636	227,003	262.4	1,023,451	1,095,877	7.1
			単価	5,761	8,174	41.9	7,407	7,408	0.0
	小計		重量	73,023	63,302	-13.3	951,553	825,612	-13.2
			金額	574,243	500,965	-12.8	8,643,383	7,050,102	-18.4
			単価	7,864	7,914	0.6	9,083	8,539	-6.0
アルミニウム (76類)	純塊	7601 10	重量	77,267	82,902	7.3	1,073,373	1,093,612	1.9
			金額	193,390	188,333	-2.6	3,133,473	2,631,879	-16.0
			単価	2,503	2,272	-9.2	2,919	2,407	-17.6

<続く>

3章 鉄・非鉄金属産業

区分				12月			1-12月		
				2022	2023	同期比	2022	2023	同期比
	合金塊	7601 20	重量	36,676	39,076	6.5	446,248	439,303	-1.6
			金額	95,148	95,792	0.7	1,380,890	1,123,747	-18.6
			単価	2,594	2,451	-5.5	3,094	2,558	-17.3
	スクラップ	7602	重量	72,194	71,231	-1.3	995,652	938,921	-5.7
			金額	119,532	119,765	0.2	1,967,365	1,614,962	-17.9
			単価	1,656	1,681	1.5	1,976	1,720	-13.0
	棒	7604	重量	1,741	2,248	29.1	20,605	27,294	32.5
			金額	11,912	11,632	-2.4	125,670	168,585	34.1
			単価	6,842	5,174	-24.4	6,099	6,177	1.3
	線	7605	重量	673	746	10.8	11,434	12,502	9.3
			金額	3,199	3,048	-4.7	52,065	47,050	-9.6
			単価	4,753	4,086	-14.0	4,554	3,763	-17.4
	板	7606	重量	25,274	25,223	-0.2	370,981	304,231	-18.0
			金額	105,080	106,603	1.4	1,569,961	1,302,084	-17.1
			単価	4,158	4,226	1.7	4,232	4,280	1.1
	箔	7607	重量	5,228	5,193	-0.7	81,213	71,620	-11.8
			金額	24,365	22,397	-8.1	429,738	324,843	-24.4
			単価	4,660	4,313	-7.5	5,291	4,536	-14.3
	建材	7610	重量	2,094	1,962	-6.3	21,989	22,309	1.5
			金額	10,146	9,289	-8.4	120,052	106,331	-11.4
			単価	4,845	4,734	-2.3	5,460	4,766	-12.7
	家庭用品	7615	重量	1,173	1,119	-4.6	12,366	12,582	1.7
			金額	10,127	9,109	-10.1	109,663	105,486	-3.8
			単価	8,633	8,140	-5.7	8,868	8,384	-5.5
	その他		重量	7,090	6,909	-2.6	83,067	92,024	10.8
			金額	68,572	60,862	-11.2	864,350	778,461	-9.9
			単価	9,672	8,809	-8.9	10,405	8,459	-18.7
	小計		重量	229,410	234,609	3.1	3,116,928	3,014,398	-3.3
			金額	641,471	626,830	-2.3	9,753,227	8,203,428	-15.9
			単価	2,796	2,649	-5.3	3,129	2,721	-13.0
亜鉛 (79類)	塊	7901	重量	1,567	1,261	-19.5	24,060	28,686	19.2
			金額	5,109	3,319	-35.0	89,544	82,418	-8.0
			単価	3,260	2,632	-19.3	3,722	2,873	-22.8
	その他		重量	417	468	12.2	5,040	5,082	0.8
			金額	2,277	2,043	-10.3	22,879	23,780	3.9
			単価	5,460	4,365	-20.1	4,539	4,679	3.1

<続く>

区分				12月			1-12月		
				2022	2023	同期比	2022	2023	同期比
鉛 (78類)		小計	重量	1,984	1,729	-12.9	29,100	33,768	16.0
			金額	7,386	5,362	-27.4	112,423	106,198	-5.5
			単価	3,723	3,101	-16.7	3,863	3,145	-18.6
	塊	7801 (7801 991000除外)	重量	11,927	10,530	-11.7	153,824	135,154	-12.1
			金額	25,881	23,601	-8.8	366,215	309,768	-15.4
			単価	2,170	2,241	3.3	2,381	2,292	-3.7
	その他		重量	878	654	-25.5	12,240	8,284	-32.3
			金額	2,029	2,107	3.8	33,520	25,513	-23.9
			単価	2,311	3,222	39.4	2,739	3,080	12.5
	小計		重量	12,805	11,184	-12.7	166,064	143,438	-13.6
			金額	27,910	25,708	-7.9	399,435	335,281	-16.1
			単価	2,180	2,299	5.5	2,407	2,337	-2.9
ニッケル (75類)	塊	7502	重量	2,763	2,491	-9.8	34,700	36,242	4.4
			金額	70,394	46,322	-34.2	894,740	883,332	-1.3
			単価	25,477	18,596	-27.0	25,785	24,373	-5.5
	その他		重量	1,833	3,642	98.7	58,245	63,748	9.4
			金額	49,186	90,477	83.9	966,885	1,027,776	6.3
			単価	26,834	24,843	-7.4	16,600	16,122	-2.9
	小計		重量	4,596	6,133	33.4	92,945	99,990	7.6
			金額	119,580	136,799	14.4	1,861,625	1,911,108	2.7
			単価	26,618	22,305	-14.3	20,029	19,113	-4.6
錫 (80類)	塊	8001	重量	139,239	885	-100.6	13,139	13,714	4.4
			金額	16,203	22,511	38.9	460,216	359,700	-21.8
			単価	116	25,436	-21,958.3	35,027	26,229	-25.1
	その他		重量	140,132	32	-100.0	1,034	707	-31.6
			金額	6,114	3,470	-43.2	67,640	55,950	-17.3
			単価	44	108,438	248,437.2	65,416	79,137	21.0
	小計		重量	893	917	2.7	14,173	14,421	1.7
			金額	22,317	25,981	16.4	527,856	415,650	-21.3
			単価	24,991	28,333	13.4	37,244	28,823	-22.6
その他 (81類)		81	重量	10,754	11,987	11.5	135,705	151,418	11.6
			金額	107,523	102,237	-4.9	1,551,994	1,328,456	-14.4
			単価	9,998	8,529	-14.7	11,437	8,773	-23.3
合計			重量	333,465	331,861	-0.5	4,506,468	4,283,045	-5.0
			金額	1,500,430	1,423,882	-5.1	22,850,243	19,350,223	-15.3
			単価	4,500	4,291	-4.6	5,071	4,518	-10.9

出所：韓国非鉄金属協会

<表2-10> 国別非鉄金属輸出実績(2023) (単位：トン，千ドル，%)

	2022		2023			
	重量	金額	重量	増加率	金額	増加率
中国	809,916	5,152,582	757,805	-6.4	4,132,033	-19.8
アメリカ	495,022	2,372,996	359,683	-27.3	1,760,753	-25.8
ベトナム	381,273	1,664,203	337,861	-11.4	1,357,954	-18.4
インド	218,423	810,809	317,426	45.3	1,018,063	25.6
マレーシア	129,465	558,867	94,056	-27.4	432,432	-22.6
日本	118,012	801,449	110,802	-6.1	592,446	-26.1
タイ	110,367	570,769	85,439	-22.6	327,194	-42.7
インドネシア	92,241	389,119	73,708	-20.1	265,923	-31.7
台湾	87,003	537,036	79,445	-8.7	443,103	-17.5
オーストラリア	55,131	278,078	46,417	-15.8	197,519	-29.0
テュルキエ(トルコ)	52,264	223,803	53,858	3.0	196,620	-12.1
メキシコ	49,448	224,746	53,555	8.3	205,636	-8.5
フィリピン	45,904	386,554	37,080	-19.2	297,070	-23.1
イタリア	45,871	209,160	34,771	-24.2	128,591	-38.5
スペイン	30,715	124,020	13,195	-57.0	61,926	-50.1
サウジアラビア	24,754	103,347	23,956	-3.2	99,613	-3.6
ポーランド	24,660	279,447	26,015	5.5	238,948	-14.5
南アフリカ共和国	24,150	96,107	17,329	-28.2	64,548	-32.8
香港	23,662	175,170	25,067	5.9	149,364	-14.7
ハンガリー	22,295	204,570	25,042	12.3	187,190	-8.5
アラブ首長国連邦	21,894	111,093	25,696	17.4	106,508	-4.1
バングラデシュ	16,122	66,340	10,280	-36.2	40,403	-39.1
ナイジェリア	13,853	48,270	20,822	50.3	60,538	25.4
パキスタン	13,172	49,501	12,147	-7.8	41,300	-16.6
パキスタン	13,081	85,053	69,828	433.8	230,354	170.8
ニュージーランド	9,298	41,561	7,427	-20.1	27,090	-34.8
ケニア	8,252	26,019	6,211	-24.7	17,519	-32.7
カナダ	8,209	65,277	7,240	-11.8	47,941	-26.6
ドイツ	7,469	70,904	6,586	-11.8	65,352	-7.8
オランダ	6,797	46,393	20,246	197.9	111,111	139.5
その他	70,242	453,374	111,348	58.5	566,578	25.0
合計	3,028,965	16,226,617	2,870,341	-5.2	13,471,620	-17.0

注) 74～81類(1～12月累計)

出所：韓国非鉄金属協会

<表2-11> 国別非鉄金属輸入実績(2023) (単位：トン，千ドル，%)

	2022		2023			
	重量	金額	重量	増加率	金額	増加率
中国	689,018	3,929,311	625,690	-9.2	3,212,937	-18.2
インド	682,008	1,990,497	509,160	-25.3	1,259,166	-36.7
アメリカ	367,986	1,749,223	337,362	-8.3	1,581,838	-9.6
オーストラリア	353,917	1,494,631	467,538	32.1	1,668,981	11.7
チリ	253,388	2,223,455	196,017	-22.6	1,647,559	-25.9
マレーシア	206,095	758,755	169,733	-17.6	586,210	-22.7
日本	177,302	1,614,176	165,804	-6.5	1,434,042	-11.2
アラブ首長国連邦	160,476	532,874	124,045	-22.7	372,708	-30.1
ロシア	148,275	461,606	289,020	94.9	724,258	56.9
タイ	127,655	483,892	144,884	13.5	463,988	-4.1
サウジアラビア	120,796	494,499	116,507	-3.6	397,649	-19.6
台湾	106,241	492,868	87,421	-17.7	408,405	-17.1
カタール	93,815	287,638	89,722	-4.4	228,252	-20.6
ニュージーランド	88,574	264,515	114,552	29.3	277,787	5.0
バーレーン	71,729	230,058	56,925	-20.6	148,883	-35.3
ベトナム	67,223	393,412	62,778	-6.6	354,913	-9.8
メキシコ	67,159	369,188	57,313	-14.7	296,681	-19.6
フィリピン	61,449	310,296	55,972	-8.9	305,267	-1.6
カナダ	58,390	362,986	39,727	-32.0	249,820	-31.2
インドネシア	50,106	530,965	47,924	-4.4	306,575	-42.3
ドイツ	35,681	327,712	25,638	-28.1	298,520	-8.9
イスラエル	23,813	102,937	31,140	30.8	118,588	15.2
香港	23,224	86,901	13,980	-39.8	57,462	-33.9
ペルー	20,994	109,792	28,780	37.1	159,143	44.9
イギリス	20,338	117,161	21,477	5.6	112,686	-3.8
ナイジェリア	19,837	111,099	11,913	-39.9	65,434	-41.1
パキスタン	13,909	104,274	14,619	5.1	86,091	-17.4
南アフリカ共和国	12,951	77,241	16,697	28.9	64,206	-16.9
ニューカレドニア	12,504	58,711	18,523	48.1	70,733	20.5
コロンビア	11,870	65,600	7,183	-39.5	38,497	-41.3
その他	359,745	2,713,970	335,001	-6.9	2,352,974	-13.3
合計	4,506,468	22,850,243	4,283,045	-5.0	19,350,223	-15.3

注) 74～81類(1～12月累計)

出所：韓国非鉄金属協会

<表2-12> 国別電気銅輸出入実績(2023)　　　　　　　　　　　　　　　　（単位：トン，％）

		12月			1-12月		
		2022	2023	同期比	2022	2023	同期比
輸出	中国	22,570	10,593	-53.1	202,984	157,229	-22.5
	マレーシア	250	101	-59.6	20,096	12,430	-38.1
	ベトナム	1,302	501	-61.5	19,121	16,949	-11.4
	タイ	1,989	200	-89.9	18,060	3,441	-80.9
	インドネシア	801	-	-100.0	4,784	1	-100.0
	台湾	499	397	-20.4	3,367	2,295	-31.8
	パキスタン	-	-	-	1,000	3,831	283.1
	日本	-	-	-	699	-	-100.0
	その他	-	-	-	1	300	29,900.0
	計	27,411	11,792	-57.0	270,112	196,476	-27.3
輸入	チリ	13,730	9,179	-33.1	198,725	136,092	-31.5
	コンゴ民主共和国	5,528	5,955	7.7	92,089	75,496	-18.0
	オーストラリア	1,623	-	-100.0	12,246	8,087	-34.0
	フィリピン	496	1,042	110.1	7,332	9,867	34.6
	ザンビア	528	607	15.0	4,476	3,097	-30.8
	ペルー	-	505	-	2,841	6,087	114.3
	インドネシア	-	-	-	500	203	-59.4
	インド	-	-	-	499	499	0.0
	ポーランド	-	-	-	255	-	-100.0
	アメリカ	-	-	-	227	-	-100.0
	日本	-	-	-	50	125	150.0
	中国	-	8	-	49	633	1,191.8
	ベルギー	-	-	-	-	2,006	-
	その他	-	-	-	25	223	792.0
	計	21,905	17,296	-21.0	319,314	242,415	-24.1

注）輸出入：KOTIS統計資料基準。

出所：韓国非鉄金属協会

<表2-13> 国別銅棒輸出入実績(2023)　　　　　　　　　　　　　　　　　　　　　　　　（単位：トン, %）

		12月			1-12月		
		2022	2023	同期比	2022	2023	同期比
輸出	中国	821	768	-6.5	12,814	9,609	-25.0
	タイ	495	622	25.7	9,386	6,629	-29.4
	アメリカ	282	164	-41.8	7,022	4,481	-36.2
	ベトナム	142	93	-34.5	4,220	3,475	-17.7
	パキスタン	63	191	203.2	3,963	2,141	-45.7
	マレーシア	188	121	-35.6	3,243	1,310	-59.6
	台湾	197	133	-32.5	2,974	3,256	9.5
	インド	280	341	21.8	2,716	4,213	55.1
	日本	68	53	-22.1	1,523	937	-38.5
	インドネシア	26	70	169.2	1,282	971	-24.3
	オーストラリア	110	61	-44.5	1,073	780	-27.3
	イタリア	135	103	-23.7	1,046	2,319	121.7
	チリ	101	-	-100.0	608	484	-20.4
	カナダ	19	23	21.1	507	245	-51.7
	オランダ	87	43	-50.6	486	370	-23.9
	ニュージーランド	31	5	-83.9	394	142	-64.0
	香港	5	23	360.0	355	424	19.4
	南アフリカ	20	-	-100.0	174	260	49.4
	スペイン	19	17	-10.5	99	100	1.0
	メキシコ	7	18	157.1	94	126	34.0
	フィリピン	-	-	-	9	5	-44.4
	その他	28	17	-39.3	206	248	20.4
	計	3,124	2,806	-8.3	54,194	42,535	-21.5
輸入	ギリシャ	84	42	-50.0	1,044	672	-35.6
	日本	67	30	-55.2	578	447	-22.7
	中国	30	101	236.7	411	268	-34.8
	インドネシア	-	-	-	139	235	69.1
	タイ	-	12	-	136	99	-27.2
	アメリカ	9	24	166.7	127	115	-9.4
	ドイツ	27	1	-96.3	72	15	-79.2
	フランス	6	10	66.7	42	59	40.5
	スロベニア	-	-	-	31	-	-100.0
	マレーシア	23	-	-100.0	24	46	91.7
	パキスタン	-	-	-	15	48	220.0
	イギリス	2	-	-100.0	10	4	-60.0
	台湾	-	-	-	1	-	-100.0
	イタリア	-	-	-	1	5	400.0
	オランダ	-	-	-	1	-	-100.0
	ベトナム	-	1	-	-	54	-
	その他	-	21	-	10	302	2,920.0
	計	248	248	-2.4	2,642	2,369	-10.3

注）輸出入：KOTIS統計資料基準。

出所：韓国非鉄金属協会

<表2-14> 国別銅線輸出入実績(2023)　　　　　　　　　　　　　　　　　　(単位：トン，％)

		12月			1-12月		
		2022	2023	同期比	2022	2023	同期比
輸出	フィリピン	1,251	1,406	12.4	27,679	21,224	-23.3
	中国	675	387	-42.7	9,901	7,640	-22.8
	ベトナム	263	156	-40.7	3,663	2,244	-38.7
	マレーシア	179	232	29.6	3,082	4,704	52.6
	アメリカ	749	743	-0.8	2,755	10,936	297.0
	テュルキエ(トルコ)	61	8	-86.9	999	1,017	1.8
	フィジー	66	88	33.3	792	842	6.3
	南アフリカ共和国	-	-	-	629	1,156	83.8
	バングラデシュ	-	-	-	536	800	49.3
	オーストラリア	34	-	-100.0	519	157	-69.7
	インド	18	245	1261.1	433	2,686	520.3
	日本	27	8	-70.4	342	215	-37.1
	タイ	9	6	-33.3	303	178	-41.3
	インドネシア	4	17	325.0	115	158	37.4
	ロシア	14	15	7.1	108	109	0.9
	台湾	9	11	22.2	95	94	-1.1
	香港	5	7	40.0	62	71	14.5
	パキスタン	1	-	-100.0	50	3	-94.0
	ミャンマー	-	-	-	47	19	-59.6
	メキシコ	-	92	-	33	198	500.0
	スロベニア	-	-	-	12	12	0.0
	ニュージーランド	-	-	-	8	2	-75.0
	フランス	-	-	-	-	2	-
	その他	32	38	18.8	164	170	3.7
	計	3,397	3,459	1.8	52,327	54,637	4.4
輸入	マレーシア	594	-	-100.0	4,707	961	-79.6
	中国	233	289	24.0	2,992	5,364	79.3
	ベトナム	198	134	-32.3	1,695	6,650	292.3
	ドイツ	93	113	21.5	1,154	1,308	13.3
	台湾	-	-	-	292	351	20.2
	アメリカ	2	18	800.0	248	244	-1.6
	日本	15	10	-33.3	86	68	-20.9
	インド	2	-	-100.0	36	31	-13.9
	フランス	5	7	40.0	34	40	17.6
	オーストリア	2	-	-100.0	14	-	-100.0
	香港	-	-	-	2	2	0.0
	タイ	-	-	-	1	1	0.0
	インドネシア	-	-	-	-	240	-
	スペイン	-	-	-	-	1	-
	その他	4	-	-100.0	12	44	266.7
	計	1,148	571	-50.3	11,273	15,305	35.8

注) 輸出入：KOTIS統計資料基準。

出所：韓国非鉄金属協会

<表2-15> 国別銅板輸出入実績(2023)　　　　　　　　　　　　　　　　　　　　（単位：トン, %）

		12月			1-12月		
		2022	2023	同期比	2022	2023	同期比
輸出	中国	2,157	1,326	-38.5	21,777	22,257	2.2
	日本	892	565	-36.7	12,822	7,557	-41.1
	台湾	531	523	-1.5	8,398	6,256	-25.5
	マレーシア	630	258	-59.0	8,133	5,279	-35.1
	フィリピン	204	281	37.7	4,135	4,607	11.4
	ベトナム	392	317	-19.1	3,846	4,203	9.3
	タイ	410	233	-43.2	3,378	2,985	-11.6
	香港	266	183	-31.2	3,233	2,099	-35.1
	インドネシア	184	151	-17.9	2,533	2,113	-16.6
	インド	272	239	-12.1	2,342	2,568	9.6
	ハンガリー	167	125	-25.1	1,355	2,299	69.7
	アメリカ	56	118	110.7	975	1,263	29.5
	スロベニア	69	67	-2.9	957	802	-16.2
	ニュージーランド	2	59	2850.0	734	484	-34.1
	南アフリカ共和国	-	-	-	626	332	-47.0
	テュルキエ(トルコ)	19	1	-94.7	294	360	22.4
	オーストラリア	-	-	-	137	78	-43.1
	ドイツ	11	-	-100.0	62	6	-90.3
	フランス	-	-	-	51	72	41.2
	バングラデシュ	-	-	-	1	-	-100.0
	その他	30	108	260.0	351	2,224	533.6
	計	6,292	4,554	-27.6	76,140	67,844	-10.9
輸入	中国	1,034	421	-59.3	11,550	9,048	-21.7
	タイ	522	693	32.8	4,910	5,953	21.2
	日本	286	250	-12.6	4,430	2,769	-37.5
	ブルガリア	338	-	-100.0	4,131	3,381	-18.2
	ドイツ	116	62	-46.6	1,249	906	-27.5
	フィンランド	42	44	4.8	913	247	-72.9
	台湾	63	17	-73.0	320	426	33.1
	ベトナム	-	13	-	138	55	-60.1
	アメリカ	18	4	-77.8	116	94	-19.0
	インドネシア	18	13	-27.8	61	25	-59.0
	香港	12	-	-100.0	46	9	-80.4
	パキスタン	-	-	-	16	2	-87.5
	フランス	-	2	-	15	15	0.0
	マレーシア	-	-	-	-	6	-
	その他	4	37	825.0	27	85	214.8
	計	2,455	1,556	-36.6	27,922	23,021	-17.6

注) 輸出入：KOTIS統計資料基準。

出所：韓国非鉄金属協会

<表2-16> 国別銅箔輸出入実績(2023)　　　　　　　　　　　　　　　　　　　（単位：トン, %）

		12月			1-12月		
		2022	2023	同期比	2022	2023	同期比
輸出	中国	1,017	645	36.6	19,910	13,429	32.6
	ポーランド	1,008	79	92.6	11,405	6,797	40.4
	アメリカ	503	474	5.8	7,761	10,574	36.2
	ハンガリー	826	62	92.5	6,693	3,600	46.2
	日本	250	160	36.0	3,574	2,586	27.6
	マレーシア	65	202	210.8	2,246	2,622	16.7
	ベトナム	120	168	40.0	1,637	2,015	23.1
	台湾	52	87	67.3	1,163	856	26.4
	インド	70	94	34.3	685	705	2.9
	香港	33	48	45.5	585	458	21.7
	ドイツ	22	1	95.5	337	179	46.9
	スウェーデン	-	89	-	184	758	312.0
	タイ	5	33	560.0	103	1,072	940.8
	オーストリア	-	2	-	82	43	47.6
	パキスタン	1	-	100.0	24	12	50.0
	イタリア	-	-	-	15	-	100.0
	フィリピン	1	-	-100.0	11	5	-54.5
	インドネシア	-	-	-	8	-	-100.0
	スロベニア	-	367	-	-	3016	-
	その他	4	19	375.0	89	123	38.2
	計	4,037	2,530	-37.3	56,512	48,850	-13.6
輸入	中国	3,376	3,093	-8.4	38,123	39,059	2.5
	台湾	391	356	-9.0	8,484	8,513	0.3
	日本	438	577	31.7	7,289	6,437	-11.7
	マレーシア	539	322	-40.3	6,427	5,041	-21.6
	ルクセンブルク	61	34	-44.3	1,155	1,011	-12.5
	タイ	95	56	-41.1	1,005	947	-5.8
	パキスタン	26	3	-88.5	623	166	-73.4
	フィリピン	40	32	-20.0	525	398	-24.2
	アメリカ	10	7	-30.0	126	159	26.2
	オランダ	2	-	-100.0	97	40	-58.8
	ドイツ	2	8	300.0	35	57	62.9
	ベトナム	1	1	0.0	30	40	33.3
	クロアチア	-	-	-	27	-	-100.0
	香港	-	1	-	27	11	-59.3
	その他	1	5	400.0	82	191	132.9
	計	4,982	4,495	-9.8	64,055	62,070	-3.1

注) 輸出入：KOTIS統計資料基準。

出所：韓国非鉄金属協会

<表2-17> 国別銅管輸出入実績(2023) (単位：トン, %)

		12月			1-12月		
		2022	2023	同期比	20222	2023	同期比
輸出	アメリカ	1,445	1,575	9.0	20,975	16,509	21.3
	オーストラリア	317	347	9.5	3,407	3,588	5.3
	サウジアラビア	371	170	54.2	3,032	2,898	4.4
	イギリス	350	154	56.0	2,426	2,115	12.8
	アラブ首長国連邦	146	158	8.2	2,328	1,859	20.1
	インド	456	787	72.6	2,194	5,189	136.5
	タイ	113	46	59.3	1,289	1,387	7.6
	香港	55	71	29.1	1,289	1,060	17.8
	中国	116	96	17.2	903	633	29.9
	テュルキエ(トルコ)	91	-	100.0	798	635	20.4
	日本	28	27	3.6	490	298	39.2
	エジプト	-	2	-	481	292	39.3
	インドネシア	35	53	51.4	449	452	0.7
	フィリピン	21	3	85.7	445	198	55.5
	台湾	36	21	41.7	424	285	32.8
	パキスタン	13	17	30.8	367	456	24.3
	カタール	29	2	93.1	348	237	31.9
	カナダ	38	37	2.6	340	336	1.2
	クウェート	20	-	100.0	321	236	26.5
	マレーシア	3	9	200.0	275	317	15.3
	イタリア	36	-	100.0	249	64	74.3
	ベトナム	3	27	800.0	241	166	31.1
	ニュージーランド	7	17	142.9	147	156	6.1
	ブラジル	-	-	-	49	16	67.3
	その他	159	30	81.1	1,397	1,295	7.3
	計	3,888	3,649	6.1	44,664	40,677	8.9
輸入	ベトナム	1,175	765	34.9	13,707	7,670	44.0
	中国	367	463	26.2	7,864	6,850	12.9
	タイ	288	80	72.2	1,560	3,314	112.4
	マレーシア	52	212	307.7	534	1,385	159.4
	ドイツ	34	-	100.0	159	76	52.2
	フランス	-	-	-	81	1	98.8
	インドネシア	-	-	-	36	4	88.9
	オーストリア	-	-	-	34	29	14.7
	日本	5	1	80.0	32	25	21.9
	アメリカ	1	3	200.0	30	29	3.3
	フィンランド	-	3	-	11	6	45.5
	オーストラリア	-	-	-	4	-	100.0
	インド	-	-	-	-	-	-
	その他	-	2	-	13	33	153.8
	計	1,922	1,529	20.4	24,065	19,422	19.3

注) 輸出入：KOTIS統計資料基準。

出所：韓国非鉄金属協会

<表2-18> 国別鉛塊輸出入実績(2023) (単位：トン, %)

		12月			1-12月		
		2022	2023	同期比	2022	2023	同期比
輸出	アメリカ	11,284	-	-100.0	124,560	118,624	-4.8
	ベトナム	9,859	9,924	0.7	114,284	76,870	-32.7
	インド	3,071	15,978	420.3	47,648	87,033	82.7
	インドネシア	1,280	1,937	51.3	18,852	17,838	-5.4
	タイ	304	815	168.1	9,433	4,879	-48.3
	マレーシア	1,000	1,730	73.0	7,910	7,638	-3.4
	日本	640	400	-37.5	5,809	5,679	-2.2
	台湾	221	1,397	532.1	3,569	6,063	69.9
	パキスタン	-	703	-	1,004	7,292	626.3
	オランダ	726	-	-100.0	786	3,544	350.9
	コロンビア	298	-	-100.0	298	295	-1.0
	イタリア	294	-	-100.0	294	6,250	2,025.9
	南アフリカ共和国	-	101	-	294	101	-65.6
	ペルー	-	-	-	262	352	34.4
	バングラデシュ	-	49	-	200	1,353	576.5
	ミャンマー	-	-	-	156	-	-100.0
	中国	-	1	-	109	28	-74.3
	フィリピン	-	-	-	46	21	-54.3
	オーストラリア	-	-	-	40	40	0.0
	パキスタン	10	-	-100.0	10	-	-100.0
	イギリス	-	-	-	-	1,771	-
	その他	-	916	-	28	4,588	16,285.7
	計	28,987	33,951	17.1	335,592	350,259	4.4
輸入	インド	9,541	8,438	-11.6	107,765	107,300	-0.4
	日本	593	1,012	70.7	8,053	7,874	-2.2
	アラブ首長国連邦	297	295	-0.7	7,224	8,403	16.3
	サウジアラビア	793	-	-100.0	6,730	464	-93.1
	ナイジェリア	-	-	-	6,569	917	-86.0
	フィリピン	320	395	23.4	3,503	3,700	5.6
	オーストラリア	234	95	-59.4	2,502	1,481	-40.8
	ミャンマー	50	-	-100.0	2,374	223	-90.6
	イラン	-	168	-	1,941	168	-91.3
	台湾	-	100	-	1,914	1,191	-37.8
	パキスタン	-	-	-	1,593	-	-100.0
	コンゴ	99	-	-100.0	1,231	396	-67.8
	タイ	-	25	-	607	422	-30.5
	リビア	-	-	-	432	101	-79.0
	スーダン	-	-	-	390	99	-74.6
	ヨルダン	-	-	-	300	-	-100.0

<続く>

	12月			1-12月		
	2022	2023	同期比	2022	2023	同期比
アンゴラ	-	-	-	202	-	-100.0
ラオス	-	-	-	181	-	-100.0
香港	-	-	-	82	79	-3.7
スペイン	-	-	-	46	-	-100.0
メキシコ	-	-	-	44	-	-100.0
その他	-	2	-	91	2,336	2,467.0
計	11,927	10,530	-11.7	153824	135,154	-12.1

注）輸出入：KOTIS統計資料基準。

出所：韓国非鉄金属協会

<表2-19> 国別亜鉛塊輸出入実績(2023)　　　　　　　　　　　　　　　　　　　　（単位：トン，%）

		12月			1-12月		
		2022	2023	同期比	2022	2023	同期比
輸出	アメリカ	13,924	2,559	-81.6	128,848	22,854	-82.3
	インド	12,701	9,781	-23.0	102,192	155,891	52.5
	ベトナム	4,968	6,666	34.2	84,360	80,267	-4.9
	台湾	2,852	5,030	76.4	47,753	42,377	-11.3
	インドネシア	2,696	2,501	-7.2	33,102	27,178	-17.9
	タイ	1,693	1,239	-26.8	27,392	19,355	-29.3
	中国	1,422	8,762	516.2	27,104	69,644	157.0
	イタリア	5,362	-	-100.0	22,127	10,551	-52.3
	マレーシア	1,731	1,600	-7.6	19,855	17,414	-12.3
	バングラデシュ	123	144	17.1	10,565	2,795	-73.5
	オーストラリア	96	579	503.1	10,533	4,061	-61.4
	サウジアラビア	201	974	384.6	9,417	11,866	26.0
	アラブ首長国連邦	-	299	-	7,531	6,910	-8.2
	パキスタン	420	422	0.5	7,279	4,308	-40.8
	香港	972	917	-5.7	7,133	12,593	76.4
	南アフリカ共和国	-	-	-	5,112	3,446	-32.6
	フィリピン	254	301	18.5	3,690	2,248	-39.1
	ベルギー	-	626	-	3,515	15,407	338.3
	ケニア	330	202	-38.8	3,110	3,286	5.7
	オランダ	-	96	-	2,600	12,773	391.3
	パキスタン	100	4,549	4,449.0	1,702	53,396	3,037.3
	カタール	-	-	-	624	648	3.8
	クウェート	100	-	-100.0	449	473	5.3
	カンボジア	-	-	-	195	363	86.2
	イスラエル	-	-	-	26	1,324	4992.3
	ジブチ	-	296	-	-	820	-
	エジプト	-	-	-	-	221	-
	オマーン	-	-	-	-	-	-
	その他	761	2,172	185.4	2,963	26,676	800.3
	計	50,706	49,715	-2.0	569,182	609,145	7.0

<続く>

		12月			1-12月		
		2022	2023	同期比	2022	2023	同期比
輸入	インド	967	568	-41.3	16,132	18,147	12.5
	ペルー	499	-	-100.0	3,675	6,054	64.7
	中国	-	-	-	1,112	57	-94.9
	カナダ	-	-	-	932	-	-100.0
	ミャンマー	-	-	-	898	920	2.4
	インドネシア	-	20	-	457	410	-10.3
	オーストラリア	-	-	-	229	1,564	583.0
	日本	101	-	-100.0	228	84	-63.2
	コンゴ	-	-	-	210	-	-100.0
	マレーシア	-	-	-	100	-	-100.0
	ベルギー	-	-	-	-	-	-
	メキシコ	-	-	-	-	-	-
	オランダ	-	-	-	-	-	-
	その他	-	673	-	87	1,450	1,566.7
	計	1,567	1,261	-19.5	24,060	28,686	19.2

注）輸出入：KOTIS統計資料基準。

出所：韓国非鉄金属協会

<表2-20> 国別アルミ塊輸出入実績(2023)　　　　　　　　　　　　　　　　(単位：トン, %)

			12月			1-12月		
			2022	2023	同期比	2022	2023	同期比
輸出	純塊 (7601. 10)	日本	39	20	-48.7	467	350	-25.1
		中国	-	-	-	299	57	-80.9
		ベトナム	27	721	2,570.4	120	912	660.0
		イタリア	-	-	-	50	-	-100.0
		メキシコ	-	-	-	6	81	1,250.0
		マレーシア	-	-	-	-	556	-
		カナダ	-	-	-	-	-	-
		その他	-	-	-	2	16	700.0
		小計	66	741	1,022.7	944	1,972	108.9
	合金塊 (7601. 20)	中国	7,050	6,060	-14.0	118,308	77,980	-34.1
		ベトナム	3,386	5,490	62.1	60,172	57,121	-5.1
		アメリカ	812	579	28.7	23,365	17,589	-24.7
		イタリア	-	-	-	16,915	9,814	-42.0
		スペイン	-	-	-	15,777	8,033	-49.1
		日本	1,227	1,765	43.8	11,681	16,811	43.9
		インドネシア	774	960	24.0	10,799	10,750	-0.5
		メキシコ	525	861	64.0	6,768	12,302	81.8
		インド	559	434	22.4	6,386	4,633	-27.5
		ケニア	323	50	84.5	5,091	2,913	-42.8
		タイ	371	621	67.4	4,815	6,055	25.8
		コスタリカ	224	-	100.0	1,726	2,525	46.3
		カタール	247	-	100.0	1,605	2,882	79.6
		ルクセンブルク	-	-	-	1,491	-	-100.0
		バングラデシュ	172	-	100.0	1,458	1,936	32.3
		フィリピン	-	-	-	1,308	1	-99.9
		ドイツ	-	-	-	1,293	-	-100.0
		オランダ	-	-	-	1,077	355	-67.0
		南アフリカ	49	51	4.1	1,030	1,282	24.5
		タンザニア	148	-	100.0	835	1,382	65.5
		クロアチア	-	-	-	61	-	-100.0
		オーストラリア	-	5	-	615	403	-34.5
		その他	164	558	240.2	3,240	8,318	156.7
		小計	16,031	17,434	8.8	296,386	243,085	18.0
		合計	16,097	18,175	12.9	297,330	245,057	17.8

<続く>

			12月			1-12月		
			2022	2023	同期比	2022	2023	同期比
輸入	純塊 (7601. 10)	インド	35,643	17,311	-51.4	523,633	324,905	-38.0
		オーストラリア	18,897	30,822	63.1	198,148	334,018	68.6
		マレーシア	6,991	10,015	43.3	142,010	126,385	-11.0
		ニュージーランド	3,626	3,934	146.4	53,334	80,019	50.0
		アラブ首長国連邦	3,590	739	-79.4	43,827	14,669	-66.5
		サウジアラビア	4,495	4,878	8.5	43,036	53,593	24.5
		ロシア	1,850	7,855	324.6	37,705	126,374	235.2
		バーレーン	1,100	139	-87.4	24,238	9,387	-61.3
		オマーン	-	-	-	4,571	1,733	-62.1
		カタール	1,006	200	-80.1	1,006	14,967	1,387.8
		インドネシア	-	1,499	-	600	4,375	629.2
		モザンビーク	-	-	-	489	-	-100.0
		中国	6	279	4,550.0	278	2,135	668.0
		日本	20	40	100.0	245	379	54.7
		メキシコ	-	-	-	188	-	-100.0
		南アフリカ共和国	43	-	-100.0	43	-	-100.0
		パキスタン	-	-	-	-	26	-
		テュルキエ(トルコ)	-	-	-	-	-	-
		台湾	-	-	-	-	19	-
		その他	-	191	-	22	628	2,754.5
		小計	77,267	82,902	7.3	1,073,373	1,093,612	1.9
	合金塊 (7601. 20)	ロシア	8,257	13,248	60.4	102,382	153,430	49.9
		カタール	9,541	6,880	-27.9	92,740	74,674	-19.5
		アラブ首長国連邦	4,859	4,811	-1.0	65,749	55,682	-15.3
		バーレーン	3,686	5,482	48.7	45,436	46,266	1.8
		オーストラリア	3,424	1,044	-69.5	37,085	17,636	-52.4
		中国	179	2,362	1,219.6	26,759	20,880	-22.0
		ニュージーランド	4,295	1,936	-54.9	22,993	22,325	-2.9
		インド	206	2,028	884.5	15,608	35,578	127.9
		マレーシア	1,192	221	-81.5	11,540	2,930	-74.6
		ドイツ	16	-	-100.0	8,872	4	-100.0
		日本	55	222	303.6	5,853	1,851	-68.4
		ベトナム	160	367	129.4	4,346	1,516	-65.1
		アメリカ	619	59	-90.5	2,743	1,545	-43.7
		台湾	149	197	32.2	2,150	2,003	-6.8
		スウェーデン	-	-	-	387	-	-100.0
		インドネシア	-	-	-	333	22	-93.4
		ナイジェリア	-	-	-	275	55	-80.0
		ラトビア	-	-	-	219	-	-100.0
		スペイン	-	-	-	173	-	-100.0
		ベネズエラ	-	-	-	109	27	-75.2

〈続く〉

		12月			1-12月		
		2022	2023	同期比	2022	2023	同期比
	その他	38	219	476.3	496	2,879	480.4
	小計	36,676	39,076	6.5	446,248	439,303	-1.6
	合計	113,943	121,978	7.1	1,519,621	1,532,915	0.9

注) 輸出入：KOTIS統計資料基準。

出所：韓国非鉄金属協会

<表2-21> 国別アルミ板輸出入実績(2023) (単位：トン, %)

		12月			1-12月		
		2022	2023	同期比	2022	2023	同期比
輸出	中国	10,963	10,998	0.3	185,909	180,530	-2.9
	アメリカ	4,104	10,003	143.7	106,260	96,304	-9.4
	ベトナム	2,988	3,942	31.9	60,300	61,713	2.3
	テュルキエ(トルコ)	4,623	3,429	-25.8	46,503	37,339	-19.7
	日本	2,616	2,740	4.7	39,739	40,080	0.9
	メキシコ	3,587	2,909	-18.9	36,271	30,649	-15.5
	インド	2,144	2,708	26.3	35,203	32,882	-6.6
	オーストラリア	3,136	2,461	-21.5	29,679	31,568	6.4
	南アフリカ	3,509	1,667	-52.5	16,218	10,601	-34.6
	スペイン	21	-	-100.0	14,058	-	-100.0
	インドネシア	339	1,098	223.9	13,700	9,722	-29.0
	ナイジェリア	1,837	2,457	33.8	13,563	20,228	49.1
	アラブ首長国連邦	1,199	1,657	38.2	10,998	14,805	34.6
	タイ	1,106	453	-59.0	10,649	5,624	-47.2
	ハンガリー	842	1,653	96.3	10,251	12,792	24.8
	ニュージーランド	636	378	-40.6	7,533	6,377	-15.3
	コロンビア	931	239	-74.3	5,602	2,625	0.4
	パキスタン	851	4	-99.5	5,437	7,060	29.9
	カンボジア	75	196	161.3	3,591	2,666	-25.8
	台湾	294	311	5.8	3,300	3,751	13.7
	クウェート	295	-	-100.0	2,799	812	-71.0
	スリランカ	327	422	29.1	2,366	4,079	72.4
	マレーシア	105	218	107.6	2,107	2,816	33.6
	その他	961	449	-53.3	13,796	16,250	17.8
	小計	47,489	50,392	6.1	675,832	634,273	-6.1

<続く>

		12月			1-12月		
		2022	2023	同期比	2022	2023	同期比
輸入	中国	19,419	19,528	0.6	311,545	241,050	-22.6
	アメリカ	1,531	1,728	12.9	15,973	21,989	37.7
	日本	1,400	961	-31.4	12,089	11,267	-6.8
	ドイツ	624	468	-25.0	6,734	6,461	-4.1
	スイス	467	-	-100.0	5,889	1,677	-71.5
	タイ	297	607	104.4	4,410	4,000	-9.3
	ロシア	438	81	-81.5	3,976	2,093	-47.4
	フランス	252	366	45.2	1,996	3,538	77.3
	台湾	80	269	236.3	1,534	2,383	55.3
	オーストリア	31	64	106.5	1,333	1,080	-19.0
	南アフリカ共和国	86	110	27.9	1,057	1,005	-4.9
	インド	240	511	112.9	969	4,336	347.5
	イギリス	100	141	41.0	930	1,141	22.7
	イタリア	94	235	150.0	537	743	38.4
	香港	42	-	-100.0	379	126	-66.8
	ベトナム	4	17	325.0	345	187	-45.8
	スペイン	76	40	-47.4	278	210	-24.5
	その他	93	97	4.3	1,007	945	-6.2
	小計	25,274	25,223	-0.2	370,981	304,231	-18.0

注) 輸出入：KOTIS統計資料基準。

出所：韓国非鉄金属協会

<表2-22> 国別アルミ箔輸出入実績(2023)　　　　　　　　　　　　　　　　　　(単位：トン, %)

		12月			1-12月		
		2022	2023	同期比	2022	2023	同期比
輸出	アメリカ	2,286	1,932	-15.5	38,041	20,152	-47.0
	中国	979	535	-45.4	13,329	9,569	-28.2
	ポーランド	857	654	-23.7	6,509	8,724	34.0
	インド	144	103	-28.5	3,510	1,454	-58.6
	ドイツ	215	233	8.4	3,111	2,303	-26.0
	イタリア	299	6	-98.0	3,083	1,386	-55.0
	バングラデシュ	214	141	-34.1	3,050	2,102	-31.1
	ハンガリー	502	297	-40.8	2,631	5,567	111.6
	テュルキエ(トルコ)	454	297	-34.6	2,455	3,368	37.2
	オーストラリア	101	121	19.8	2,300	1,341	-41.7
	マレーシア	165	101	-38.8	1,863	1,689	-9.3
	インドネシア	105	47	-55.2	1,722	940	-45.4
	ベトナム	109	76	-30.3	1,480	1,571	6.1
	日本	124	128	3.2	1,432	1,590	11.0
	スロベニア	76	184	152.1	1,203	1,490	23.9
	台湾	49	95	93.9	988	1,309	32.5
	カナダ	167	-	-100.0	960	3	-99.7
	ブラジル	-	5	-	821	142	-82.7
	クロアチア	-	-	-	793	6	-99.2
	タイ	41	45	9.8	708	493	-30.4
	その他	157	211	34.4	2,898	3,075	6.1
	小計	7,042	5,211	-26.0	92,887	68,274	-26.5

<続く>

3章 鉄・非鉄金属産業

		12月			1-12月		
		2022	2023	同期比	2022	2023	同期比
輸入	中国	4,743	4,729	-0.3	74,635	64,843	-13.1
	日本	131	59	-55.0	1,906	1,215	-36.3
	タイ	167	158	-5.4	1,096	2,323	112.0
	ドイツ	28	39	39.3	927	594	-35.9
	パキスタン	41	-	-100.0	776	405	-47.8
	マレーシア	46	34	-26.1	692	653	-5.6
	台湾	15	21	40.0	359	257	-28.4
	アメリカ	8	94	1075.0	151	400	164.9
	オーストリア	-	-	-	126	255	102.4
	フィリピン	13	9	-30.8	126	117	-7.1
	ベトナム	28	40	42.9	113	274	142.5
	インド	1	1	0.0	64	35	-45.3
	チェコ	-	-	-	58	11	-81.0
	フランス	4	-	-100.0	54	43	-20.4
	クロアチア	-	1	-	37	5	-86.5
	香港	-	-	-	24	27	12.5
	ポーランド	-	5	-	19	17	-10.5
	その他	3	3	0.0	50	146	192.0
	小計	5,228	5,193	-0.7	81,213	71,620	-11.8

注) 輸出入：KOTIS統計資料基準。

出所：韓国非鉄金属協会

<表2-23> 国別アルミ棒輸出入実績(2023)　　　　　　　　　　　　　　　　　　　　　　（単位：トン, %）

		12月			1-12月		
		2022	2023	同期比	2022	2023	同期比
輸出	ベトナム	843	1,523	80.7	9,318	10,878	16.7
	ポーランド	543	290	-46.6	5,455	5,605	2.7
	マレーシア	129	210	62.8	4,492	4,910	9.3
	アメリカ	474	556	17.3	4,033	6,949	72.3
	インド	300	308	2.7	3,688	4,829	30.9
	北マケドニア	284	-	-100.0	2,434	1,350	-44.5
	中国	177	190	7.3	2,219	2,061	-7.1
	日本	256	197	-23.0	2,198	2,400	9.2
	タイ	123	164	33.3	1,979	2,045	3.3
	メキシコ	94	117	24.5	1,450	1,315	-9.3
	ドイツ	52	64	23.1	848	1,131	33.4
	台湾	60	13	-78.3	798	401	-49.7
	フィリピン	20	11	-45.0	393	334	-15.0
	オーストラリア	40	17	-57.5	285	300	5.3
	フランス	33	32	-3.0	279	348	24.7
	パキスタン	13	24	84.6	270	100	-63.0
	オランダ	17	35	105.9	239	262	9.6
	イギリス	4	7	75.0	199	228	14.6
	カナダ	11	44	300.0	115	226	96.5
	ロシア	14	9	-35.7	95	148	60.9
	その他	18	22	22.2	394	497	26.1
	計	3505	3,833	9.4	41,178	46,317	12.5
輸入	中国	877	1,365	55.6	10,928	15,995	46.4
	ベトナム	178	426	138.8	3,391	3,443	1.5
	アメリカ	334	264	-21.0	2,502	5,015	100.4
	ドイツ	185	15	-91.9	1,566	1,173	-25.1
	日本	44	42	-4.5	722	628	-13.0
	ロシア	23	-	-100.0	378	64	-83.1
	マレーシア	20	39	95.0	343	258	-24.8
	オランダ	12	-	-100.0	176	135	-23.3
	ブラジル	41	-	-100.0	116	46	-60.3
	フランス	6	-	-100.0	106	56	-47.2
	デンマーク	4	-	-100.0	82	6	-92.7
	ルーマニア	10	86	760.0	78	202	159.0
	台湾	6	1	83.3	67	98	46.3
	タイ	-	10	-	22	90	309.1
	テュルキエ(トルコ)	-	-	-	14	3	-78.6
	イタリア	1	-	-100.0	14	10	-28.6
	カナダ	-	-	-	10	7	-30.0
	その他	-	1	-	90	65	-27.8
	計	1,741	2,248	29.1	20,605	27,294	32.5

注) 輸出入：KOTIS統計資料基準。

出所：韓国非鉄金属協会

<表2-24> 国別アルミ線輸出入実績(2023)　　　　　　　　　　　　　　　　（単位：トン，%）

		12月			1-12月		
		2022	2023	同期比	2022	2023	同期比
輸出	タイ	139	23	-83.5	1,944	643	-66.9
	中国	155	77	-50.3	1,507	818	-45.7
	フィリピン	107	20	-81.3	1,254	1,680	34.0
	マレーシア	30	31	3.3	540	540	0.0
	ベトナム	44	6	-86.4	290	301	3.8
	オーストリア	-	-	-	215	243	13.0
	日本	4	20	400.0	134	184	37.3
	イスラエル	-	-	-	77	40	-48.1
	インド	19	38	100.0	75	383	410.7
	イタリア	-	-	-	41	-	-100.0
	台湾	1	2	100.0	37	52	40.5
	インドネシア	-	4	-	15	6	-60.0
	ドイツ	-	-	-	8	3	-62.5
	アメリカ	-	1	-	6	21	250.0
	タンザニア	-	598	-	-	8,941	-
	香港	-	-	-	-	-	-
	オーストラリア	-	-	-	-	1	-
	その他	6	-	-100.0	28	153	446.4
	計	505	820	62.4	6,171	14,009	127.0
輸入	ロシア	191	113	-40.8	2,578	4,843	87.9
	中国	223	82	-63.2	2,299	2,311	0.5
	日本	95	201	111.6	1,582	1,672	5.7
	マレーシア	4	52	1,200.0	952	484	-49.2
	アラブ首長国連邦	-	-	-	748	-	-100.0
	イギリス	59	59	0.0	557	276	-50.4
	バーレーン	-	-	-	507	2	-99.6
	ベトナム	41	20	-51.2	390	331	-15.1
	オランダ	-	61	-	354	372	5.1
	タイ	-	52	-	336	1,325	294.3
	アメリカ	36	5	-86.1	296	35	-71.3
	インド	-	22	-	293	342	16.7
	カナダ	10	36	260.0	143	77	-46.2
	フランス	10	14	40.0	143	162	13.3
	ブラジル	-	-	-	72	-	-100.0
	インドネシア	-	16	-	33	64	68.4
	イタリア	2	13	550.0	29	51	75.9
	ドイツ	-	-	-	2	7	250.0
	その他	2	-	-100.0	115	98	-14.8
	計	673	746	10.8	11,434	12,502	9.3

注) 輸出入：KOTIS統計資料基準。

出所：韓国非鉄金属協会

<表2-25> 国別アルミ建材輸出入実績(2023) (単位：トン, %)

		12月			1-12月		
		2022	2023	同期比	2022	2023	同期比
輸出	アメリカ	1,097	803	-26.8	9,447	8,794	-6.9
	日本	369	182	-50.7	4,154	3,084	-25.8
	ベトナム	96	119	24.0	4,025	2,587	-35.7
	カナダ	287	265	-7.7	3,695	3,166	-14.3
	タイ	125	70	-44.0	1,818	1,378	-24.2
	メキシコ	161	55	-65.8	1,542	1,273	-17.4
	マレーシア	75	120	60.0	1,092	2,732	150.2
	サウジアラビア	103	1	-99.0	919	1,032	12.3
	パキスタン	4	3	-25.0	843	396	-53.0
	オーストラリア	25	16	-36.0	727	262	-64.0
	フィリピン	19	10	-47.4	625	164	-73.8
	台湾	10	7	-30.0	378	718	89.9
	チェコ	-	-	-	293	71	-75.8
	アイルランド	20	-	-100.0	280	234	-16.4
	中国	2	37	1,750.0	217	331	52.5
	ドイツ	19	20	5.3	212	189	-10.8
	インド	13	18	38.5	211	167	-20.9
	バングラデシュ	-	-	-	203	173	-14.8
	カンボジア	-	-	-	177	6	-96.6
	イスラエル	-	3	-	111	1,073	866.7
	モンゴル	33	-	-100.0	109	20	-81.7
	グアム	-	-	-	92	149	62.0
	インドネシア	4	-	-100.0	76	286	276.3
	イタリア	18	-	-100.0	59	362	513.6
	スロベニア	33	-	-100.0	33	47	42.4
	ロシア	-	-	-	23	1	-95.7
	その他	50	184	268.0	780	1,015	30.1
	計	2,563	1,913	-25.4	32,141	29,710	-7.6

<続く>

		12月			1-12月		
		20222	2023	同期比	2022	2023	同期比
輸入	ベトナム	1,394	1,238	-11.2	14,774	14,232	-3.7
	中国	404	648	60.4	4,561	6,116	34.1
	日本	181	63	-65.2	1,560	1,279	-18.0
	ポーランド	1	1	0.0	447	83	-81.4
	アメリカ	8	3	-62.5	198	80	-59.6
	スペイン	86	-	-100.0	98	8	-91.8
	台湾	-	-	-	57	90	57.9
	イタリア	2	1	-50.0	55	51	-7.3
	テュルキエ(トルコ)	2	-	-100.0	38	40	5.3
	ドイツ	2	5	150.0	32	104	225.0
	ポルトガル	-	-	-	31	16	-48.4
	デンマーク	-	-	-	21	3	-85.7
	ギリシャ	-	-	-	18	9	-50.0
	インド	6	-	-100.0	17	128	652.9
	オランダ	-	-	-	12	4	-66.7
	その他	8	3	-62.5	70	66	-5.7
	計	2,094	1,962	-6.3	21,989	22,309	1.5

注) 輸出入：KOTIS統計資料基準。

出所：韓国非鉄金属協会

<表2-26> 国別アルミ家庭用品輸出入実績(2023) (単位：トン, %)

		12月			1-12月		
		2022	2023	同期比	2022	2023	同期比
輸出	日本	306	268	-12.4	4,250	3,455	-18.7
	台湾	178	113	-36.5	1,229	916	-25.5
	アメリカ	121	90	-25.6	1,103	1,110	0.6
	中国	127	59	-53.5	963	700	-27.3
	サウジアラビア	111	125	12.6	765	702	-8.2
	香港	113	68	-39.8	646	516	-20.1
	カナダ	25	16	-36.0	243	293	20.6
	テュルキエ(トルコ)	112	60	-46.4	231	798	245.5
	ベトナム	24	9	-62.5	226	169	-25.2
	パキスタン	18	40	122.2	211	185	-12.3
	フィリピン	4	6	50.0	206	232	12.6
	インドネシア	29	8	-72.4	182	96	-47.3
	タイ	16	15	-6.3	150	89	-40.7
	オーストラリア	7	10	42.9	113	98	-13.3
	クウェート	16	8	-50.0	109	134	22.9
	エジプト	14	-	-100.0	107	56	-47.7
	チリ	-	-	-	94	3	-96.8
	アラブ首長国連邦	-	69	-	91	166	82.4
	メキシコ	19	10	-47.4	86	62	-27.9
	マレーシア	13	20	53.8	77	59	-23.4
	ブラジル	19	24	26.3	71	97	36.6
	モンゴル	4	3	-25.0	47	46	-2.1
	その他	30	25	-16.7	435	372	-14.5
	計	1,306	1,046	-19.9	11,635	10,354	-11.0
輸入	中国	703	815	15.9	7,799	8,746	12.1
	フランス	212	126	-40.6	1,946	1,570	-19.3
	ベトナム	114	120	5.3	1,256	1,426	13.5
	イタリア	64	24	-62.5	524	277	-47.1
	イギリス	34	16	-52.9	340	330	-2.9
	ドイツ	34	6	-82.4	337	108	-68.0
	タイ	4	7	75.0	46	33	-28.3
	日本	4	1	-75.0	37	38	2.7
	アメリカ	1	-	-100.0	20	11	-45.0
	ルーマニア	-	-	-	15	14	-6.7
	デンマーク	-	3	-	10	8	-20.0
	ブラジル	-	-	-	9	-	-100.0
	台湾	1	-	-100.0	7	2	-71.4
	スウェーデン	-	-	-	6	2	-66.7
	インド	-	1	-	4	4	0.0
	その他	2	-	-100.0	10	13	30.0
	計	1,173	1,119	-4.6	12,366	12,582	1.7

注) 輸出入：KOTIS統計資料基準。

出所：韓国非鉄金属協会

<表2-27> 国別ニッケル塊輸出入実績(2023)　　　　　　　　　　　　　　　　(単位：トン, %)

		12月			1-12月		
		2022	2023	同期比	2022	2023	同期比
輸出	中国	40	-	-100.0	1,611	11	-99.3
	インド	100	120	20.0	567	1,077	89.9
	ベトナム	25	22	-12.0	520	150	-71.2
	日本	10	10	0.0	344	62	-82.0
	アメリカ	198	-	-100.0	198	1,296	554.5
	パキスタン	10	18	80.0	61	174	185.2
	フィリピン	4	1	-75.0	16	25	56.3
	インドネシア	-	1	-	13	23	76.9
	台湾	-	-	-	2	1	-50.0
	オランダ	-	-	-	-	850	-
	オーストラリア	-	-	-	-	-	-
	マレーシア	-	-	-	-	-	-
	イギリス	-	-	-	-	-	-
	エジプト	-	-	-	-	-	-
	その他	-	-	-	20	456	2,180.0
	計	387	172	-55.6	3,352	4,125	23.1
輸入	オーストラリア	960	382	-60.2	10,498	10,477	-0.2
	カナダ	776	408	-47.4	6,878	4,382	-36.3
	フィンランド	336	774	130.4	6,284	6,994	11.3
	ノルウェー	362	143	-60.5	5,443	3,336	-38.7
	マダガスカル	40	572	1,330.0	3,662	8,112	121.5
	南アフリカ共和国	144	36	-75.0	1,116	638	-42.8
	日本	62	149	140.3	418	1,708	308.6
	ベルギー	15	5	-66.7	156	117	-25.0
	イギリス	12	7	-41.7	126	151	19.8
	中国	40	-	-100.0	47	19	-59.6
	インド	2	15	650.0	32	95	196.9
	アメリカ	2	-	-100.0	26	6	-76.9
	ベトナム	1	-	-100.0	1	201	20,000.0
	フランス	-	-	-	-	-	-
	ロシア	-	-	-	-	-	-
	その他	11	-	-100.0	13	6	-53.8
	計	2,763	2,491	-9.8	347,000	36,242	4.4

注) 輸出入：KOTIS統計資料基準。

出所：韓国非鉄金属協会

<表2-28> 国別マグネシウム塊輸出入実績(2023) (単位：トン，%)

		12月			1-12月		
		2022	2023	同期比	2022	2023	同期比
輸出	アメリカ	778	395	-49.2	4,979	50,41	1.2
	日本	-	30	-	137	30	-78.1
	ベトナム	-	-	-	102	180	76.5
	オランダ	-	-	-	99	-	-100.0
	台湾	-	-	-	60	63	5.0
	中国	-	-	-	22	6	-72.7
	パキスタン	19	-	-100.0	19	73	284.2
	ブラジル	-	-	-	-	-	-
	インド	-	-	-	-	-	-
	テュルキエ(トルコ)	-	-	-	-	21	-
	その他	1	-	-100.0	2	7	250.0
	計	798	425	-46.7	5,420	5,421	0.0
輸入	中国	2,367	2,094	-11.5	21,704	21,024	-3.1
	香港	-	-	-	140	-	-100.0
	ベトナム	87	-	-100.0	87	-	-100.0
	日本	-	-	-	38	19	-50.0
	台湾	-	-	-	7	20	185.7
	アメリカ	-	-	-	6	14	133.3
	テュルキエ(トルコ)	-	-	-	-	-	-
	ドイツ	-	-	-	-	-	-
	タイ	-	-	-	-	-	-
	その他	-	-	-	3	-	-100.0
	計	2,454	2,094	-14.7	21,985	21,077	-4.1

注) 輸出入：KOTIS統計資料基準。

出所：韓国非鉄金属協会

4章 輸送機械

4장 輸送機械

1. 自動車

1) 自動車登録現況

<表1-1> 年度別自動車登録推移　　　　　　　　　　　　　　　　　　　　　（単位：台）

年度 \ 区分	乗用	乗合	貨物	特装	計
2010	13,631,769	1,049,725	3,203,808	56,054	17,941,356
2011	14,136,478	1,015,391	3,226,421	59,083	18,437,373
2012	14,577,193	986,833	3,243,924	62,583	18,870,533
2013	15,078,354	970,805	3,285,707	65,998	19,400,864
2014	15,747,171	947,012	3,353,683	70,089	20,117,955
2015	16,561,665	920,320	3,432,937	74,963	20,989,885
2016	17,338,160	892,539	3,492,173	80,479	21,803,351
2017	18,034,540	867,522	3,540,323	85,910	22,528,295
2018	18,676,924	843,794	3,590,939	90,898	23,202,555
2019	19,177,517	811,799	3,592,586	95,464	23,677,366
2020	19,860,955	783,842	3,615,245	105,937	24,365,979
2021	20,410,648	749,968	3,631,975	118,510	24,911,101
2022	20,952,759	723,961	3,696,317	130,041	25,503,078
2023	21,390,202	694,574	3,726,400	138,025	25,949,201

出所：国土交通部

<表1-2> 地域別・用途別自動車登録現況 (単位：台)

	乗用	乗合	貨物	特装	計
ソウル	2,776,116	91,067	312,590	11,389	3,191,162
釜山	1,292,329	36,727	186,422	12,270	1,527,748
大邱	1,063,558	27,334	162,057	5,071	1,258,020
仁川	1,479,450	39,839	202,295	9,255	1,730,839
光州	608,506	17,261	93,516	3,973	723,256
大田	615,253	17,304	87,027	3,790	723,374
蔚山	509,101	12,957	73,579	3,629	599,266
世宗	175,842	4,115	17,316	837	198,110
京畿	5,453,454	183,055	856,364	30,225	6,525,098
江原	736,525	27,081	166,422	6,241	936,269
忠北	984,793	37,621	235,441	7,591	1,245,446
忠南	763,156	29,395	194,252	5,713	992,516
全北	947,466	36,861	256,877	9,182	1,250,386
全南	1,155,680	43,557	324,156	10,538	1,533,931
慶北	1,585,602	47,684	299,730	10,833	1,943,849
慶南	594,139	17,239	89,721	2,192	703,291
済州	669,232	25,477	166,635	5,296	866,640
計	21,390,202	694,574	3,726,400	138,025	25,949,201

注) 2023.12

出所：国土交通部

<表1-3> 用途別・年度別自動車登録推移 (単位：台)

年度 \ 区分	計	自家用	営業用	官用
2013	19,400,864	18,202,292	1,125,791	72,781
2014	20,117,955	18,829,793	1,212,799	75,363
2015	20,989,885	19,622,569	1,289,759	77,557
2016	21,803,351	20,345,309	1,377,666	80,376
2017	22,528,295	20,984,258	1,458,276	85,761
2018	23,202,555	21,539,573	1,572,882	90,100
2019	23,677,366	20,908,362	1,676,707	92,297
2020	24,365,979	22,521,686	1,750,336	93,957
2021	34,911,101	22,986,733	1,828,419	95,949
2022	25,503,078	23,502,344	1,902,880	97,854
2023	25,949,201	23,926,262	1,923,429	99,510

出所：国土交通部

<表1-4> 地域別輸入自動車登録現況 　　　　　　　　　　　　　　　　　（単位：台）

	乗用	乗合	貨物	特装	計
ソウル	659,020	2,697	6,631	1,870	670,218
釜山	266,927	813	3,898	5,890	277,528
大邱	196,863	956	2,718	1,300	201,837
仁川	289,992	1,099	4,297	3,076	298,464
光州	81,518	596	1,751	1,132	84,997
大田	77,135	726	1,899	930	80,690
蔚山	40,918	315	1,712	1,274	44,219
世宗	27,085	287	489	255	28,116
京畿	869,622	7,936	19,387	6,692	903,637
忠北	76,307	945	3,116	2,006	82,374
忠南	94,653	1,310	4,508	1,971	102,442
全北	82,866	752	3,330	1,394	88,342
全南	75,776	851	3,868	3,663	84,158
慶北	100,813	1,387	4,935	3,327	110,462
慶南	193,084	1,386	5,013	3,531	203,014
済州	48,274	443	1,574	222	5,513
江原	68,499	990	3,541	1,060	74,090
計	3,249,352	23,489	72,667	39,593	3,385,101

注) 2023.12

出所：国土交通部

<表1-5> 年度別・使用燃料別自動車登録推移　　　　　　　　　　　　　　　　　　　　（単位：台）

使用燃料 年度	ガソリン	軽油	LPG	ハイブリッド	電気	その他燃料	総計
2009	8,556,488	6,284,554	2,390,962	10,742	0	82,464	17,325,210
2010	8,907,069	6,483,423	2,443,575	19,167	66	88,056	17,941,356
2011	9,170,450	6,704,991	2,429,298	38,482	344	93,808	18,437,373
2012	9,276,235	7,001,950	2,415,485	75,003	860	101,000	18,870,533
2013	9,399,738	7,395,739	2,391,988	103,580	1,464	108,355	19,400,864
2014	9,587,351	7,938,627	2,336,656	137,522	2,775	115,024	20,117,955
2015	9,627,173	8,622,179	2,257,447	174,620	5,712	302,754	20,989,885
2016	10,092,399	9,170,456	2,167,094	233,216	10,855	129,331	21,803,351
2017	10,369,752	9,576,395	2,104,675	313,856	25,108	138,509	22,528,295
2018	10,629,296	9,929,537	2,035,403	405,084	55,756	147,479	23,202,555
2019	10,960,779	9,957,543	2,004,730	506,047	89,918	115,112	23,634,129
2020	11,410,484	9,992,124	1,979,407	674,461	134,962	174,541	24,365,979
2021	11,759,565	9,871,951	1,945,674	908,240	231,443	194,228	24,911,101
2022	12,069,043	9,758,173	1,904,860	1,170,507	389,855	210,640	25,503,078
2023	12,314,186	9,500,164	1,832,535	1,542,132	543,900	216,284	25,949,201

出所：国土交通部

<表1-6> 排気量別・地域別乗用車登録現況 (単位：台)

市道＼排気量	1000未満	1000以上1600未満	1600以上2000未満	2000以上2500未満	2500以上	低速電気自動車	電気自動車	計
ソウル	178,820	564,108	1,010,851	449,925	507,998	45	64,369	2,776,116
釜山	104,582	275,156	455,868	209,133	218,003	18	29,569	1,292,329
大邱	91,223	223,716	381,258	161,489	181,374	19	24,479	1,063,558
仁川	152,968	348,555	479,452	235,834	227,341	25	35,275	1,479,450
光州	43,888	138,811	224,812	93,750	96,550	13	10,682	608,506
大田	62,870	156,241	211,294	90,058	79,011	44	15,735	615,253
蔚山	61,616	128,115	153,240	86,628	71,297	9	8,196	509,101
世宗	17,551	44,911	59,829	28,739	20,430	3	4,379	175,842
京畿	553,446	1,336,229	1,844,575	877,078	749,201	154	92,771	5,453,454
江原	84,026	188,953	240,725	109,964	97,408	56	15,393	736,525
忠北	107,956	241,346	313,992	150,049	133,462	34	17,954	964,793
忠南	66,361	185,842	273,127	117,008	106,232	5	14,581	763,156
全北	90,167	236,023	302,119	168,349	131,329	29	19,450	947,466
全南	140,213	271,043	385,169	173,152	169,265	33	16,805	1,155,680
慶北	194,701	368,892	514,695	249,119	228,908	20	29,267	1,585,602
慶南	58,462	149,456	143,030	130,092	82,452	79	30,568	594,139
済州	92,319	173,440	210,711	99,210	78,926	66	14,560	669,232
合計	2,101,169	5,030,837	7,204,747	3,429,577	3,179,187	652	444,033	21,390,202

注) 2023年12月基準。

出所：国土交通部

<表1-7> 車種別・市道別自動車抹消(自発的)登録現況(累計)　　　　　　　　　　　（単位：台）

	乗用	乗合	貨物	特装	計
ソウル	115,597	6,259	14,448	449	136,753
釜山	50,809	2,470	9,062	529	62,870
大邱	49,194	1,637	7,311	100	58,242
仁川	70,374	3,479	9,669	343	83,865
光州	28,626	1,261	4,507	118	34,512
大田	29,444	1,278	4,462	125	35,309
蔚山	21,206	916	3,543	133	25,798
世宗	12,654	301	932	13	13,900
京畿	329,374	16,147	45,552	735	391,808
忠北	35,236	1,891	6,293	201	45,621
忠南	49,399	2,905	12,558	198	65,060
全北	39,670	2,448	10,768	194	53,080
全南	51,054	2,964	12,478	394	66,890
慶北	56,613	3,117	17,663	384	77,777
慶南	71,018	3,690	16,294	440	91,442
済州	16,242	847	4,039	42	21,170
江原	33,762	2,183	10,142	126	46,213
計	1,060,272	53,793	191,721	4,524	1,310,310

注) 2023.12

出所：国土交通部

〈表1-8〉地域別・事由別自動車移転登録現況(累計) 　　　　　　　　　　　　(単位：台)

	業者売買	当事者売買	贈与	相続	嘱託	その他	合計
ソウル	238,203	156,573	40	7,509	867	841	404,033
釜山	131,100	69,686	14	3,143	415	433	204,791
大邱	161,354	60,181	29	2,782	483	413	225,242
仁川	148,043	78,271	13	2,724	954	433	228,438
光州	88,858	41,468	9	1,664	401	467	132,867
大田	83,612	37,843	8	1,631	234	105	123,433
蔚山	50,563	30,297	6	1,343	118	67	82,394
世宗	19,596	9,140	10	435	51	23	29,255
京畿	875,162	358,377	81	13,469	2,245	1,299	1,250,633
忠北	79,527	48,240	74	2,183	260	614	130,898
忠南	97,510	67,572	28	2,898	431	245	168,684
全北	83,543	55,055	18	2,580	552	240	141,988
全南	62,110	59,802	53	2,545	379	141	125,030
慶北	101,102	82,762	287	3,918	737	219	189,025
慶南	146,949	97,485	330	4,038	1,030	421	250,253
済州	21,613	25,237	10	905	135	1,069	48,969
江原	53,059	45,818	156	2,433	399	271	102,136
計	2,439,904	1,323,807	1,166	56,200	9,691	7,301	3,838,069

注) 2023.12

出所：国土交通部

<表1-9> 市道別・用途別二輪自動車使用申告現況　　　　　　　　　　　　　　　　（単位：台）

市道	官用				
	小計	軽型	小型	中型	大型
ソウル	4,283	293	757	3,051	182
釜山	1,182	67	148	922	45
大邱	1,112	111	212	751	38
仁川	906	13	112	749	32
光州	463	21	39	393	10
大田	543	35	74	421	13
蔚山	398	57	43	287	11
世宗	106	5	7	86	8
京畿	4,468	138	711	3,474	145
忠北	1,051	61	201	748	41
忠南	1,635	153	398	1,036	48
全北	1,218	49	263	876	30
全南	1,788	93	508	1,147	40
慶北	1,803	74	355	1,316	58
慶南	1,754	101	215	1,398	40
済州	491	128	94	244	25
江原	933	53	55	786	39
合計	24,134	1,452	4,192	17,685	805

市道	自家用				
	小計	軽型	小型	中型	大型
ソウル	418,954	16,387	110,578	248,646	43,343
釜山	134,140	5,413	31,710	84,526	12,491
大邱	119,374	8,062	45,224	56,759	9,329
仁川	83,622	3,807	26,286	44,235	9,294
光州	36,042	1,563	11,612	19,448	3,419
大田	40,390	2,691	11,381	21,430	4,888
蔚山	64,343	2,544	10,332	45,867	5,600
世宗	11,289	659	4,447	5,030	1,153
京畿	430,795	16,664	132,233	230,027	51,871
忠北	86,785	5,169	37,212	38,492	5,912
忠南	126,964	7,079	55,461	56,146	8,278
全北	97,975	5,306	48,753	39,181	4,735
全南	109,472	6,082	53,273	45,566	4,551
慶北	178,195	11,753	80,546	76,679	9,217
慶南	155,881	8,759	51,397	84,515	11,210
済州	33,133	5,402	10,743	14,529	2,459
江原	62,253	4,429	21,185	31,142	5,498
合計	2,189,607	111,769	742,373	1,142,217	193,248

<続く>

市道	計				
	小計	軽型	小型	中型	大型
ソウル	423,237	16,680	111,335	251,697	43,525
釜山	135,322	5,480	31,858	85,448	12,536
大邱	120,486	8,173	45,436	57,510	9,367
仁川	84,528	3,820	26,398	44,984	9,326
光州	36,505	1,584	11,651	19,841	3,429
大田	40,933	2,726	11,455	21,851	4,901
蔚山	64,741	2,601	10,375	46,154	5,611
世宗	11,395	,664	4,454	5,116	1,161
京畿	435,263	16,802	132,944	233,501	52,016
忠北	87,836	5,230	37,413	39,240	5,953
忠南	128,599	7,232	55,859	57,182	8,326
全北	99,193	5,355	49,016	40,057	4,765
全南	111,260	6,175	53,781	46,713	4,591
慶北	179,998	11,827	80,901	77,995	9,275
慶南	157,635	8,860	51,612	85,913	11,250
済州	33,624	5,530	10,837	14,773	2,484
江原	63,186	4,482	21,240	31,927	5,537
合計	2,213,741	113,221	746,565	1,159,902	194,053

注) 2023年12月基準。

出所：国土交通部

<表1-10> 年度別自動車リコール推移　　　　　　　　　　　　　　　　（単位：台）

製造別 年度	国産		輸入		合計	
	件数	対象台数	件数	対象台数	件数	対象台数
2014	32	733,175	402	136,633	434	869,808
2015	33	785,045	470	247,861	503	1,032,906
2016	55	404,258	522	222,014	577	626,272
2017	65	1,673,732	767	301,940	832	1,975,672
2018	34	2,021,328	249	621,668	283	2,642,996
2019	45	1,391,061	245	618,049	290	2,009,110
2020	46	1,520,863	212	690,862	258	2,211,725
2021	45	1,564,823	262	1,090,292	307	2,655,115
2022	60	2,647,153	236	600,143	296	3,248,296

注) 無償修理を含まない。

出所：国土交通部

<表1-11> 市道別自動車管理事業者現況　　　　　　　　　　　　　　　　　　　　　　（単位：事業所）

業種\市道	整備業 総合	整備業 小型	整備業 専門	整備業 原動機	整備業 小計	売買業	解体再活用業	性能点検業	指定整備士業
合計	4,425	2,206	29,311	250	36,192	6,278	557	531	1,803
ソウル	162	313	2,772	4	3,251	507	0	29	54
釜山	162	186	1,446	11	1,805	405	9	36	85
大邱	151	129	1,457	15	1,752	635	12	53	80
仁川	267	131	1,316	7	1,721	257	6	18	72
光州	211	56	1,086	9	1,362	262	8	15	51
大田	136	38	946	6	1,126	276	6	13	45
蔚山	115	61	726	8	910	196	10	8	51
京畿	1,181	643	7,439	67	9,330	1,338	155	115	439
江原	196	99	1,239	4	1,538	220	31	30	106
忠北	228	53	1,162	12	1,455	238	32	10	6
忠南	321	79	1,720	20	2,140	360	39	24	142
全北	272	54	1,411	10	1,747	306	47	13	114
全南	260	79	1,484	7	1,830	248	49	58	137
慶北	314	109	2,153	30	2,606	372	74	45	184
慶南	352	156	2,460	34	3,002	569	63	58	178
済州	78	13	387	6	484	84	11	6	50
世宗	19	7	107	-	133	5	5	3	9

注）2023. 9月末現在。

出所：国土交通部

2) 自動車産業

<表1-12> 年度別自動車需給動向　　　　　　　　　　　　　　　　　　　　　　　　（単位：台，千ドル）

	生産	販売 計	販売 内需	販売 OEM	販売 輸出 数量	販売 輸出 金額
2018	4,028,834	4,001,997	1,552,346	20,155	2,449,651	37,717,908
2019	3,950,614	3,940,208	1,538,826	21,294	2,401,382	38,773,052
2020	3,506,774	3,497,901	1,611,218	17,048	1,886,683	33,772,635
2021	3,462,499	3,481,358	1,440,786	12,217	2,040,572	41,544,162
2022	3,757,049	3,695,444	1,395,111	10,389	2,300,333	48,941,046

出所：韓国自動車工業協会

<表1-13> 年度別乗用車需給動向 (単位：台)

	生産	販売			輸出
		計	内需	OEM	
2018	3,661,601	3,640,229	1,297,937	19,890	2,342,292
2019	3,612,587	3,607,176	1,294,139	18,070	2,313,037
2020	3,211,706	3,195,460	1,374,715	14,724	1,820,745
2021	3,162,850	3,172,890	1,212,216	10,927	1,960,674
2022	3,438,355	3,382,678	1,164,925	9,367	2,217,753

出所：韓国自動車工業協会

<表1-14> 年度別多目的型乗用車需給動向 (単位：台)

	生産	販売			輸出
		計	内需	OEM	
2018	2,046,147	2,045,797	603,069	8,085	1,434,643
2019	2,190,424	2,175,745	641,534	8,938	1,525,273
2020	2,063,682	2,046,849	71,829	12,859	1,327,554
2021	2,129,804	2,119,825	681,521	9,044	1,438,304
2022	2,385,735	2,350,006	704,233	8,191	1,645,773

出所：韓国自動車工業協会

<表1-15> 年度別商用車需給動向 (単位：台)

	生産	販売			輸出
		計	内需	OEM	
2018	367,104	361,768	254,409	265	107,359
2019	338,027	333,032	244,687	3,224	88,345
2020	295,068	302,441	236,503	2,324	65,938
2021	299,649	308,468	228,570	1,290	79,898
2022	318,694	312,766	230,186	1,022	82,580

出所：韓国自動車工業協会

<表1-16> 年度別バス需給動向　　　　　　　　　　　　　　　　　　　　　　　　　（単位：台）

	生産	販売			輸出
		計	内需	OEM	
2018	103,537	102,070	66,040	-	36,030
2019	88,882	92,965	57,390	1,177	34,398
2020	72,305	70,102	48,963	980	21,139
2021	61,722	65,983	41,901	612	24,082
2022	66,886	64,168	40,513	302	23,655

出所：韓国自動車工業協会

<表1-17> 年度別トラック需給動向　　　　　　　　　　　　　　　　　　　　　　（単位：台）

	生産	販売			輸出
		計	内需	OEM	
2018	244,305	241,408	170,154	265	70,989
2019	231,253	226,121	170,531	2,047	53,543
2020	206,823	215,638	171,546	1,344	44,092
2021	222,118	226,115	170,716	678	55,399
2022	235,030	230,069	171,446	720	58,623

出所：韓国自動車工業協会

<表1-18> 年度別特装車需給動向　　　　　　　　　　　　　　　　　　　　　　（単位：台）

	生産	販売		輸出
		計	内需	
2018	19,262	18,555	18,215	340
2019	17,892	17,170	16,766	404
2020	15,940	16,701	15,994	707
2021	15,809	16,370	15,953	417
2022	16,778	18,529	18,227	302

出所：韓国自動車工業協会

<表1-19> 会社別自動車需給動向 - 現代　　　　　　　　　　　　　　　　　　　　　　　　（単位：台）

	生産	販売		
		計	内需	輸出
2018	1,747,857	1,716,998	721,100	995,898
2019	1,786,131	1,784,574	741,842	1,042,732
2020	1,618,411	1,626,692	787,854	838,838
2021	1,620,231	1,644,817	726,838	917,979
2022	1,732,317	1,697,768	688,743	1,009,025

出所：韓国自動車工業協会

<表1-20> 会社別自動車需給動向 - KIA　　　　　　　　　　　　　　　　　　　　　　　　（単位：台）

	生産	販売		
		計	内需	輸出
2018	1,469,415	1,444,287	531,700	912,587
2019	1,450,102	1,420,909	520,205	900,704
2020	1,307,265	1,274,025	552,400	721,625
2021	1,398,966	1,373,842	535,016	838,826
2022	1,472,963	1,440,116	541,068	899,048

出所：韓国自動車工業協会

<表1-21> 会社別自動車需給動向 -韓国GM　　　　　　　　　　　　　　　　　　　　　　　（単位：台）

	生産	販売			
		計	内需		輸出
				OEM	
2018	444,816	462,687	93,317	8,373	369,370
2019	409,830	417,245	76,471	9,129	340,774
2020	354,800	368,445	82,955	12,249	285,490
2021	223,623	237,040	54,292	8,899	182,748
2022	258,260	264,876	37,239	8,963	227,637

出所：韓国自動車工業協会

<表1-22> 会社別自動車需給動向 －KGモビリティ　　　　　　　　　　　　　　　　　（単位：台）

	生産	販売		
		計	内需	輸出
2018	142,138	141,995	109,140	32,855
2019	132,994	132,799	107,789	25,010
2020	106,840	107,325	87,889	19,436
2021	82,009	84,106	56,363	27,743
2022	115,329	113,660	68,666	44,994

出所：韓国自動車工業協会

<表1-23> 会社別自動車需給動向 －ルノーコリア　　　　　　　　　　　　　　　　　（単位：台）

	生産	販売			
		計	内需		輸出
				OEM	
2018	215,809	227,562	90,369	11,782	137,193
2019	164,974	177,425	86,859	12,165	90,566
2020	114,630	116,166	95,939	4,799	20,227
2021	128,328	132,769	61,096	3,318	71,673
2022	168,478	169,641	52,621	1,426	117,020

出所：韓国自動車工業協会

<表1-24> 会社別自動車需給動向 －その他　　　　　　　　　　　　　　　　　（単位：台）

	生産	販売		
		計	内需	輸出
2018	8,819	8,468	6,720	1,748
2019	6,583	7,256	5,660	1,596
2020	4,828	5,248	4,181	1,067
2021	9,342	8,784	7,181	1,603
2022	9,702	9,383	6,774	2,609

出所：韓国自動車工業協会

<表1-25> 会社別・モデル別自動車生産推移 (単位: 台)

会社	車種	モデル	2018	2019	2020	2021	2022
Hyundai	乗用 (多目的用除外)	ACCENT	70,126	25,531	-	-	-
		ASLAN	-	-	-	-	-
		AVANTE Coupe	-	-	-	-	-
		AVANTE(CN7)	-	-	130,683	193,751	240,451
		AVANTE AD	232,725	200,717	55,097	-	-
		AVANTE MD	-	-	-	-	-
		EQUUS	-	-	-	-	-
		EQ900(G90)	12,769	19,300	11,986	7,205	-
		G90(RG4)				110	26,723
		G70	29,610	27,273	15,547	19,511	20,768
		G80(RG3)	-	-	60,377	65,064	54,797
		G80	45,544	27,280	2,375	-	-
		GENESIS	-	-	-	-	-
		GENESIS(DH)	-	-	-	-	-
		GENESIS Coupe	-	-	-	-	-
		GRANDEUR	-	7,544	-	-	-
		GRANDEUR(GN7)	-	-	-	-	11,771
		GRANDEUR IG	122,422	95,507	149,089	91,197	60,216
		GRANDEUR HG	-	-	-	-	-
		i30(GD)	-	-	-	-	-
		i30(PD)	46,679	37,367	22,084	17,436	15,545
		i40(VF)	5,677	1,621	-	-	-
		SONATA				-	
		IONIQ 6					18,029
		IONIQ	87,428	85,150	51,760	48,221	15,776
		VELOSTER	-	-	-	-	-
		VELOSTER(JS)	19,544	16,859	6,173	3,040	2,336
		SONATA(DN8)	-	72,011	69,271	86,438	112,509
		LF SONATA	119,778	34,981	18,420	16,408	16,236
		YF SONATA	-	-	-	-	-
		小計	792,302	673,218	592,862	548,381	595,157
KIA	乗用	K3(BD)	71,678	93,898	51,372	59,324	43,242
		K3	20,070	-	-	-	-
		K5(DL3)	-	7,679	110,216	81,579	50,472
		K5(JF)	96,496	82,186	5,219	3,500	-
		K5	-	-	-	-	-
		K7(YG)	45,025	58,282	44,561	3,552	-
		K7	-	-	-	-	-
		K8(GL3)				42,224	48,068
		K9(RJ)	14,166	10,668	8,065	5,676	6,919
		K9	97	-	-	-	-
		MORNING	-	-	-	-	-
		MORNING(JA)	231,032	195,516	134,962	141,035	150,561
		PRIDE(UB)	-	-	-	-	-
		PRIDE(YB)	59,323	54,739	45,650	48,590	54,445
		RAY	26,478	26,658	29,438	34,935	44,512
		STINGER	34,527	22,910	16,755	19,984	15,297
		小計	598,892	552,536	446,238	440,399	413,516

<続く>

会社	車種	モデル	2018	2019	2020	2021	2022
GM Korea	乗用	ALPHEON	-	-	-	-	-
		AVEO	6,692	1,174	-	-	-
		NG CRUZE	2,911	-	-	-	-
		CRUZE(LACETTI PREMIERE)	-	-	-	-	-
		GENTRA	-	-	-	-	-
		GENTRA X	-	-	-	-	-
		MATIZ	-	-	-	-	-
		NG MALIBU	30,111	26,716	12,977	8,587	6,249
		MALIBU	-	-	-	-	-
		NG SPARK	137,289	141,003	85,473	33,546	32,310
		SPARK	-	-	-	-	-
		小計	177,003	168,893	98,450	42,133	38,559
ルノーコリア	乗用	TWIZY(国内生産)	-	1,178	2,459	834	514
		New SM3	5,026	2,360	-	-	-
		SM3 EV	1,216	1,730	2	-	-
		New SM5(L43)	9,994	2,684	-	-	-
		SM6	26,156	16,366	8,013	1,299	4,874
		All New SM7	4,865	3,198	-	-	-
		小計	47,257	27,516	10,474	2,133	5,388
KG モビリティ	乗用	CHAIRMAN W	-	-	-	-	-
		小計	-	-	-	-	-
		乗用車用	1,615,454	1,422,163	1,148,024	1,033,046	1,052,620
Hyundai	乗用 (多目的用)	CASPER	-	-	1,272	12,353	50,000
		IONIQ 5	-	-	-	66,994	100,176
		GV60	-	-	-	1,433	11,238
		GV70	-	-	-	59,654	56,731
		GV80	-	122	45,378	46,921	46,841
		VENUE	32	39,161	55,707	69,646	68,441
		PALISADE	4,374	107,598	157,331	157,707	152,222
		NEXO FCEV	1,049	6,020	6,459	9,438	10,606
		KONA(SX2)	-	-	-	-	560
		KONA(OS)	254,078	312,410	273,563	201,132	204,642
		MAXCRUZ	18,727	-	-	-	-
		SONATAFE(TM)	139,457	132,733	90,175	93,743	79,130
		SONATAFE(DM)	10,810	-	-	-	-
		TUCSON(NX4)	-	-	16,049	152,046	150,960
		ALL NEW TUCSON	273,926	285,754	186,079	7,708	-
		TUCSON ix	-	-	-	-	-
		VERACRUZ	-	-	-	-	-
		小計	702,453	883,798	832,013	878,775	931,547

〈続く〉

4章 輸送機械

会社	車種	モデル	2018	2019	2020	2021	2022
KIA	乗用	EV6	-	-	-	30,861	84,718
	(多目的用)	CANIVAL(KA4)	-	-	50,357	117,354	109,219
		ALL NEW CANIVAL(YP)	107,577	104,010	34,685	-	-
		GRAND CANIVAL	-				
		MOHAVE	8,996	10,315	21,190	11,870	13,324
		ALL NEW CARENS	17,644	-			
		SORENTO(MQ4)	-	-	106,342	126,296	135,426
		ALL NEW SORENTO	111,230	101,504	11,568	-	-
		SORENTO R					
		NIRO(SG2)	-	-	-	-	110,981
		NIRO	110,864	133,467	136,847	138,695	43,220
		SOUL BOOSTER	5,676	142,313	85,799	97,074	77,818
		SOUL(PS)	151,028	52	-	-	-
		SPOTAGE(NQ5)	-	-	-	46,503	151,777
		SPOTAGE(QL)	183,908	170,663	124,449	102,958	-
		SPOTAGE R	-				
		STONIC	76,619	92,425	58,482	76,240	90,080
		SELTOS	-	48,069	143,768	114,082	139,505
		小計	773,539	802,818	773,487	861,933	956,068
GM Korea	乗用	CAPTIVA	7,810	-	-	-	-
	(多目的用)	ORLANDO	-				
		TRAX CROSSOVER	-	-	-	-	226
		TRAX/MOKKA	251,784	223,632	80,910	36,391	48,130
		TRAILBLAZER	-	9,724	166,276	144,501	171,345
		小計	259,594	233,356	247,186	180,892	219,701
ルノーコリア	乗用	QM5	-	-	-	-	-
	(多目的用)	QM6	61,172	67,545	62,143	49,887	44,662
		XM3	-	33	37,450	76,308	118,428
		ROUGE	107,251	69,880	4,563		
		小計	168,423	137,458	104,156	126,195	163,090
KG モビリティ	乗用	ACTYON	-	-			
	(多目的用)	KORANDO(C300)	79	23,790	26,007	16,589	18,737
		KORANDO C	8,048	9	-	-	-
		KORANDO SPORTS	4,467	1,345	-	-	-
		KORANDO TURISMO	4,661	484	-	-	-
		REXTON	22,052	16,207	13,410	9,168	13,393
		REXTON SPORTS	45,280	46,518	36,978	33,838	39,317
		TIVOLI	57,551	44,641	30,445	22,414	20,571
		TORRES	-	-	-	-	23,311
		小計	142,138	132,994	106,840	82,009	115,329
		乗用車(多目的型) 計	2,046,147	2,190,424	2,063,682	2,129,804	2,385,735
Hyundai	バス	STARIA(US4)	-	-	-	39,718	58,635
		GRANDE STAREX	84,059	69,579	57,033	15,596	-
		COUNTY	5,047	5,596	3,427	2,006	2,701
		ELEC CITY	-	-	379	545	737
		AERO TOWN	314	296	229	127	150
		GREEN CITY(GLOBAL900)	874	677	738	536	425
		SOLATI	822	734	838	479	711
		SUPER A/C	2,560	2,384	2,057	1,190	1,030
		UNI CITY	144	98	68	33	-
		UNIVERSE	1,976	2,084	1,529	727	1,531
		AERO EXPRESS	-				
		AERO EXPORT	83	374	24	2	37
		小計	95,879	81,22	66,322	60,959	65,957

〈続く〉

会社	車種	モデル	2018	2019	2020	2021	2022
KIA	バス	Greenfield(948 SD Ⅰ)	49	55	50	21	40
		Blue sky	276	245	151	138	227
		Park way(948 SD Ⅱ)	353	465	208	165	190
		Sunshine(949)	159	212	120	26	69
		Silk Road	513	381	173	114	403
		小計	1,350	1,358	702	464	929
GM Korea	バス	DAMAS	4,181	3,788	4,574	299	-
		小計	4,181	3,788	4,574	299	-
Daewoo Bus	バス	BS106	975	789	25	-	-
		BX212	-	-	-	-	-
		LESTAR	723	780	253	-	-
		ROYAL CITY EXPORT	17	27	-	-	-
		ROYAL EXPORT	43	23	6	-	-
		小計	2,127	1,914	707	-	-
		バス 計	103,537	88,882	72,305	61,722	66,886
Hyundai	トラック	1トン(PORTER)	121,550	115,521	100,690	101,091	108,166
		2.5トン(MIGHTY)	17,249	14,111	10,541	13,943	17,056
		3.5トン	5,033	5,052	4,481	3,785	-
		4.5トン	1,654	1,516	985	210	-
		5トン	5,834	5,797	5,677	7,024	8,587
		7トン	139	43	74	32	-
		8トンC	322	350	147	143	-
		8トンD				15	-
		8.5トンC	-	82	80	149	28
		9.5トンC	299	289	288	234	250
		11.5トンC	84	76	95	14	7
		14トンC	667	506	414	504	313
		15トンD	596	531	823	809	761
		16トンC	240	80	186	233	3
		19トンC	601	778	371	430	222
		20トンC	-	-	-	-	-
		22トンC	1	3	-	-	6
		25トンC	634	462	445	607	424
		その他	667	877	661	984	276
		小計	155,570	146,074	125,958	130,207	136,099

〈続く〉

会社	車種	モデル	2018	2019	2020	2021	2022
KIA	トラック	1トン	68,818	65,073	61,900	70,670	78,746
		1.4トン	10,572	12,583	11,372	13,149	11,781
		小計	79,390	77,656	73,272	83,819	90,527
GM Korea	トラック	LABO	4,038	3,793	4,590	299	-
		小計	4,038	3,793	4,590	299	-
Tata Daewoo	トラック	3トンC	-	-	-	79	182
		4トンC	-	-	2	2,056	2,112
		4.5トンC	1,796	1,043	1,333	2,388	2,489
		5トンC	477	446	87	418	213
		8トンC	678	391	274	496	1,075
		8トンD	13	4	3	1	-
		9.5トンC	390	268	190	183	180
		11.5トンC	117	90	85	96	61
		12.5トンC	-	78	34	71	426
		14トンC	222	238	121	326	98
		15トンD	541	409	380	704	692
		16トンC	362	386	215	275	361
		19トンC	238	178	84	426	287
		22.5トンC	-	-	4	2	1
		25トンC	-	-	122	191	127
		25.5トンC	-	-	-	-	8
		25.5トンD	296	175	69	81	92
		小計	5,307	3,730	3,003	7,793	8,404
	トラック 計		244,305	231,253	206,823	222,118	235,030

注) C-Cargo Truck, D-Dumo Truck

出所：韓国自動車工業協会

<表1-26> 会社別特装車生産推移　　　　　　　　　　　　　　　　　　　　（単位：台）

	2017	2018	2019	2020	2021	2022
Hyundai	2,789	1,633	1,219	1,256	1,909	3,557
KIA	15,089	16,244	15,734	13,566	12,351	11,923
Tata Daewoo	1,787	1,385	,939	1,118	1,549	1,298
合計	19,665	19,262	17,892	15,940	15,809	16,778

出所：韓国自動車工業協会

<表1-27> 車種別自動車生産推移 (単位:台)

	計	乗用車	多目的型	バス	トラック	特装車
2018	4,028,834	3,661,730	2,045,676	103,537	244,305	19,262
2019	3,950,614	3,612,587	2,190,424	88,882	231,253	17,892
2020	3,506,774	3,211,706	2,063,682	72,305	206,823	15,940
2021	3,462,499	3,162,850	2,129,804	61,722	222,118	15,809
2022	3,757,049	3,438,355	2,385,735	66,886	235,030	16,778

出所:韓国自動車工業協会

<表1-28> サイズ別乗用車生産推移 (単位:台)

	2018	2019	2020	2021	2022
計	3,661,730	3,612,587	3,211,706	3,162,850	3,438,355
軽型(1,000cc未満)	394,799	363,177	249,873	209,516	227,383
1,000～1,600cc未満	618,471	520,474	395,647	404,444	405,720
1,600～2,000cc未満	292,005	273,306	192,875	189,591	199,751
2,000cc 以上	287,579	243,318	293,548	218,075	192,888
多目的型	2,004,437	2,103,221	1,937,280	1,928,244	2,091,828
その他	64,310	109,091	142,483	212,980	320,785

出所:韓国自動車工業協会

<表1-29> サイズ別バス生産推移 (単位:台)

	計	軽バス	15人以下	16～35人	36人以上
2018	103,537	4,181	84,782	7,057	7,517
2019	88,882	3,788	70,359	7,303	7,432
2020	72,305	4,574	57,286	5,232	5,213
2021	61,722	299	55,314	3,148	2,961
2022	66,886	-	58,635	3,987	4,264

出所:韓国自動車工業協会

<表1-30> サイズ別トラック・特装車生産推移　　　　　　　　　　　　　　　　　　　　　　　（単位：台）

	トラック							特装車
	計	軽トラック	1.0〜1.5トン	2.0〜3.5トン	4.0〜5.0トン	7.0〜12.0トン	12.0トン超過	
2018	244,305	4,038	200,940	22,282	9,761	2,042	5,242	19,262
2019	231,253	3,793	193,177	19,163	8,802	1,593	4,725	17,892
2020	206,823	4,590	173,962	15,022	8,084	1,236	3,929	15,940
2021	222,118	299	184,910	17,807	12,096	1,363	5,643	15,809
2022	235,030	-	198,693	17,238	13,401	1,601	4,097	16,778

出所：韓国自動車工業協会

<表1-31> 車種別現代自動車生産推移　　　　　　　　　　　　　　　　　　　　　　　　　（単位：台）

	計	乗用	バス	トラック	特装車
2018	1,747,837	1,494,755	95,879	155,570	1,633
2019	1,786,131	1,557,016	81,822	146,074	1,219
2020	1,618,411	1,424,875	66,322	125,958	1,256
2021	1,620,231	1,427,156	60,959	130,207	1,909
2022	1,732,317	1,526,704	65,957	136,099	3,557

出所：韓国自動車工業協会

<表1-32> 車種別KIA自動車生産推移　　　　　　　　　　　　　　　　　　　　　　　　　（単位：台）

	計	乗用	バス	トラック	特装
2018	1,469,415	1,372,431	1,350	79,390	16,244
2019	1,450,102	1,355,354	1,358	77,656	15,734
2020	1,307,265	1,219,725	702	73,272	13,566
2021	1,398,966	1,302,332	464	83,819	12,351
2022	1,472,963	1,369,584	929	90,527	11,923

出所：韓国自動車工業協会

<表1-33> 車種別韓国GM生産推移　　　　　　　　　　　　　　　　　　　　　　　（単位：台）

	計	乗用	バス	トラック
2018	444,816	436,597	4,181	4,038
2019	409,830	402,249	3,788	3,793
2020	354,800	345,636	4,574	4,590
2021	223,623	223,025	299	299
2022	258,260	258,260	-	-

出所：韓国自動車工業協会

<表1-34> 車種別その他の会社生産推移　　　　　　　　　　　　　　　　　　　（単位：台）

		2018	2019	2020	2021	2022
KGモビリティ	乗用	142,138	132,994	106,840	82,009	115,329
ルノーコリア	乗用	215,809	164,974	114,630	128,328	168,478
Daewoo Bus	バス	2,127	1,914	707	-	-
Tata Daewoo	計	6,692	4,669	4,121	9,342	9,702
	トラック	5,307	3,730	3,003	7,793	8,404
	特装	1,385	939	1,118	1,549	1,298

出所：韓国自動車工業協会

<表1-35> 会社別国内販売推移（数量）　　　　　　　　　　　　　　　　　　　（単位：台）

区分		2018	2019	2020	2021	2022
Hyundai		721,100	741,842	787,854	726,838	688,743
KIA		531,700	520,205	552,400	535,016	541,068
GM Korea		93,317	76,471	82,955	54,292	37,239
	OEM	8,373	9,129	12,249	8,899	8,963
ルノーコリア		90,369	86,859	95,939	61,096	52,621
	OEM	11,782	12,165	4,799	3,318	1,426
		109,140	107,789	87,889	56,363	68,666
Daewoo Bus		2,015	1,918	697	-	-
Tata Daewoo		4,705	3,742	3,484	7,181	6,774
計		1,552,346	1,538,826	1,611,218	1,440,786	1,395,111

出所：韓国自動車工業協会

<表1-36> 車種別・会社別乗用車国内販売推移(数量)　　　　　　　　　　　　　　　(単位：台)

区分		2018	2019	2020	2021	2022
Hyundai		543,654	575,008	629,401	572,530	534,312
KIA		469,607	458,238	488,335	472,701	473,109
GM Korea		85,432	69,469	75,475	50,816	37,239
	OEM	8,373	9,129	12,249	8,899	8,963
ルノーコリア		90,104	83,635	93,615	59,806	51,599
	OEM	11,517	8,941	2,475	2,028	404
KGモビリティ		109,140	107,789	87,889	56,363	68,666
計		1,297,937	1,294,139	1,374,715	1,212,216	1,164,925
多目的用	Hyundai	204,695	238,965	248,,242	276,808	272,285
	KIA	232,006	225,627	260,648	264,198	292,425
	GM Korea	17,862	16,811	38,317	28,616	23,992
	OEM	1,718	4,236	10,576	7,790	8,191
	ルノーコリア	39,366	52,342	83,199	55,536	46,865
	OEM	6,367	4,702	2,283	1,254	-
	KGモビリティ	109,140	107,789	87,889	56,363	68,666
	小計	603,069	641,534	718,295	681,521	704,233

出所：韓国自動車工業協会

<表1-37> 車種別・会社別バス国内販売推移(数量)　　　　　　　　　　　　　　　(単位：台)

区分	2018	2019	2020	2021	2022
Hyundai	58,810	49,526	43,027	38,822	39,324
KIA	1,329	1,338	658	478	887
GM Korea	3,886	3,431	3,601	1,989	-
ルノーコリア	-	1,177	980	612	302
OEM	-	1,177	980	612	302
Daewoo Bus	2,015	1,918	697	-	-
計	66,040	57,390	48,963	41,901	40,513

出所：韓国自動車工業協会

<表1-38> 車種別・会社別トラック国内販売推移(数量)　　　　　　　　　　　（単位：台）

区分	2018	2019	2020	2021	2022
Hyundai	116,970	115,972	114,009	113,558	111,682
KIA	44,939	45,758	49,453	48,677	53,134
GM Korea	3,999	3,571	3,879	1,487	-
ルノーコリア	265	2,047	1,344	678	720
OEM	265	2,047	1,344	678	720
Tata Daewoo	3,981	3,183	2,861	6,316	5,910
計	170,154	170,531	171,546	170,716	171,446

出所：韓国自動車工業協会

<表1-39> 車種別・会社別特装車国内販売推移(数量)　　　　　　　　　　　（単位：台）

区分	2018	2019	2020	2021	2022
Hyundai	1,666	1,336	1,417	1,928	3,425
KIA	15,825	14,871	13,954	13,160	13,938
Tata Daewoo	724	559	623	865	864
計	18,215	16,766	15,994	15,953	18,227

出所：韓国自動車工業協会

<表1-40> 会社別・モデル別内需・輸出推移 (単位: 台)

会社	車種	モデル	2021			2022		
			計	内需	輸出	計	内需	輸出
Hyundai	乗用 (多目的用除外)	AVANTE (CN7)	194,461	71,036	123,425	235,200	58,743	176,457
		AVANTE AD	120	-	120	-	-	-
		G70	19,983	7,429	12,554	20,499	6,091	14,408
		G80(RG3)	65,586	59,463	6,123	55,686	47,154	8,532
		G80	-	-	-	-	-	-
		G90(RS4)	3	-	3	24,915	23,218	1,697
		G90(EQ900)	7,214	5,089	2,125	11	11	-
		GRANDEUR IG	93,478	89,084	4,394	62,191	57,367	4,824
		GRANDEUR(GN7)	-	-	-	9,663	9,663	-
		i30(PD)	18,228	1	18,227	15,335	-	15,335
		IONIQ	48,588	1	48,587	16,127	-	16,127
		IONIQ 6	-	-	-	15,683	11,289	4,394
		LF SONATA	17,276	17,276	-	16,379	16,379	-
		SONATA(DN8)	88,985	45,833	43,152	109,424	31,929	77,495
		VELOSTER(JS)	3,062	510	2,552	2,339	183	2,156
		小計	556,981	295,722	261,262	583,452	262,027	321,425
KIA	乗用	K3(BD)	59,391	26,405	32,986	42,828	21,021	21,807
		K5(JF)	3,757	3,757	-	-	-	-
		K5(DL3)	83,483	55,742	27,741	50,144	31,498	18,646
		K7(YG)	6,417	6,142	275	-	-	-
		K8(GL3)	41,460	40,599	861	47,252	45,650	1,602
		K9(RJ)	6,361	6,205	156	6,736	6,585	151
		MORNING(JA)	142,627	30,530	112,097	147,342	29,380	117,962
		PRIDE(YB)	48,412	-	48,412	51,889	-	51,889
		RAY	35,956	35,956	-	44,566	44,566	-
		STINGER	19,193	3,167	16,026	14,861	1,984	12,877
		小計	447,057	208,503	238,554	405,618	180,684	224,934

<続く>

会社	車種		2021			2022		
			計	内需	輸出	計	内需	輸出
GM Korea	乗用	BOLT EV*	1,016	1,016	-	698	698	-
		CAMARO*	93	93	-	74	74	-
		IMPALA*	-	-	-	-	-	-
		NG MALIBU	8,477	3,116	5,361	6,656	1,512	5,144
		NG SPARK	34,204	17,975	16,229	30,915	10,963	19,952
		VOLT PHEV*	-	-	-	-	-	-
		OEM 小計	1,109	1,109	-	772	772	-
		小計	43,790	22,200	21,590	38,343	13,247	25,096
ルノーコリア	乗用	ZOE*	774	774	-	404	404	-
		SM3 EV	-	-	-	-	-	-
		SM6	3,200	3,198	2	4,218	4,218	-
		TWIZY(国内生産)	1,260	298	962	637	112	525
		OEM 小計	774	774	-	404	404	-
		小計	5,234	4,270	964	5,259	4,734	525
		乗用車用	1,053,065	530,695	522,370	1,032,672	460,692	571,980
Hyundai	乗用 (多目的用)	CASPER	10,806	10,806	-	48,002	48,002	-
		GV60	1,200	1,190	10	11,217	5,639	5,578
		GV70	59,424	40,994	18,430	56,856	29,497	27,359
		GV80	48,073	24,591	23,482	46,543	23,439	23,104
		IONIQ5	65,908	22,671	43,237	98,779	27,399	71,380
		VENUE	9,940	13,496	56,444	68,289	8,425	59,864
		PALISADE	157,792	52,338	105,454	151,080	49,737	101,343
		NEXO(FE)	9,621	8,502	1,119	10,525	10,164	361
		KONA(OS)	203,145	12,244	190,901	203,991	8,388	195,603
		KONA(SX2)	-	-	-	16	-	16
		SANTAFE(TM)	100,068	41,600	58,468	73,848	28,705	45,143
		TUCSON(NX4)	151,929	48,371	103,558	143,999	32,890	111,109
		ALL NEW TUCSON	11,671	5	11,666	-	-	-
		小計	889,577	276,808	612,769	913,145	272,285	640,860

<続く>

会社	車種	モデル	2021			2022		
			計	内需	輸出	計	内需	輸出
KIA	乗用 (多目的用)	CANIVAL(KA4)	117,064	73,503	43,561	104,184	59,058	45,126
		ALL NEW CANIVAL	-	-	-	-	-	-
		SELTOS	113,744	40,090	73,654	135,039	43,095	91,944
		SOUL BOOSTER	94,177	165	94,012	75,708	-	75,708
		STONIC	76,002	348	75,654	87,185	-	87,185
		SORENTO(MQ4)	118,506	69,934	48,572	134,592	68,902	65,690
		ALL NEW SORENTO	-	-	-	-	-	-
		SPOTAGE(QL)	92,863	7,160	85,703	-	-	-
		MOHAVE	12,201	10,869	1,332	12,381	11,633	748
		NIRO(SG2)				107,715	24,167	83,548
		NIRO	134,827	18,504	116,323	44,682	5,324	39,358
		SPOTAGE(NQ5)	41,362	32,602	8,760	148,556	55,394	93,162
		EV6	29,377	11,023	18,354	83,266	24,852	58,414
		小計	830,123	264,198	565,925	933,308	292,425	640,883
GM Korea	乗用 (多目的用)	BOLT EUV*	-	-	-	1,910	1,910	-
		TRAILBLAZER	145,118	18,286	126,832	170,028	14,561	155,467
		COLORADO*	3,754	3,754	-	2,848	2,848	-
		TRAVERSE*	3,483	3,483	-	1,944	1,944	-
		TAHOE*				387	387	-
		EQUINOX*	553	553	-	1,102	1,102	-
		TRAX CROSSOVER	-	-	-	52	-	52
		TRAX/MOKKA	36,866	2,540	34,326	48,262	1,240	47,022
		OEM* 小計	7,790	7,790	-	8,191	8,191	-
		小計	189,774	28,616	161,158	226,533	23,992	202,541
ルノーコリア	乗用 (多目的用)	CAPTUR*	1,254	1,254	-	-	-	-
		QM6	51,737	37,747	13,990	44,769	27,440	17,329
		ROGUE	-	-	-	-	-	-
		XM3	73,254	16,535	56,719	118,591	19,425	99,166
		OEM* 小計	1,254	1,254	-			
		小計	126,245	55,536	70,709	163,360	46,865	116,495
KG モビリティ	乗用 (多目的用)	REXTON SPORTS	33,859	25,813	8,046	38,358	25,905	12,453
		KORANDO(C300)	16,825	8,468	8,357	18,564	5,325	13,239
		KORANDO SPORTS	-	-	-	-	-	-
		REXTON	9,687	5,547	4,140	12,964	3,822	9,142
		TORRES				23,164	22,484	680
		TIVOLI	23,735	16,535	7,200	20,610	11,130	9,480
		小計	84,106	56,363	27,743	113,660	68,666	44,994
		乗用車(多目的型)計	2,119,825	681,521	1,438,304	2,350,006	704,233	1,645,773
Hyundai	バス	GRANDE STAREX	17,774	7,192	10,582	-	-	-
		STARIA(US4)	38,671	26,240	12,431	55,511	33,440	22,071
		COUNTY	2,642	1,625	1,017	3,062	1,595	1,467
		ELEC CITY	354	354	-	746	746	-
		AERO TOWN	138	138	-	147	147	-
		GREEN CITY	505	505	-	436	436	-
		SOLATI	501	501	-	742	742	-
		UNI CITY	30	30	-			
		UNIVERSE	1,031	1,031	-	1,277	1,277	-
		SUPER A/C	1,228	1,206	22	989	941	48
		AERO EXPORT	30	-	30	69	-	69
		小計	62,904	38,822	24,082	62,979	39,324	23,655

〈続く〉

会社	車種	モデル	2021			2022		
			計	内需	輸出	計	内需	輸出
KIA	バス	Greenfield(948 SD Ⅰ)	21	21	-	36	36	-
		Blue sky	134	134	-	215	215	-
		Park way(948 SD Ⅱ)	176	176	-	205	205	-
		Sunshine(949)	25	25	-	64	64	-
		Silk Road	122	122	-	367	367	-
		小計	478	478	-	887	887	-
GM Korea	バス	DAMAS	1,989	1,989	-	-	-	-
		小計	1,989	1,989	-	-	-	-
ルノーコリア	バス	MASTER BUS*	612	612	-	302	302	-
		OEM* 小計	612	612	-	302	302	-
		小計	612	612	-	302	302	-
Daewoo Bus	バス	BS106	-	-	-	-	-	-
		BX212	-	-	-	-	-	-
		LESTAR	-	-	-	-	-	-
		ROYAL EXPORT	-	-	-	-	-	-
		小計	-	-	-	-	-	-
		バス 計	65,983	41,901	24,082	64168	40,513	23,655
Hyundai	トラック	1トン(PORTER)	102,988	92,218	10,770	107377	92,411	14,966
		2.5トン(MIGHTY)	13,993	6,219	7,774	16716	9,081	7,635
		3.5トン	4,164	4,164	-	-	-	-
		4.5トン	240	240	-	-	-	-
		5トン	7,399	7,107	292	8234	8,028	206
		7トン	36	36	-	-	-	-
		8トンC	112	112	-	-	-	-
		8トンD	19	19	-	6	6	-
		8.5トンC	145	145	-	-	-	-
		9.5トンC	262	262	-	273	273	-
		11.5トンC	46	46	-	5	5	-
		14トンC	567	567	-	321	321	-
		15トンD	830	830	-	822	822	-
		16トンC	377	377	-	8	8	-
		19トンC	452	452	-	230	230	-
		22トンC	-	-	-	8	8	-
		25トンC	764	764	-	489	489	-
		大型トラック 輸出用	1,030	-	1,030	278	-	278
		小計	133,424	113,558	19,866	134767	111,682	23,085

〈続く〉

会社	車種	モデル	2021 計	2021 内需	2021 輸出	2022 計	2022 内需	2022 輸出
KIA	トラック	1トン	77,590	43,660	33,930	80,178	47,249	32,929
		1.2トン	5,017	5,017	-	5,885	5,885	-
		小計	82,607	48,677	33,930	86,063	53,134	32,929
GM Korea	トラック	LABO	1,487	1,487	-	-	-	-
		小計	1,487	1,487	-	-	-	-
ルノーコリア	トラック	MASTER*	678	678	-	720	720	-
		OEM* 小計	678	678	-	720	720	-
		小計	678	678	-	720	720	-
Tata Daewoo	トラック	3トンC	170	170	-	144	144	-
		4トンC	1,842	1,842	-	1,771	1,771	-
		4.5トンC	2,232	2,232	-	2,093	2,093	-
		5トンC	475	475	-	240	240	-
		8トンC	139	139	-	273	273	-
		9.5トンC	179	179	-	112	112	-
		11.5トンC	10	10	-	48	48	-
		12.5トンC	66	66	-	40	40	-
		14トンC	254	254	-	172	172	-
		15トンD	370	370	-	516	516	-
		16トンC	110	110	-	103	103	-
		19トンC	236	236	-	214	214	-
		22.5トンC	3	3	-	1	1	-
		25トンC	169	169	-	123	123	-
		25.5トンC				5	5	-
		25.5トンD	61	61	-	55	55	-
		大型トラック 輸出用	1,603	-	1,603	2,609	-	2,609
		小計	7,919	6,316	1,603	8,519	5,910	2,609
		トラック 計	226,115	170,716	55,399	230,069	171,446	58,623

注) 1. C-Cargo Truck, D-Dumo Truck
2. *OEM：国内メーカーの海外OEM生産モデルの国内販売実績．

出所：韓国自動車工業協会

<表1-41> 会社別特装車内需・輸出推移　　　　　　　　　　　　　　　　（単位：台）

	2020 計	2020 内需	2020 輸出	2021 計	2021 内需	2021 輸出	2021 計	2021 内需	2021 輸出
Hyundai	1,417	1,417	-	1,928	1,928	-	3,425	3,425	-
KIA	14,661	13,954	707	13,577	13,160	417	14,240	13,938	302
Tata Daewoo	623	23	-	865	865	-	864	864	-
合計	16,701	15,994	707	16,370	15,953	417	18,529	18,227	302

出所：韓国自動車工業協会

<表1-42> 車種別自動車国内販売推移　　　　　　　　　　　　　　　　　　　　　　　　（単位：台）

	計	乗用			バス	トラック	特装車
			多目的型	その他			
2018	1,552,346	1,297,937	585,953	30,185	66,040	170,154	18,215
2019	1,538,826	1,294,139	616,183	33,877	57,390	170,531	16,766
2020	1,611,218	1,374,715	700,864	22,408	48,963	171,546	15,994
2021	1,440,789	1,212,216	629,459	55,504	41,901	170,716	15,953
2022	1,395,111	1,164,925	622,004	97,407	40,513	171,446	18,227

出所：韓国自動車工業協会

<表1-43> サイズ別・会社別バス国内販売推移　　　　　　　　　　　　　　　　　　　（単位：台）

		2018	2019	2020	2021	2022
	計	66,040	57,390	48,963	41,901	40,513
軽バス	GM Korea	3,886	3,431	3,601	1,989	-
	小計	3,886	3,431	3,601	1,989	-
15人以下	Hyundai	50,180	40,867	36,190	33,432	33,440
	Daewoo Bus	676	741	253	-	-
	ルノーコリア	-	1,177	980	612	302
	OEM	-	1,177	980	612	302
	小計	50,856	42,785	37,423	34,044	33,742
16〜35人	Hyundai	4,290	4,524	3,544	2,769	2,920
	小計	4,290	4,524	3,544	2,769	2,920
36人以上	Hyundai	4,340	4,135	3,293	2,621	2,964
	KIA	1,329	1,338	658	478	887
	Daewoo Bus	1,339	1,177	444	-	-
	小計	7,008	6,650	4,395	3,099	3,851

出所：韓国自動車工業協会

<表1-44> サイズ別・会社別乗用車国内販売推移　　　　　　　　　　　　　　　　（単位：台）

		2018	2019	2020	2021	2022
	計	1,297,937	1,294,139	1,374,715	1,212,216	1,164,925
軽乗合 1,000cc 未満	KIA	86,056	78,195	67,296	66,486	73,946
	GM Korea	39,869	35,513	28,936	17,975	10,963
	小計	125,925	113,708	96,232	84,461	84,909
1,000〜 1,600cc 未満	Hyundai	92,590	76,986	102,578	80,774	62,091
	KIA	46,050	46,226	50,423	59,021	53,542
	GM Korea	16,240	8,082	4,231	1,860	712
	OEM	160	14	1	−	−
	ルノーコリア	13,379	6,226	1,312	1,769	2,321
	OEM	3,652	3,000	−	−	−
	小計	168,259	137,520	158,544	143,424	118,666
1,600〜 2,000cc 未満	Hyundai	76,975	110,229	64,171	59,910	51,845
	KIA	50,045	40,260	58,870	43,111	23,838
	GM Korea	4,964	4,183	2,319	1,252	797
	ルノーコリア	34,037	22,324	7,215	1,429	1,897
	小計	166,021	176,996	132,575	105,702	78,377
2,000cc 以上	Hyundai	163,788	146,768	212,901	153,684	134,127
	KIA	55,442	67,930	51,098	39,885	29,358
	GM Korea	1,775	843	93	97	77
	OEM	1,773	842	93	93	74
	ルノーコリア	589	314	−	−	−
	KGM	−	−	−	−	−
	小計	221,594	215,855	264,092	195,019	
多目的型	Hyundai	192,758	221,184	234,390	243,016	226,126
	KIA	226,827	218,057	257,069	245,928	258,379
	GM Korea	17,862	16,811	38,317	28,616	22,082
	OEM	1,718	4,236	10,576	7,790	6,281
	ルノーコリア	39,366	52,342	83,199	55,536	46,865
	OEM	6,367	4,702	2,283	1,254	−
	KGモビリティ	109,140	107,789	87,889	56,363	68,552
	小計	585,953	616,183	700,864	629,459	622,004
その他	Hyundai	17,543	19,841	15,361	35,146	60,123
	KIA	5,187	7,570	3,579	18,270	34,046
	GM Korea	4,722	4,037	1,579	1,016	2,608
	OEM	4,722	4,037	1,579	1,016	2,608
	ルノーコリア	2,733	2,429	1,889	1,072	516
	OEM	1,498	1,239	192	774	404
	KGモビリティ	−	1,438	−	−	114
	小計	30,185	−	22,408	55,504	97,407

出所：韓国自動車工業協会

<表1-45> サイズ別・会社別トラック国内販売推移 (単位：台)

		2018	2019	2020	2021	2022
計		170,154	170,531	171,546	170,716	171,446
軽トラック	GM Korea	3,999	3,571	3,879	1,487	-
	小計	3,999	3,571	3,879	1,487	-
1.0〜1.5トン	Hyundai	97,995	98,525	95,194	92,218	92,411
	KIA	44,939	45,758	49,453	48,677	53,134
	ルノーコリア	265	2,047	1,344	678	720
	OEM	265	2,047	1,344	678	720
	小計	143,199	146,330	145,991	141,573	146,265
2.0〜3.5トン	Hyundai	8,890	8,296	8,745	10,383	9,081
	Tata Daewoo	-	-	-	170	144
	小計	8,890	8,296	8,745	10,553	9,225
4.0〜5.0トン	Hyundai	6,955	6,035	6,812	7,347	8,028
	Tata Daewoo	2,237	1,816	1,497	4,549	4,104
		9,192	7,851	8,309	11,896	12,132
7.0〜12.0トン	Hyundai	736	668	708	620	284
	Tata Daewoo	583	405	353	328	433
	小計	1,319	1,073	1,061	948	717
12.0トン超過	Hyundai	2,394	2,448	2,550	2,990	1,878
	Tata Daewoo	1,161	962	1,011	1,269	1,229
	小計	3,555	3,410	3,561	4,259	3,107

出所：韓国自動車工業協会

<表1-46> 会社別特装車国内販売推移 (単位：台)

	2018	2019	2020	2021	2022
計	18,215	16,766	15,994	15,953	18,227
Hyundai	1,666	1,336	1,417	1,928	3,425
KIA	15,825	14,871	13,954	13,160	13,938
Tata Daewoo	724	559	623	865	864

出所：韓国自動車工業協会

<表1-47> 会社別乗用車エコカー国内販売推移 (単位：台)

		2018	2019	2020	2021	2022
合計		93,051	110,219	150,639	204,993	281,322
Hyundai	HEV	32,420	44,379	66,147	68,746	57,922
	EV	16,799	15,647	9,575	26,644	49,959
	FCEV	744	4,194	5,786	8,502	10,164
	PHEV	90	133	34	-	-
	小計	50,053	64,353	81,542	103,892	118,045
KIA	HEV	29,501	31,412	61,848	80,743	123,970
	EV	5,187	7,570	3,579	18,270	34,046
	PHEV	480	229	200	-	-
	小計	35,168	39,211	65,627	99,013	158,016
GM Korea	HEV	215	175	1	-	1
	EV	4,722	4,037	1,579	1,016	2,608
	PHEV	160	14	1	-	-
	小計	5,097	4,226	1,581	1,016	2,609
KGモビリティ	EV	-	-	-	-	114
	小計	-	-	-	-	114
ルノーコリア	HEV	-	-	-	-	2,022
	EV	2,733	2,429	1,889	1,072	516
	小計	2,733	2,429	1,889	1,072	2,538

出所：韓国自動車工業協会

<表1-48> 車種別自動車国内販売・輸出推移 (単位：台)

		2018	2019	2020	2021	2022
乗用車	小計	3,640,229	3,607,175	3,195,460	3,172,890	3,382,678
	内需	1,297,937	1,294,139	1,374,715	1,212,216	1,164,925
	輸出	2,342,292	2,313,037	1,820,745	1,960,674	2,217,753
バス	小計	102,070	92,965	70,102	65,983	64,168
	内需	66,040	57,390	48,963	41,901	40,513
	輸出	36,030	34,398	21,139	24,082	23,655
トラック	小計	241,143	226,121	215,638	226,115	230,069
	内需	170,154	170,531	17,146	170,716	171,446
	輸出	70,989	53,543	44,092	55,399	58,623
特装車	小計	18,555	17,170	16,701	16,370	18,529
	内需	18,215	16,766	15,994	15,953	18,227
	輸出	340	404	707	417	302
合計	小計	4,001,997	3,940,208	3,497,901	3,481,358	3,695,444
	内需	1,552,346	1,538,826	1,611,218	1,440,786	1,395,111
	輸出	2,449,651	2,401,382	1,886,683	2,040,572	2,300,333

出所：韓国自動車工業協会

<表1-49> 会社別乗用車輸出推移(数量) (単位：台)

	区分	2018	2019	2020	2021	2022
	Hyundai	921,904	984,941	800,163	874,031	962,285
	KIA	880,970	871,746	695,429	804,479	865,817
	GM Korea	369,370	340,771	285,490	182,748	227,637
	ルノーコリア	137,193	90,566	20,227	71,673	117,020
	KGM	32,855	25,010	19,436	27,743	44,994
	計	2,342,292	2,313,037	1,820,745	1,960,674	2,217,753
多目的用	Hyundai	490,811	635,442	581,612	612,769	640,860
	KIA	527,210	554,705	488,883	565,925	640,883
	GM Korea	248,178	220,253	219,851	161,158	202,541
	ルノーコリア	135,589	89,863	18,772	70,709	116,495
	KGM	32,855	25,010	19,436	27,743	44,934
	小計	1,434,643	1,525,273	1,328,554	1,438,304	1,645,773

出所：韓国自動車工業協会

<表1-50> 会社別バス輸出推移(数量)　　　　　　　　　　　　　　　　　　　　（単位：台）

区分	2018	2019	2020	2021	2022
Hyundai	35,934	34,325	21,129	24,082	23,655
KIA	20	-	-	-	-
Daewoo Bus	76	73	10	-	-
計	36,030	34,398	21,139	24,082	23,655

出所：韓国自動車工業協会

<表1-51> 会社別トラック輸出推移(数量)　　　　　　　　　　　　　　　　　（単位：台）

区分	2018	2019	2020	2021	2022
Hyundai	38,060	23,466	17,546	19,866	23,085
KIA	31,257	28,554	25,489	33,930	32,929
Daewoo Bus	1,672	1,523	1,057	1,603	2,609
計	70,989	53,543	44,092	55,399	58,623

出所：韓国自動車工業協会

<表1-52> 会社別特装車輸出推移(数量)　　　　　　　　　　　　　　　　　（単位：台）

区分	2018	2019	2020	2021	2022
計	340	404	707	417	302
KIA	340	404	707	417	302

出所：韓国自動車工業協会

<表1-53> 会社別自動車輸出推移(数量)　　　　　　　　　　　　　　　　　（単位：台）

区分	2018	2019	2020	2021	2022
Hyundai	995,898	1,042,732	838,838	917,979	1,009,025
KIA	912,587	900,704	721,625	838,826	899,048
GM Korea	369,370	340,774	285,490	182,748	227,637
ルノーコリア	137,193	90,566	20,227	71,673	117,020
KGモビリティ	32,855	25,010	19,436	27,743	44,994
Daewoo Bus	76	73	10	-	0
Tata Daewoo	1,672	1,523	1,057	1,603	2,609
計	2,449,651	2,401,382	1,886,683	2,040,572	2,300,333

出所：韓国自動車工業協会

<表1-54> サイズ別・会社別社別乗用車輸出推移(数量)　　　　　　　　　　　　　　　　(単位：台)

区分		2018	2019	2020	2021	2022
計		2,342,292	2,313,037	1,820,745	1,960,674	2,217,753
軽乗用 1,000cc 未満	KIA	168,866	142,639	94,615	112,097	117,962
	GM Korea	98,729	103,553	58,474	16,229	19,952
	小計	267,595	246,895	154,542	129,288	137,914
1,000cc ～ 1,600cc 未満	Hyundai	336,906	274,482	161,075	181,353	203,346
	KIA	105,559	102,196	70,408	81,398	73,700
	GM Korea	9,425	1,411	-	-	-
	ルノーコリア	1,557	-	2	2	-
	小計	453447	378,089	231,485	262,753	277,046
1,600cc ～ 2,000cc 未満	Hyundai	63,753	46,559	34,889	58,258	94,059
	KIA	46,446	48,480	26,334	27,741	18,646
	GM Korea	-	-	-	-	-
	ルノーコリア	30	-	-	-	-
	小計	110,229	95,039	61,223	85,999	112,705
2,000cc 以上	Hyundai	15,019	11,687	10,165	12,614	13,716
	KIA	32,889	23,726	15,189	17,318	14,626
	GM Korea	13,038	15,557	7,165	5,361	5,144
	ルノーコリア	-	-	-	-	-
	KGモビリティ	-	-	-	-	-
	小計	60,946	50,970	32,519	35,293	33,486
多目的型	Hyundai	478,899	600,728	531,906	547,707	536,910
	KIA	515,803	530,006	431,751	486,082	534,981
	GM Korea	248,178	220,253	219,851	161,158	202,541
	ルノーコリア	135,589	89,863	18,772	70,709	116,495
	KGモビリティ	32,855	25,010	19,436	27,514	44,807
	小計	1,411,324	1,465,860	1,221,716	1,293,170	1435,734
その他	Hyundai	27,327	51,485	62,128	74,099	114,254
	KIA	11,407	24,699	57,132	79,843	105,902
	ルノーコリア	17	703	1,453	962	525
	KGモビリティ	-	-	-	229	187
	小計	38,751	76,887	120,713	155,133	220,868

出所：韓国自動車工業協会

<表1-55> サイズ別・会社別社別トラック輸出推移(数量)　　　　　　　　　　　　　(単位：台)

区分		2018	2019	2020	2021	2022
計		36,030	34,398	21,139	24,082	236,55
15人以下	Hyundai	32,810	30,914	19,834	23,013	22,071
	Daewoo Bus	-	2	-	-	-
	小計	32,810	30,916	19,834	23,013	22,071
16〜35人	Hyundai	2,817	2,738	829	1,017	1,467
	小計	2,817	2,738	829	1,017	1,467
36人以上	Hyundai	307	673	466	52	117
	KIA	20	-	-	-	-
	Daewoo Bus	76	71	10	-	-
	小計	403	744	476	52	117

出所：韓国自動車工業協会

<表1-56> サイズ別・会社別社別トラック輸出推移(数量)　　　　　　　　　　　　　(単位：台)

区分		2018	2019	2020	2021	2022
計		70,989	53,543	44,092	55,399	58,623
1.0〜1.5トン	Hyundai	20,451	11,921	10,463	10,770	14,966
	KIA	31,257	28,554	25,489	33,930	32,929
	小計	51,708	40,475	35,952	44,700	47,895
2.0〜3.5トン	Hyundai	15,910	10,138	6,034	7,774	7,635
	小計	15,910	10,138	6,034	7,774	7,635
4.0〜5.0トン	Hyundai	825	536	384	292	206
	小計	825	536	384	292	206
12.0トン超過	Hyundai	874	871	665	1,030	278
	Tata Daewoo	1,672	1,523	1,057	1,603	2,609
	小計	2,546	2,394	1,722	2,633	2,887

出所：韓国自動車工業協会

<表1-57> 会社別社別特装車輸出推移(数量)　　　　　　　　　　　　　(単位：台)

区分	2018	2019	2020	2021	2022
計	340	404	707	417	302
KIA	340	404	707	417	302

出所：韓国自動車工業協会

<表1-58> 地域別自動車輸出推移(数量) (単位:台)

	2018	2019	2020	2021	2022
計	2,449,651	2,401,382	1,886,683	2,040,572	2,300,333
EU	528,455	517,155	360,927	361,557	403,711
ヨーロッパその他	141,414	136,130	83,235	218,600	169,903
アフリカ	94,169	58,973	25,334	47,077	50,788
アジア	68,136	54,296	23,976	28,508	35,241
中東	253,636	245,157	196,976	186,063	213,269
オセアニア	187,715	172,283	131,483	160,250	187,603
北米	999,981	1,086,854	1,002,122	930,876	1,110,756
カナダ	149687	163315	161114	151820	160,982
メキシコ	39170	39295	15937	12045	9,751
アメリカ	811124	884244	825071	767011	940,023
中南米	176,145	130,534	62,630	107,641	129,062

出所:韓国自動車工業協会

<表1-59> 地域別KD輸出推移 (単位:台)

	2018	2019	2020	2021	2022
計	668,591	660,303	484,466	498,988	485,979
ヨーロッパ	264,118	307,876	291,675	319,707	335,137
アジア・大洋州	172,264	184,657	141,889	153,955	140,369
中東	50,300	8,720	7,640	5,880	2,880
北米	130,000	103,000	27,250	-	-
中南米	51,603	55,420	15,472	18,696	5,673
アフリカ	306	630	540	750	1,920

出所:韓国自動車工業協会

<表1-60> 会社別KD輸出推移　　　　　　　　　　　　　　　　　　　　　　　　（単位：台）

		2018	2019	2020	2021	2022
合計	計	668,591	660,303	484,466	498,988	485,979
	乗用車	587,681	564,692	383,392	384,754	355,110
	商用車	80,910	95,611	101,074	114,234	130,869
Hyundai	計	75,102	80,096	67,063	83,459	81,437
	乗用車	55,140	52,650	42,001	62,317	62,620
	商用車	19,962	27,446	25,062	21,142	18,817
KIA	計	88,160	71,720	76,170	107,020	72,180
	乗用車	74,360	58,160	63,870	89,560	58,680
	商用車	13,800	13,560	12,300	17,460	13,500
GM Korea	計	503,475	505,510	341,029	308,119	332,062
	乗用車	456,867	451,446	277,429	232,487	233,510
	商用車	46,608	54,064	63,600	75,632	98,552
KGモビリティ		1,314	2,436	92	390	300
Daewoo Bus		540	541	112	-	-

出所：韓国自動車工業協会

<表1-61> 国別自動車輸入推移 (単位：台)

	アメリカ		ヨーロッパ		日本		合計	
	輸入台数	占有率	輸入台数	占有率	輸入台数	占有率	輸入台数	占有率
2018	21,277	8.2	194,175	74.5	45,253	17.4	260,705	100.0
2019	23,972	9.8	184,147	75.2	36,661	15.0	244,780	100.0
2020	33,154	12.1	221,141	80.5	20,564	7.5	274,859	100.0
2021	30,759	11.1	224,839	81.4	20,548	7.4	276,146	100.0
2022	24,995	8.8	241,449	85.2	16,991	6.0	283,435	100.0

出所：韓国輸入自動車協会

<表1-62> ブランド別輸入自動車Bestselling現況 (単位：台)

	順位	ブランド	モデル	販売台数
2021	1	Mercedes Benz	E 250	11,878
	2	Lexus	ES300h	6,746
	3	BMW	520	6,548
	4	Mercedes Benz	E 350 4MATIC	6,372
	5	BMW	320	4,977
	6	Audi	A6 45 TFSI	4,880
	7	Volkswagen	Jetta 1.4 TSI	4,794
	8	BMW	530e	4,466
	9	Mercedes Benz	S 580 4MATIC	3,883
	10	Chevrolet	Colorado	3,789
2022	1	Mercedes Benz	E 250	12,172
	2	Mercedes Benz	E 350 4MATIC	10,601
	3	BMW	520	10,445
	4	BMW	X3 2.0	4,911
	5	Lexus	ES300h	4,869
	6	BMW	530	4,435
	7	BMW	X4 2.0	4,291
	8	BMW	320	4,221
	9	Audi	A6 45 TFSI quattro	3,509
	10	Mercedes Benz	S 400 d 4MATIC	3,017

出所：韓国輸入自動車協会

<表1-63> 国別・ブランド別自動車輸入推移　　　　　　　　　　　　　　　　　（単位：台）

国名	ブランド	輸入先	2019	2020	2021	2022
フランス	Citroën	Hanbul Motors	962	930	603	-
		Stellantis Korea	-	-	-	39
			962	930	603	39
	Peugeot	Hanbul Motors	3,505	2,611	2,320	-
		Stellantis Korea	-	-	-	1,965
			3,505	2,611	2,320	1,965
	DS	Stellantis Korea	-	-	-	88
	合計		4,467	3,541	2,923	2,092
ドイツ	Audi	Volkswagen Group Korea	11,930	25,513	25,615	21,402
	BMW	BMW Group Korea	44,191	58,393	65,669	78,545
	Mercedes Benz	Mercedes Benz Korea	78,133	76,879	76,152	80,976
	Porsche	Porsche Korea	4,204	7,779	8,431	8,963
	Volkswagen	Volkswagen Korea	8,510	17,615	14,364	15,791
	合計		146,968	186,179	190,231	205,677
イタリア	Lamborghini	Volkswagen Group Korea	173	303	353	403
	Maserati	Forza Motors Korea	1,260	932	842	554
	合計		1,433	1,235	1,195	957

国名	ブランド	輸入先	2019	2020	2021	2022
日本	Honda	Honda Korea	8,760	3,056	4,355	3,140
	Infiniti	Nissan Korea	2,000	578	-	-
	Lexus	Toyota Korea	12,241	8,911	9,752	7,592
	Nissan	Nissan Korea	3,049	1,865	-	-
	Toyota	Toyota Korea	10,611	6,154	6,441	6,259
	合計		36,661	20,564	20,548	16,991
スウェーデン	Polestar	Polestar Automotive Motor	-	-	-	2,794
	Volvo	Volvo Car Korea	10,570	12,798	15,053	14,431
	合計		10,570	12,798	15,053	17,225
イギリス	Bentley	Volkswagen Korea	129	296	506	775
	Jaguar	Jaguar Land Rover Korea	2,484	875	338	163
	Land Rover	Jaguar Land Rover Korea	7,713	4,801	3,220	3,113
	MINI	BMW Group Korea	10,222	11,245	11,148	11,213
	Rolls-Royce	BMW Group Korea	161	171	225	234
	合計		20,709	17,388	15,437	15,498

<続く>

国名	ブランド	輸入先	2019	2020	2021	2022
アメリカ	Cadillac	GM ASIA PACIFIC HEADQUATERS	1,714	1,499	987	977
	*Chevrolet	GM Korea	3,270	12,455	8,975	9,004
	Chrysler	FCA Korea	10,251	8,753	-	-
		Stellantis Korea	-	-	10,449	-
			10,251	8,753	10,449	-
	Ford	Ford Korea	8,737	7,069	6,721	5,300
	Jeep	Stellantis Korea	-	-	-	7,166
	Lincoln	Ford Korea	-	3,378	3,627	2,548
合計			23,972	33,154	30,759	24,995
総計			244,780	274,859	276,146	283,435

注) ＊Chevroletの場合、2019年11月から実績の集計を開始。

出所：韓国輸入自動車協会

<表1-64> 市・道別自動車輸入推移 　　　　　　　　　　　　　　　　　　（単位：台, %）

	2019		2020		2021		2022	
	輸入台数	占有率	輸入台数	占有率	輸入台数	占有率	輸入台数	占有率
ソウル	43,730	17.87	47,424	17.25	43,343	15.70	42,735	15.08
釜山	29,539	12.07	31,482	11.45	33,242	12.04	33,326	11.76
大邱	22,816	9.32	23,517	8.56	19,841	7.18	19,535	6.89
仁川	37,228	15.21	45,958	16.72	48,980	17.74	47,631	16.80
光州	5,009	2.05	5,444	1.98	5,714	2.07	5,590	1.97
大田	4,923	2.01	5,828	2.12	5,611	2.03	6,093	2.15
蔚山	2,488	1.02	2,796	1.02	2,883	1.04	2,749	0.97
世宗	1,465	0.60	2,052	0.75	2,219	0.80	1,960	0.69
京畿	50,857	20.78	58,823	214.0	60,143	21.78	60,795	21.45
江原	3,732	1.52	4,491	16.3	4,707	1.70	4,785	1.69
忠北	3,821	1.56	4,654	16.9	4,857	1.76	5,134	1.81
忠南	5,350	2.19	6,463	23.5	6,503	2.35	6,758	2.38
全北	4,137	1.69	4,776	17.4	4,649	1.68	4,694	1.66
全南	4,846	1.98	5,176	18.8	5,241	1.90	5,632	1.99
慶北	5,172	2.11	5,975	21.7	6,336	2.29	6,384	2.25
慶南	15,085	6.16	15,705	57.1	17,031	6.17	23,414	9.26
済州	4,582	1.87	4,295	15.6	4,846	1.75	6,220	2.19
計	244,780	100.0	274,859	100.0	276,146	100.0	283,435	100.0

出所：韓国輸入自動車協会

<表1-65> 型式別自動車輸入推移 (単位：台, %)

			Sedan			RV				合計
			Sedan	Convertible		suv	van	pick up	Convertible	
2018	台数	177,346	173,114	4,232	83,359	81,166	2,132	0	61	260,705
	構成比	68.0	97.6	2.4	32.0	97.4	2.6	0.0	0.1	100.0
2019	台数	155,734	152,193	3,541	89,046	86,863	1,332	817	34	244,780
	構成比	63.6	97.7	2.3	36.4	97.5	1.5	0.9	0.0	100.0
2020	台数	159,223	155,563	3,660	115,636	109,486	588	5,562	0	274,859
	構成比	57.9	97.7	2.3	42.1	94.7	0.5	4.8	0.0	100.0
2021	台数	149,829	146,215	3,614	126,317	118,840	1,747	5,730	0	276,146
	構成比	54.3	97.6	2.4	45.7	94.1	1.4	4.5	0.0	100.0
2022	台数	154,077	150,378	3,699	129,358	123,499	1,749	4,110	0	283,435
	構成比	54.4	97.6	2.4	45.6	95.5	1.4	3.2	0.0	100.0

出所：韓国輸入自動車協会

<表1-66> 排気量別自動車輸入推移 (単位：台, %)

		～2000cc	2000cc～3000cc	3000cc～4000cc	4000cc～	その他	合計
2018	台数	167,174	77,586	13,193	2,561	191	260,705
	構成比	64.1	29.8	5.1	1.0	0.1	100.0
2019	台数	163,498	62,724	13,623	2,566	2369	244,780
	構成比	66.8	25.6	5.6	1.0	1.0	100.0
2020	台数	181,062	68,826	19,023	2,591	3,357	274,859
	構成比	65.9	25.0	6.9	0.9	1.2	100.0
2021	台数	162,703	81,379	23,015	2,709	6,340	276,146
	構成比	58.9	29.5	8.3	1.0	2.3	100.0
2022	台数	160,299	77,224	18,452	4,258	23,202	283,435
	構成比	56.6	27.2	6.5	1.5	8.2	100.0

出所：韓国輸入自動車協会

<表1-67> 燃料別自動車輸入推移　　　　　　　　　　　　　　　　　　　　　　　　（単位：台, %）

		ガソリン	ディーゼル	ハイブリッド	電気	合計
2018	台数	123,273	106,881	30,360	191	260,705
	構成比	47.3	41.0	11.6	0.1	100.0
2019	台数	140,453	74,235	27,723	2369	244,780
	構成比	57.4	30.3	11.3	1.0	100.0
2020	台数	149,006	76,041	46,455	3,357	274,859
	構成比	54.2	27.7	16.9	1.2	100.0
2021	台数	137,677	39,048	93,081	6,340	276,146
	構成比	49.9	14.1	33.7	2.3	100.0
2022	台数	139,821	33,091	87,321	23,202	283,435
	構成比	49.3	11.7	30.8	8.2	100.0

注）ハイブリッドにはPlug- in Hybrid車両が含まれている。

出所：韓国輸入自動車協会

2. 鉄道車両

<表2-1> 年度別鉄道駅数及び営業キロ推移　　　　　　　　　　　　　　　　　　(単位：駅, km)

	計		普通駅		運転簡易駅	配置簡易駅	無配置簡易駅
	韓国鉄道公社	(株)SR	韓国鉄道公社	(株)SR			
2017	697	3	349	3	0	3	299
2018	697	3	348	3	0	3	300
2019	698	3	346	3	0	3	303
2020	688	3	343	3	0	3	299
2021	687	3	337	3	0	3	306
2022	688	3	337	3	0	2	308

	信号所	信号場	操車場	営業キロ			鉄道キロ (SR除外)
				旅客		貨物	
				韓国鉄道公社	(株)SR		
2017	7	37	2	3,857.8	61.1 (水西平沢高速線)	3,064.3	4,077.7
2018	7	37	2	3,854.0	61.1 (水西平沢高速線)	3,060.5	4,073.9
2019	7	37	2	3,855.9	61.1 (水西平沢高速線)	3,071.5	4,087.0
2020	7	34	2	3,826.8	61.1 (水西平沢高速線)	3,078.5	4,093.2
2021	7	32	2	3,863.0	61.1 (水西平沢高速線)	3,104.5	4,131.2
2022	7	32	2	3,863.0	61.1 (水西平沢高速線)	3,104.5	4,131.2

出所：鉄道庁

<表2-2> 年度別旅客輸送(人員)推移　　　　　　　　　　　　　　　　　　　　　　　　　　　　　　　　　(単位：人)

	合計(A)	定期						不定期									
		一般鉄道					合計(B)	高速鉄道		一般鉄道			一般区間(G)	その他				その他計(H)	不定期計(I)
	B+I	高速鉄道		セマウル	ムグンファ	通勤		KTX	SRT	セマウル(D)	ムグンファ	通勤(F)	C+D+E+F	高速鉄道	セマウル	ムグンファ	通勤		G+H
		KTX	SRT																
2020	102,378,106	3,130,152	614,055	390,200	4,465,424	14,608	8,614,439	40,152,202	16,537,622	6,391,722	30,218,912	97,430	93,397,888	278,026	20,031	67,704	18	365,779	93,763,667
2021	113,098,511	3,426,750	666,621	424,514	4,737,546	19,090	9,274,521	46,931,814	18,895,991	6,966,301	30,680,524	130,460	103,605,090	159,789	12,219	46,876	16	218,900	103,823,990
2022	145,507,852	4,039,568	734,755	531,290	5,121,520	22,620	10,449,753	66,467,183	23,367,192	9,750,233	34,938,782	175,957	134,699,347	294,640	16,265	47,821	26	358,752	135,058,099
1	9,757,405	274,128	53,999	32,522	345,146	1,612	707,407	4,258,712	1,686,609	642,955	2,428,697	11,754	9,028,727	16,098	1,216	3,956	1	21,271	9,049,998
2	8,349,816	237,560	47,843	27,952	291,352	1,456	606,163	3,601,601	1,482,396	534,493	2,100,306	9,929	7,728,725	11,956	1,018	1,953	1	14,928	7,743,653
3	9,157,521	342,596	60,922	45,872	457,050	1,858	908,298	3,652,907	1,596,619	571,720	2,396,596	11,388	8,229,230	15,057	1,352	3,584	-	19,993	8,249,223
4	11,300,582	358,728	64,531	50,492	477,826	1,888	953,465	4,891,266	1,890,619	730,353	2,799,645	13,711	10,325,594	17,106	1,357	3,058	2	21,523	10,347,117
5	13,683,513	374,184	66,695	51,624	493,898	1,808	988,209	6,237,351	2,129,006	908,293	3,375,925	16,909	12,667,484	22,596	1,082	4,141	1	27,820	12,695,304
6	12,806,161	334,456	61,900	43,978	432,624	1,752	874,710	5,921,269	2,028,503	838,825	9,095,576	15,983	11,900,156	25,813	1,268	4,212	2	31,295	11,931,451
7	13,054,749	318,534	61,636	40,458	409,212	1,754	831,594	6,099,000	2,092,829	852,218	3,126,290	15,798	12,186,135	31,081	1,522	4,412	5	37,020	12,223,155
8	12,883,252	319,946	62,709	37,462	398,172	1,886	820,175	6,045,597	2,058,475	837,706	3,070,446	15,031	12,027,255	30,110	1,413	4,298	1	35,822	12,063,077
9	13,011,411	364,414	61,475	50,032	455,368	1,740	933,029	6,044,365	1,985,646	865,821	3,132,142	15,517	12,043,491	29,095	1,293	4,500	3	34,891	12,078,382
10	14,534,894	352,724	60,004	48,092	443,164	1,902	905,886	6,898,862	2,189,270	988,832	3,500,030	16,562	13,593,556	29,787	1,393	4,269	3	35,452	13,629,008
11	13,284,367	398,282	68,752	54,288	490,696	2,496	1,014,514	6,269,922	2,093,518	951,649	2,900,591	15,714	12,231,394	32,276	1,606	4,575	2	38,459	12,269,853
12	13,684,181	364,016	64,289	48,518	427,012	2,468	906,303	6,546,331	2,133,702	1,027,368	3,012,538	17,661	12,737,600	33,665	1,745	4,863	5	40,278	12,777,878

出所：鉄道庁

4章　輸送機械

<表2-3> 年度別旅客輸送(人/距離)推移　　　　　　　　　　　　　　　　　　　　　　　　　　　(単位：人)

	合計(A) B+I	定期					合計(B)
		高速鉄道		一般鉄道			
		KTX	SRT	セマウル	ムグンファ	通勤	
2019	28,981,785,317	348,416,164	50,396,363	32,248,435	310,496,626	46,900	741,604,489
2020	17,566,446,898	296,793,809	48,882,192	21,617,107	214,082,736	182,952	581,558,796
2021	19,279,251,499	321,862,228	52,714,905	23,674,045	224,616,308	235,245	623,102,732
2022	25,843,530,593	380,680,266	57,732,925	31,038,645	245,805,054	265,710	715,522,601
1	1,720,062,432	25,831,972	4,169,305	1,790,212	16,100,506	19,191	47,911,186
2	1,476,948,764	22,377,361	3,704,500	1,536,305	13,555,285	17,567	41,191,018
3	1,520,413,415	32,437,127	4,809,209	2,732,066	22,518,029	22,119	62,518,549
4	1,942,830,839	33,739,401	5,118,359	3,031,168	23,420,357	22,340	65,331,625
5	2,393,788,715	35360,250	5,369,450	3,108,507	24,192,466	21,218	68,051,890
6	2,290,294,738	31,538,281	4,937,970	2,549,302	20,718,722	20,890	59,765,166
7	2,375,603,520	29,878,911	4,816,879	2,246,972	18,893,780	20,497	55,857,039
8	2,383,177,438	30,104,458	4,781,399	2,097,424	18,472,471	22,138	55,477,890
9	2,305,058,032	34,390,578	4,814,603	3,015,016	22,285,191	20,496	64,525,884
10	2,599,574,066	33,287,355	4,804,385	2,891,239	21,571,827	21,637	62,576,443
11	2,369,094,266	37,583,342	5,419,796	3,251,791	23,839,740	29,127	70,123,797
12	2,466,684,368	34,151,231	4,987,071	2,788,643	20,236,681	28,490	62,192,115

	不定期					一般区間(G) C+D+E+F
	高速鉄道I		セマウル (D)	ムグンファ I	通勤 (F)	
	KTX	SRT				
2019	16,332,374,186	5,341,352,952	1,359,545,630	5,002,190,452	3,552,218	28,039,015,437
2020	9,599,778,634	3,714,655,262	773,294,489	2,812,069,386	1,297,821	16,901,095,592
2021	10,858,043,053	4,160,698,528	849,483,992	2,737,814,139	1,736,749	18,607,776,460
2022	15,530,393,739	5,165,701,106	1,211,609,053	3,136,050,196	2,333,843	25,046,087,937
1	994,325,430	372,451,027	80,723,013	219,702,429	156,472	1,667,358,372
2	843,708,029	330,162,286	67,573,814	190,668,735	132,605	1,432,245,470
3	831,017,955	346,433,301	68,036,704	207,743,395	151,762	1,453,383,118
4	1,125,073,266	414,855,327	87,394,951	245,110,429	182,206	1,872,616,179
5	1,436,792,073	470,551,854	111,212,168	300,589,571	222,519	2,319,368,184
6	1,387,528,572	451,326,993	105,260,383	279,179,604	210,630	2,223,506,183
7	1,447,035,614	469,122,484	108,724,881	286,041,806	209,418	2,311,134,204
8	1,457,318,120	465,106,499	110,298,341	286,339,067	199,542	2,319,261,569
9	1,401,433,372	436,550,601	110,141,965	284,234,469	206,828	2,232,567,234
10	1,606,623,009	483,902,461	124,007,391	314,239,784	219,930	2,528,992,576
11	1,460,989,944	458,976,527	114,560,326	255,516,616	209,001	2,290,252,414
12	1,538,548,354	466,261,747	123,675,116	266,684,290	232,929	2,395,402,436

<続く>

	不定期					不定期計(I)
	その他					
	高速鉄道	セマウル	ムグンファ	通勤	その他計(H)	G+H
2019	180,123,596	6,779,486	14,262,267	41	201,165,391	28,240,180,829
2020	72,405,925	3,294,935	8,091,398	252	83,792,510	16,984,888,102
2021	39,706,357	2,007,881	6,657,845	224	48,372,307	18,656,148,767
2022	72,733,031	2,614,999	6,571,676	349	81,920,055	25,128,007,992
1	4,021,936	203,239	567,684	14	4,792,873	1,672,151,246
2	3,059,146	166,595	286,522	14	3,512,277	1,435,757,746
3	3,730,266	230,770	550,713	-	4,511,748	1,457,894,866
4	4,197,755	226,180	459,072	28	4,883,035	1,877,499,214
5	5,591,844	168,353	608,429	14	6,368,641	2,325,736,825
6	6,255,288	199,038	569,035	28	7,023,389	2,230,529,572
7	7,720,650	244,868	646,690	70	8,612,278	2,319,746,481
8	7,635,939	233,346	568,681	14	8,437,980	2,327,699,549
9	7,176,167	211,047	577,666	35	7,964,914	2,240,532,149
10	7,248,505	219,300	537,208	35	8,005,048	2,536,997,623
11	7,880,047	248,375	589,606	28	8,718,056	2,298,970,469
12	8,215,488	263,888	610,371	70	9,089,818	2,404,492,253

,出所：鉄道庁

<表2-4> 年度別・月別・品目別貨物輸送実績推移 　　　　　　　　　　　　　　　　　　　　　　　　　　（単位：トン）

	合計	コンテナ	セメント	石炭	油類	鉱石	鉄鋼	一般その他	建設	純事業用	受委託事業用
2019	28,663,738	9,473,178	11,328,554	1,587,619	165,481	1,276,625	2,516,045	1,798,980	105,909	157,623	253,724
2020	26,276,962	8,841,318	10,249,757	1,441,887	187,842	1,117,326	2,319,565	1,645,582	58,523	144,618	270,544
2021	26,779,766	9,373,455	10,442,389	1,309,828	164,191	1,193,169	2,328,948	1,546,158	68,510	150,017	203,101
2022	23,623,473	8,429,147	8,994,218	1,317,553	132,588	1,183,039	1,934,082	1,292,427	76,968	119,632	143,819
1	1,968,009	701,126	741,670	92,721	11,808	102,369	179,014	117,495	8,480	10,572	2,754
2	1,794,843	677,647	655,826	77,372	8,759	88,558	165,061	104,492	2,988	9,354	4,786
3	2,142,710	786,235	770,720	97,765	14,112	105,390	196,788	135,611	13,512	10,455	12,122
4	2,158,024	746,691	841,268	114,995	9,661	110,564	190,883	115,305	4,014	11,150	13,493
5	2,210,261	760,659	884,360	121,126	14,216	114,143	182,227	100,949	7,620	9,851	15,110
6	1,867,933	605,605	774,372	109,144	10,981	84,864	160,753	96,852	4,517	8,783	12,062
7	2,155,533	770,258	820,328	121,152	12,460	103,026	170,527	124,876	5,270	10,116	17,520
8	2,018,615	782,273	687,580	132,553	11,439	100,021	174,139	100,515	3,826	11,340	14,929
9	1,761,498	667,831	659,376	94,125	8,072	65,016	136,593	104,736	4,843	9,484	11,422
10	2,005,605	658,440	815,048	124,041	12,894	125,776	139,498	91,681	13,280	8,556	16,391
11	1,723,436	613,779	660,628	124,879	12,206	100,143	89,881	89,958	6,256	11,266	14,440
12	1,817,006	658,603	683,042	107,680	5,980	83,169	148,718	109,957	2,362	8,705	8,790

出所：鉄道庁

<表2-5> 年度別鉄道車両保有推移 　　　　　　　　　　　　　　　　　　　　（単位：台）

	高速鉄道車両	機関車		動車		
		ディーゼル機関車	電気機関車	ディーゼル動車	電気動車	トンイル号電気動車
2016	1,420(KTX) 100(SRT)	288	195	178	2,546	-
2017	1,530(KTX) 100(SRT)	280	176	150	2,558	-
2018	1,530(KTX) 100(SRT)	265	175	150	2,569	-
2019	1,530(KTX) 100(SRT)	254	175	121	2,502	-
2020	1,530(KTX) 100(SRT) 30(KTX-EUM)	243	175	121	2,627	-
2021	1,530(KTX) 100(SRT) 114(KTX-EUM)	226	175	121	2,566	-
2022	1,530(KTX) 100(SRT) 114(KTX-EUM)	220	175	80	2,699	-

	動車		客車	発電車	貨車	クレーン
	幹線型電気動車	ITX-青春				
2016	166	64	921	116	11,031	16
2017	166	64	920	116	10,865	15
2018	166	64	909	113	10,500	15
2019	166	64	821	113	10,359	15
2020	166	64	761	99	10,008	13
2021	166	64	680	90	9,813	13
2022	166	64	626	89	9,124	12

出所：鉄道庁

<表2-6> 車齢別鉄道車両保有現況 (単位：台)

	高速鉄道車両	機関車		動車		
		ディーゼル機関車	電気機関車	ディーゼル動車	電気動車	トンイル号電気動車
期待寿命(年)	30	25	(旧)40 (新)30	20	25	-
計	1,744	220	175	80	2,699	-
0～4	114	-	-	-	464	-
5～9	470	25	31	-	414	-
10～14	240	-	84	-	394	-
15～19	580	26	54	-	606	-
20～24	-	118	2	25	407	-
25～29	-	51	-	30	414	-
30以上	-	-	4	25	-	-
期待寿命超過	-	51	-	80	414	-
未超過	1,744	169	175	-	2,285	-
年齢平均	13	21	13	26	15	-

	動車		客車	発電車	貨車	クレーン
	幹線型電気動車	ITX-青春				
期待寿命(年)	25	25	25	25	30/25	25
計	166	64	626	89	9,124	12
0～4	-	-	-	-	47	-
5～9	138	-	-	-	88	-
10～14	28	64	-	-	269	-
15～19	-	-	99	-	2,216	8
20～24	-	-	384	29	3,500	4
25～29	-	-	143	60	2,643	-
30以上	-	-	-	-	361	-
期待寿命経過	-	-	143	60	-	-
未超過	166	64	483	29	9,124	12
年齢平均	8	11	23	24	22	19

注) 2022年基準。

出所：鉄道庁

<表2-7> 年度別高速鉄道車両保有推移　　　　　　　　　　　　　　　　　　　　　　（単位：台）

	2017	2018	2019	2020	2021	2022
導入	110	-	-	30	84	-
廃車	-	-	-	-	-	-
その他	-	-	-	-	-	-
年末保有	1,530(KTX)	1,530(KTX)	1,530(KTX)	1,530(KTX)	1,530(KTX)	1,530(KTX)
	100(SRT)	100(SRT)	100(SRT)	100(SRT)	100(SRT)	100(SRT)
				30(KTX-EUM)	114(KTX-EUM)	114(KTX-EUM)

出所：鉄道庁

<表2-8> 年度別ディーゼル機関車車両保有推移　　　　　　　　　　　　　　　　　（単位：台）

	2017	2018	2019	2020	2021	2022
導入	-	-	-	-	-	-
廃車	8	15	11	11	7	6
その他	-	-	-	-	-	-
年末保有	280	265	254	243	236	220

出所：鉄道庁

<表2-9> 年度別電気機関車車両保有推移　　　　　　　　　　　　　　　　　　　（単位：台）

	2017	2018	2019	2020	2021	2022
導入	-	-	-	-	-	-
廃車	19	1	-	-	-	-
その他	-	-	-	-	-	-
年末保有	176	175	175	175	175	175

出所：鉄道庁

<表2-10> 年度別ディーゼル動車車両保有推移 (単位：台)

	2017	2018	2019	2020	2021	2022
導入	-	-	-	-	-	-
廃車	28	-	29	-	-	41
その他	-	-	-	-	-	-
年末保有	150	150	121	121	121	80

出所：鉄道庁

<表2-11> 年度別電気動車車両保有推移 (単位：台)

	2017	2018	2019	2020	2021	2022
導入	36	12	56	88	58	268
廃車	24	1	63	23	119	103
その他	-	-	-	7	-	-
年末保有	2,558	2,569	2,562	2,627	2,566	2,699

出所：鉄道庁

<表2-12> 年度別幹線型電気動車車両保有推移 (単位：台)

	2017	2018	2019	2020	2021	2022
導入	-	-	-	-	-	-
廃車	-	-	-	-	-	-
その他	-	-	-	-	-	-
年末保有	166	166	166	166	166	166

出所：鉄道庁

<表2-13> 年度別ITX-チョンチュン(青春)車両保有推移 (単位：台)

	2017	2018	2019	2020	2021	2022
導入	-	-	-	-	-	-
廃車	-	-	-	-	-	-
その他	-	-	-	-	-	-
年末保有	64	64	64	64	64	64

出所：鉄道庁

<表2-14> 年度別客車保有推移 (単位:台)

	2018	2019	2020	2021	2022
導入	-	-	-	-	-
廃車	11	88	60	48	87
その他	-	-	-	-	-
年末保有	909	821	761	713	626

出所:鉄道庁

<表2-15> 年度別発電車保有推移 (単位:台)

	2018	2019	2020	2021	2022
導入	-	-	-	-	-
廃車	3	-	14	-	10
その他	-	-	-	-	-
年末保有	113	113	99	99	89

出所:鉄道庁

<表2-16> 年度別貨車保有推移 (単位:台)

	2018	2019	2020	2021	2022
導入	(社)5	-	-	(社)42	-
廃車	(社)370	(社)86	(社)300	(社)236	(社)629
		55	51	1	60
その他	-	-	-	-	-
年末保有	10,500	10,359	10,008	9,813	9,124

出所:鉄道庁

<表2-17> 年度別クレーン車両保有推移 (単位:台)

	2018	2019	2020	2021	2022
導入	-	-	-	-	-
廃車	-	-	2	-	1
その他	-	-	-	-	-
年末保有	15	15	13	13	12

出所:鉄道庁

<表2-18> 年度別都市鉄道乗車人員推移　　　　　　　　　　　　　　　　　　　　　　　（単位：千人）

区分		路線	2018	2019	2020	2021	2022
総計(24路線)			2,587,003	2,642,026	1,906,895	1,966,483	2,204,622
ソウル	ソウル市小計		1,878,463	1,916,172	1,395,869	1,410,853	1,553,194
	ソウル交通公社	1	99,552	101,188	67,397	65,252	74,896
		2	558,783	562,103	399,100	393,625	443,910
		3	205,753	208,987	148,753	150,240	168,792
		4	210,795	210,968	144,142	141,639	159,071
		5	220,031	223,186	173,234	185,614	207,626
		6	129,905	130,600	95,024	96,417	108,927
		7	259,158	261,991	200,850	203,824	192,531
		8	67,718	70,133	54,065	54,886	61,022
	ソウルメトロ	9	95,773	100,296	75,741	79,081	89,382
	ソウルメトロ9号線(株)		15,843	30,563	25,018	27,009	32,035
	ウイ新設軽量電車(株)	1	15,152	16,157	12,545	13,266	15,002
釜山	釜山交通公社	小計	336,243	342,549	246,495	253,924	284,643
		1	169,779	173,271	123,432	125,071	139,117
		2	121,747	123,856	88,251	92,683	105,372
		3	33,743	34,438	26,236	27,392	30,776
		4	10,974	10,984	8,576	8,778	9,378
大邱	大邱都市鉄道公社	小計	162,837	167,628	110,237	122,167	133,155
		1	72,767	74,572	48,148	52,756	56,958
		2	62,826	64,876	42,334	47,578	52,608
		3	27,244	28,180	19,754	21,833	23,589
仁川	仁川交通公社	小計	112,344	115,815	85,586	93,295	135,694
		1	73,540	74,427	54,016	56,623	63,531
		2	38,804	4,138	31,570	34,719	39,607
		7	-	-	-	1,953	32,556
光州	光州広域市都市鉄道公社	1	18,883	19,319	13,583	14,401	15,908
大田	大田広域市都市鉄道公社	1	39,719	40,262	26,229	27,346	31,441
釜山-金海	釜山-金海軽電鉄(株)	1	18,323	18,480	12,719	13,550	14,974
議政府	議政府市軽電鉄(株)	1	12,211	12,953	9,774	10,511	12,060
龍仁	龍仁 軽量電鉄(株)	1	7,980	8,848	6,403	7,056	8,254
金浦	金浦ゴールドライン(株)	1	-	-	-	13,380	15,299

出所：鉄道庁

3. 航空・宇宙産業

<表3-1> 航空宇宙産業需給動向　　　　　　　　　　　　　　　　　　　　（単位：億ウォン，%）

区分		2019 実績	増減率	2020 実績	増減率	2021 実績	増減率	2022 実績	増減率	2023(展望) 実績	増減率
供給	生産	57,996	16.4	47,859	-17.5	47,375	-1.0	63,410	33.8	68,982	8.8
	輸入	59,192	21.7	39,366	-33.5	38,762	-1.5	51,148	32.0	55,861	9.2
計		117,188	19.0	87,225	-25.6	86,137	-1.2	114,558	33.0	124,843	9.0
需要	内需	84,937	21.1	68,640	-19.2	68,257	-0.6	89,799	31.6	95,196	6.0
	輸出	32,251	13.9	18,585	-42.4	17,880	-3.8	24,759	38.5	29,647	19.7

注) 1. 為替レート 2021年：1,144.42ウォン/USD，'22〜'23年：1,291.95ウォン/USD（韓国銀行 経済統計システムの為替レート適用）。
2. 輸入は通関基準(MTI)，輸出はP/O及び契約金額基準。
3. 2021年以前の統計値：韓国航空宇宙産業振興協会の主要会員会社を調査。
4. 2022〜202年の統計値：国内航空製造業者(400社)全数調査。
5. 調査分野(宇宙及び自社運航整備除外)変更に従う。
6. 増減率は前年対比増減率。

出所：韓国航空宇宙産業振興協会

<表3-2> 事業別航空宇宙産業生産推移　　　　　　　　　　　　　　　　　（単位: 億ウォン，%）

区分	2019年	2020年	2021年	2022年 生産額	占有率	2023年 (展望)
民間航空機部品	19,933	11,572	9,907	14,599	23.0	15,217
KUH系列事業	8,119	9,821	9,872	12,239	19.3	11,616
KF-21事業	5,868	8,387	9,256	10,265	16.2	9,238
エンジン部品	4,725	3,068	5,590	8,349	13.2	10,534
MRO	4,404	3,949	3,496	4,651	7.3	4,824
UAV	1,627	1,996	567	2,953	4.7	2,913
T-50系列事業	5,986	1,861	2,309	2,565	4.0	3,774
LAH/LCH事業	885	714	717	828	1.3	812
KT-1系列事業	152	506	308	636	1.0	657
AH-64系列事業	605	73	8	387	0.6	340
F-15系列事業	445	433	75	298	0.5	337
その他	5,247	5,478	5,197	5,640	8.9	8,720
計	57,996	47,859	47,375	63,410	100.0	68,982

出所：韓国航空宇宙産業振興協会

<表3-3> 需要別航空宇宙産業生産推移 (単位: 億ウォン, %)

区分	2020			2021			2022			2023(展望)		
	内需	輸出	計	内需	輸出	計	内需	輸出	計	内需	輸出	計
軍需	26,391	4,775	31,165	27,322	3,747	31,068	32,417	3,201	35,618	32,526	5,649	38,175
民需	2,883	13,810	16,693	2,173	14,134	16,306	6,234	21,558	27,792	6,809	23,998	30,807
計	29,271	18,585	47,859	29,494	17,860	47,374	38,651	24,759	63,410	39,335	29,647	68,982

注) 輸出：P/O(Purchase Order)及び契約金額基準。

出所：韓国航空宇宙産業振興協会

<表3-4> 品目別航空宇宙産業生産推移 (単位: 億ウォン, %)

区分	2019年	2020年	2021年	2022年		2023年(展望)
				生産額	占有率	
完成機	20,262	21,541	19,315	19,164	30.2	19,872
機体	23,913	14,956	12,353	18,762	29.6	19,857
エンジン	8,529	6,555	9,338	14,895	23.5	17,233
電子	2,492	3,149	4,896	6,297	9.9	5,018
補機	1,830	1,057	995	730	1.2	793
素材	40	46	23	366	0.6	387
その他	931	556	455	3,197	5.0	5,821
計	57,996	47,859	47,375	63,410	100.0	68,982

出所：韓国航空宇宙産業振興協会

<表3-5> 地域別航空宇宙産業生産推移 (単位: 億ウォン)

区分	2020年	2021年	2022年 生産額	2022年 占有率	2023年 (展望)	主要企業
慶南	37,624	37,836	47,549	75.0	53,062	Korea Aerospace Industries, Hanwha Aerospace(エンジン), ASTK, YULKOK, HIZE, Soosung Airframe
釜山	6,639	3,917	6,398	10.1	7,095	KOREAN AIR, Hyune Aero-Specialty
慶北	1,479	3,474	3,689	5.8	2,399	Hanwha Systems, LIGNex1
京畿	358	429	1,512	2.4	1,557	Glenair Korea, Hanyang Eng.
忠南	825	837	1,434	2.3	1,681	Hanwha Aerospace(油圧), UI Helicopter
仁川	515	541	862	1.4	987	Huneed, Dawin Friction
大田	216	148	807	1.3	861	Nes&Tec, Hanul System, UCONSYSTEM
忠北	168	153	442	0.7	462	RH FOCUS, Sungwoo Engineering
ソウル	34	40	211	0.3	272	Hi-Tech RCD Korea, Sung Jin DSP
全北	0	0	196	0.3	231	DACC Carbon, Barotex Synergy
大邱	0	0	97	0.2	109	iGiS, Shinil Information Technology
世宗	0	0	84	0.1	110	Dong Yang A.K Korea, SOLVICE
全南	0	0	62	0.1	80	Cheonpung, HogreenAir
蔚山	0	0	30	0.0	34	Ucon Creative, Skysys
江原	0	0	19	0.0	22	Giant Drone, D.L.One
光州	0	0	17	0.0	18	Yoori Company, Korea Smart Drone
済州	0	0	1	0.0	2	Deep Blue Explorer
計	47,859	47,375	63,410	100.0	68,982	-

出所：韓国航空宇宙産業振興協会

<表3-6> 航空宇宙産業貿易収支動向　　　　　　　　　　　　　　　　　　　　　　　（単位：百万ドル）

区分	2021			2022			2023(展望)		
	輸出	輸入	収支	輸出	輸入	収支	輸出	輸入	収支
完成機	59	1,323	-1,264	240	1,571	-1,331	922	2,023	-1,101
部品	1,503	2,064	-561	1,816	2,388	-572	2,173	2,858	-685
計	1,562	3,387	-1,825	2,056	3,959	-1,903	3,095	4,881	-1,786

注) この貿易収支上の輸入及び輸出額は通関基準(MTI)であり、航空宇宙協会が集計する生産関連基準統計値とは違いがある。

出所：韓国航空宇宙産業振興協会

<表3-7> 航空宇宙産業受注・引渡・残高推移　　　（単位：百万ドル）

区分	2018	2019	2020	2021	2022
受注	81,433	66,500	78,580	59,006	139,934
引渡	51,868	70,265	57,858	57,622	63,410
残高	282,645	295,667	320,041	311,763	388,287

出所：韓国航空宇宙産業振興協会

<表3-8> 国別航空宇宙産業輸出推移 (単位:億ウォン)

区分	2020	2021	2022	2023 (展望)	輸出品目
アメリカ	649	813	1007	1,161	機体/エンジン部品(Boeing等)
フランス	308	310	397	343	機体部品(Airbus等)
ブラジル	42	34	163	171	機体部品(E-2 機体部品等)
イギリス	44	44	64	112	エンジン部品(Rolls Royce等)
ドイツ	24	66	54	73	エンジン部品(MTU等)
イラク	109	62	45	210	T-50(基地再建事業含む)
インドネシア	3	60	36	39	T-50, KT-1
パキスタン	0	18	27	37	機体部品
日本	145	31	26	25	機体部品(Via Boeing quantity)
マレーシア	5	13	16	22	機体部品(フィッティング類)
中国	72	5	9	10	機体部品(Boeing等)
フィリピン	20	5	9	9	T-50部品
ロシア	6	9	8	14	機体(ドア)
テュルキエ(トルコ)	5	2	8	21	KT-1部品
タイ	99	48	7	6	T-50
オーストラリア	0	3	6	7	機体部品(Boeing等)
その他	44	40	35	36	-
計	1,575	1,562	1,916	2,295	-

注) 1. 輸出:P/O(Purchase Order)及び契約金額基準。
2. その他の輸出国(輸出額順):カザフスタン,カナダ,イタリア,スペイン,ベトナム,イスラエル,モンゴル,サウジアラビア,台湾,南アフリカ,ルーマニア,オーストリアの12カ国。

出所:韓国航空宇宙産業振興協会

<表3-9> 航空宇宙産業投資推移 (単位:億ウォン)

区分	2019年	2020年	2021年	2022年	2023年 (展望)
研究開発	1,849	2,709	2,589	3,229	3,386
施設/装備	1,799	1,788	1,309	1,303	2,875
土地/建物	1,376	1,420	474	585	1,502
その他	287	273	215	191	671
小計	5,310	6,190	4,587	5,308	8,434

注) 産業体のみの統計である(研究機関などは含まない)。

出所:韓国航空宇宙産業振興協会

4. 造船・海洋プラント

1) 造船

<表4-1> 年度別新造船受注量推移

	国内船			輸出船			計		
	隻	GT	CGT	隻	GT	CGT	隻	GT	CGT
2018	41	5,356,555	2,009,138	203	17,654,440	9,770,765	244	23,010,995	11,779,903
2019	40	3,224,819	1,596,346	185	16,165,330	8,785,347	225	19,390,149	10,381,693
2020	14	1,224,799	625,700	151	14,947,265	7,738,778	165	16,172,064	8,364,478
2021	72	5,099,761	2,926,867	305	27,794,671	14,229,560	377	32,894,432	17,156,428
2022	56	4,373,737	3,176,493	226	20,190,537	12,701,610	282	24,564,274	15,878,103

出所：韓国造船海洋プラント協会

<表4-2> 会社別新造船受注量現況(2022)

	国内船		輸出船		計	
	隻	CGT	隻	CGT	隻	CGT
Hyundai	8	412,205	54	3,422,822	62	3,835,027
Daewoo	11	942,931	34	2,687,619	45	3,630,550
Samsung	11	943,221	38	2,837,438	49	3,780,659
Hyundai Samho	10	626,085	40	2,534,977	50	3,161,061
HJ	-	-	4	139,021	4	139,021
Hyundai Mipo	13	214,764	42	778,345	55	993,108
DAE SUN	3	37,288	3	33,160	6	70,448
K Shipbuilding	-	-	11	268,229	11	268,229
計	56	3,176,493	226	12,701,610	282	15,878,103

出所：韓国造船海洋プラント協会

<表4-3> 船種別新造船受注量現況(2022)

	国内船		輸出船		計	
	隻	CGT	隻	CGT	隻	CGT
TANKER	-	-	10	257,762	10	257,762
PRODUCT CARRIER	-	-	10	228,793	10	228,793
BULK CARRIER	-	-	-	-	-	-
CONTAINER SHIP	25	652,374	92	3,761,338	117	4,413,712
LNG CARRIER	30	2,506,706	90	7,734,772	120	10,241,478
LPG CARRIER	-	-	14	388,133	14	388,133
CAR CARRIER	-	-	6	185,900	6	185,900
DRILL SHIP	-	-	-	-	-	-
その他	1	17,413	4	144,912	5	162,325
計	56	3,176,493	226	12,701,610	282	15,878,103

注) 1. TANKERはShuttle Tanker, COT, VLCCを含む。
2. 下一桁に違いがある。

出所：韓国造船海洋プラント協会

<表4-4> 発注国別新造船受注量推移

	2020		2021		2022	
	隻	CGT	隻	CGT	隻	CGT
ギリシャ	4	120,558	5	305,605	7	600,213
ノルウェー	10	267,634	3	246,199	-	-
デンマーク	2	48,543	9	570,632	10	663,066
ドイツ	7	584,216	6	501,534	-	-
リベリア	40	1,546,191	47	1,973,215	65	3,027,002
マーシャル	14	618,419	81	2,958,404	43	2,081,511
マン島	1	20,722	3	114,719	-	-
マレーシア	-	-	-	-	-	-
マルタ	6	454,789	20	1,164,839	14	435,243
バハマ	-	-	6	158,385	-	-
バミューダ	-	-	5	370,814	-	-
ベルギー	-	-	-	-	2	43,673
スウェーデン	-	-	-	-	-	-
パキスタン	13	364,520	26	1,300,249	12	778,340
イギリス	-	-	-	-	-	-
イタリア	-	-	6	174,738	-	-
インド	-	-	-	-	-	-
カタール	-	-	-	-	-	-
キプロス	6	580,994	-	-	-	-
パナマ	29	1,564,515	43	1,848,426	17	590,010
フランス	-	-	12	237,365	5	446,785
香港	-	-	5	285,236	-	-
その他	35	2,196,377	100	4,946,068	107	7,212,259
計	167	8,364,478	377	17,156,428	282	15,878,103

出所：韓国造船海洋プラント協会

<表4-5> 年度別新造船建造量推移

	国内船			輸出船			計		
	隻	GT	CGT	隻	GT	CGT	隻	GT	CGT
2018	17	725,806	483,239	147	12,694,867	6,719,266	164	13,420,673	7,202,505
2019	22	2,414,969	726,854	193	18,798,148	8,589,347	215	21,213,117	9,316,201
2020	40	4,512,637	1,665,355	153	13,081,867	6,780,543	193	17,594,504	8,445,898
2021	44	3,945,764	1,653,282	168	15,420,575	8,663,232	212	19,366,339	10,316,515
2022	37	2,635,733	1,170,787	156	13,475,806	6,385,229	193	16,111,539	7,556,016

出所：韓国造船海洋プラント協会

<表4-6> 会社別新造船建造量現況(2022)

	国内船		輸出船		計	
	隻	CGT	隻	CGT	隻	CGT
Hyundai	4	299,833	35	1,776,523	39	2,076,356
Daewoo	3	131,498	17	858,741	20	990,239
Samsung	2	52,489	29	1,429,197	31	1,481,686
Hyundai Samho	9	421,898	22	1,291,006	31	1,712,904
HJ	-	-	-	-	-	-
Hyundai Mipo	13	204,209	41	841,868	54	1,046,077
DAE SUN	2	14,683	3	41,131	5	55,813
K Shipbuilding	4	46,177	9	146,763	13	192,941
計	37	1,170,787	156	6,385,229	193	7,556,016

出所：韓国造船海洋プラント協会

<表4-7> 船種別新造船建造量現況(2022)

	国内船		輸出船		計	
	隻	CGT	隻	CGT	隻	CGT
TANKER	12	417,971	56	1,914,100	68	2,332,071
PRODUCT CARRIER	3	58,342	32	629,168	35	687,510
CHEMICAL TANKER	2	12,597	-	-	2	12,597
BULK CARRIER	3	120,530	-	-	3	120,530
CONTAINER SHIP	10	148,262	22	1,338,637	32	1,486,899
LNG CARRIER	5	377,170	20	1,790,731	25	2,167,901
LPG CARRIER	1	30,455	19	467,120	20	497,575
CAR CARRIER	-	-	1	29,371	1	29,371
DRILL SHIP	-	-	1	30,506	1	30,506
その他	1	5,460	5	185,596	6	191,056
計	37	1,170,787	156	6,385,229	193	7,556,016

注) 1. TANKERはShuttle Tanker, COT, VLCCを含む。
2. 下一桁に違いがある。

出所 : 韓国造船海洋プラント協会

<表4-8> 発注国別新造船建造量推移

	2020		2021		2022	
	隻	CGT	隻	CGT	隻	CGT
ギリシャ	-	-	11	776,401	8	287,036
ノルウェー	7	277,099	2	59,880	2	61,725
デンマーク	1	90,648	1	88,358	-	-
ドイツ	-	-	-	-	-	-
リベリア	22	974,918	3	1,439,815	46	1,997,041
マーシャル	65	2,854,371	50	2,151,976	40	1,448,451
マレーシア	1	94,146	-	-	1	30,884
マルタ	11	810,942	28	1,734,186	17	816,900
マン島	1	14,779	1	16,977	5	88,993
バハマ	4	169,521	3	127,835	3	78,645
バミューダ	5	264,549	3	272,136	1	74,131
パキスタン	14	425,188	13	703,199	14	657,079
イタリア	-	-	1	125,059	-	-
インド	1	64,005	-	-	1	57,911
カタール	-	-	-	-	-	-
キプロス	1	24,361	1	90,804	1	26,710
パナマ	27	921,280	34	1,379,845	22	878,622
香港	1	24,218	9	352,579	1	10,197
その他	32	1,435,873	25	997,465	31	1,041,691
計	193	8,445,898	212	10,316,515	193	7,556,016

出所：韓国造船海洋プラント協会

<表4-9> 年度別新造船受注残量推移

	国内船			輸出船			計		
	隻	GT	CGT	隻	GT	CGT	隻	GT	CGT
2018	70	9,110,079	3,174,640	384	36,766,396	18,817,124	454	45,876,475	21,991,764
2019	93	10,176,691	4,103,665	376	34,476,854	19,363,625	469	44,653,545	23,467,290
2020	63	6,575,445	2,921,463	376	35,179,300	20,389,310	439	42,294,745	23,310,772
2021	96	7,324,105	4,169,917	521	49,738,626	26,467,810	617	57,062,731	30,637,726
2022	126	10,001,839	6,705,492	565	53,049,634	30,607,207	691	63,051,473	37,312,699

出所：韓国造船海洋プラント協会

<表4-10> 会社別新造船受注残量現況(2022)

	国内船		輸出船		計	
	隻	CGT	隻	CGT	隻	CGT
Hyundai	31	1,941,435	110	7,027,423	141	8,968,858
Daewoo	23	1,605,253	101	7,173,862	124	8,779,115
Samsung	18	1,465,201	125	8,534,553	143	9,999,754
Hyundai Samho	23	1,196,940	75	4,626,240	98	5,823,180
HJ	1	10,121	8	267,722	9	277,843
Hyundai Mipo	23	378,677	109	2,266,879	132	2,645,556
DAE SUN	4	31,367	18	244,330	22	275,697
K Shipbuilding	3	79,498	19	466,198	22	542,696
計	126	6,705,492	565	30,607,207	691	37,312,699

出所：韓国造船海洋プラント協会

<表4-11> 船種別新造船受注残量現況(2022)

	国内船		輸出船		計	
	隻	CGT	隻	CGT	隻	CGT
TANKER	2	52,227	38	1,343,700	40	1,395,927
PRODUCT CARRIER	-	-	19	561,130	19	561,130
CHEMICAL TANKER	1	24,271	11	260,577	12	284,848
BULK CARRIER	2	59,651	-	-	2	59,651
CONTAINER SHIP	48	1,654,239	218	10,017,731	266	11,671,970
LNG CARRIER	51	4,318,537	180	15,483,513	231	19,802,050
LPG CARRIER	12	354,495	61	1,567,545	73	1,922,040
CAR CARRIER	-	-	12	360,638	12	360,638
DRILL SHIP	-	-	8	348,662	8	348,662
その他	10	242,072	18	663,711	28	905,783
計	126	6,705,492	565	30,607,207	691	37,312,699

注) 1. TANKERはShuttle Tanker, COT, VLCCを含む。
2. 下一桁に違いがある。

出所：韓国造船海洋プラント協会

<表4-12> 発注国別新造船受注残量推移

	2020		2021		2022	
	隻	CGT	隻	CGT	隻	CGT
ギリシャ	16	1,048,527	11	602,904	15	1,078,670
ノルウェー	25	1,275,162	7	368,204	3	246,199
デンマーク	-	-	9	570,632	19	1,233,698
ドイツ	7	584,216	12	1,003,068	12	1,003,068
リベリア	67	3,033,001	84	3,427,399	127	5,622,425
ロシア	4	104,265	3	78,199	4	223,926
マーシャル	60	2,767,439	98	3849,401	122	5,413,046
マレーシア	-	-	-	-	-	-
マルタ	29	1,807,068	31	1,856,087	34	1,640,184
バハマ	9	592,750	10	419,511	1	30,871
バミューダ	-	-	5	370,814	5	370,814
ベルギー	-	-	-	-	4	129,771
パキスタン	30	1,224,145	47	2,169,927	41	2,345,819
イギリス	-	-	-	-	-	-
オマーン	-	-	-	-	-	-
イタリア	-	-	6	174,738	6	174,738
インド	-	-	-	-	-	-
日本	-	-	-	-	3	146,298
カタール	-	-	-	-	-	-
クウェート	-	-	-	-	-	-
キプロス	6	580,993	6	580,993	3	290,496
パナマ	68	3,783,866	85	4,600,188	60	3,152,322
フランス	1	82,066	13	319,431	19	855,592
香港	6	203,155	5	285,236	7	351,583
その他	111	6,224,119	185	9,960,994	206	13,003,179
計	439	23,310,772	617	30,637,726	691	37,312,699

出所：韓国造船海洋プラント協会

<表4-13> 会社別造船設備現況

会社名	設備名	L	B	D	備考
Hyundai Heavy Industries	B.D No.1-1	390	80	12.7	T字型ドック
	B.D No.1-2	165	47		
	B.D No.2	500	80	12.7	
	B.D No.3	672	92	13.4	
	B.D No.4	382	65	12.7	
	B.D No.5	382	65	12.7	
	B.D No.6	260	43	12	
	B.D No.7	170	25	11	
	B.D No.8	460	70	12.7	
	B.D No.9	460	70	12.7	
	B.D(海洋)	490	115	13.5	
	B.D(群山(グンサン))	700	115	18	
Daewoo Shipbuilding & Marine Engineering	B.D No.1	529	131	14.5	
	B.D No.2	539	81	14.5	
	F.D No.3	362	62	21	
	F.D No.4	438	70	23.5	
	F.D No.5	432	71.6	25.3	
Samsung Heavy Industries	B.D No.1	283	46	11	
	B.D No.2	390	65	11	
	B.D No.3	640	97.5	12.7	
	F.D No.2	400	55	21.5	
	F.D No.3	400	70	23.5	
	F.D No.4	420	70	23.5	
	OFD	153.6	130.6	23.5	海洋設備専用
Hyundai Samho Heavy Industries	B.D No.1	504	100	13	
	B.D No.2	594	104	13	
	B.B	492	65	-	
	F.D	335	70	24	進水及び岸壁用
Hyundai Mipo Dockyard	B.D No.1	380	65	12.5	
	B.D No.2	380	65	12.5	
	B.D No.3	380	65	12.5	
	B.D No.4	295	76	12.5	

<続く>

K Shipbuilding (Formerly: STX Offshore & Shipbuilding)	B.D	385	74	11	
HJ HEAVY INDUSTRIES (Formerly: Hanjin Heavy Industries)	B.D No.2 B.D No.3 B.D No.4 No.1 埠頭 No.2 埠頭	232.5 301.8 301.8 150 100	35 50 50 24 36	9 11.5 11.5 - -	影島（ヨンド）
Dae Sun Shipbuilding	B.D F.D B.B	109 190.9 122	19 34.4 25	7.7 15.2 -	影島（ヨンド）
	No.1 ドライ・ポート No.2 ドライ・ポート	47.5 47.5	220 220	- -	多大（タデ）

注）1. 2023年5月基準である。

2. B.D：Building Dock, F.D：Floating Dock, B.B：Building Berth, OFD：Offshore Floating Dock

出所：韓国造船海洋プラント協会

2) 造船機資材

<表4-14> 造船機資材企業現況 (単位：社)

	2018	2019	2020	2021	2022
船体	18	19	19	19	19
機械・機関部	22	22	23	23	22
艤装部	140	148	152	157	157
電気・電子部	42	43	45	46	49
その他	3	7	13	22	39
合計	225	239	252	267	286

出所：韓国造船海洋プラント協会

<表4-15> 造船機資材企業人材推移 (単位：人)

	2018	2019	2020	2021	2022
船体	2,044	3,164	3,068	3,191	3,219
機械・機関部	4,925	4,981	4,508	4,570	4,541
艤装部	13,346	13,845	14,681	12,702	14,189
電気・電子部	5,054	5,164	6,406	5,829	8,693
その他	364	976	2,223	2,107	2,493
合計	25,733	28,130	30,886	28,399	33,135

出所：韓国造船海洋プラント協会

<表4-16> 造船機資材生産及び売上実績推移 (単位：百万ウォン)

	2019	2020	2021	2022
船体	2,217,503	1,651,974	1,773,777	2,330,432
機械・機関部	1,765,543	1,642,164	2,979,652	3,490,334
艤装部	3,030,543	6,899,104	5,989,605	7,550,917
電気・電子部	6,320,444	6,629,326	7,593,214	11,955,347
その他	449,906	1,164,013	1,045,343	1,314,010
合計	13,784,029	17,986,581	19,381,591	26,641,040

出所：韓国造船海洋プラント協会

<表4-17> 造船機資材直輸出実績推移（単位：百万ドル）

	2018	2019	2020	2021	2022
船体	159	161	151	152	108
機械・機関部	481	477	403	342	365
艤装部	344	377	321	305	309
電気・電子部	314	437	328	352	340
合計	1,298	1,452	1,203	1,151	1,122

出所：韓国造船海洋プラント協会

3) 海洋プラント

<表4-18> 世界Offshore掘削設備稼働推移(Jack-Up類) (単位：Unit)

	2018	2019	2020	2021	2022
北米	32	31	37	40	41
中南米	5	5	3	2	1
西部アフリカ	11	14	17	6	9
北西ヨーロッパ	30	31	32	24	30
地中海/カスピ海	23	24	28	28	29
中東	142	148	151	153	146
アジア・太平洋	68	72	103	87	98
全稼働設備	311	325	371	340	354
全船腹量	473	468	478	449	440
稼働率(%)	66	69	78	76	80

出所：韓国造船海洋プラント協会

<表4-19> 世界Offshore掘削設備稼働推移(Semi-Subs類) (単位：Unit)

	2018	2019	2020	2021	2022
北米	8	6	6	4	3
中南米	14	7	4	10	9
西部アフリカ	1	1	2	2	2
北西ヨーロッパ	21	25	29	20	19
地中海/カスピ海	7	8	8	4	1
中東	4	4	3	2	1
アジア・太平洋	16	13	17	15	19
稼働設備	71	64	69	57	54
全船腹量	105	101	107	87	84
稼働率(%)	68	63	64	66	64

出所：韓国造船海洋プラント協会

<表4-20> 世界Offshore掘削設備稼働推移（Drillships類）(単位：Unit)

	2018	2019	2020	2021	2022
北米	20	19	20	16	18
中南米	16	13	19	20	20
西部アフリカ	11	13	9	7	110
北西ヨーロッパ	1	2	0	0	1
地中海/カスピ海	5	6	8	4	6
中東	5	5	6	4	5
アジア・太平洋	4	5	4	2	2
稼働設備	62	63	66	53	62
全船腹量	95	93	93	80	74
稼働率(%)	65	68	71	66	84

出所：韓国造船海洋プラント協会

<表4-21> 世界Offshore生産設備稼働推移(FPSO類)　(単位:Unit)

	2018	2019	2020	2021	2022
北米	7	9	8	8	110
中南米	45	52	52	49	48
西部アフリカ	47	49	48	51	49
北西ヨーロッパ	26	26	26	22	20
地中海/カスピ海	3	3	2	2	2
中東	5	4	3	3	5
アジア・太平洋	52	51	51	48	44
稼働設備	185	194	190	183	178
全船腹量	208	217	217	218	212
稼働率(%)	89	89	88	84	84

出所：韓国造船海洋プラント協会

<表4-22> 世界Offshore生産設備稼働推移(その他MOPU類)　(単位：Unit)

	2018	2019	2020	2021	2022
北米	46	46	46	44	47
中南米	18	19	15	14	114
西部アフリカ	15	17	18	19	19
北西ヨーロッパ	29	30	30	30	29
地中海/カスピ海	6	6	5	5	5
中東	6	7	7	10	9
アジア・太平洋	27	25	23	21	24
稼働設備	147	150	144	143	147
全船腹量	162	164	164	161	165
稼働率(%)	91	91	88	89	89

注) MOPU(Mobile Offshore Production Unit) 移動式海上石油生産設備。

出所：韓国造船海洋プラント協会

<表4-23> 世界Offshore生産設備稼働推移(固定式設備類) (単位：Unit)

	2018	2019	2020	2021	2022
北米	1,983	1,986	1,863	1,712	1,664
中南米	384	386	386	354	356
西部アフリカ	655	655	656	655	664
北西ヨーロッパ	460	466	453	429	421
地中海/カスピ海	561	563	563	579	581
中東	1,667	1,752	1,817	1,927	1,947
アジア・太平洋	2,198	2,222	2,233	2,255	2,193
稼働設備	7,908	8,030	7,971	7,911	7,826
全船腹量	7,953	8,076	8,013	8,006	7,907
稼働率(%)	99	99	97	99	99

出所：韓国造船海洋プラント協会

<表4-24> 世界Offshore船腹及び受注残推移(生産設備) (単位：Unit)

Mobile Offs. Production	2019	2020	2021	2022	受注残量	残量/船腹量(%)
FPSO	216	219	213	214	26	12.1
Semi-Submersible	46	42	45	46	5	10.9
TLP/Spar	49	49	48	48	0	0.0
Jack-Up	69	73	71	76	10	13.2
合計	380	383	377	384	41	10.6

Logistics Units	2019	2020	2021	2022	受注残量	残量/船腹量(%)
Floating Storage	131	136	142	145	6	4.1
Shuttle Tankers	91	99	96	103	15	14.6
Single Point Moorings	656	642	635	630	7	1.1
合計	878	877	873	878	28	3.2

出所：韓国造船海洋プラント協会

<表4-25> 世界Offshore船腹及び受注残推移(開発設備) (単位：Unit)

Survey	2019	2020	2021	2022	受注残量	残量/船腹量(%)
Seismic/Geophysical	207	199	195	198	1	0.5
Hydrographic/Oceanographic	234	235	237	239	9	3.8
Multi-role	243	247	248	245	16	6.6
合計	684	681	680	679	26	3.8

Mobile Offs Drilling	2019	2020	2021	2022	受注残量	残量/船腹量(%)
Jack-Up<=300'	269	248	232	223	3	1.3
Jack-Up>=300'	290	292	290	297	19	6.4
Semi-Submersible<=5,000'	62	54	50	49	3	6.1
Semi-Submersible<5,000'	74	67	59	56	4	7.1
Drillship	107	101	97	98	15	15.3
Drill Barge/Tender	143	139	136	117	4	3.4
合計	945	901	864	840	48	5.7

<続く>

Construction Vessels /Platforms	2019	2020	2021	2022	受注残量	残量/船腹量(%)
Crane Vessels	288	299	324	343	13	3.8
Pipe Layers	166	170	168	164	1	0.6
Cable Flexible Pipe Layers	133	134	143	149	11	7.4
Transportation/Heavy Lift	176	179	177	250	311	12.4
Offshore Launch Bare	603	602	602	607	2	0.3
Self-Elevating Installation	410	418	420	414	23	5.6
Wind Turbine Installation	50	56	75	78	48	61.5
Jack Up Accommodation	46	47	47	48	5	10.4
Flating Accommodation	85	80	80	85	47	55.3
Accommodation Barge	184	182	181	178	2	1.1
Multi-Purpose Support	315	317	315	293	18	6.2
Drive & ROV Support	156	155	152	156	5	3.2
Dredgers & Stone Discharge	233	232	240	264	4	1.5
合計	2,845	2,871	2,924	3,029	210	6.9

出所：韓国造船海洋プラント協会

<表4-26> 世界Offshore船腹及び受注残推移(支援設備)　　　　　　　　　　　(単位：Unit)

Anchor Handling Tugs & Supply	2019	2020	2021	2022	受注残量	残量/船腹量(%)
Very Large>16K bhp	199	195	189	185	3	1.6
Large 12>16K bhp	192	188	179	180	10	5.6
Medium 8-12K bhp	298	292	286	283	13	4.6
Small 4-8K bhp	1,169	1,167	1,169	1,182	31	2.6
Very Small<4K bhp	89	90	88	88	0	0.0
AHT	529	530	532	533	1	0.2
合計	2,476	2,462	2,443	2,451	58	2.4

PSV/Supply	2019	2020	2021	2022	受注残量	残量/船腹量(%)
Very Large>4K dwt	549	555	544	552	19	3.4
Large 3-4K dwt	467	458	456	456	19	4.2
Medium 2-3K dwt	203	203	196	197	0	0.0
Small <2K dwt	423	421	413	406	4	1.0
Crew/Fast Supply	400	401	407	412	14	3.4
合計	2,042	2,038	2,016	2,023	56	2.8

Rescue & Salvage	2019	2020	2021	2022	受注残量	残量/船腹量(%)
ERRV	302	295	291	288	1	0.3
Ocean Going Tug	192	192	192	192	9	4.7
合計	494	487	483	480	10	2.1

<続く>

Utility Support	2019	2020	2021	2022	受注残量	残量/船腹量(%)
Maintenance	151	147	152	159	3	1.9
Utility/Workboat	1,067	1,032	1,029	1,022	4	0.4
Other Support	959	944	971	995	26	2.6
合計	2,177	2,127	2,152	2,176	33	1.5

出所：韓国造船海洋プラント協会

<表4-27> 世界Offshore船腹及び受注残推移(固定式生産設備)　　　　(単位:Unit)

Fixed Production	2019	2020	2021	2022	受注残量	残量/船腹量(%)
Fixed Platform<25m	2,830	2,745	2,662	2,623	18	0.7
Fixed Platform 25-<50m	2,699	2,695	2,762	2,726	106	3.9
Fixed Platform 50-<100m	2,264	2,268	2,258	2,269	71	3.1
Fixed Platform>=100m	347	345	340	337	14	4.2
合計	8,140	8,053	8,022	7,955	209	2.6

出所：韓国造船海洋プラント協会

<表4-28> 世界Offshore発注推移(固定式)　　　　(単位:Unit)

	2015	2016	2017	2018	2019	2020	2021	2022
Fixed	121	75	84	96	115	26	49	90

出所：韓国造船海洋プラント協会

<表4-29> 世界Offshore発注推移(移動式)　　　　　　　　　　　　　　　　　(単位:Unit)

	2017	2018	2019	2020	2021	2022
Survey	7	7	8	10	8	5
Mobile Offs Drilling	-	2	1	2	-	-
Jack-Up	-	-	-	2	-	-
Semi-Submersible	-	2	1	-	-	-
Drillship	-	-	-	-	-	-
Drill Barge/Tender	-	-	-	-	-	-
Construction	36	51	43	46	72	94
Crane/ Flexible Pipe Layers	10	19	21	17	31	15
Lift Boat/Installation	13	17	16	15	24	37
Accommodation Units	5	9	2	8	16	29
MSV/DSV/ROV Support	4	5	1	5	-	11
Dredgers & Stone Discharge	4	1	3	1	1	2
Mobile Offshore Production	10	12	15	15	15	15
FPSO	7	6	10	5	7	11
Semi-Submersible	1	3	2	-	1	2
Jack-Up	1	3	3	10	7	2
TLP/Spar	1	-	-	-	-	-
Logistics	34	31	14	18	15	9
Floating Storage	8	7	4	7	2	4
Shuttle Tankers	7	12	4	9	9	4
Single Point Moorings	19	12	6	2	4	1
AHTS	1	1	6	-	-	-
AHTS >12,000 bhp	-	-	-	-	-	-
AHTS8 >12,000 bhp	-	1	-	-	-	-
AHTS >8,000 bhp	1	-	6	-	-	-
AHT	-	-	-	-	-	-
PSV	4	18	8	5	2	3
PSV/Supply>4,000dwt	-	2	-	-	-	-
PSV/Supply3-4,000dwt	-	-	-	1	1	-
PSV/Supply<3,000dwt	4	16	8	4	1	3
Rescue & Salvage	4	4	1	2	8	-
Utility Support	16	11	35	14	2	13
合計	112	137	131	112	122	139

注) 1. AHTS(Anchor Handing & Tug Supplier): 海洋プラントを海の目標地点まで引っ張って行きアンカーを下ろし、海洋プラントが正確な場所に掘削パイプを差し込むことができるように横から固定する役割をする船。

2. PSV(Platform Supply Vessels): プラットフォーム支援船であり、Standby vessel, AHTなどと共にすべてOSV(Offshore Support Vessel)の機能上の違いで呼ばれる名前である。PSVはOffshore facilityに必要な物資を輸送する船舶。

出所：韓国造船海洋プラント協会

5章 機械工業

1. 機械産業概況

<表1-1> 主要機械産業関連指標動向　　　　　　　　　　　　　　　　　　　　　　（単位：％）

区分		'21	'22	'23. 4/4p	'23. 10	'23. 11p	'23. 12p	'23. 1～12p
国内機械受注		34.8	4.5	15.4	15.1	17.6	13.4	-0.1
設備投資		9.6	3.3	-9.2	-10.1	-11.9	-5.9	-5.5
製造業平均稼動率		74.8	74.8	71.0	70.0	72.1	70.8	71.3
為替レート	ウォン/ドル	1,144	1,292	1,321	1,351	1,310	1,304	1,305
	ウォン/100円	1,041	983	893	904	874	905	931

注) 1. 前年, 前年同月及び同期対比増加率(国内機械受注及び設備投資)。
2. 設備投資は総指数の増加率。
3. 為替レートは期間平均為替レート。

出所：韓国機械産業振興会

<表1-2> 機械産業生産・出荷・在庫動向　　　　　　　　　　　　　　　　　　　　（単位：％）

区分	'21	'22	'23. 4/4p	'23. 10	'23. 11p	'23. 12p	'23. 1～12p
生産	7.5	5.1	-5.0	-4.9	-5.2	-4.8	0.5
出荷	5.9	5.9	-5.1	-6.9	-2.5	-6.0	0.7
在庫	6.6	9.8	-4.4	3.6	-2.5	-4.4	-4.4

注) 1. 前年, 前年同月及び同期対比増加率。
2. 在庫は期(月, 四半期, 年)末基準。

出所：韓国機械産業振興会

<表1-3> 機械産業(造船除外)生産・出荷・在庫動向　　　　　　　　　　　　　　　（単位：％）

区分	'21	'22	'23. 4/4p	'23. 10	'23. 11p	'23. 12p	'23. 1～12p
生産	7.9	4.8	-5.6	-5.5	-6.0	-5.2	0.0
出荷	6.8	5.8	-5.5	-7.0	-3.2	-6.3	0.6
在庫	6.6	9.8	-4.4	3.6	-2.5	-4.4	-4.4

注) 1. 前年, 前年同月及び同期対比増加率。
2. 在庫は期(月, 四半期, 年)末基準。

出所：韓国機械産業振興会

<表1-4> 機械産業輸出入動向 (単位:百万ドル,%)

区分	'21	'22	'23.4/4p	'23.10	'23.11	'23.12p	'23.1〜12p
輸出	223,347	218,697	64,971	20,769	21,204	22,998	240,934
	(17.8)	(-2.1)	(13.2)	(14.9)	(14.8)	(10.3)	(10.2)
輸入	137,948	140,987	34,582	11,348	11,314	11,919	141,310
	(18.2)	(2.2)	(-15.2)	(0.4)	(-8.2)	(-7.2)	(0.2)
貿易収支	85,399	77,710	30,389	9,421	9,890	11,079	99,624

注)( )は前年同月及び同期対比増加率。

出所:韓国機械産業振興会

<表1-5> 機械産業(造船除外)輸出入動向 (単位:百万ドル,%)

区分	'21	'22	'23.4/4p	'23.10	'23.11	'23.12p	'23.1〜12p
輸出	201,331	201,559	57,430	18,061	19,868	19,500	220,582
	(17.8)	(0.1)	(9.0)	(7.7)	(13.9)	(5.7)	(9.4)
輸入	135,218	138,774	34,164	11,179	11,210	11,775	139,666
	(18.6)	(2.6)	(-5.3)	(0.5)	(-8.0)	(-7.6)	(0.6)
貿易収支	66,114	62,785	23,265	6,882	8,658	7,725	80,916

注)( )は前年同月及び同期対比増加率。

出所:韓国機械産業振興会

<表1-6> 業種別設備投資指数推移 (2015=100)

区分	'21	'22	'23.4/4	'23.10	'23.11p	'23.12p	'23.1〜12p
総指数	122.7	126.7	123.3	113.4	119.2	137.3	19.7
機械類	125.3	128.9	121.2	109.2	115.1	139.4	119.6
一般機器	135.9	140.4	128.3	109.0	120.0	155.9	128.6
電気機器	103.7	105.9	103.1	100.3	98.5	110.6	98.4
精密機器	146.8	153.5	152.5	151.3	147.9	158.3	149.8
その他機器	92.3	91.3	89.7	85.2	91.5	92.3	86.1
輸送装備	115.3	120.3	129.1	125.1	130.7	131.5	119.8
自動車	103.0	110.5	105.7	101.4	109.9	105.9	107.2
その他輸送装備	137.7	138.0	171.5	168.1	168.5	177.9	142.8

出所:韓国機械産業振興会

<表1-7> 業種別生産動向推移 (単位:%)

区分	'22	'23.4/4p	'23.10	'23.11p	'232.12p
総指数	-2.0	4.2	0.8	5.5	6.2
製造業	-2.0	4.4	0.8	5.6	6.7
機械産業	5.1	-5.0	-4.9	-5.2	-4.8
機械類(造船除外)	4.8	-5.6	-5.5	-6.0	-5.2
一般機械	0.7	-14.4	-17.2	-16.8	-9..8
電気機械	3.1	-8.1	-7.9	-6.6	-9..7
精密機械	8.3	-13.9	-12.8	-14.3	-14.4
輸送機械	10.6	23	4.4	1.1	1.5
輸送機械(造船除外)	10.2	1.2	3.2	-0.4	0.9
金属製品	-1.0	0.0	-2.4	5.2	-2.6

注) 前年同月及び同期対比増加率。

出所:韓国機械産業振興会

<表1-8> 業種別出荷動向推移 (単位:%)

区分	'22	'23.4/4p	'23.10	'23.11p	'232.12p
総指数	-0.6	3.4	-1.8	5.9	6.2
製造業	-0.5	3.6	-1.9	5.9	6.8
機械産業	5.9	-5.1	-6.9	2.5	-6.0
機械類(造船除外)	5.8	-5.5	-7.0	3.2	-6.3
一般機械	-0.1	-12.5	-14.3	-14.1	-9.6
電気機械	11.8	-14.3	-19.9	-6.9	-15.4
精密機械	5.0	-5.4	-6.5	-5.1	-4.7
輸送機械	9.0	1.4	1.1	3.4	-0.4
輸送機械(造船除外)	9.1	1.3	1.8	2.4	-0.4
金属製品	-0.8	-0.6	-1.6	6.1	-5.8

注) 前年同月及び同期対比増加率。

出所:韓国機械産業振興会

<表1-9> 業種別在庫動向推移 (単位：％)

区分	'22	'23.10	'23.11p	'23.12p
総指数	-8.3	8.8	3.8	0.0
製造業	-8.3	8.8	3.8	0.0
機械産業	9.8	3.6	-2.5	-4.4
機械類(造船除外)	9.8	3.6	-2.5	-4.4
一般機械	20.1	-4.0	-11.8	-15.2
電気機械	-12.9	-2.3	-3.3	-5.7
精密機械	8.7	4.3	5.1	1.8
輸送機械	23.8	17.0	4.2	4.4
輸送機械(造船除外)	23.8	17.0	4.2	4.4
金属製品	5.5	6.0	4.9	3.8

注) 前年同月及び同期対比増加率，期末在庫基準。

出所：韓国機械産業振興会

<表1-10> 業種別機械産業輸出入現況 (単位：百万ドル，％)

区分	'23.12 輸出	'23.12 輸入	'23.12 貿易収支	'23.1〜12 輸出	'23.1〜12 輸入	'23.1〜12 貿易収支
全産業	57,614	53,157	4,457	632,384	642,593	-10,209
	5.0	-10.8	9231.0	-7.5	-12.1	37,576.2
機械産業	22,998	11,919	11,079	240,934	141,310	99,624
	10.3	-7.2	3071.5	10.2	0.2	21,913.4
機械産業(造船除外)	19,500	11,775	7,725	220,582	139,666	80,916
	5.7	-7.6	2017.5	9.4	0.6	18,131.0
一般機械	5,082	3,371	1,711	54,891	40,296	14,595
	7.4	-9.3	697.4	3.5	-7.2	4,947.0
電気機械	3,146	2,288	858	36,183	31,207	4,976
	1.7	-16.0	488.2	1.7	5.7	-1,064.4
精密機械	1,557	2,610	-1,053	17,523	28,283	-10,759
	-2.6	-18.0	529.9	-6.9	-2.6	-545.8
輸送機械	12,166	3,054	9,112	120,278	34,521	85,757
	19.0	15.1	1538.6	21.1	7.8	18,485.6
造船	3,498	144	3,354	20,351	1,644	18,708
	45.8	45.4	1054.1	18.8	-25.7	3,782.4
輸送機械(造船除外)	8,669	2,910	5,758	99,926	32,877	67,049
	10.7	14.0	484.5	21.6	10.3	14,703.2
金属製品	1,046	595	451	12,058	7,004	5,054
	-13.4	3.7	-182.6	0.9	0.2	91.1

注) 1. 輸出入 下段は前年同月及び同期対比増加率，貿易収支は変動金額。
2. 機械産業，輸送機械は造船を含む基準である。

出所：韓国機械産業振興会

<表1-11> 地域別機械産業輸出入現況 (単位：百万ドル，%)

区分		輸出				輸入			
		金額		比重		金額		比重	
		'23.12	'23.1~12	'23.12	'23.1~12	'23.12	'23.1~12	'23.12	'23.1~12
全世界		22,998	240,934	100.0	100.0	11,919	141,310	100.0	100.0
		10.3	10.2			-7.2	0.2		
国別	中国	2,234	24,011	9.7	10.0	3,078	41,005	25.8	29.0
		1.2	-14.6			-4.5	5.1		
	アメリカ	7,439	73,788	32.3	30.6	1,947	22,188	16.3	15.7
		35.7	26.4			-5.9	-8.5		
	日本	534	7,044	2.3	2.9	1,328	15,844	11.1	11.2
		-6.2	3.7			-19.2	-14.5		
	ベトナム	747	8,587	3.2	3.6	367	4,502	3.1	3.2
		-1.5	-13.8			13.0	14.7		
	インド	395	5,202	1.7	2.2	50	736	0.4	0.5
		-14.8	-13.0			-13.5	0.9		
	ドイツ	376	6,252	1.6	2.6	1,332	16,054	11.2	11.4
		-23.8	22.3			-3.8	8.6		
大陸別	アジア	6,613	70,694	28.8	29.3	5,743	73,229	48.2	51.8
		12.3	-3.1			-8.4	-0.9		
	北米	8,062	80,129	35.1	33.3	1,983	22,711	16.6	16.1
		35.9	26.6			-5.8	-8.3		
	ヨーロッパ	3,433	47,696	14.9	19.8	3,773	40,180	31.7	28.4
		-24.1	8.6			-8.9	4.9		
	中東	1,261	12,385	5.5	5.1	96	1,647	0.8	1.2
		3.6	13.8			-0.2	33.9		
	中南米	948	12,760	4.1	5.3	267	2,936	2.2	2.1
		-25.7	-3.6			41.1	27.3		
経済圏別	ASEAN	2,286	23,096	9.9	9.6	1,122	13,409	9.4	9.5
		38.7	9.0			-2.1	3.0		
	EU	2,565	35,296	11.2	14.6	3,337	35,061	28.0	24.8
		-27.0	8.8			-8.3	5.0		
	OECD	12,678	143,619	55.1	59.6	7,366	82,331	61.8	58.3
		6.9	17.9			-9.5	-2.3		
	開発途上国	7,781	94,001	33.8	39.0	4,437	57,478	37.2	40.7
		-14.7	-1.6			-1.1	7.0		

注) 下段は前年同月及び同期対比増加率。

出所：韓国機械産業振興会

2. 工作機械

<表2-1> 需要業種別工作機械受注現況 (単位：百万ウォン, %)

	2023.8	2023.9	前月比	2022.1-9	2023.1-9	前年比
鉄鋼及び非鉄金属	860	2,738	218.4	40,504	30,397	-25.0
金属製品	6,260	692	-88.9	29,635	26,852	-9.4
一般機械	14,215	14,691	3.3	220,067	183,245	-16.7
電気及び電子・IT	4,253	5,581	31.2	133,123	83,982	-36.9
自動車及び部品	23,742	23,270	-2.0	247,751	320,361	29.3
造船及びその他輸送機械	4,103	3,276	-20.2	60,352	47,325	-21.6
精密機械	4,464	3,147	-29.5	63,096	44,458	-29.5
その他	6,628	2,380	-64.1	71,717	56,881	-20.7
官公庁及び学校	353	897	154.1	8,869	5,454	-38.5
商社及び代理店	4,738	164	-12.1	53,929	43,556	-19.2
その他需要産業	0	0	-	3,090	0	-
内需受注	69,616	60,836	-12.6	932,133	842,511	-9.6
輸出受注	129,156	147,330	14.1	1,454,960	1,471,462	1.1
総受注額	198,772	208,166	4.7	2,387,093	2,313,973	-3.1

出所：韓国工作機械産業協会

<表2-2> 機種別工作機械受注現況 (単位：百万ウォン, %)

	2023.8	2023.9	前月比	2022.1-9	2023.1-9	前年比
NC切削機械合計	193,713	203,430	5.0	2,321,272	2,266,107	-2.4
NC旋盤	99,308	89,907	-9.5	1,106,578	1,098,273	-0.8
マシニングセンター	76,587	89,610	17.0	957,288	829,122	-13.4
NCフライス盤	0	167	-	10,376	951	-90.8
NC専用機	7,106	9,857	38.7	81,925	203,893	148.9
NCボーリング機	3,132	4,878	55.7	66,939	45,754	-31.6
NCその他切削機械	7,580	9,011	18.9	98,166	88,114	-10.2
汎用切削機械合計	3,340	3,300	-1.2	37,577	27,426	-27.0
旋盤	743	801	7.8	12,587	7,279	-42.2
フライス盤	2,016	1,254	-37.8	13,610	10,704	-21.4
掘削機	0	26	-	0	26	-
研削盤	581	1,219	109.8	11,084	9,057	-18.3
専用機	0	0	-	0	0	-
金属切削機械合計	197,053	206,730	4.9	2,358,849	2,293,533	-2.8
金属成形機械合計	1,719	1,436	-16.5	28,244	20,440	-27.6
工作機械合計	198,772	208,166	4.7	2,387,093	2,313,973	-3.1

出所：韓国工作機械産業協会

<表2-3> 工作機械生産現況 (単位:百万ウォン,%)

	2023.8	2023.9	前月比	2022.1-9	2023.1-9	前年比
NC切削機械合計	88,758	199,778	5.8	1,852,481	1,799,540	-2.9
NC旋盤	88,835	92,167	3.8	833,576	901,839	8.2
マシニングセンター	66,266	69,736	5.2	774,150	636,625	-17.8
NCフライス盤	0	103	-	3,877	717	-81.5
NC専用機	21,727	22,189	2.1	90,888	138,328	52.2
NCボーリング機	4,853	6,178	27.3	39,669	31,298	-21.1
NCその他切削機械	7,077	9,405	32.9	110,321	90,733	-17.8
汎用切削機械合計	2,126	3,018	42.0	36,624	30,659	-16.3
旋盤	1,124	695	-38.2	10,116	11,175	10.5
フライス盤	493	758	53.8	13,717	9,148	-33.3
掘削機	169	354	109.5	2,245	2,463	9.7
研削盤	276	435	57.6	7,499	5,220	-30.4
専用機	64	776	1,112.5	1,717	2,293	33.5
汎用その他切削機械	0	0	-	1,330	360	-72.9
金属切削機械合計	190,884	202,796	6.2	1,889,105	1,830,199	-3.1
金属成形機械合計	15,757	15,445	-2.0	143,616	141,657	-1.4
工作機械合計	206,641	218,241	5.6	2,032,721	1,971,856	-3.0

出所:韓国工作機械産業協会

<表2-4> 工作機械出荷現況 (単位:百万ウォン,%)

	2023.8	2023.9	前月比	2022.1-9	2023.1-9	前年比
NC切削機械合計	244,853	263,383	7.6	2,284,017	2,258,139	-1.1
NC旋盤	118,322	122,589	3.6	1,085,211	1,158,768	6.8
マシニングセンター	91,525	100,497	9.8	949,248	829,607	-12.6
NCフライス盤	0	103	-	3,877	717	-81.5
NC専用機	21,727	22,189	2.1	96,233	138,117	43.5
NCボーリング機	5,141	8,222	59.9	46,513	41,935	-9.8
NCその他切削機械	8,138	9,783	20.2	102,935	88,995	-13.5
汎用切削機械合計	2,260	3,156	39.6	38,819	32,838	-15.4
旋盤	1,180	731	-38.1	10,648	11,826	11.1
フライス盤	538	910	69.1	12,492	9,676	-22.5
掘削機	202	257	27.2	3,102	2,888	-6.9
研削盤	276	465	68.5	8,917	5,778	-35.2
専用機	64	776	1,112.5	1,698	2,293	35.0
汎用その他切削機械	0	17	-	1,962	377	-80.8
金属切削機械合計	247,113	266,539	7.9	2,322,836	2,290,977	-1.4
金属成形機械合計	2,725	2,413	-11.4	19,988	16,189	-19.0
工作機械合計	249,838	268,952	7.7	2,342,824	2,307,166	-1.5

出所:韓国工作機械産業協会

<表2-5> 機種別工作機械輸出現況 (単位:千ドル,%)

	2023.8	2023.9	前月比	2022.1-9	2023.1-9	前年比
NC切削機械合計	150,266	147,935	-1.6	1,344,023	1,476,866	9.9
NC旋盤	68,562	71,114	3.7	624,749	742,937	18.9
マシニングセンター	48,118	47,241	-1.8	413,535	424,333	2.6
NCフライス盤	217	110	-49.2	11,302	9,892	-12.5
NC専用機	0	138	-	17,714	1,390	-92.2
NCボーリング機	3,289	4,060	23.4	13,970	27,230	94.9
レーザー加工機	22,814	6,786	-70.3	188,967	167,348	-11.4
NCその他切削機械	3,343	8,450	152.8	34,192	36,794	7.6
汎用切削機械合計	5,361	7,840	46.2	99,061	81,639	-17.6
旋盤	232	444	91.1	5,416	4,681	-13.6
フライス盤	175	391	123.2	6,575	10,421	58.5
掘削機	557	276	-50.5	2,907	3,851	32.5
研削盤	719	1,348	87.6	21,993	12,927	-41.2
専用機	4	0	-99.9	1,630	2,784	70.8
その他切削機械	3,674	5,381	46.5	60,539	46,976	-22.4
金属切削機械合計	155,627	155,775	0.1	1,443,084	1,558,505	8.0
金属成形機械合計	53,156	64,536	21.4	379,104	574,317	51.5
プレス	19,137	38,328	100.3	182,725	344,152	88.3
鍛造機	4,711	2,207	-53.2	36,910	29,475	-20.1
剪断機	23,522	12,720	-45.9	77,290	94,515	22.3
切曲げ機	4,361	8,149	86.9	54,558	89,977	64.9
引抜機	552	1,471	166.6	8,202	3,548	-56.7
その他成形機械	874	1,660	90.1	19,419	12,651	-34.9
工作機械合計	208,783	220,310	5.5	1,822,187	2,132,822	17.0

出所:韓国工作機械産業協会

<表2-6> 地域別工作機械輸出現況(2023) (単位:千ドル)

	アジア	中国	インド	アメリカ	ヨーロッパ	ドイツ	テュルキエ(トルコ)
NC切削機械合計	353,956	98,648	64,698	407,970	619,167	156,950	105,568
NC旋盤	108,746	45,941	26,424	168,570	413,094	112,973	68,060
マシニングセンター	81,778	19,551	27,036	136,713	178,372	38,725	29,441
NCフライス盤	5,486	3,211	1,087	1,100	2,007	0	590
NC専用機	935	214	6	455	0	0	0
NCボーリング機	6,550	2,828	877	9,020	5,609	343	2,473
レーザー加工機	104,237	17,737	978	53,748	4,860	1,310	10
NCその他切削機械	10,240	788	58	20,767	3,173	3,090	0
汎用切削機械合計	39,023	10,747	9,364	16,734	15,153	1,889	569
旋盤	1,851	398	168	1,714	430	0	229
フライス盤	3,565	15	253	252	2,858	160	0
掘削機	2,528	607	775	387	271	25	143
研削盤	9,296	2,862	4,887	1,491	1,761	79	0
専用機	2,314	2,311	0	12	458	458	0
その他切削機械	19,469	4,555	3,281	12,878	9,375	1,167	197
金属切削機械合計	392,979	109,395	74,062	424,704	634,320	158,839	106,137

<続く>

金属成形機械合計	325,767	95,185	14,410	77,931	88,602	7,747	7,108
プレス	204,895	29,967	5,262	37,520	43,164	6,137	4,137
鍛造機	12,335	5,524	1,508	2,975	2,098	4	767
剪断機	63,572	34,950	3,453	12,990	14,648	24	330
切曲げ機	36,326	23,371	2,965	22,585	25,907	987	977
引抜機	2,028	612	0	244	0	0	0
その他成形機械	6,610	760	1,222	1,617	2,786	595	897
工作機械合計	718,746	204,580	88,472	502,634	722,922	166,586	113,244

注) 2023.1〜9月の実績である。

出所：韓国工作機械産業協会

<表2-7> 機種別工作機械輸入現況　　　　　　　　　　　　　　　　　（単位：千ドル，％）

	2023.8	2023.9	前月比	2022.1-9	2023.1-9	前年比
NC切削機械合計	45,979	53,865	17.2	569,765	479,645	-15.8
NC旋盤	4,380	11,109	153.6	58,459	75,011	28.3
マシニングセンター	11,895	8,540	-28.2	119,051	95,661	-19.6
NCフライス盤	245	93	-62.3	7,355	7,059	-4.0
NC専用機	0	0	-67.7	1,778	1,341	-24.6
NCボーリング機	103	1,247	1,110.7	5,523	8,769	58.8
レーザー加工機	17,527	18,581	6.0	256,988	176,373	-31.4
NCその他切削機械	1,728	1,806	4.5	11,778	13,695	16.3
汎用切削機械合計	7,253	6,505	-10.3	77,155	65,074	-15.7
旋盤	931	365	-60.8	9,017	7,358	-18.4
フライス盤	841	225	-73.2	3,670	3,471	-5.4
掘削機	400	418	4.5	5,310	4,986	-6.1
研削盤	537	1,203	124.1	14,877	10,554	-29.1
専用機	58	172	195.8	1,029	412	-60.0
その他切削機械	4,487	4,122	-8.1	43,251	38,292	-11.5
金属切削機械合計	53,232	60,370	13.4	646,920	544,719	-15.8
金属成形機械合計	24,677	15,682	-36.4	155,336	130,150	-16.2
プレス	6,848	3,908	-42.9	44,727	38,977	-12.9
鍛造機	6,509	193	-97.0	16,337	9,092	-44.3
剪断機	2,535	3,086	21.7	23,481	20,130	-14.3
切曲げ機	6,332	5,957	-5.9	52,014	43,579	-16.2
引抜機	102	636	526.2	3,970	4,717	18.8
その他成形機械	2,351	1,902	-19.1	14,807	13,655	7.8
工作機械合計	77,909	76,052	-2.4	802,256	674,869	-15.9

出所：韓国工作機械産業協会

<表2-8> 地域別工作機械輸入現況(2023) (単位：千ドル)

	アジア			アメリカ	ヨーロッパ		
		日本	台湾			ドイツ	イタリア
NC切削機械合計	330,697	158,392	16,444	11,519	132,188	64,098	9,912
NC旋盤	63,913	42,586	173	1,889	9,208	6,791	1,037
マシニングセンター	71,102	56,953	10,792	1,858	22,700	18,114	283
NCフライス盤	3,710	1,003	404	554	2,796	1,741	0
NC専用機	1,341	1,323	0	0	0	0	0
NCボーリング機	2,814	2,795	0	0	5,952	1,140	1,683
レーザー加工機	132,726	29,704	796	2,894	39,260	17,491	537
NCその他切削機械	7,840	5,093	90	2,086	3,766	1,600	36
汎用切削機械合計	45,955	25,902	6,183	3,369	15,420	5,713	1,656
旋盤	6,685	3,893	761	35	628	528	0
フライス盤	1,454	993	135	15	2,002	1,343	242
掘削機	3,354	1,961	479	46	1,415	123	1
研削盤	8,116	6,386	653	1,074	1,335	385	148
専用機	5	0	0	400	7	6	1
その他切削機械	26,341	12,668	4,155	1,799	10,033	3,328	1,264
金属切削機械合計	376,652	184,294	22,627	14,888	147,608	69,811	11,568
金属成形機械合計	75,778	33,877	4,801	7,039	47,271	11,498	6,684
プレス	25,115	15,177	131	43	13,816	4,226	193
鍛造機	1,782	318	904	6,236	1,073	19	6
剪断機	11,502	6,209	1,496	171	8,439	5,359	810
切曲げ機	24,535	9,560	932	64	18,980	1,553	2,982
引抜機	1,727	34	0	102	2,888	0	2,655
その他成形機械	11,117	2,579	1,337	424	2,075	342	39
工作機械合計	452,430	218,171	27,428	21,926	194,879	81,309	18,252

注) 2023.1～9月の実績である。

出所：韓国工作機械産業協会

3. 農業用機械

<表3-1> 年度別主要農業機械保有推移　　　　　　　　　　　　　　　　　　　（単位：台）

	2017	2018	2019	2020	2021	2022
耕運機	567,070	544,411	544,005	539,241	534,378	527,705
トラクター	290,146	290,258	298,680	302,570	306,109	308,789
田植機	195,704	187,466	184,122	180,940	177,331	173,029
バインダー	-	-	-	-	-	-
コンバイン	77,012	74,700	74,087	74,346	73,761	73,064
管理機	407,203	402,782	415,206	422,217	432,256	440,127
穀物乾燥機	79,029	76,554	77,332	79,286	79,255	79,328
スピードスプレーヤー	57,266	57,277	58,592	59,887	60,818	61,826
果実選別機	-	-	-	-	-	-
農業用暖房機	-	-	-	-	-	-
農産物乾燥機	245,315	238,605	241,547	246,285	250,205	252,055
動力防除機	-	-	-	-	-	-
揚水機	-	-	-	-	-	-
その他	-	-	254,412	16,020	18,464	26,892
総保有	1,918,745	1,872,053	1,906,736	1,920,792	1,932,577	1,942,815

出所：農林畜産食品部

<表3-2> 機種別主要農業機械供給及び資金支援推移　　　　　　　　　　　（単位：台, 百万ウォン）

	2017	2018	2019	2020	2021	2022
耕運機	72	76	52	30	17	15
管理機	345	621	774	209	228	177
田植機	3,756	3,482	3,587	3,252	3,161	3,104
トラクター	8,933	9,811	10,618	10,816	11,380	10,402
コンバイン	2,228	2,074	2,149	2,140	2,035	1,884
穀物乾燥機	301	288	287	238	191	125
バインダー	-	-	-	-	-	-
噴霧器	-	-	-	-	-	-
殺噴霧器	-	-	-	-	-	-
揚水機	-	-	-	-	-	-
脱穀機	-	-	-	-	-	-
その他	22,010	27,427	24,921	22,142	22,932	20,553
計	37,645	43,779	42,260	38,827	39,944	36,260
資金支援	479,956	510,893	539,076	537,493	570,492	547,427
補助	-	-	-	-	-	-
融資	479,956	510,893	539,076	538,493	570,492	547,427

出所：農林畜産食品部

<表3-3> 年度別稲作農業機械化率推移　　　　　　　　　　　　　　　　　　　　　　　　　　(単位：%)

	平均	主要農作業				乾燥	防除
		小計	耕耘・整地	移植	収穫		
2016	97.9	99.9	100.0	99.9	100.0	92.6	97.1
2017	97.9	99.9	100.0	99.9	100.0	92.6	97.1
2018	98.4	100.0	100.0	100.0	100.0	93.9	98.1
2019	98.4	100.0	100.0	100.0	100.0	93.9	98.1
2020	98.6	100.0	100.0	100.0	100.0	95.0	98.0
2021	98.6	100.0	100.0	100.0	100.0	95.0	98.0
2022	99.3	100.0	100.0	100.0	100.0	97.1	99.4

注) 1. 平均は耕耘、移植、収穫作業に乾燥、防除作業まで含めて算出(農村振興庁農業工学部)。
2. '02年から隔年制調査に変更され、'07年からは国立農産物品質管理院から農村振興庁に移管され、現在は農業工学部が調査している。

出所：農林畜産食品部

<表3-4> 年度別畑作農業機械化率推移　　　　　　　　　　　　　　　　　　　　　　　　　　(単位：%)

	平均	耕耘・整地	播種・移植	ビニール被服	防除	収穫
2016	58.3	99.9	8.9	66.8	92.0	23.9
2017	58.3	99.9	8.9	66.8	92.0	23.9
2018	60.2	99.8	9.5	71.1	93.7	26.8
2019	60.2	99.8	9.5	71.1	93.7	26.8
2020	61.9	99.6	12.2	73.0	93.2	31.6
2021	61.9	99.6	12.2	73.0	93.2	31.6
2022	63.3	99.8	12.6	76.9	94.8	32.4

注) 1. 平均は耕耘、移植、収穫作業に乾燥、防除作業まで含めて算出(農村振興庁農業工学部)。
2. '02年から隔年制調査に変更され、'07年からは国立農産物品質管理院から農村振興庁に移管され、現在は農業工学部が調査している。

出所：農林畜産食品部

4. 建設・鉱山機械

<表4-1> 市道別・用途別建設機械登録現況

(単位：台)

市・道	自家用	営業用	官用	計
計	276,611	268,574	4,198	549,383
ソウル	7,933	35,034	195	43,162
釜山	7,247	11,164	68	18,479
大邱	5,880	8,887	76	14,843
仁川	9,229	12,242	74	21,545
光州	4,420	8,044	51	12,515
大田	2,902	5,227	56	8,185
蔚山	5,769	5,509	20	1,198
世宗	1,579	1,090	17	2,686
京畿	59,295	49,596	485	109,376
忠北	17,703	16,575	302	34,580
忠南	26,264	19,101	419	45,784
全北	23,487	13,626	443	37,556
全南	28,380	18,947	380	47,707
慶北	31,314	21,566	486	53,366
慶南	27,594	21,208	368	49,170
済州	4,475	4,425	107	9,007
江原	13,140	16,333	651	30,124

注) 2023.12.31日基準。

出所：国土交通部

<表4-2> 年度別建設機械登録推移 (単位：台)

	2018	2019	2020	2021	2022	2023
総計	501,646	508,005	517,736	532,240	541,070	549,383
1. ブルトーザー	3,667	3,593	3,527	3,427	3,051	2,922
2. 掘削機	150,573	153,028	157,740	164,701	169,594	174,213
3. ローダー	25,775	26,873	28,197	29,648	30,449	31,220
4. フォークリフト	189,592	195,472	200,968	207,721	211,977	215,804
5. スクレーパー	21	21	17	7	5	5
6. ダンプトラック	29,998	57,917	56,624	55,876	54,930	53,982
7. クレーン	10,657	10,458	10,466	10,657	10,790	10,902
8. モータグレーダ	659	633	613	585	555	541
9. ローラー	6,650	6,802	7,000	7,274	7,340	7,472
10. ロードスタビライザ	1	1	1	1	0	0
11. バッチャープラント	75	67	72	72	69	69
12. コンクリートフィニッシャー	144	137	137	130	120	118
13. コンクリートスプレッダー	5	4	4	2	0	0
14. コンクリートミキサートラック	26,737	26,460	26,147	26,111	26,326	26,505
15. コンクリート-ポンプ	6,970	6,713	6,445	6,252	6,025	5,895
16. アスファルトミキシングプラント	4	2	1	1	1	1
17. アスファルトフィニッシャ	1,033	1,041	1,047	1,047	1,023	1,015
18. アスファルトスプレダ	80	84	86	87	80	83
19. 骨材散布機	1	1	1	1	1	1
20. 粉砕機	399	384	374	370	346	331
21. 空気圧縮機	4,485	4,380	4,317	4,289	4,106	4,095
22. 穿孔機	5,981	6,025	6,051	6,095	6,046	6,057
23. 杭打ち及び杭抜き機	978	1,021	1,077	1,142	1,212	1,241
24. 砂利採取機	22	21	20	17	16	15
25. 浚渫船	177	175	164	142	134	132
26. 特装建設機械	679	681	679	677	664	650
27. タワークレーン	6,283	6,011	5,961	5,908	6,211	6,114

出所：国土交通部

<表4-3> 機種別・用途別建設機械登録現況　　　　　　　　　　　　　　　　　（単位：台）

区分	自家用	営業用	官用	計
計	276,611	268,574	4,198	549,383
1. ブルトーザー	391	2,489	42	2,922
2. 掘削機	65,364	107,234	1,615	174,213
3. ローダー	23,831	6,785	604	31,220
4. フォークリフト	171,721	42,697	1,386	215,804
5. スクレーパー	0	5	0	5
6. ダンプトラック	6,592	46,952	438	53,982
7. クレーン	633	10,262	7	10,902
8. モータグレーダ	18	514	9	541
9. ローラー	864	6,558	50	7,472
10. ロードスタビライザ	0	0	0	0
11. バッチャープラント	25	44	0	69
12. コンクリートフィニッシャー	21	97	0	118
13. コンクリートスプレッダー	0	0	0	0
14. コンクリートミキサートラック	3,910	22,595	0	26,505
15. コンクリート-ポンプ	64	5,830	1	5,895
16. アスファルトミキシングプラント	0	1	0	1
17. アスファルトフィニッシャ	100	913	2	1,015
18. アスファルトスプレッダ	27	55	1	83
19. 骨材散布機	0	1	0	1
20. 粉砕機	164	167	0	331
21. 空気圧縮機	522	3,573	0	4,095
22. 穿孔機	2,056	4,001	0	6,057
23. 杭打ち及び杭抜き機	72	1,169	0	1,241
24. 砂利採取機	9	6	0	15
25. 浚渫船	51	81	0	132
26. 特装建設機械	78	529	43	650
27. タワークレーン	98	6,016	0	6,114

注) 2023.12.31日基準。

出所：国土交通部

<表4-4> 市道別・機種別建設機械登録現況(2023)　　　　　　　　　　　　　　　（単位：台）

区分	ソウル	釜山	大邱	仁川	光州	大田	蔚山	世宗	京畿
計	43,162	18,479	14,843	21,545	12,515	8,185	11,298	2,686	109,376
1. ブルトーザー	725	64	112	102	170	66	21	5	475
2. 掘削機	12,909	4,643	5,085	4,382	4,436	2,633	2,871	867	25,676
3. ローダー	2,085	440	542	886	419	296	657	187	5,982
4. フォークリフト	8,766	7,692	5,252	10,355	4,100	2,632	5,495	1,165	50,553
5. スクレーパー	1	0	0	0	0	0	0	0	0
6. ダンプトラック	5,173	1,678	1,403	2,550	1,158	939	904	284	10,735
7. クレーン	2,628	1,220	295	641	161	179	459	53	1,367
8. モータグレーダ	93	19	16	6	50	28	10	1	44
9. ローラー	1,324	228	307	129	429	241	91	11	1,126
10. ロードスタビライザ	0	0	0	0	0	0	0	0	0
11. バッチャープラント	16	1	0	3	10	4	0	0	13
12. コンクリートフィニッシャー	40	0	0	4	0	0	0	0	27
13. コンクリートスプレッダー	0	0	0	0	0	0	0	0	0
14. コンクリートミキサートラック	2,340	937	1,058	1,384	678	829	475	67	8,033
15. コンクリート-ポンプ	1,162	266	241	304	250	135	120	15	1,080
16. アスファルトミキシングプラント	0	0	0	0	1	0	0	0	0
17. アスファルトフィニッシャ	207	25	36	12	52	45	11	0	201
18. アスファルトスプレッダ	8	2	1	2	6	1	3	0	4
19. 骨材散布機	1	0	0	0	0	0	0	0	0
20. 粉砕機	37	13	4	10	15	3	2	1	55
21. 空気圧縮機	2,039	313	101	123	109	34	60	4	163
22. 穿孔機	1,905	365	98	78	242	59	38	21	930
23. 杭打ち及び杭抜き機	491	112	68	260	32	35	18	0	94
24. 砂利採取機	3	1	3	0	0	0	0	0	1
25. 浚渫船	17	30	3	4	1	0	0	0	11
26. 特装建設機械	177	26	14	8	20	15	3	2	120
27. タワークレーン	1,015	404	204	302	176	11	60	3	2,686

<続く>

区分	江原	忠北	忠南	全北	全南	慶北	慶南	済州	総計
計	30,124	34,580	45,784	37,556	47,707	53,366	49,170	9,007	549,383
1. ブルトーザー	131	123	269	251	190	129	80	9	2,922
2. 掘削機	14,032	10,487	14,713	12,958	17,138	21,194	16,177	4,012	174,213
3. ローダー	2,006	2,116	3,601	3,096	2,589	4,048	1,950	320	31,220
4. フォークリフト	6,457	14,529	19,266	15,535	20,494	18,719	21,918	2,876	215,804
5. スクレーパー	0	4	0	0	0	0	0	0	5
6. ダンプトラック	4,484	3,585	4,079	2,912	3,687	5,464	4,119	828	53,982
7. クレーン	343	431	706	328	671	603	723	94	10,902
8. モータグレーダ	58	24	34	37	33	49	29	10	541
9. ローラー	575	434	451	522	465	432	528	179	7,472
10. ロードスタビライザ	0	0	0	0	0	0	0	0	0
11. バッチャープラント	7	2	2	1	10	0	0	0	69
12. コンクリートフィニッシャー	1	4	15	19	4	0	4	0	118
13. コンクリートスプレッダー	0	0	0	0	0	0	0	0	0
14. コンクリートミキサートラック	1,185	1,278	1,685	1,084	1,303	1,684	2,136	349	26,505
15. コンクリート-ポンプ	245	311	301	249	304	341	443	128	5,895
16. アスファルトミキシングプラント	0	0	0	0	0	0	0	0	1
17. アスファルトフィニッシャ	64	37	54	64	53	61	54	39	1,015
18. アスファルトスプレッダ	3	1	5	19	8	5	10	5	83
19. 骨材散布機	0	0	0	0	0	0	0	0	1
20. 粉砕機	28	19	22	13	20	27	50	12	331
21. 空気圧縮機	48	215	112	115	169	135	331	24	4,095
22. 穿孔機	379	362	287	253	359	316	297	68	6,057
23. 杭打ち及び杭抜き機	3	8	7	15	46	6	36	10	124
24. 砂利 採取機	0	0	3	1	0	2	1	0	15
25. 浚渫船	0	2	15	4	12	18	15	0	132
26. 特装建設機械	54	29	72	24	25	27	19	15	650
27. タワークレーン	21	579	85	56	127	106	250	29	6,114

出所：国土交通部

<表4-5> 地域別建設機械事業者現況　　　　　　　　　　　　　　　　　　　（単位：事業者数）

市道別	レンタル会社			整備業者		整備業者		売買業者	解体・再活用業者
	計	一般	個別	計	総合	部分	専門		
計	14788	4264	10524	2459	1063	993	403	1,711	422
ソウル	3689	495	3194	11	4	4	3	149	0
釜山	642	252	390	59	42	10	7	51	7
大邱	230	107	123	42	18	18	6	64	10
仁川	343	168	175	121	61	42	18	69	6
光州	131	111	20	65	35	23	7	89	7
大田	65	49	16	28	18	9	1	22	6
蔚山	116	76	40	68	36	19	13	31	9
世宗	63	30	33	19	9	7	3	4	4
京畿	5193	796	4397	580	232	238	110	352	105
江原	429	258	171	250	82	116	52	111	32
忠北	799	282	517	250	127	95	28	134	38
忠南	434	244	190	132	54	60	18	107	34
全北	797	439	358	162	71	69	22	88	41
全南	586	344	242	241	102	92	47	168	50
慶北	480	300	180	225	99	82	44	168	39
慶南	123	40	83	41	6	25	10	18	9
済州	668	273	395	165	67	84	14	86	25

注) 2023.12.31日基準。

出所：国土交通部

5. 繊維機械

<表5-1> 品目別繊維機械輸出入推移 (単位：千ドル, %)

機械 (HSコード)	輸出			輸入		
	2022	2023	前年対比	2022	2023	前年対比
全体	1,812,757	1,684,607	-7.1	781,436	729,956	-6.6
			-128,150			-51,480
紡糸, 撚織, テクスチャ, 切断機 (8444)	9,125	19,510	113.8	9,765	2,370	-75.7
			10,385			-7,395
紡績糸製造機械類 (8445)	44,009	23,950	-45.6	12,472	14,557	16.7
			-20,059			2,085
織機類 (8446)	10,766	10,895	1.2	10,837	7,841	-27.6
			129			-2,996
編成機類 (8447)	37,883	29,538	-22.0	25,306	25,305	0.0
			8,345			-1
ドビー, ジャカード補助機械類 (8448)	114,904	104,285	-9.2	56,255	48,209	-14.3
			-10,619			-8,046
不織布製造機械類 (8449)	4,327	9,445	118.3	18,237	24,328	33.4
			5,118			6,091
洗濯機10kg以上 (8450 20 0000)	534,114	478,474	-10.4	282,103	339,031	20.2
			-55,640			56,928
巻取, 切断, 染色, 乾燥機類 (8451)	941,903	937,867	-0.4	310,808	223,951	-27.9
			-4,036			-86,857
裁縫機械類 (8452)	50,886	27,774	-45.4	41,070	29,901	-27.2
			-23,112			-11,169
皮革, 靴製造機械類 (8453)	55,621	31,147	-44.0	7,845	6,214	-20.8
			-24,474			-1,631
その他	9,219	11,722	27.2	6,738	8,249	22.4
			2,503			1,511

出所：韓国繊維機械融合研究院

<表5-2> 品目別繊維機械貿易収支推移 (単位：千ドル，%)

機械 (HSコード)	貿易収支		
	2022	2023	前年対比
全体	1,031,321	954,651	-7.4
			-76,670
紡糸，撚織，テクスチャ，切断機 (8444)	-640	17,140	2,778.1
			17,780
紡績糸製造機械類 (8445)	31,537	9,393	70.2
			-22,144
織機類 (8446)	-71	3,054	4401.4
			3,125
編成機類 (8447)	12,577	4,233	-66.3
			-8,344
ドビー，ジャカード補助機械類 (8448)	58,649	56,076	-4.4
			-2,573
不織布製造機械類 (8449)	-13,910	-14,883	7.0
			-973
洗濯機10kg以上 (8450200000)	252,011	139,443	-44.7
			-112,568
巻取，切断，染色，乾燥機類 (8451)	631,095	713,916	13.1
			82,821
裁縫機械類 (8452)	9,816	-2,127	-121.7
			-11,943
皮革，靴製造機械類 (8453)	47,776	24,933	-47.8
			-22,843
その他	2,481	3,473	40.0
			992

出所：韓国繊維機械融合研究院

<表5-3> 地域別繊維機械輸出入推移 (単位：千ドル, %)

	輸出			輸入		
	2022	2023	前年対比増加率	2022	2023	前年対比増加率
全体	1,812,757	1,684,607	-7.1	781,436	729,956	-6.6
アジア	494,989	389,747	-21.3	702,939	632,532	-10.0
ヨーロッパ	90,263	109,855	21.7	70,235	89,961	28.1
北米	1,028,123	1,018,117	-1.0	7,632	6,705	-12.1
南米	113,428	103,221	-9.0	502	686	36.7
中東	45,635	32,267	-29.3	58	25	-56.9
オセアニア	29,821	23,117	-22.5	46	46	0.0
アフリカ	10,498	8,283	-21.1	24	1	-95.8

出所：韓国繊維機械融合研究院

<表5-4> 地域別紡糸・延伸・テクスチャー・切断機輸出入推移 (単位：千ドル, %)

	輸出			輸入		
	2022	2023	前年対比増加率	2022	2023	前年対比増加率
計	9,125	19,510	113.8	9,765	2,370	-75.7
アジア	6,521	14,858	127.8	8,541	1,346	-84.2
ヨーロッパ	1	515	51,400.0	1,119	1,024	-8.5
北米	81	3,361	4,049.4	9	0	-100.0
南米	550	484	-12.0	96	0	-100.0
中東	195	52	-73.3	0	0	-
オセアニア	0	18	-	0	0	-
アフリカ	1,777	222	-87.5	0	0	-

出所：韓国繊維機械融合研究院

<表5-5> 地域別カード機・合成・連糸・巻糸・整経機輸出入推移 (単位：千ドル, %)

	輸出			輸入		
	2022	2023	前年対比増加率	2022	2023	前年対比増加率
計	44,009	23,950	-45.6	12,472	14,557	16.7
アジア	36,530	18,570	-49.2	6,253	3,945	-36.9
ヨーロッパ	2,265	2,145	-5.3	6,202	9,775	57.6
北米	2,491	1,020	-59.1	1	808	80,700.0
南米	1,344	961	-28.5	0	0	-
中東	403	842	108.9	0	2	-
オセアニア	0	272	-	16	27	68.8
アフリカ	976	140	-85.7	0	0	-

出所：韓国繊維機械融合研究院

<表5-6> 地域別織機輸出入推移　　　　　　　　　　　　　　　　　　　　　　　　（単位：千ドル, %）

	輸出			輸入		
	2022	2023	前年対比増加率	2022	2023	前年対比増加率
計	10,766	10,895	1.2	10,837	7,841	-27.6
アジア	9,088	7,452	-18.0	6,619	3,929	-40.6
ヨーロッパ	448	1,408	214.3	4,183	3,898	-6.8
北米	66	17	-74.2	30	6	-80.0
南米	321	45	-86.0	0	0	-
中東	757	1,904	151.5	0	0	-
オセアニア	2	9	350.0	5	8	60.0
アフリカ	84	60	-28.6	0	0	-

出所：韓国繊維機械融合研究院

<表5-7> 地域別編織機・横編機・刺繍機輸出入推移　　　　　　　　　　　　　（単位：千ドル, %）

	輸出			輸入		
	2022	2023	前年対比増加率	2022	2023	前年対比増加率
計	37,883	29,538	-22.0	25,306	25,305	0.0
アジア	18,197	9,651	-47.0	17,518	16,628	-5.1
ヨーロッパ	3,948	7,370	86.7	5,873	7,618	29.7
北米	7,131	6,543	-8.2	1,915	1,059	-44.7
南米	5,018	3,512	-30.0	0	0	-
中東	2,320	1,924	-17.1	0	0	-
オセアニア	886	212	-76.1	0	0	-
アフリカ	383	326	-14.9	0	0	-

出所：韓国繊維機械融合研究院

<表5-8> 地域別ドビー・ジャカード・補助機械輸出入推移　　　　　　　　　　（単位：千ドル, %）

	輸出			輸入		
	2022	2023	前年対比増加率	2022	2023	前年対比増加率
計	114,904	104,285	-9.2	56,255	48,209	-14.3
アジア	78,462	69,330	-11.6	28,798	25,741	-10.6
ヨーロッパ	10,285	10,648	3.5	27,052	21,954	-18.8
北米	5,799	4,977	-14.2	326	418	28.2
南米	15,290	14,889	-2.6	10	77	670.0
中東	3,560	3,356	-5.7	56	14	-75.0
オセアニア	98	45	-54.1	13	5	-61.5
アフリカ	1,410	1,040	-26.2	0	0	-

出所：韓国繊維機械融合研究院

<表5-9> 地域別不織布製造機器輸出入推移 (単位：千ドル)

	輸出			輸入		
	2022	2023	前年対比増加率	2022	2023	前年対比増加率
計	4,327	9,445	118.3	18,237	24,328	33.4
アジア	3,601	6,600	83.3	14,461	2,850	-80.3
ヨーロッパ	4	0	-100.0	3,752	21,108	462.6
北米	616	837	35.9	24	370	1,441.7
南米	78	1,965	2,419.2	0	0	-
中東	0	0	-	0	0	-
オセアニア	3	0	-100.0	0	0	-
アフリカ	25	43	72.0	0	0	-

出所：韓国繊維機械融合研究院

<表5-10> 地域別洗濯機10kg以上輸出入推移 (単位：千ドル)

	輸出			輸入		
	2022	2023	前年対比増加率	2022	2023	前年対比増加率
計	534,114	478,474	-10.4	282,103	339,031	20.2
アジア	52,762	70,558	33.7	276,578	333,649	20.6
ヨーロッパ	8,071	11,801	46.2	4,730	4,546	-3.9
北米	396,657	534,260	34.7	657	645	-1.8
南米	49,880	43,013	-13.8	138	190	37.7
中東	20,088	9,789	-51.3	0	0	-
オセアニア	5,257	7,103	35.1	0	0	-
アフリカ	1,399	1,950	39.4	0	1	-

出所：韓国繊維機械融合研究院

<表5-11> 地域別巻取り・切断・染色・乾燥機輸出入推移 (単位：千ドル)

	輸出			輸入		
	2022	2023	前年対比増加率	2022	2023	前年対比増加率
計	941,903	937,867	-0.4	310,808	223,951	-27.9
アジア	191,313	139,559	-27.1	296,255	207,698	-29.9
ヨーロッパ	63,497	72,909	14.8	10,377	12,905	24.4
北米	614,245	664,781	8.2	3,909	2,943	-24.7
南米	31,254	31,147	-0.3	241	398	65.1
中東	15,072	10,730	-28.8	2	1	-50.0
オセアニア	23,523	15,404	-34.5	0	6	-
アフリカ	2,999	3,337	11.3	24	0	-100.0

出所：韓国繊維機械融合研究院

<表5-12> 地域別裁縫機輸出入推移　　　　　　　　　　　　　　　　　　　　　　　　（単位：千ドル）

	輸出			輸入		
	2022	2023	前年対比増加率	2022	2023	前年対比増加率
計	50,886	27,774	-45.4	41,070	29,901	-27.2
アジア	36,011	15,192	-57.8	39,786	28,678	-27.9
ヨーロッパ	1,412	1,230	-12.9	1,007	1,010	0.3
北米	234	421	79.9	269	202	-24.9
南米	8,550	6,115	-28.5	8	6	-25.0
中東	3,230	3,619	12.0	0	5	-
オセアニア	5	32	540.0	0	0	-
アフリカ	1,444	1,165	-19.3	0	0	-

出所：韓国繊維機械融合研究院

<表5-13> 地域別皮革・履物加工機輸出入推移　　　　　　　　　　　　　　　　　　（単位：千ドル）

	輸出			輸入		
	2022	2023	前年対比増加率	2022	2023	前年対比増加率
計	55,621	31,147	-44.0	7,845	6,214	-20.8
アジア	54,125	27,174	-49.8	2,307	1,837	-20.4
ヨーロッパ	248	1,434	478.2	5,518	4,369	-20.8
北米	63	1,435	2,177.8	8	8	0.0
南米	1,130	1,084	-4.1	0	0	-
中東	10	20	100.0	0	0	-
オセアニア	45	0	-100.0	12	0	-100.0
アフリカ	0	0	-	0	0	-

出所：韓国繊維機械融合研究院

<表5-14> 地域別紡績用ボビン・重合機輸出入推移　　　　　　　　　　　　　　　　（単位：千ドル）

	輸出			輸入		
	2022	20231	前年対比増加率	2022	2023	前年対比増加率
計	9,219	11,722	27.2	6,738	8,249	22.4
アジア	8,379	10,803	28.9	5,823	6,231	7.0
ヨーロッパ	84	395	370.2	422	1,754	315.6
北米	740	465	-37.2	484	246	-49.2
南米	13	6	-53.8	9	15	66.7
中東	0	31	-	0	3	-
オセアニア	2	22	1,000.0	0	0	-
アフリカ	1	0	-100.0	0	0	-

出所：韓国繊維機械融合研究院

6. ロボット産業

<表6-1> 部門別ロボット産業生産推移 (単位：百万ウォン, %)

区分	2020年	構成比	2021年	構成比	2022年	構成比	'21年対比増減率
製造業用ロボット	2,594,888	36.1	2,651,420	36.3	2,731,918	35.0	3.0
専門サービス用ロボット	433,163	6.0	447,800	6.1	508,069	6.5	13.5
個人サービス用ロボット	356,392	5.0	367,932	5.0	414,446	5.3	12.6
ロボット部品及びソフトウェア	1,643,500	22.9	1,693,781	23.2	1,872,092	24.0	10.5
ロボットシステム	1,347,722	18.7	1,327,993	18.2	1,428,388	18.3	7.6
ロボット埋め込み	280,121	3.9	290,309	4.0	329,279	4.2	13.4
ロボットサービス	533,824	7.4	534,290	7.3	516,078	6.6	-3.4
総計	7,189,709	100.0	7,313,524	100.0	7,800,269	100.0	6.7

出所：韓国ロボット産業協会

<表6-2> ロボットシステム生産現況(2022) (単位：百万ウォン, %)

区分	2022年 金額	構成比
製造業用ロボットシステム製造	1,127,813	79.0
専門サービス ロボットシステム製造	209,065	14.6
その他 ロボットシステム製造	91,509	6.4
総計	1,428,388	100.0

出所：韓国ロボット産業協会

<表6-3> ロボット埋め込み生産現況(2022)　　　　　　　　　　　　　　（単位：百万ウォン，%）

区分	2022年	
	金額	構成比
ロボット埋め込み交通手段製造	93,500	28.4
ロボット埋め込み家電製品製造	14,488	4.4
ロボット埋め込み運動機器製造	4,798	1.5
ロボット埋め込み情報通信技術適用製品製造	108,131	32.8
その他ロボット埋め込み製品製造	108,361	32.9
総計	329,279	100.0

出所：韓国ロボット産業協会

<表6-4> ロボットサービス生産現況(2022)　　　　　　　　　　　　　（単位：百万ウォン，%）

区分	2022年	
	金額	構成比
ロボット卸小売	345,158	66.9
ロボット利用飲食店及び関連情報サービス	43,843	8.5
ロボット賃貸サービス	6,865	1.3
研究開発及び技術サービス	49,984	9.7
施設管理及び事業支援サービス	17,967	3.5
ロボット教育サービス	23,233	4.5
ロボット利用保健及び社会福祉サービス	-	-
ロボット利用芸術，スポーツ及び余暇関連サービス	-	-
ロボット修理及びその他ロボット利用個人サービス	29,028	5.6
総計	516,078	100.0

出所：韓国ロボット産業協会

<表6-5> 部門別ロボット産業出荷推移　　　　　　　　　　　　　　　　　　　　　（単位：百万ウォン，%）

区分	2020年	構成比	2021年	構成比	2022年	構成比	'21年対比増減率
製造業用ロボット	2,729,643	30.6	2,785,170	30.6	2,891,489	29.4	3.8
専門サービス用ロボット	450,382	5.1	466,780	5.1	518,538	5.3	11.1
個人サービス用ロボット	390,587	4.4	389,906	4.3	424,875	4.3	9.0
ロボット部品及びソフトェア	1,751,691	19.7	1,842,414	20.2	2,028,822	20.7	10.1
ロボットシステム	1,427,350	16.0	1,456,477	16.0	1,556,370	15.8	6.9
ロボット埋め込み	350,358	3.9	343,666	3.8	367,289	3.7	6.9
ロボットサービス	1,806,229	20.3	1,816,725	20.0	2,034,098	20.7	12.0
総計	8,906,309	100.0	9,101,139	100.0	9,821,481	100.0	7.9

注) 事業体の主な業種基準ではなく、個別品目基準である。

出所：韓国ロボット産業協会

<表6-6> 部門別ロボット産業内需推移　　　　　　　　　　　　　　　　　　　　　（単位：百万ウォン，%）

区分	2020年	構成比	2021年	構成比	2022年	構成比	'22年対比増減率
製造業用ロボット	1,853,853	24.5	1,887,098	24.4	1,958,779	23.5	3.8
専門サービス用ロボット	415,503	5.5	431,474	5.6	475,022	5.7	10.1
個人サービス用ロボット	321,404	4.2	325,561	4.2	356,101	4.3	9.4
ロボット部品及びソフトェア	1,602,547	21.2	1,685,569	21.8	1,849,008	22.1	9.7
ロボットシステム	1,285,443	17.0	1,289,055	16.6	1,347,713	16.1	4.6
ロボット埋め込み	348,143	4.6	340,821	4.4	359,890	4.3	5.6
ロボットサービス	1,742,034	23.0	1,784,081	23.0	2,003,733	24.0	12.3
総計	7,568,926	100.0	7,743,658	100.0	8,350,245	100.0	7.8

注) 事業体の主な業種基準ではなく、個別品目基準である。

出所：韓国ロボット産業協会

<表6-7> 部門別ロボット産業輸出推移 (単位：百万ウォン, %)

区分	2020年	構成比	2021年	構成比	2022年	構成比	'21年対比増減率
製造業用ロボット	875,790	65.5	898,073	66.2	932,710	63.4	3.9
専門サービス用ロボット	34,879	2.6	35,306	2.6	43,516	3.0	23.3
個人サービス用ロボット	69,183	5.2	64,345	4.7	68,774	4.7	6.9
ロボット部品及びソフトウェア	149,145	11.2	156,845	11.6	179,814	12.2	14.6
ロボットシステム	141,907	10.6	167,422	12.3	208,657	14.2	24.6
ロボット埋め込み	2,215	0.2	2,846	0.2	7,399	0.5	160.0
ロボットサービス	64,265	4.8	32,644	2.4	30,366	2.1	-7.0
総計	1,337,384	100.0	1,357,481	100.0	1,471,236	100.0	8.4

注) 事業体の主な業種基準ではなく、個別品目基準である。

出所：韓国ロボット産業協会

<表6-8> ロボットシステム出荷現況(2022) (単位：百万ウォン, %)

区分	2022年 金額	構成比
製造業用ロボットシステム製造	1,189,614	76.4
専門サービスロボットシステム製造	273,063	17.5
その他ロボットシステム製造	93,693	6.0
総計	1,556,370	100.0

出所：韓国ロボット産業協会

<表6-9> ロボットシステム内需現況(2022) (単位：百万ウォン, %)

区分	2022年 金額	構成比
製造業用ロボットシステム製造	1,024,965	76.1
専門サービスロボットシステム製造	235,160	17.4
その他ロボットシステム製造	87,588	6.5
総計	1,347,713	100.0

出所：韓国ロボット産業協会

<表6-10> ロボットシステム輸出現況(2022)　　　　　　　　　　　　　　（単位：百万ウォン，%）

区分	2022年	
	金額	構成比
製造業用ロボットシステム製造	164,650	78.9
専門サービスロボットシステム製造	37,903	18.2
その他ロボットシステム製造	6,105	2.9
総計	208,657	100.0

出所：韓国ロボット産業協会

<表6-11> ロボット埋め込み出荷現況(2022)　　　　　　　　　　　　　（単位：百万ウォン，%）

区分	2022年	
	金額	構成比
ロボット埋め込み交通手段製造	104,431	28.4
ロボット埋め込み家電製品製造	15,997	4.4
ロボット埋め込み運動機器製造	4,798	1.3
ロボット埋め込み情報通信技術適用製品製造	133,128	36.2
その他ロボット埋め込み製品製造	108,935	29.7
総計	367,289	100.0

出所：韓国ロボット産業協会

<表6-12> ロボット埋め込み内需現況(2022)　　　　　　　　　　　　　（単位：百万ウォン，%）

区分	2022年	
	金額	構成比
ロボット埋め込み交通手段製造	103,928	28.9
ロボット埋め込み家電製品製造	15,997	4.4
ロボット埋め込み運動機器製造	4,798	1.3
ロボット埋め込み情報通信技術適用製品製造	127,738	35.5
その他ロボット埋め込み製品製造	107,428	29.9
総計	359,890	100.0

出所：韓国ロボット産業協会

<表6-13> ロボット埋め込み輸出現況(2022)　　　　　　　　　　（単位：百万ウォン，%）

区分	2022年	
	金額	構成比
ロボット埋め込み交通手段製造	503	6.8
ロボット埋め込み家電製品製造	-	-
ロボット埋め込み運動機器製造	-	-
ロボット埋め込み情報通信技術適用製品製造	5,390	72.8
その他ロボット埋め込み製品製造	1,507	20.4
総計	7,399	100.0

出所：韓国ロボット産業協会

<表6-14> ロボットサービス出荷現況(2022)　　　　　　　　　　（単位：百万ウォン，%）

区分	2022年	
	金額	構成比
ロボット卸小売	1,617,885	79.5
ロボット利用飲食店及び関連情報サービス	83,766	4.1
ロボット賃貸サービス	120,653	5.9
研究開発及び技術サービス	92,551	4.5
施設管理及び事業支援サービス	22,662	1.1
ロボット教育サービス	47,302	2.3
ロボット利用保健及び社会福祉サービス	2,532	0.1
ロボット利用芸術，スポーツ及び余暇関連サービス	326	0.0
ロボット修理及びその他ロボット利用個人サービス	46,422	2.3
総計	2,034,098	100.0

出所：韓国ロボット産業協会

<表6-15> ロボットサービス内需現況(2022)　　　　　　　　　　　　　　　　　（単位：百万ウォン, %）

区分	2022年	
	金額	構成比
ロボット卸小売	1,591,697	79.4
ロボット利用飲食店及び関連情報サービス	83,766	4.2
ロボット賃貸サービス	120,627	6.0
研究開発及び技術サービス	92,085	4.6
施設管理及び事業支援サービス	22,662	1.1
ロボット教育サービス	47,302	2.4
ロボット利用保健及び社会福祉サービス	2,532	0.1
ロボット利用芸術, スポーツ及び余暇関連サービス	326	0.0
ロボット修理及びその他ロボット利用個人サービス	42,736	2.1
総計	2,003,733	100.0

出所：韓国ロボット産業協会

<表6-16> ロボットサービス輸出現況(2022)　　　　　　　　　　　　　　　　　（単位：百万ウォン, %）

区分	2022年	
	金額	構成比
ロボット卸小売	26,188	86.2
ロボット利用飲食店及び関連情報サービス	-	-
ロボット賃貸サービス	26	0.1
研究開発及び技術サービス	466	1.5
施設管理及び事業支援サービス	-	-
ロボット教育サービス	-	-
ロボット利用保健及び社会福祉サービス	-	-
ロボット利用芸術, スポーツ及び余暇関連サービス	-	-
ロボット修理及びその他ロボット利用個人サービス	3,686	12.1
総計	30,366	100.0

出所：韓国ロボット産業協会

<表6-17> 国別ロボット輸出現況（2022） (単位：百万ウォン)

区分	アメリカ	中国	ベトナム	イタリア	ドイツ	その他
製造業用ロボット	350,929	246,605	51,674	58,844	38,280	186,378
専門サービス用ロボット	15,455	21,071	-	-	-	6,990
個人サービス用ロボット	31,340	11,230	273	-	200	25,732
ロボット部品及びソフトエア	31,976	51,843	18,390	7,792	48	69,765
ロボットシステム	45,501	26,502	31,461	-	14,196	90,997
ロボット埋め込み	40	-	1,467	-	-	5,893
ロボットサービス	26	2,013	-	-	-	28,327
総計	475,267	359,263	103,265	66,636	52,723	414,082

出所：韓国ロボット産業協会

<表6-18> 年度別ロボット輸出推移 (単位：百万ウォン, %)

区分	2020年	構成比	2021年	構成比	2022年	構成比	'21年対比増減率
製造業用ロボット	875,790	65.5	898,073	66.2	932,710	63.4	3.9
専門サービス用ロボット	34,879	2.6	35,306	2.6	43,516	3.0	23.3
個人サービス用ロボット	69,183	5.2	64,345	4.7	68,774	4.7	6.9
ロボット部品及びソフトエア	149,145	11.2	156,845	11.6	179,814	12.2	14.6
ロボットシステム	141,907	10.6	167,422	12.3	208,657	14.2	24.6
ロボット埋め込み	2,215	0.2	2,846	0.2	7,399	0.5	160.0
ロボットサービス	64,265	4.8	32,644	2.4	30,366	2.1	-7.0
総計	1,337,384	100.0	1,357,481	100.0	1,471,236	100.0	8.4

注）事業体の主な業種基準ではなく、個別品目基準である。

出所：韓国ロボット産業協会

<表6-19> 国別ロボット輸入現況(2022) (単位:百万ウォン)

区分	日本	中国	アメリカ	ドイツ	イタリア	その他
製造業用ロボット	267,105	62,349	45,190	16,251	4,913	62,432
専門サービス用ロボット	2,588	10,098	2,262	2,220	3,791	6,061
個人サービス用ロボット	-	19,867	-	-	-	3,757
ロボット部品及びソフトェア	17,551	31,473	44,615	11,996	-	23,478
ロボットシステム	26,179	9,788	90	4,165	10,220	7,187
ロボット埋め込み	-	1,023	943	70	-	-
ロボットサービス	233,130	122,134	71,446	45,409	10,500	96,227
総計	546,553	256,733	164,546	80,111	29,424	199,142

出所:韓国ロボット産業協会

<表6-20> 年度別ロボット輸入推移 (単位:百万ウォン,%)

区分	2020年	構成比	2021年	構成比	2022年	構成比	'21年対比増減率
製造業用ロボット	394,693	43.0	422,336	40.3	458,241	35.9	8.5
専門サービス用ロボット	18,493	2.0	24,332	2.3	27,020	2.1	11.0
個人サービス用ロボット	19,028	2.1	21,680	2.1	23,624	1.9	9.0
ロボット部品及びソフトェア	126,960	13.8	114,950	11.0	129,113	10.1	12.3
ロボットシステム	37,233	4.1	54,907	5.2	57,630	4.5	5.0
ロボット埋め込み	9,419	1.0	2,037	0.2	2,036	0.2	-0.1
ロボットサービス	312,403	34.0	407,892	38.9	578,846	45.3	41.9
総計	918,230	100.0	1,048,135	100.0	1,276,510	100.0	21.8

出所:韓国ロボット産業協会

6章

電子・情報通信産業

1. IT産業総括

<表1-1> 品目別・年度別ICT生産額推移

(単位：億ウォン)

区分	2019	2020	2021	2022
情報通信放送機器	3,227,288	3,298,726	3,709,069	3,677,696
－ 電子部品	1,999,287	2,043,782	2,321,282	2,264,882
・半導体	1,123,817	1,192,623	1,422,320	1,413,110
・フラット・パネル・ディスプレイ	582,041	551,974	575,727	528,899
・センサー	17,025	17,226	17,939	18,078
・電子管	1,424	1,290	1,410	1,503
・受動部品	64,351	67,377	73,177	72,047
・PCB	123,324	127,727	137,693	138,551
・接続部品	72,682	72,049	79,716	79,826
・その他電子部品	14,622	13,516	13,300	12,867
－ コンピュータ及び周辺機器	103,758	155,262	183,388	183,630
・コンピュータ	21,922	20,246	22,267	20,299
・周辺機器	81,836	135,016	161,121	163,331
－ 通信及び放送機器	366,591	324,433	369,603	360,569
・通信機器	339,299	294,033	332,547	322,629
・放送用機器	27,292	30,400	37,056	37,940
－ 映像及び音響機器	87,943	86,864	85,214	86,049
・映像機器	67,492	65,071	63,172	58,009
・音響機器	20,450	21,793	22,042	28,041
・その他映像音響機器	－	0	0	0
－ 情報通信応用基盤機器	669,709	688,385	749,582	782,565
・家庭用電気機器	157,461	168,669	186,967	189,304
・事務用機器	13,752	14,098	15,224	14,460
・医療用機器	29,650	28,981	35,506	38,608
・測定制御分析機器	93,904	95,292	98,869	99,715
・電気機器機器	373,827	380,301	411,691	438,992
・その他情報通信応用基盤機器	1,116	1,043	1,324	1,486

<続く>

区分	2019	2020	2021	2022
情報通信放送サービス	781,574	808,202	849,403	879,322
－ 通信サービス	364,622	367,570	375,259	377,332
・有線通信サービス	101,557	101,898	102,299	102,469
・無線通信サービス	240,755	247,533	251,525	252,783
・通信再販売及び仲介サービス	22,309	21,139	21,435	22,080
－ 放送サービス	190,915	195,441	212,049	227,128
・地上波放送サービス	35,262	35,740	39,931	42,703
・有料放送サービス	64,294	67,504	70,125	73,038
・放送番組制作・供給	90,809	91,675	101,513	110,946
・その他放送サービス	550	521	479	441
－ 情報サービス	226,037	245,191	262,095	274,861
・情報インフラサービス	40,122	43,259	43,659	45,770
・情報仲介及び提供サービス	185,915	201,932	218,436	229,092
ソフトウェア及びデジタルコンテンツ	650,313	704,921	887,855	917,156
－ パッケージソフトウェア	121,895	155,905	172,208	199,522
－ ゲームソフトウェア	120,374	143,950	180,265	192,832
－ ITサービス	377,482	370,326	490,714	524,802
－ デジタルコンテンツ開発及び制作	30,562	34,740	44,667	-
合計	4,659,175	4,833,963	5,446,327	5,474,174

出所：科学技術情報通信部

<表1-2> 年度別ICT内需額推移　　　　　　　　　　　　　　　　　　　　（単位：百万ウォン）

区分	2020	2021	2022	2023
情報通信放送機器	248,440,981	262,451,101	264,461,199	256,935,894
－ 電子部品	122,744,251	126,630,536	127,313,165	114,381,241
－ コンピュータ及び周辺機器	14,410,220	16,712,683	18,658,382	19,517,300
－ 通信及び放送機器	38,398,709	38,332,874	32,920,947	35,618,021
－ 映像及び音響機器	9,198,632	10,973,517	10,465,882	9,376,844
－ 情報通信応用基盤機器	63,689,169	69,801,491	75,102,823	78,042,488
情報通信放送サービス	80,832,661	84,232,408	87,932,199	90,543,326
ソフトウェア	66,447,697	72,585,545	91,715,613	91,250,444
合計	395,721,339	419,269,054	444,109,011	438,729,644

出所：科学技術情報通信部

<表1-3> 年度別電子部品生産額推移 　　　　　　　　　　　　　　　　　　　　　　（単位：百万ウォン）

区分	2020	2021	2022P	2023P
半導体	118,439,751	139,590,921	141,310,967	109,398,009
－ 電子集積回路	99,812,843	119,172,693	119,166,054	89,861,197
．メモリ半導体	79,936,094	94,826,114	91,512,901	64,861,927
DRAM	46,425,778	57,415,759	57,883,381	35,870,636
SRAM	1,358	1,351	716	609
Flash	24,764,075	26,836,898	26,022,090	20,652,627
メモリMCP	－	－	－	－
複合部品集積回路(MCOs)	－	－	－	－
その他メモリ半導体	8,744,883	10,572,106	7,606,714	8,293,055
．システム半導体	19,876,749	24,346,579	27,653,153	25,044,270
マイクロコンポーネント	1,811,919	2,110,889	1,876,154	1,637,050
Logics	10,194,595	12,065,893	13,747,373	12,877,271
アナログ IC	790,511	1,066,359	1,252,975	1,242,353
MCP(メモリMCP除外)	－	－	－	－
複合部品集積回路(メモリMCOs除外)	－	－	－	－
その他デジタル IC	7,079,724	9,103,438	10,776,651	9,287,596
－ 半導体個別素子	2,910,620	3,321,479	3,138,263	3,170,716
－ 光電子	7,926,248	7,863,991	8,806,194	7,677,988
－ シリコンウェーハ	2,768,171	3,132,237	3,671,945	3,248,439
－ 半導体部品	5,021,869	6,100,521	6,528,511	5,439,669
．アナログIC，デジタルIC部品	3,084,758	3,821,511	4,456,929	3,592,633
．個別素子半導体部品	1,937,111	2,279,010	2,071,582	1,847,036
フラット・パネル・ディスプレイ	56,194,326	58,061,274	52,889,945	46,668,356
－ LCDディスプレイパネル	17,440,611	16,846,896	10,987,800	9,019,601
－ OLEDパネル	27,693,713	29,822,026	31,259,406	28,986,075
－ フラット・パネル・ディスプレイパネル部品	10,232,705	10,766,569	10,307,194	8,450,533
－ その他フラット・パネル・ディスプレイパネル	827,297	625,783	335,545	212,147

<続く>

区分	2020	2021	2022P	2023P
センサー	1,695,884	1,800,027	1,807,841	1,562,394
電子管	127,226	140,690	150,279	177,530
受動部品	6,587,772	7,143,740	7,204,685	7,670,899
－ 抵抗器	320,360	352,916	317,008	300,921
－ 変成器	5,035,460	5,351,364	5,449,469	5,822,415
－ 蓄電池	1,231,952	1,439,460	1,438,208	1,547,563
PCB	13,055,685	13,989,836	13,855,125	12,265,561
接続部品(器具部品)	7,140,548	7,793,226	7,982,616	7,615,267
－ 開閉及び保護関連器具	2,779,330	3,181,221	3,294,157	3,139,020
－ 連結部品	4,150,330	4,361,841	4,398,387	4,201,878
－ 継電器	210,888	250,164	290,072	274,369
その他電子部品	1,435,888	1,621,607	1,286,726	1,223,695
合計	204,677,080	230,141,321	226,488,184	186,581,711

注) P：Preliminary(暫定値)

出所：韓国電子情報通信産業振興会

<表1-4> 年度別電子部品輸出額推移 (単位：千ドル)

区分	2020	2021	2022P	2023P
半導体	100,250,604	128,699,010	130,864,939	99,708,271
- 電子集積回路	94,191,263	122,182,115	124,423,826	94,350,477
. メモリ半導体	63,928,704	82,430,600	73,753,416	51,383,529
DRAM	30,596,897	38,942,422	36,587,094	22,526,292
SRAM	5,854	7,276	2,488	2,213
Flash	6,304,954	6,678,146	7,689,623	6,079,088
メモリMCP	22,172,768	31,970,208	25,306,035	19,743,134
複合部品集積回路(MCOs)	4,714,493	4,668,088	4,004,579	2,846,263
その他メモリ半導体	133,737	164,460	163,597	186,540
. システム半導体	30,262,559	39,751,514	50,670,410	42,966,949
マイクロコンポーネント	-	-	-	-
アナログ IC	70,640	97,992	106,148	131,065
MCP(メモリMCP除外)	1,716,609	2,140,601	3,568,350	3,572,162
複合部品集積回路(メモリMCOs除外)	3,519,370	4,048,626	4,517,346	4,039,682
その他デジタルIC	24,955,940	33,464,296	42,478,567	35,224,039
- 半導体個別素子	1,581,107	1,789,731	1,656,497	1,665,227
- 光電子	3,130,978	3,074,170	2,808,334	2,116,449
- シリコンウェーハ	922,298	1,071,599	1,288,952	1,047,304
- 半導体部品	424,958	581,395	687,330	528,814
フラット・パネル・ディスプレイ	20,713,379	24,656,876	24,413,434	20,923,963
- LCDディスプレイパネル	6,115,291	6,027,601	5,546,844	4,322,531
- OLEDパネル	10,906,076	14,527,469	15,108,756	13,928,230
- フラット・パネル・ディスプレイパネル部品	3,691,181	4,101,622	3,754,647	2,660,728
- その他フラット・パネル・ディスプレイパネル	830	184	3,187	12,473

<続く>

区分	2020	2021	2022P	2023P
センサー	57,751	65,875	72,795	58,436
電子管	4,157	4,867	5,855	9,879
受動部品	2,031,634	2,344,052	2,147,504	2,310,885
－ 抵抗器	192,320	224,386	207,386	188,934
－ 変成器	294,984	333,579	354,479	397,686
－ 蓄電池	1,544,330	1,786,087	1,585,639	1,724,266
PCB	5,032,498	5,790,039	5,952,241	4,646,429
接続部品	2,853,002	3,337,799	3,312,220	3,062,887
－ 開閉及び保護関連器具	489,248	602,303	598,243	566,249
－ 連結部品	2,209,897	2,532,869	2,500,785	2,290,875
－ 継電器	153,857	202,627	213,193	205,764
その他電子部品	132,340	160,087	147,990	132,890
合計	131,075,365	165,058,603	166,916,979	130,853,640

注) P：Preliminary(暫定値)

出所：韓国電子情報通信産業振興会

<表1-5> 年度別電子部品輸入額推移 (単位:千ドル)

区分	2020	2021	2022P	2023P
半導体	50,626,794	61,719,011	75,146,492	62,786,005
- 電子集積回路	43,537,157	53,057,282	66,386,303	54,797,914
.メモリ半導体	18,887,440	21,578,596	25,093,912	17,962,215
DRAM	8,919,417	8,541,219	11,389,880	8,288,856
SRAM	1,922	2,661	3,288	5,247
Flash	1,508,536	2,268,887	2,456,163	3,043,094
メモリMCP	7,460,169	10,312,063	10,177,371	6,069,683
複合部品集積回路(MCOs)	811,788	176,883	680,802	287,860
その他メモリ半導体	185,608	276,882	386,407	267,475
.システム半導体	24,649,717	31,478,686	41,292,391	36,835,700
マイクロコンポーネント	-	-	-	-
アナログIC	10,304	123,195	147,074	209,636
MCP(メモリMCP除外)	746,832	602,077	779,093	860,565
複合部品集積回路(メモリMCOs除外)	2,362,007	2,025,549	2,830,700	2,560,750
その他デジタルIC	21,433,574	28,727,865	37,535,525	33,204,748
- 半導体個別素子	1,867,244	2,440,425	2,483,771	2,429,377
- 光電子	3,022,702	3,613,420	3,267,144	2,898,536
- シリコンウェーハ	1,977,132	2,315,348	2,541,169	2,388,934
- 半導体部品	222,559	292,534	468,105	271,245
フラット・パネル・ディスプレイ	3,818,392	3,868,757	4,969,876	4,619,591
- LCDディスプレイパネル	1,262,487	1,376,657	2,749,371	2,873,216
- OLEDパネル	1,404,876	1,097,740	824,568	757,867
- フラット・パネル・ディスプレイパネル部品	1,148,119	1,389,373	1,353,263	915,344
- その他フラット・パネル・ディスプレイパネル	1,910	4,987	42,674	73,164

<続く>

区分	2020	2021	2022P	2023P
センサー	93,509	10,347	93,470	72,090
電子管	55,824	63,902	74,841	72,708
受動部品	2,229,336	2,800,462	2,563,326	2,423,378
－ 抵抗器	291,734	363,448	328,447	300,803
－ 変成器	555,309	748,051	735,160	705,710
－ 蓄電池	1,382,293	1,688,963	1,499,719	1,416,864
PCB	2,363,944	3,100,918	3,560,516	2,860,980
接続部品	2,169,302	2,518,256	2,374,926	2,302,802
－ 開閉及び保護関連器具	510,324	609,570	597,034	606,542
－ 連結部品	1,395,041	1,577,100	1,462,898	1,374,361
－ 継電器	263,937	331,586	314,994	321,899
その他電子部品	286,605	435,702	697,230	619,273
合計	61,643,706	74,610,354	89,480,679	75,756,827

注) P：Preliminary(暫定値)

出所：韓国電子情報通信産業振興会

<表1-6> 年度別コンピュータ及び周辺機器生産額推移 　　　　　　　　　　　　　（単位：百万ウォン）

区分	2020	2021P	2022P	2023P
コンピュータ	2,217,419	2,341,790	2,029,890	1,877,389
－ 小型コンピュータ	1,094,096	1,136,858	824,460	726,448
．デスクトップPC	269,681	248,954	230,665	230,461
．ノートPC	720,112	762,982	479,254	394,576
．PDA及びその他小型コンピュータ	104,303	124,922	114,541	101,411
－ 中大型コンピュータ	277,166	303,147	425,949	388,444
－ コンピュータ部品	739,069	793,508	670,743	553,767
－ その他コンピュータ	107,088	108,277	108,738	108,730
周辺機器	12,761,039	15,100,196	16,333,134	10,920,224
－ ディスプレイ装置	694,958	762,233	918,155	973,068
．レピュテーションモニタリング	331,000	394,943	434,240	415,321
．その他ディスプレイ装置	363,958	367,290	483,915	557,747
－ プリンター	390,990	421,448	493,202	415,008
．プリンター	336,297	366,037	423,971	353,065
．プリンター部品	54,693	55,411	69,231	61,943
－ 補助記憶装置	11,040,933	13,220,731	14,160,825	8,792,961
－ 保存媒体	147,595	196,948	246,641	216,905
－ その他コンピュータ周辺機器	486,563	498,836	514,311	522,282
合計	14,978,458	17,441,986	18,363,024	12,797,613

注）P：Preliminary（暫定値）

出所：韓国電子情報通信産業振興会

<表1-7> 年度別コンピュータ及び周辺機器輸出額推移　　　　　　　　　　　　（単位：千ドル）

区分	2020	2021	2022	2023P
コンピュータ	2,060,536	2,292,997	1,019,115	1,067,883
－ 小型コンピュータ	201,344	221,877	193,954	207,190
.ノートPC	143,098	163,340	141,868	156,762
.その他小型コンピュータ	58,246	58,537	52,085	50,427
－ 中大型コンピュータ	153,329	160,545	225,724	238,818
－ コンピュータ部品	1,705,864	1,910,574	553,644	567,326
－ その他コンピュータ	－	－	45,793	54,549
周辺機器	11,846,224	15,093,009	16,273,976	6,010,224
－ ディスプレイ装置	579,860	745,110	1,324,784	1,462,830
.レピュテーションモニタリング	493,400	645,708	753,791	747,651
.その他ディスプレイ装置	86,460	99,402	570,993	715,179
－ プリンター	362,402	414,635	459,546	384,217
－ 補助記憶装置	10,107,472	12,954,296	13,456,186	5,247,225
－ 保存媒体	628,185	799,379	845,843	697,447
－ その他コンピュータ周辺機器	168,307	179,589	187,618	218,506
合計	13,906,761	17,386,006	17,293,091	9,078,107

注）P：Preliminary(暫定値)

出所：韓国電子情報通信産業振興会

<表1-8> 年度別コンピュータ及び周辺機器輸入額推移 　　　　　　　　　　　　　　　　　　（単位：千ドル）

区分	2020	2021	2022	2023P
コンピュータ	7,953,546	10,232,590	10,112,436	7,994,513
－ 小型コンピュータ	3,787,111	4,753,008	4,749,728	3,512,978
．ノートPC	3,471,253	4,365,935	4,444,466	3,265,582
．その他小型コンピュータ	315,858	387,072	305,262	247,396
－ 中大型コンピュータ	1,765,582	2,486,799	2,478,851	2,005,566
－ コンピュータ部品	2,400,853	2,992,784	2,651,350	2,301,048
－ その他コンピュータ	－	0	232,507	174,921
周辺機器	5,471,678	6,516,147	7,341,470	6,276,533
－ ディスプレイ装置	876,659	1,090,403	1,340,619	1,205,558
．レピュテーションモニタリング	674,873	830,385	806,831	635,688
．その他ディスプレイ装置	201,786	260,018	533,788	569,870
－ プリンター	866,712	962,566	941,457	860,740
－ 補助記憶装置	2,669,083	3,242,799	3,813,917	3,169,650
－ 保存媒体	354,322	408,953	418,616	355,276
－ その他コンピュータ周辺機器	704,902	811,426	826,861	684,310
合計	13,425,224	16,748,737	17,453,906	14,271,047

注）P：Preliminary(暫定値)

出所：韓国電子情報通信産業振興会

<表1-9> 年度別通信及び放送機器生産額推移　　　　　　　　　　　　（単位：百万ウォン）

区分	2020	2021P	2022P	2023P
通信機器	34,417,651	3,5284,243	32,262,937	33,444,907
- 有線通信機器	2,537,998	2,708,101	2,699,226	2,899,196
.有線電話機	140,384	167,471	143,804	168,030
一般有無線電話機	46,577	55,214	42,214	40,151
VoIP/映像電話機	87,411	104,778	94,342	61,818
その他有線電話機	6,396	7,479	7,248	66,061
.交換機	83,063	54,008	38,025	56,968
.送信機器	980,898	1,148,083	1,045,354	1,066,425
光送信システム	440,869	484,958	489,353	577,964
その他送信機器	540,029	663,125	556,001	488,461
.有線電信機器	11,578	9,922	7,951	10,386
.ネットワーク装備	204,125	187,177	235,658	302,728
有線LAN装備	79,480	88,632	103,822	158,528
無線LAN装備	5,472	6,080	7,652	6,992
加入者用モデム	24,811	11,632	11,916	7,147
ネットワークセキュリティ装備	14,073	12,646	11,189	14,600
その他ネットワーク機器	80,289	68,187	101,079	115,461
.有線通信機器部分品	793,007	724,906	802,601	937,595
光通信部品	604,615	537,932	612,407	750,552
有線電話機部品	6,736	10,263	11,675	8,958
有線交換機部品	36,974	21,545	18,260	27,509
その他有線通信機器部分品	144,682	155,166	160,258	150,576
.その他有線通信機器	324,943	416,534	425,835	357,064

<続く>

区分	2020	2021P	2022P	2023P
- 無線通信機器	31,879,653	32,576,142	29,563,711	30,545,711
.無線通信端末機	26,763,242	26,989,761	23,672,380	23,983,502
..携帯端末機	25,008,443	25,267,141	21,768,762	21,343,231
携帯端末機(完成品)	15,734,927	14,884,224	10,035,332	9,094,905
携帯端末機部分品	9,273,516	10,382,917	11,733,430	12,248,326
..周波数共有通信端末機	62,536	53,593	64,596	83,085
..無線呼出端末機	23,976	22,296	22,139	27,465
..テレマティクス	1,481,528	1,523,099	1,676,353	2,312,371
..その他無線通信端末機	186,759	123,632	140,531	217,350
.無線通信システム	2,142,767	2,138,348	2,195,871	2,458,479
..無線通信用交換機	192,268	156,062	142,361	97,398
..基地局用トランシーバー	1,094,091	1,091,765	1,028,138	1,109,855
..無線通信用中継器	739,292	742,833	752,797	758,433
..その他無線通信システム	117,116	147,688	272,576	492,793
.無線通信送受信機器	108,229	82,906	158,111	227,148
.無線通信機器部分品	1,788,815	2,028,501	1,892,676	1,618,889
.その他無線通信機器	1,076,600	1,336,626	1,644,672	2,257,693
放送用装備	3,000,045	3,483,212	3,793,988	4,156,214
- 放送用トランシーバー	313,715	312,472	358,566	486,849
.地上波放送トランシーバー	3,321	5,170	6,163	5,818
.有線放送トランシーバー	113,102	119,886	138,652	237,842
.衛星放送トランシーバー	197,292	187,416	213,752	243,189
.その他放送用トランシーバー	-	-	-	-
- 放送局用機器	259,119	266,796	288,500	350,602
.放送局用ビデオ機器	97,469	102,704	115,864	172,954
.放送局用オーディオ機器	143,543	140,416	147,734	162,957
.その他放送局用機器(移動放送車を含む)	18,107	23,676	24,901	14,691
- 放送用装備部分品	63,506	65,820	81,210	129,700
- CCTVカメラ	2,363,705	2,838,124	3,065,713	3,189,063

注) P：Preliminary(暫定値)

出所：韓国電子情報通信産業振興会

<表1-10> 年度別通信及び放送機器輸出額推移 (単位：千ドル)

区分	2020	2021	2022	2023P
通信機器	13,208,252	16,170,855	17,573,327	15,248,589
- 有線通信機器	824,835	956,753	1,210,269	991,468
.有線電話機	51,390	56,331	178,754	110,448
一般有無線電話機	81	339	154,535	95,721
VoIP/映像電話機	377	151	-	-
その他有線電話機	50,932	55,842	24,219	14,728
.交換機	5,003	8,305	105,067	108,494
.送信機器	284,957	310,946	56,496	39,428
光送信システム	85,144	73,705	-	-
その他送信機器	199,814	237,241	56,496	39,428
.有線電信機器	-	-	-	-
.ネットワーク装備	27,280	23,282	-	-
.有線通信機器部分品	456,196	557,881	738,402	602,592
光通信部品	-	-	-	-
有線電話機部品	76,173	127,593	26,395	50,066
交換機部品	3,619	5,295	-	-
その他有線通信機器部分品	376,404	424,994	712,008	552,526
.その他有線通信機器	8	7	131,550	130,506

<続く>

区分	2020	2021	2022	2023P
- 無線通信機器	12,383,417	15,214,102	16,363,058	14,257,121
.無線通信端末機	11,374,062	14,091,470	14,769,653	12,865,871
携帯端末機	11,227,911	13,993,697	14,672,449	12,801,834
携帯端末機(完成品)	4,098,624	4,926,351	4,224,147	3,046,292
携帯端末機部分品	7,129,288	9,067,346	10,448,302	9,755,542
無線呼出端末機	1,890	1,041	-	-
テレマティクス	144,260	96,731	97,204	64,037
.無線通信システム	577,286	635,078	766,664	695,220
無線通信用交換機	25,773	5,488	29,573	22,990
基地局用トランシーバー	52,729	67,250	274,238	194,778
無線通信用中継器	251,501	314,329	152,298	177,407
その他無線通信システム	247,284	248,011	310,554	300,046
.無線通信送受信機器	304,398	314,828	364,472	338,485
.無線通信機器部分品	123,671	168,002	138,994	165,247
.その他無線通信機器	4,000	4,725	323,275	192,298
放送用装備	469,242	570,632	74,174	85,087
- 放送用トランシーバー	9,845	9,069	7,896	7,587
.地上波放送トランシーバー	9,845	9,069	7,896	7,587
.有線放送トランシーバー	-	-		
.衛星放送トランシーバー	-	-		
.その他放送用トランシーバー	-	-		
- 放送局用機器	1,568	1,356	-	-
.放送局用ビデオ機器	1,568	1,356	-	-
.放送局用オーディオ機器	-	-	-	-
.その他放送局用機器(移動放送車を含む)	-	-	-	-
- 放送用装備部分品	164,904	183,650	61,839	75,297
- CCTVカメラ	292,924	376,557	4,438	2,203

注) P：Preliminary(暫定値)

出所：韓国電子情報通信産業振興会

<表1-11> 年度別通信及び放送機器輸入額推移　　　　　　　　　　　　　　（単位：千ドル）

区分	2020	2021	2022	2023P
通信機器	14,032,711	15,815,069	15,009,686	13,619,455
－ 有線通信機器	1,915,795	2,131,045	1,889,781	1,906,207
.有線電話機	105,004	124,148	47,390	41,693
一般有無線電話機	10,644	13,032	27,298	26,535
VoIP/映像電話機	3,101	8,512	-	-
その他有線電話機	91,259	102,604	20,092	15,158
.交換機	22,324	26,196	461,041	437,479
.送信機器	1,003,693	1,140,228	160,763	139,620
光送信システム	74,837	120,256	-	-
その他送信機器	928,855	1,019,972	160,763	139,620
.有線電信機器	-	-	-	-
.ネットワーク装備	73,781	81,756	-	-
.有線通信機器部分品	710,643	758,621	873,562	857,748
光通信部品	-	-	-	-
有線電話機部品	22,216	25,877	84,166	130,099
交換機部品	15,947	16,135	-	-
その他有線通信機器部分品	672,480	716,609	789,396	727,648
.その他有線通信機器	350	95	347,025	429,667

<続く>

区分	2020	2021	2022	2023P
－ 無線通信機器	12,116,916	13,684,024	13,119,905	11,713,248
.無線通信端末機	9,104,590	10,192,929	9,295,535	8,500,903
携帯端末機	9,067,408	10,176,144	9,279,928	8,488,539
携帯端末機(完成品)	4,104,836	4,953,705	4,850,996	4,406,864
携帯端末機部分品	4,962,572	5,222,439	4,428,932	4,081,675
無線呼出端末機	30	20	-	-
テレマティクス	37,152	16,764	15,608	12,363
.無線通信システム	1,664,049	1,827,312	1,598,326	1,425,269
無線通信用交換機	23,016	6,697	236,963	194,364
基地局用トランシーバー	546,092	474,643	743,695	502,741
無線通信用中継器	508,450	797,051	42,678	39,552
その他無線通信システム	586,492	548,922	574,990	688,612
.無線通信送受信機器	1,041,058	1,331,148	1,592,624	1,155,061
.無線通信機器部分品	301,328	326,244	303,306	264,220
.その他無線通信機器	5,891	6,391	330,112	367,795
放送用装備	476,114	546,679	172,452	199,413
－ 放送用トランシーバー	12,211	25,412	33,215	12,598
.地上波放送トランシーバー	12,211	25,412	33,215	12,598
.有線放送トランシーバー	-	-	-	-
.衛星放送トランシーバー	-	-	-	-
.その他放送用トランシーバー	-	-	-	-
－ 放送局用機器	20,639	19,600	-	-
.放送局用ビデオ機器	20,639	19,600	-	-
.放送局用オーディオ機器	-	-	-	-
.その他放送局用機器(移動放送車を含む)	-	-	-	-
－ 放送用装備部分品	83,469	102,107	111,909	169,898
－ CCTVカメラ	359,795	399,560	27,328	16,916

注) P：Preliminary(暫定値)

出所：韓国電子情報通信産業振興会

<表1-12> 年度別映像及び音響機器生産額推移　　　　　　　　　　　　　　　（単位：百万ウォン）

区分	2020	2021P	2022P	2023P
映像機器	6,351,431	6,637,290	5,800,867	4,622,733
－ TV	4,035,664	4,716,279	3,982,784	3,066,572
．デジタルTV	3,373,997	3,825,572	3,487,051	2,579,419
．アナログTV	796	1,095	－	5
．TV部分品	660,871	889,612	495,733	487,148
－ モバイルTV(DMB)受信装備	59,730	82,774	21,113	39,376
－ デジタルビデオ機器	671,275	612,035	976,788	1,082,504
－ セットトップボックス	1,584,762	1,226,202	820,182	434,281
－ 映像機器部分品	－	－	－	－
音響機器	1,960,983	2,571,901	2,804,081	2,922,501
－ ラジオ	538,124	666,994	762,363	866,855
－ CDP及びMP3	1,078	143	13,196	11,802
－ 音響機器付属品	－	－	－	－
－ その他音響機器	178,928	157,343	166,268	128,471
－ その他音響機器部分品	1,242,853	1,747,421	1,862,254	1,915,373
その他映像音響機器	－	－	－	－
合計	8,312,414	9,209,191	8,604,948	7,545,234

注）P：Preliminary(暫定値)

出所：韓国電子情報通信産業振興会

<表1-13> 年度別映像及び音響機器輸出額推移 (単位：千ドル)

区分	2020	2021	2022	2023P
映像機器	1,784,319	1,527,740	1,250,490	1,022,791
－ TV	1,474,199	1,065,252	735,154	537,938
．デジタルTV	307,780	50,495	71,076	48,779
．アナログTV	330	331	－	－
．TV部分品	1,166,089	1,014,426	664,078	489,159
－ モバイルTV(DMB)受信装備	－	－	－	－
－ デジタルビデオ機器	295,876	439,291	496,972	464,444
－ セットトップボックス	13,443	22,313	18,340	20,379
－ 映像機器部分品	802	885	24	30
音響機器	802,456	801,614	839,974	770,273
－ ラジオ	294,113	339,413	456,951	420,672
－ CDP及びMP3	3,097	3,351	1,614	739
－ 音響機器付属品	121,918	138,783	131,132	110,929
－ その他音響機器	107,002	147,376	135,499	134,232
－ その他音響機器部分品	276,326	172,691	114,777	103,701
その他映像音響機器	40,277	37,688	62,198	62,983
合計	2,627,053	2,367,042	2,152,662	1,856,047

注) P：Preliminary(暫定値)

出所：韓国電子情報通信産業振興会

<表1-14> 年度別映像及び音響機器輸入額推移　　　　　　　　　　　　　（単位：千ドル）

区分	2020	2021	2022	2023P
映像機器	2,143,656	2,463,558	2,088,309	1,780,935
－ TV	1,600,310	1,890,805	1,443,911	1,121,091
．デジタルTV	781,502	1,315,293	1,066,633	890,920
．アナログTV	21	24	－	－
．TV部分品	818,787	575,487	377,278	230,172
－ モバイルTV(DMB)受信装備	－	－	－	－
－ デジタルビデオ機器	350,237	358,346	452,384	446,191
－ セットトップボックス	192,895	214,089	191,925	213,545
－ 映像機器部分品	214	319	88	108
音響機器	1,003,651	1,098,669	1,173,970	1,181,805
－ ラジオ	114,974	77,695	104,243	79,843
－ CDP及びMP3	7,326	7,753	3,861	2,392
－ 音響機器付属品	549,259	633,206	734,825	745,940
－ その他音響機器	220,599	235,532	250,182	277,008
－ その他音響機器部分品	111,492	144,483	80,860	76,622
その他映像音響機器	230,746	352,629	334,064	296,047
合計	3,378,053	3,914,855	3,596,344	3,258,786

注）P：Preliminary(暫定値)

出所：韓国電子情報通信産業振興会

<表1-15> 年度別情報通信応用基盤機器生産額推移　　　　　　　　　（単位：百万ウォン）

区分	2020	2021P	2022P	2023P
家庭用電気機器	16,834,694	18,852,006	18,930,413	18,425,492
－ 冷蔵庫	4,736,749	5,561,830	4,752,291	4,712,315
・一般冷蔵庫	3,912,604	4,615,745	3,874,975	3,881,861
・冷蔵庫部品	824,145	946,085	877,316	830,454
－ 家庭用回転機器	8,639,025	9,431,283	10,287,685	9,926,967
・洗濯機	1,985,484	1,996,326	2,381,203	2,274,990
・エアコン	2,824,369	3,250,803	3,615,277	3,336,068
・家庭用回転機器部品	2,048,207	2,121,937	2,293,978	2,353,595
・その他回転機器	1,780,965	2,062,217	1,997,227	1,962,314
－ 暖房及び電熱機器	1,459,896	1,650,856	1,567,632	1,511,573
・暖房機器	493,145	536,232	540,721	555,780
・電熱機器	867,962	1,005,906	895,115	839,702
・暖房及び電熱機器部品	98,789	108,718	131,796	116,091
－ その他家庭用機器	1,999,024	2,208,037	2,322,805	2,274,637
事務用機器	1,378,463	1,537,601	1,445,959	1,393,405
医療用機器	2,768,420	3,272,851	3,860,825	3,917,698
－ X線及び放射線機器	848,387	998,280	1,157,521	1,174,169
－ 電気診断及び治療機器	1,920,033	2,274,571	2,703,304	2,743,529
測定制御分析機器	9,043,883	8,916,397	9,971,527	10,420,783
－ 計測器	2,752,108	2,829,826	2,458,786	2,755,071
－ 自動制御機	3,102,731	3,241,555	3,135,713	3,227,881
－ 試験分析機	3,127,461	2,791,202	4,313,598	4,371,184
－ 電子時計	61,628	53,814	63,430	66,647

<続く>

区分	2020	2021P	2022P	2023P
電気機器	36,554,716	40,143,996	43,899,181	44,016,360
－ 電線及び光ファイバーケーブル	10,400,687	11,631,941	12,517,199	12,448,815
・同軸ケーブル及びその他同軸導体	551,798	573,318	565,618	542,729
・光ファイバーケーブル	483,950	484,013	595,088	497,706
・その他電線	9,364,939	10,574,610	11,356,493	11,408,380
－ 電球	286,705	346,448	320,615	320,582
－ 照明機器	7,388,662	7,364,639	7,495,357	7,664,582
－ 乾電池及び蓄電池	17,659,608	19,905,456	22,710,962	22,746,065
－ 電気警報及び信号装置	415,225	412,071	451,762	436,689
－ 電気式交通制御装置	403,829	483,441	403,286	399,627
－ 光学機器及びその他電子応用機器	-	-	-	-
その他情報通信応用基盤機器	118,154	130,761	148,594	157,454
合計	66,698,330	72,853,612	78,256,499	78,331,192

注) P：Preliminary(暫定値)

出所：韓国電子情報通信産業振興会

<表1-16> 年度別情報通信応用基盤機器輸出額推移 　　　　　　　　　　（単位：千ドル）

区分	2020	2021	2022	2023P
家庭用電気機器	4,197,488	5,709,092	5,862,665	5,672,510
－ 冷蔵庫	2,209,041	3,181,281	2,565,695	2,613,189
・一般冷蔵庫	1,872,354	2,748,537	2,204,921	2,314,508
・冷蔵庫部品	336,686	432,743	360,774	298,681
－ 家庭用回転機器	1,050,252	1,337,290	2,105,915	1,928,744
・洗濯機	294,216	296,329	548,964	92,078
・エアコン	285,238	423,041	536,310	477,334
・家庭用回転機器部品	-	-	259,590	287,848
・その他回転機器	470,798	617,920	761,050	671,485
－ 暖房及び電熱機器	518,768	694,992	680,745	631,646
・暖房機器	69,872	77,507	70,969	89,145
・電熱機器	252,631	355,070	354,733	310,066
・暖房及び電熱機器部品	196,265	262,414	255,043	232,436
－ その他家庭用機器	419,428	495,529	510,310	498,930
事務用機器	341,256	426,705	342,736	316,931
医療用機器	2,040,882	2,563,864	2,790,500	2,896,176
－ X線及び放射線機器	758,990	929,203	981,314	1,001,846
－ 電気診断及び医療機器	1,281,892	1,634,661	1,809,186	1,894,330

<続く>

区分	2020	2021	2022	2023P
測定制御分析機器	5,207,599	5,435,169	6,635,797	7,437,852
－ 計測器	3,587,028	3,892,957	5,267,352	5,899,959
－ 自動制御機	868,474	883,592	781,801	875,426
－ 試験分析機	752,025	658,514	586,284	660,199
－ 電子時計	71	107	361	2,269
電気機器	10,434,644	11,920,483	13,578,346	13,307,190
－ 電線及び光ファイバーケーブル	423,765	506,175	567,646	518,842
・同軸ケーブル及びその他同軸導体	127,349	169,411	140,203	131,056
・光ファイバーケーブル	202,561	219,255	273,335	185,950
・その他電線	93,854	117,508	154,108	201,836
－ 電球	115,045	128,663	168,965	170,860
－ 照明機器	1,007,394	1,088,352	991,693	1,039,734
－ 乾電池及び蓄電池	7,613,876	8,774,738	10,119,199	10,016,714
－ 電気警報及び信号装置	138,597	145,298	168,170	147,591
－ 電気式交通制御装置	18,504	25,986	28,157	20,128
－ 光学機器及びその他電子応用機器	1,117,463	1,251,271	1,534,517	1,393,321
その他情報通信応用基盤機器	-	-	12,042	21,537
合計	22,221,869	26,055,313	29,222,085	29,652,196

注) P：Preliminary(暫定値)

出所：韓国電子情報通信産業振興会

<表1-17> 年度別情報通信応用基盤機器輸入額推移 (単位:千ドル)

区分	2020	2021	2022	2023P
家庭用電気機器	3944628	4,560,404	4,638,588	4,460,584
- 冷蔵庫	523040	548,735	494,887	518,795
・一般冷蔵庫	453007	478,217	441,835	472,032
・冷蔵庫部品	70033	70,517	5,302	46,764
- 家庭用回転機器	1138010	1,283,319	1,639,089	1,619,572
・洗濯機	82344	95,192	350,657	403,702
・エアコン	181554	228,690	281,895	227,631
・家庭用回転機器部品	-	-	34,234	24,315
・その他回転機器	874113	959,437	972,303	963,924
- 暖房及び電熱機器	1187988	1,430,925	1,305,818	1,166,322
・暖房機器	86526	122,516	130,997	148,718
・電熱機器	827589	985,294	852,742	724,773
・暖房及び電熱機器部品	273874	323,115	322,079	292,831
- その他家庭用機器	1095590	1,297,425	1,198,795	1,155,894
事務用機器	31722	32,520	37,329	37,225
医療用機器	2182634	2,286,756	2,379,434	2,501,225
- X線及び放射線機器	597859	597,119	665,245	721,858
- 電気診断及び医療機器	1584775	1,689,638	1,714,189	1,779,367

<続く>

区分	2020	2021P	2022	2023
測定制御分析機器	7,608,212	8,252,666	8,585,757	8,632,852
－ 計測器	4,283,500	4,889,578	5,103,614	5,309,938
－ 自動制御機	1,046,478	996,826	1,001,349	962,077
－ 試験分析機	2,273,860	2,361,991	2,474,333	2,355,788
－ 電子時計	4,375	4,271	6,461	5,049
電気機器	5,904,646	8,256,007	11,088,258	13,726,283
－ 電線及び光ファイバーケーブル	221,525	275,443	318,261	328,146
・同軸ケーブル及びその他同軸導体	98,543	106,647	123,966	137,002
・光ファイバーケーブル	84,409	121,388	148,158	141,913
・その他電線	38,574	47,408	46,137	49,231
－ 電球	240,559	255,105	246,515	224,193
－ 照明機器	903,409	1,069,337	1,021,220	954,799
－ 乾電池及び蓄電池	2,523,835	4,191,452	6,768,695	9,522,818
－ 電気警報及び信号装置	239,602	286,534	283,189	253,935
－ 電気式交通制御装置	77,624	59,803	58,175	42,117
－ 光学機器及びその他電子応用機器	1,698,091	2,118,333	2,392,203	2,400,274
その他情報通信応用基盤機器	－	－	48,181	52,681
合計	19,671,841	23,388,354	26,777,546	29,410,849

注) P：Preliminary(暫定値)

出所：韓国電子情報通信産業振興会

<表1-18> 年度別有線通信サービス売上額推移 　　　　　　　　　　　　　　（単位：百万ウォン）

区分	2020	2021P	2022P	2023P
電話サービス	3,047,554	2,713,563	2,586,447	2,362,526
－ 市内電話サービス	837,166	768,142	729,887	687,600
－ 市内電話付加サービス	104,200	169,391	189,991	185,042
－ 市外電話サービス	87,885	73,374	68,020	53,139
－ 国際電話サービス	448,903	421,056	386,277	321,668
－ インテリジェントネットワークサービス(080,全国代表番号等)	671,332	499,366	445,798	359,793
－ インターネット電話(基幹)	621,930	516,838	498,667	491,089
－ 公衆電話サービス	11,886	10,747	10,745	10,762
－ その他有線電話サービス	264,252	254,649	257,062	253,433
有線設備接続サービス及びインターネットバックボーンサービス	171,923	186,353	168,809	148,032
－ 相互接続回線料(装備設置料)	-	-	-	-
－ 有線網接続料	171,923	186,353	168,809	148,032
－ その他	-	-	-	-
専用回線サービス	1,926,234	2,095,069	2,226,450	2,336,588
－ 市内/外専用回線サービス	1,517,077	1,659,477	1,766,725	1,823,806
－ 国際専用回線サービス	264,385	319,128	345,176	395,776
－ 放送専用回線サービス	144,772	116,464	114,549	117,006
超高速ネットワークサービス	4,920,466	4,979,459	5,147,506	5,285,750
－ 超高速インターネットサービス	4,504,234	4,672,209	4,864,694	4,993,972
－ インターネット網相互接続サービス	184,093	152,454	153,572	184,030
－ 超高速国家ネットワークサービス	232,139	154,796	129,240	107,748
－ その他超高速通信サービス	-	-	-	-
電信，電報サービス	1,196	910	907	753
その他有線通信サービス	58,281	89,789	116,751	116,600
合計	10,125,654	1,065,143	10,246,870	10,250,249

注) P：Preliminary(暫定値)

出所：韓国電子情報通信産業振興会

<表1-19> 年度別無線通信サービス売上額推移 (単位:百万ウォン)

区分	2020	2021	2022P	2023P
移動通信サービス	23,943,604	24,371,362	24424401	24,490,730
－ 移動電話サービス-2G, 3G, 4G, 5G, 付加サービス	22,640,202	23,099,060	23203924	23,371,778
－ 無線網接続料	1,303,402	1,271,672	1220477	1,118,952
無線超高速インターネットサービス	3,786	3,287	2555	3,289
－ WIBro(携帯インターネット)	－	－	－	－
－ 無線Lan	3,786	3,287	2555	3,289
－ 無線固定通信サービス(B-WLL)	－	－	－	－
周波数共有通信(TRS)	25,527	29,950	30397	39,149
無線データー通信	565,751	568,995	557510	471,369
無線呼出及びメッセージサービス	8,326	9,338	9596	9,279
衛星通信サービス	167,918	155,833	139054	139,026
その他移動通信サービス	82,057	73,211	114784	144,034
合計	24,796,969	25,211,976	25278297	25,296,876

注) P:Preliminary(暫定値)

出所:韓国電子情報通信産業振興会

<表1-20> 年度別通信再販売及び仲介サービス売上額推移　　　　　　　　（単位：百万ウォン）

区分	2020	2021P	2022P	2023P
回線設備賃貸再販売	1,670,178	1,707,331	1,690,021	1,858,132
－ 有線通信再販売	899,607	889,583	902,626	932,949
・有線電話	197,592	183,926	214,341	216,593
市内電話	21,251	19,640	23,989	21,896
市外電話	1,906	1,836	2,298	2,257
国際電話	37,145	35,936	28,111	34,943
インターネット電話(別定1号、2号)	137,287	126,514	159,943	157,497
・インターネット接続サービス	662,042	667,434	652,719	674,968
・国際回線再販売	39,973	38,223	35,566	41,388
－ 無線通信再販売	770,571	817,748	787,395	925,183
通信サービス募集，仲介サービス	476,719	401,875	518,022	498,482
－ 有線通信募集，仲介サービス	359,472	314,082	428,490	396,639
・再課金サービス	259,788	236,887	331,817	315,965
・Call Aggregating Serviceス	99,684	77,195	96,673	80,674
－ 無線通信 募集，仲介サービス	117,247	87,793	89,532	101,843
・再課金サービス	108,805	79,721	80,902	93,933
・Call Aggregating Service	8,442	8,072	8,630	7,910
その他	-	-	-	-
合計	2,146,897	2,109,206	2,208,043	2,356,614

注）P：Preliminary(暫定値)

出所：韓国電子情報通信産業振興会

<表1-21> 年度別放送サービス売上額推移 (単位：百万ウォン)

区分	2020	2021P	2022P	2023P
地上波放送サービス	3,414,445	3,889,645	4,270,291	3,882,046
－ TV及びラジオ放送	3,405,222	3,882,631	4,266,264	3,875,454
・放送受信料	1,075,377	1,045,661	1,180,603	1,028,918
・広告	1,091,692	1,158,714	1,359,142	1,078,584
・放送番組販売	646,044	949,658	950,173	1,092,064
・その他	592,109	728,598	776,346	675,888
－ 地上波DMB	9,223	7,014	4,027	6,592
・広告	1,743	1,464	1,097	1,712
・放送番組販売	152	232	184	254
・その他	7,328	5,318	2,746	4,626
有料放送サービス	6,921,805	7,004,156	7,303,792	7,451,296
－ 総合有線放送	1,992,201	1,931,532	1,794,063	1,744,256
・放送受信料	746,426	768,563	615,865	604,523
・広告	139,319	132,809	104,657	157,876
・その他	1,106,456	1,030,160	1,073,541	981,857
－ 中継有線放送(RO)及び音楽有線放送	1,403	1,187	416	785
－ 衛星放送サービス	668,054	492,271	640,241	637,495
・衛星放送	668,054	492,271	640,241	637,495
・衛星DMB	－	－	－	－
－ IPTVサービス	4,260,147	4,579,166	4,869,072	5,068,760
放送番組制作供給	9,247,625	9,237,083	11,094,646	10,693,743
－ 放送チャンネル使用事業(PP)	7,195,179	7,127,671	8,155,115	7,795,760
・一般PP	3,474,340	3,307,370	4,114,015	3,750,867
・テレビショッピングPP	2,077,680	3,072,845	3,157,404	3,268,235
・データPP(DP)	643,159	747,456	883,696	776,658
－ 放送番組制作	2,052,446	2,109,412	2,939,531	2,897,983
その他放送サービス	54,811	52,609	44,109	50,920
合計	19,638,686	20,183,493	22,712,838	22,078,005

注) P：Preliminary(暫定値)

出所：韓国電子情報通信産業振興会

<表1-22> 年度別情報サービス売上額推移　　　　　　　　　　　　　　　　（単位：百万ウォン）

区分	2020	2021P	2022P	2023P
情報インフラサービス	3,915,158	4,384,102	4,576,962	4,767,246
－ データ処理サービス	377,065	437,087	421,956	486,436
－ ホスティングサービス	2,127,242	2,197,045	2,376,872	2,525,290
－ 付加ネットワークサービス	875,755	1,036,678	905,727	939,719
－ インターネット管理サービス	530,664	710,740	869,832	813,318
－ その他情報インフラサービス	4,432	2,552	2,574	2,483
情報仲介及び提供サービス	20,209,297	22,278,488	22,909,188	25,794,336
－ ウェブ検索ポータルサービス	5,966,098	6,688,076	7,491,445	7,647,174
・広告提供サービス(ウェブ検索ポータル)	4,896,906	5,429,728	5,846,457	5,778,993
・情報仲介サービス(ウェブ検索ポータル)	1,069,192	1,258,348	1,644,988	1,868,181
－ インターネット情報提供サービス	7,209,193	8,035,753	7,671,485	9,232,971
・映像情報サービス	372,765	436,397	520,075	512,228
・音響情報サービス	358,254	406,202	382,466	443,391
・出版情報サービス	143,150	160,871	149,052	197,018
・教育情報サービス	1,249,324	1,412,017	1,304,976	1,462,932
・ニュース情報サービス	298,407	315,478	319,033	379,805
・専門情報サービス	1,849,525	1,991,680	2,059,441	2,379,299
・広告サービス	2,331,531	2,630,526	2,311,171	3,120,085
・その他	606,237	682,582	625,271	738,213
－ 音声情報提供サービス	186,306	194,899	189,960	175,118
・番号案内サービス	136,895	140,345	136,360	124,341
・その他音声情報提供サービス	49,411	54,554	53,600	50,777
－ 情報提供応用サービス	6,699,693	7,203,441	7,405,371	8,594,287
－ その他情報提供サービス	148,007	156,319	150,927	144,786
合計	24,124,455	26,662,590	27,486,150	30,561,582

注) P：Preliminary(暫定値)

出所：韓国電子情報通信産業振興会

<表1-23> 年度別ソフトウェア売上額推移　　　　　　　　　　　　　　　　　　（単位：百万ウォン）

区分	2020	2021P	2022P	2023P
パッケージソフトウェア	13,132,605	16,733,212	19,952,164	20,222,144
－ システムソフトウェア	6,110,773	7,966,626	8,959,231	8,911,958
－ 応用ソフトウェア	7,021,832	8,766,586	10,992,933	11,310,186
ゲームソフトウェア	14,110,617	14,506,117	19,283,205	19,243,295
ITサービス	39,204,475	41,346,216	52,480,244	51,785,005
－ ITコンサルティング及びシステム開発	19,640,816	21,064,172	26,429,739	25,303,488
－ ITシステム管理及び支援サービス	18,521,729	19,056,674	23,773,993	24,167,485
－ その他ITサービス	1,041,930	1,225,370	2,276,512	2,314,032
合計	66,447,697	72,585,545	91,715,613	91,250,444

注）P：Preliminary(暫定値)

出所：韓国電子情報通信産業振興会

<表1-24> 年度別ソフトウェア輸出額推移　　　　　　　　　　　　　　　　　　（単位：千ドル）

区分	2020	2021P	2022P	2023.1Q-3QP
パッケージソフトウェア	945,793	903,970	1,123,825	1,065,968
－ システムソフトウェア	151,914	149,035	493,343	306,701
－ 応用ソフトウェア	793,879	754,935	630,482	759,267
ゲームソフトウェア	6,402,652	6,993,498	6,745,580	5,628,373
ITサービス	7,513,993	9,877,564	12,258,615	6,869,339
－ ITコンサルティング及びシステム開発	1,014,792	1,177,774	1,592,705	1,827,795
－ ITシステム管理及び支援サービス	6,442,815	8,698,180	10,649,688	5,012,486
－ その他ITサービス	56,386	1,610	16,222	29,057
合計	14,862,438	1,777,502	20,128,020	13,563,680

注）P：Preliminary(暫定値)

出所：韓国電子情報通信産業振興会

<表1-25> 品目別主要ICT輸出実績　　　　　　　　　　　　　　　　　　　　（単位：百万ドル，%）

区分	2022			2023		
	金額	増加率	比重	金額	増加率	比重
情報通信放送機器	233,232	2.5	100.0	186,774	-19.9	100.0
○電子部品	166,917	1.1	71.6	130,854	-21.6	70.1
-半導体	130,865	1.7	56.1	99,708	-23.8	53.4
・メモリ半導体	73,753	-10.5	31.6	51,384	-30.3	27.5
・システム半導体	50,670	27.5	21.7	42,967	-15.2	23.0
-フラット・パネル・ディスプレイ	24,413	-1.0	10.5	20,924	-14.3	11.2
-電子管	6	20.3	0.0	10	68.7	0.0
-受動部品	2,148	-8.4	0.9	2,311	7.6	1.2
-PCB	5,952	2.8	2.6	4,646	-21.9	2.5
-接続部品	3,312	-0.8	1.4	3,063	-7.5	1.6
-その他電子部品	148	-7.6	0.1	133	-10.2	0.1
○コンピュータ及び周辺機器	17,293	-0.5	7.4	9,078	-47.5	4.9
-コンピュータ	1,019	-55.6	0.4	1,068	4.8	0.6
-周辺機器	16,274	7.8	7.0	8,010	-50.8	4.3
・ディスプレイ装置	1,325	77.8	0.6	1,463	10.4	0.8
・プリンター(部分品を含む)	460	10.8	0.2	384	-16.4	0.2
・補助記憶装置	13,456	3.9	5.8	5,247	-61.0	2.8
○通信及び放送機器	17,648	5.4	7.6	15,334	-13.1	8.2
-通信機器	17,573	8.7	7.5	15,249	-13.2	8.2
・有線通信機器	1,210	26.5	0.5	991	-18.1	0.5
・無線通信機器	16,363	7.6	7.0	14,257	-12.9	7.6
携帯폰(部分品を含む)	14,672	4.9	6.3	12,802	-12.7	6.9
※通信機器	2,901	33.2	1.2	2,447	-15.7	1.3
-放送用装備	74	-87.0	0.0	85	14.7	0.0
○映像及び音響機器	2,153	-9.1	0.9	1,856	-13.8	1.0
-映像機器	1,250	-18.1	0.5	1,023	-18.2	0.5
・TV	735	-31.0	0.3	538	-26.3	0.3
LCD TV	48	42.8	0.0	14	-71.0	0.0
TV部分品	664	-34.5	0.3	489	-26.3	0.3
・セットトップボックス	18	-17.8	0.0	20	11.1	0.0
-音響機器	840	4.8	0.4	770	-8.3	0.4
-その他映像音響機器	62	65.0	0.0	63	1.3	0.0
○情報通信応用・基盤機器	29,222	12.2	12.5	29,652	1.5	15.9
-家庭用電気機器	5,863	2.7	2.5	5,673	-3.2	3.0
-事務用機器	343	-19.7	0.1	317	-7.5	0.2
-医療用機器	2,790	8.8	1.2	2,896	3.8	1.6
-電気機器	13,578	13.9	5.8	13,307	-2.0	7.1
・乾電池及び蓄電池	10,119	15.3	4.3	10,017	-1.0	5.4

出所：情報通信企画評価院

<表1-26> 品目別主要ICT輸入実績 (単位：百万ドル, %)

区分	2022			2023		
	金額	増加率	比重	金額	増加率	比重
情報通信放送機器	152,491	12.9	100.0	136,516	-10.5	100.0
○電子部品	89,481	19.9	58.7	75,757	-15.3	55.5
-半導体	75,146	21.8	49.3	62,786	-16.4	46.0
・メモリ半導体	25,094	16.3	16.5	17,962	-28.4	13.2
・システム半導体	41,292	31.2	27.1	36,836	-10.8	27.0
-フラット・パネル・ディスプレイ	4,970	28.5	3.3	4,620	-7.0	3.4
-電子管	75	17.1	0.0	73	-2.9	0.1
-受動部品	2,563	-8.5	1.7	2,423	-5.5	1.8
-PCB	3,561	14.8	2.3	2,861	-19.6	2.1
-接続部品	2,375	-5.7	1.6	2,303	-3.0	1.7
-その他電子部品	697	60.0	0.5	619	-11.2	0.5
○コンピュータ及び周辺機器	17,454	4.2	11.4	14,271	-18.2	10.5
-コンピュータ	10,112	-1.2	6.6	7,995	-20.9	5.9
-周辺機器	7,341	12.7	4.8	6,277	-14.5	4.6
・ディスプレイ装置	1,341	22.9	0.9	1,206	-10.1	0.9
・プリンター(部分品を含む)	941	-2.2	0.6	861	-8.6	0.6
・補助記憶装置	3,814	17.6	2.5	3,170	-16.9	2.3
○通信及び放送機器	15,182	-7.2	10.0	13,819	-9.0	10.1
-通信機器	15,010	-5.1	9.8	13,619	-9.3	10.0
・有線通信機器	1,890	-11.3	1.2	1,906	0.9	1.4
・無線通信機器	13,120	-4.1	8.6	11,713	-10.7	8.6
携帯電話(部分品を含む)	9280	-8.8	6.1	8,489	-8.5	6.2
※通信機器	5,730	1.6	3.8	5,131	-10.5	3.8
-放送用装備	172	-68.5	0.1	199	15.6	0.1
○映像及び音響機器	3,596	-8.1	2.4	3,259	-9.4	2.4
-映像機器	2,088	-15.2	1.4	1,781	-14.7	1.3
・TV	1,444	-23.6	0.9	1,121	-22.4	0.8
LCD TV	779	-16.2	0.5	636	-18.3	0.5
TV部分品	377	-34.4	0.2	230	-39.0	0.2
・セットトップボックス	192	-10.4	0.1	214	11.3	0.2
-音響機器	1,174	6.9	0.8	1,182	0.7	0.9
-その他映像音響機器	334	-5.3	0.2	296	-11.4	0.2
○情報通信応用・基盤機器	26,778	14.5	17.6	29,411	9.8	21.5
-家庭用電気機器	4,639	1.7	3.0	4,461	-3.8	3.3
-事務用機器	37	14.8	0.0	37	-0.3	0.0
-医療用機器	2,379	4.1	1.6	2,501	5.1	1.8
-電気機器	11,088	34.3	7.3	13,726	23.8	10.1
・一次電池及び蓄電池	6,769	61.5	4.4	9,523	40.7	7.0

出所：情報通信企画評価院

<表1-27> 品目別主要ICT貿易収支現況　　　　　　　　　　　　　　　　　（単位：百万ドル，％）

区分	2022			2023			
				12月当月			12月累積
	輸出	輸入	収支	輸出	輸入	収支	収支
情報通信放送機器	233,232	152,491	80,742	18,258	10,943	7,314	50,257
○電子部品	166,917	89,481	77,436	13,564	6,320	7,244	55,097
－半導体	130,865	75,146	55,718	11,070	5,298	5,771	36,922
・メモリ半導体	73,753	25,094	48,660	6,989	1,621	5,367	33,421
・システム半導体	50,670	41,292	9,378	3,674	2,887	787	6,131
－フラット・パネル・ディスプレイ	24,413	4,970	19,444	1,714	390	1,324	16,304
－電子管	6	75	-69	1	7	-6	-63
－受動部品	2,148	2,563	-416	170	182	-12	-112
－PCB	5,952	3,561	2,392	362	218	144	1,785
－接続部品	3,312	2,375	937	232	185	47	760
－その他電子部品	148	697	-549	10	34	-24	-486
○コンピュータ及び周辺機器	17,293	17,454	161	822	1,147	-325	-5,193
－コンピュータ	1,019	10,112	-9,093	93	715	-621	-6,927
－周辺機器	16,274	7,341	8,933	728	432	296	1,734
・ディスプレイ装置	1,325	1,341	-16	130	110	20	257
・プリンター(部分品を含む)	460	941	-482	27	63	-41	-477
・補助記憶装置	13,456	3,814	9,642	483	161	323	2,078
○通信及び放送機器	17,648	15,182	2,465	1,135	895	240	1,515
－通信機器	17,573	15,010	2,564	1,129	877	252	1,629
・有線通信機器	1,210	1,890	-680	65	133	-68	-915
・無線通信機器	16,363	13,120	3,243	1,065	744	321	2,544
携帯電話(部分品を含む)	14,672	9,280	5,393	939	539	400	4,313
※通信機器	2,901	5,730	-2,829	191	338	-147	-2,684
－放送用装備	74	172	-98	6	18	-12	-114
○映像及び音響機器	2,153	3,596	-1,444	169	269	-101	-1,403
－映像機器	1,250	2,088	-838	93	141	-48	-758
・TV	735	1,444	-709	43	85	-42	-583
LCD TV	48	779	-730	2	42	-40	-622
TV部分品	664	377	287	40	20	20	259
・セットトップボックス	18	192	-174	2	16	-13	-193
－音響機器	840	1,174	-334	70	105	-35	-412
－その他映像音響機器	62	334	-272	5	23	-18	-233
○情報通信応用・基盤機器	29,222	26,778	2,445	2,568	2,312	256	241
－家庭用電気機器	5,863	4,639	1,224	370	323	46	1,212
－事務用機器	343	37	305	25	3	22	280
－医療用機器	2,790	2,379	411	261	211	50	395
－電気機器	13,578	11,088	2,490	1,224	986	238	-419
・乾電池及び蓄電池	10,119	6,769	3,351	964	608	356	494

出所：情報通信企画評価院

<表1-28> 主要国別ICT輸出実績　　　　　　　　　　　　　　　　　　　　（単位：百万ドル，%）

区分	2022			2023		
	金額	増加率	比重	金額	増加率	比重
全世界	233,232	2.5	100.0	186,774	-19.9	100.0
○ アジア	180,075	2.0	77.2	143,774	-20.2	77.0
－ 中国(香港を含む)	102,270	-4.9	43.8	78,133	-23.6	41.8
－ 日本	4,429	2.7	1.9	4,159	-6.1	2.2
－ ASEAN	53,710	9.5	23.0	45,674	-15.0	24.5
． シンガポール	6,924	45.0	3.0	5,466	-21.0	2.9
． インドネシア	1,122	25.7	0.5	1,079	-3.9	0.6
． マレーシア	2,944	17.4	1.3	2,773	-5.8	1.5
． タイ	1,530	13.0	0.7	1,453	-5.1	0.8
． ベトナム	36,636	4.3	15.7	32,173	-12.2	17.2
－ 台湾	14,755	16.4	6.3	11,293	-23.5	6.0
－ インド	4,533	63.0	1.9	4,170	-8.0	2.2
○ 北米	30,226	5.0	13.0	23,250	-23.1	12.4
－ アメリカ	29,141	4.3	12.5	22,456	-22.9	12.0
－ カナダ	955	33.7	0.4	637	-33.3	0.3
○ ヨーロッパ	15,893	4.0	6.8	13,005	-18.2	7.0
－ EU	13,732	7.5	5.9	10,929	-20.4	5.9
． ドイツ	3,516	-0.2	1.5	2,650	-24.6	1.4
． フランス	901	6.7	0.4	868	-3.6	0.5
． イタリア	596	27.0	0.3	384	-35.6	0.2
－ イギリス	1,062	1.7	0.5	818	-22.9	0.4
－ ロシア	482	-39.0	0.2	433	-10.2	0.2
○ 中東	1,680	5.4	0.7	1,679	-0.1	0.9
－ サウジアラビア	327	43.2	0.1	335	2.5	0.2
－ UAE	522	5.8	0.2	513	-1.7	0.3
○ 中南米	4,382	1.8	1.9	4,106	-6.3	2.2
－ ブラジル	1,439	-1.3	0.6	1,333	-7.3	0.7
－ メキシコ	2,670	6.4	1.1	2,503	-6.3	1.3
－ チリ	68	-43.0	0.0	72	5.3	0.0
○ 大洋州	685	-5.0	0.3	573	-16.4	0.3
－ オーストラリア	599	-3.0	0.3	493	-17.6	0.3
○ アフリカ	280	-9.4	0.1	377	34.5	0.2
※ BRICs	108,274	-3.4	46.6	84,069	-22.7	45.0

出所：情報通信企画評価院

<表1-29> 主要国別ICT輸入実績 (単位：百万ドル，%)

区分	2022			2023		
	金額	増加率	比重	金額	増加率	比重
全世界	152,491	12.9	100.0	136,516	-10.5	100.0
○ アジア	126,723	12.2	83.1	114,908	-9.3	84.2
－ 中国(香港を含む)	64,726	8.4	42.4	56,391	-12.9	41.3
－ 日本	13,590	13.5	8.9	12,384	-8.9	9.1
－ ASEAN	25,741	10.3	16.9	25,306	-1.7	18.5
． シンガポール	4,701	15.3	3.1	4,525	-3.8	3.3
． インドネシア	783	-15.4	0.5	769	-1.7	0.6
． マレーシア	4,055	12.6	2.7	4,029	-0.6	3.0
． タイ	2,115	5.4	1.4	2,059	-2.6	1.5
． ベトナム	12,225	9.4	8.0	12,069	-1.3	8.8
－ 台湾	22,536	26.8	14.8	19,772	-12.3	14.5
－ インド	116	10.1	0.1	110	-5.2	0.1
○ 北米	9,000	-1.0	5.9	8,761	-2.7	6.4
－ アメリカ	8,563	-1.8	5.6	8,378	-2.2	6.1
－ カナダ	307	24.7	0.2	281	-8.2	0.2
○ ヨーロッパ	8,719	10.0	5.7	8,959	2.8	6.6
－ EU	7,614	10.7	5.0	7,836	2.9	5.7
． ドイツ	3,523	7.3	2.3	3,437	-2.4	2.5
． フランス	1,204	29.5	0.8	1,173	-2.5	0.9
． イタリア	377	6.0	0.2	457	21.0	0.3
－ イギリス	572	1.8	0.4	638	11.5	0.5
－ ロシア	18	-28.1	0.0	11	-41.9	0.0
○ 中東	666	1.7	0.4	729	9.5	0.5
－ サウジアラビア	1	-53.1	0.0	2	62.8	0.0
－ UAE	9	-80.2	0.0	10	12.0	0.0
○ 中南米	925	-6.0	0.6	1,011	9.3	0.7
－ ブラジル	7	-54.4	0.0	10	32.6	0.0
－ メキシコ	913	-5.4	0.6	995	9.0	0.7
－ チリ	2	88.1	0.0	2	5.6	0.0
○ 大洋州	119	4.2	0.1	106	-11.5	0.1
－ オーストラリア	98	23.6	0.1	74	-24.5	0.1
○ アフリカ	13	-27.5	0.0	10	-26.4	0.0
※ BRICs	64,867	8.4	42.5	56,522	-12.9	41.4

出所：情報通信企画評価院

<表1-30> 主要地域別ICT貿易収支現況 （単位：百万ドル, %）

区分	2022			2023			
				12月当月			12月累積収支
	輸出	輸入	収支	輸出	輸入	収支	
全世界	233,232	152,491	80,742	18,258	10,943	7,314	50,257
○ アジア	180,075	126,723	53,352	13,888	9,289	4,599	28,866
- 中国(香港を含む)	102,270	64,726	37,544	7,862	3,783	4,079	21,741
- 日本	4,429	13,590	9,161	317	1,042	725	8,225
- ASEAN	53,710	25,741	27,968	4,028	1,933	2,095	20,368
. シンガポール	6,924	4,701	2,223	416	278	138	942
. インドネシア	1,122	783	340	95	60	35	309
. マレーシア	2,944	4,055	1,110	262	299	37	1,256
. タイ	1,530	2,115	585	106	172	66	606
. ベトナム	36,636	12,225	24,411	2,941	985	1,956	20,103
- 台湾	14,755	22,536	7,781	1,227	1,587	359	8,479
- インド	4,533	116	4,418	423	11	412	4,060
○ 北米	30,226	9,000	21,226	2,635	751	1,884	14,489
- アメリカ	29,141	8,563	20,578	2,547	719	1,828	14,078
- カナダ	955	307	648	76	24	52	356
○ ヨーロッパ	15,893	8,719	7,174	1,127	744	383	4,046
- EU	13,732	7,614	6,118	944	647	297	3,093
. ドイツ	3,516	3,523	7	254	304	50	787
. フランス	901	1,204	303	64	98	34	305
. イタリア	596	377	219	26	29	3	73
- イギリス	1,062	572	489	72	53	20	180
- ロシア	482	18	464	40	1	39	423
○ 中東	1,680	666	1,014	138	67	72	949
- サウジアラビア	327	1	326	19	0	19	333
- UAE	522	9	513	40	1	40	503
○ 中南米	4,382	925	3,457	390	80	310	3,095
- ブラジル	1,439	7	1,431	136	0	136	1,324
- メキシコ	2,670	913	1,757	231	79	152	1,507
- チリ	68	2	66	8	0	8	70
○ 大洋州	685	119	566	45	11	34	467
- オーストラリア	599	96	501	40	7	33	420
○ アフリカ	280	13	267	34	1	33	367
○ BRICs	108,724	64,867	43,857	8,461	3,795	4,667	27,548

出所：情報通信企画評価院

2. 製品別主要IT部品市場

<表2-1> 品目別・国別ICT輸出額(2023)　　　　　　　　　　　　　　　（単位：億ドル, %）

区分	半導体		ディスプレイ		携帯電話		コンピュータ及び周辺機器		二次電池		全体	
全世界	997.1	-23.8	209.2	-14.3	128.0	-12.7	90.8	-47.5	98.5	-1.5	1867.7	-19.9
中国(香港)	542.7	-24.2	60.7	-35.1	69.5	-6.7	27.3	-46.9	5.2	-23.3	781.3	-23.6
アメリカ	59.0	-38.2	1.9	10.6	16.0	52.1	23.3	-63.7	48.0	16.8	224.6	-22.9
日本	14.1	4.3	1.1	-30.6	2.1	-8.3	4.7	-31.8	5.1	10.0	41.6	-6.1
EU	26.5	4.9	3.9	-24.1	11.6	-47.0	13.4	-43.3	18.7	-24.9	109.3	-20.7
ベトナム	127.6	-21.6	126.1	-2.2	15.6	-17.5	5.7	33.2	2.8	-38.9	321.7	-12.2

注）右側は前年同期対比。

出所：情報通信技術振興センター

<表2-2> ICT及び全産業輸出入現況　　　　　　　　　　　　　　　　（単位：億ドル, %）

区分		2023				2022			
		12月p		年間p		12月		年間	
輸出	全産業	576.6	5.1	6,326.9	-7.4	548.5	-9.7	6,835.8	6.1
	ICT	182.6	8.1	1,867.7	-19.9	168.8	-23.7	2,332.3	2.5
輸入	全産業	531.8	-10.8	6,426.7	-12.1	596.2	-2.5	7,313.7	18.9
	ICT	109.4	7.2	1,365.2	-10.5	117.9	-10.9	1,524.9	12.9
貿易収支	全産業	44.8		-99.7		-47.7		-477.8	
	ICT	73.1		502.6		50.9		807.4	

注）右側は前年同期対比。

出所：情報通信技術振興センター

<表2-3> 月別半導体輸出推移(2023)　　　　　　　　　　　　　　　　　　　　　　　　(単位：億ドル,%)

区分	1	2	3	4	5	6
半導体	62.5	61.1	87.3	64.7	74.7	89.9
	-43.5	-41.5	-33.9	-40.6	-35.7	-27.9
メモリ	27.7	29.2	45.7	29.3	34.1	47.7
	-57.3	-53.9	-44.3	-54.1	-53.1	-38.8
DRAM	11.7	12.6	19.6	14.7	15.8	19.0
	-63.6	-60.5	-49.5	-54.5	-57.4	-51.0
NAND	3.6	4.9	6.4	3.5	3.7	4.7
	-30.3	-21.8	-14.6	-52.5	-53.9	-40.3
MCP	11.1	10.6	16.2	9.8	12.7	21.4
	-53.9	-49.6	-47.0	-50.3	-47.1	-14.5
MCOs	1.2	1.0	3.4	1.1	1.7	2.4
	-65.7	-75.9	-33.1	-73.9	-50.0	-59.6
システム半導体	29.0	26.9	36.3	31.2	36.4	37.8
	-25.0	-25.5	-18.4	-22.1	-4.9	-9.6
個別素子	1.2	1.2	1.5	1.3	1.3	1.4
	-14.0	-8.9	-3.5	-10.0	-12.6	2.8
光電素子	2.2	2.2	2.2	1.6	1.6	1.8
	-5.9	9.2	11.1	-21.1	-11.2	-13.2

区分	7	8	9	10	11	12	年間
半導体	75.4	86.4	100.0	89.7	95.6	110.7	997.1
	-33.7	-21.1	-14.4	-4.7	10.7	19.3	-23.8
メモリ	36.0	42.5	54.3	45.1	52.4	69.9	513.8
	-41.7	-26.1	-18.0	1.0	36.4	57.5	-30.3
DRAM	16.9	18.1	23.4	19.0	23.2	31.3	225.3
	-48.3	-35.2	-24.6	-8.1	27.8	27.7	-38.4
NAND	3.6	5.6	7.1	5.6	5.8	6.2	60.8
	-51.9	-8.9	5.6	-0.6	11.6	79.9	-20.9
MCP	14.3	16.7	20.7	18.5	20.2	25.2	197.4
	-21.9	-19.6	-15.9	12.2	49.6	69.9	-22.0
MCOs	1.1	1.9	2.8	1.8	3.1	7.0	28.5
	-65.3	-24.0	-21.5	6.5	108.7	379.6	-28.9
システム半導体	34.7	39.7	41.6	40.6	38.9	36.7	429.7
	-25.9	-14.9	-7.8	-7.4	-8.1	-14.0	-15.2
個別素子	1.4	1.4	1.3	1.4	1.6	1.4	16.7
	-12.7	6.8	-3.0	8.0	20.8	113.0	0.5
光電素子	2.1	1.6	1.8	1.4	1.5	1.4	21.2
	-9.4	-34.2	-39.0	-49.3	-48.3	-52.4	-24.6

注)　下段は前年同月対比。

出所：情報通信技術振興センター

<表2-4> 半導体輸出額上位10ヵ国現況(2023)　　　　　　　　　　　　　　　　　　（単位：億ドル，％）

順位	国名	12月当月			年間		
		輸出額	増減率	比重	輸出額	増減率	比重
1	中国(香港)	58.3	31.7	31.5	542.7	-24.2	54.4
2	ベトナム	14.7	1.4	13.3	127.6	-21.6	12.8
3	台湾	10.7	27.4	9.6	95.2	-23.2	9.5
4	アメリカ	10.6	13.5	9.6	59.0	-38.2	5.9
5	パキスタン	3.7	-24.8	3.3	47.3	-20.2	4.7
6	インド	2.3	8.2	2.1	19.6	-13.8	2.0
7	マレーシア	2.0	24.1	1.8	19.5	1.8	2.0
8	フィリピン	1.3	-33.7	1.2	16.8	-55.2	1.7
9	ドイツ	1.3	-3.4	1.1	7.9	-21.8	0.8
10	日本	1.0	12.9	0.9	14.1	4.3	1.4

注）比重は前年同期対比。

出所：情報通信技術振興センター

<表2-5> 月別ディスプレイパネル輸出現況(2023)　　　　　　　　　　　　　　　　　（単位：億ドル，％）

区分	1	2	3	4	5	6
パネル	14.6	13.0	14.3	14.2	16.0	15.9
	-37.7	-42.2	-41.4	-30.5	-12.0	-11.1
LCD	3.0	3.0	2.8	2.9	3.3	3.5
	-44.7	-43.1	-53.3	-43.9	-31.9	-19.5
OLED	9.6	8.0	9.1	9.2	10.6	10.2
	-31.3	-39.3	-35.9	-21.6	6.6	-6.7
部分品	2.1	2.1	2.4	2.1	2.1	2.2
	-50.1	-50.4	-42.6	-40.1	-37.8	-16.3

区分	7	8	9	10	11	12	年間
パネル	18.9	21.3	20.0	22.9	20.8	17.1	209.2
	-5.3	1.8	0.9	13.1	3.7	7.3	-14.3
LCD	4.0	4.1	3.8	4.1	4.5	4.2	43.2
	-15.0	-24.4	6.1	14.1	22.9	25.3	-22.1
OLED	12.5	14.6	13.9	16.6	14.3	10.7	139.3
	-0.2	16.3	2.8	15.6	1.4	5.6	-7.8
部分品	2.4	2.5	2.3	2.2	2.0	2.1	26.6
	-12.5	-12.5	-15.7	-4.4	-12.8	-12.4	-29.1

注）下段は前年同月対比。

出所：情報通信産業振興院

<表2-6> 月別携帯電話(部分品を含む)輸出現況(2023)　　　　　　　　　　　　(単位：億ドル，%)

区分	1	2	3	4	5	6
携帯電話	13.8	10.3	8.3	8.1	9.2	7.8
(部分品を含む)	21.9	-5.7	-49.4	-41.6	-17.2	-18.9
完成品	3.2	1.7	2.6	3.3	3.2	2.4
	152.2	-36.2	-66.4	-42.3	-24.2	-46.9
部分品	10.7	8.5	5.7	4.8	6.0	5.3
	5.7	4.5	-34.4	-41.2	-12.9	6.7

区分	7	8	9	10	11	12
携帯電話	7.5	9.8	13.7	15.0	15.5	9.4
(部分品を含む)	-19.7	-13.1	-5.8	-3.3	12.2	-1.0
完成品	2.3	1.7	2.7	2.6	3.3	1.6
	-22.7	-34.7	-33.4	-10.1	16.0	83.6
部分品	4.9	8.2	11.0	12.5	12.2	7.8
	-18.3	-6.9	5.0	-1.8	11.3	-9.5

注) 下段は前年同月対比。

出所：情報通信技術振興センター

<表2-7> 月別コンピュータ及び周辺機器輸出現況(2023)　　　　　　　　　　　　(単位：億ドル，%)

区分			1	2	3	4	5	6
コンピュータ及び			6.3	6.6	8.5	5.9	8.3	8.7
周辺機器			-58.7	-58.6	-52.5	-66.7	-53.0	-48.7
	コンピュータ		0.7	0.8	0.9	0.7	0.9	0.8
			-24.3	2.7	23.1	-17.4	-6.0	-10.1
		コンピュータ部品	0.5	0.4	0.5	0.4	0.4	0.4
			-15.6	12.4	23.2	-22.3	-15.7	-25.1
	周辺機器		5.6	5.8	7.6	5.1	7.4	7.8
			-61.1	-61.7	-55.6	-69.4	-55.6	-50.9
		補助記憶装置	3.2	3.7	5.4	2.9	5.3	5.3
			-73.4	-72.0	-61.9	-79.8	-62.5	-60.4
		プリンター	0.3	0.3	0.3	0.3	0.3	0.4
			-30.2	1.8	-24.4	-22.2	-20.6	-4.1
		モニター	1.1	1.2	1.2	1.2	1.2	1.3
			-15.8	21.9	0.4	12.9	7.5	23.0

<続く>

区分			7	8	9	10	11	12
コンピュータ及び周辺機器			8.7	6.6	8.0	7.6	7.5	8.2
			-28.0	-47.7	-47.9	-26.3	-22.8	-29.6
	コンピュータ		1.0	0.8	0.9	1.0	1.1	0.9
			12.0	17.7	20.7	45.1	41.1	-17.4
		コンピュータ部品	0.5	0.5	0.5	0.5	0.6	0.6
			-13.3	29.2	25.1	17.7	54.1	-1.5
	周辺機器		7.7	5.7	7.1	6.5	6.4	7.3
			-31.1	-51.6	-51.6	-31.5	-28.6	-30.9
		補助記憶装置	5.3	3.6	4.7	4.2	4.0	4.8
			-39.0	-63.4	-62.0	-42.9	-41.6	-40.1
		プリンター	0.3	0.3	0.4	0.3	0.4	0.3
			-20.2	-25.6	-6.3	-30.6	21.1	-24.1
		モニター	1.3	1.2	1.3	1.2	1.2	1.3
			24.8	26.4	10.6	3.3	7.3	11.9

注) 下段は前年同月対比。

出所：情報通信産業振興院

3. 通信・インターネット・モバイル産業

1) 通信

<表3-1> 技術方式別無線通信トラフィック現況　　　　　　　　　　　　　　　（単位：TB）

区分	2G	3G	4G	5G	WiFi*	合計
'23.1	0	33	215,303	746,281	11,899	973,515
'23.2	0	31	196,120	708,099	11,724	915,973
'23.3	0	32	218,525	812,057	14,065	1,044,679
'23.4	0	31	207,429	743,131	14,003	964,594
'23.5	0	29	199,246	814,234	12,944	1,026,453
'23.6	0	27	203,121	817,946	14,349	1,035,443
'23.7	0	25	202,034	846,180	13,507	1,061,747
'23.8	0	27	200,317	869,021	13,509	1,082,874
'23.9	0	25	195,605	867,662	12,689	1,075,982
'23.10	0	26	186,474	901,266	14,293	1,102,059
'23.11	0	23	171,520	853,771	14,106	1,039,420
'23.12	0	24	173,788	878,741	16,980	1,069,533

注）1. WiFiのトラフィックは通信事業者のネットワークを介して流れ込んだトラフィック量に限る。
2. 遅滞営業計算システムを構築、運用している事業者のトラフィック量は含まれない場合がある。
3. 2018年1月の統計から事業者別測定基準を端末機基準によって一元化(例えば5Gトラフィックに4Gトラフィックが含まれる)。

出所：科学技術情報通信部

<表3-2> 端末機別携帯電話トラフィック現況

区分	2G・3Gフィーチャーフォン		3Gスマートフォン		4Gスマートフォン		5Gスマートフォン		合計(平均)	
	全トラフィック(TB)	1加入者当たりトラフィック(MB)	全トラフィック(TB)	1加入者当たりトラフィック(MB)	全トラフィック(TB)	1加入者当たりトラフィック(MB)	全トラフィック(TB)	1加入者当たりトラフィック(MB)	全トラフィック(TB)	1加入者当たりトラフィック(MB)
'23.1	11	5	20	102	204,490	7,538	745,839	27,407	950,361	13,052
'23.2	11	5	20	102	188,977	7,079	707,648	25,487	896,656	12,200
'23.3	12	5	21	111	209,039	7,913	811,628	28,772	1,020,700	13,838
'23.4	11	5	20	106	200,161	7,657	741,831	25,943	,942,022	12,935
'23.5	13	6	17	91	191,041	7,386	811,237	28,036	1,002,307	13,944
'23.6	13	6	15	83	193,975	7,565	814,742	27,907	1,008,744	14,517
'23.7	13	7	12	55	193,161	7,619	842,970	28,465	1,036,156	15,880
'23.8	12	6	14	65	190,054	7,777	865,726	28,855	1,055,806	16,690
'23.9	12	6	14	65	185,779	7,468	863,705	28,531	1,049,510	16,536
'23.10	12	6	14	68	179,146	7,218	897,064	29,294	1,076,237	17,679
'23.11	11	6	11	52	164,802	6,721	849,325	27,437	1,014,149	16,925
'23.12	12	7	12	59	164,312	6,789	874,453	27,995	1,038,790	18,073

出所:科学技術情報通信部

<表3-3> 四半期別大量利用者(ヘビーユーザー)トラフィック現況(3G, 4G, 5G)

期間	区分		トラフィック利用量(TB)	大量利用者別トラフィック現況					
	サービス			上位1%利用者		上位5%利用者		上位10%利用者	
				トラフィック(TB)	比重(%)	トラフィック(TB)	比重(%)	トラフィック(TB)	比重(%)
'23.3	3G		32	18	56.1	18	57.3	18	57.4
	4G		218,525	40,107	18.4	110,631	50.6	156,586	71.7
	5G		812,057	72,541	8.9	205,796	25.3	311,106	38.3
'23.6	3G		27	15	57.3	16	58.3	16	58.4
	4G		203,121	38,462	18.9	105,308	51.8	146,280	72.0
	5G		817,946	73,379	9.0	206,297	25.2	312,289	38.2
'23.9	3G		25	14	56.0	14	57.0	14	57.1
	4G		195,605	38,411	19.6	105,041	53.7	143,006	73.1
	5G		867,662	71,771	8.3	204,737	23.6	309,672	35.7
'23.12	3G		24	12	48.3	12	49.1	12	49.2
	4G		173,788	36,957	21.3	96,887	55.7	132,358	76.2
	5G		878,741	75,870	8.6	216,524	24.6	325,592	37.1

注) 2018年1月の統計から事業者別測定基準を端末機基準によって一元化(2015年1月~2018年1月の統計は遡及して適用)。

出所:科学技術情報通信部

<表3-4> 四半期別無制限/一般料金制トラフィック現況(3G/4G/5G)

区分		3G			4G			5G		
		無制限	一般	合計(平均)	無制限	一般	合計(平均)	無制限	一般	合計(平均)
'23.3	全トラフィック(TB)	9	10	20	96,528	107,277	203,805	508,339	302,132	810,470
	1加入者当たりトラフィック(MB)	899	148	247	27,512	5,201	8,444	51,116	16,753	28,967
'23.6	全トラフィック(TB)	6	7	14	88,301	100,016	188,317	443,128	370,368	813,496
	1加入者当たりトラフィック(MB)	595	117	188	25,443	5,022	8,053	47,908	18,808	28,108
'23.9	全トラフィック(TB)	6	7	13	82,225	97,663	179,888	467,841	394,326	862,168
	1加入者当たりトラフィック(MB)	361	71	114	25,917	5,032	7,967	48,918	19,310	28,754
'23.12	全トラフィック(TB)	4	7	11	67,664	91,124	158,788	478,039	394,951	872,991
	1加入者当たりトラフィック(MB)	242	77	103	23,964	4,767	7,238	49,404	18,581	28,223

注) 1. 3G/4Gスマートフォン誘発トラフィックのうち、タブレットPC、USBモデムなどを利用したトラフィック量を除く。
2. 2018年1月の統計から事業者別測定基準を端末機基準によって一元化。(2015年1月～2018年1月の統計は遡及して適用)

出所：科学技術情報通信部

<表3-5> 類型別・四半期別コンテンツトラフィック現況

区分		動画	マルチメディア	Webポータル	SNS	マーケットダウンロード	その他	合計
'23.3	規模(TB)	13,842.1	1,616.1	2,983.2	3,920.7	1,111.0	1,065.2	24,538.3
	比重(%)	56.4	6.6	12.2	16.0	4.5	4.3	100.0
'23.6	規模(TB)	14,729.2	1,605.4	3,225.9	4,503.8	1,024.6	823.8	25,912.8
	比重(%)	56.8	6.2	12.4	17.4	4.0	3.2	100.0
'23.9	規模(TB)	13,923.7	1,651.4	3,183.6	4,632.7	980.5	1,062.1	25,434.0
	比重(%)	54.7	6.5	12.5	18.2	3.9	4.2	100.0
'23.12	規模(TB)	14,082.2	1,735.8	3,261.8	5,184.3	968.3	965.3	26,197.5
	比重(%)	53.8	6.6	12.5	19.8	3.7	3.7	100.0

出所：科学技術情報通信部

<表3-6> 無線通信サービス回線推移 (単位:回線数)

区分			2021.12月末	2022.12月末	2023.12月末
移動通信	移動電話	携帯電話	55,319,559	55,499,895	56,163,726
		加入者基盤端末装置	3,670,881	4,089,235	4,500,498
		モノのインターネット	12,929,224	16,368,681	22,105,725
		その他回線	935,828	1,034,296	1,121,824
周波数共有通信サービス			235,275	231,856	230,696
無線呼出サービス			34,941	34,941	34,941
無線データ通信サービス			32,568	35,637	28,934
衛星携帯通信サービス			11,844	11,705	11,093

注) 移動電話の場合,タブレットPC,無線データモデム,M2Mの加入者を含む。

出所:科学技術情報通信部

<表3-7> 技術方式別移動通信回線推移　　　　　　　　　　　　　　　　　　（単位：回線数）

区分			2020.12月	2021.12月	2022.12月	2023.12月
移動電話	2G	SKT	139,190	115,210	0	0
		LGU+	346,414	49,934	45,024	0
		MVNO	16,981	6,786	6,091	0
		小計	502,585	171,930	51,115	0
	3G	SKT	1,464,476	110,586	890,110	772,465
		KT	1,287,047	1,016,804	741,435	531,571
		MVNO	2,853,032	1,352,232	1,032,648	830,922
		小計	5,604,557	3,479,622	2,664,193	2,134,958
	4G	SKT	22,181,667	18,781,958	16,367,124	15,069,413
		KT	12,483,773	10,077,225	8,309,726	7,393,042
		LGU+	11,654,354	10,488,337	9,907,557	11,729,919
		MVNO	6,235,367	8,941,244	11,633,049	14,756,320
		小計	52,555,161	48,288,764	46,217,456	48,948,694
	5G	SKT	5,476,055	9,874,071	13,392,940	15,669,858
		KT	3,617,471	6,372,894	8,449,258	9,834,224
		LGU+	2,751,942	4,613,396	6,059,686	7,039,808
		MVNO	5,905	54,815	157,459	264,231
		小計	11,851,373	20,915,176	28,059,343	32,808,121
	合計	SKT	29,261,390	29,881,825	30,650,174	31,511,736
		KT	17,388,291	17,466,923	17,500,419	17,758,837
		LGU+	14,752,710	15,151,667	16,012,267	18,769,727
		MVNO	9,111,285	10,355,077	12,829,247	15,851,473
		合計	70,513,676	72,855,492	76,992,107	83,891,773

注) 1、移動体通信事業者(MNO)とその他の事物知能通信(MNO)のコネクテッドカー加入者を仮想移動体通信事業者(MVNO)に変更して適用(2020年10月から)

2. KTは2012.3.19.日付、SKは20.7.27日付で2Gサービスを終了したため統計資料から除外。LGU+('21.6.30日付で2Gサービスを終了)は利用者保護案の提供期間(サービス終了日から2年)まで統計資料に含む。

出所：科学技術情報通信部

<表3-8> 加入類型別携帯電話回線数推移 (単位：回線数)

区分		2020.12月	2021.12月	2022.12月	2023.12月
新規加入	SKT	147,018	257,389	126,192	99,456
	KT	100,591	106,963	138,091	87,618
	LGU+	174,520	169,475	164,010	118,125
	MVNO	404,185	329,510	346,926	583,182
	小計	826,314	863,337	775,219	888,381
番号移動	SKT	111,357	117,522	68,963	95,551
	KT	88,114	86,552	48,309	64,167
	LGU+	87,285	95,294	55,848	66,538
	MVNO	130,219	174,249	177,431	285,728
	小計	416,975	473,617	350,551	511,984
機器変更	SKT	404,732	311,146	291,829	230,194
	KT	255,045	209,175	181,110	149,314
	LGU+	215,816	174,596	170,269	150,170
	MVNO	2,009	1,547	1,695	1,470
	小計	877,602	696,464	644,903	531,148
合計	SKT	663,107	686,057	486,984	425,201
	KT	443,750	402,690	367,510	301,099
	LGU+	477,621	439,365	390,127	334,833
	MVNO	536,413	505,306	526,052	870,380
	合計	2,120,891	2,033,418	1,770,673	1931,513

注) 加入者基盤端末装置及び事物知能通信回線を含む。

出所：科学技術情報通信部

<表3-9> 回線別・料金制度別携帯電話回線数推移　　　　　　　　　　　　　　（単位：回線数）

区分			2020.12月	2021.12月	2022.12月	2023.12月
前払料金制		SKT	51,310	42,530	39,512	30,781
		KT	72,270	54,365	46,437	37,277
		LGU+	54,497	63,041	83,084	114,556
	MVNO	SKT網	1,091,783	611,089	516,575	457,690
		KT網	1,051,833	496,521	496,629	555,986
		LGU+網	521,762	504,476	578,100	756,046
	小計		2,843,455	1,772,022	1,760,337	1,952,336
後払料金制		SKT	29,037,802	29,653,128	30,412,800	31,244,906
		KT	16,824,650	16,907,227	16,876,591	17,111,023
		LGU+	14,390,041	14,844,296	15,670,140	18,379,933
	MVNO	SKTネット	1,203,120	1,576,957	1,866,817	1,928,921
		KTネット	3,865,072	4,835,528	6,065,172	6,581,971
		LGU+ネット	1,377,715	2,330,506	3,305,954	5,570,859
	小計		66,698,400	70,147,642	74,197,474	80,817,613
合計		SKT	29,089,112	29,695,658	30,452,312	31,275,687
		KT	16,896,920	16,961,592	16,923,028	17,148,300
		LGU+	14,444,538	14,907,337	15,753,224	18,494,489
		MVNO	9,111,285	10,355,077	12,829,247	15,851,473
	合計		69,541,855	71,919,664	75,957,811	82,769,949

出所：科学技術情報通信部

<表3-10> 類型別携帯電話・端末機回線数推移　　　　　　　　　　　　　　　（単位：回線数）

区分		2020.12月	2021.12月	2022.12月	2023.12月
スマートフォン	SKT	23,949,090	24,530,993	24,325,076	24,365,273
	KT	15,454,115	15,554,740	15,941,887	16,309,193
	LGU+	12,819,948	13,379,727	13,981,613	14,451,592
	小計	52,223,153	53,465,460	54,248,576	55,126,058
フィーチャーフォン	SKT	1,892,989	744,359	458,260	368,107
	KT	1,642,671	1,065,110	753,089	669,561
	LGU+	118,529	44,630	39,970	0
	小計	3,654,189	1,854,099	1,251,319	1,037,668
合計	SKT	25,842,079	25,275,352	24,783,336	24,733,380
	KT	17,096,786	16,619,850	16,694,976	16,978,754
	LGU+	12,938,477	13,424,357	14,021,583	14,451,592
	合計	55,877,342	55,319,559	55,499,895	56,163,726

注）スマートフォンとフィーチャーフォンの区分はアンドロイド，IOCなど併用OS搭載の有無で区分。

出所：科学技術情報通信部

<表3-11> 有線通信サービス回線推移 　　　　　　　　　　　　　　　　　　　　（単位：回線数）

区分	2020.12月	2021.12月	2022.12月	2023.12月
市内電話	12,859,279	12,159,431	11,621,413	10,973,836
超高速インターネット	22,330,182	22,999,147	23,537,333	24,098,164
インターネット電話	10,959,730	10,892,566	11,158,519	11,151,242

注）'20.12月から SKブロードバンドのPCネットカフェのインターネット回線を超高速インターネット回線の数値から（'16年12月～'20年11月の数値を遡及適用）

出所：科学技術情報通信部

<表3-12> 年度別市内電話回線数推移 　　　　　　　　　　　　　　　　　　（単位：回線数）

区分	2020.12月	2021.12月	2022.12月	2023.12月
KT	10,389,049	9,850,630	9,323,793	9,773,881
SKブロードバンド	1,965,817	1,879,736	1,825,163	1,740,406
LGU+	484,413	481,588	472,457	459,551
合計	12,859,279	12,211,954	11,621,413	10,973,838

注）1. KT：一般電話(事業用を含まない)，社内通信，ISDNを合算した数値である。
2. SKブロードバンド：一般電話(事業用を含まない)，社内通信，ISDNを合算した数値である。
3. LGU+．一般電話(一般1回線，一般2回線)．中継線：DID/DOD兼用(チャンネル数)，DOD専用(チャンネル数)。
※ DID専用中継線は加入者から除外する(KT, SKB, LGU+共通)。

出所：科学技術情報通信部

2) インターネット

<表3-13> インターネット電話回線数推移　　　　　　　　　　　　　　　（単位：回線数）

区分	2020.12月	2021.12月	2022.12月	2023.12月
LGU+	3,654,826	3,559,023	3,449,643	3,306,935
KT	3,133,380	3,190,651	3,205,569	3,214,740
SKブロードバンド	1,585,314	1,753,946	1,733,351	1,723,718
KCT	1,140,015	1,263,530	1,442,911	1,414,266
SamsungSDS	539,918	539,534	492,446	561,865
LG HelloVision	415,663	363,953	335,101	361,618
SK Telink	182,115	0	0	0
Sejong Telecom	156,561	145,172	265,164	294,347
SB Interactive	11,839	17,181	31,109	29,740
Dreamline	140,099	133,070	203,225	244,013
合計	10,959,730	10,966,060	11,158,519	11,151,242

注) 1. インターネット電話の場合，IP電話加入者基準である。
2. KCTの数値はKCTネットワークを利用する小売の数値を含む。
3. '21.4月から SK Telinkのインターネット電話加入者数がSKブロードバンドのインターネット電話加入者数に含まれている。

出所：科学技術情報通信部

<表3-14> 技術方式別高速インターネット回線数推移 (単位：回線数)

区分		2020.12月	2021.12月	2022.12月	2023.12月
KT	xDSL	347,236	301,203	271,362	239,474
	LAN	3,382,382	3,439,508	3,431,307	3,422,757
	HFC	0	0	0	0
	FTTH	5,441,780	5,714,034	6,023,906	6,164,849
	衛星	0	0	0	0
SKブロードバンド	xDSL	59,679	53,518	49,204	44,268
	LAN	1,342,090	1,611,185	1,671,969	1,762,035
	HFC	861,856	785,017	698,140	625,428
	FTTH	1,067,761	900,418	965,692	1,069,729
	衛星	0	0	0	0
SKT(再販売)	xDSL	88,089	78,333	71,881	63,508
	LAN	1,654,020	1,843,094	1,892,733	1,948,742
	HFC	321,161	293,005	265,358	238,397
	FTTH	1,081,274	1,016,126	1,088,834	1,173,691
	衛星	0	0	0	0
LGU+	xDSL	0	0	0	0
	LAN	2,247,759	2,327,581	2,355,590	2,413,999
	HFC	549,812	432,455	343,468	230,846
	FTTH	731,741	1,998,024	2,237,400	2,516,329
	衛星	0	0	0	0
総合有線	xDSL	13,398	11,571	10,287	8,106
	LAN	780,713	806,704	820,013	842,866
	HFC	1,161,224	1,116,657	1,104,108	1,064,184
	FTTH	184,529	203,177	223,176	255,669
	衛星	0	0	0	0
その他	xDSL	62	60	57	8
	LAN	8,786	8,121	8,355	8,588
	HFC	1,651	1,459	1,457	1,488
	FTTH	3,179	3,016	3,036	3,203
	衛星	0	0	0	0
合計	xDSL	508,464	444,685	402,791	355,364
	LAN	9,415,750	10,036,193	10,179,967	10,398,987
	HFC	2,895,704	2,628,593	2,412,531	2,160,343
	FTTH	9,510,264	9,834,797	10,542,044	11,183,470
	衛星	0	0	0	0

注）'20.12月からSKブロードバンドのPCネットカフェのインターネット回線を超高速インターネット回線の数値から（'16年12月～'20年11月の数値を遡及適用）

出所：科学技術情報通信部

<表3-15> 高速インターネット回線数推移　　　　　　　　　　　　　（単位：回線数）

区分	2020.12月	2021.12月	2022.12月	2023.12月
KT	9,171,398	9,454,745	9,726,575	9,827,080
SKブロードバンド	3,331,386	3,350,138	3,385,005	3,501,460
SKT(再販売)	3,144,544	3,230,560	3,318,806	3,424,338
LG U+	4,529,312	4,758,060	4,936,458	5,161,174
総合有線	2,139,864	2,138,109	2,157,584	2,170,825
その他	13,678	12,656	12,905	13,287
合計	22,330,182	22,944,268	23,537,333	24,098,164

注）'20.12月から SKブロードバンドのPCネットカフェのインターネット回線を超高速インターネット回線の数値から（'16年12月〜'20年11月の数値を遡及適用）

出所：科学技術情報通信部

<表3-16> 電子支払決済代行サービス(PG)利用状況(日平均基準　　　（単位：万件，億ウォン，%）

		2021	2022(A)	2023(B)	増減(B-A)[4]	
利用件数	クレジットカード[1]	1,786.1	1,957.8	2,126.6	168.8	(8.6)
	仮想アカウント[2]	68.0	69.0	77.9	8.9	(12.9)
	口座振替	149.3	168.5	192.6	24.1	(14.3)
	その他[3]	168.5	170.5	190.7	20.2	(11.9)
	合計	2,172.0	2,365.8	2,587.7	221.9	(9.4)
利用金額	クレジットカード[1]	7,444.7	8,577.3	9,610.0	1,032.7	(12.0)
	仮想アカウント[2]	825.8	1,050.2	1,561.4	511.1	(48.7)
	口座振替	574.3	640.0	779.2	139.3	(21.8)
	その他[3]	203.3	261.0	315.9	54.9	(21.0)
	合計	9,048.1	10,528.5	12,265.5	1,738.0	(16.5)

注) 1) デビットカードを含む。
2) 個人，法人別に仮想アカウント番号を付与して代金を受け取る決済代行方式。
3) オンライン商品券なので代金を支払う決済代行方式。
4) ( )は前年対比増減率。

出所：韓国銀行

<表3-17> 前払い電子支払サービスの利用状況（日平均基準）　　　（単位：万件，億ウォン，%）

		2021	2022(A)	2023(B)	増減(B-A)[2]	
利用件数	合計	2,383.2	2,707.9	2,957.1	249.2	(9.2)
	電子金融業者	2,259.5	2,542.3	2,766.9	224.6	(8.8)
	（かんたん決済）	496.4	612.9	694.2	81.3	(13.3)
	（かんたん送金）	399.8	481.1	591.2	110.1	(22.9)
	（交通カード）	910.7	1,003.6	1,086.3	82.6	(8.2)
	金融会社[1]	123.7	165.6	190.2	24.6	(14.8)
利用金額	合計	6,658.6	8,288.9	10,034.5	1745.6	(21.1)
	電子金融業者	6,184.3	7,937.6	9,688.7	1751.2	(22.1)
	（かんたん決済）	884.9	1,185.6	1,400.9	215.3	(18.2)
	（かんたん送金）	4,723.5	6,109.4	7,660.6	1551.2	(25.4)
	（交通カード）	104.0	113.1	121.6	8.5	(7.5)
	金融会社[1]	474.3	351.3	345.7	-5.6	(-1.6)

注）1）銀行及びカード会社が発行する各種ギフト券，電子ウォレットの前払口座振替規模及び電子マネー支払サービス利用規模。
2）（ ）は前年対比増減率

出所：韓国銀行

<表3-18> 決済代金預金サービスの利用状況（日平均基準）　　　（単位：万件，億ウォン，%）

	2021	2022(A)	2023(B)	増減(B-A)[1]	
利用件数	318.8	312.4	340.1	27.7	(8.9)
利用金額	151.2	1,556.8	1,603.8	47.0	(3.0)

注）1）（ ）は前年対比増減率。

出所：韓国銀行

<表3-19> 電子告知決済サービスの利用状況（日平均基準）　　　（単位：万件，億ウォン，%）

	2021	2022(A)	2023(B)	増減(B-A)[1]	
利用件数	22.1	24.8	26.9	2.1	(8.4)
利用金額	497.5	568.7	664.4	95.6	(16.8)

注）1）（ ）は前年対比増減率。

出所：韓国銀行

<表3-20> 簡易決済サービスの利用状況[1]（日平均基準）　　　　　（単位：万件，億ウォン，%）

		2021	2022(A)	2023(B)	増減(B-A)[3]	
利用件数	合計	1,981.2	2,412.5	2,735.1	322.6	(13.4)
	電子金融業者	1,123.7	1,361.4	1,517.0	155.6	(11.4)
	（クレジットカード）	562.6	672.4	734.6	62.2	(9.2)
	（前払）	496.4	612.9	694.2	81.3	(13.3)
	（口座）	64.8	76.1	88.3	12.2	(16.0)
	携帯電話製造会社	554.2	717.3	859.8	142.5	(19.9)
	金融会社	303.2	333.9	358.4	24.5	(7.3)
利用金額	合計	6,065.4	7,614.4	8,754.6	1140.1	(15.0)
	電子金融業者	3,013.5	3,799.4	4,277.4	478.0	(12.6)
	（クレジットカード）	1,939.6	2,384.5	2,612.4	227.9	(9.6)
	（前払）	884.9	1,185.6	1,400.9	215.3	(18.2)
	（口座）	189.0	229.4	264.1	34.8	(15.2)
	携帯電話製造会社	1,376.2	1,853.2	2,238.1	384.9	(20.8)
	金融会社	1,675.7	1,961.8	2,239.1	277.3	(14.1)

注）1) 2022年の数値は一部の会社の資料修正要請などに応じて調整。
2) デビットカードを含む。
3) ( )は前年対比増減率。

出所：韓国銀行

<表3-21> 簡便送金サービスの利用状況（日平均基準）　　　　　（単位：万件，億ウォン，%）

		2021	2022(A)	2023(B)	増減(B-A)[1]	
利用件数	合計	433.3	519.6	635.8	116.2	(22.4)
	電子金融業者	399.8	481.1	591.2	110.1	(22.9)
	金融会社	33.5	38.6	44.7	6.1	(15.8)
利用金額	合計	5,045.2	6,259.4	7,767.5	1,508.2	(24.1)
	電子金融業者	4,723.5	6,109.4	7,660.6	1,551.2	(25.4)
	金融会社	321.7	150.0	107.0	-43.0	(-28.7)

注）1) ( )は前年対比増減率。

出所：韓国銀行

3) モノのインターネット

<表3-22> モノのインターネット事業者数現況(2023) (単位：会社, %)

区分	プラットフォーム	ネットワーク	製品機器	サービス	合計
事業体数	493	193	937	1,432	3,055
比率	16.1	6.3	30.7	46.9	100.0

出所：情報通信産業振興院

<表3-23> 事業形態別モノのインターネット事業者数現況(2023) (単位：会社, %)

区分	単独事業体	本社, 本店など	工場, 支社(店), 営業所など	合計
事業体数	2,622	374	59	3,055
比率	85.8	12.2	1.9	100.0

出所：情報通信産業振興院

<表3-24> 事業分野別・資本金規模別モノのインターネット事業者数(2023) (単位：会社, %)

	1億ウォン未満	1億～5億ウォン未満	5億～10億ウォン未満	10億～50億ウォン未満	50億～100億ウォン未満	100億ウォン以上	合計
プラットフォーム	103	243	59	56	14	18	493
ネットワーク	30	57	25	54	6	22	493
製品機器	148	489	88	133	41	37	937
サービス	321	662	180	195	51	23	1,432
合計	602	1,451	352	438	112	100	3,055

出所：情報通信産業振興院

<表3-25> 事業分野別モノのインターネット売上額推移 (単位:百万ウォン,%)

区分	2021年(実績) 売上高	比率	2022年(実績) 売上高	比率	2023年(推定) 売上高	比率
プラットフォーム	3,078,757	14.7	3,245,832	13.9	3,418,509	13.6
ネットワーク	4,618,506	22.0	5,778,141	24.8	5,832,903	23.2
製品機器	7,464,156	35.5	7,925,718	34.0	8,982,782	35.8
サービス	5,836,497	27.8	6,371,622	27.3	6,882,700	27.4
合計	20,997,916	100.0	23,321,313	100.0	25,116,894	100.0

出所:情報通信産業振興院

<表3-26> 活用分野別モノのインターネットサービス売上額推移 (単位:百万ウォン,%)

サービス 分野	2021年(実績) 売上高	比率	2022年(実績) 売上高	比率	2023年(推定) 売上高	比率
ヘルスケア/医療/福祉	280,263	4.8	254,332	4.0	286,256	4.2
エネルギー/検針	113,570	1.9	115,872	1.8	123,205	1.8
製造	1,213,607	20.8	1,082,697	17.0	1,038,093	15.1
スマートホーム	153,903	2.6	205,997	3.2	231,320	3.4
金融	223,712	3.8	236,755	3.7	265,718	3.9
教育	360,949	6.2	465,102	7.3	495,859	7.2
国防	413,777	7.1	402,931	6.3	481,053	7.0
農林/畜産/水産	13,486	0.2	11,029	0.2	14,764	0.2
自動車/交通/航空/宇宙/造船	1,162,198	19.9	1,484,195	23.3	1,446,723	21.0
観光/スポーツ	17,847	0.3	41,506	0.7	43,520	0.6
小売/物流	105,093	1.8	232,188	3.6	263,508	3.8
建設・施設物管理/安全/環境	1,778,091	30.5	1,839,018	28.9	2,192,682	31.9
合計	5,836,497	100.0	6,371,622	100.0	6,882,700	100.0

出所:情報通信産業振興院

<表3-27> 事業分野別モノのインターネット内需額推移　　　　　　　　　　（単位：百万ウォン, %）

区分	2021年(実績)		2022年(実績)		2023年(推定)	
	内需額	比率	内需額	比率	内需額	比率
プラットフォーム	2,956,715	15.6	3,085,212	14.7	3,253,710	14.3
ネットワーク	4,395,534	23.2	5,550,086	26.4	5,596,112	24.7
製品機器	5,982,842	31.6	6,340,830	30.1	7,285,141	32.1
サービス	5,618,578	29.6	6,066,629	28.8	6,555,035	28.9
合計	18,953,669	100.0	21,042,757	100.0	22,689,998	100.0

出所：情報通信産業振興院

<表3-28> 活用分野別モノのインターネットサービス内需額推移　　　　　　（単位：百万ウォン, %）

サービス分野	2021年(実績)		2022年(実績)		2023年(推定)	
	内需額	比率	内需額	比率	内需額	比率
ヘルスケア/医療/福祉	80,060	5.0	229,865	3.8	256,058	3.9
エネルギー/検針	113,357	2.0	115,588	1.9	122,925	1.9
製造	1,107,298	19.7	967,377	15.9	919,264	14.0
スマートホーム	153,790	2.7	189,786	3.1	207,043	3.2
金融	194,913	3.5	191,841	3.2	209,638	3.2
教育	355,237	6.3	441,011	7.3	466,146	7.1
国防	346,837	6.2	333,829	5.5	423,671	6.5
農林/畜産/水産	13,463	0.2	10,925	0.2	14,643	0.2
自動車/交通/航空/宇宙/造船	1,160,527	20.7	1,482,437	24.4	1,444,546	22.0
観光/スポーツ	17,847	0.3	41,506	0.7	43,520	0.7
小売/物流	99,172	1.8	225,552	3.7	257,004	3.9
建設・施設物管理/安全/環境	1,776,077	31.6	1,836,912	30.3	2,190,576	33.4
合計	5,618,578	100.0	6,066,629	100.0	6,555,035	100.0

出所：情報通信産業振興院

<表3-29> 事業分野別モノのインターネット輸出額推移 （単位：百万ウォン, %）

区分	2021年(実績)		2022年(実績)		2023年(推定)	
	輸出額	比率	輸出額	比率	輸出額	比率
プラットフォーム	122,042	6.0	160,620	7.0	164,799	6.8
ネットワーク	222,972	10.9	228,056	10.0	236,791	9.8
製品機器	1,481,314	72.5	1,584,888	69.6	1,697,641	70.0
サービス	217,919	10.7	304,992	13.4	327,665	13.5
合計	2,044,247	100.0	2,278,556	100.0	2,426,896	100.0

出所：情報通信産業振興院

<表3-30> 活用分野別モノのインターネットサービス輸出額推移 （単位：百万ウォン, %）

サービス 分野	2021年(実績)		2022年(実績)		2023年(推定)	
	輸出額	比率	輸出額	比率	輸出額	比率
ヘルスケア/医療/福祉	203	0.1	24,468	8.0	30,198	9.2
エネルギー/検針	213	0.1	284	0.1	280	0.1
製造	106,309	48.8	115,319	37.8	118,829	36.3
スマートホーム	113	0.1	16,211	5.3	24,276	7.4
金融	28,799	13.2	44,914	14.7	56,080	17.1
教育	5,712	2.6	24,091	7.9	29,712	9.1
国防	66,940	30.7	69,101	22.7	57,382	17.5
農林/畜産/水産	23	0.0	104	0.0	121	0.0
自動車/交通/航空/宇宙/造船	1,671	0.8	1,758	0.6	2,177	0.7
観光/スポーツ	-	-	-	-	-	-
小売/物流	5,921	2.7	6,636	2.2	6,503	2.0
建設・施設物管理/安全/環境	2,015	0.9	2,105	0.7	2,106	0.6
合計	217,919	100.0	304,992	100.0	327,665	100.0

出所：情報通信産業振興院

<表3-31> 事業分野別モノのインターネット輸入額推移 (単位：百万ウォン, %)

区分	2021年(実績)		2022年(実績)		2023年(推定)	
	輸入額	比率	輸入額	比率	輸入額	比率
プラットフォーム	31,402	15.0	38,288	17.8	33,257	14.5
ネットワーク	53,767	25.7	63,822	29.7	67,528	29.4
製品機器	117,428	56.1	105,491	49.2	120,858	52.7
サービス	6,581	3.1	7,014	3.3	7,672	3.3
合計	209,177	100.0	214,615	100.0	229,315	100.0

出所：情報通信産業振興院

<表3-32> 活用分野別モノのインターネットサービス輸入額推移 (単位：百万ウォン, %)

サービス分野	2021年(実績)		2022年(実績)		2023年(推定)	
	輸入額	比率	輸入額	比率	輸入額	比率
ヘルスケア/医療/福祉	404	6.1	491	7.0	1,096	14.3
エネルギー/検針	-	-	-	-	-	-
製造	507	7.7	556	7.9	738	9.6
スマートホーム	-	-	-	-	-	-
金融	-	-	-	-	-	-
教育	-	-	-	-	-	-
国防	-	-	-	-	-	-
農林/畜産/水産	-	-	-	-	-	-
自動車/交通/航空/宇宙/造船	2,984	45.3	3242	46.2	2960	38.6
観光/スポーツ	-	-	-	-	-	-
小売/物流	1,492	22.7	1,514	21.6	1,514	19.7
建設・施設物管理/安全/環境	1,194	18.1	1,211	17.3	1,363	17.8
合計	6,561	100.0	7,014	100.0	7,672	100.0

出所：情報通信産業振興院

4. 放送産業

<表4-1> 年度別放送産業総括推移

	事業体数(社)	従事者数(人)	売上高(百万ウォン)	付加価値額(百万ウォン)	付加価値率(%)	輸出額(千ドル)	輸入額(千ドル)
2019	1,062	51,006	20,843,012	6,816,136	32.7	474,359	95,812
2020	1,070	50,239	21,964,722	7,699,900	35.1	692,790	60,969
2021	1,133	50,160	23,970,709	8,621,601	36.0	717,997	60,761
2022	1,154	51,639	26,104,717	8,591,992	32.9	948,045	73,448
前年対比増減率(%)	1.9	2.9	8.9	-0.3	-8.5	32.0	20.9
年平均増減率(%)	0.1	0.7	7.2	7.2	-0.2	18.6	-8.8

出所：韓国コンテンツ振興院

<表4-2> 事業者別放送産業平均売上額及び従事者当たり平均売上額現況(2023)

		事業体数(社)	売上高(百万ウォン)	業体当たり平均売上高(百万ウォン)	1人当たり平均売上高(百万ウォン)
地上波放送	地上波放送	55	4,155,192	75,549	309
	地上波DMB	18	4,890	272	116
	小計	73	4,160,082	56,987	309
有線放送	総合有線	90	1,803,718	20,041	408
	中継有線	19	375	20	9
	小計	109	1,804,093	16,551	404
衛星放送	一般衛星放送事業者	1	505,877	505,877	1,307
放送チャンネル使用事業	放送チャンネル使用事業	179	7,609,618	42,512	433
インターネット映像物提供業	IPTV	3	4,894,536	1631,512	4,398
	IPTVコンテンツ(CP)	36	783,711	21,770	-
	小計	39	5,678,247	145,596	-
放送映像物制作業	放送映像独立制作社	753	6,346,799	8,429	434
放送産業全体		1,154	26,104,717	22,621	506

出所：韓国コンテンツ振興院

<表4-3> 業種別・年度別放送産業事業者数推移 (単位：社)

		2020	2021	2022	比重	前年対比増減率(%)
地上波放送	地上波放送事業者	50	50	55	4.8	10.0
	地上波DMB	19	18	18	1.6	0.0
	小計	69	68	73	6.3	7.4
有線放送	総合有線放送	90	90	90	7.8	0.0
	中継有線放送	29	23	19	1.6	-17.4
	小計	119	113	109	9.4	-3.5
衛星放送	一般衛星放送事業者	1	1	1	0.1	0.0
放送チャンネル使用事業	放送チャンネル事業者	174	180	179	15.5	-0.6
インターネット映像物提供業	IPTV	3	3	3	0.3	0.0
	IPTVコンテンツ(CP)	33	36	36	3.1	0.0
	小計	36	39	39	3.4	0.0
放送映像独立制作		671	732	753	65.3	2.9
合計		1,070	1,133	1,154	100.0	1.9

出所：韓国コンテンツ振興院

<表4-4> 業種別・年度別放送産業売上額推移 (単位：百万ウォン)

		2020	2021	2022	比重	前年対比増減率(%)
地上波放送	テレビ放送	3,300,306	3,711,664	3,879,765	14.9	4.5
	ラジオ放送	264,850	275,628	274,431	1.1	-0.4
	地上波系列DMB	1,320	951	996	0.0	4.7
	地上波DMB事業者	7,569	4,894	4,890	0.0	0.1
	小計	3,574,046	3,993,137	4,160,082	15.9	4.2
有線放送	総合有線放送	1,932,839	1,854,154	1,803,718	6.9	-2.7
	中継有線放送	1,209	543	375	0.0	-30.9
	小計	1,934,048	1,854,697	1,804,093	6.9	-2.7
衛星放送	一般衛星放送事業者	532,788	520,983	505,877	1.9	-2.9
放送チャンネル使用事業		7,074,223	7,551,968	7,609,618	29.2	0.8
インターネット映像物提供業	インターネットプロトコルTV	4,283,590	4,636,819	4,894,536	18.7	5.6
	IPTVコンテンツ(CP)	613,064	843,999	783,711	3.0	-7.1
	小計	4,896,654	5,480,818	5,678,247	21.8	3.6
放送映像物制作業	放送映像独立制作社	3,952,961	4,569,106	6,346,799	24.3	38.9
合計		21,964,722	23,970,709	26,104,717	100.0	8.9

出所：韓国コンテンツ振興院

<表4-5> 業種別放送産業売上額構成内訳現況(2022)　　　　　　　　　　　　　　　（単位：百万ウォン）

	地上波放送		有線放送		衛星放送
	地上波放送	地上波DMB	総合有線	中継有線	一般衛星
放送受信料売上高	1,134,212	-	615,037	375	279,370
広告売上高	1,209,082	1,330	109,596	-	30,656
協賛売上高	425,957	873	2,638	-	-
番組販売売上高	1,066,182	175	-	-	-
テレビショッピング配信手数料売上高	-	-	756,107	-	17,553
加入及び施設設置売上高	-	-	9,826	-	4,474
端末装置レンタル（販売)売上高	-	-	310,148	-	11,209
放送施設賃貸売上高	-	-	-	-	-
イベント売上高	-	-	-	-	-
テレビショッピング放送売上高	-	-	-	-	-
その他放送事業売上高	319,759	2,512	365	-	615
放送事業売上高	4,155,192	4,890	1,803,718	375	505,877
その他事業売上高	767,525	910	983,747	2,577	199,050
合計	4,922,717	5,801	2,787,465	2,952	704,927

	放送チャンネル使用事業	インターネット映像物提供業		合計	比重(%)
	放送チャンネル使用事業者	IPTV事業者	IPTVコンテンツ提供事業者(CP)		
放送受信料売上高	999,640	2,810,755	72,314	5,911,703	9.9
広告売上高	1,636,282	96,107	-	3,083,053	5.2
協賛売上高	516,738	-	19,739	965,945	1.6
番組販売売上高	413,183	-	479,952	1,959,492	3.3
テレビショッピング配信手数料売上高	-	1,479,528	-	2,415,188	4.1
加入及び施設設置売上高	-	53,127	-	67,427	0.1
端末装置レンタル（販売)売上高	-	375,771	-	697,128	1.2
放送施設賃貸売上高	15,816	-	-	15,816	0.0
イベント売上高	93,797	-	-	93,797	0.2
テレビショッピング放送売上高	3,909,490	-	-	3,709,490	6.2
その他放送事業売上高	224,674	79,248	211,707	838,880	1.4
放送事業売上高	7,609,618	4,894,536	783,711	19,757,918	33.2
その他事業売上高	5,985,750	29,836,213	2,018,123	39,793,896	66.8
合計	13,595,368	34,730,750	2,801,834	59,551,814	100.0

出所：韓国コンテンツ振興院

<表4-6> 業種別地上波放送及び地上波DMB売上額推移 　　　　　　　　　（単位：百万ウォン）

		2020	2021	2022	比重	前年対比増減率(%)
地上波放送事業者	放送受信料売上高	1,108,885	1,125,347	1,134,212	23.0	0.8
	広告売上高	1,001,343	1,209,718	1,209,082	24.6	-0.1
	協賛売上高	385,257	409,733	425,957	8.7	4.0
	番組販売売上高	781,876	904,934	1,066,182	21.7	17.8
	その他放送事業売上高	289,115	338,512	319,759	6.5	-5.5
	放送事業売上高	3,566,477	3,988,243	4,155,192	84.4	4.2
	その他事業売上高	639,903	702,026	767,525	15.6	9.3
	小計	4,206,380	4,690,269	4,922,717	100.0	5.0
地上波DMB事業者	広告売上高	1,534	1,295	1,330	22.9	2.7
	協賛売上高	976	900	873	15.1	-3.0
	番組販売売上高	223	173	175	3.0	1.3
	その他放送事業売上高	4,837	2,527	2,512	43.3	-0.6
	放送事業売上高	7,569	4,894	4,890	84.3	-0.1
	その他事業売上高	457	712	910	15.7	27.9
	小計	8,026	5,606	5,801	100.0	3.5
放送事業売上高合計		3,574,046	3,993,137	4,160,082	-	4.2

出所：韓国コンテンツ振興院

<表4-7> 年度別総合有線放送及び中継有線放送売上額推移 　　　　　　　　　　　　　　　（単位：百万ウォン）

		2020	2021	2022	比重	前年対比増減率(%)
総合有線放送	放送受信料売上高	706,536	650,889	615,037	22.1	-5.5
	広告売上高	114,539	109,012	109,596	3.9	0.5
	協賛売上高	2,794	2,346	2,638	0.1	12.5
	テレビショッピング配信手数料売上高	745,218	747,001	756,107	27.1	1.2
	加入及び施設設置売上高	11,965	12,303	9,826	0.4	-20.1
	端末装置レンタル売上高	348,914	329,610	310,148	11.1	-5.9
	その他放送事業売上高	2,876	2,995	365	0.0	-87.8
	放送事業売上高	1,932,839	1,854,154	1,803,718	64.7	-2.7
	その他事業売上高	839,035	859,678	983,747	35.3	14.4
	小計	2,771,874	2,713,832	2,787,465	100.0	2.7
中継有線放送	放送事業売上高	1,209	543	375	12.7	-30.9
	その他事業売上高	2,478	2,489	2,577	87.3	3.6
	小計	3,688	3,031	2,952	100.0	-2.6
放送事業売上高合計		1,934,048	1,854,697	1,804,093	-	-2.7

出所：韓国コンテンツ振興院

<表4-8> 年度別放送映像独立制作会社売上額構成内訳推移　　　　　　　　　　　　　　（単位：百万ウォン）

	放送局売上高					
	販売収入	ライセンス収入	間接広告	協賛	その他	小計
2020	2,239,362	760,120	167,524	70,536	46,374	3,283,916
2021	2,941,808	782,199	23,693	142,056	87,237	3,976,992
2022	4,076,228	982,924	37,514	75,936	96,930	5,269,533
比重(%)	64.2	15.5	0.6	1.2	1.5	83.0

	放送局以外の売上高				合計
	販売収入	ライセンス収入	その他	小計	
2020	370,650	67,837	230,558	669,045	3,952,961
2021	302,948	60,621	228,545	592,114	4,569,106
2022	439,335	99,571	538,361	1,077,267	6,346,799
比重(%)	6.9	1.6	8.5	17.0	100.0

出所：韓国コンテンツ振興院

<表4-9> 年度別一般衛星放送及び衛星DMB売上額推移　　　　　　　　　　　（単位：百万ウォン）

		2020	2021	2022	比重	前年対比増減率(%)
一般衛星放送	放送受信料売上高	302,173	291,960	279,370	39.6	-4.3
	広告売上高	33,210	32,978	30,656	4.3	-7.0
	テレビショッピング配信手数料売上高	175,722	177,717	179,553	25.5	1.0
	加入及び施設設置売上高	6,220	5,919	4,474	0.6	-24.4
	端末装置レンタル(販売)売上高	14,860	11,799	11,209	1.6	-5.0
	その他放送事業売上高	604	610	615	0.1	0.8
	放送事業売上高	532,788	520,983	505,877	71.8	-2.9
	その他事業売上高	127,615	134,371	199,050	28.2	48.1
	合計	660,404	655,354	704,927	100.0	7.6

出所：韓国コンテンツ振興院

<表4-10> 年度別放送チャンネル使用事業売上高推移　　　　　　　　　　　（単位：百万ウォン）

		2020	2021	2022	比重	前年対比増減率(%)
放送チャンネル使用事業	受信料売上高	874,892	938,958	999,640	7.4	6.5
	広告売上高	1,463,655	1,691,165	1,636,282	12.0	-3.2
	協賛売上高	428,343	525,781	516,738	3.8	-1.7
	番組販売売上高	273,152	307,750	413,183	3.0	34.3
	放送施設賃貸売上高	7,982	11,203	15,816	0.1	41.2
	イベント売上高	42,785	41,316	93,797	0.7	127.0
	テレビショッピング放送売上高	3,810,804	3,819,306	3,709,490	27.3	-2.9
	その他放送事業売上高	172,610	216,488	224,674	1.7	3.8
	放送事業売上高	7,074,223	7,551,968	7,609,618	56.0	0.8
	その他事業売上高	5,729,592	5,931,062	5,985,750	44.0	0.9
	合計	12,803,815	13,483,030	13,595,368	100.0	0.8

出所：韓国コンテンツ振興院

<表4-11> 年度別放送産業番組輸出額推移　　　　　　　　　　　　　　　　（単位：千ドル）

		2020	2021	2022	比重(%)	前年対比増減率(%)
地上波放送	放送番組(完成品)	130,046	142,865	199,492	21.0	39.6
	海外同胞放送支援	362	338	329	0.0	-2.7
	ビデオ/DVD販売	216	241	176	0.0	-27.0
	タイムブロック	30,745	29,913	26,682	2.8	-10.8
	フォーマット	7,096	9,969	14,606	1.5	46.5
	その他	40,080	30,001	29,956	3.2	-0.1
	小計	208,545	213,326	271,241	28.6	27.1
放送チャンネル使用事業	放送番組(完成品)	225,068	193,980	243,091	25.6	25.3
	海外同胞放送支援	597	95	68	0.0	-28.8
	ビデオ/DVD販売	3	-	-	-	-
	タイムブロック	186	350	142	0.0	-59.4
	フォーマット	5,787	4,939	19,012	2.0	284.9
	その他	51,353	20,541	27,735	2.9	35.0
	小計	282,995	219,904	290,047	30.6	31.9
放送映像物制作業	放送映像独立制作社	201,251	284,767	386,757	40.8	35.8
合計		692,790	717,997	948,045	100.0	32.0

出所：韓国コンテンツ振興院

<表4-12> 年度別放送産業番組輸入額推移　　　　　　　　　　　　　　　　　　　（単位：千ドル）

		2020	2021	2022	比重(%)	前年対比増減率(%)
地上波放送	放送番組(完成品)	4,036	3,685	682	0.9	-8.7
	ビデオ/DVD販売	-	-	-	-	-
	フォーマット	-	145	-	-	-
	タイムブロック	-	-	-	-	-
	その他	38	-	142	0.2	-
	小計	4,074	3,830	824	1.1	-6.0
放送チャンネル使用事業	放送番組(完成品)	55,066	55,925	71,320	97.1	1.6
	ビデオ/DVD販売	-	-	-	-	-
	フォーマット	189	494	554	0.8	161.4
	タイムブロック	-	-	-	-	-
	その他	50	470	234	0.3	840.0
	小計	55,305	56,889	72,108	98.2	2.9
放送映像物制作業	放送映像独立制作社	1,590	42	516	0.7	-97.4
合計		60,969	60,761	73,448	100.0	-0.3

出所：韓国コンテンツ振興院

<表4-13> 年度別放送産業輸出入額推移　　　　　　　　　　　　　　　　　　　（単位：千ドル）

	2020	2021	2022	前年対比増減率(%)	年平均増減率(%)
輸出額	692,790	717,997	948,045	32.0	17.0
輸入額	60,969	60,761	73,448	20.9	9.8

出所：韓国コンテンツ振興院

<表4-14> 国別・地域別・年度別放送産業輸出額推移　　　　　　　　　　　　　　　　（単位：千ドル）

		2020	2021	2022	比重(%)	前年対比増減率(%)
アジア	日本	80,139	72,990	87,836	19.8	20.3
	台湾	23,537	19,752	16,065	3.6	-18.7
	香港	20,905	20,979	9,654	2.2	-54.0
	パキスタン	17,693	5,520	13,491	3.0	144.4
	中国	18,701	34,104	28,260	6.4	-17.1
	ベトナム	3,543	2,430	3,090	0.7	27.2
	タイ	-	1,979	1,347	0.3	-31.9
	フィリピン	2,948	1,631	3,138	0.7	92.5
	インドネシア	2,543	1,527	1,558	0.4	2.0
	モンゴル	-	747	481	0.1	-35.6
	中東	-	245	1,186	0.3	384.9
	その他アジア	18,923	41,490	10,684	2.4	-74.2
	アジア小計	188,932	203,393	176,790	39.9	-13.1
アメリカ	アメリカ	80,596	21,614	37,515	8.5	73.6
	カナダ	-	35	24	0.0	-32.9
	中南米,その他南米	171	273	310	0.1	13.8
	その他アメリカ	7,820	7,797	11,216	2.5	43.9
	アメリカ小計	88,587	29,719	49,065	11.1	65.1
ヨーロッパ	イギリス	50	50	36	0.0	-27.2
	フランス	136	71	1,103	0.2	1453.5
	ロシア・CIS	325	544	1,118	0.3	105.6
	その他ヨーロッパ	742	674	1,029	0.2	52.7
	ヨーロッパ小計	1,253	1,338	3,286	0.7	145.5
オセアニア		20	87	32	0.0	-63.1
アフリカ		96	386	152	0.0	-60.5
その他		76,226	101,922	213,257	48.2	109.2
合計		355,114	336,844	442,583	100.0	31.4

出所：韓国コンテンツ振興院

<表4-15> 国別・地域別・年度別放送産業輸入額推移　　　　　　　　　　　　　　　（単位：千ドル）

		2020	2021	2022	比重(%)	前年対比増減率(%)
アジア	日本	8,738	15,799	33,595	46.7	112.6
	中国	563	58	193	0.3	232.1
	パキスタン	183	433	160	0.2	-63.0
	台湾	674	-	265	0.4	-
	香港	17	8	927	1.3	11,487.5
	中東	-	22	17	0.0	-21.6
	その他アジア	167	93	21	0.0	-77.5
	アジア小計	10,342	16,413	35,178	48.9	114.3
アメリカ	アメリカ	43,601	37,136	34,136	47.4	-8.1
	カナダ	-	191	165	0.2	-13.3
	中南米,その他南米	8	6	-	-	-
	その他アメリカ	455	-	-	-	-
	アメリカ小計	44,064	37,333	34,301	47.6	-8.1
ヨーロッパ	イギリス	3,465	2,823	1,689	2.3	-40.2
	フランス	374	952	442	0.6	-53.6
	ドイツ	-	265	73	0.1	-72.5
	その他ヨーロッパ	644	1,390	276	0.4	-80.2
	ヨーロッパ小計	4,483	5,430	2,479	3.4	-54.3
オセアニア		82	300	44	0.1	-85.3
アフリカ		131	134	-	-	-
その他		-	-	-	-	-
合計		59,102	59,610	72,003	100.0	20.8

出所：韓国コンテンツ振興院

<表4-16> ジャンル別放送番組(完成品)輸出額推移　　　　　　　　　　　　　(単位：千ドル)

	2020	2021	2022	比重(%)	前年対比増減率(%)
ドラマ	274,653	293,024	385,639	87.1	31.6
ドキュメンタリー	787	1,147	3,513	0.8	206.1
アニメーション	1,147	2,499	2,678	0.6	7.2
映画	36	-	-	-	-
娯楽	75,281	35,831	37,241	8.4	3.9
音楽	683	330	435	0.1	31.7
教養	1,009	418	353	0.1	15.6
教育	-	0	168	0.0	41,900.0
報道	43	71	44	0.0	38.5
スポーツ	1,388	22	21	0.0	4.5
その他	88	3,502	12,493	2.8	256.7
合計	355,114	336,844	442,583	100.0	31.4

出所：韓国コンテンツ振興院

<表4-17> ジャンル別放送産業輸入額推移　　　　　　　　　　　　　　(単位：千ドル)

	2020	2021	2022	比重(%)	前年対比増減率(%)
ドラマ	9,859	11,221	11,943	16.6	6.4
ドキュメンタリー	3,916	4,843	1,770	2.5	-63.5
アニメーション	8,747	15,148	34,587	48.0	128.3
映画	33,496	25,316	21,370	29.7	-15.6
娯楽	720	386	371	0.5	-3.9
音楽	144	120	28	0.0	-76.9
教養	59	146	168	0.2	14.7
教育	83	127	21	0.0	-83.4
報道	15	14	28	0.0	98.6
スポーツ	1,974	2,289	1,695	2.4	-26.0
その他	89	-	23	0.0	-
合計	59,102	59,610	72,003	100.0	20.8

出所：韓国コンテンツ振興院

5. SW・コンテンツ産業

1) SW産業

<表5-1> 国内SW市場規模推移　　　　　　　　　　　　　　　　　　（単位：兆ウォン，%）

	2022	2023	2024	2025	2026	2027
パッケージSW	8.4	9.2	9.9	10.7	11.6	12.4
ITサービス	9.8	10.1	10.4	10.7	11.0	11.3
ゲームSW	20.8	21.9	23.7	-	-	-

注）SW市場規模は最終需要者のSW Spending基準，IDCではすべての市場データについて前年度の基準為替レートで再換算して発表するので，毎年市場規模は既存の発表データと違いがある。

出所：ソフトウェア政策研究所

<表5-2> 産業別国内SW市場規模推移（2022年基準）　　　　　　　　　（単位：億ウォン，%）

	パッケージSW	ITサービス
金融	18,680	25,525
通信	10,193	13,245
製造	18,632	24,077
政府/公共	10,303	18,092
流通/輸送	3,746	6,939
教育	4,249	3,331
その他	9,029	6,430
合計	74,831	97,641

注）SWの市場規模はSW Revenue基準。

出所：ソフトウェア政策研究所

<表5-3> 年度別SW産業生産額推移　　　　　　　　　　　　　　　　　　　　（単位：兆ウォン，％）

	2017	2018	2019	2020	2021	2022P
パッケージSW	8.9	10.3	12.2	15.6	17.2	20.0
ITサービス	33.7	34.9	37.7	37.0	49.1	52.5
ゲームSW	11.4	11.9	12.0	14.4	18.0	19.3
合計	54.0	57.1	62.0	67.0	84.3	91.8

注）1）SW生産統計はSW品目の売上を集計した金額であり、企業の総売上高とは違いがある。
2）2022年の数値はICT品目動向調査(月間)基準の暫定値であり、ICT実態調査(年間)を通じて確定値に代替予定(2024.7)。

出所：ソフトウェア政策研究所

<表5-4> SW企業数推移　　　　　　　　　　　　　　　　　　　　　　　　　　　（単位：社）

	2017	2018	2019	2020	2021
パッケージSW	11,214	15,028	14,015	16,911	18,004
ITサービス	7,409	8,741	9,175	9,582	10,033
ゲームSW	1,871	2,001	1,998	1,926	2,028
合計	20,494	25,770	25,188	28,419	30,065

出所：ソフトウェア政策研究所

<表5-4> 年度別SW産業輸出額推移　　　　　　　　　　　　　　　　　　　　（単位：億ドル，％）

	2017	2018	2019	2020	2021	2022P
パッケージSW	10.3	10.4	12.4	12.3	11.7	15.6
ITサービス	61.5	63.2	72.3	78.7	96.1	123.1
ゲームSW	52.0	62.4	63.4	67.2	72.7	70.5
合計	123.8	136.0	148.1	158.2	180.5	209.2

出所：ソフトウェア政策研究所

2) コンテンツ産業

(1) 音楽産業

<表5-5> 年度別音楽産業総括推移

	事業体数(社)	従事者数(人)	売上高(百万ウォン)	付加価値額(百万ウォン)	付加価値率(%)	輸出額(千ドル)	輸入額(千ドル)
2018	35,670	76,954	6,097,913	2,102,219	34.5	564,236	13,878
2019	34,145	77,149	6,811,818	2,173,092	31.9	756,198	13,766
2020	33,138	65,464	6,064,748	1,982,931	32.7	679,633	12,146
2021	34,001	59,583	9,371,728	3,141,082	33.5	775,274	14,031
2022	33,626	60,996	11,009,624	3,529,561	32.1	927,613	15,408
前年対比増減率(%)	-1.1	2.4	17.5	12.4	-	19.6	9.8
年平均増減率(%)	-1.5	-5.6	15.9	13.8	-	13.2	2.6

出所：文化体育観光部

<表5-6> 地域別・年度別音楽産業事業者数推移　　　　　　　　　　　　（単位：社）

		2020	2021	2022	比重(%)	前年対比増減率
	ソウル	7,560	8,055	7,950	23.6	-1.3
7市	釜山	1,781	1,829	1,759	5.2	-3.6
	大邱	1,745	1,752	1,681	5.0	-4.1
	仁川	2,301	2,375	2,388	7.1	0.5
	光州	1,062	1,182	1,154	3.4	-2.4
	大田	1,385	1,324	1,312	3.9	-0.9
	蔚山	784	789	745	2.2	-5.6
	世宗	149	153	156	0.5	2.0
	小計	9,207	9,404	9,195	27.3	-2.2
9道	京畿	7,513	7,933	7,885	23.4	-0.6
	江原	954	902	909	2.7	0.8
	忠北	1,142	1,159	1,164	3.5	0.4
	忠南	1,298	1,292	1,297	3.9	0.4
	全北	1,003	864	862	2.6	-0.2
	全南	784	825	827	2.5	0.2
	慶北	1,590	1,557	1,540	4.6	-1.1
	慶南	1,751	1,683	1,670	5.0	-0.8
	済州	336	327	327	1.0	0.0
	小計	16,371	16,542	16,481	49.0	-0.4
合計		33,138	34,001	33,626	100.0	-1.1

出所：文化体育観光部

<表5-7> 業種別・年度別音楽産業事業者数推移　　　　　　　　　　　　　　　　　　　　（単位：社）

中分類	小分類	2020	2021	2022	比重(%)	前年対比増減率(%)
音楽制作業	音楽企画及び制作	871	905	946	2.8	4.5
	CD(音源)録音施設運営業	182	548	603	1.8	10.0
	小計	1,053	1,453	1,549	4.6	6.6
音楽及びオーディオ物出版業	音楽出版業	85	214	221	0.7	3.3
	その他オーディオ物制作業	12	24	33	0.1	37.5
	小計	97	238	254	0.8	6.7
CD複製業及び配給業	CD複製業	74	82	91	0.3	11.0
	CD配給業	18	22	23	0.1	4.5
	小計	92	104	114	0.3	9.6
CD卸小売業	CD卸売業	110	118	128	0.4	8.5
	CD小売業	304	396	409	1.2	3.3
	小計	414	514	537	1.6	4.5
オンライン音楽流通業	インターネット/モバイル音楽サービス業	139	145	147	0.4	1.4
	音源代理仲介業	28	30	35	0.1	16.7
	インターネット/モバイル音楽コンテンツ制作及び提供業(CP)	47	68	75	0.2	10.3
	小計	214	243	257	0.8	5.8
音楽公演業	音楽公演企画及び制作業	717	735	757	2.3	3.0
	その他音楽公演サービス業	153	181	206	0.6	13.8
	小計	870	916	963	2.9	5.1
中合計		2,740	3,468	3,674	10.9	5.9
カラオケ運営業		30,398	30,533	29,952	89.1	-1.9
音楽産業全体		33,138	34,001	33,626	100.0	-1.1

出所：文化体育観光部

<表5-8> 業種別音楽産業売上額推移 （単位：百万ウォン）

中分類	小分類	2020	2021	2022	比重(%)	前年対比増減率(%)
音楽制作業	音楽企画及び制作	1,972,468	3,374,314	3,833,987	34.8	13.6
	CD(音源)録音施設運営業	68,854	165,453	189,570	1.7	14.6
	小計	2,041,323	3,539,767	4,023,556	36.5	13.7
音楽及びオーディオ物出版業	音楽オーディオ物出版業	20,759	158,890	180,074	1.6	13.3
	その他オーディオ物制作業	894	5,394	10,520	0.1	95.0
	小計	21,653	164,284	190,594	1.7	16.0
CD複製業及び配給業	CD複製業	136,473	257,237	258,860	2.4	0.6
	CD配給業	150,202	468,063	537,173	4.9	14.8
	小計	286,675	725,300	796,033	7.2	9.8
CD卸小売業	CD卸売業	130,442	324,143	438,949	4.0	35.4
	CD小売業	210,766	462,133	621,731	5.6	34.5
	小計	341,208	786,276	1,060,680	9.6	34.9
オンライン音楽流通業	インターネット/モバイル音楽サービス業	1,650,329	1,550,473	1,994,677	18.1	28.6
	音源代理仲介業	137,225	125,021	150,825	1.4	20.6
	インターネット/モバイル音楽コンテンツ制作及び提供業（CP）	116,058	240,762	273,865	2.5	13.7
	小計	1,903,612	1,916,257	2,419,367	22.0	26.3
音楽公演業	音楽公演企画及び制作業	585,223	825,419	989,420	9.0	19.9
	その他音楽公演サービス業	60,862	181,103	199,915	1.8	10.4
	小計	646,086	1,006,522	1,189,335	10.8	18.2
中合計		5,240,557	8,138,406	9,679,565	87.9	18.9
カラオケ運営業		824,191	1,233,323	1,330,058	12.1	7.8
音楽産業全体		6,064,748	9,371,728	11,009,624	100.0	17.5

出所：文化体育観光部

<表5-9> 音楽産業輸出入額推移 （単位：千ドル）

	2020	2021	2022	前年対比増減率(%)	年平均増減率(%)
輸出額	679,633	775,274	927,613	19.6	16.8
輸入額	12,146	14,031	15,406	9.8	12.6

出所：文化体育観光部

<表5-10> 国別・地域別音楽産業輸出額推移　　　　　　　　　　　　　　　　　　　（単位：千ドル）

	2020	2021	2022	比重(%)	前年対比増減率(%)	年平均増減率(%)
中華圏*	114,717	146,142	163,139	17.6	11.6	19.3
日本	320,126	310,503	361,809	39.0	16.5	6.3
東南アジア	122,813	140,569	147,074	15.9	4.6	9.4
北米	86,723	114,094	135,787	14.6	19.0	25.1
ヨーロッパ	21,230	34,406	38,726	4.2	12.6	35.1
その他	14,024	29,559	81,079	8.7	174.3	140.4
合計	679,633	775,274	927,613	100.0	19.6	16.8

注）＊ 中国, 香港, 台湾の3ヵ国を統合して算出。

出所：文化体育観光部

<表5-11> 国別・地域別音楽産業輸入額推移　　　　　　　　　　　　　　　　　　　（単位：千ドル）

	2020	2021	2022	比重(%)	前年対比増減率(%)	年平均増減率(%)
中華圏*	133	290	307	2.0	5.6	51.6
日本	2,431	2,913	3,268	21.1	11.8	15.8
東南アジア	70	593	641	4.2	8.1	202.5
北米	3,215	4213	5,573	36.2	32.3	31.7
ヨーロッパ	6,027	5822	4,296	27.9	-26.2	-15.6
その他	270	200	1,334	8.7	567.0	122.3
合計	12,146	14,031	15,408	100.0	9.8	12.6

注）＊ 中国, 香港, 台湾の3ヵ国を統合して算出。

出所：文化体育観光部

(2) ゲーム産業

<表5-12> 年度別ゲーム産業総括

	事業体数(社)	従事者数(人)	売上高(百万ウォン)	付加価値額(百万ウォン)	付加価値率(%)	輸出額(千ドル)	輸入額(千ドル)
2018	13,357	85,492	14,290,224	6,179,093	432	6,411,491	305,781
2019	13,387	89,157	15,575,034	6,753,335	43.4	6,657,777	298,129
2020	11,541	83,303	18,885,484	8,320,944	44.1	8,193,562	270,794
2021	10,991	81,856	20,991,342	8,663,127	41.3	8,672,865	312,331
2022	10,272	84,347	22,214,886	8,905,896	40.1	8,981,751	260,163
前年対比増減率(%)	-6.5	3.0	5.8	2.8	-	3.6	-16.7
年平均増減率(%)	-6.4	-0.3	11.7	9.6	-	-1.9	8.8

出所：文化体育観光部

<表5-13> 業種別・年度別ゲーム産業事業者数推移　　　　　　　　　　　(単位：社)

		2020	2021	2022	比重	前年対比増減率(%)
ゲーム制作及び配給業		1,046	1,170	1,287	12.5	10.0
ゲーム流通業	コンピュータゲームカフェ運営業	9,970	9,265	8,485	82.6	-8.4
	電子ゲーム場運営業	525	556	500	4.9	-10.1
合計		11,541	10,991	10,272	100.0	-6.5

出所：文化体育観光部

<表5-14> 地域別・業種別ゲーム産業事業者数現況(2022)　　　　　　　　　　　　　　（単位：社）

		ゲーム制作 及び配給業	ゲーム流通業	合計	比重(%)
ソウル		724	1,316	2,040	19.9
6市	釜山	63	474	537	5.2
	大邱	32	412	444	4.3
	仁川	11	509	520	5.1
	光州	5	375	380	3.7
	大田	11	279	290	2.8
	蔚山	4	216	220	2.1
	小計	126	2,265	2,391	23.3
9道	京畿	326	2,147	2,473	24.1
	江原	3	411	414	4.0
	忠北	1	373	390	3.8
	忠南	26	535	561	5.5
	全北	46	353	399	3.9
	全南	4	382	386	3.8
	慶北	4	516	520	5.1
	慶南	1	528	529	5.1
	済州	10	159	169	1.6
	小計	437	5,404	5,841	56.9
合計		1,287	8,985	10,272	100.0

出所：文化体育観光部

<表5-15> 地域別・年度別ゲーム産業売上額推移 　　　　　　　　　　　　　　　　（単位：百万ウォン）

		2020	2021	2022	比重(%)	前年対比増減率(%)
	ソウル	5,298,376	8,855,052	9,149,654	41.2	3.3
6市	釜山	122,703	200,759	173,260	0.8	-13.7
	大邱	186,241	223,714	192,524	0.9	-13.9
	仁川	134,583	143,836	182,808	0.8	27.1
	光州	121,264	108,104	77,601	0.3	-28.2
	大田	8,390	89,132	79,366	0.4	-11.0
	蔚山	43,176	38,254	42,662	0.2	11.5
	小計	691,867	803,799	748,221	3.4	-6.9
9道	京畿	11,432,951	9,849,361	10,653,220	48.0	8.2
	江原	59,155	67,435	65,477	0.3	-2.9
	忠北	64,594	73,930	88,691	0.4	20.0
	忠南	90,143	114,330	105,020	0.5	-8.1
	全北	72,185	122,905	122,191	0.6	-0.6
	全南	71,809	92,126	67,789	0.3	-26.4
	慶北	79,426	92,432	92,402	0.4	-0.0
	慶南	99,072	115,688	103,515	0.5	-10.5
	済州	925,906	804,284	1,018,705	4.6	26.7
	小計	12,895,241	11,332,491	12,317,011	55.4	8.7
合計		18,885,484	20,991,342	22,214,886	100.0	5.8

出所：文化体育観光部

<表5-16> 業種別ゲーム産業売上額推移 （単位：百万ウォン）

中分類	小分類	2020	2021	2022	比重(%)	前年対比増減率(%)	年平均増減率(%)
ゲーム制作及び配給業	PCゲーム	4,901,189	5,637,277	5,805,260	26.1	3.0	8.8
	モバイルゲーム	10,831,081	12,148,320	13,072,030	58.8	7.6	9.9
	コンソールゲーム	1,092,487	1,052,000	1,119,626	5.0	6.4	1.2
	アーケードゲーム	227,222	273,333	297,621	1.3	8.9	14.4
	小計	17,051,979	19,110,930	20,294,537	91.4	6.2	9.1
ゲーム流通業	コンピュータゲームカフェ運営業	1,797,005	1,840,764	1,876,594	8.4	1.9	2.2
	電子ゲームカフェ運営業	36,500	39,648	43,754	0.2	10.4	9.5
	小計	1,833,505	1,880,412	1,920,349	8.6	2.1	2.3
ゲーム産業合計		18,885,484	20,991,342	22,214,886	100.0	5.8	8.5

出所：文化体育観光部

<表5-17> 年度別ゲーム産業輸入額推移 （単位：千ドル）

	2020	2021	2022	前年対比増減率(%)	年平均増減率(%)
輸出額	8,193,562	8,672,865	8,981,751	3.6	4.7
輸入額	270,794	312,331	260,163	-16.7	-2.0

出所：文化体育観光部

<表5-18> 国・地域別ゲーム産業輸出額推移 （単位：千ドル）

	2020	2021	2022	比重(%)	前年対比増減率(%)	年平均増減率(%)
中華圏*	4,085,018	3,714,506	4,025,616	44.8	8.4	-0.7
日本	308,533	913,075	1,291,131	14.4	41.4	104.6
東南アジア	1,626,161	1,477,546	1,278,438	14.2	-13.5	-11.3
北米	916,414	1,092,410	1,032,533	11.5	-5.5	6.1
ヨーロッパ	683,505	1,087,565	875,966	9.8	-19.5	13.2
その他	573,931	387,763	478,066	5.3	23.3	-8.7
合計	8,193,562	8,672,865	8,981,751	100.0	3.6	4.7

注) 中華圏：中国, 香港, 台湾の3カ国を統合して算出。

出所：文化体育観光部

<表5-19> 国・地域別ゲーム産業輸入額推移 (単位：千ドル)

	2020	2021	2022	比重(%)	前年対比増減率(%)	年平均増減率(%)
中華圏*	77,392	133,072	115,244	44.3	-13.4	22.0
日本	36,655	46,365	17,685	6.8	-61.9	-30.5
東南アジア	442	258	176	0.1	-31.8	-36.9
北米	139,342	117,086	109,672	42.2	-6.3	-11.3
ヨーロッパ	10,447	6,454	6,402	2.5	-0.8	-21.7
その他	6,516	9,096	10,985	4.2	20.8	29.8
合計	270,794	312,331	260,163	100.0	-16.7	-2.0

注) 中華圏：中国, 香港, 台湾の3カ国を統合して算出。

出所：文化体育観光部

(3) 映画産業

<表5-20> 年度別映画産業総括推移

	事業体数 (社)	従事者数 (人)	売上高 (百万ウォン)	付加価値額 (百万ウォン)	付加価値率 (%)	輸出額 (千ドル)	輸入額 (千ドル)
2018	1,369	30,878	5,889,832	2,676,595	45.4	41,607	36,274
2019	1,223	32,566	6,432,393	1,354,550	21.1	37,877	38,432
2020	916	10,497	2,987,075	1,015,512	34.0	54,157	28,330
2021	1,034	13,240	3,246,109	1,143,769	35.2	43,033	37,897
2022	7,020	36,601	7,369,200	2,461,539	33.4	71,440	24,684
前年対比 増減率(%)	578.9	176.4	127.0	115.2	-	66.0	-34.9
年平均 増減率(%)	50.5	4.3	5.8	-2.1	-	14.5	-9.2

出所：文化体育観光部

<表5-21> 事業者別・従事者別映画産業平均売上額(2022)

		事業体数 (社)	売上高 (百万ウォン)	業体当たり平均 売上高 (百万ウォン)	1人当たり 平均売上高 (百万ウォン)
映画制作, 支援及び 流通業	映画企画及び制作	3,912	3,501,672	895	211
	映画輸入	168	341,565	1,872	330
	映画制作支援	1,346	782,728	582	160
	映画配給	392	1,046,728	2,670	522
	劇場上映	635	1,404,469	2,212	137
	映画プロモーション及び マーケティング	286	97,373	340	98
	小計	6,739	7,147,550	1,061	200
デジタル オンライン 流通業	DVD/ブルーレイ 制作及び流通	132	99,186	751	318
	オンライン配給	20	15,478	774	210
	オンライン上映	129	106,987	829	195
	小計	281	221,650	789	237
映画産業全体		7,020	7,369,200	1,050	201

出所：文化体育観光部

<表5-22> 業種別・年度別映画産業事業者数推移　　　　　　　　　　　　　　　　　（単位：社）

		2020	2021	2022	比重(%)	前年対比増減率(%)
映画制作支援及び流通業	映画企画及び制作	312	338	3,912	55.7	1,057.4
	映画輸入	43	29	168	2.4	500.0
	映画制作支援	169	303	1,346	19.2	344.2
	映画配給	81	33	392	5.6	1,087.9
	劇場上映	216	276	635	9.0	130.1
	映画プロモーション及びマーケティング	60	38	286	4.1	652.6
	小計	881	1,016	6,739	96.0	563.3
デジタルオンライン流通業	DVDブルーレイ制作及び流通	13	2	132	1.9	6,500.0
	オンライン配給	13	7	20	0.3	185.7
	オンライン上映	9	9	129	1.8	1,333.3
	小計	35	18	281	4.0	1,461.1
映画産業全体		916	1,034	7,020	100.0	578.9

出所：文化体育観光部

<表5-23> 業種別・年度別映画産業売上額推移　　　　　　　　　　　　　　　　　（単位：百万ウォン）

		2020	2021	2022	比重(%)	前年対比増減率(%)
映画制作支援及び流通業	映画企画及び制作	106,612	457,302	3,501,672	47.5	665.7
	映画輸入	89,094	147,512	314,565	4.3	113.2
	映画制作支援	692,675	423,755	782,742	10.6	84.7
	映画配給	431,371	375,846	1,046,728	14.2	178.5
	劇場上映	790,476	931,705	1,404,469	19.1	50.7
	映画プロモーション及びマーケティング	184,053	112,488	97,373	1.3	-13.4
	小計	2,294,282	2,448,608	7,147,550	97.0	191.9
デジタルオンライン流通業	DVDブルーレイ制作及び流通	1,500	7,182	99,186	1.3	1,281.0
	オンライン配給	334,240	188,106	15,478	0.2	-91.8
	オンライン上映	357,053	602,213	106,987	1.5	-82.2
	小計	692,793	797,501	221,650	3.0	-72.2
映画産業全体		2,987,075	3,246,109	7,369,200	100.0	127.0

出所：文化体育観光部

<表5-24> 年度別映画産業輸出入額推移　　　　　　　　　　　　　　　　　　　　　（単位：千ドル）

	2020	2021	2021	前年対比増減率(%)	年平均増減率(%)
輸出額	54,157	43,033	71,440	66.0	14.9
輸入額	28,330	37,897	24,684	-34.9	-6.7

出所：文化体育観光部

<表5-25> 国別映画産業輸出額推移　　　　　　　　　　　　　　　　　　　　　　（単位：千ドル）

	2021			2022	
	輸出額	比重(%)		輸出額	比重(%)
中国	8,396	19.5	台湾	9,779	13.7
日本	6,864	16.0	日本	9,212	12.9
台湾	5,837	13.6	アメリカ	5,814	8.1
パキスタン	3,430	8.0	パキスタン	5,870	8.2
アメリカ	1,894	4.4	香港	4,419	6.2
香港	1,414	3.3	フランス	3,104	4.3
ドイツ	646	1.5	中国	1,961	2.7
マレーシア	626	1.5	ロシア	992	1.4
タイ	484	1.1	우루과이	701	1.0
フィリピン	478	1.1	ベトナム	618	0.9
その他	12,965	30.1	その他	28,969	40.6
合計	43,033	100.0	合計	71,440	100.0

出所：文化体育観光部

<表5-26> 国別映画産業輸入額推移 (単位：千ドル)

	2021			2022	
	輸入額	比重(%)		輸入額	比重(%)
アメリカ	21,410	56.5	アメリカ	11,246	45.6
日本	6,675	17.6	日本	7,617	30.9
フランス	2,167	5.7	フランス	1,073	4.3
中国	1,987	5.2	イギリス	781	3.2
イギリス	866	2.3	中国	567	2.3
ロシア	810	2.1	ロシア	396	1.6
香港	794	2.1	ドイツ	371	1.5
カナダ	786	2.1	オーストラリア	355	1.4
ドイツ	595	1.6	香港	191	0.8
スペイン	233	0.6	スペイン	178	0.7
イタリア	210	0.6	カナダ	123	0.5
オーストラリア	127	0.3	イタリア	73	0.3
ポーランド	27	0.1	カザフスタン	54	0.5
その他及び多国籍	1,210	3.2	その他及び多国籍	1,651	6.7
合計	37,897	100.0	合計	24,684	100.0

出所：文化体育観光部

(4) アニメーション産業

<表5-27> 年度別アニメーション産業総括

	事業体数(社)	従事者数(人)	売上高(百万ウォン)	付加価値額(百万ウォン)	付加価値率(%)	輸出額(千ドル)	輸入額(千ドル)
2018	509	5,380	629,257	223,004	35.4	174,517	7,878
2019	480	5,436	640,580	225,485	35.2	194,148	8,778
2020	490	5,472	553,290	232,909	42.1	134,532	7,791
2021	647	6,131	755,520	301,552	39.9	156,835	8,524
2022	696	6,373	921,022	330,566	35.9	159,355	14,293
前年対比増減率(%)	7.6	3.9	21.9	9.6	-	1.6	67.7
年平均増減率(%)	8.1	4.3	10.0	10.3	-	-2.2	16.1

出所：文化体育観光部

<表5-28> 事業者別・従事者別アニメーション産業平均売上額現況（2022）

中分類	小分類	事業体数(社)	売上高(百万ウォン)	業体当たり平均売上高(百万ウォン)	1人当たり平均売上高(百万ウォン)
アニメーション制作業	アニメーション創作制作業	398	518,557	1,303	149
	アニメーション下請制作業	194	141,624	730	68
	オンライン（インターネット.モバイル）アニメーション制作	32	44,108	1,378	187
	小計	624	704,290	1,129	121
アニメーション流通, 配給業	アニメーション流通, 配給及びプロモーション業	57	90,136	1,581	269
オンラインアニメーション流通業	オンラインアニメーションサービス業（インターネット.モバイル）	15	26,413	1,761	120
アニメーション全体		696	820,839	1,179	129

出所：文化体育観光部

<表5-29> 業種別アニメーション産業売上額　　　　　　　　　　　　　　　　　（単位：百万ウォン）

中分類	小分類	2021	2022	比重(%)	前年対比増加率(%)
アニメーション制作業	アニメーション創作制作	435,743	518,557	56.3	19.0
	アニメーション下請制作	136,813	141,624	15.4	3.5
	オンライン（インターネット.モバイル）アニメーション制作	16,237	44,108	4.8	171.6
	小計	588,794	704,290	76.5	19.6
アニメーション流通, 配給業	アニメーション流通, 配給及びプロモーション業	60,866	90,136	9.8	48.1
	劇場売上高	81,928	96,712	10.5	18.0
	放送局輸出額	2,860	3,471	0.4	21.3
	小計	145,654	190,319	20.7	30.7
オンラインアニメーション流通業	オンラインアニメーションサービス業（インターネット.モバイル）	21,072	26,413	2.9	25.3
アニメーション産業合計		755,520	921,022	100.0	21.9

出所：文化体育観光部

<表5-30> 地域別・年度別アニメーション産業売上額推移　　　　　　　　　　（単位：百万ウォン）

		2020	2021	2022	比重(%)	前年対比増加率(%)
ソウル		387,403	489,232	626,800	76.4	28.1
7市	釜山	13,984	15,016	13,698	1.7	-8.8
	大邱	356	706	722	0.1	2.3
	仁川	11,499	11,542	10,306	1.3	-10.7
	光州	25,105	28,107	28,368	3.5	0.9
	大田	4,263	4,324	1,176	0.1	-72.8
	蔚山	96	613	2,799	0.3	356.6
	世宗	2,132	828	38	0.0	-95.4
	小計	57,434	61,136	57,107	7.0	-6.6
9道	京畿	66,206	98,875	111,709	13.6	13.0
	江原	3,996	3,929	6,287	0.8	60.0
	忠北	803	317	269	0.0	-15.0
	忠南	3,361	4,316	3,465	0.4	-19.7
	全北	1,374	2,809	1,895	0.2	-32.5
	全南	1,780	4,802	7,533	0.9	56.9
	慶北	85	367	325	0.0	-11.3
	慶南	1,818	2,025	1,968	0.2	-2.8
	済州	1,357	2,926	3,481	0.4	19.0
	小計	80,779	120,364	136,932	16.7	13.8
合計		525,616	670,732	820,839	100.0	22.4

出所：文化体育観光部

<表5-31> 年度別アニメーション産業輸出入額推移　　　　　　　　　　（単位：千ドル）

	2020	2021	2022	前年対比増減率(%)	年平均増減率(%)
輸出額	134,532	156,835	159,355	1.6	8.8
輸入額	7,791	8,524	14,293	67.7	35.4

出所：文化体育観光部

<表5-32> 地域別・年度別アニメーション産業輸出額推移　　　　　　　　　　　　　　（単位：千ドル）

	2020	2021	2022	比重(%)	前年対比増減率(%)	年平均増減率(%)
中華圏*	15,896	21,488	22,206	13.9	3.3	18.2
日本	26,208	33,860	34,862	21.9	3.0	15.3
東南アジア	3,326	6,010	8,781	5.5	46.1	62.5
北米	64,294	62,210	62,823	39.4	1.0	-1.2
ヨーロッパ	21,972	28,606	25,001	15.7	-12.6	6.7
その他	2,837	4,662	5,683	3.6	21.9	41.5
合計	134,532	156,835	159,355	100.0	1.6	8.8

注) 中華圏：中国, 香港, 台湾の3ヵ国を統合して算出。

出所：文化体育観光部

<表5-33> 地域別・年度別アニメーション産業輸入額推移　　　　　　　　　　　　　　（単位：千ドル）

	2020	2021	2022	比重(%)	前年対比増減率(%)	年平均増減率(%)
中華圏*	115	-	1,029	7.2	-	199.1
日本	7,409	8,307	11,122	77.8	33.9	22.5
東南アジア	49	64	70	0.5	9.4	19.5
北米	118	153	1,746	12.2	1,038.8	284.6
ヨーロッパ	100	-	-	-	-	-
その他	-	-	327	2.3	-	-
合計	7,791	8,524	14,293	100.0	67.7	35.4

注) 中華圏：中国, 香港, 台湾の3ヵ国を統合して算出。

出所：文化体育観光部

(5) キャラクター産業

<表5-34> 年度別キャラクター産業総括推移

	事業体数(社)	従事者数(人)	売上高(百万ウォン)	付加価値額(百万ウォン)	付加価値率(%)	輸出額(千ドル)	輸入額(千ドル)
2018	2,534	36,306	12,207,043	4,967,732	40.7	745,142	167,631
2019	2,754	37,521	12,566,885	4,931,361	39.2	791,338	166,945
2020	2,700	36,505	12,218,076	4,863,779	39.8	715,816	158,420
2021	2,901	16,597	5,003,908	2,080,238	41.6	412,990	81,226
2022	3,169	17,154	5,372,788	2,097,246	39.0	390,399	95,157
前年対比増減率(%)	9.2	3.4	7.4	0.8	-	-5.5	17.2
年平均増減率(%)	5.7	-17.1	-18.5	-19.4	-	-14.9	-13.2

出所：文化体育観光部

<表5-35> 業種別・年度別キャラクター産業売上額推移 (単位：百万ウォン)

		2021	2022	比重(%)	前年対比増減率(%)
キャラクター制作業	キャラクター開発及びライセンス業	1,415,318	1,596,047	29.7	12.8
	キャラクター商品製造業	764,060	805,606	15.0	5.4
	小計	2,179,377	2,401,653	44.7	10.2
キャラクター商品流通業	キャラクター商品卸売業	1,427,243	1,537,666	28.6	7.7
	キャラクター商品小売業	1,397,288	1,433,469	26.7	2.6
	小計	2,824,531	2,971,135	55.3	5.2
キャラクター産業全体		5,003,908	5,372,788	100.0	7.4

出所：文化体育観光部

<表5-36> 地域別・年度別キャラクター産業売上額推移　　　　　　　　　　　　　　（単位：百万ウォン）

		2020	2021	2022	比重(%)	前年対比増減率(%)
	ソウル	5,397,132	2,079,707	2,478,254	46.1	19.2
7市	釜山	333,914	142,914	154,691	2.9	8.2
	大邱	251,054	91,642	99,219	1.8	8.3
	仁川	395,895	180,028	248,444	4.6	38.0
	光州	95,625	51,162	49,783	0.9	-2.7
	大田	120,553	23,653	40,427	0.8	70.9
	蔚山	10,728	11,532	20,649	0.4	79.1
	世宗	3,116	1,394	2,578	0.0	84.9
	小計	1,210,885	502,325	615,791	11.5	22.6
9道	京畿	4,304,699	1,715,721	1,813,758	33.8	5.7
	江原	57,681	32,004	46,046	0.9	43.9
	忠北	338,354	35,935	40,519	0.8	12.8
	忠南	223,974	120,562	113,195	2.1	-6.1
	全北	112,863	60,969	25,815	0.5	-57.7
	全南	59,473	12,934	11,240	0.2	-13.1
	慶北	79,517	19,549	39,042	0.7	99.7
	慶南	349,557	37,938	49,330	0.9	30.0
	済州	83,941	386,265	139,798	2.6	-63.8
	小計	5,610,059	2,421,877	2,278,742	42.4	-5.9
合計		12,218,076	5,003,908	5,372,788	100.0	7.4

出所：文化体育観光部

<表5-37> 年度別キャラクター産業輸出入額推移　　　　　　　　　　　　　　（単位：千ドル）

	2020	2021	2022	前年対比増減率(%)	年平均増減率(%)
輸出額	71,5816	412,990	390,399	-5.5	-26.1
輸入額	15,8420	81,226	95,157	17.2	-22.5

出所：文化体育観光部

<表5-38> 地域別キャラクター産業輸出額推移　　　　　　　　　　　　　　　　（単位：千ドル）

	2020	2021	2022	比重(%)	前年対比増減率(%)	年平均増減率(%)
中華圏*	163,048	122,661	116,010	29.7	-5.4	-15.6
日本	66,930	36,438	37,384	9.6	2.6	-25.3
東南アジア	120,935	82,975	78,635	20.1	-5.2	-19.4
北米	153,576	81,615	78,948	20.2	-3.3	-28.3
ヨーロッパ	139,785	60,384	56,218	14.4	-6.9	-36.6
その他	71,542	28,917	23,205	5.9	-19.8	-43.0
合計	715,816	412,990	390,399	100.0	-5.5	-26.1

注）中華圏：中国，香港，台湾の3ヵ国を統合して算出。

出所：文化体育観光部

<表5-39> 地域別キャラクター産業輸入額推移　　　　　　　　　　　　　　　　（単位：千ドル）

	2020	2021	2022	比重(%)	前年対比増減率(%)	年平均増減率(%)
中華圏*	68,621	30,123	34,311	36.1	13.9	-29.3
日本	15,252	7,211	10,668	11.2	47.9	-16.4
東南アジア	40,793	21,611	21,000	22.1	-2.8	-28.3
北米	23,301	14,899	19,750	20.8	32.6	-7.9
ヨーロッパ	10,224	7,214	8,675	9.1	20.3	-7.9
その他	230	169	753	0.8	346.9	81.0
合計	158,420	81,226	95,157	100.0	17.2	-22.5

注）中華圏：中国，香港，台湾の3ヵ国を統合して算出。

出所：文化体育観光部

(6) コンテンツソリューション産業

<表5-40> 年度別コンテンツソリューション産業総括推移

	事業体数 (社)	従事者数 (人)	売上高 (百万ウォン)	付加価値額 (百万ウォン)	付加価値率 (%)	輸出額 (千ドル)	輸入額 (千ドル)
2018	2,120	29,509	5,094,916	2,283,056	44.8	214,933	13,540
2019	2,076	30,655	5,360,990	2,437,722	45.5	227,881	13,414
2020	2,022	31,863	5,635,230	2,546,517	45.2	233,196	13,369
2021	2,256	38,256	8,470,614	3,907,217	46.1	244,527	13,443
2022	2,324	39,516	9,110,097	4,015,629	44.1	252,535	14,156
前年対比 増減率(%)	3.0	3.3	7.5	2.8	-	3.3	5.3
年平均 増減率(%)	2.3	7.6	15.6	15.2	-	4.1	1.1

出所：文化体育観光部

<表5-41> 業種別・年度別コンテンツソリューション産業売上額推移　　　　　（単位：百万ウォン）

		2020	2021	2022	比重 (%)	前年対比 増減率(%)	年平均 増減率(%)
コンテンツソリューション産業	著作物	684,722	756,845	756,532	8.3	-0.0	5.1
	コンテンツ保護	302,965	320,996	334,065	3.7	4.1	5.0
	モバイルソリューション	1,653,525	2,641,625	2,841,892	31.2	7.6	31.1
	課金/決済	700,658	1,078,236	1,113,494	12.2	3.3	26.1
	CMS	286,984	406,020	449,675	4.9	10.8	25.2
	CDN	262,816	531,606	591,757	6.5	11.3	50.1
	その他	1,390,361	2,386,924	2,631,551	28.9	10.2	37.6
	小計	5,282,031	8,122,252	8,718,967	95.7	7.3	28.5
CG制作業		353,199	348,362	391,131	4.3	12.3	5.2
合計		5,635,230	8,470,614	9,110,097	100.0	7.5	27.1

出所：文化体育観光部

<表5-42> 地域別・年度別コンテンツソリューション産業売上額推移 　　　　　　　　　　（単位：百万ウォン）

		2020	2021	2022	比重(%)	前年対比増減率(%)
ソウル		4,181,845	6,178,367	6,507,055	71.4	5.3
7市	釜山	97,154	181,080	185,600	2.0	2.5
	大邱	99,462	109,876	97,346	1.1	-11.4
	仁川	63,711	56,775	56,629	0.6	-0.3
	光州	63,825	38,649	36,926	0.4	-4.5
	大田	61,127	134,102	160,571	1.8	19.7
	蔚山	9,347	17,649	17,150	0.2	-2.8
	世宗	314	7,301	5,108	0.1	-30.0
	小計	394,940	545,431	559,331	6.1	2.5
9道	京畿	943,772	1,461,262	1,777,971	19.5	21.7
	江原	21,852	54,011	42,087	0.5	-22.1
	忠北	49,768	30,283	39,240	0.4	29.6
	忠南	8,119	19,638	16,447	0.2	-16.2
	全北	15,091	43,968	36,128	0.4	-17.8
	全南	269	10,382	18,344	0.2	76.7
	慶北	2,685	41,626	37,636	0.4	-9.6
	慶南	11,938	62,323	60,006	0.7	-3.7
	済州	4,950	23,322	15,853	0.2	-32.0
	小計	1,058,445	1,746,816	2,043,712	22.4	17.0
合計		5,635,230	8,470,614	9,110,097	100.0	7.5

出所：文化体育観光部

<表5-43> 年度別コンテンツソリューション産業輸出入額推移 　　　　　　　　　　（単位：千ドル）

	2020	2021	2022	前年対比増減率(%)	年平均増減率(%)
輸出額	233,196	244,527	252,535	3.3	4.1
輸入額	13,369	13,443	14,156	5.3	1.9

出所：文化体育観光部

<表5-44> 地域別コンテンツソリューション産業輸出額推移　　　　　　　　　　　　（単位：千ドル）

	2020	2021	2022	比重(%)	前年対比増減率(%)	年平均増減率(%)
中華圏*	30,980	34,164	35,145	13.9	2.9	6.5
日本	76,290	81,473	88,252	34.9	8.3	7.6
東南アジア	4,612	49,669	49,642	19.7	-0.1	3.7
北米	25,983	26,632	29,106	11.5	9.3	5.8
ヨーロッパ	29,110	28,709	27,448	10.9	-4.4	-2.9
その他	24,709	23,880	22,943	9.1	-3.9	-3.6
合計	233,196	244,527	252,535	100.0	3.3	4.1

注) 中華圏：中国，香港，台湾の3ヵ国を統合して算出。

出所：文化体育観光部

<表5-45> 地域別コンテンツソリューション産業輸入額推移　　　　　　　　　　　　（単位：千ドル）

	2020	2021	2022	比重(%)	前年対比増減率(%)	年平均増減率(%)
中華圏*	117	172	321	2.3	86.7	65.9
日本	140	129	132	0.9	2.2	-2.8
東南アジア	26	45	24	0.2	-46.7	-3.4
北米	12,405	12,496	12,676	89.5	1.4	1.1
ヨーロッパ	-	-	-	-	-	-
その他	682	602	1,003	7.1	66.8	21.3
合計	13,369	13,443	14,156	100.0	5.3	2.9

注) 中華圏：中国，香港，台湾の3ヵ国を統合して算出。

出所：文化体育観光部

(7) 出版産業

<表5-46> 年度別出版産業総括推移

	事業体数(社)	従事者数(人)	売上高(百万ウォン)	付加価値額(百万ウォン)	付加価値率(%)	輸出額(千ドル)	輸入額(千ドル)
2018	24,995	184,554	20,953,772	8,879,278	42.4	248,991	268,114
2019	25,220	185,270	21,341,176	8,875,983	41.6	214,732	275,426
2020	25,244	185,444	21,648,849	8,758,970	40.5	345,960	254,371
2021	34,011	175,898	24,697,753	9,740,089	39.4	428,379	317,939
2022	34,652	173,167	25,191,702	9,930,528	39.4	375,083	272,088
前年対比増減率(%)	1.9	-1.6	2.0	2.0	-	-12.4	-14.4
年平均増減率(%)	8.5	-1.6	4.7	2.8	-	10.8	0.4

出所：文化体育観光部

<表5-47> 事業者別・従事者別出版産業平均売上額現況(2022)

中分類	小分類	事業体数(社)	売上高(百万ウォン)	業体当たり平均売上高(百万ウォン)	1人当たり平均売上高(百万ウォン)
出版業	一般書籍出版業(紙媒体出版業)	6,771	2,422,886	358	138
	教科書及び学習書出版業	1,685	2,696,995	1,601	184
	インターネット/モバイル電子出版制作業	275	831,862	3,025	295
	新聞発行業	1,113	2,748,493	2,469	172
	雑誌及び定期刊行物発行業	1,991	1,212,557	609	116
	定期広告刊行物発行業	388	370,558	955	111
	その他印刷物出版業	1,231	702,381	571	216
	小計	13,454	10,985,732	817	161
印刷業	印刷業	11,718	4,694,449	401	88
出版卸小売業	書籍及び雑誌類卸売業	2,872	3,640,034	1,267	317
	書籍及び雑誌類小売業	5,974	5,199,224	870	312
	小計	8,846	8,839,258	999	314
オンライン出版流通業	インターネット/モバイル電子出版サービス業	68	641,779	9,438	608
出版賃貸業	書籍賃貸業(漫画除外)	566	30,483	54	31
	合計	34,652	25,191,702	727	166

出所：文化体育観光部

<表5-48> 年度別・業種別出版産業売上額推移　　　　　　　　　　　　（単位：百万ウォン, %)

中分類	小分類	2021	2022	比重	前年対比増減率
出版業	一般書籍出版業(紙媒体出版業)	2,435,555	2,422,886	9.6	-0.5
	教科書及び学習書出版業	2,650,839	2,695,995	10.7	1.7
	インターネット/モバイル電子出版制作業	704,828	831,862	3.3	18.0
	新聞発行業	2,798,269	2,748,493	10.9	-1.8
	雑誌及び定期刊行物発行業	1,271,117	1,212,557	4.8	-4.6
	定期広告刊行物発行業	423,982	370,558	1.5	-12.6
	その他印刷物出版業	666,678	702,381	2.8	5.4
	小計	10,951,268	10,985,732	43.6	0.3
印刷業	印刷業	4,476,166	4,694,449	18.6	4.9
出版卸小売業	書籍及び雑誌類卸売業	3,613,578	3,640,034	14.4	0.7
	書籍及び雑誌類小売業	5,148,584	5,199,224	20.6	1.0
	小計	8,762,162	8,839,258	35.1	0.9
オンライン出版流通業	インターネット/モバイル電子出版制作業	476,564	641,779	2.5	34.7
出版賃貸業	書籍賃貸業(漫画除外)	31,593	30,483	0.1	-3.5
	合計	24,697,753	25,191,702	100.0	2.0

出所：文化体育観光部

<表5-49> 地域別・年度別出版産業売上額推移 （単位：百万ウォン）

		2020	2021	2022	比重(%)	前年対比増減率(%)
	ソウル	12,310,320	13,137,502	13,742,187	54.6	4.6
7市	釜山	525,307	690,183	683,884	2.7	-0.9
	大邱	431,831	640,279	641,927	2.5	0.3
	仁川	459,719	603,372	550,397	2.2	-8.8
	光州	315,903	447,148	410,705	1.6	-8.2
	大田	272,789	606,468	629,618	2.5	3.8
	蔚山	147,711	213,598	181,631	0.7	-15.0
	世宗	35,292	100,902	124,310	0.5	23.2
	小計	2,188,552	3,301,949	3,222,473	12.8	-2.4
9道	京畿	6,001,628	5,951,132	5,961,201	23.7	0.2
	江原	71,468	216,062	194,952	0.8	-9.8
	忠北	110,253	268,418	291,532	1.2	8.6
	忠南	204,916	339,897	322,207	1.3	-5.2
	全北	115,814	374,492	300,835	1.2	-19.7
	全南	59,432	169,797	233,326	0.9	37.4
	慶北	264,222	352,692	331,817	1.3	-5.9
	慶南	269,905	475,043	460,136	1.8	-3.1
	済州	52,337	110,768	131,037	0.5	18.3
	小計	7,149,977	8,258,302	8,227,043	32.7	-0.4
合計		21,648,849	24,697,753	25,191,702	100.0	2.0

出所：文化体育観光部

<表5-50> 年度別出版産業輸出入額推移 （単位：千ドル）

	2020	2021	2022	前年対比増減率(%)	年平均増減率(%)
輸出額	345,960	428,379	375,083	-12.4	4.1
輸入額	254,371	317,939	272,088	-14.4	3.4

出所：文化体育観光部

<表5-51> 地域別・年度別出版産業輸出額推移 (単位：千ドル)

	2020	2021	2022	比重(%)	前年対比増減率(%)	年平均増減率(%)
中華圏*	19,907	48,349	64,121	17.1	32.6	79.5
日本	47,802	78,458	67,417	18.0	-14.1	18.8
東南アジア	150,784	130,717	25,787	6.9	-80.3	-58.6
北米	91,967	124,308	159,826	42.6	28.6	31.8
ヨーロッパ	8,567	12,548	13,134	3.5	4.7	23.8
その他	26,912	33,981	44,797	11.9	31.8	29.0
合計	345,960	428,379	375,083	100.0	-12.4	4.1

注) 中華圏：中国, 香港, 台湾の3ヵ国を統合して算出。

出所：文化体育観光部

<表5-52> 地域別・年度別出版産業輸入額推移 (単位：千ドル)

	2020	2021	2022	比重(%)	前年対比増減率(%)	年平均増減率(%)
中華圏*	73,958	90,139	85,358	31.4	-5.3	7.4
日本	23,114	30,216	30,157	11.1	-0.2	14.2
東南アジア	19,906	30,257	10,287	3.8	-66.0	-28.1
北米	68,760	84,243	67,101	24.7	-20.3	-1.2
ヨーロッパ	66,057	78,851	62,038	22.8	-21.3	-3.1
その他	2,561	4,207	17,142	6.3	307.5	158.7
合計	254,371	317,939	272,088	100.0	-14.4	3.4

注) 中華圏：中国, 香港, 台湾の3ヵ国を統合して算出。

出所：文化体育観光部

(8) 漫画産業

<表5-53> 年度別漫画産業総括推移

	事業体数 (社)	従事者数 (人)	売上高 (百万ウォン)	付加価値額 (百万ウォン)	付加価値率 (%)	輸出額 (千ドル)	輸入額 (千ドル)
2018	6,628	10,761	1,178,613	427,238	36.2	40,501	6,588
2019	6,607	11,079	1,337,248	436,443	32.6	46,010	6,578
2020	6,144	11,230	1,534,444	562,733	36.7	62,715	6,493
2021	4,919	10,825	2,132,149	799,955	375	81,980	7,584
2022	5,004	12,185	2,624,004	934,543	35.6	107,635	7,288
前年対比増減率(%)	1.7	12.6	23.1	16.8	-	31.3	3.9
年平均増減率(%)	6.8	3.2	22.2	21.6	-	27.7	2.6

出所：文化体育観光部

<表5-54> 事業者別・従事者別漫画産業平均売上額現況(2022)

中分類	小分類	事業体数 (社)	売上高 (百万ウォン)	業体当たり 平均売上高 (百万ウォン)	1人当たり 平均売上高 (百万ウォン)
漫画出版業	漫画出版社(漫画雑誌, 連載漫画, コミックス等)	110	237,973	2,163	231
	一般出版社(漫画部門)	110	418,389	3,804	256
	小計	220	656,362	2,983	246
オンライン漫画制作・流通業	インターネット/モバイル漫画コンテンツ制作及び提供(CP)	244	391,220	1,603	268
	インターネット/モバイル漫画コンテンツサービス	40	1,068,102	26,703	635
	小計	284	1,459,321	5,138	465
漫画本賃貸業	漫画賃貸(漫画喫茶, 漫画カフェ等)	295	16,266	55	27
	書籍賃貸(レンタル)(漫画部門)	448	13,071	29	24
	小計	743	29,336	39	26
漫画卸小売業	漫画書籍及び雑誌類卸売	215	92,563	431	85
	漫画書籍及び雑誌類小売	3,542	386,421	109	93
	小計	3,757	478,984	127	92
全体		5,004	2,624,004	524	215

出所：文化体育観光部

<表5-55> 年度別・業種別漫画産業売上額推移 (単位：百万ウォン)

中分類	小分類	2021	2022	比重(%)	前年対比増減率(%)
漫画出版業	漫画出版社(漫画雑誌，連載漫画，コミックス等)	173,146	237,973	9.1	37.4
	一般出版社(漫画部門)	398,046	418,389	15.9	5.1
	小計	571,192	656,362	25.0	14.9
オンライン漫画制作・流通業	インターネット/モバイル漫画コンテンツ制作及提供(CP)	250,261	391,220	14.9	56.3
	インターネット/モバイル漫画コンテンツサービス	832,981	1,068,102	40.7	28.2
	小計	1,083,242	1,459,321	55.6	34.7
漫画本賃貸業	漫画賃貸(漫画喫茶，漫画カフェ等)	15,545	16,266	0.6	4.6
	書籍賃貸(レンタル)(漫画部門)	13,218	13,071	0.5	-1.1
	小計	28,763	29,336	1.1	2.0
漫画卸小売業	漫画書籍及び雑誌類卸売	91,022	92,563	3.5	1.7
	漫画書籍及び雑誌類小売	357,929	386,421	14.7	8.0
	小計	448,952	478,984	18.3	6.7
全体		2,132,149	2,624,004	100.0	23.1

出所：文化体育観光部

<表5-56> 地域別・年度別漫画産業売上額推移 (単位：百万ウォン)

		2020	2021	2022	比重(%)	前年対比増減率(%)
ソウル		809,879	924,064	1,173,862	44.7	27.0
7市	釜山	13,192	25,465	37,104	1.4	45.7
	大邱	16,808	30,773	29,572	1.1	-3.9
	仁川	20,411	28,787	54,311	2.1	88.7
	光州	24,152	25,899	23,688	0.9	-8.5
	大田	11,839	14,698	17,090	0.7	16.3
	蔚山	4,076	7,408	7,737	0.3	4.5
	世宗	664	4,311	5,430	0.2	25.9
	小計	91,142	137,341	174,932	6.7	27.4
9道	京畿	557,756	927,393	1,124,689	42.9	21.3
	江原	18,499	18,243	14,813	0.6	-18.8
	忠北	2,996	17,243	16,568	0.6	-3.9
	忠南	3,394	16,854	20,630	0.8	22.4
	全北	12,343	18,551	18,520	0.7	-0.2
	全南	1,982	13,647	20,923	0.8	53.3
	慶北	21,497	22,883	22,943	0.9	0.3
	慶南	8,241	15,168	19,303	0.7	23.6
	済州	6,716	20,312	16,819	0.6	-17.2
	小計	633,423	1,070,743	1,275,210	48.6	19.1
合計		1,534,444	2,132,149	2,624,004	100.0	23.1

出所：文化体育観光部

<表5-57> 年度別漫画産業輸出入額推移 (単位：千ドル)

	2020	2021	2022	前年対比増減率(%)	年平均増減率(%)
輸出額	62,715	81,980	107,635	31.3	31.0
輸入額	6,493	7,584	7,288	-3.9	5.9

出所：文化体育観光部

<表5-58> 地域別・年度別漫画産業輸出額推移　　　　　　　　　　　　　　　　（単位：千ドル）

	2020	2021	2022	比重(%)	前年対比増減率(%)	年平均増減率(%)
中華圏*	8,616	15,381	19,367	18.0	25.9	49.9
日本	15,915	22,776	32,791	30.5	44.0	43.5
東南アジア	13,785	15,139	19,835	18.4	31.0	20.0
北米	8,283	11,778	14,051	13.1	19.3	30.2
ヨーロッパ	15,207	14,959	15,463	14.4	3.4	0.8
その他	908	1,947	6,128	5.7	214.8	159.8
合計	62,715	81,980	107,635	100.0	31.3	31.0

注）中華圏：中国，香港，台湾の3ヵ国を統合して算出。

出所：文化体育観光部

<表5-59> 地域別・年度別漫画産業輸入額推移　　　　　　　　　　　　　　　　（単位：千ドル）

	2020	2021	2022	比重(%)	前年対比増減率(%)	年平均増減率(%)
中華圏*	184	1,307	1,412	19.4	8.0	176.7
日本	5,779	5,238	5,122	70.3	-2.2	-5.9
東南アジア	66	60	110	1.5	83.8	29.5
北米	235	485	324	4.5	-33.1	17.6
ヨーロッパ	134	340	192	2.6	-43.5	19.7
その他	95	155	128	1.8	-17.3	16.0
合計	6,493	7,584	7,288	100.0	-3.9	5.9

注）中華圏：中国，香港，台湾の3ヵ国を統合して算出。

出所：文化体育観光部

(9) 広告産業

<表5-60> 年度別広告産業総括推移

	事業体数(社)	従事者数(人)	売上高(百万ウォン)	付加価値額(百万ウォン)	付加価値率(%)	輸出額(千ドル)	輸入額(千ドル)
2018	7,256	70,827	17,211,863	5,347,726	31.1	61,293	285,229
2019	7,323	73,520	18,133,845	5,630,559	31.1	139,083	276,034
2020	6,337	68,888	17,421,750	5,874,614	33.7	119,935	98,672
2021	6,627	74,485	18,921,883	6,200,701	32.8	258,167	341,654
2022	6,667	75,338	19,666,138	6,127,969	31.2	327,748	364,860
前年対比増減率(%)	0.6	1.1	3.9	-1.2	-4.9	27.0	6.8
年平均増減率(%)	-2.1	1.6	3.4	3.5	0.1	52.1	6.3

出所：文化体育観光部

<表5-61> 年度別・業種別広告産業売上額推移　　　　　　　　　　　　　　（単位：百万ウォン）

中分類	小分類	2020	2021	2022	比重(%)	前年対比増加率(%)
広告(総合)大型業	総合広告代行	4,996,215	5,087,591	5,125,339	26.1	0.7
	広告媒体代行	2,316,350	2,680,834	2,721,504	13.8	1.5
	小計	7,212,566	7,768,426	7,846,842	39.9	1.0
広告制作業	印刷広告制作業	479,219	570,947	603,470	3.1	5.7
	映像広告制作業	690,552	813,735	847,162	4.3	4.1
	広告フォトスタジオ	62,542	81,441	85,997	0.4	5.6
	小計	1,232,312	1,466,123	1,536,629	7.8	4.8
広告専門サービス業	ブランドコンサルティング	170,664	183,573	190,273	1.0	3.6
	マーケティング調査	402,421	360,629	370,089	1.9	2.6
	PR(Public Relations)	308,656	398,446	408,559	2.1	2.5
	SP(Sales Promotion)	229,941	242,096	264,584	1.3	9.3
	展示及びイベント代行業	1,753,598	1,901,365	1,947,996	9.9	2.5
	小計	2,865,280	3,086,108	3,181,501	16.2	3.1
印刷業	印刷	608,928	714,423	727,020	3.7	1.8
オンライン広告代行業	オンライン総合広告代行	3,277,466	3,542,697	3,868,078	19.7	9.2
	オンライン広告制作代行	591,899	650,189	694,441	3.5	6.8
	オンライン広告媒体代行	626,279	645,876	667,740	3.4	3.4
	小計	4,495,644	4,838,761	5,230,260	26.6	8.1
屋外広告代行業	屋外総合広告代行	763,256	893,399	986,227	5.0	10.4
	屋外広告制作代行	143,763	154,643	157,659	0.8	2.0
	小計	907,019	1,048,041	1,143,887	5.8	9.1
合計		17,421,750	18,921,883	19,666,138	100.0	3.9

出所：文化体育観光部

<表5-62> 媒体別・年度別広告産業売上額推移 　　　　　　　　　　　　　（単位：百万ウォン）

中分類	小分類	2020	2021	2022	比重(%)	前年対比増加率(%)
放送	地上波TV	1,107,011	1,178,334	1,215,911	6.2	3.2
	ラジオ	210,820	229,789	246,029	1.3	7.1
	ケーブルTV	1,871,236	1,920,043	1,905,119	9.7	-0.8
	衛星TV	36,675	110,532	114,574	0.6	3.7
	IPTV	109,206	38,541	37,566	0.2	-2.5
	DMB	2,081	2,462	2,516	0.0	2.2
	小計	3,337,029	3,479,702	3,521,716	17.9	1.2
印刷	新聞	781,687	794,970	802,865	4.1	1.0
	雑誌	247,512	251,778	259,518	1.3	3.1
	小計	1,029,199	1,046,748	1,062,383	5.4	1.5
インターネット	コンピュータ(PC)	2,055,748	2,230,755	2,314,452	11.8	3.8
	モバイル	4,539,259	5,004,155	5,309,600	27.0	6.1
	小計	6,595,007	7,234,910	7,624,052	38.8	5.4
広告制作		1,232,312	1,466,123	1,536,629	7.8	4.8
屋外 등		1,753,993	1,893,869	2,012,838	10.2	6.3
広告関連サービス業, 印刷業, その他		3,474,209	3,800,531	3,908,520	19.9	2.8
合計		17,421,750	18,921,883	19,666,138	100.0	3.9

出所：文化体育観光部

<表5-63> 地域別・年度別広告産業売上額推移　　　　　　　　　　　　　　（単位：百万ウォン）

		2020	2021	2022	比重(%)	前年対比増減率(%)
	ソウル	15,174,353	15,627,438	16,581,575	84.3	6.1
7市	釜山	467,847	630,191	372,770	1.9	-40.8
	大邱	319,243	377,139	373,107	1.9	-1.1
	仁川	129,943	102,571	102,580	0.5	0.0
	光州	114,359	181,617	220,542	1.1	21.4
	大田	153,827	291,974	230,622	1.2	-21.0
	蔚山	36,246	68,939	89,710	0.5	30.1
	世宗	17,510	7,043	9,173	0.0	30.2
	小計	1,238,975	1,659,475	1,398,504	7.1	-15.7
9道	京畿	546,748	1,052,634	1,074,505	5.5	2.1
	江原	31,323	63,302	94,626	0.5	49.5
	忠北	60,670	67,514	77,659	0.4	15.0
	忠南	90,479	55,085	87,900	0.4	59.6
	全北	58,675	118,954	119,641	0.6	0.6
	全南	52,292	54,129	58,476	0.3	8.0
	慶北	36,886	100,379	72,183	0.4	-28.1
	慶南	108,848	89,400	84,686	0.4	-5.3
	済州	22,503	33,573	16,374	0.1	-51.2
	小計	1,008,423	1,634,970	1,686,059	8.6	3.1
合計		17,421,750	18,921,883	19,666,138	100.0	3.9

出所：文化体育観光部

<表5-64> 年度別広告産業輸出入額推移　　　　　　　　　　　　　　　　　（単位：千ドル）

	2020	2021	2022	前年対比増減率(%)	年平均増減率(%)
輸出額	119,935	258,167	327,748	27.0	65.3
輸入額	98,672	341,654	360,860	6.8	92.3

出所：文化体育観光部

<表5-65> 年度別・国内外別広告産業輸出入額推移 　　　　　　　　　　　　　　　　（単位：千ドル）

		2020	2021	2022	前年対比増減率(%)	年平均増減率(%)
輸出額	海外広告主の国内広告	113,215	191,097	324,536	69.8	69.3
	海外広告主の海外広告	3,360	53,412	-	-	-
	海外広告主の広告制作	3,360	13,658	3,212	-76.5	-2.2
輸入額	国内広告主の海外広告	98,672	341,654	364,860	6.8	92.3

出所：文化体育観光部

(10) 知識情報産業

<表5-66> 年度別知識情報産業総括推移

	事業体数（社）	従事者数（人）	売上高（百万ウォン）	付加価値額（百万ウォン）	付加価値率(%)	輸出額（千ドル）	輸入額（千ドル）
2018	9,724	86,490	16,290,992	7,859,527	48.2	633,878	8,852
2019	9,859	89,286	17,669,282	8,104,087	45.9	649,623	8,909
2020	9,949	93,182	19,373,367	8,686,346	44.8	691,987	9,467
2021	10,108	87,704	19,946,243	8,423,451	422	660,850	9,314
2022	10,185	90,652	21,493,067	9,411,170	43.8	701,400	10,243
前年対比増減率(%)	0.8	3.4	7.8	11.7	-	6.1	10.0
年平均増減率(%)	1.2	1.2	7.2	4.6	-	2.6	3.7

出所：文化体育観光部

<表5-67> 事業者別・従事者別知識情報産業平均売上額現況(2022)

中分類	小分類	事業体数(社)	売上高(百万ウォン)	業体当たり平均売上高(百万ウォン)	1人当たり平均売上高(百万ウォン)
e-learning	e-learning企画業	470	940,758	2,002	199
	e-learningインターネット/モバイルサービス業	380	1,754,073	4,616	167
	インターネット/モバイルe-learning制作及び提供業(CP)	167	809,864	4,849	136
	エデュテインメント企画及び制作業	198	412,184	2,082	167
	小計	1,215	3,916,879	3,224	166
その他データベース及びオンライン情報提供業		1,342	3,427,354	2,554	165
ポータル及びその他インターネット情報仲介サービス業		1,161	9,912,674	8,538	489
仮想世界及びバーチャルリアリティー業	スクリーンゴルフシステム企画及び制作業	13	812,602	62,508	768
	スクリーンゴルフ場運営業	6,260	3,023,406	483	132
	その他仮想世界及びバーチャルリアリティー企画及び制作業	158	379,431	2,401	216
	その他仮想世界及びバーチャルリアリティーサービス業	36	20,721	576	71
	小計	6,467	4,236,160	655	163
全体		10,185	21,493,067	2,110	237

出所：文化体育観光部

<表5-68> 年度別・業種別知識情報産業売上額推移 (単位：百万ウォン)

中分類	小分類	2020	2021	2022	比重(%)	前年対比増減率(%)
e-learning	e-learning企画業	815,850	826,300	940,758	4.4	13.9
	e-learningインターネット/モバイルサービス業	3,248,611	1,587,299	1,754,073	8.2	10.5
	インターネット/モバイルe-learning制作及び提供業(CP)	539,242	738,583	809,864	3.8	9.7
	エデュテインメント企画及び制作業	313,796	412,708	412,184	1.9	-0.1
	小計	4,917,499	3,564,890	3,916,879	18.2	9.9
その他データベース及びオンライン情報提供業		1,968,317	2,953,235	3,427,354	15.9	16.1
ポータル及びその他インターネット情報仲介サービス業		9,797,338	9,980,483	9,912,674	46.1	-0.7
仮想世界及びバーチャルリアリティー業	スクリーンゴルフシステム企画及び制作業	463,414	607,096	812,602	3.8	33.9
	スクリーンゴルフ場運営業	1,947,245	2,502,097	3,023,406	14.1	20.8
	その他仮想世界及びバーチャルリアリティー企画及び制作業	260,873	321,581	379,431	1.8	18.0
	その他仮想世界及びバーチャルリアリティーサービス業	18,682	16,862	20,721	0.1	22.9
	小計	2,690,213	3,447,636	4,236,160	19.7	22.9
全体		19,373,367	19,946,243	21,493,067	100.0	7.8

出所：文化体育観光部

<表5-69> 地域別・年度別知識情報産業売上額推移　　　　　　　　　　　　（単位：百万ウォン）

		2020	2021	2022	比重(%)	前年対比増減率(%)
ソウル		11,716,023	10,641,524	11,120,027	51.7	4.5
7市	釜山	249,824	493,094	368,095	1.7	-25.4
	大邱	201,427	251,751	261,106	1.2	3.7
	仁川	159,981	210,301	218,507	1.0	3.9
	光州	82,028	170,955	171,344	0.8	0.2
	大田	515,202	251,193	256,581	1.2	2.1
	蔚山	148,687	240,297	236,636	1.1	-1.5
	世宗	6,108	35,989	40,947	0.2	13.8
	小計	1,363,256	1,653,580	1,553,216	7.2	-6.1
9道	京畿	5,383,534	6,289,212	6,872,044	32.0	9.3
	江原	87,677	167,866	187,008	0.9	11.4
	忠北	78,146	88,126	115,791	0.5	31.4
	忠南	97,206	155,368	171,906	0.8	10.6
	全北	77,652	179,912	181,181	0.8	0.7
	全南	57,844	126,768	196,516	0.9	55.0
	慶北	206,871	262,605	240,376	1.1	-8.5
	慶南	273,316	271,627	294,168	1.4	8.3
	済州	31,843	109,654	560,832	2.6	411.5
	小計	6,294,089	7,651,139	8,819,823	41.0	15.3
合計		19,373,367	19,946,243	21,493,067	100.0	7.8

出所：文化体育観光部

<表5-70> 年度別知識情報産業輸出入額推移　　　　　　　　　　　　　　（単位：千ドル）

	2020	2021	2022	前年対比増減率(%)	年平均増減率(%)
輸出額	691,987	660,850	701,400	6.1	0.7
輸入額	9,467	93,14	10,243	10.0	4.0

出所：文化体育観光部

<表5-71> 地域別・年度別知識情報産業輸出額推移　　　　　　　　　　　　　　（単位：千ドル）

	2020	2021	2022	比重(%)	前年対比増減率(%)	年平均増減率(%)
中華圏*	60,104	58,742	63,360	9.0	7.9	2.7
日本	265,266	261,811	263,908	37.6	0.8	0.3
東南アジア	303,598	278,525	243,721	34.7	-12.5	-10.4
北米	36,597	36,060	61,746	8.8	71.2	29.9
ヨーロッパ	14,319	14,059	16,882	2.4	20.1	8.6
その他	12,105	11,652	51,783	7.4	344.4	106.8
合計	691,987	660,850	701,400	100.0	6.1	0.7

注）中華圏：中国，香港，台湾の3ヵ国を統合して算出。

出所：文化体育観光部

<表5-72> 地域別・年度別知識情報産業輸入額推移　　　　　　　　　　　　　　（単位：千ドル）

	2020	2021	2022	比重(%)	前年対比増減率(%)	年平均増減率(%)
中華圏*	64	150	179	1.7	19.7	67.2
日本	683	772	1,190	11.6	54.2	32.0
東南アジア	58	112	-	-	-	-
北米	6,073	6,024	6,826	66.6	13.3	6.0
ヨーロッパ	1,715	1,504	1,661	16.2	10.4	-1.6
その他	875	752	387	3.8	-48.6	-33.5
合計	9,467	9,314	10,243	100.0	10.0	4.0

注）中華圏：中国，香港，台湾の3ヵ国を統合して算出。

出所：文化体育観光部

3) DB産業

<表5-73> 部門別データ産業市場規模推移 (単位: 億ウォン, %)

区分	2019	2020	2021	2022	2023(E)	増減率 '21~'22	CAGR '21~'23(E)
データ処理及び管理ソリューション開発・供給業	20,805	25,133	29,843	41,318	44,894	38.5	22.7
データ構築及びコンサルティングサービス業	65,412	76,999	85,274	90,305	93,268	5.9	4.6
データ販売及び提供サービス業	82,364	97,891	113,869	128,041	133,352	12.4	8.2
全体	168,582	200,024	228,986	259,663	271,513	13.4	8.9

出所：韓国データ産業振興院

<表5-74> 中分類別データ処理及び管理ソリューション開発・供給業市場規模推移 (単位: 億ウォン, %)

区分	2019	2020	2021	2022	2023(E)	増減率 '21~'22	CAGR '21~'23(E)
データ収集・連携ソリューション開発・供給業	1,871	2,122	2,499	3,789	5,464	51.6	47.9
データベース管理システムソリューション開発・供給業	7,510	8,979	11,021	15,735	16,268	42.8	21.5
データ分析ソリューション開発・供給業	2,014	2,586	2,932	4,162	4,419	42.0	22.8
データ管理ソリューション開発・供給業	5,203	6,022	7,137	8,954	9,407	25.5	14.8
データセキュリティソリューション開発・供給業	1,975	2,558	2,894	4,315	4,582	49.1	25.8
ビッグデータ統合プラットフォームソリューション開発・供給業	2,231	2,866	3,359	4,364	4,755	29.9	19.0
全体	20,805	25,133	29,843	41,318	44,894	38.5	22.7

出所：韓国データ産業振興院

<表5-75> データ産業市場展望推移　　　　　　　　　　　　　　　　　　　　　（単位: 億ウォン）

区分	2023	2024	2025	2026	2027	2028
データ産業市場規模	271,513	305,995	344,857	388,653	438,012	493,640

出所：韓国データ産業振興院

<表5-76> 領域別データ処理及び管理ソリューション開発・供給業市場規模推移　　（単位: 億ウォン, %）

区分		2019	2020	2021	2022	2023(E)	増減率 '21～'22	CAGR '21～'23(E)
データ収集・連携ソリューション開発・供給業	ライセンス	177	203	138	570	824	313.2	144.4
	開発	1,125	1,192	1,672	1,786	2,335	6.8	18.2
	メンテナンス	569	727	689	1,432	2,304	107.9	82.9
	小計	1,871	2,122	2,499	3,789	5,464	51.6	47.9
データベース管理システムソリューション開発・供給業	ライセンス	837	968	1,345	4,327	4,540	221.7	83.7
	開発	3,978	4,663	6,346	4,418	4,414	-30.4	-16.6
	メンテナンス	2,695	3,349	3,329	6,989	7,313	109.9	48.2
	小計	7,510	8,979	11,021	15,735	16,268	42.8	21.5
データ分析ソリューション開発・供給業	ライセンス	183	326	385	689	751	78.8	39.7
	開発	1,192	1,509	1,803	2,146	2,335	19.0	13.8
	メンテナンス	640	751	744	1,328	1,333	78.4	33.8
	小計	2,014	2,586	2,932	4,162	4,419	42.0	22.8
データ管理ソリューション開発・供給業	ライセンス	616	625	608	878	858	44.4	18.8
	開発	2,506	3,119	4,298	4,852	5,134	12.9	9.3
	メンテナンス	2,082	2,278	2,231	3,223	3,414	44.5	23.7
	小計	5,203	6,022	7,137	8,954	9,407	25.5	14.8
データセキュリティソリューション開発・供給業	ライセンス	212	363	460	389	395	-15.4	-7.3
	開発	1,006	1,332	1,195	1,489	1,530	24.6	13.1
	メンテナンス	757	863	1,240	2,437	2,657	96.5	46.4
	小計	1,975	2,558	2,894	4,315	4,582	49.1	25.8
ビッグデータ統合プラットフォームソリューション開発・供給業	ライセンス	209	336	271	648	706	139.0	61.4
	開発	1,228	1,579	2,052	2,666	2,884	29.9	18.6
	メンテナンス	794	950	1,036	1,050	1,165	1.4	6.0
	小計	2,231	2,866	3,359	4,364	4,755	29.9	19.0
全体		20,805	25,133	29,843	41,318	44,894	38.5	22.7

出所：韓国データ産業振興院

<表5-77> 中分類別データ構築・コンサルタントサービス業市場規模推移　　　（単位：億ウォン，%）

区分	2019	2020	2021	2022	2023(E)	増減率 '21〜'22	CAGR '21〜'23(E)
データ構築・加工サービス業	62,223	72,805	80,403	84,380	86,930	4.9	4.0
データ関連コンサルティングサービス業	3,189	4,194	4,871	5,925	6,338	21.6	14.1
全体	65,412	76,999	85,274	90,305	93,268	5.9	4.6

出所：韓国データ産業振興院

<表5-78> 領域別データ構築・コンサルタントサービス業市場規模推移　　　（単位：億ウォン，%）

区分		2019	2020	2021	2022	2023(E)	増減率 '21〜'22	CAGR '21〜'23(E)
データ構築・加工サービス業	製品販売	11,703	14,571	17,549	18,418	27,119	5.0	24.3
	用役/運営	50,519	58,234	62,855	65,963	59,811	4.9	-2.5
	小計	62,223	72,805	80,403	84,380	86,930	4.9	4.0
データ関連コンサルティングサービス業		3,189	4,194	4,871	5,925	6,338	21.6	14.1
合計		65,412	76,999	85,274	90,305	93,268	5.9	4.6

出所：韓国データ産業振興院

<表5-79> 中分類別データ販売及び提供サービス業市場規模推移　　　（単位：億ウォン，%）

区分	2019	2020	2021	2022	2023(E)	増減率 '21〜'22	CAGR '21〜'23(E)
データ販売・仲介サービス業	11,332	16,054	20,861	23,294	23,617	11.7	6.4
情報提供サービス業	71,033	81,838	93,008	104,747	109,735	12.6	8.6
全体	82,364	97,891	113,869	128,041	133,352	12.4	8.2

出所：韓国データ産業振興院

<表5-80> サービス形態別データ販売及び提供サービス業市場規模推移　　　　（単位：億ウォン，%）

区分			2019	2020	2021	2022	2023(E)	増減率'21〜'22	CAGR'21〜'23(E)
オンライン	PC	規模	56,046	61,573	61,596	66,333	68,270	7.7	5.3
		比重	68.0	62.9	54.1	51.8	51.2		
	モバイル	規模	21,303	29,995	43,990	50,480	53,885	14.8	10.7
		比重	25.9	30.6	38.6	39.4	40.4		
オフライン（機器・装備搭載を含む）		規模	5,015	6,324	8,283	11,227	11,196	35.5	16.3
		比重	6.1	6.5	7.3	8.8	8.4		
全体		規模	82,364	97,891	113,869	128,041	133,352	12.4	8.2
		比重	100.0	100.0	100.0	100.0	100.0		

出所：韓国データ産業振興院

<表5-81> 収益基盤別データ販売・提供サービス業市場規模推移　　　　（単位：億ウォン，%）

区分			2019	2020	2021	2022	2023(E)	増減率'21〜'22	CAGR'21〜'23(E)
データ販売・仲介サービス業	直接売上	規模	9,844	13,206	16,678	18,901	19,180	13.3	7.2
		比重	12.0	13.5	14.6	14.8	14.4		
	広告売上	規模	1,488	2,847	4,184	4,393	4,437	5.0	3.0
		比重	1.8	2.9	3.7	3.4	3.3		
情報提供サービス業	直接売上	規模	30,764	38,039	49,400	50,039	52,036	1.3	2.6
		比重	37.4	38.9	43.4	39.1	39.0		
	広告売上	規模	40,269	43,799	43,608	54,708	57,699	25.5	15.0
		比重	48.9	44.7	38.3	42.7	43.3		
全体		規模	82,364	97,891	113,869	128,041	13,352	12.4	8.2
		比重	100.0	100.0	100.0	100.0	100.0		

出所：韓国データ産業振興院

<表5-82> 分野別データ販売・提供サービス業市場規模推移　　　　　　　　　　　　（単位：億ウォン，％）

区分		2019	2020	2021	2022	2023(E)
教育/事業	規模	4,768	8,618	9,692	8,907	8,889
	比重	5.8	8.8	8.5	7.0	6.7
信用/財務	規模	8,412	9,698	14,706	10,575	11,052
	比重	10.2	9.9	12.9	8.3	8.3
統計	規模	5,926	4,923	3,161	6,416	7,019
	比重	7.2	5.0	2.8	5.0	5.3
経営/ビジネス	規模	22,344	19,762	22,351	35,640	36,900
	比重	27.1	20.2	19.6	27.8	27.7
ニュース	規模	6,853	11,770	7,833	9,238	10,358
	比重	8.3	12.0	6.9	7.2	7.8
ポータル	規模	12,621	13,940	18,371	13,965	14,353
	比重	15.3	14.2	16.1	10.9	10.8
行政/法律	規模	2,073	1,936	1,493	979	1,183
	比重	2.5	2.0	1.3	0.8	0.9
学術	規模	1,705	1,864	1,964	2,823	2,901
	比重	2.1	1.9	1.7	2.2	2.2
文化/芸術	規模	4,303	7,424	6,416	10,315	11,345
	比重	5.2	7.6	5.6	8.1	8.5
生活	規模	13,359	17,955	27,881	29,182	29,351
	比重	16.2	18.3	24.5	22.8	22.0
全体	規模	82,364	97,891	113,869	128,041	133,352
	比重	100.0	100.0	100.0	100.0	100.0

出所：韓国データ産業振興院

<表5-83> 需要先別データ産業市場規模現況 (単位：億ウォン，％)

区分		データ処理及び管理ソリューション開発・供給業		データ構築及びコンサルティングサービス業		データ販売及び提供サービス業		データ産業全体	
		2022	2023(E)	2022	2023(E)	2022	2023(E)	2022	2023(E)
公共	規模	3,944	3,969	1,339	11,969	5,821	6,874	21,104	22,812
	比重	9.5	8.8	12.6	12.8	4.5	5.2	8.1	8.4
金融	規模	9,686	4,163	9,216	9,783	8,651	9,278	21,553	23,224
	比重	8.9	9.3	10.2	10.5	6.8	7.0	8.3	8.6
製造	規模	3,148	3,413	14,222	14,684	1,841	2,746	19,211	20,843
	比重	7.6	7.6	15.7	15.7	1.4	2.1	7.4	7.7
流通	規模	3,880	4,396	10,327	10,591	9,309	10,676	23,515	25,664
	比重	9.4	9.8	11.4	11.4	7.3	8.0	9.1	9.5
サービス	規模	12,761	13,720	26,147	26,751	66,789	67,888	105,697	108,358
	比重	30.9	30.6	29.0	28.7	52.2	50.9	40.7	39.9
医療	規模	1,932	2,848	1,087	1,085	4,673	4,607	7,692	8,539
	比重	4.7	6.3	1.2	1.2	3.6	3.5	3.0	3.1
通信・メディア	規模	6,221	6,367	9,693	10,162	16,436	18,546	32,350	35,076
	比重	15.1	14.2	10.7	10.9	12.8	13.9	12.5	12.9
教育	規模	4,215	4,421	2,681	2,772	7,610	7,508	14,506	14,702
	比重	10.2	9.8	3.0	3.0	5.9	5.6	5.6	5.4
物流	規模	129	154	511	548	271	169	910	870
	比重	0.3	0.3	0.6	0.6	0.2	0.1	0.4	0.3
ユーティリティ	規模	53	37	26	26	51	56	130	119
	比重	0.1	0.1	0.0	0.0	0.0	0.0	0.1	0.0
農畜産・鉱業	規模	41	44	106	118	12	11	159	174
	比重	0.1	0.1	0.1	0.1	0.0	0.0	0.1	0.1
建設	規模	234	291	3,219	3,187	1,088	1,100	4,542	4,578
	比重	0.6	0.6	3.6	3.4	0.8	0.8	1.7	1.7
宿泊・飲食店	規模	30	32	-	0	97	101	127	133
	比重	0.1	0.1	-	0.0	0.1	0.1	0.0	0.0
その他	規模	1,043	1,040	1,731	1,591	5,394	3,790	8,167	6,422
	比重	2.5	2.3	1.9	1.7	4.2	2.8	3.1	2.4
全体		41,318	44,894	90,302	93,268	128,041	133,352	259,663	271,513

出所：韓国データ産業振興院

6章 電子・情報通信産業

<表5-84> 部門別データ産業直接売上市場規模推移　　　　　　　　　　　　（単位：億ウォン，%）

区分		2019	2020	2021	2022	2023(E)	増減率 '21～'22	CAGR '21～'23(E)
データ処理及び管理ソリューション開発・供給業	規模	20,805	25,133	29,843	41,318	44,894	38.5	22.7
	比重	20.9	20.6	20.4	25.2	26.1		
データ構築及びコンサルティングサービス業	規模	38,335	45,816	50,421	53,408	55,214	5.9	4.6
	比重	38.4	37.5	34.5	32.6	32.1		
データ販売及び提供サービス業	規模	40,607	51,246	66,078	68,940	72,026	4.3	4.4
	比重	40.7	41.9	45.2	42.1	41.6		
全体	規模	99,748	122,195	146,341	163,665	172,133	11.8	8.5
	比重	100.0	100.0	100.0	100.0	100.0		

出所：韓国データ産業振興院

<表5-85> 中分類別データ処理及び管理ソリューション開発供給業売上市場規模推移（単位：億ウォン，%）

区分		2019	2020	2021	2022	2023(E)	増減率 '20～'21	CAGR '20～'22(E)
データ収集・連携ソリューション開発・供給業	規模	1,871	2,122	2,499	3,789	5,464	51.6	47.9
	比重	9.0	8.4	8.4	9.2	12.2		
データベース管理システムソリューション開発・供給業	規模	7,510	8,979	11,021	15,735	16,268	42.8	21.5
	比重	36.1	35.7	36.9	38.1	36.2		
データ分析ソリューション開発・供給業	規模	2,014	2,586	2,932	4,162	4,419	42.0	22.8
	比重	9.7	10.3	9.8	10.1	9.8		
データ管理ソリューション開発・供給業	規模	5,203	6,022	7,137	8,954	9,407	25.5	14.8
	比重	25.0	24.0	23.9	21.7	21.0		
データセキュリティソリューション開発・供給業	規模	1,975	2,558	2,894	4,315	4,582	49.1	25.8
	比重	9.5	10.2	9.7	10.4	10.2		
ビッグデータ統合プラットフォームソリューション開発・供給業	規模	2,231	2,866	3,359	4,364	4,755	29.9	19.0
	比重	10.7	11.4	11.3	10.6	10.6		
全体	規模	20,805	25,133	29,843	41,318	44,894	38.5	22.7
	比重	100.0	100.0	100.0	100.0	100.0		

出所：韓国データ産業振興院

<表5-86> 中分類別データ構築及びコンサルタントサービス業売上市場規模推移　　　　（単位：億ウォン，%）

区分		2019	2020	2021	2022	2023(E)	増減率 '20～'21	CAGR '20～'22(E)
データ構築・加工サービス業	規模	35,146	41,622	45,550	47,483	48,876	4.2	3.6
	比重	91.7	90.8	90.3	88.9	88.5		
データ関連コンサルティングサービス業	規模	3,189	4,194	4,871	5,925	6,338	21.6	14.1
	比重	8.3	9.2	9.7	11.1	11.5		
全体	規模	38,335	45,816	50,421	53,408	55,214	5.9	4.6
	比重	100.0	100.0	100.0	100.0	100.0		

出所：韓国データ産業振興院

<表5-87> 中分類別データ販売・提供サービス業売上市場規模推移　　　　（単位：億ウォン，%）

区分		2019	2020	2021	2022	2023(E)	増減率 '21～'22	CAGR '21～'23(E)
データ販売・仲介サービス業	規模	9,844	13,206	16,678	18,901	19,990	13.3	9.5
	比重	24.2	25.8	25.2	27.4	27.8		
情報提供サービス業	規模	30,764	38,039	49,400	50,039	52,036	1.3	2.6
	比重	75.8	74.2	74.8	72.6	72.2		
全体	規模	40,607	51,246	66,078	68,940	72,026	4.3	4.4
	比重	100.0	100.0	100.0	100.0	100.0		

出所：韓国データ産業振興院

6. eラーニング産業

<表6-1> 年度別eラーニング事業者数推移　　　　　　　　　　　　　　（単位：社, %）

	2018	2019	2020	2021	2022	2023
全体	1,753	1,844	1,905	2,113	2,393	2506
年間増加率	4.4	3.3	5.2	10.9	13.3	4.7

出所：情報通信企画評価院

<表6-2> 年度別eラーニング供給市場規模推移　　　　　　　　　　　（単位：百万ウォン, %）

	市場規模	前年対比増加額	前年対比増加率
2016	3,487,574	2,455	0.1
2017	3,699,183	211,609	6.1
2018	3,845,009	145,826	3.9
2019	3,951,593	106,584	2.8
2020	4,630,115	678,522	17.2
2021	5,021,821	391,706	8.5
2022	5,350,864	329,043	6.6
2023	5,594,668	243,804	4.6

注) 市場規模：企業売上高の総合計(推定)。

出所：情報通信産業振興院

<表6-3> 事業別eラーニング売上額推移 (単位:百万ウォン,%)

	2021		2022		2023		前年対比増減率
	売上高	構成比	売上高	構成比	売上高	構成比	
小計	5,021,821	100.0	5,350,864	100.0	5,594,668	100.0	4.6
コンテンツ	860,321	17.1	896,418	16.8	939,377	16.8	4.8
ソリューション	422,272	8.4	454,167	8.5	479,066	8.6	5.5
サービス	3,739,228	74.5	4,000,279	74.8	4,176,225	74.6	4.4

出所:情報通信産業振興院

<表6-4> 取引相手別eラーニング売上額現況 (単位:%)

	一般個人(B2C)	事業体(B2B)	教育機関(学校)(B2E)	公共機関(B2G)	海外部門	その他	合計
2022年	34.5	29.3	18.3	12.2	1.7	3.7	100.0
2023年全体	31.2	30.4	20.2	13.2	0.7	4.2	100.0
コンテンツ	20.0	35.2	22.9	17.9	0.6	3.4	100.0
ソリューション	12.0	41.6	23.4	18.1	1.6	3.3	100.0
サービス	40.2	25.8	18.5	10.3	0.5	4.7	100.0

出所:情報通信産業振興院

<表6-5> 事業領域別eラーニング売上比率現況 (単位:%)

	コンテンツ事業部門	ソリューション事業部門	サービス事業部門
2022年	28.7	21.7	49.5
2023年全体	25.6	22.0	52.4
コンテンツ	79.0	13.3	7.7
ソリューション	9.9	86.6	3.5
サービス	11.1	8.3	80.7

出所:情報通信産業振興院

<表6-6> eラーニング関連投資企業比率推移 (単位:%)

	2018	2019	2020	2021	2022	2023
全体	52.8	59.4	59.6	58.2	59.4	61.9
コンテンツ	58.1	65.6	72.0	74.4	75.8	69.8
ソリューション	52.7	55.7	51.6	68.7	68.6	72.1
サービス	50.8	57.9	56.6	50.1	51.7	56.6

出所:情報通信産業振興院

<表6-7> 教育対象別eラーニング売上比重現況 (単位:%)

	全体	コンテンツ	ソリューション	サービス
幼児/就学前	4.0	3.8	3.3	4.9
小学生	9.9	11.3	8.3	10.2
中学生	6.3	6.6	4.7	7.7
高校生	8.0	7.3	6.0	10.6
大学生	12.5	10.5	15.4	11.7
企業在職者	40.3	42.6	40.5	37.8
生涯教育	8.3	6.4	8.6	9.9
政府・公共機関従事者	10.6	11.6	13.2	7.1

注) 20232年基準。

出所:情報通信産業振興院

<表6-8> 事業部門別eラーニングシステム開発構築方式現状 (単位:%)

	自体開発(インソーシング)	外注開発(アウトソーシング)	購入	賃貸
全体	80.7	13.3	3.0	2.9
コンテンツ	77.9	17.5	2.3	2.3
ソリューション	80.3	12.9	4.0	2.9
サービス	84.0	9.7	2.7	3.5

注) 2023年基準。

出所:情報通信産業振興院

<表6-9> eラーニング関連知的財産権保有率及び支出額推移 (単位：%)

	2018	2019	2020	2021	2022	2023 保有率	2023 売上対比支出比重
全体	40.5	45.6	41.2	48.1	50.0	49.2	1.5
コンテンツ	46.6	49.0	56.6	62.4	64.0	45.0	2.0
ソリューション	55.4	59.1	60.1	63.4	64.4	44.7	0.8
サービス	34.9	41.3	30.6	39.6	41.8	51.8	1.4

出所：情報通信産業振興院

<表6-10> eラーニング知的財産権平均保有件数現況 (単位：件)

	国内					海外産業財産権
	特許権	実用新案権	商標権	デザイン権	著作権	
全体	2.2	0.4	1.9	1.1	2.3	0.5
コンテンツ	1.5	0.5	1.5	1.2	8.4	1.0
ソリューション	4.7	0.4	2.3	1.9	0.9	0.8
サービス	1.9	0.4	1.9	1.0	0.8	0.3

注) 1. 2023年基準。
2. 知的財産権保有事業体基準。

出所：情報通信産業振興院

<表6-11> eラーニング需要市場規模(支出額)現況 (単位：百万ウォン, %)

	全体	個人	事業体	正規教育機関	政府/公共機関
金額	5,707,899	2,971,777	2,053,506	336,591	346,025
比率	100.0	52.1	36.0	5.9	6.1

注) 2023年基準。

出所：情報通信産業振興院

<表6-12> 年度別eラーニング需要市場規模推移 　　　　　　　　　　　　　　　　　（単位：百万ウォン，%）

	2019	2020	2021	2022	2023	前年対比増減率
全体	3,860,943	4,568,109	5,039,933	5,396,020	5,707,899	5.8
個人	1,813,261	2,365,791	2,607,875	2,768,395	2,971,777	7.3
事業体	1,569,416	1,658,085	1,806,701	1,969,581	2,053,506	4.3
正規教育機関	222,647	269,666	309,263	328,225	336,591	2.5
政府/公共機関	255,619	274,567	316,094	329,819	346,025	4.9

出所：情報通信産業振興院

<表6-13> 需要先別eラーニング市場比率推移 　　　　　　　　　　　　　　　　　　　　（単位：%）

	2019	2020	2021	2022	2023	前年対比増減率
個人	47.0	51.8	51.7	51.3	52.1	0.8
事業体	40.6	36.3	35.8	36.5	36.0	-0.5
正規教育機関	5.8	5.9	6.1	6.1	5.9	-0.2
政府/公共機関	6.6	6.0	6.3	6.1	6.1	0.0

出所：情報通信産業振興院

1) 個人

<表6-14> 個人特性別eラーニング利用率推移 　　　　　　　　　　　　　　　　　　　（単位：%, %p）

		2019	2020	2021	2022	2023	前年対比増減率
全体		59.2	62.5	65.9	60.8	62.2	1.4
性別	男性	59.9	63.9	65.4	60.6	61.8	1.2
	女性	58.6	61.1	66.5	61.0	62.7	1.7
年齢帯	3～9代	51.5	53.5	59.7	55.4	57.4	2.0
	10代	83.7	89.7	91.4	93.3	95.4	2.1
	20代	77.2	82.5	84.2	86.7	88.5	1.8
	30代	59.6	62.8	64.7	66.9	68.3	1.4
	40代	52.5	55.7	58.7	60.4	62.1	1.7
	50代	39.2	40.4	47.4	46.0	47.4	1.4
	60代	-	-	-	30.4	30.6	0.2

注) 利用率=全利用者のうちeラーニングを利用していると回答した人の比率(最近2年)。

出所：情報通信産業振興院

<表6-15> eラーニング総支出額規模推移　　　　　　　　　　　　　　　　（単位：百万ウォン,%）

	2019	2020	2021	2022	2023	前年対比増減額（増減率）
金額	1,813,261	2,365,791	2,607,875	2,768,395	2,971,777	203,382 (7.3%)

出所：情報通信産業振興院

<表6-16> 年齢別eラーニング支出額現況　　　　　　　　　　　　　　　　（単位：百万ウォン,%）

		2022		2023		
		総支出額	増減率	総支出額	構成比	増減率
全体		2,768,395	6.2	2,971,777	100.0	7.3
年齢帯	3～9代	138,157	6.7	140,279	4.7	1.5
	10代	849,421	8.9	911,325	30.7	7.3
	20代	754,787	7.9	832,857	28.0	10.3
	30代	478,261	3.6	491,399	16.5	2.7
	40代	439,588	1.6	448,063	15.1	1.9
	50代	66,415	-36.7	98,301	3.3	48.0
	60代	41,765	-	49,552	1.7	18.6

出所：情報通信産業振興院

<表6-17> 個人特性別eラーニング利用方法比率現況　　　　　　　　　　　　（単位：%）

		インターネット専門教育提供講義	教育放送視聴	職場内eラーニング番組	学校運営正規教育課程	塾eラーニングサービス	公開講義聴講	公共機関eラーニングサービス	教材CD/インターネット講座用CD	その他
全体		38.1	34.7	26.1	24.1	20.8	17.9	17.3	13.5	0.2
性別	男性	38.8	33.4	26.7	24.4	23.9	17.1	18.2	12.1	0.0
	女性	37.4	36.1	25.4	23.8	17.5	18.8	16.4	15.0	0.3
年齢	3～9代	14.7	78.3	0.0	35.2	11.8	0.0	12.1	17.9	0.0
	10代	39.1	74.3	0.0	69.5	22.8	6.6	20.3	11.9	0.0
	20代	35.5	25.8	22.2	30.8	30.4	25.4	16.8	13.0	0.0
	30代	45.1	24.6	39.8	5.7	20.2	20.4	18.2	15.2	0.0
	40代	40.3	21.2	42.6	10.0	20.1	19.7	16.7	10.2	0.0
	50代	35.8	23.5	34.6	8.8	16.2	20.1	20.7	14.1	1.1
	60代	42.0	24.5	22.5	8.3	8.2	18.9	9.6	18.1	0.0

注) 2023年基準。

出所：情報通信産業振興院

<表6-18> 主要機器別eラーニング利用比率現況　　　　　　　　　　　　　　　　（単位：%）

		PC	ノート	タブレットPC	スマートフォン	スマートTV	教育用ロボット
全体		31.8	31.5	18.7	15.7	1.9	0.4
性別	男性	31.2	35.3	17.5	13.6	2.0	0.4
	女性	32.5	27.6	19.9	17.8	1.8	0.5
年齢帯	3～9代	18.2	20.8	49.4	1.7	9.9	0.0
	10代	37.6	29.0	28.8	3.5	0.8	0.4
	20代	21.8	44.0	21.8	11.5	0.8	0.0
	30代	29.5	36.8	15.4	15.5	2.5	0.5
	40代	36.7	28.1	13.3	19.6	0.7	1.6
	50代	38.5	25.2	9.2	24.1	3.0	0.0
	60代	36.9	18.5	7.3	35.7	1.7	0.0

注) 2023年基準。

出所：情報通信産業振興院

2) 事業体

<表6-19> 従業員規模別eラーニング導入率推移　　　　　　　　　　　　　　（単位：%, %p）

	2019	2020	2021	2022	2023
全体	7.1	10.6	14.0	18.2	29.4
300人以上事業体	76.0	78.6	80.3	84.5	84.6
300人未満事業体	7.1	10.5	14.0	17.0	29.1
1～9人	5.5	9.1	12.2	36.3	17.0
10～49人	21.2	24.0	33.5	51.3	44.2
50～299人	47.4	48.3	49.5	84.5	58.3

注) 導入率：全回答者中eラーニングを導入（利用）している回答者の比率。

出所：情報通信産業振興院

<表6-20> 業種別eラーニング導入率現況 (単位：%)

業種	導入率
全体	29.4
農業，林業及び漁業	15.5
鉱業及び製造業	24.7
電気 ガス，蒸気及び空調供給業	53.6
水道，下水及び廃棄物処理，原料再生業	30.8
建設業	20.8
卸売及び小売業	29.0
運輸業及び倉庫業	37.8
宿泊及び飲食店業	21.1
情報通信業	48.8
金融及び保険業	51.4
不動産業	27.2
専門，科学及び技術サービス業	29.3
事業施設管理及び事業支援及び賃貸サービス業	49.8
教育サービス業	23.8
保健業及び社会福祉サービス業	32.3
芸術，スポーツ及び余暇関連サービス業	35.9
協会及び団体，修理及びその他個人サービス業	41.4

注) 2023年基準。

出所：情報通信産業振興院

<表6-21> 従業員規模別eラーニング導入時期推移 (単位：%)

	2001～2005年	2006～2010年	2011～2015年	2016～2020年	2021～2023年
全体	0.7	0.6	6.0	44.8	45.4
300人以上事業体	0.3	3.7	9.0	38.9	47.3
300人未満事業体	0.7	0.6	5.9	44.9	45.4
5～9人	1.2	0.3	8.3	42.4	46.0
10～49人	0.4	0.6	4.6	45.6	45.5
50～299人	0.1	1.4	5.3	49.1	43.1

出所：情報通信産業振興院

<表6-22> 従業員規模別eラーニング総支出額推移　　　　　　　　　　（単位：百万ウォン，%p）

	2019	2020	2021	2022	2023	前年対比増減率
全体	1,569,416	1,658,085	1,806,701	1,969,581	2,053,506	4.3
300人以上事業体	1,451,611	1,461,857	1,498,622	1,621,651	1,687,692	4.1
300人未満事業体	117,805	196,228	308,080	347,929	365,814	5.1
5〜9人	2,453	9,896	12,428	16,280	16,789	3.1
10〜49人	12,136	72,444	130,067	151,618	162,711	7.3
50〜299人	103,216	113,888	165,584	180,032	186,314	3.5

出所：情報通信産業振興院

<表6-23> 業種別eラーニング支出額現況　　　　　　　　　　（単位：百万ウォン，%）

業種	支出額	構成比
全体	2,053,506	100.0
農業, 林業及び漁業	1,579	0.1
鉱業及び製造業	374,249	18.2
電気 ガス, 蒸気及び空調供給業	13,548	0.7
水道, 下水及び廃棄物処理, 原料再生業	8,757	0.4
建設業	124,702	6.1
卸売及び小売業	132,720	6.5
運輸業及び倉庫業	93,853	4.6
宿泊及び飲食店業	30,432	1.5
情報通信業	127,129	6.2
金融及び保険業	75,788	3.7
不動産業	22,038	1.1
専門, 科学及び技術サービス業	138,608	6.7
事業施設管理及び事業支援及び賃貸サービス業	352,031	17.1
教育サービス業	170,426	8.3
保健業及び社会福祉サービス業	329,511	16.0
芸術, スポーツ及び余暇関連サービス業	39,122	1.9
協会及び団体, 修理及びその他個人サービス業	19,013	0.9

注) 2023年基準。

出所：情報通信産業振興院

<表6-24> 従業員規模別・分野別eラーニング導入比率現況　　　　　　　　　　　（単位：％）

	セクハラ予防教育	職務	障害者認識改善教育	個人情報保護教育	職場内いじめ防止教育	情報技術	マーケティング
全体	13.7	11.6	10.3	10.2	10.0	2.5	2.4
300人以上事業体	9.9	8.8	10.8	11.2	11.4	3.1	2.9
300人未満事業体	13.7	11.6	10.3	10.2	10.0	2.5	2.4
5～9人	19.5	12.1	10.3	10.0	9.4	2.3	2.3
10～49人	10.7	11.9	10.3	10.3	10.4	2.6	2.3
50～299人	11.2	8.8	10.1	10.7	10.0	2.7	2.6

	リーダーシップ	基本教養	産業技術	外国語	資格	その他
全体	2.4	2.2	2.2	2.2	1.2	29.1
300人以上事業体	2.4	2.9	2.2	3.2	1.0	30.3
300人未満事業体	2.4	2.2	2.2	2.2	1.2	29.1
5～9人	2.5	2.1	2.0	2.3	1.3	23.9
10～49人	2.3	2.3	2.2	2.1	1.2	31.4
50～299人	2.8	2.4	2.3	2.0	0.9	33.3

注) 2023年基準。

出所：情報通信産業振興院

<表6-25> 業種別・分野別eラーニング導入比率現況 (単位：%)

	セクハラ予防教育	職務	障害者認識改善教育	個人情報保護教育	職場内いじめ防止教育	情報技術	マーケティング
全体	13.7	11.6	10.3	10.2	10.0	2.5	2.4
農業, 林業及び漁業	9.3	10.9	12.6	11.2	13.3	1.6	2.4
鉱業及び製造業	11.5	13.7	9.9	10.8	10.4	2.3	2.4
電気 ガス, 蒸気及び空調供給業	10.4	20.6	10.4	11.7	10.0	2.5	3.0
水道, 下水.廃棄物処理, 原料再生業	9.8	6.0	11.2	9.9	9.2	2.7	1.2
建設業	11.9	11.9	11.0	10.0	10.8	2.4	2.4
卸売及び小売業	19.0	9.6	10.5	9.5	9.4	2.4	2.5
運輸及び倉庫業	15.2	9.9	10.2	11.1	9.0	2.0	2.6
宿泊及び飲食店業	13.7	14.5	9.3	10.5	9.9	2.1	2.6
情報通信業	13.7	10.6	10.6	10.2	9.1	4.7	2.6
金融及び保険業	12.1	13.2	11.7	11.0	11.2	3.7	2.9
不動産業	13.2	9.2	11.5	10.1	10.5	2.1	1.9
専門, 科学及び技術サービス業	11.0	12.5	10.2	8.8	9.8	2.6	2.2
事業施設管理及び事業支援及び賃貸サービス業	9.8	9.1	10.7	10.9	10.2	2.3	2.0
教育サービス業	13.6	5.7	10.6	11.2	11.2	2.5	2.7
保健業及び社会福祉 サービス業	15.0	13.5	9.5	10.2	9.9	2.0	2.1
芸術, スポーツ及び余暇関連サービス業	11.1	14.2	10.4	10.0	9.7	2.2	2.6
協会及び団体, 修理及びその他個人サービス業	13.1	9.4	10.3	9.6	9.4	2.5	1.3

<続く>

	リーダーシップ	基本教養	産業技術	外国語	資格	その他
全体	2.4	2.2	2.2	2.2	1.2	29.1
農業, 林業及び漁業	2.9	3.0	2.0	2.4	0.7	27.6
鉱業及び製造業	2.5	1.8	2.2	2.6	0.8	29.1
電気, ガス, 蒸気及び空調供給業	2.9	4.1	3.4	3.3	1.0	16.6
水道, 下水.廃棄物処理, 原料再生業	6.4	1.8	3.0	2.0	1.1	35.5
建設業	2.6	2.2	2.3	2.3	1.2	29.0
卸売及び小売業	2.3	2.8	2.2	2.0	1.1	26.7
運輸及び倉庫業	2.2	1.9	2.4	1.2	1.1	31.1
宿泊及び飲食店業	2.6	1.2	2.0	1.7	1.9	28.1
情報通信業	2.5	2.5	2.3	2.2	0.9	28.2
金融及び保険業	2.7	3.3	2.2	2.5	1.5	22.0
不動産業	3.2	2.7	2.9	1.6	1.1	30.0
専門, 科学及び技術サービス業	2.3	2.3	2.0	2.3	1.2	32.7
事業施設管理及び事業支援賃貸サービス業	2.3	2.2	1.6	2.0	1.4	35.7
教育サービス業	2.8	2.1	2.6	2.5	1.1	31.4
保健業及び社会福祉サービス業	2.1	2.1	1.9	2.5	1.2	28.1
芸術, スポーツ及び余暇関連サービス業	1.9	3.0	2.1	2.2	1.6	29.0
協会及び団体, 修理及びその他個人サービス業	1.5	2.2	1.6	2.5	1.1	35.4

注) 2023年基準。

出所：情報通信産業振興院

3) 正規教育機関

<表6-26> 学校別・年度別eラーニング導入率推移　　　　(単位：%, %p)

	2019	2020	2021	2022	2023	前年対比増減率
全体	89.0	96.4	98.2	98.5	96.9	0.4
小学校	94.7	98.3	98.3	98.7	99.6	0.9
中学校	88.2	95.0	99.5	98.1	98.1	0.0
高等学校	76.4	94.3	96.3	98.6	98.5	-0.1
専門大学	78.5	90.7	98.2	97.0	97.5	0.5
4年制大学	85.3	92.4	96.3	97.6	97.6	0.0

出所：情報通信産業振興院

<表6-27> 年度別eラーニング支出額推移　　　　　　　　　　　　　　　　　　　　　　（単位：百万ウォン，%）

	2019	2020	2021	2022	2023	前年対比増減額（増加率）
支出額規模	222,647	269,666	309,263	328,225	336,591	8,366 (2.5)

出所：情報通信産業振興院

<表6-28> 学校別eラーニング支出額規模現況　　　　　　　　　　　　　　　　　　　　（単位：百万ウォン，%）

	2022	2023		前年対比増加率
	支出額	支出額	構成比	
全体	328,225	336,591	100.0	2.5
小学校	76,286	77,308	23.0	1.3
中学校	62,061	63,034	18.7	1.6
高等学校	64,175	65,365	19.4	1.9
専門大学	31,340	32,830	9.8	4.8
4年制大学	94,364	98,054	29.1	3.9

出所：情報通信産業振興院

<表6-29> 今後のeラーニング課程及び予算推移予測　　　　　　　　　　　　　　　　　　　　（単位：%）

	全教育過程中にeラーニングが占める比率			総教育予算のうちeラーニング予算の 比率		
	2024	2025	2026	2024	2025	2026
全体	40.7	40.8	41.6	8.5	9.0	9.4
小学校	38.9	40.9	39.5	8.1	8.6	9.5
中学校	48.3	43.9	45.7	8.0	8.5	8.8
高等学校	37.7	39.1	44.4	9.0	9.2	8.9
専門大学	24.2	22.8	24.3	19.8	20.6	21.1
4年制大学	15.4	15.9	16.1	16.0	16.3	16.5

出所：情報通信産業振興院

<表6-30> 今後のeラーニング活用予想推移 (単位：点)

	2024	2025	2026
全体	3.45	3.49	3.46
小学校	3.50	3.50	3.45
中学校	3.40	3.49	3.48
高等学校	3.41	3.46	3.48
専門大学	3.18	3.26	3.21
4年制大学	3.40	3.48	3.50

注) 5点尺度。

出所：情報通信産業振興院

<表6-31> 学校別eラーニング利用方法比率現況 (単位：%)

	自体構築	eラーニングサービス機関委託	外部賃貸	その他
全体	43.4	42.6	32.6	14.5
小学校	35.6	40.1	31.1	22.5
中学校	54.1	46.5	30.6	7.0
高等学校	44.8	46.3	41.8	5.2
専門大学	71.8	38.5	15.4	0.0
4年制大学	82.5	15.0	15.0	5.0

注) 2023年基準。

出所：情報通信産業振興院

<表6-32> 学校別eラーニングコンテンツ開発比率現況 (単位：%)

	eラーニングサービス機関利用	自体+外注開発	購入/賃貸	自体開発	外注開発
全体	84.5	20.6	12.9	11.9	1.8
小学校	79.9	16.0	18.6	9.8	1.0
中学校	95.3	27.0	8.1	9.5	2.7
高等学校	90.6	20.5	7.1	14.2	1.6
専門大学	25.6	30.8	7.7	46.2	5.1
4年制大学	10.3	43.6	0.0	64.1	7.7

注) 2023年基準。

出所：情報通信産業振興院

<表6-33> 学校別eラーニングコンテンツ開発件数現況 (単位：件数)

	総開発件数	新規開発件数	既存コンテンツUpgrade件数
全体	14.0	8.6	5.4
小学校	6.0	3.0	3.0
中学校	5.1	2.8	2.3
高等学校	4.0	1.6	2.4
専門大学	271.4	185.2	86.3
4年制大学	30.0	18.5	11.4

注) 2023年基準。

出所：情報通信産業振興院

<表6-34> 教育コンテンツ別eラーニング活用比率現況 (単位：%)

	市道教育庁サイバー学習	エデュネット	教育放送サイト	私設オンライン教育サイト	教授学習支援センター	その他
全体	25.8	25.1	19.7	18.4	3.8	7.2
小学校	30.1	24.4	18.1	19.6	1.8	6.1
中学校	23.2	26.1	21.9	17.5	1.8	9.4
高等学校	21.7	28.9	23.4	17.3	1.5	7.3
専門大学	0.0	0.0	0.0	13.2	82.1	4.7
4年制大学	0.0	0.0	0.0	13.7	79.5	6.9

注) 2023年基準。

出所：情報通信産業振興院

<表6-35> eラーニング導入分野比率現況 (単位：%)

	正規教科目の補助材として活用	正規教育課程	特別活動	外国語	能力試験準備課程	情報技術	資格関連	産業技術	その他
全体	39.6	35.4	7.1	6.1	5.4	4.2	1.1	1.0	0.1
小学校	38.2	37.9	7.4	6.8	5.9	3.4	0.1	0.1	0.0
中学校	43.9	32.9	6.8	6.1	5.2	5.1	0.0	0.0	0.0
高等学校	31.9	36.1	7.0	5.0	4.9	5.3	5.2	4.5	0.0
専門大学	76.8	5.1	5.2	2.3	1.2	5.9	0.0	1.4	2.2
4年制大学	80.4	9.3	2.9	3.0	0.7	2.1	0.0	1.3	0.4

注) 2023年基準。

出所：情報通信産業振興院

<表6-36> eラーニング運営目的比率現況 (単位：%)

	正規教科課程の補充	教育の質的向上	既存教室講義の脱皮	資格獲得化	特別活動の活性化	その他
全体	79.4	14.0	6.1	0.0	0.0	0.4
小学校	73.9	17.1	8.6	0.0	0.0	0.5
中学校	88.5	9.6	1.9	0.0	0.0	0.0
高等学校	91.0	6.7	1.5	0.0	0.0	0.7
専門大学	5.1	53.8	38.5	0.0	0.0	2.6
4年制大学	10.0	52.5	32.5	2.5	2.5	0.0

注) 2023年基準。

出所：情報通信産業振興院

4) 政府/公共機関

<表6-37> 組織形態別政府/公共機関eラーニング導入率推移　　　　　　　　　　　　　　(単位：%, %p)

	2019	2020	2021	2022	2023	増減率
全体	84.4	85.6	90.0	92.0	93.0	1.0
中央政府機関	100.0	100.0	100.0	100.0	100.0	0.0
基礎地方自治体	90.7	91.1	96.6	97.2	97.5	0.3
地方公社/公団	92.5	92.9	93.3	96.0	98.1	2.1
教育庁	100.0	100.0	100.0	100.0	100.0	0.0
広域自治体	100.0	100.0	100.0	100.0	100.0	0.0
その他公共機関	66.7	69.8	79.2	82.1	82.5	0.4

出所：情報通信産業振興院

<表6-38> 政府/公共機関eラーニング導入時期推移　　　　　　　　　　　　　　(単位：%)

	2017以前	2018	2019	2020	2021	2022	2023
全体	56.7	5.0	3.9	9.2	11.3	10.8	3.0
中央政府機関	100.0	0.0	0.0	0.0	0.0	0.0	0.0
基礎地方自治体	61.5	7.7	2.6	7.7	10.3	7.7	2.6
地方公社/公団	52.9	3.9	3.9	9.8	13.7	11.8	3.9
教育庁	100.0	0.0	0.0	0.0	0.0	0.0	0.0
広域自治体	100.0	0.0	0.0	0.0	0.0	0.0	0.0
その他公共機関	45.5	6.1	6.1	12.1	12.1	15.2	3.0

出所：情報通信産業振興院

<表6-39> 度別政府/公共機関eラーニング総支出額推移　　　　　　　　　　　　　　(単位：百万ウォン, %)

	2020	2021	2022	2023	前年対比増減額(増減率)
総支出額	274,567	316,094	329,819	346,025	16,206 (4.9)

出所：情報通信産業振興院

<表6-40> 政府/公共機関eラーニング支出額規模現況 　　　　　　　　　　（単位：百万ウォン，％）

	2022	2023		前年対比増減率
	支出額	支出額	構成比	
全体	329,819	346,025	100.0	4.9
中央政府機関	89,852	91,547	26.5	1.9
基礎地方自治体	33,461	33,702	9.7	0.7
地方公社/公団	22,391	24,178	7.0	8.0
教育庁	100,204	111,452	32.2	11.2
広域自治体	9,749	10,263	3.0	5.3
その他公共機関	74,163	74,883	21.6	1.0

出所：情報通信産業振興院

<表6-41> 政府/公共機関の今後のeラーニング活用展望 　　　　　　　　　　（単位：点）

	2024	2025	2026
全体	3.48	3.53	3.47
中央政府機関	3.47	3.47	3.41
基礎地方自治体	3.41	3.64	3.41
地方公社/公団	3.45	3.41	3.43
教育庁	3.65	3.47	3.65
広域自治体	3.59	3.47	3.59
その他公共機関	3.58	3.64	3.58

注）5点満点。

出所：情報通信産業振興院

<表6-42> 政府/公共機関eラーニング利用方法現況　　　　　　　　　　　　　　　（単位：%）

	eラーニングサービス機関に委託	外部賃貸	教育費支援	自体構築
全体	81.7	31.3	11.7	5.8
中央政府機関	67.6	20.6	8.8	50.0
基礎地方自治体	74.4	20.5	23.1	7.7
地方公社/公団	84.3	54.9	9.8	0.0
教育庁	64.7	17.6	5.9	23.5
広域自治体	70.6	29.4	17.6	17.6
その他公共機関	87.9	9.1	6.1	3.0

注) 1. 2023年基準。
2. 重複回答。

出所：情報通信産業振興院

<表6-43> 政府/公共機関eラーニングコンテンツ開発・利用方法現況　　　　　　（単位：%）

	eラーニングサービス機関利用	外注開発	自体開発	自体+外注開発	購入/賃貸
全体	87.6	47.1	27.7	27.7	15.7
中央政府機関	51.6	29.0	32.3	58.1	12.9
基礎地方自治体	91.9	45.9	29.7	16.2	16.2
地方公社/公団	91.8	46.9	24.5	16.3	24.5
教育庁	43.8	62.5	50.0	25.0	62.5
広域自治体	75.0	50.0	37.5	37.5	31.3
その他公共機関	87.5	50.0	28.1	46.9	0.0

注) 1. 2023年基準。
2. 重複回答。

出所：情報通信産業振興院

<表6-44> 政府/公共機関eラーニングコンテンツ開発件数現況　　　　　　　　　　（単位：件）

	総開発件数	新規開発件数	既存コンテンツUpgrade件数
全体	45.5	21.5	24.0
中央政府機関	96.2	53.2	43.0
基礎地方自治体	140.9	57.0	83.9
地方公社/公団	11.1	7.4	3.7
教育庁	29.2	15.2	14.0
広域自治体	24.3	15.3	8.9
その他公共機関	26.8	13.8	13.0

注) 2023年基準。

出所：情報通信産業振興院

<表6-45> 政府/公共機関eラーニング導入分野現況　　　　　　　　　　（単位：％）

	職務	個人情報保護	職場内いじめ防止教育	セクハラ予防	障害者認識改善教育	資格
全体	18.9	12.9	12.8	11.9	10.9	7.9
中央政府機関	29.7	6.8	9.4	6.2	6.8	5.0
基礎地方自治体	21.2	9.6	9.8	10.0	9.3	14.2
地方公社/公団	23.9	13.5	12.0	11.0	8.8	7.3
教育庁	18.8	8.3	8.0	8.3	8.1	9.2
広域自治体	18.2	3.5	3.7	3.8	3.8	10.7
その他公共機関	8.2	16.4	17.6	16.4	16.4	4.1

	外国語	情報技術	基本教養	産業技術	リーダーシップ	マーケティング	その他
全体	5.9	5.6	4.6	2.5	2.2	1.6	2.3
中央政府機関	9.7	4.7	7.5	4.9	5.1	0.5	3.8
基礎地方自治体	4.1	6.2	6.3	1.2	2.3	2.2	3.6
地方公社/公団	6.6	6.6	2.7	2.9	1.4	1.6	1.8
教育庁	8.8	5.4	7.2	3.4	6.6	0.4	7.6
広域自治体	11.1	9.2	13.3	3.9	6.2	3.4	9.1
その他公共機関	5.3	3.8	4.7	2.3	2.4	1.4	1.2

注) 2023年基準。

出所：情報通信産業振興院

<表6-46> 政府/公共機関のeラーニング選好分野現況　　　　　　　　　　　　（単位：％）

	職務	外国語	資格	セクハラ予防	個人情報保護	職場内いじめ防止教育
全体	24.6	10.3	9.8	9.1	8.5	8.4
中央政府機関	24.3	7.0	6.0	7.7	6.6	8.3
基礎地方自治体	24.6	14.0	13.7	9.0	7.5	8.0
地方公社/公団	28.4	8.1	7.2	10.3	10.2	9.3
教育庁	18.9	7.8	9.4	6.9	6.9	8.6
広域自治体	26.0	9.5	7.4	5.0	4.9	5.2
その他公共機関	19.7	11.2	11.2	8.2	7.4	7.6

	基本教養	障害者認識改善教育	情報技術	リーダーシップ	マーケティング	産業技術	その他
全体	7.8	6.9	6.4	2.8	2.3	1.8	1.3
中央政府機関	8.1	6.8	8.4	4.9	4.0	4.4	3.5
基礎地方自治体	7.6	7.6	4.9	1.1	0.9	0.1	1.0
地方公社/公団	5.9	6.3	6.8	1.0	2.1	2.6	1.8
教育庁	12.4	7.3	8.2	6.6	1.9	2.2	2.8
広域自治体	16.9	5.7	3.5	3.3	2.1	4.3	6.2
その他公共機関	9.8	7.1	6.7	6.2	3.5	1.4	0.0

注）2023年基準。

出所：情報通信産業振興院

7. 医療機器産業

<表7-1> 国内医療機器市場規模動向　　　　　　　　　　　　　　　（単位：百万ウォン，%）

区分	生産 (A)	輸出 (B)	輸入 (C)	貿易収支 (E)	市場規模 (F)	輸入占有率 (G,%)
2018年	6,511,135	3,972,317	4,279,057	-306,739	6,817,874	62.76
2019年	7,279,384	4,324,479	4,849,005	-524,526	7,803,910	62.14
2020年	10,135,785	7,831,490	5,227,399	2,604,091	7,531,694	69.41
2021年	1,2883,106	9,874,643	6,125,684	3,748,960	9,134,146	67.06
2022年	15,737,442	10,174,528	6,315,254	3,859,273	11,878,169	53.17

注) 1. 貿易収支(E)：(B)-(C)　市場規模(F)：(A)-(B)+(C)　輸入占有率(G) = (C)/(F)×100
2. 輸出入金額($→ウォン)換算基準：韓国銀行の年度別年平均基準為替レートを適用。

出所：韓国保健産業振興院

<表7-2> 年度別医療機器生産実績推移　　　　　　　　　　　　　　（単位：社，個，%，百万ウォン）

	事業者数	増減率	品目数	増減率	生産金額	増減率
2017	3,283	11.55	14,855	5.57	5,823,155	3.93
2018	3,425	4.33	15,082	1.53	6,511,135	11.81
2019	3,570	4.23	15,705	4.13	7,279,384	11.80
2020	3,538	0.90	13,583	-13.51	6,780,857	-6.85
2021	3,674	3.84	14,225	4.73	8,532,961	25.84
2022	3,734	1.63	14,505	1.97	9,695,100	13.62

注) 2020.05 体外診断医療機器法施行によって統計の集計方式が変更。

出所：韓国保健産業振興院

<表7-3> 生産額規模別医療機器製造企業数及び生産額推移　　　　　　　　（単位：社，百万ウォン）

区分	2020		2021		2022	
	事業者数	生産額	事業者数	生産額	事業者数	生産額
1億ウォン未満	2,203	29,586	2,296	29,445	2351	29,597
1～10億ウォン未満	934	358,730	1,004	400,173	994	395,856
10～50億ウォン未満	480	1,106,704	485	1,138,521	515	1,169,831
50～100億ウォン未満	134	964,786	128	910,417	136	993,738
100億ウォン以上	136	7,675,980	172	10,404,549	180	13,148,420
総計	3,887	10,135,786	4,085	12,883,106	4176	15,737,442

出所：食品医薬品安全処

<表7-4> 等級別医療機器(一般＋体外)生産現況　　　　　　　　（単位：包装単位，EA，千ウォン，%）

	2022					
	生産量(包装単位)	比率	総数量(EA)	比率	生産額(千ウォン)	比率
1等級	1,875,286,685	28.99	3,293,438,402	20.72	1,536,217,711	9.76
2等級	3,927,093,709	60.71	8,277,892,354	52.09	4,937,943,428	31.38
3等級	597,369,127	9.23	4,127,890,473	25.98	8,512,936,445	54.08
4等級	69,371,755	1.07	193,030,846	1.21	750,344,607	4.77
合計	6,469,121,276	100.00	15,891,252,075	100.00	15,737,442,191	100.00

出所：食品医薬品安全処

<表7-5> 医療機器生産額上位10品目現況　　　　　　　　（単位：百万ウォン）

順位	2021	生産額	2022	生産額
1	高リスク感染症用電子検査試薬	2,012,460	高リスク感染症用電子検査試薬	3,031,444
2	歯科用インプラント	1,996,580	歯科用インプラント	2,437,927
3	高リスク性感染体免疫検査試薬	1,153,385	感染体診断免疫検査試薬	1,441,503
4	汎用超音波映像診断装置	569,279	高リスク性感染体免疫検査試薬	856,901
5	組織修復生体材料	301,160	汎用超音波映像診断装置	663,348
6	感染体診断免疫検査試薬	274,364	組織修復生体材料	395,768
7	核酸抽出試薬	231,580	歯科用インプラント施術器具	274,857
8	毎日着用ソフトコンタクトレンズ	216,081	毎日着用ソフトコンタクトレンズ	231,826
9	歯科用インプラント施術器具	209,281	医療映像取得装置	225,025
10	医療映像取得装置	191,622	個人用温熱器	218,930

出所：食品医薬品安全処

<表7-6> 医療機器生産額上位10社現況　　　　　　　　　　　　　　　　　　　（単位：百万ウォン）

順位	2021	生産額	順位	2022	生産額
1	Osstem Implant Co., Ltd.	1,639,457	1	SD Biosensor, Inc.	2754,161
2	SD Biosensor, Inc.	1,333,425	2	Osstem Implant Co., Ltd.	2038,375
3	Seegene, Inc	933,639	3	Seegene, Inc	705,161
4	Abbott Diagnostics Korea Co., Ltd.	606,381	4	Abbott Diagnostics Korea Co., Ltd.	601,292
5	Samsung Medisine Co., Ltd.	340,262	5	Rapigen Inc.	443,364
6	Dentium Co., Ltd. Yongin Factory	277,447	6	Samsung Medisine Co., Ltd.	423,615
7	Seragem Co., Ltd.	156,565	7	Humasis Co. Ltd.	329,409
8	Korea GE Ultrasound Co. Ltd.	154,661	8	Dentium Co., Ltd. Yongin Factory	313,499
9	Vatech Co. Ltd.	125,745	9	MegaGen Implant Co., Ltd.	202,818
22	SUGENTECH, Inc.	123,681	10	Seragem Co., Ltd.	197,400

出所：食品医薬品安全処

<表7-7> 大分類別医療機器生産品目実績　　　　　　　　　　　（単位：包装単位, EA, 千ウォン, %）

	2022					
	生産量(包装単位)	比率	総数量(EA)	比率	生産額(千ウォン)	比率
(A)器具機械	5,635,432,744	87.11	9,999,742,726	62.93	5,124,064,721	32.56
(B)医療用品	205,171,886	3.17	258,569,682	1.63	1,193,130,613	7.58
(C)歯科材料	108,247,429	1.67	1,010,739,584	3.63	3,327,401,056	21.14
(E)ソフトウェア	36,786	0.00	36,807	0.00	50,503,702	0.32
(I)検体前処理機器	15,308,823	0.24	119,634,171	0.75	265,538,122	1.69
(J)臨床化学検査機器	82,221,729	1.27	1,778,163,012	11.19	302,019,691	1.92
(K)免疫検査機器	413,145,060	6.39	2,664,454,611	16.77	4,562,505,813	28.99
(L)輸血医学検査機器	92,507	0.00	92,507	0.00	476,910	0.00
(M)臨床微生物検査機器	6,926,775	0.11	28,434,135	0.18	18,191,112	0.12
(N)分子診断機器	2,516,932	0.04	31,363,365	0.20	891,876,177	5.67
(O)組織病理検査機器	20,601	0.00	21,471	0.00	972,274	0.01
(P)体外診断ソフトウェア	4	0.00	4	0.00	762,000	0.00
合計	6,469,121,276	100.00	15,891,252,075	100.00	15,737,442,191	100.00

注）総数量(EA) = 生産量(包装単位)*詳細数量(EA)

出所：食品医薬品安全処

<表7-8> 大分類別医療機器輸出実績　　　　　　　　　　　　　　　　（単位：包装単位, EA, ドル, %）

	2022					
	輸出量(包装単位)	比率	総数量(EA)	比率	輸出額(ドル)	比率
(A)器具機械	2,203,272,277	79.63	4,449,707,998	51.34	2,923,782,377	37.13
(B)医療用品	58,103,648	2.10	92,142,017	1.06	551,035,578	7.00
(C)歯科材料	61,820,100	2.23	883,809,236	10.20	847,114,582	10.76
(E)ソフトウェア	27,756	0.00	27,756	0.00	17,193,006	0.22
(I)検体前処理機器	3,429,381	0.12	14,105,024	0.16	88,123,750	1.12
(J)臨床化学検査機器	59,970,316	2.17	1,268,258,482	14.63	262,964,551	3.34
(K)免疫検査機器	378,704,611	16.39	1,931,204,003	22.28	2,795,314,043	35.49
(L)輸血医学検査機器	-	0.00	-	0.00	-	0.00
(M)臨床微生物検査機器	8,611	0.00	18,919	0.00	2,122,563	0.03
(N)分子診断機器	1,382,224	0.05	28,290,053	0.33	387,170,134	4.92
(O)組織病理検査機器	618	0.00	618	0.00	476,459	0.01
(P)体外診断ソフトウェア	3	0.00	3	0.00	29,287	0.00
合計	2,766,719,545	100.00	8,667,564,109	100.00	7,875,326,330	100.00

注) 総数量(EA) = 輸出量(包装単位)*細部数量(EA)。

出所：食品医薬品安全処

<表7-9> 大分類別医療機器輸入実績　　　　　　　　　　　　　　　　（単位：包装単位, EA, ドル, %）

	2022					
	輸入量(包装単位)	比率	総数量(EA)	比率	輸入額(ドル)	比率
(A)器具機械	3,183,579,969	88.21	4,382,427,328	79.92	2,950,404,622	60.36
(B)医療用品	390,155,368	10.81	1,013,257,483	18.48	1,017,223,103	20.81
(C)歯科材料	14,678,742	0.41	19,359,220	0.35	131,524,305	2.69
(E)ソフトウェア	590	0.00	590	0.00	4,704,714	0.10
(I)検体前処理機器	846,130	0.02	2,330,664	0.04	71,247,775	1.46
(J)臨床化学検査機器	9,611,517	0.27	55,101,108	1.00	264,818,267	5.42
(K)免疫検査機器	3,055,668	0.08	3,423,039	0.06	249,087,575	5.10
(L)輸血医学検査機器	175,890	0.00	176,404	0.00	11,021,393	0.23
(M)臨床微生物検査機器	6,515,477	0.18	6,788,877	0.12	38,992,487	0.80
(N)分子診断機器	174,186	0.00	319,625	0.01	129,297,784	2.65
(O)組織病理検査機器	147,724	0.00	157,792	0.00	19,554,612	0.40
(P)体外診断ソフトウェア	9	0.00	11	0.00	280,306	0.01
合計	3,608,941,270	100.00	5,483,342,141	100.00	4,888,156,943	100.00

注) 総数量(EA) = 輸入量(包装単位)*細部数量(EA)。

出所：食品医薬品安全処

<表7-10> 等級別医療機器(一般＋体外)輸出実績　　　　　　　　（単位：包装単位，EA，ドル，％）

	2022					
	輸出量(包装単位)	比率	総数量(EA)	比率	輸出額(ドル)	比率
1等級	730,782,472	26.41	1,211,774,450	13.98	527,652,190	6.70
2等級	1,533,976,514	55.44	4,408,644,403	50.86	2,541,917,971	32.28
3等級	461,852,342	16.69	2,899,231,560	33.45	4,379,871,565	55.62
4等級	40,108,217	1.45	147,913,696	1.71	425,884,604	5.41
合計	2,766,719,545	100.00	8,667,564,109	100.00	7,875,326,330	100.00

出所：食品医薬品安全処

<表7-11> 等級別医療機器(一般＋体外)輸入実績　　　　　　　　（単位：包装単位，EA，ドル，％）

	2022					
	輸入量(包装単位)	比率	総数量(EA)	比率	輸入額(ドル)	比率
1等級	2,366,654,492	65.58	3,620,327,909	66.02	942,174,350	19.27
2等級	1,147,508,054	31.80	1,655,415,102	30.19	1,914,610,652	39.17
3等級	88,511,140	2.45	190,397,418	3.47	1,097,841,939	22.46
4等級	6,267,584	0.17	17,201,712	0.31	933,530,002	19.10
合計	3,608,941,270	100.00	5,483,342,141	100.00	4,888,156,943	100.00

出所：食品医薬品安全処

<表7-12> 等級別医療機器(一般＋体外)輸入実績　　　　　　　　　　　　　　　　(単位：千ドル)

	2021	輸出額	2022	輸出額
1	高リスク性感染体免疫検査試薬	2,650,942	高リスク性感染体免疫検査試薬	1,760,984
2	高リスク感染症用電子検査試薬	915,540	感染体診断免疫検査試薬	842,802
3	歯科用インプラント	519,667	歯科用インプラント	603,307
4	汎用超音波映像診断装置	491,655	汎用超音波映像診断装置	535,862
5	感染体診断免疫検査試薬	421,505	高リスク感染症用電子検査試薬	371,337
6	組織修復用生体材料	261,926	組織修復用生体材料	292,511
7	毎日着用ソフトコンタクトレンズ	185,921	立体光学印象採得装置	181,556
8	個人用血糖検査紙	151,940	毎日着用ソフトコンタクトレンズ	179,098
9	医療映像獲得装置	145,431	歯科用コンピュータ断層撮影X線装置	149,164
10	歯科用コンピュータ断層撮影X線装置	138,658	個人用血糖検査紙	149,071

出所：食品医薬品安全処

<表7-13> 医療機器輸入額上位10品目現況　　　　　　　　　　　　　　　　　(単位：千ドル)

	2021	輸入額	2022	輸入額
1	検体採取用具	408,958	多焦点人工水晶体	217,712
2	多焦点人工水晶体	224,008	検体採取用具	154,036
3	治療用荷電粒子加速器	133,899	毎日着用ソフトコンタクトレンズ	122,675
4	毎日着用ソフトコンタクトレンズ	129,801	薬物放出冠状動脈用ステント	102,262
5	人工腎臓器用血圧フィルター	90,731	使い捨て手制御式電気外科用電極	91,513
6	薬物放出冠状動脈用ステント	86,698	データ処理用コンピュータ断層X線撮影装置	87,861
7	医療用手袋	86,592	メガネレンズ	83,289
8	メガネレンズ	78,665	超伝導磁石式全身用磁気共鳴コンピュータ断層撮影装置	80,509
9	使い捨て手制御式電気外科用電極	73,117	人工腎臓器用血圧フィルター	74,081
10	データ処理用コンピュータ断層X線撮影装置	66,571	人工膝関節	53,885

出所：食品医薬品安全処

<表7-14> 年度別医療機器輸出上位10ヵ国推移 　　　　　　　　　　　　　　　　　　　（単位：千ドル）

	2019		2020		2021		2022	
	国名	輸出額	国名	輸出額	国名	輸出額	国名	輸出額
1	中国	613,589	ドイツ	769,504	ドイツ	1,498,015	アメリカ	1,380,140
2	アメリカ	579,609	アメリカ	760,549	アメリカ	809,922	中国	659,507
3	ドイツ	237,039	中国	573,373	中国	710,309	日本	632,760
4	日本	216,755	インド	402,336	ベトナム	499,403	台湾	542,703
5	ロシア	174,631	イタリア	369,203	パキスタン	332,829	ドイツ	469,172
6	インド	147,287	オランダ	322,326	イタリア	327,822	カナダ	376,985
7	ベトナム	102,035	ロシア	257,992	ロシア	283,123	ロシア	297,766
8	イタリア	75,430	日本	218,291	日本	278,333	ベトナム	198,565
9	ブラジル	75,338	ブラジル	189,598	オランダ	268,722	イタリア	198,051
10	アラブ首長国連邦	74,127	インドネシア	149,505	インド	179,374	インド	194,042

出所：食品医薬品安全処

<表7-15> 年度別医療機器輸入上位10ヵ国推移 　　　　　　　　　　　　　　　　　　　（単位：千ドル）

	2019		2020		2021		2022	
	国名	輸入額	国名	輸入額	国名	輸入額	国名	輸入額
1	アメリカ	1,939,863	アメリカ	1,893,571	アメリカ	2,213,647	アメリカ	2,241,217
2	ドイツ	709,597	ドイツ	768,841	ドイツ	791,600	ドイツ	756,161
3	日本	387,821	日本	366,471	中国	658,056	中国	386,370
4	スイス	181,390	中国	347,394	日本	510,619	日本	376,261
5	中国	175,655	スイス	185,132	スイス	202,539	スイス	193,932
6	イギリス	82,523	イギリス	85,354	イギリス	89,218	イギリス	82,214
7	フランス	78,391	フランス	70,778	フランス	82,531	フランス	78,003
8	イタリア	57,600	イタリア	59,151	アイルランド	61,829	アイルランド	66,448
9	オランダ	55,215	パキスタン	57,756	イタリア	61,624	ベトナム	65,754
10	アイルランド	51,000	オランダ	54,606	台湾	59,589	スウェーデン	60,614

出所：食品医薬品安全処

<表7-16> 医療機器輸出上位10社の品目数及び輸出額現況　　　　　　　　　　（単位：個，千ドル）

	企業名	2021		企業名	2022	
		品目数	輸出額		品目数	輸出額
1	SD Biosensor	157	2,245,596	SD Biosensor	126	1,859,782
2	Seegene, Inc	86	707,562	Abbott Diagnostics Korea Co., Ltd.	89	380,106
3	Abbott Diagnostics Korea Co., Ltd.	85	553,986	Seegene, Inc	88	328,943
4	Samsung Medison Co., Ltd.	16	265,177	Samsung Medison Co., Ltd.	14	294,225
5	Osstem Implant Co., Ltd.	121	178,305	Osstem Implant Co., Ltd.	147	241,738
6	GE Ultrasound Korea, Ltd.	11	162,130	Humasis Co., Ltd.	54	233,533
7	Vatech Co., Ltd,	13	162,057	Boditech Med Inc.	269	191,237
8	Humasis Co., Ltd.	39	148,136	GE Ultrasound Korea, Ltd.	10	185,569
9	Dentium Yongin Factory Co., Ltd.	98	125,412	Medit Corp.	3	181,212
10	Medit Corp.	2	118,341	Vatech Co., Ltd,	14	157,918

出所：食品医薬品安全処

<表7-17> 年度別医療機器輸入上位10社の品目数及び輸入額現況　　　　　　　　　（単位：個，千ドル）

	企業名	2021		企業名	2022	
		品目数	輸入額		品目数	輸入額
1	Medtronic Korea Co., Ltd.	599	394,436	Medtronic Korea Co., Ltd.	594	375,165
2	Abbott Diagnostics Korea Co., Ltd.	7	200,062	Roche Diagnostics Korea Ltd.	687	203,875
3	Roche Diagnostics Korea Ltd.	703	173,647	Alcon Korea Ltd	84	186,046
4	Alcon Korea Ltd	82	148,615	Johnson & Johnson Medical Korea Co., Ltd.	877	166,512
5	Johnson & Johnson Medical Korea Co., Ltd.	871	102,867	Siemens Healthcare Co., Ltd.	77	143,332
6	SD Biosensor	8	98,192	Abbott Korea Ltd.	226	128,378
7	Siemens Healthcare Co., Ltd.	464	88,007	SD Biosensor	7	117,766
8	Fresenius Medical Care Korea Co., Ltd.	44	84,126	Abbott Medical Korea Ltd.	150	105,053
9	DK medical solutions Co., Ltd.	27	78,693	Intuitive Surgical Korea Ltd	91	97,184
10	Boston Scientific Korea Co., Ltd.	212	78,359	Boston Scientific Korea Co., Ltd.	213	91,573

出所：食品医薬品安全処

8. 情報保護産業

<表8-1> 年度別情報保護産業売上推移 (単位：百万ウォン, %)

区分	情報セキュリティ	物理セキュリティ	合計
2017年	2,744,940	6,840,822	9,585,762
2018年	3,082,926	7,034,918	10,117,844
2019年	3,618,773	7,561,734	11,180,507
2020年	3,921,387	8,302,865	12,224,252
2021年	45,49,734	9,311,446	13,861,180
2022年	5,617,174	10,563,226	16,180,400
前年度比成長率	23.5	13.4	16.7

出所：科学技術情報通信部

<表8-2> 大分類別情報セキュリティ産業売上推移 (単位：百万ウォン, %)

区分	2020年	2021年	2022年	比重(%)
情報セキュリティ製品(ソリューション)	2,395,076	3,123,055	4,007,608	71.4
情報セキュリティ関連サービス	1,526,311	1,426,679	1,585,586	28.2
その他	-	-	23,980	0.4
合計	3,921,387	4,549,734	5,617,174	100.0

出所：科学技術情報通信部

<表8-3> 業種別(需要先別)情報セキュリティ産業売上現況(2022) (単位：%)

| 区分 | 業種(需要先) | | | |
	公共	金融	一般企業	合計
情報セキュリティ製品(ソリューション)	37.1	10.2	52.7	100.0
情報セキュリティ関連サービス	39.5	8.0	52.5	100.0
その他	27.8	7.8	64.5	100.0

出所：科学技術情報通信部

<表8-4> 中分類別情報セキュリティ産業売上現況(2022)　　　　　　　　　　（単位：百万ウォン，%）

区分		2022年
情報セキュリティ製品（ソリューション）	ネットワークセキュリティソリューション	1,508,712
	エンドポイントセキュリティソリューション	555,613
	プラットフォームセキュリティ/セキュリティ管理ソリューション	381,463
	クラウドセキュリティ ソリューション	359,164
	コンテンツ/データセキュリティソリューション	612,459
	共通インフラセキュリティソリューション	590,198
	小計	4,007,608
情報セキュリティ関連サービス	セキュリティコンサルティング	572,644
	セキュリティシステム維持管理/安全性持続サービス	540,244
	セキュリティ管理サービス	401,337
	セキュリティ教育及び訓練サービス	17,919
	セキュリティ認証サービス	53,442
	小計	1,585,586
その他		23,980
合計		5,617,174

出所：科学技術情報通信部

<表8-5> 特性別情報セキュリティ産業売上現況(2022)　　　　　　　　　　（単位：百万ウォン）

分類		平均 売上高
地域	ソウル	7,977
	ソウル以外	11,631
資本金	10億未満	4,677
	10億-50億未満	11,592
	50億-100億未満	47,723
	100億以上	95,253
設立年度	2000年以前	23,922
	2000年以降-2005年以前	13,604
	2005年以降-2010年以前	6,076
	2010年以降	4,895
従事者	20人未満	2,325
	20人-100人未満	7,842
	100人-200人未満	15,285
	200人以上	72,946
企業規模	大企業	104,982
	中企業	11,143
	小企業	1,712
全体		9,128

出所：科学技術情報通信部

<表8-6> 中分類品目別物理セキュリティ企業現業(2022)

区分		企業数(社)	比率(%)
物理セキュリティ製品（ソリューション）	セキュリティ用カメラ	420	49.0
	セキュリティ用保存装置	172	20.1
	セキュリティ装備部品	138	16.1
	物理セキュリティソリューション	205	23.9
	物理セキュリティ周辺装備	128	14.9
	アクセス制御装備	163	19.0
	生体認識セキュリティシステム	101	11.8
	警報/監視装備	109	12.7
	その他製品	66	7.7
	小計	754	88.0
物理セキュリティ関連サービス	出勤セキュリティサービス	30	3.5
	映像セキュリティサービス	64	7.5
	クラウドサービス	3	0.4
	その他セキュリティサービス	193	22.5
	小計	245	28.6
合計		857	100.0

出所：科学技術情報通信部

<表8-7> 大分類別物理セキュリティ産業売上推移　　　　　　　　　（単位：百万ウォン，%）

区分	2020年	2021年	2022年	比率
物理セキュリティ製品（ソリューション）	5,178,076	5,769,617	7,242,309	68.6
物理セキュリティ関連サービス	3,124,789	3,541,829	3,320,918	31.4
合計	8,302,865	9,311,446	10,563,226	100.0

出所：科学技術情報通信部

<表8-8> 中分類別物理セキュリティ産業売上現況　　　　　　　　　　　　　（単位：百万ウォン）

区分		2022年
物理セキュリティ製品（ソリューション）	セキュリティ用カメラ	1,742,824
	セキュリティ用保存装置	1,207,656
	セキュリティ装置部品	478,239
	物理セキュリティソリューション	764,675
	物理セキュリティ周辺装備	286,299
	アクセス制御装備	1,087,675
	生体認識セキュリティシステム	987,022
	警報/監視装備	314,080
	その他製品	373,840
	小計	7,242,309
物理セキュリティ関連サービス	出勤セキュリティサービス	2,015,891
	映像セキュリティサービス	491,526
	クラウドサービス	31,385
	その他セキュリティサービス	782,115
	小計	3,320,918
合計		10,563,226

出所：科学技術情報通信部

<表8-9> 企業特性別物理セキュリティ産業売上現況（2022）　　　　　　　（単位：百万ウォン）

	分類	平均売上高
地域	ソウル	21,312
	ソウル以外	14,711
資本金	10億未満	4,557
	10億-50億未満	12,709
	50億-100億未満	91,943
	100億以上	522,144
設立年度	2000年以前	31,979
	2000年以降-2005年以前	19,670
	2005年以降-2010年以前	9,575
	2010年以降	11,877
従事者	20人未満	2,322
	20人-100人未満	8,260
	100人-200人未満	17,526
	200人以上	191,809
企業規模	大企業	302,587
	中企業	10,139
	小企業	1,569
全体		16,823

出所：科学技術情報通信部

<表8-10> 年度別情報保護産業輸出推移 (単位：百万ウォン, %)

区分	情報セキュリティ	物理セキュリティ	合計
2015年	78,133	1,545,540	1,623,673
2016年	88,978	1,400,102	1,489,080
2017年	94,398	1,475,755	1,570,153
2018年	82,363	1,473,769	1,556,132
2019年	122,766	1,657,080	1,779,846
2020年	145,592	1,767,931	1,913,523
2021年	152,604	1,924,176	2,076,780
前年度比成長率	4.8	8.8	8.5

出所：科学技術情報通信部

<表8-11> 情報セキュリティ製品及びサービス輸出現況(2022) (単位：百万ウォン)

区分		輸出額
情報セキュリティ製品（ソリューション）	ネットワークセキュリティソリューション	71,433
	エンドポイントセキュリティソリューション	8,700
	プラットフォームセキュリティ/セキュリティ管理ソリューション	9,005
	クラウドセキュリティソリューション	32,571
	コンテンツ/データセキュリティソリューション	4,499
	共通インフラセキュリティソリューション	13,667
情報セキュリティ関連サービス	セキュリティコンサルティング	5,983
	セキュリティシステム維持管理/安全性持続サービス	5,138
	セキュリティ管理サービス	3,590
	セキュリティ教育及び訓練サービス	-
	セキュリティ認証サービス	-
その他		681
合計		155,267

出所：科学技術情報通信部

<表8-12> 大分類別情報セキュリティ輸出現況(2022) (単位：百万ウォン, %)

区分	輸出額	比率
情報セキュリティ製品(ソリューション)	139,876	90.1
情報セキュリティ関連サービス	14,711	9.5
その他	681	0.4
合計	155,267	100.0

出所：科学技術情報通信部

<表8-13> 国別情報セキュリティ輸出割合現況(2022)　　　　　　　　　　　　　　　(単位：%)

区分	輸出国名					
	アメリカ	日本	中国	ヨーロッパ	その他	合計
情報セキュリティ製品（ソリューション）	48.2	9.6	12.9	4.8	24.4	100.0
情報セキュリティ関連サービス	32.6	40.0	2.1	4.9	20.4	100.0
その他	2.0	-	51.5	-	46.5	100.0

出所：科学技術情報通信部

<表8-14> 物理セキュリティ製品およびサービスの輸出現況(2022)　　　　　　(単位：百万ウォン)

区分		輸出額
物理セキュリティ製品（ソリューション）	セキュリティ用カメラ	672,303
	セキュリティ用保存装置	658,518
	セキュリティ装置部品	150,609
	物理セキュリティソリューション	4,469
	物理セキュリティ周辺装備	102,500
	アクセス制御装備	175,905
	生体認識セキュリティシステム	101,471
	警報/監視装備	7,654
	その他製品	173,168
物理セキュリティ関連サービス	出勤セキュリティサービス	-
	映像セキュリティサービス	943
	その他セキュリティサービス	-
	クラウドサービス	3,510
合計		2,051,048

出所：科学技術情報通信部

<表8-15> 国別物理セキュリティ輸出比率現況(2022)　　　　　　　　　　　　　(単位：%)

区分	輸出国名					
	アメリカ	日本	中国	ヨーロッパ	その他	合計
物理セキュリティ製品（ソリューション）	41.1	16.3	1.9	13.3	27.4	100.0
物理セキュリティ関連サービス	6.4	36.3	-	-	57.3	100.0

出所：科学技術情報通信部

7章 石油化学工業

1. 石油化学総括

<表1-1> 部門別石油化学製品需給実績推移　　　　　　　　　　　　　　　　(単位：千トン, %)

		2017	2018	2019	2020	2021	2022
合成樹脂	生産	13,909	13,743	13,799	14,437	15,436	15,530
	輸入	526	561	652	641	472	364
	総需要	14,435	14,304	14,450	15,074	15,908	15,895
	輸出	8,037	8,299	8,359	8,976	9,730	9,540
	国内需要	6,399	6,005	6,092	6,102	6,178	6,355
	自給率	217	229	227	237	250	244
合繊原料	生産	7,232	7,024	7,011	6,183	6,382	5,929
	輸入	431	423	523	610	590	483
	総需要	7,663	7,447	7,534	6,792	6,972	6,412
	輸出	2,766	2,563	2,934	2,550	2,105	2,121
	国内需要	4,897	4,883	4,600	4,243	4,868	4,291
	自給率	148	144	152	146	131	138
合成ゴム	生産	858	809	758	749	721	673
	輸入	88	75	72	66	81	66
	総需要	946	88	830	815	802	740
	輸出	587	555	511	521	485	430
	国内需要	359	329	319	294	317	309
	自給率	239	246	238	255	227	218
合計	生産	21,999	21,576	21,568	21,365	22,539	22,133
	輸入	1,045	1,059	1,246	1,316	1,143	914
	総需要	23,045	22,635	22,814	22,682	23,682	23,047
	輸出	11,390	11,417	11,804	12,046	12,320	12,092
	国内需要	11,655	11,217	11,011	10,635	11,362	10,955
	自給率	189	192	196	201	198	202

注) 1. 生産は出荷基準である。
2. 合成樹脂：LDPE, EVA, L-LDPE, HDPE, PP, PS/EPS, ABS, PVC.
3. 合繊原料：TPA, EG, AN, CPLM, DMT.
4. 合成ゴム：SBR, BR.
5. 総需要=生産+輸入。
6. 国内需要=生産+輸入-輸出。
7. 自給率=生産÷国内需要。

出所：韓国石油化学工業協会

<表1-2> 石油化学製品生産能力推移　　　　　　　　　　　　　　　　　　　　　　　　（単位：千トン）

		2017	2018	2019	2020	2021	2022
基礎油分	エチレン	9,035	9,225	10,016	9,816	12,700	12,800
	プロピレン	8,550	9,310	9,535	9,415	11,035	11,085
	ブタジエン	1,357	1,382	1,507	1,507	1,941	2,071
	ベンゼン	7,061	7,151	7,201	7,299	7,856	7,886
	トルエン	2,114	2,136	2,768	2,768	2,720	2,728
	キシレン	3,925	3,940	3,488	3,488	3,482	3,489
中間原料	O-X	410	410	410	410	410	410
	M-X	160	160	360	360	360	360
	P-X	10,510	10,510	10,510	10,790	10,790	10,790
	CH	350	350	350	350	350	350
	SM	3,263	3,258	3,339	3,319	3,324	3,144
	EDC	1,291	1,291	2,331	2,531	2,531	2,531
	VCM	1,630	1,630	1,644	1,794	1,794	1,827
合成樹脂	LDPE	1,452	1,452	1,462	1,462	1,762	1,762
	L-LDPE	1,596	1,796	1,876	1,876	2,864	2,864
	HDPE	2,215	2,215	2,295	2,695	3,835	3,675
	PP	4,287	4,892	5,032	5,032	6,361	6,394
	PS	696	699	705	716	716	729
	EPS	525	525	525	545	455	455
	ABS	2,096	2,096	2,146	2,146	2,146	2,146
	PVC	1,580	1,620	1,540	1,670	1,635	1,660
	PC	640	640	750	750	750	770
合繊原料	EG	1,665	1,665	1,665	1,665	1,728	1,728
	TPA	6,040	6,040	5,520	4,920	4,920	4,920
	DMT	140	140	160	160	160	160
	AN	850	850	871	892	892	892
	CPLM	270	270	270	270	270	270
合成ゴム	SBR	544	544	416	336	336	263
	S-SBR	123	233	243	243	243	303
	SB-Latex	206	206	206	256	206	226
	BR	615	618	618	618	485	492
	NBR	152	152	152	152	152	157
	NB-Latex	565	570	750	810	940	1,050
	EPDM	255	351	351	316	326	336
その他製品	カーボンブラック	754	699	749	749	749	749
	酢酸	570	570	650	650	650	650
	エタノール	60	60	60	66	66	70
	アルキルベンゼン	180	180	180	180	180	180
	PA	381	381	381	341	341	270
	MA	80	80	80	80	80	76
	TDI	360	360	360	360	360	360
	MDI	519	619	678	678	678	690

<続く>

		2017	2018	2019	2020	2021	2022
その他製品	フェノール	1,280	1,280	1,390	1,390	1,390	1,390
	アセトン	775	775	855	855	855	855
	BPA	1,050	1,080	1,095	1,125	1,125	1,125
	EPOXY	738	772	817	817	838	893
	オクタノール	356	356	356	356	396	396
	ブタノール	66	66	66	66	67	67
	PPG	636	664	692	715	740	773
	MMA	425	425	497	497	497	497
	PMMA	280	280	280	280	230	230
	石油樹脂	179	187	237	233	247	253

出所：韓国石油化学工業協会

<表1-3> 品目別基礎油分輸出推移　　　　　　　　　　　　　　（単位：千トン，百万ドル，％）

	2021		2022		前年比	
	金額	重量	金額	重量	金額	重量
エチレン	1,201	1,175	1,610	1,587	34.1	35.0
プロピレン	1,677	1,653	1,586	1,633	-5.5	-1.2
ブタジエン	136	125	186	181	36.9	44.9
ベンゼン	2,259	2,477	2,689	2,569	19.1	3.7
トルエン	195	273	510	504	161.1	84.8
キシレン	891	1,238	1,226	1,232	37.6	-0.5
その他	262	240	342	238	30.7	-0.9
合計	6,621	7,181	8,150	7,944	23.1	10.3

出所：韓国石油化学工業協会

<表1-4> 品目別基礎油分輸入推移　　　　　　　　　　　　　　（単位：千トン，百万ドル，％）

	2021		2022		前年比	
	金額	重量	金額	重量	金額	重量
エチレン	217	207	159	142	-26.9	-31.7
プロピレン	111	105	101	95	-8.8	-9.6
ブタジエン	387	337	254	206	-34.5	-39.0
ベンゼン	48	58	100	95	107.0	65.0
トルエン	461	664	648	661	40.6	-0.4
キシレン	770	1,112	776	836	0.9	-24.8
その他	341	267	507	342	48.7	28.1
合計	2,335	2,750	2,545	2,377	9.0	-13.6

出所：韓国石油化学工業協会

<表1-5> 品目別中間原料輸出推移　　　　　　　　　　　　　　　　　　（単位：千トン，百万ドル，％）

	2021		2022		前年比	
	金額	重量	金額	重量	金額	重量
O-X	31	37	96	86	215.5	131.5
P-X	5,147	6,177	5,684	5,253	10.4	-15.0
SM	784	689	652	558	-16.8	-19.0
EDC	148	223	174	301	16.9	35.1
VCM	273	241	129	150	-52.9	-37.9
PO	247	117	87	67	-64.7	-43.1
VAM	296	170	175	90	-41.3	-46.9
MMA	46	23	43	28	-6.5	23.9
その他	22	20	16	13	-27.6	-37.4
合計	6,996	7,697	7,055	6,546	0.9	-15.0

出所：韓国石油化学工業協会

<表1-6> 品目別中間原料輸入推移　　　　　　　　　　　　　　　　　　（単位：千トン，百万ドル，％）

	2021		2022		前年比	
	金額	重量	金額	重量	金額	重量
O-X	7	10	6	6	-14.9	-39.6
P-X	13	14	37	29	189.3	103.4
SM	501	434	614	479	22.5	10.4
EDC	38	59	22	35	-41.4	-41.7
VCM	123	105	84	88	-32.3	-16.0
PO	92	62	71	50	-23.0	-19.5
VAM	86	52	87	49	0.7	-6.9
MMA	79	42	74	38	-5.9	-10.1
その他	64	59	45	35	-29.5	-41.3
合計	1,004	838	1,040	808	3.6	-3.6

出所：韓国石油化学工業協会

<表1-7> 品目別合成樹脂輸出推移　　　　　　　　　　　　　　　　　　　　（単位：千トン，百万ドル，％）

	2021		2022		前年比	
	金額	重量	金額	重量	金額	重量
LDPE	519	316	643	365	23.9	15.5
EVA	1,737	655	2,403	886	38.3	35.4
L-LDPE	612	468	477	340	-22.1	-27.5
POE/POP	1,231	719	1,596	788	29.6	9.6
HDPE	1,971	1,614	1,910	1,586	-3.1	-1.8
PP	5,010	3,608	4,327	3,413	-13.6	-5.4
PS	739	469	717	464	-2.9	-1.0
EPS	109	69	94	48	-13.4	-29.5
ABS	3,011	1,260	2,286	4,076	-24.1	-14.6
PVC	781	553	661	575	-15.4	4.0
PMMA	2,003	1,074	2,022	1,038	0.9	-3.4
エポキシ	1,642	373	1,477	311	-10.0	-16.7
PC	2,346	697	1,793	637	-23.6	-8.6
PET Chip	1,240	905	1,506	960	21.4	6.1
ポリアミド	525	150	520	138	-1.0	-8.3
その他	5,667	2,484	5,648	2,313	-0.3	-6.9
合計	29,114	15,413	28,078	14,936	-3.7	-3.1

出所：韓国石油化学工業協会

<表1-8> 品目別合成樹脂輸入推移　　　　　　　　　　　　　　　　　　　　（単位：千トン，百万ドル，％）

	2021		2022		前年比	
	金額	重量	金額	重量	金額	重量
LDPE	238	143	196	103	-17.6	-27.9
EVA	19	8	15	5	-21.3	-35.9
L-LDPE	53	38	41	24	-23.4	-37.0
POE/POP	108	65	88	42	-18.5	-35.3
HDPE	130	93	110	66	-15.5	-29.3
PP	92	37	91	34	-0.7	-8.3
PS	25	11	23	9	-10.3	-13.9
EPS	26	20	33	23	26.7	14.4
ABS	41	15	31	12	-24.0	-18.3
PVC	69	43	69	46	-	9.2
PMMA	251	60	237	50	-5.7	-16.1
エポキシ	202	24	200	19	-0.8	-18.2
PC	225	73	209	66	-7.1	-9.4
PET Chip	400	263	417	266	4.4	1.1
ポリアミド	678	181	662	167	-2.5	-7.8
その他	2,957	691	3,137	638	6.1	-7.7
合計	5,514	1,764	5,559	1,571	0.8	-10.9

出所：韓国石油化学工業協会

<表1-9> 品目別合成ゴム輸出推移　　　　　　　　　　　　　　　　（単位：千トン，百万ドル，%）

	2021		2022		前年比	
	金額	重量	金額	重量	金額	重量
SB-Latex	65	50	72	46	10.1	-7.8
SBR	1,119	587	1,053	509	-6.0	-13.3
BR	657	354	705	346	7.2	-2.4
IIR	1	-	1	1	33.8	120.8
CR	1	-	2	-	85.2	89.6
NBR	323	134	308	120	-4.6	-10.0
EPDM	468	185	498	169	6.3	-8.4
その他	1,417	763	475	497	-66.5	-34.8
合計	4,052	2,073	3,113	1,688	-23.2	-18.6

出所：韓国石油化学工業協会

<表1-10> 品目別合成ゴム輸入推移　　　　　　　　　　　　　　　　（単位：千トン，百万ドル，%）

	2021		2022		前年比	
	金額	重量	金額	重量	金額	重量
SB-Latex	16	8	13	7	-19.5	-18.4
SBR	119	55	123	49	3.1	-10.7
BR	50	26	41	17	-18.2	-33.4
IIR	29	15	28	13	-1.8	-14.0
CR	28	6	30	5	7.5	-10.1
NBR	20	3	19	2	-3.5	-30.2
EPDM	40	14	33	10	-17.2	-28.5
その他	175	55	159	46	-8.8	-17.5
合計	477	182	447	148	-6.3	-18.3

出所：韓国石油化学工業協会

<表1-11> 品目別合繊原料輸出推移　　　　　　　　　　　　　　　　（単位：千トン，百万ドル，%）

	2021		2022		前年比	
	金額	重量	金額	重量	金額	重量
EG	230	343	110	181	-52.2	-47.2
TPA	960	1,413	1,389	1,646	44.6	16.5
DMT	45	46	55	44	23.0	-4.8
AN	515	262	406	235	-21.1	-10.1
CPLM	78	41	31	15	-60.5	-64.3
その他	10	12	3	5	-64.8	-60.4
合計	1,838	2,116	1,994	2,126	8.5	0.5

出所：韓国石油化学工業協会

<表1-12> 品目別合繊原料輸入推移　　　　　　　　　　　　　　　　（単位：千トン，百万ドル，％）

	2021		2022		前年比	
	金額	重量	金額	重量	金額	重量
EG	260	354	198	280	-23.9	-20.9
TPA	-	-	-	-	103.9	30.7
DMT	-	-	-	-	-46.0	-57.2
AN	458	216	289	174	-36.9	-19.7
CPLM	34	19	54	29	62.0	49.1
その他	28	34	30	41	9.1	21.2
合計	780	624	572	524	-26.7	-16.0

出所：韓国石油化学工業協会

<表1-13> 品目別その他石油化学製品輸出推移　　　　　　　　　　　（単位：千トン，百万ドル，％）

	2021		2022		前年比	
	金額	重量	金額	重量	金額	重量
MA	64	36	52	34	-18.0	-6.2
PA	155	169	179	165	15.2	-2.6
PG	284	122	239	105	-15.9	-13.9
PPG	1,004	425	0	0	-100.0	-100.0
TDI	514	233	621	247	20.8	6.1
MDI	263	102	219	96	-16.5	-5.9
フェノール	303	282	308	233	1.5	-17.4
アセトン	200	229	138	211	-30.9	-7.9
BPA	775	286	481	266	-37.9	-7.1
ブタノール	1	-	11	17	1,142.8	4,295.8
オクタノール	163	94	122	89	-25.2	-5.1
カーボンブラック	356	292	416	268	17.0	-8.2
酢酸	120	111	94	119	-22.0	7.3
酢酸エチル	4	3	10	9	138.5	212.0
メタノール	4	12	3	1	-35.8	-92.0
その他	2,232	1,574	3,031	1,786	35.8	13.4
合計	6,442	3,970	5,925	3,644	-8.0	-8.2

出所：韓国石油化学工業協会

<表1-14> 品目別その他石油化学製品輸入推移 (単位:千トン, 百万ドル, %)

	2021		2022		前年比	
	金額	重量	金額	重量	金額	重量
MA	7	4	11	7	73.9	69.6
PA	-	-	-	-	-38.7	-38.7
PG	20	10	22	11	10.2	6.1
PPG	76	30	-	-	-100.0	-100.0
TDI	4	2	3	1	-19..6	-30.6
MDI	4	1	4	2	17.2	7.9
フェノール	48	45	44	33	-8.5	-27.3
アセトン	7	7	-	-	-95.7	-99.3
BPA	317	118	187	101	-40.9	-14.0
ブタノール	161	150	133	134	-17.3	-10.7
オクタノール	110	66	45	29	-59.5	-56.3
カーボンブラック	72	40	79	35	9.9	-13.0
酢酸	99	108	66	110	-33.2	1.9
酢酸エチル	40	31	28	25	-30.8	-19.1
メタノール	792	2,018	804	2,047	1.6	1.5
その他	2,789	1,439	2,726	1,025	-2.2	-28.7
合計	4,545	4,068	4,154	3,559	-8.6	-12.5

出所:韓国石油化学工業協会

<表1-15> 石油化学輸出入実績(エチレン換算)推移 (単位:千トン, %)

	輸出	輸入	バランス	輸出比率	輸入比率
2014	3,651	787	2,865	51.9	18.8
2015	3,670	700	2,970	49.3	15.7
2016	3,496	704	2,792	47.0	15.2
2017	3,672	792	2,880	48.7	17.0
2018	3,649	647	3,003	48.6	14.3
2019	3,797	895	2,902	50.7	19.5
2020	4,088	1,033	3,055	53.4	22.4
2021	4,457	780	3,677	53.5	16.8
2022	4500	614	3885	52.3	13.0

注) 1. 輸出比率:輸出/生産。
2. 輸入比率:輸入/内需(生産+輸入-輸出)。

出所:韓国石油化学工業協会

<表1-16> 分野別石油化学製品輸出推移 (単位：トン，千ドル)

		2018	2019	2020	2021	2022
基礎油分	金額	6,608,089	5,603,434	3,950,080	6,621,178	8,149,694
	重量	7,109,073	7,455,780	6,723,510	7,181,361	7,943,546
中間原料	金額	8,954,070	7,356,945	4,535,697	6,995,574	7,055,476
	重量	8,614,331	8,469,474	7,732,015	7,696,831	6,545,561
合成樹脂	金額	22,959,546	20,250,620	19,202,294	29,143,643	28,078,369
	重量	13,077,105	13,408,302	14,178,137	15,412,793	14,935,734
合繊原料	金額	2,489,533	2,313,040	1,395,174	1,837,788	1,994,055
	重量	2,625,157	2,977,004	2,557,608	2,116,285	2,125,817
合成ゴム	金額	3,102,833	2,693,692	2,500,974	4,052,236	3,112,926
	重量	1,847,964	1,900,522	2,026,635	2,072,523	1,687,873
その他製品	金額	5,870,304	4,349,094	4,004,558	6,441,970	5,925,160
	重量	3,875,149	3,759,193	3,778,928	3,969,755	3,644,375
合計	金額	49,984,375	42,566,825	35,588,777	55,092,369	54,315,680
	重量	37,148,779	37,970,275	36,996,834	38,440,548	36,882,906

出所：韓国石油化学工業協会

<表1-17> 分野別石油化学製品輸入推移 (単位：トン，千ドル)

		2018	2019	2020	2021	2022
基礎油分	金額	3,022,915	2,564,027	1,957,368	2,335,067	2,544,646
	重量	3,441,293	3,480,377	3,390,880	2,750,187	2,377,288
中間原料	金額	1,114,629	971,979	839,662	1,003,688	1,039,969
	重量	943,797	1,023,372	1,158,817	837,732	807,635
合成樹脂	金額	5,152,857	4,707,824	4,161,256	5,514,357	5,558,546
	重量	1,852,968	1,853,864	1,776,524	1,763,772	1,571,157
合繊原料	金額	624,742	520,973	452,222	780,219	572,127
	重量	450,752	547,129	638,313	624,124	524,046
合成ゴム	金額	493,628	455,155	364,589	477,037	447,153
	重量	176,277	167,413	156,369	181,585	148,339
その他製品	金額	4,125,680	3,456,267	2,992,349	4,544,618	4,154,208
	重量	4,093,433	3,897,096	3,705,802	4,068,431	3,559,366
合計	金額	14,534,451	12,676,225	10,767,447	14,654,985	14,316,649
	重量	10,958,521	10,969,250	10,826,705	10,225,831	8,987,831

出所：韓国石油化学工業協会

<表1-18> 会社別石油化学施設能力現況(2022)　　　　　　　　　　　　　　　(単位：千トン)

	会社名	工場所在	稼働年度	生産能力
エチレン	LOTTE Chemical	大山(テサン)	2005	1,100
	HD Hyundai Chemical	大山(テサン)	2021	850
	LG Chem	大山(テサン)	2006	1,300
	Hanwha Total Energy	大山(テサン)	1991	1,525
	LOTTE Chemical	麗水(ヨス)	1992	1,230
	LG Chem	麗水(ヨス)	1991	2,000
	Yeochun NCC	麗水(ヨス)	1979	2,285
	GS Caltex	麗水(ヨス)	2021	750
	Korea Petrochemical Ind.	温山(オンサン)	1991	900
	S-Oil	温山(オンサン)	2018	200
	SK geo centric	蔚山(ウルサン)	1972	660
	計			12,800
プロピレン	LOTTE Chemical	大山(テサン)	2005	550
	HD Hyundai Oil Bank	大山(テサン)	2011	420
	HD Hyundai Chemical	大山(テサン)	2021	451
	LG Chem	大山(テサン)	2006	680
	Hanwha Total Energy	大山(テサン)	1991	1,064
	LOTTE Chemical	麗水(ヨス)	1992	641
	LG Chem	麗水(ヨス)	1991	1,260
	Yeochun NCC	麗水(ヨス)	1979	1,289
	GS Caltex	麗水(ヨス)	1995	910
	Korea Petrochemical Ind.	温山(オンサン)	1991	560
	S-Oil	温山(オンサン)	1997	860
	SK Advanced	蔚山(ウルサン)	2016	600
	SK Energy	蔚山(ウルサン)	1972	620
	SK geo centric	蔚山(ウルサン)	2011	380
	Taekwang	蔚山(ウルサン)	1997	300
	Hyosung Chem	蔚山(ウルサン)	1991	500
	計			11,085
ブタジエン	LOTTE Chemical	大山(テサン)	2005	190
	HD Hyundai Chemical	大山(テサン)	2021	163
	LG Chem	大山(テサン)	2006	235
	Hanwha Total Energy	大山(テサン)	1991	150
	Kumho Petrochemical	麗水(ヨス)	1992	147
	Lotte GS Chem	麗水(ヨス)	2022	130
	LOTTE Chemical	麗水(ヨス)	2011	160
	LG Chem	麗水(ヨス)	1991	298
	Yeochun NCC	麗水(ヨス)	1992	378
	Kumho Petrochemical	蔚山(ウルサン)	1979	90
	Korea Petrochemical Ind	蔚山(ウルサン)	2023	-
	SK geo centric	蔚山(ウルサン)	1972	130
	計			2,071

<続く>

	会社名	工場所在	稼働年度	生産能力
ベンゼン	O C I	光陽(クヮンヤン)	1995	200
	LOTTE Chemical	大山(テサン)	2005	240
	HD Hyundai Chemical	大山(テサン)	2016	410
	H D Hyundai Cosmo	大山(テサン)	1997	338
	L G Chem	大山(テサン)	2006	380
	Hanwha Total Energy	大山(テサン)	1991	1,267
	LOTTE Chemical	麗水(ヨス)	1992	234
	L G Chem	麗水(ヨス)	1992	635
	Yeochun NCC	麗水(ヨス)	1979	457
	G S - Caltex	麗水(ヨス)	1990	930
	Korea Petrochemical Ind	温山(オンサン)	2008	210
	S - Oil	温山(オンサン)	1991	672
	LOTTE Chemical	蔚山(ウルサン)	1986	110
	S K geo centric	蔚山(ウルサン)	1972	603
	Ulsan Aromatics	蔚山(ウルサン)	2014	600
	SK Incheon Petrochem	仁川(インチョン)	2006	600
	計			7,886
トルエン	O C I	光陽(クヮンヤン)	1995	40
	LOTTE Chemical	大山(テサン)	2011	120
	L G Chem	大山(テサン)	2011	-
	LOTTE Chemical	麗水(ヨス)	1992	112
	L G Chem	麗水(ヨス)	1992	120
	Yeochun NCC	麗水(ヨス)	1979	282
	G S Caltex	麗水(ヨス)	1990	170
	Korea Petrochemical Ind	温山(オンサン)	2008	78
	S - Oil	温山(オンサン)	1991	300
	S K geo centric	蔚山(ウルサン)	1970	1,506
	計			2,728
キシレン	LOTTE Chemical	大山(テサン)	2011	60
	HD Hyundai Chemical	大山(テサン)	2016	1,350
	L G Chem	大山(テサン)	2011	-
	LOTTE Chemical	麗水(ヨス)	1992	79
	L G Chem	麗水(ヨス)	1992	55
	Yeochun NCC	麗水(ヨス)	1979	204
	G S Caltex	麗水(ヨス)	1990	350
	Korea Petrochemical Ind	温山(オンサン)	2008	47
	S - Oil	温山(オンサン)	1991	450
	S K geo centric	蔚山(ウルサン)	1970	894
	計			3,489

〈続く〉

	会社名	工場所在	稼働年度	生産能力
O - X	LOTTE Chemical	蔚山(ウルサン)	1980	210
	SK geo centric	蔚山(ウルサン)	1990	200
	計			410
M - X	LOTTE Chemical	蔚山(ウルサン)	1998	360
	計			360
P - X	H D Hyundai Cosmo	大山(テサン)	1997	1,460
	Hanwha Total Energy	大山(テサン)	1997	2,000
	G S Caltex	麗水(ヨス)	1990	1,350
	S - O i l	温山(オンサン)	1997	1,900
	LOTTE Chemical	蔚山(ウルサン)	1980	750
	SK geo centric	蔚山(ウルサン)	1990	830
	Ulsan Aromatics	蔚山(ウルサン)	2014	1,000
	SK Incheon Petrochem	仁川(インチョン)	2014	1,500
	計			10,790
C H	SK geo centric	蔚山(ウルサン)	1974	160
	C a p r o	蔚山(ウルサン)	2000	190
	計			350
S M	LOTTE Chemical	大山(テサン)	2005	577
	L G C h e m	大山(テサン)	2006	-
	Hanwha Total Energy	大山(テサン)	1991	1,041
	L G C h e m	麗水(ヨス)	1990	515
	Yeochun NCC	麗水(ヨス)	1986	351
	S K geo centric	蔚山(ウルサン)	-	-
	SKpicglobal	蔚山(ウルサン)	1990	660
	計			3,144
E D C	L G C h e m	麗水(ヨス)	1996	840
	Hanwha Solutions	麗水(ヨス)	1980	1,306
	Hanwha Solutions	蔚山(ウルサン)	1991	385
	計			2,531
V C M	L G C h e m	大山(テサン)	1997	230
	L G C h e m	麗水(ヨス)	1990	750
	Hanwha Solutions	麗水(ヨス)	1979	583
	Hanwha Solutions	蔚山(ウルサン)	1972	264
	計			1,827
P C	LOTTE Chemical	麗水(ヨス)	2008	480
	L G C h e m	麗水(ヨス)	2001	170
	Samyang Kasei	全州(チョンジュ)	1999	120
	計			770

〈続く〉

	会　　社　　名	工場所在	稼働年度	生産能力
LDPE (EVA含む)	ＬＯＴＴＥ　Ｃｈｅｍｉｃａｌ	大山(テサン)	2005	130
	HD Hyundai Chemical	大山(テサン)	2021	300
	Ｌ　Ｇ　　　Ｃｈｅｍ	大山(テサン)	2006	260
	Hanwha Total Energy	大山(テサン)	1991	435
	Ｌ　Ｇ　　　Ｃｈｅｍ	麗水(ヨス)	1990	180
	Ｈａｎｗｈａ　Ｓｏｌｕｔｉｏｎｓ	麗水(ヨス)	1979	337
	Ｈａｎｗｈａ　Ｓｏｌｕｔｉｏｎｓ	蔚山(ウルサン)	1972	120
	計			1,762
L-LDPE	ＬＯＴＴＥ　Ｃｈｅｍｉｃａｌ	大山(テサン)	2005	290
	Ｌ　Ｇ　　　Ｃｈｅｍ	大山(テサン)	2006	456
	Hanwha Total Energy	大山(テサン)	1994	125
	Ｄ　Ｌ　Ｃｈｅｍｉｃａｌｓ	麗水(ヨス)	1996	530
	ＬＯＴＴＥ　Ｃｈｅｍｉｃａｌ	麗水(ヨス)	2019	10
	Ｌ　Ｇ　　　Ｃｈｅｍ	麗水(ヨス)	2021	600
	Ｈａｎｗｈａ　Ｓｏｌｕｔｉｏｎｓ	麗水(ヨス)	1986	425
	Ｓ　　Ｓ　　Ｎ　　Ｃ	蔚山(ウルサン)	2015	248
	Ｓ　Ｋ　ｇｅｏ　ｃｅｎｔｒｉｃ	蔚山(ウルサン)	1990	180
	計			2,864
HDPE	HD Hyundai Chemical	大山(テサン)	2021	550
	Ｌ　Ｇ　　　Ｃｈｅｍ	大山(テサン)	2006	-
	Hanwha Total Energy	大山(テサン)	1991	575
	Ｄ　Ｌ　Ｃｈｅｍｉｃａｌｓ	麗水(ヨス)	1989	180
	ＬＯＴＴＥ　Ｃｈｅｍｉｃａｌ	麗水(ヨス)	1979	630
	Ｌ　Ｇ　　　Ｃｈｅｍ	麗水(ヨス)	1992	380
	Ｇ　Ｓ　　Ｃａｌｔｅｘ	麗水(ヨス)	2021	500
	Korea Petrochemical Ind	蔚山(ウルサン)	1976	650
	Ｓ　Ｋ　ｇｅｏ　ｃｅｎｔｒｉｃ	蔚山(ウルサン)	1990	210
	計			3,675
PP	ＬＯＴＴＥ　Ｃｈｅｍｉｃａｌ	大山(テサン)	2005	500
	HD Hyundai Chemical	大山(テサン)	2021	500
	Ｌ　Ｇ　　　Ｃｈｅｍ	大山(テサン)	2006	380
	Hanwha Total Energy	大山(テサン)	1991	1117
	ＬＯＴＴＥ　Ｃｈｅｍｉｃａｌ	麗水(ヨス)	1979	600
	Ｇ　Ｓ　　Ｃａｌｔｅｘ	麗水(ヨス)	1987	180
	Ｐｏｌｙ　Ｍｉｒａｅ	麗水(ヨス)	1993	730
	Ｓ　-　Ｏ　ｉ　ｌ	温山(オンサン)	2018	405
	Korea Petrochemical Ind	蔚山(ウルサン)	1976	550
	Ｓ　Ｋ　ｇｅｏ　ｃｅｎｔｒｉｃ	蔚山(ウルサン)	1990	432
	Ｕｌｓａｎ　　ＰＰ	蔚山(ウルサン)	2021	400
	Ｈｙｏｓｕｎｇ　Ｃｈｅｍ	蔚山(ウルサン)	1991	600
	計			6,394

〈続く〉

	会　　社　　名	工場所在	稼働年度	生産能力
PS	Ｌ　Ｇ　Ｃｈｅｍ	麗水(ヨス)	1984	50
	Kumho Petrochemical	蔚山(ウルサン)	1973	265
	ＨＤＣ Hyundai Ｅ Ｐ	蔚山(ウルサン)	1989	148
	Ineos Styrolution	蔚山(ウルサン)	1985	266
	計			716
EPS	Ｓ Ｈ Energy　Chem	群山(グンサン)	1973	120
	LOTTE Chemical	麗水(ヨス)	1989	-
	Ｌ　Ｇ　Ｃｈｅｍ	麗水(ヨス)	1984	90
	Kumho Petrochemical	蔚山(ウルサン)	1973	80
	ＨＤＣ Hyundai Ｅ Ｐ	蔚山(ウルサン)	1989	80
	ＢＡＳＦ　Ｋｏｒｅａ	蔚山(ウルサン)	1985	85
	計			455
ABS	LOTTE Chemical	麗水(ヨス)	1989	670
	Ｌ　Ｇ　Ｃｈｅｍ	麗水(ヨス)	1978	950
	Kumho Petrochemical	蔚山(ウルサン)	1973	250
	Ineos Styrolution	蔚山(ウルサン)	1990	276
	計			2,146
PVC	Ｌ　Ｇ　Ｃｈｅｍ	大山(テサン)	1998	240
	Ｌ　Ｇ　Ｃｈｅｍ	麗水(ヨス)	1976	640
	Hanwha Solutions	麗水(ヨス)	1990	480
	Hanwha Solutions	蔚山(ウルサン)	1966	300
	計			1,660
CPLM	Ｃ　ａ　ｐ　ｒ　ｏ	蔚山(ウルサン)	1974	270
DMT	Ｓ Ｋ Ｃｈｅｍｉｃａｌｓ	蔚山(ウルサン)	1989	160
TPA	Hanwha General Chem	大山(テサン)	1997	700
	Samnam Petro Chem	麗水(ヨス)	1990	1,500
	LOTTE Chemical	蔚山(ウルサン)	1990	-
	Ｓ Ｋ Ｃｈｅｍｉｃａｌｓ	蔚山(ウルサン)	1989	-
	Ｔａｅｋｗａｎｇ	蔚山(ウルサン)	1995	1,000
	Hanwha General Chem	蔚山(ウルサン)	1980	1,300
	Ｈｙｏｓｕｎｇ　Ｃｈｅｍ	蔚山(ウルサン)	1997	420
	計			4,920
PIA	LOTTE Chemical	蔚山(ウルサン)	1998	520
EG	LOTTE Chemical	大山(テサン)	2005	730
	Ｌ　Ｇ　Ｃｈｅｍ	大山(テサン)	2006	180
	Hanwha Total Energy	大山(テサン)	1991	218
	LOTTE Chemical	麗水(ヨス)	1979	400
	Korea Petrochemical Ind	蔚山(ウルサン)	2014	200
	計			1,728

〈続く〉

	会　社　名	工場所在	稼働年度	生産能力
AN	Tongsuh Petro Chem	蔚山(ウルサン)	1972	602
	Ｔａｅｋｗａｎｇ	蔚山(ウルサン)	1997	290
	計			892
SBR	Ｌ　Ｇ　Ｃｈｅｍ	大山(テサン)	1996	-
	Kumho Petrochemical	蔚山(ウルサン)	1973	263
	計			263
S‐SBR	Ｌ　Ｇ　Ｃｈｅｍ	大山(テサン)	2012	80
	Kumho Petrochemical	麗水(ヨス)	2012	123
	Lotte Versalis Elastomers	麗水(ヨス)	2018	100
	計			303
SB‐Latex	Ｌ　Ｇ　Ｃｈｅｍ	麗水(ヨス)	1994	20
	Kumho Petrochemical	蔚山(ウルサン)	1983	83
	Ｔｒｉｎｓｅｏ　Ｋｏｒｅａ	蔚山(ウルサン)	1990	43
	Ｈａｎｓｏｌ　Ｃｈｅｍｉｃａｌ	全州(チョンジュ)	1996	80
	計			226
BR	Ｌ　Ｇ　Ｃｈｅｍ	大山(テサン)	1996	220
	Kumho Petrochemical	麗水(ヨス)	1980	265
	計			485
NBR	Ｌ　Ｇ　Ｃｈｅｍ	大山(テサン)	1996	65
	Kumho Petrochemical	蔚山(ウルサン)	1983	92
	計			157
EPDM	Kumho Poly Chem	麗水(ヨス)	1987	240
	Lotte Versalis Elastomers	麗水(ヨス)	2018	96
	ＳＫ　ｇｅｏ　ｃｅｎｔｒｉｃ	蔚山(ウルサン)	1992	-
	計			336
カーボンブラック	Ｏ　　Ｃ　　Ｉ	光陽(クワンヤン)	1992	100
	ＨＤ Hyundai ＯＣＩ	大山(テサン)	2018	150
	Birla Carbon Korea	麗水(ヨス)	1996	136
	Orion Engineered Carbons	麗水(ヨス)	1979	193
	Orion Engineered Carbons	仁川(インチョン)	1969	-
	Ｏ　　Ｃ　　Ｉ	浦項(ポハン)	1981	170
	計			749
PA	Ｌ　Ｇ　Ｃｈｅｍ	麗水(ヨス)	1992	-
	Ａｅｋｙｕｎｇ　Ｃｈｅｍｉｃａｌ	蔚山(ウルサン)	1972	210
	Ｈａｎｗｈａ　Ｓｏｌｕｔｉｏｎｓ	蔚山(ウルサン)	1997	-
	Ｏ　　Ｃ　　Ｉ	浦項(ポハン)	1983	60
	計			270

〈続く〉

	会社名	工場所在	稼働年度	生産能力
MA	Aekyung Chemical	蔚山(ウルサン)	1988	8
	Yongsan Chem	蔚山(ウルサン)	1976	38
	Korea PTG	蔚山(ウルサン)	1992	30
	Hanwha Solutions	蔚山(ウルサン)	1998	-
	計			76
TDI	OCI	群山(グンサン)	1990	50
	BASF Korea	麗水(ヨス)	-	160
	Hanwha Solutions	麗水(ヨス)	1981	150
	計			360
MDI	Gudow Chemical	麗水(ヨス)	1988	30
	Kumho Mitsui Chem	麗水(ヨス)	1992	410
	BASF Korea	麗水(ヨス)	1992	250
	計			690
フェノール	LG Chem	大山(テサン)	2013	360
	Kumho P&B Chem	麗水(ヨス)	1980	680
	LG Chem	麗水(ヨス)	2005	350
	計			1,390
アセトン	LG Chem	大山(テサン)	2013	225
	Kumho P&B Chem	麗水(ヨス)	1980	420
	LG Chem	麗水(ヨス)	2005	210
	計			855
BPA	Samyang Innochem	群山(グンサン)	2012	180
	LG Chem	大山(テサン)	2013	165
	Kumho P&B Chem	麗水(ヨス)	1991	450
	LG Chem	麗水(ヨス)	2005	330
	計			1,125
EPOXY resin	Bluecube Chemicals	亀尾(クミ)	1990	38
	Kolon Industries	金泉(キムチョン)	2007	52
	Kukdo Chem	ソウル,釜山,益山	1973	530
	Kumho P&B Chem	金浦,麗水(ヨス)	2019	273
	計			893

〈続く〉

	会　社　名	工場所在	稼働年度	生産能力
オクタノール	ＬＧ　Ｃｈｅｍ	羅州(ナジュ)	1982	100
	ＬＧ　Ｃｈｅｍ	麗水(ヨス)	1996	144
	Ｈａｎｗｈａ　Ｓｏｌｕｔｉｏｎｓ	麗水(ヨス)	1997	152
	計			396
ブタノール	ＬＧ　Ｃｈｅｍ	羅州(ナジュ)	1982	55
	Ｈａｎｗｈａ　Ｓｏｌｕｔｉｏｎｓ	麗水(ヨス)	1997	12
	計			67
PPG	Ｋｕｍｈｏ　Ｐｅｔｒｏｃｈｅｍｉｃａｌ	蔚山(ウルサン)	1988	152
	ＳＫｐｉｃｇｌｏｂａｌ	蔚山(ウルサン)	1990	220
	ＫＰＸ　Ｃｈｅｍｉｃａｌｓ	蔚山(ウルサン)	1975	298
	ＢＡＳＦ　Ｋｏｒｅａ	蔚山(ウルサン)	1995	103
	計			773
酢酸	Ｌｏｔｔｅ　Ｉｏｎｅｓ　Ｃｈｅｍ	蔚山(ウルサン)	1991	650
酢酸ビニール(VAM)	Ｌｏｔｔｅ　Ｉｏｎｅｓ　Ｃｈｅｍ	蔚山(ウルサン)	1996	410
エタノール	Ｋｏｒｅａ　Ａｌｃｏｈｏｌ　Ｉｎｄｕｓｔｒｉａｌ	蔚山(ウルサン)	1974	70
酢酸エチル	Ｋｏｒｅａ　Ａｌｃｏｈｏｌ　Ｉｎｄｕｓｔｒｉａｌ	蔚山(ウルサン)	1989	130
アルキルベンゼン	ＩＳＵ　Ｃｈｅｍｉｃａｌ	蔚山(ウルサン)	1973	180
MMA	Ｌｏｔｔｅ　ＭＣＣ	大山(テサン)	2009	90
	Ｌｏｔｔｅ　ＭＣＣ	麗水(ヨス)	2013	97
	Ｌｏｔｔｅ　Ｃｈｅｍｉｃａｌ	麗水(ヨス)	2001	50
	ＬＸ　ＭＭＡ	麗水(ヨス)	1991	260
	計			497
PMMA	Ｌｏｔｔｅ　ＭＣＣ	麗水(ヨス)	2008	110
	ＬＸ　ＭＭＡ	麗水(ヨス)	1999	120
	Ａｒｋｅｍａ		1993	－
	計			230
石油樹脂	Ｋｏｌｏｎ　Ｉｎｄｕｓｔｒｉｅｓ	大山(テサン)	2014	40
	Ｋｏｌｏｎ　Ｉｎｄｕｓｔｒｉｅｓ	麗水(ヨス)	2004	77
	Ｈａｎｗｈａ　Ｓｏｌｕｔｉｏｎｓ	麗水(ヨス)	2019	50
	Ｋｏｌｏｎ　Ｉｎｄｕｓｔｒｉｅｓ	蔚山(ウルサン)	1978	86
	計			253

注) 1. Daerim Industrial：DLChemicalsに社名変更(2021.1)
2. Lotte BP ChemicalはLotte Ineos Chemicalsに社名変更(2021.3)

出所：韓国石油化学工業協会

<表1-19> ナフサ(原料)需給推移　　　　　　　　　　　　　　　　　　　　(単位：千Bbl，千トン)

	生産	輸入	輸出	合計	需要		
					NCC	BTX	その他
2016	259,814	202,224	49,753	430,091	228,936	201,020	135
	28,868	22,469	5,529	47,788	25,437	23,418	15
2017	309,868	199,632	44,194	458,350	247,244	210,763	343
	34,430	22,181	4,910	50,928	27,472	23,418	38
2018	313,927	218,814	43,554	451,158	235,381	215,594	182
	34,881	24,313	4,840	50,129	26,153	23,955	20
2019	313,163	226,088	47,382	438,614	223,165	211,904	3,545
	3,479	25,121	5,265	48,735	24,796	23,545	394
2020	286,740	215,878	36,680	405,266	210,569	190,248	4,449
	31,860	23,986	4,076	45,030	23,397	21,139	494
2021	285,600	253,313	31,203	451,807	256,836	188,449	6,522
	31,733	28,146	3,467	50,201	28,537	20,939	725
2022(E)	300,608	236,608	33,944	446,832	251,190	192,591	3,051
	33,401	26,290	3,772	49,648	27,910	21,399	339

注) 1. ナフサ1MT = 9 Bbl。
2. BTXはBTX生産施のみ保有しているケースであり、需要は使用量基準。
3. 上段はBbl，下段は千トン。

出所：韓国石油化学工業協会

<表1-20> ナフサ及び原油価格推移

	原油($/Bbl)			ナフサ($/MT)
	UAE	BRENT	WTI	Spot/CFR
	Dubai	U.Kingdo	USA	日本
2016	41.25	45.04	43.32	400.03
2017	53.18	54.82	50.95	497.02
2018	69.42	71.53	64.77	615.66
2019	63.55	64.18	57.03	526.30
2020	42.22	43.21	39.40	381.80
2021	69.27	70.79	67.91	647.60
2022	93.36	98.98	94.23	788.19

出所：韓国石油化学工業協会

2. 基礎油分

<表2-1> エチレン需給推移 (単位：トン)

		2017	2018	2019	2020	2021	2022
生産		8,807,574	8,835,002	8,930,567	8,751,606	10,398,407	10,385,359
出荷	国内	7,977,044	8,019,819	8,930,567	7,889,655	9,173,450	8,824,701
	直輸出	815,639	823,834	7,815,861	848,439	1,175,349	1,585,390
	小計	8,792,683	8,843,653	8,906,992	8,738,093	10,348,799	10,410,092
在庫		65,399	56,715	80,244	75,863	116,414	92,303
輸入		109,421	133,349	108,900	283,398	207,107	141,518
国内需要		8,086,465	8,153,168	7,924,761	8,173,052	9,380,557	8,966,220

出所：韓国石油化学工業協会

<表2-2> 用途別エチレン出荷比重推移 (単位：%)

	2017	2018	2019	2020	2021	2022
LDPE	32.3	31.8	31.8	30.1	33.2	35.9
HDPE	25.1	24.0	25.3	29.9	28.3	28.5
EG	13.8	14.5	13.3	8.7	10.0	8.1
EDC/VCM	15.3	16.1	17.9	19.6	17.5	18.0
SM	11.8	12.2	10.3	9.9	9.9	8.1
AA	-	-	-	-	-	-
EPDM	1.5	1.3	1.3	1.2	1.0	1.3
その他	0.2	0.1	0.1	0.6	0.1	0.1
合計	100.0	100.0	100.0	100.0	100.0	100.0

出所：韓国石油化学工業協会

<表2-3> 会社別エチレン生産能力推移 (単位:千トン/年)

		2018	2019	2020	2021	2022
LOTTE Chemical	大山(テサン)	1,100	1,100	1,100	1,100	1,100
HD Hyundai Chemical	大山(テサン)	-	-	-	850	850
LG Chem	大山(テサン)	1,040	1,300	1,300	1,300	1,300
Hanwha Total Energy	大山(テサン)	1,095	1,376	1,376	1,525	1,525
LOTTE Chemical	麗水(ヨス)	1,230	1,230	1,230	1,230	1,230
LG Chem	麗水(ヨス)	1,180	1,200	1,200	2,000	2,000
Yeochun NCC	麗水(ヨス)	1,950	1,950	1,950	2,285	2,285
GS Caltex	麗水(ヨス)	-	-	-	750	750
Korea Petrochemical Ind	温山(オンサン)	800	800	800	800	900
S-Oil	温山(オンサン)	-	-	200	200	200
SK geo centric	蔚山(ウルサン)	860	860	660	660	660
合計		9,255	9,816	9,816	12,700	12,800

出所:韓国石油化学工業協会

<表2-4> プロピレン需給推移 (単位:トン)

		2017	2018	2019	2020	2021	2022
生産		6,053,795	8,416896	8,714,407	8,650,264	8,714,407	9,100,156
出荷	国内	5,151,576	6,714,842	7,047,743	7,137,464	7,047,743	7,482,975
	直輸出	904,017	1,674,320	1,656,522	1,506,082	1,656,522	1,633,335
	小計	6,055,593	8,389,162	8,704,264	8,643,546	8,704,264	9,116,311
在庫		39,684	82,398	85,510	84,654	85,510	79,307
輸入		264,212	112,787	132,058	124,480	132,058	94,625
国内需要		5,415,787	6,827,629	7,179,801	7,261,945	7,179,801	7,577,600

出所:韓国石油化学工業協会

<表2-5> 用途別プロピレン出荷比重推移 (単位:%)

	2017	2018	2019	2020	2021	2022
PP	59.5	58.4	58.0	59.5	59.2	63.3
AN	11.1	10.6	10.5	9.5	10.6	9.5
フェノール/アセトン	19.1	20.1	18.4	18.4	18.7	16.5
オクタノール/ブタノール	4.2	4.4	4.0	3.3	4.1	3.7
EPDM	1.2	1.2	1.2	1.0	1.0	1.1
PO	2.8	3.3	5.9	5.8	6.3	5.8
その他	2.1	2.0	2.0	2.5	0.1	0.1
合計	100.0	100.0	100.0	100.0	100.0	100.0

出所:韓国石油化学工業協会

<表2-6> 会社別プロピレン生産能力推移 (単位:千トン)

		2018	2019	2020	2021	2022
LOTTE Chemical	大山(テサン)	550	550	550	550	550
HD Hyundai Oil Bank	大山(テサン)	420	420	420	420	420
Hyundai Chemicals	大山(テサン)	-	-	-	451	451
LG Chem	大山(テサン)	520	680	680	680	680
Hanwha Total Energy	大山(テサン)	932	987	987	1,064	1,064
LOTTE Chemical	麗水(ヨス)	641	641	641	641	641
LG Chem	麗水(ヨス)	770	780	780	1,260	1,260
Yeochun NCC	麗水(ヨス)	1,111	1,111	1,111	1,289	1,289
GS Caltex	麗水(ヨス)	476	476	476	910	910
Korea Petrochemical Ind	温山(オンサン)	510	510	510	510	560
S-Oil	温山(オンサン)	860	860	860	860	860
SK Advanced	蔚山(ウルサン)	600	600	600	600	600
SK Energy	蔚山(ウルサン)	620	620	620	620	620
SK geo centric	蔚山(ウルサン)	500	500	380	380	380
Taekwang	蔚山(ウルサン)	300	300	300	300	300
Hyosung Chem	蔚山(ウルサン)	500	500	500	500	500
合計		9,310	9,535	9,415	11,035	11,085

出所:韓国石油化学工業協会

<表2-7> ブタジエン需給推移 (単位:トン)

		2017	2018	2019	2020	2021	2022
生産		1,285,531	1,262,780	1,272,923	1,208,125	1,451,677	1,398,679
出荷	国内	1,122,307	1,121,355	1,172,295	1,116,641	1,309,096	1,215,187
	直輸出	157,721	149,323	98,268	92,421	124,769	180,743
	小計	1,280,028	1,270,678	1,270,563	1,209,062	1,433,865	1,395,930
在庫		18,450	9,451	11,811	10,876	28,316	31,099
輸入		424,270	419,972	406,249	474,368	337,394	205,717
国内需要		1,546,577	1,541,327	1,578,544	1,591,009	1,646,490	1,420,903

出所:韓国石油化学工業協会

<表2-8> 用途別ブタジエン出荷比重推移 (単位:%)

	2017	2018	2019	2020	2021	2022
SBR	27.8	16.8	14.8	14.3	14.8	11.9
BR	31.3	28.1	26.1	26.6	26.1	30.5
ABS	19.7	23.7	23.5	23.1	23.5	22.7
その他	21.2	31.4	35.6	36.0	35.6	34.9
合計	100.0	100.0	100.0	100.0	100.0	100.0

出所:韓国石油化学工業協会

<表2-9> 会社別ブタジエン生産能力推移 (単位：千トン/年)

		2018	2019	2020	2021	2022
ＬＯＴＴＥ　Ｃｈｅｍｉｃａｌ	大山(テサン)	190	190	190	190	190
HD Hyundai Chemical	大山(テサン)	-	-	-	163	163
Ｌ　Ｇ　Ｃｈｅｍ	大山(テサン)	145	235	235	235	235
Hanwha Total Energy	大山(テサン)	125	150	150	150	150
Kumho Petrochemical	麗水(ヨス)	147	147	147	147	147
Lotte　GS　Chem	麗水(ヨス)	-	-	-	-	130
ＬＯＴＴＥ　Ｃｈｅｍｉｃａｌ	麗水(ヨス)	160	160	160	160	160
Ｌ　Ｇ　Ｃｈｅｍ	麗水(ヨス)	155	165	165	298	298
Ｙｅｏｃｈｕｎ　ＮＣＣ	麗水(ヨス)	240	240	240	378	378
Kumho Petrochemical	蔚山(ウルサン)	90	90	90	90	90
Korea Petrochemical Ind	蔚山(ウルサン)	-	-	-	-	-
Ｓ　Ｋ　ｇｅｏ　ｃｅｎｔｒｉｃ	蔚山(ウルサン)	130	130	130	130	130
合計		1,382	1,507	1,507	1,941	2,071

出所：韓国石油化学工業協会

<表2-10> ベンゼン需給推移 (単位：トン)

		2017	2018	2019	2020	2021	2022
生産		6,569,460	6,867,926	6,560,253	5,978,343	6,709,751	6,076,572
出荷	国内	3,914,032	4,307,830	3,938,041	3,778,757	4,222,206	3,480,128
	直輸出	2,631,921	2,569,533	2,627,360	2,220,316	2,477,149	2,574,559
	小計	6,545,953	6,877,363	6,565,401	5,999,072	6,699,355	6,054,687
在庫		155,118	140,129	134,115	114,225	160,343	170,161
輸入		35,620	59,323	56,115	66,459	57,839	95,440
国内需要		3,949,652	4,367,154	3,994,156	3,845,216	4,280,045	3,575,568

出所：韓国石油化学工業協会

<表2-11> 用途別ベンゼン出荷比重推移 (単位：%)

	2017	2018	2019	2020	2021	2022
シクロヘキサン	3.3	3.0	3.2	2.9	3.3	2.2
アルキルベンゼン	1.1	1.1	11	1.1	1.0	1.2
Ｓ　　　　Ｍ	52.4	52.4	44.9	44.2	44.8	41.5
Ｍ　　　　Ａ	1.7	1.7	1.6	1.7	1.6	1.9
フェノール	26.0	27.0	24.7	25.7	23.8	24.9
ニトロベンゼン	0.8	0.7	0.7	0.8	0.7	0.8
Ｃ　Ｐ　Ｌ　Ｍ	4.3	4.1	3.8	2.9	3.6	2.4
その他	10.4	10.0	20.0	20.7	21.2	25.1
合計	100.0	100.0	100.0	100.0	100.0	100.0

出所：韓国石油化学工業協会

<表2-12> 会社別ベンゼン生産能力推移 (単位：千トン/年)

		2018	2019	2020	2021	2022
ＯＣＩ	光陽(クヮンヤン)	200	200	200	200	200
LOTTE Chemical	大山(テサン)	240	240	240	240	240
HD Hyundai Chemical	大山(テサン)	380	410	410	410	410
HD Hyundai Cosmo	大山(テサン)	240	240	338	338	338
ＬＧ Ｃｈｅｍ	大山(テサン)	280	240	240	380	380
Hanwha Total Energy	大山(テサン)	1,267	1,267	1,267	1,267	1,267
LOTTE Chemical	麗水(ヨス)	234	234	234	234	234
ＬＧ Ｃｈｅｍ	麗水(ヨス)	225	285	285	635	635
Yeochun NCC	麗水(ヨス)	390	390	390	457	457
ＧＳ－Ｃａｌｔｅｘ	麗水(ヨス)	930	930	930	930	930
Korea Petrochemical Ind	温山(オンサン)	180	180	180	180	210
Ｓ－Ｏｉｌ	温山(オンサン)	672	672	672	672	672
LOTTE Chemical	蔚山(ウルサン)	110	110	110	110	110
ＳＫ geo centric	蔚山(ウルサン)	603	603	603	603	603
Ulsan Aromatics	蔚山(ウルサン)	600	600	600	600	600
SK Incheon Petrochem	仁川(インチョン)	600	600	600	600	600
合計		7,151	7,201	7,299	7,856	7,886

出所：韓国石油化学工業協会

<表2-13> トルエン需給推移 (単位：トン)

		2017	2018	2019	2020	2021	2022
生産		1,704,811	1,662,738	2,004,077	2,051,846	1,948,795	2,074,284
出荷	国内	1,251,413	1,298,542	1,511,813	1,604,435	1,673,846	1,504,724
	直輸出	360,833	354,359	460,285	428,607	272,736	504,276
	小計	1,612,246	1,652,901	1,972,098	2,033,042	1,946,582	2,009,000
在庫		83,739	84,994	79,415	87,230	82,257	98,889
輸入		774,849	851,510	708,083	494,169	663,665	661,331
国内需要		2,026,262	2,150,052	2,219,896	2,098,604	2,337,510	2,166,055

出所：韓国石油化学工業協会

<表2-14> 会社別トルエン生産能力推移 (単位：千トン/年)

		2018	2019	2020	2021	2022
ＯＣＩ	光陽(クワンヤン)	40	40	40	40	40
ＬＯＴＴＥ　Ｃｈｅｍｉｃａｌ	大山(テサン)	120	120	120	120	120
ＬＧ　Ｃｈｅｍ	大山(テサン)	100	100	100	-	-
ＬＯＴＴＥ　Ｃｈｅｍｉｃａｌ	麗水(ヨス)	112	112	112	112	112
ＬＧ　Ｃｈｅｍ	麗水(ヨス)	100	120	120	120	120
Ｙｅｏｃｈｕｎ　ＮＣＣ	麗水(ヨス)	230	230	230	282	282
ＧＳ　Ｃａｌｔｅｘ	麗水(ヨス)	170	170	170	170	170
Korea Petrochemical Ind	温山(オンサン)	70	70	70	70	78
Ｓ－Ｏｉｌ	温山(オンサン)	300	300	300	300	300
ＳＫ　ｇｅｏ　ｃｅｎｔｒｉｃ	蔚山(ウルサン)	894	894	1,506	1,506	1,506
合計		2,136	2,156	2,168	2,720	2,728

出所：韓国石油化学工業協会

<表2-15> キシレン需給実績推移 (単位：トン)

		2017	2018	2019	2020	2021	2022
生産		3,605,642	4,137,374	4,457,316	3,902,494	4,043,976	3,819,058
出荷	国内	2,318,723	2,909,863	3,186,397	2,498,314	2,831,890	2,478,652
	直輸出	1,298,037	1,254,183	1,270,268	1,412,394	1,237,508	1,231,855
	小計	3,616,760	4,164,046	4,456,665	3,910,708	4,069,399	3,710,508
在庫		84,881	79,094	92,320	83,419	74,689	90,263
輸入		1,786,076	1,472,582	1,554,241	1,268,245	1,112,404	836,412
国内需要		4,104,799	4,382,445	4,740,637	3,766,559	3,944,294	3,315,065

出所：韓国石油化学工業協会

<表2-16> 会社別キシレン生産能力推移 　　　　　　　　　　　　　　　　　　　　　　（単位：千トン）

		2018	2019	2020	2021	2022
LOTTE Chemical	大山(テサン)	60	60	60	60	60
HD Hyundai Chemical	大山(テサン)	1,200	1,350	1,350	1,350	1,350
LG Chem	大山(テサン)	45	50	50	-	-
LOTTE Chemical	麗水(ヨス)	79	79	79	79	79
LG Chem	麗水(ヨス)	50	55	55	55	55
Yeochun NCC	麗水(ヨス)	160	160	160	204	204
GS Caltex	麗水(ヨス)	350	350	350	350	350
Korea Petrochemical Ind	温山(オンサン)	40	40	40	40	47
S-Oil	温山(オンサン)	450	450	450	450	450
SK geo centric	蔚山(ウルサン)	1,506	1,506	894	894	894
合計		3,940	4,100	3,488	3,482	3,489

出所：韓国石油化学工業協会

3. 中間原料

<表3-1> SM需給実績推移 (単位：トン)

		2017	2018	2019	2020	2021	2022
生産		2,982,694	3,117,489	2,693,454	2,563,420	2,874,216	2,246,020
出荷	国内	1,745,714	2,244,040	2,035,134	1,823,496	2,165,743	2,338,286
	直輸出	1,261,869	841,001	669,699	765,503	689,111	558,108
	小計	3,007,583	3,085,041	2,704,833	2,588,998	2,854,854	2,896,395
在庫		41,539	83,388	73,037	56,564	78,470	65,777
輸入		794,030	305,442	489,456	726,654	433,677	478,635
国内需要		2,539,744	2,549,482	2,524,590	2,550,149	2,599,421	2,816,922

出所：韓国石油化学工業協会

<表3-2> 用途別SM出荷比重推移 (単位：%)

	2017	2018	2019	2020	2021	2022
PS	21.1	21.2	21.4	23.7	22.4	20.3
EPS	16.8	15.9	14.1	13.1	13.1	11.2
ABS	40.8	40.8	41.5	40.9	39.5	32.6
SBR	3.9	3.6	3.2	31	2.9	2.1
その他	17.4	18.5	19.8	192	22.1	33.8
合計	100.0	100.0	100.0	100.0	100.0	100.0

出所：韓国石油化学工業協会

<表3-3> P-X需給推移 (単位：トン)

		2017	2018	2019	2020	2021	2022
生産		10,622,184	10,687,745	10,084,673	9,010,465	9,075,738	7,923,892
出荷	国内	3,405,752	3,263,283	3,073,226	2,871,030	2,811,954	2,739,711
	直輸出	7,315,353	7,383,515	7,032,497	6,075,092	6,176,790	5,252,645
	小計	10,721,105	10,646,798	10,105,724	8,946,122	8,988,744	7,992,357
在庫		204,474	252,254	193,855	244,268	330,810	239,873
輸入		24,763	24,512	20,002	10,003	14,268	29,016
国内需要		3,430,515	3,287,795	3,093,228	2,881,033	2,826,222	2,768,727

出所：韓国石油化学工業協会

<表3-4> 用途別P-X出荷比重推移　　　　　　　　　　　　　　　　　　　　　　　　（単位：％）

	2017	2018	2019	2020	2021	2022
TPA	97.6	97.5	97.9	97.7	97.1	97.1
DMT	2.4	2.5	2.1	2.3	2.9	2.9
その他	-	-	-	-	-	-
合計	100.0	100.0	100.0	100.0	100.0	100.0

出所：韓国石油化学工業協会

<表3-5> 会社別P-X生産能力推移　　　　　　　　　　　　　　　　　　　　　　　（単位：千トン/年）

		2018	2019	2020	2021	2022
HD Hyundai Cosmo	大山(テサン)	1,180	1,180	1,460	1,460	1,460
Hanwha Total Energy	大山(テサン)	2,000	2,000	2,000	2,000	2,000
GS Caltex	麗水(ヨス)	1,350	1,350	1,350	1,350	1,350
S-Oil	温山(オンサン)	1,900	1,900	1,900	1,900	1,900
LOTTE Chemical	蔚山(ウルサン)	750	750	750	750	750
SK geo centric	蔚山(ウルサン)	830	830	830	830	830
Ulsan Aromatics	蔚山(ウルサン)	1,000	1,000	1,000	1,000	1,000
SK Incheon Petrochem	仁川(インチョン)	1,500	1,500	1,500	1,500	1,500
合計		10,510	10,510	10,790	10,790	10,790

出所：韓国石油化学工業協会

<表3-6> O-X需給推移　　　　　　　　　　　　　　　　　　　　　　　　　　　　（単位：トン）

		2017	2018	2019	2020	2021	2022
生産		320,601	305,575	343,970	296,784	267,615	302,624
出荷	国内	267,959	279,883	277,661	236,229	229,798	219,279
	直輸出	48,432	17,326	71,037	55,975	37,272	86,287
	小計	316,391	297,209	348,698	292,203	267,070	305,566
在庫		10,564	10,351	5,623	10,202	10,393	10,559
輸入		28,122	10,341	5,032	9,057	9,907	5,985
国内需要		296,081	290,224	282,693	245,286	239,705	225,263

出所：韓国石油化学工業協会

<表3-7> CH需給推移 (単位：トン)

		2017	2018	2019	2020	2021	2022
生産		176,289	168,101	178,125	155,491	195,958	107,540
出荷	国内	171,059	160,541	170,294	152,909	189,155	106,587
	直輸出	5,679	4,657	7,849	4,329	2,527	5,572
	小計	176,738	165,198	178,144	157,238	191,682	112,159
在庫		3,365	6,269	6,250	4,503	8,779	4,792
輸入		40,981	72,900	47,887	12,540	36,396	21,041
国内需要		212,040	233,441	218,181	165,449	225,551	127,628

出所：韓国石油化学工業協会

<表3-8> EDC需給推移 (単位：トン)

		2017	2018	2019	2020	2021	2022
生産		921,769	1,423,190	1,468,390	1,640,152	1,633,743	1,632,236
出荷	国内	726,368	1,173,101	1,200,452	1,300,326	1,386,615	1,345,808
	直輸出	184,369	263,441	281,004	342,851	223,016	31,384
	小計	910,737	1,436,542	1,481,456	1,643,177	1,609,630	1,647,192
在庫		32,897	69,683	66,869	62,873	109,989	95,033
輸入		228,287	181,852	159,769	144,934	59,237	34,516
国内需要		954,655	1,354,953	1,360,221	1,445,260	1,445,852	1,380,325

出所：韓国石油化学工業協会

<表3-9> VCM需給推移 (単位：トン)

		2017	2018	2019	2020	2021	2022
生産		1,632,006	1,627,941	1,593,208	1,702,664	1,717,290	1,640,238
出荷	国内	1,583,314	1,574,949	1,383,199	1,457,435	1,440,420	1,458,918
	直輸出	57,062	56,309	212,717	248,304	240,822	149,623
	小計	1,640,376	1,631,258	1,595,917	1,705,739	1,681,242	1,608,541
在庫		27,499	24,181	18,643	13,490	49,543	81,240
輸入		40,511	18,793	36,033	41,265	105,160	88,374
国内需要		1,623,825	1,593,742	1,419,233	1,498,701	1,545,580	1,547,292

出所：韓国石油化学工業協会

4. 合成樹脂

<表4-1> LDPE(Total)需給推移 (単位：トン)

		2017	2018	2019	2020	2021	2022
生産		3,030,020	285,681	2,941,009	2,829,110	3,491,351	3,622,596
出荷	国内	1,268,145	1,132,746	1,124,303	1,027,480	1,077,028	1,179,480
	直輸出	1,729,314	1,708,757	1,736,690	1,854,815	2,157,762	2,378,641
	小計	2,997,459	2,841,503	2,860,993	2,882,295	3,234,789	3,558,121
在庫		202,957	246,995	225,191	209,166	315,785	331,651
輸入		196,567	235,243	295,350	296,871	253,591	173,852
国内需要		1,464,712	1,367,989	1,419,654	1,324,351	1,330,619	1,353,332

出所：韓国石油化学工業協会

<表4-2> LDPE(Total)需給推移 (単位：%)

	2017	2018	2019	2020	2021	2022
フィルム	47.6	47.2	48.5	51.5	51.2	51.7
射出	2.9	2.8	2.2	3.1	2.9	3.6
中空	1.3	1.3	1.3	0.9	1.3	0.9
押出	21.7	21.7	17.6	17.2	16.5	16.1
電線	5.0	4.7	5.4	3.8	3.7	3.8
粉末	2.0	2.0	1.9	1.5	1.4	1.4
その他	19.5	20.3	23.1	22.0	23.0	22.5
合計	100.0	100.0	100.0	100.0	100.0	100.0

出所：韓国石油化学工業協会

<表4-3> 会社別LDPE(Total)生産能力推移 (単位：千トン)

		2018	2019	2020	2021	2022
LOTTE Chemical	大山(テサン)	130	130	130	130	130
HD Hyundai Chemical	大山(テサン)	-	-	-	300	300
LG Chem	大山(テサン)	260	260	260	260	260
Hanwha Total Energy	大山(テサン)	435	435	435	435	435
LG Chem	麗水(ヨス)	180	180	180	180	180
Hanwha Solutions	麗水(ヨス)	327	337	337	337	337
Hanwha Solutions	蔚山(ウルサン)	120	120	120	120	120
合計		1,452	1,462	1,462	1,762	1,762

出所：韓国石油化学工業協会

<表4-4> LDPE(Only)需給推移 (単位：トン)

		2017	2018	2019	2020	2021	2022
生産		716,426	696,523	668,404	671,439	664,459	692,979
出荷	国内	276,263	198,418	222,890	270,261	281,525	297,719
	直輸出	401,514	468,011	412,872	370,399	315,841	364,661
	小計	677,777	666,429	635,762	640,660	597,366	662,380
在庫		55,545	55,650	48,970	37,221	57,340	65,354
輸入		126,079	129,683	159,805	138,518	142,573	102,743
国内需要		402,342	328,101	382,695	408,778	424,098	400,461

出所：韓国石油化学工業協会

<表4-5> 用途別LDPE(Only)出荷比重推移 (単位：％)

	2017	2018	2019	2020	2021	2022
Film	35.1	36.3	39.9	38.4	36.7	36.1
Injection	4.8	4.9	4.9	6.6	7.1	9.5
Blow	2.7	2.2	2.7	2.4	2.2	1.7
Extrusion	36.7	36.9	33.6	32.1	33.8	32.7
Wire&Cable	6.8	6.3	8.1	6.0	6.9	6.9
Others	13.9	13.4	10.8	14.5	13.3	13.1
合計	100.0	100.0	100.0	100.0	100.0	100.0

出所：韓国石油化学工業協会

<表4-6> L-LDPE需給推移 (単位：トン)

		2017	2018	2019	2020	2021	2022
生産		1,560,036	1,433,591	1,551,772	1,392,131	2,061,415	1,924,583
出荷	国内	885,872	824,536	799,462	673,320	698,418	808,546
	直輸出	676,050	609,482	688,833	807,031	1,187,378	1,127,542
	小計	1,561,922	1,434,018	1,488,295	1,480,351	1,885,796	1,936,087
在庫		99,913	125,711	124,458	112,642	187,983	145,586
輸入		61,966	100,041	128,761	151,522	102,998	65,972
国内需要		947,838	924,577	928,223	824,842	801,415	874,517

出所：韓国石油化学工業協会

<表4-7> 用途別L-LDPE出荷比重推移 (単位:％)

	2017	2018	2019	2020	2021	2022
フィルム	53.9	52.5	50.9	58.6	57.8	59.1
射出	1.9	1.9	0.8	1.2	1.0	0.8
中空	0.7	0.7	0.6	-	0.9	0.5
押出	14.0	14.2	12.9	9.0	8.6	8.3
電線	4.1	4.0	3.9	2.7	2.3	2.4
粉末	3.0	3.0	2.8	2.4	2.1	2.1
その他	22.4	23.6	28.1	26.1	27.3	26.8
合計	100.0	100.0	100.0	100.0	100.0	100.0

出所：韓国石油化学工業協会

<表4-8> 会社別L-LDPE生産能力推移 (単位：千トン)

		2018	2019	2020	2021	2022
LOTTE Chemical	大山(テサン)	290	290	290	290	290
L G Chem	大山(テサン)	456	456	456	456	456
Hanwha Total Energy	大山(テサン)	125	125	125	125	125
D L Chemicals	麗水(ヨス)	160	160	160	530	530
LOTTE Chemical	麗水(ヨス)	-	10	10	10	10
L G Chem	麗水(ヨス)	-	-	-	600	600
Hanwha Solutions	麗水(ヨス)	355	425	425	425	425
S S N C	蔚山(ウルサン)	230	230	230	248	248
S K geo centric	蔚山(ウルサン)	180	180	180	180	180
合計		1,796	1,866	1,876	2,864	2,864

出所：韓国石油化学工業協会

<表4-9> EVA需給推移 (単位：トン)

		2017	2018	2019	2020	2021	2022
生産		753,558	755,566	720,834	765,540	765,477	1,005,035
出荷	国内	106,011	109,793	101,952	83,899	97,085	73,215
	直輸出	651,750	631,264	634,985	677,385	654,542	886,438
	小計	757761	741,057	736,937	761285	751,628	959,654
在庫		47,499	65,635	51,763	59,304	70,462	120,710
輸入		8,522	5,519	6,784	6,832	8,020	5,138
国内需要		114,533	115,312	108,736	90,731	105,106	78,354

出所：韓国石油化学工業協会

<表4-10> 用途別EVA出荷比重推移 (単位：%)

	2017	2018	2019	2020	2021	2022
フィルム	16.3	15.8	14.4	16.0	14.6	12.3
ケーブル	10.8	11.8	10.9	13.3	12.9	13.9
発泡	31.3	29.4	27.9	29.6	30.0	28.2
押出被服	8.9	8.8	11.6	9.1	9.9	7.0
ホットメルト	5.4	5.8	6.8	6.0	7.3	6.6
太陽電池用	24.7	25.3	24.6	20.2	21.4	24.3
その他	2.6	3.1	3.8	5.8	3.9	7.7
合計	100.0	100.0	100.0	100.0	100.0	100.0

出所：韓国石油化学工業協会

<表4-11> HDPE需給実績推移 (単位：トン)

		2017	2018	2019	2020	2021	2022
生産		2,043,846	2,057,619	2,198,708	2,527,067	2,679,045	2,566,946
出荷	国内	911,170	857,222	885,863	951,794	970,030	1,012,978
	直輸出	1,127,363	1,187,721	1,288,449	1,578,350	1,614,071	1,285,596
	小計	2,038,533	2,044,943	2,174,312	2,530,144	2,584,101	2,598,574
在庫		91530	102,918	133,216	130,419	204,667	221,501
輸入		74,157	72,825	143,315	162,631	93,424	66,015
国内需要		985,327	930,047	1,029,178	1,114,424	1,063,455	1,078,994

出所：韓国石油化学工業協会

<表4-12> 用途別HDPE出荷比重推移 (単位：%)

	2017	2018	2019	2020	2021	2022
フィルム	21.7	21.7	19.1	17.8	19.4	19.4
射出	16.2	15.6	16.6	20.2	21.0	18.8
中空	24.3	25.0	25.8	26.4	25.4	27.7
押出	16.1	15.8	15.5	16.3	15.6	13.5
パイプ	12.1	10.7	10.9	10.6	8.3	9.4
その他	9.6	11.2	12.1	8.7	10.3	11.2
合計	100.0	100.0	100.0	100.0	100.0	100.0

出所：韓国石油化学工業協会

<表4-13> 会社別HDPE生産能力推移 (単位:千トン)

		2018	2019	2020	2021	2022
HD Hyundai Chemical	大山(テサン)	-	-	-	550	550
LG Chem	大山(テサン)	-	-	-	-	-
Hanwha Total Energy	大山(テサン)	175	175	575	575	575
DL Chemicals	麗水(ヨス)	290	290	290	180	180
LOTTE Chemical	麗水(ヨス)	630	630	630	630	630
LG Chem	麗水(ヨス)	380	380	380	580	380
GS Caltex	麗水(ヨス)	-	-	-	500	500
Korea Petrochemical Ind	蔚山(ウルサン)	530	610	610	610	650
SK geo centric	蔚山(ウルサン)	210	210	210	210	210
合計		2,215	2,295	2,695	3,835	3,675

出所:韓国石油化学工業協会

<表4-14> PP需給実績推移 (単位:トン)

		2017	2018	2019	2020	2021	2022
生産		4,343,817	4,404,242	4,415,503	4,580,349	5,365,147	4,874,682
出荷	国内	1,535,514	1,453,551	1,481,471	1,533,539	1,575,937	1,542,647
	直輸出	2,785,814	2,889,064	2,951,833	3,070,521	3,608,201	3,412,873
	小計	4,321,328	4,342,615	4,433,304	4,604,060	5,184,138	4,955,521
在庫		199,733	266,424	229,660	212,712	425,869	329,878
輸入		36,837	35,875	35,679	28,546	37,294	34,187
国内需要		1,572,351	1,489,426	1,517,151	1,562,085	1,613,231	1,576,834

出所:韓国石油化学工業協会

<表4-15> 用途別PP出荷比重推移 (単位:%)

	2017	2018	2019	2020	2021	2022
Homo	47.5	47.3	47.5	49.8	48.3	49.1
Impact	36.0	35.4	35.8	34.6	35.4	34.8
Random	8.4	8.7	8.6	8.7	8.8	8.5
Ter-Film	1.1	1.2	1.1	1.1	1.1	1.1
Compounding	4.2	4.1	4.1	3.7	4.1	4.1
その他	2.8	3.3	2.9	2.1	2.3	2.4
合計	100.0	100.0	100.0	100.0	100.0	100.0

出所:韓国石油化学工業協会

<表4-16> 会社別PP生産能力推移 (単位:千トン)

		2018	2019	2020	2021	2022
LOTTE Chemical	大山(テサン)	500	500	500	500	500
HD Hyundai Chemical	大山(テサン)	-	-	-	500	500
LG Chem	大山(テサン)	380	380	380	380	380
Hanwha Total Energy	大山(テサン)	717	717	717	1,117	1,117
LOTTE Chemical	麗水(ヨス)	600	600	600	600	600
GS Caltex	麗水(ヨス)	180	180	180	180	180
Poly Mirae	麗水(ヨス)	700	730	730	730	730
S-Oil	温山(オンサン)	405	405	405	405	405
Korea Petrochemical Ind	蔚山(ウルサン)	470	530	530	530	550
SK geo centric	蔚山(ウルサン)	390	390	390	419	432
Ulsan PP	蔚山(ウルサン)	-	-	-	400	400
Hyosung Chem	蔚山(ウルサン)	550	600	600	600	600
合計		4,892	5,032	5,032	6,361	6,394

出所:韓国石油化学工業協会

<表4-17> PS(Total)需給実績推移 (単位:トン)

		2017	2018	2019	2020	2021	2022
生産		1,036,920	1,014,138	969,764	1,008,833	993,090	953,692
出荷	国内	574,628	498,223	456,102	453,872	456,758	441,367
	直輸出	459,776	512,995	522,603	559,340	537,306	512,517
	小計	1,034,404	1,011,218	978,705	1,013,212	994,065	953,884
在庫		40,003	46,110	39,921	35,820	35,155	41,076
輸入		69,962	72,321	55,071	48,391	30,659	32,050
国内需要		644,590	570,544	511,173	502,262	487,418	473,418

出所:韓国石油化学工業協会

<表4-18> 用途別PS(Total)出荷比重推移 (単位:%)

	2017	2018	2019	2020	2021	2022
家電	25.7	22.3	22.3	25.3	28.3	37.2
建設	50.0	49.0	49.0	37.8	36.1	23.5
包装	10.8	12.9	12.9	13.5	14.8	17.7
雑貨	0.9	2.9	2.9	0.8	0.9	3.1
その他	12.6	12.9	12.9	22.6	19.9	18.5
合計	100.0	100.0	100.0	100.0	100.0	100.0

出所:韓国石油化学工業協会

<表4-19> PS(Only)需給実績推移 (単位:トン)

		2017	2018	2019	2020	2021	2022
生産		577,027	580,910	584,016	650,572	626,156	615,941
出荷	国内	201,380	164,894	154,485	167,697	152,314	163,258
	直輸出	378,376	414,078	435,408	482,992	468,644	464,109
	小計	579,756	578,972	589,893	650,688	620,958	627,367
在庫		23,634	25,192	19,255	19,679	21,392	17,578
輸入		26,996	25,626	19,921	14,076	10,686	9,201
国内需要		228,376	190,520	174,405	181,772	163,000	172,459

出所:韓国石油化学工業協会

<表4-20> 用途別PS(Only)出荷比重推移 (単位:%)

	2017	2018	2019	2020	2021	2022
家電	36.4	33.0	38.4	33.7	33.2	33.2
一般機器	8.8	10.4	5.7	5.4	11.7	14.1
建設/家具	12.3	10.6	8.6	5.1	3.2	4.0
包装/容器	19.9	21.6	23.4	19.1	21.2	21.5
玩具/文具	2.0	5.8	1.1	1.5	1.8	4.5
その他	20.6	18.6	22.8	35.2	28.9	22.7
合計	100.0	100.0	100.0	100.0	100.0	100.0

出所:韓国石油化学工業協会

<表4-21> EPS需給実績推移 (単位:トン)

		2017	2018	2019	2020	2021	2022
生産		459,892	433,228	385,748	358,261	366,934	337,751
出荷	国内	373,248	333,329	301,617	286,175	304,445	278,109
	直輸出	81,400	98,917	87,195	76,348	68,662	48,408
	小計	454,648	432,245	388,812	362,524	373,107	326,517
在庫		16,370	20,918	20,666	16,140	13,763	23,498
輸入		42,967	46,695	35,150	34,315	19,974	22,850
国内需要		416,215	380,024	336,767	320,490	324,418	300,959

出所:韓国石油化学工業協会

<表4-22> 用途別EPS出荷比重推移 (単位:%)

	2017	2018	2019	2020	2021	2022
建設	80.7	79.0	77.3	72.1	69.3	70.0
家電	9.7	10.5	10.2	10.8	11.3	13.1
包装	3.4	4.0	4.9	7.7	10.9	8.5
農産物	2.8	2.7	2.9	3.5	2.3	2.9
水産物	2.6	3.1	3.5	4.6	3.9	3.8
浮標	0.7	0.6	0.9	0.9	0.6	0.6
その他	0.1	0.1	0.3	0.4	1.7	1.1
合計	100.0	100.0	100.0	100.0	100.0	100.0

出所:韓国石油化学工業協会

<表4-23> ABS需給実績推移 (単位:トン)

		2017	2018	2019	2020	2021	2022
生産		1,919,438	1,920,360	1,952,139	1,933,235	1,901,599	1,698,670
出荷	国内	522,329	544,806	578,387	581,826	638,268	632,183
	直輸出	1,389,972	1,381,870	1,359,591	1,348,428	1,260,171	1,075,903
	小計	1,912,301	1,926,676	1,937,978	1,930,254	1,898,439	1,708,086
在庫		56,044	48,104	60,764	62,008	64,023	59,129
輸入		11,515	9,205	11,075	9,315	14,563	11,900
国内需要		533,844	554,011	589,462	591,141	652,831	644,083

出所:韓国石油化学工業協会

<表4-24> 用途別ABS出荷比重推移 (単位：％)

	2017	2018	2019	2020	2021	2022
家電	38.4	36.4	34.5	33.9	34.8	28.0
一般機器	11.8	11.4	11.4	12.0	11.8	13.0
自動車	16.6	18.0	17.5	16.4	16.7	13.4
建設/器具	3.3	3.8	3.4	3.6	3.4	2.3
包装/容器	5.3	6.4	5.5	8.7	9.5	7.6
玩具/文具	0.3	0.3	0.3	0..3	0.3	6.1
その他	24.3	23.7	27.4	25.1	23.6	29.6
合計	100.0	100.0	100.0	100.0	100.0	100.0

出所：韓国石油化学工業協会

<表4-25> 会社別ABS生産能力推移 (単位：千トン)

		2018	2019	2020	2021	2022
LOTTE Chemical	麗水(ヨス)	670	670	670	670	670
LG Chem	麗水(ヨス)	900	950	950	950	950
Kumho Petrochemical	蔚山(ウルサン)	250	250	250	250	250
Ineos Styrolution	蔚山(ウルサン)	276	276	276	276	276
合計		2,096	2,146	2,146	2,146	2,146

出所：韓国石油化学工業協会

<表4-26> PVC需給実績推移 (単位：トン)

		2017	2018	2019	2020	2021	2022
生産		1,598,547	1,588,151	1,418,225	1,480,676	1,575,153	1,531,220
出荷	国内	1,056,365	957,672	913,757	909,031	980,298	944,377
	直輸出	544,521	618,464	499,644	564,500	552,666	574,550
	小計	1,600,886	1,576,136	1,413,401	1,473,531	1,532,964	1,518,927
在庫		52,482	60,170	59,668	66,903	109,091	79,785
輸入		137,088	135,651	111,186	94,911	42,553	46,474
国内需要		1,193,453	1,093,323	1,024,943	1,003,941	1,022,850	990,851

出所：韓国石油化学工業協会

<表4-27> 用途別PVC出荷比重推移 (単位：％)

	2017	2018	2019	2020	2021	2022
Calender	32.6	32.1	38.3	38.6	32.5	31.3
Pipe & Fitting	19.5	17.4	15.9	17.8	15.8	17.6
Profile-extrusion	24.1	26.8	26.3	270	26.7	28.8
ExtrusionFilm/Sheet	5.8	7.8	1.3	1.3	6.5	9.7
Compound	14.2	11.7	11.8	10.9	10.5	10.1
Foot Wear	-	-	-	-	-	-
Hose	2.2	1.5	1.5	0.9	1.2	0.9
Othetrs	1.6	2.8	4.9	3.5	6.8	1.6
合計	100.0	100.0	100.0	100.0	100.0	100.0

出所：韓国石油化学工業協会

<表4-28> 会社別PVC生産能力推移 (単位：千トン)

		2018	2019	2020	2021	2022
L G Chem	大山(テサン)	240	240	240	240	240
L G Chem	麗水(ヨス)	730	650	650	615	640
Hanwha Solutions	麗水(ヨス)	350	350	480	480	480
Hanwha Solutions	蔚山(ウルサン)	300	300	300	300	300
合計		1,620	1,540	1,670	1,635	1,660

出所：韓国石油化学工業協会

<表4-29> PC需給実績推移 (単位：トン)

		2017	2018	2019	2020	2021	2022
生産		632,089	633,312	669,520	741,096	725,256	656,207
出荷	国内	266,904	281,883	330,970	360,073	381,244	335,339
出荷	直輸出	364,434	346,049	337,162	380,611	337,567	331,721
出荷	小計	631,338	627,932	668,133	740,664	718,811	667,060
在庫		21,728	26,711	24,774	22,666	27,785	20,420
輸入		50,793	56,390	45,269	48,557	47,663	43,166
国内需要		317,697	338,273	376,239	408,630	428,907	378,505

出所：韓国石油化学工業協会

<表4-30> 用途別PC出荷比重推移 (単位：%)

	2017	2018	2019	2020	2021	2022
電気/電子	41.2	38.6	30.6	23.2	11.1	9.8
シート/フィルム	3.0	5.1	4.6	6.8	25.5	24.6
自動車	24.9	26.4	22.6	15.9	19.4	21.7
家電	6.1	7.8	7.6	4.2	0.7	1.8
その他	24.8	22.1	34.6	49.0	43.3	42.1
合計	100.0	100.0	100.0	100.0	100.0	100.0

出所：韓国石油化学工業協会

5. 合繊原料

<表5-1> TPA需給実績推移 (単位：トン)

		2017	2018	2019	2020	2021	2022
生産		4,876,533	4,709,881	4,684,203	4,392,879	4,268,635	4,205,625
出荷	国内	2,930,395	2,916,997	2,663,716	2,442,374	2,842,134	2,578,597
	直輸出	1,939,572	1,745,184	2,030,586	1,950,350	1,412,534	1,646,207
	小計	4,869,967	4,662,181	4,694,302	4,392,724	4,254,669	4,224,804
在庫		70,099	118,500	108,472	72,495	85,526	89,925
輸入		324	-	87	621	176	230
国内需要		2,930,719	2,916,997	2,663,802	2,442,995	2,842,311	2,578,827

出所：韓国石油化学工業協会

<表5-2> 用途別TPA出荷比重推移 (単位：%)

	2017	2018	2019	2020	2021	2022
Staple	19.9	136	17.1	18.7	16.7	2.5
Filament	36.4	398	29.6	23.6	25.1	20.1
Film	17.7	236	23.9	25.0	21.6	32.0
Bottle	13.6	123	16.7	21.6	24.0	29.8
その他	12.4	107	12.7	11.1	12.6	15.6
合計	100.0	100.0	100.0	100.0	100.0	100.0

出所：韓国石油化学工業協会

<表5-3> 会社別TPA生産能力推移 (単位：千トン/年)

		2018	2019	2020	2021	2022
Hanwha General Chem	大山(テサン)	700	700	700	700	700
Samnam Petro Chem	麗水(ヨス)	1,500	1,500	1,500	1,500	1,500
LOTTE Chemical	蔚山(ウルサン)	600	600	-	-	-
SK Chemicals	蔚山(ウルサン)	520	520	-	-	-
Taekwang	蔚山(ウルサン)	1,000	1,000	1,000	1,000	1,000
Hanwha General Chem	蔚山(ウルサン)	1,300	1,300	1,300	1,300	1,300
Hyosung Chem	蔚山(ウルサン)	420	420	420	420	420
合計		6,040	6,040	4,920	4,920	4,920

出所：韓国石油化学工業協会

<表5-4> EG需給実績推移 (単位:トン)

		2017	2018	2019	2020	2021	2022
生産		1,234,634	1,310,466	1,222,185	799,506	1,029,883	794,210
出荷	国内	789,535	790,725	668,171	497,616	672,302	609,413
	直輸出	454,532	504,276	569,929	309,232	342,728	181,065
	小計	1,244,067	1,295,001	1,238,100	806,847	1,015,030	790,478
在庫		35,545	50,966	35,447	28,110	42,963	46,695
輸入		252,795	237,118	334,345	399,106	354,271	280,094
国内需要		1,042,330	1,027,843	1,002,516	896,722	1,026,574	889,507

出所:韓国石油化学工業協会

<表5-5> 用途別EG出荷比重推移 (単位:%)

	2017	2018	2019	2020	2021	2022
ポリエステル繊維	97.9	96.1	96.9	96.2	75.5	93.8
樹脂	2.0	2.9	2.0	2.9	24.0	5.3
不凍液	0.1	1.0	1.1	0.9	0.5	0.9
合計	100.0	100.0	100.0	100.0	100.0	100.0

出所:韓国石油化学工業協会

<表5-6> 会社別EG生産能力推移 (単位:千トン/年)

		2018	2019	2020	2021	2021
LOTTE Chemical	大山(テサン)	730	730	730	730	730
LG Chem	大山(テサン)	180	180	180	180	180
Hanwha Total Energy	大山(テサン)	155	155	155	218	218
LOTTE Chemical	麗水(ヨス)	400	400	400	400	400
Korea Petrochemical Ind	蔚山(ウルサン)	200	200	200	200	200
合計		1,665	1,665	1,665	1,728	1,728

出所:韓国石油化学工業協会

<表5-7> AN需給推移 (単位：トン)

		2017	2018	2019	2020	2021	2022
生産		766,319	754,662	754,325	693,168	786,385	685,795
出荷	国内	505,399	495,672	520,271	508,542	511,008	420,783
	直輸出	270,592	231,476	248,913	204,289	262,082	235,488
	小計	775,991	727,148	769,185	712,832	773,090	656,271
在庫		23,944	51,719	36,715	24,881	39,077	47,704
輸入		150,867	169,132	165,629	187,214	216,039	173,566
国内需要		656,266	664,804	685,900	695,756	727,047	594,349

出所：韓国石油化学工業協会

<表5-8> 用途別AN出荷比重推移 (単位：%)

	2017	2018	2019	2020	2021	2022
Fiber	14.0	13.6	10.5	4.7	4.8	3.6
ABS	79.0	78.5	81.4	88.8	85.5	80.8
その他	7.0	7.9	8.1	6.5	9.7	15.6
合計	100.0	100.0	100.0	100.0	100.0	100.0

出所：韓国石油化学工業協会

<表5-9> 会社別AN生産能力推移 (単位：千トン/年)

		2018	2019	2020	2021	2022
Tongsuh Petro Chem	蔚山(ウルサン)	560	581	602	602	602
Ｔａｅｋｗａｎｇ	蔚山(ウルサン)	290	290	290	290	290
合計		850	871	892	892	892

出所：韓国石油化学工業協会

<表5-10> CPLM需給推移 (単位：トン)

		2017	2018	2019	2020	2021	2022
生産		210,603	209,454	196,117	146,438	200,904	11,793
出荷	国内	159,812	170,751	149,510	103,955	155,009	104,575
	直輸出	51,781	38,256	43,735	46,321	41,425	14,789
	小計	211,593	209,007	193,246	150,276	196,434	116,364
在庫		4,244	4,691	7,562	3,724	8,194	623
輸入		26,417	16,638	22,218	22,288	19,448	28,995
国内需要		186,229	187,389	171,728	126,242	174,457	133,570

出所：韓国石油化学工業協会

<表5-11> 用途別CPLM出荷比重推移 (単位：%)

	2017	2018	2019	2020	2021	2022
Fiber	74.9	74.3	65.6	49.1	62.3	37.4
フィルム	11.6	12.4	13.7	18.3	12.1	12.8
エンジニアリングプラスチック	12.7	11.0	14.7	19.5	22.2	31.7
タイヤコード	0.2	0.6	2.2	9.4	0.7	14.6
カーペット	0.6	1.4	3.8	2.8	2.7	3.5
その他	-	0.3	-	0.9	-	-
合計	100.0	100.0	100.0	100.0	100.0	100.0

出所：韓国石油化学工業協会

<表5-12> DMT需給推移 (単位：トン)

		2017	2018	2019	2020	2021	2022
生産		130,833	132,463	116,261	119,100	145,446	143,451
出荷	国内	81,187	86,246	75,991	80,444	96,945	94,696
	直輸出	49,480	44,277	40,482	39,620	45,854	43,649
	小計	130,667	130,523	116,473	120,064	142,799	138,345
在庫		3,248	5,138	4,810	3,846	6,495	8,079
輸入		287	144	394	374	360	85
国内需要		81,474	86,390	76,385	80,818	97,304	94,850

出所：韓国石油化学工業協会

6. 合成ゴム

<表6-1> SBR需給推移　　　　　　　　　　　　　　　　　　　　　　　　（単位：トン）

		2017	2018	2019	2020	2021	2022
生産		425,718	392,768	353,396	344,255	323,365	255,447
出荷	国内	152,735	131,510	116,391	108,672	111,238	103,086
	直輸出	273,767	257,876	239,440	231,001	205,405	162,240
	小計	426,501	389,387	355,831	339,673	316,643	265,326
在庫		18,257	21,637	19,201	25,038	31,761	19,845
輸入		61,552	52,887	50,824	41,827	54,852	48,970
国内需要		214,287	184,397	167,215	150,499	166,089	152,056

出所：韓国石油化学工業協会

<表6-2> 用途別SBR出荷比重推移　　　　　　　　　　　　　　　　　　　（単位：％）

	2017	2018	2019	2020	2021	2022
タイヤ用	80.9	80.1	80.0	62.6	78.7	68.9
靴用	3.2	3.1	2.3	2.1	2.8	3.1
その他	15.9	16.8	17.7	35.3	18.5	28.0
合計	100.0	100.0	100.0	100.0	100.0	100.0

出所：韓国石油化学工業協会

<表6-3> 会社別SBR生産能力推移　　　　　　　　　　　　　　　　　　（単位：千トン/年）

		2018	2019	2020	2021	2022
LG Chem	大山(テサン)	160	160	80	80	-
Kumho Petrochemical	蔚山(ウルサン)	384	256	256	256	263
合計		544	416	336	336	263

出所：韓国石油化学工業協会

<表6-4> BR需給推移 (単位：トン)

		2017	2018	2019	2020	2021	2022
生産		438,342	425,274	403,821	414,306	437,805	425,139
出荷	国内	118,174	122,325	130,712	9,809	125,087	139,981
	直輸出	313,023	297,262	271,873	289,706	279,509	268,054
	小計	431,197	419,587	402,585	409,515	404,596	408,034
在庫		19,497	25,182	31,016	31,034	64,235	37,222
輸入		26,921	21,801	20,836	24,026	25,922	17,257
国内需要		145,095	144,126	151,549	143,835	151,009	157,237

出所：韓国石油化学工業協会

<表6-5> 用途別BR出荷比重推移 (単位：%)

	2017	2018	2019	2020	2021	2022
タイヤ用	66.4	67.4	66.2	56.6	57.0	42.7
靴用	7.9	7.8	4.0	5.6	4.7	4.0
その他	25.7	24.8	29.8	37.8	38.3	53.3
合計	100.0	100.0	100.0	100.0	100.0	100.0

出所：韓国石油化学工業協会

<表6-6> 会社別BR生産能力推移 (単位：千トン/年)

		2018	2019	2020	2021	2022
ＬＧ　Ｃｈｅｍ	大山(テサン)	220	220	220	220	220
Kumho Petrochemical	麗水(ヨス)	398	398	398	265	265
合計		618	618	617	485	485

出所：韓国石油化学工業協会

7. その他化成品

<表7-1> 酢酸需給推移 (単位：トン)

		2017	2018	2019	2020	2021	2022
生産		533,556	570,687	568,323	657,400	631,448	614,184
出荷	国内	379,008	410,081	391,294	462,877	517,456	489,968
	直輸出	162,860	147,764	182,214	200,147	110,837	118,880
	小計	541,868	557,845	573,508	663,024	628,293	608,848
在庫		13,602	26,443	21,296	15,672	18,827	24,162
輸入		63,905	47,188	69,407	53,104	107,717	109,782
国内需要		442,913	457,269	460,700	515,981	625,173	599,751

出所：韓国石油化学工業協会

<表7-2> 用途酢酸出荷比重推移 (単位：%)

	2017	2018	2019	2020	2021	2022
TPA	41.2	37.9	37.8	31.3	24.1	24.1
EA	18.3	19.6	21.6	20.4	16.8	16.8
VAM	32.8	35.6	33.4	42.6	54.0	54.2
その他(溶剤)	7.7	6.9	7.2	5.7	5.1	4.9
合計	100.0	100.0	100.0	100.0	100.0	100.0

出所：韓国石油化学工業協会

<表7-3> 会社別酢酸生産能力推移 (単位：千トン/年)

		2018	2019	2020	2021	2022
Lotte Iones Chem	蔚山(ウルサン)	570	650	650	650	650
合計		570	650	650	650	650

出所：韓国石油化学工業協会

7章 石油化学工業

<表7-4> カーボンブラック需給推移 (単位：トン)

		2017	2018	2019	2020	2021	2022
生産		591,595	620,923	612,722	587,628	647,789	613,191
出荷	国内	384,173	381,403	363,839	317,587	346,396	345,088
	直輸出	196,908	226,771	246,422	282,336	291,511	267,526
	小計	581,085	608,174	610,262	599,923	637,907	62,614
在庫		34,636	47,383	51,828	37,972	47,438	43,980
輸入		39,200	33,987	38,798	39,660	40,064	34,861
国内需要		423,377	415,390	402,638	357,247	386,461	379,949

出所：韓国石油化学工業協会

<表7-5> 用途別カーボンブラック出荷比重推移 (単位：%)

	2017	2018	2019	2020	2021	2022
Automobile	69.7	69.5	70.8	70.5	71.7	73.1
MRG	10.3	12.8	10.5	10.6	9.5	13.2
Pigment	6.3	6.4	6.6	6.6	6.4	4.3
その他	13.7	11.3	12.1	12.3	12.4	9.4
合計	100.0	100.0	100.0	100.0	100.0	100.0

注) MRG：Mechanical Rubber Goods

出所：韓国石油化学工業協会

<表7-6> 会社別カーボンブラック生産能力推移 (単位：千トン/年)

		2018	2019	2020	2021	2022
O C I	光陽(クワンヤン)	100	100	100	100	100
HD Hyundai OCI	大山(テサン)	100	150	150	150	150
Birla Carbon Korea	麗水(ヨス)	136	136	136	136	136
Orion Engineered Carbons	麗水(ヨス)	193	193	193	193	193
Orion Engineered Carbons	仁川(インチョン)	-	-	-	-	-
O C I	浦項(ポハン)	170	170	170	170	170
合計		699	749	749	749	749

出所：韓国石油化学工業協会

<表7-7> フェノール需給推移 (単位：トン)

		2017	2018	2019	2020	2021	2022
生産		1,308,578	1,423,212	1,317,787	1,324,317	1,353,955	1,192,338
出荷	国内	967,967	983,235	997,835	1,056,951	1,076,549	964,213
	直輸出	345,951	434,660	322,961	266,610	281,661	232,765
	小計	1,313,918	1,417,895	1,320,796	1,323,561	1,358,210	1,196,978
在庫		25,597	30,902	27,841	28,559	28,655	23,970
輸入		26,284	44,985	61,987	53,081	44,721	32,503
国内需要		994,251	1,028,220	1,059,822	1,110,032	1,121,269	996,716

出所：韓国石油化学工業協会

<表7-8> 用途別フェノール出荷比重推移 (単位：％)

	2017	2018	2019	2020	2021	2022
フェノール樹脂	4.1	3.7	3.2	5.8	9.9	7.3
PCB	0.8	0.7	0.9	0.6	0.8	0.6
接着剤	0.2	0.2	0.1	0.1	0.2	0.1
アルキルフェノール	0.7	0.6	1.9	1.9	2.0	1.4
ビスフェノール-A	92.7	93.3	87.9	81.4	85.3	61.1
その他	1.5	1.5	6.0	10.1	1.8	29.5
合計	100.0	100.0	100.0	99..9	100.0	100.0

出所：韓国石油化学工業協会

<表7-9> 会社別フェノール生産能力推移 (単位：千トン/年)

		2018	2019	2020	2021	2022
LG Chem	大山(テサン)	300	360	360	360	360
Kumho P&B Chem	麗水(ヨス)	680	680	680	680	680
LG Chem	麗水(ヨス)	300	350	350	350	350
合計		1,280	1,390	1,390	1,390	1,390

出所：韓国石油化学工業協会

<表7-10> アセトン需給推移 (単位:トン)

		2017	2018	2019	2020	2021	2022
生産		810,548	883,431	816,088	819,582	842,155	741,755
出荷	国内	517,783	552,015	599,821	602,214	603,799	543,861
	直輸出	287,407	328,381	219,727	213,689	229,139	211,042
	小計	805,190	880,396	819,547	815,903	832,938	754,904
在庫		17,769	20,791	17,305	20,969	29,239	15,930
輸入		15,945	17,885	20,761	7,938	6,971	52
国内需要		533,728	569,900	620,581	610,152	610,769	543,914

出所:韓国石油化学工業協会

<表7-11> 用途別アセトン出荷比重推移 (単位:%)

	2017	2018	2019	2020	2021	2022
BPA	68.9	69.3	68.6	68.1	64.9	64.3
MIBK	17.6	15.8	15.0	10.7	14.7	15.5
塗料/印刷	7.5	8.3	9.1	11.8	3.4	8.1
製薬	2.1	2.3	2.5	3.2	6.9	3.8
その他	3.9	4.3	4.8	6.2	10.1	8.3
合計	100.0	100.0	100.0	100.0	100.0	100.0

出所:韓国石油化学工業協会

<表7-12> 会社別アセトン生産能力推移 (単位:千トン/年)

		2018	2019	2020	2021	2022
LG Chem	大山(テサン)	185	210	225	225	225
Kumho P&B Chem	麗水(ヨス)	420	420	420	420	420
LG Chem	麗水(ヨス)	170	210	210	210	210
合計		775	840	855	855	855

出所:韓国石油化学工業協会

<表7-13> BPA需給推移 (単位：トン)

		2017	2018	2019	2020	2021	2022
生産		996,786	1,046,334	1,079,472	1,105,878	1,112,514	983,883
出荷	国内	691,146	694,820	733,621	802,513	814,345	722,866
	直輸出	303,228	339,250	354,955	309,493	286,227	265,935
	小計	994,374	1,034,070	1,088,476	1,112,006	1,100,572	988,801
在庫		20,367	34,330	25,295	17,826	37,250	30,762
輸入		108,262	97,355	119,602	139,095	117,550	101,050
国内需要		799,408	792,175	853,123	941,608	931,895	823,916

出所：韓国石油化学工業協会

<表7-14> 用途別BPA出荷比重推移 (単位：％)

	2017	2018	2019	2020	2021	2022
EPOXY	29.9	29.6	25.4	25.2	26.2	24.8
PC	68.7	69.1	73.5	72.4	70.8	72.7
その他	1.4	1.3	1.1	2.4	3.0	2.5
合計	100.0	100.0	100.0	100.0	100.0	100.0

出所：韓国石油化学工業協会

<表7-15> 会社別BPA生産能力推移 (単位：千トン/年)

		2018	2019	2020	2021	2022
Samyang Innochem	群山(グンサン)	150	150	180	180	180
LG Chem	大山(テサン)	150	165	165	165	165
Kumho P&B Chem	麗水(ヨス)	450	450	450	450	450
LG Chem	麗水(ヨス)	330	330	330	330	330
合計		1,080	1,095	1,125	1,125	1,125

出所：韓国石油化学工業協会

<表7-16> オクタノール需給推移 (単位：トン)

		2017	2018	2019	2020	2021	2022
生産		345,749	380,379	349,759	277,721	312,680	305,874
出荷	国内	296,177	332,934	292,249	215,794	209,132	218,180
	直輸出	48,522	47,456	49,152	67,422	93,770	89,153
	小計	344,699	380,390	341,401	283,216	302,902	307,333
在庫		5,010	4,999	13,361	7,871	17,100	15,640
輸入		126,660	125,780	79,273	73,255	66,394	29,011
国内需要		422,837	458,714	371,521	289,050	275,526	247,190

出所：韓国石油化学工業協会

<表7-17> 会社別オクタノール生産能力推移 (単位：千トン/年)

		2018	2019	2020	2021	2022
LG Chem	羅州(ナジュ)	100	100	100	100	100
LG Chem	麗水(ヨス)	144	144	144	144	144
Hanwha Solutions	麗水(ヨス)	112	112	112	152	152
合計		356	356	356	396	396

出所：韓国石油化学工業協会

<表7-18> ブタノール需給推移 (単位：トン)

		2017	2018	2019	2020	2021	2022
生産		69,871	63,010	63,570	64,408	84,805	72,694
出荷	国内	71,264	61,621	64,105	63,879	82,503	5,525
	直輸出	2,649	266	45	297	384	16,884
	小計	73,913	61,887	64,150	64,176	82,887	72,109
在庫		2,218	3,340	2,619	2,851	4,766	5,350
輸入		128,508	135,966	152,415	185,123	149,987	133,890
国内需要		199,772	197,587	216,521	249,002	232,490	189,114

出所：韓国石油化学工業協会

<表7-19> 会社別ブタノール生産能力推移 (単位:千トン/年)

		2018	2019	2020	2021	2022
LG Chem	羅州(ナジュ)	55	55	55	55	55
Hanwha Chemicals	麗水(ヨス)	11	11	11	12	12
合計		66	66	66	67	67

出所:韓国石油化学工業協会

<表7-20> 酢酸エチル需給推移 (単位:トン)

		2017	2018	2019	2020	2021	2022
生産		93,654	107,035	117,393	126,218	128,473	123,210
出荷	国内	92,240	105,083	11,614	121,062	127,827	123,095
	直輸出	300	399	469	8,460	0	-
	小計	92,540	105,482	116,613	129,522	127,827	123,095
在庫		2,276	-	-	-	1,917	2,032
輸入		63,267	54,292	34,345	33,149	0	-
国内需要		155,507	159,375	150,489	154,211	127,827	123,095

出所:韓国石油化学工業協会

<表7-21> TDI需給推移 (単位:トン)

		2017	2018	2019	2020	2021	2022
生産		347,738	314,518	295,306	249,922	277,217	287,535
出荷	国内	48,390	43,672	37,540	40,657	43,133	40,828
	直輸出	297,927	274,601	252,735	211,185	233,261	247,490
	小計	346,317	318,273	290,275	251,842	276,394	288,318
在庫		14,910	11,084	15,517	13,143	14,633	14,124
輸入		534	2,526	7,005	2,706	2,153	1,494
国内需要		48,924	46,198	44,545	43,363	45,286	42,322

出所:韓国石油化学工業協会

<表7-22> 会社別TDI生産能力推移　　　　　　　　　　　　　　　　　　　　　　(単位：千トン/年)

		2018	2019	2020	2021	2022
ＯＣＩ	群山(グンサン)	50	50	50	50	50
ＢＡＳＦ　Ｋｏｒｅａ	麗水(ヨス)	160	160	160	160	160
Ｈａｎｗｈａ　Ｓｏｌｕｔｉｏｎｓ	麗水(ヨス)	150	150	150	150	150
合計		360	360	360	360	360

出所：韓国石油化学工業協会

8章 精密化学工業

1. 化粧品

<表1-1> 年度別化粧品生産実績推移

区分	2017年	2018年	2019年	2020年	2021年	2022年
事業者数(社)	5,829	6,487	7,580	8,942	9,359	10119
生産品目(点)	125,766	124,560	119,443	120,192	120,044	124004
生産金額(億ウォン)	135,155	155,028	162,633	151,618	166,533	135908
成長率(%)	3.6	14.7	4.9	-6.8	9.8	-18.4

注) 生産実績を報告した責任販売事業者数。

出所：食品医薬品安全処

<表1-2> 国内化粧品産業推移　　　　　　　　　　　　　　　　　　　　(単位：百万ウォン, %)

区分	生産額	輸出額	輸入額	貿易収支	市場規模
2018	15,502,800	6,889,842	1,420,038	5,469,804	10,032,996
2019	16,263,316	7,608,622	1,458,314	6,150,308	10,113,008
2020	15,161,717	8,935,150	1,378,367	7,556,783	7,604,934
2021	16,653,313	10,511,606	1,493,988	9,017,618	7,635,695
2022	13,590,776	10,277,121	1,712,338	8,564,783	5,025,993

注) 1. 貿易収支=輸出-輸入
2. 市場規模=生産-輸出+輸入

出所：食品医薬品安全処

<表1-3> 国内化粧品製造会社推移　　　　　　　　　　　　　　　　　　　　(単位：社)

区分	2015	2016	2017	2018	2019	2020	2021	2022
製造業者	2,017	2,033	2,069	2,328	2,911	4,071	4,428	4,548
責任販売会社	6,422	8,175	10,079	12,673	15,707	19,769	22,716	28,015
オーダーメイド化粧品販売会社	-	-	-	-	-	112	185	217

注) オーダーメイド化粧品販売業制度は'20.3.14から施行。

出所：食品医薬品安全処

<表1-4> 類型別化粧品生産実績推移 (単位:億ウォン,%)

区分	2021		2022	
	生産金額	占有率	生産金額	占有率
基礎化粧用製品類	101,789	61.1	75,220	55.3
人体洗浄用製品類	19,905	12.0	18,184	13.4
色調化粧用製品類	17,872	10.7	16,639	12.2
頭髪用製品類	17,075	10.3	16,526	12.2
頭髪染色用製品類	3,365	2.0	2,979	2.2
目化粧用製品類	3,220	1.9	3,184	2.3
髭剃り用製品類	1,356	0.8	1,064	0.8
乳幼児用製品類	907	0.6	941	0.7
手足の爪用製品類	456	0.3	455	0.3
芳香用製品類	343	0.2	454	0.3
入浴用製品類	195	0.1	209	0.2
体毛除去用製品類	35	0.0	40	0.0
体臭防止用製品類	15	0.0	13	0.0
合計	166,533	100.00	135,908	100.0

出所:食品医薬品安全処

<表1-5> 責任販売会社の生産実績現況(2022) (単位:億ウォン,%)

順位	責任販売業者	生産金額	占有率
	総計	1,135,908	100.0
1	Amorepacific Corp.	34,869	25.7
2	LG H&H Co., Ltd.	34,282	25.2
3	Aekyung Industrial Co., Ltd.	2,700	2.0
4	GPCLUB Co., Ltd.	1,835	1.4
5	Atomy Co., Ltd.	1,780	1.3
6	Carver Korea Co., Ltd.	1,531	1.1
7	Clio Cosmetics Co., Ltd.	1,176	0.9
8	NANDA Co., Ltd.	890	0.7
9	Innisfree Co., Ltd.	885	0.7
10	Have & Be Co., Ltd.	884	0.7
11	CJ Olive Young Corp.	867	0.6
12	COSMAX Inc.	807	0.6

出所:食品医薬品安全処

<表1-6> 化粧品生産実績現況（上位10品目） （単位：億ウォン）

順位	責任販売業者	製品名	生産金額
1	LG H&H Co., Ltd.	The History of Whoo Dehu Tiangidan Hwahyun Lotion	2,213
2	Amorepacific Corp.	Sulwhasoo Essential Comfort Balancing Emulsion	1,968
3	LG H&H Co., Ltd.	The History of Whoo Dehu Tiangidan Hwahyun Balancer	1,934
4	Amorepacific Corp.	Sulwhasoo Essential Comfort Balancing Water	1,863
5	Amorepacific Corp.	(輸出)Laneige Skin Veil Base 40	1,110
6	Amorepacific Corp.	Sulwhasoo First Care Activating Serum	930
7	Amorepacific Corp.	Sulwhasoo Gentle Cleansing Foam	880
8	LG H&H Co., Ltd.	The History of Whoo Gong Jin Hyang Foam Cleanser	878
9	LG H&H Co., Ltd.	The History of Whoo Cheongidan Hwahyun Cream	798
10	JM CnF CO., LTD.	JM Collagen Multi Vita Capsule Ampoule	645

注）2022年実績

出所：食品医薬品安全処

<表1-7> 機能性化粧品生産実績推移 （単位：億ウォン）

区分	2017	2018	2019	2020	2021	2022
総計	48,556	49,803	53,448	45,325	49,891	46,000
複合機能性	23,565	22,873	22,426	17,560	18,475	18,778
しわ改善	10,299	13,050	16,684	13,778	16,274	11,711
紫外線遮断	4,831	6,077	5,955	4,279	4,657	4,192
美白	4,361	3,758	3,393	3,204	3,068	3,317
染毛	3,916	2,192	2,536	3,228	3,082	2,797
抜け毛緩和	1,507	1,763	2,314	3,051	3,922	4,703
にきび性皮膚の緩和	60	77	102	162	377	463
脱毛	17	12	26	23	25	22
皮膚障壁機能回復 かゆみなどの改善	-	-	0.65	-	-	4
妊娠線による赤い線の軽減	-	1	11	40	11	13

出所：食品医薬品安全処

<表1-8> 国別韓国化粧品輸出実績現況 (単位: 千ドル, %)

順位	2021年 国名	輸出金額	占有率	2022年 国名	輸出金額	占有率
	総計(153か国)	9,183,570	100.0	総計(163か国)	7,953,197	100.0
1	中国	4,881,710	53.2	中国	3,611,759	45.4
2	アメリカ	841,044	9.2	アメリカ	839,153	10.6
3	日本	784,122	8.5	日本	746,072	9.4
4	香港	578,273	6.3	香港	394,332	5.0
5	ベトナム	303,967	3.3	ベトナム	375,093	4.7
6	ロシア連邦	290,451	3.2	ロシア連邦	286,918	3.6
7	台湾	164,882	1.8	台湾	199,679	2.5
8	タイ	136,510	1.5	タイ	154,521	1.9
9	パキスタン	117,004	1.3	パキスタン	118,873	1.5
10	マレーシア	105,064	1.1	マレーシア	115,459	1.5
11	インドネシア	71,134	0.8	イギリス	63,677	0.8
12	イギリス	64,224	0.7	フィリピン	61,629	0.8
13	フランス	56,885	0.6	フランス	60,162	0.8
14	ウクライナ	48,257	0.5	アラブ首長国連邦	58,146	0.7
15	オーストラリア	45,148	0.5	カナダ	57,883	0.7
16	カザフスタン	44,582	0.5	インドネシア	56,668	0.7
17	アラブ首長国連邦	42,886	0.5	キルギス	52,701	0.7
18	フィリピン	42,683	0.5	オーストラリア	51,732	0.7
19	カナダ	41,115	0.4	カザフスタン	49,593	0.6
20	キルギス	39,566	0.4	インド	36,634	0.5

出所：食品医薬品安全処

<表1-9> 国別韓国の化粧品輸入実績現況　　　　　　　　　　　　　　　　（単位：千ドル, %）

順位	2021年			2022年		
	国名	輸入金額	占有率	国名	輸入金額	占有率
	総計	1,305,238	100.00	総計	1,325,134	100.00
	小計(上位10位)	1,185,715	90.84	小計(上位10位)	1,193,798	90.09
1	フランス	435,507	33.37	フランス	462,882	34.93
2	アメリカ	299,819	22.97	アメリカ	273,651	20.65
3	日本	128,820	9.87	日本	125,682	9.48
4	タイ	61,994	4.75	イギリス	61,238	4.62
5	イギリス	57,161	4.38	タイ	59,067	4.46
6	ドイツ	49,980	3.83	オーストラリア	51,539	3.89
7	オーストラリア	48,051	3.68	ドイツ	45,734	3.45
8	イタリア	43,684	3.35	イタリア	44,286	3.34
9	中国	35,455	2.72	中国	36,025	2.72
10	スイス	25,244	1.93	カナダ	33,694	2.54

注) 総計は総輸入金額。

出所：食品医薬品安全処

<表1-10> 類型別化粧品輸入実績現状　　　　　　　　　　　　　　　　（単位：千ドル, %）

区分	2022	
	生産金額	占有率
基礎化粧用製品類	487,810	36.81
芳香用製品類	259,761	19.60
色調化粧用製品類	152,980	11.54
人体洗浄用製品類	142,468	10.75
頭髪用製品類	138,169	10.43
頭髪染色用製品類	51,625	3.90
目化粧用製品類	41,080	3.10
髭剃り用製品類	15,699	1.18
乳幼児用製品類(3歳以下)	15,411	1.16
入浴用製品類	9,069	0.68
体毛除去用製品類	3,613	0.27
手足の爪用製品類	5,157	0.39
体臭防止用製品類	2,292	0.17
合計	1,325,134	100.00

出所：食品医薬品安全処

<表1-11> 国別化粧品輸出実績推移　　　　　　　　　　　　　　　　　　　　（単位: 千ドル, %）

順位	国名	2018	2019	2020	2021	2022	前年対比増減率
1	フランス	14,776,033	17,124,931	14,812,676	17,852,856	19,441,924	8.9
2	アメリカ	10,102,019	10,360,452	8,811,596	9,572,697	10,376,418	8.4
3	ドイツ	7,109,565	8,373,043	6,947,032	8,060,774	8,734,835	8.4
4	韓国	6,260,192	6,524,789	7,572,097	9,183,570	7,953,197	-13.4
5	中国	4,295,597	4,628,446	3,943,135	4,829,996	6,023,285	24.7
6	イタリア	4,754,032	5,235,703	4,456,787	5,299,722	5,941,181	12.1
7	日本	4,545,427	5,327,529	6,193,354	7,470,012	5,824,563	-22.0
8	スペイン	3,872,765	4,564,291	3,729,283	4,716,478	5,310,280	12.6

注) 国別の順位は2022年基準。

出所：食品医薬品安全処

2. 医薬品

<表2-1> 年度別医薬品産業市場推移 (単位：百万ウォン)

区分	生産額	輸出額	輸入額	貿易収支	市場規模	年平均為替レート
2018	211,054	51,431	71,552	-20,121	231,175	1,100.58
2019	223,132	60,581	80,549	-19,968	243,100	1,166.11
2020	245,662	99,648	85,708	13,940	231,722	1,180.01
2021	254,906	113,642	112,668	974	253,932	1,144.61
2022	289,503	104,562	113,653	-9,092	298,595	1,292.20
前年対比成長率(%)	13.6	-8.0	0.9	-1,033.5	17.6	-

出所：食品医薬品安全処

<表2-2> 年度別バイオ医薬品生産・輸入推移 (単位：社, 個, 億ウォン, %)

区分	生産事業者数	生産品目数	生産額	輸入事業者数	輸入額	GDP対比	製造業GDP対比
2017	55	880	26,015	41	11,784	0.15	0.54
2018	57	885	26,113	42	13,356	0.15	0.54
2019	59	867	25,377	43	15,588	0.13	0.52
2020	67	850	39,300	43	17,555	0.20	0.82
2021	70	845	47,398	46	40,883	0.23	0.91
2022	72	874	54,127	49	33,536	0.25	0.98

出所：食品医薬品安全処

<表2-3> 年度別医薬品生産業者数・品目数・生産額推移　　　　　　　　　　（単位：百万ウォン）

	完成医薬品			原料医薬品		
	事業者数	品目数	生産金額	事業者数	品目数	生産金額
2018	329	19,239	19,543,783	242	6,700	2,561,639
2019	349	20,703	19,842,532	263	7,660	2,470,647
2020	381	21,226	21,023,589	272	6,971	3,542,591
2021	399	20,754	22,445,107	285	6,641	3,045,490
2022	399	21,298	25,571,174	303	6,363	3,379,161

出所：食品医薬品安全処

<表2-4> GDP対比医薬品産業比重推移　　　　　　　　　　（単位：億ウォン，%）

	医薬品生産	GDP		GDP対比比重	
		全産業	製造業	全産業	製造業
2018	211,054	18,981,926	5,056,502	1.11	4.17
2019	223,132	19,244,981	4,854,012	1.16	4.60
2020	245,662	19,407,262	4,809,174	1.27	5.11
2021	254,906	20,716,580	5,274,841	1.23	4.83
2022	289,503	21,505,758	5,511,538	1.35	5.25
年平均成長率（2018〜2022）	8.2	3.2	2.2	-	-

出所：韓国保健産業振興院

<表2-5> 薬効群別・年度別医薬品生産実績推移(中分類)　　　　　　　　　　　(単位：百万ウォン，%)

薬効群	2020	2021	2022	前年度増減率
中枢神経系薬	2,972,222	3,017,707	3,459,306	14.6
末梢神経系用薬	339,348	361,607	371,439	2.7
感覚器官用薬	606,003	622,016	696,618	12.0
アレルギー用薬	471,419	461,977	621,846	34.6
その他の神経系及び感覚器官用医薬品	8,131	8,672	8,852	2.1
循環器系用薬	4,126,978	4,499,814	4,793,235	6.5
呼吸器官用薬	455,299	505,849	725,506	43.4
消化器官用薬	2,174,894	2,181,278	2,437,127	11.7
ホルモン剤(抗ホルモン剤を含む)	423,850	462,036	578,927	25.3
泌尿生殖器官及び肛門用薬	496,535	520,569	587,184	12.8
外皮用薬	575,643	597,613	667,081	11.6
その他の個々の器官用医薬品	68	42	39	-7.7
ビタミン剤	540,216	525,613	524,799	-0.2
滋養強壮変質剤	536,272	554,601	609,305	9.9
血液及び体液用薬	652,119	662,743	698,304	5.4
人工灌流用剤	113,152	113,800	117,787	3.5
その他の代謝性医薬品	1,681,234	1,792,612	1,904,940	6.3
腫瘍治療用剤	554,161	581,978	673,316	15.7
組織細胞の治療及び診断目的医薬品	253,978	307,099	371,021	20.8
その他の組織細胞の機能用医薬品	82,046	85,032	75,429	-11.3
抗生物質製剤	1,289,017	1,032,837	1,389,238	34.5
化学療法剤	516,008	466,410	481,181	3.2
生物学的製剤	1,735,539	2,642,447	3,287,406	24.4
寄生動物に関する医薬品	51,854	27,984	29,364	4.9
調剤用薬	12,398	14,775	13,293	-10.0
診断用薬	187,433	220,688	256,508	16.2
公衆衛生用薬	16,494	20,440	23,082	12.9
関連製品	63,845	64,732	60,542	-6.5
その他の治療を主目的にしない医薬品	9,675	8,780	19,718	124.6
アルカロイド薬(天然)	17,051	16,660	18,107	8.7
非アルカロイド系麻薬	60,708	66,394	70,674	6.4
合計	21,023,589	22,445,107	25,571,174	13.9

出所：食品医薬品安全処

<表2-6> 年度別国内製薬会社生産額推移（上位20社）　　　　　　　　　　（単位：百万ウォン, %）

	2020		2021		2022	
	企業名	金額	企業名	金額	企業名	金額
1	Celltrion	1,476,867	Celltrion	1,268,706	Moderna Korea	1,275,622
2	Hanmi Pharmaceutical	1,014,331	Hanmi Pharmaceutical	1,129,115	Celltrion	1,222,609
3	Chong Kun Dang	894,220	Chong Kun Dang	991,336	Hanmi Pharmaceutical	1,201,827
4	Green Cross	727,991	Green Cross	843,180	Chong Kun Dang	1,059,405
5	HK inno.N	654,152	HK inno.N	666,937	Green Cross	814,698
6	Daewoong Pharmaceutical	629,294	Daewoong Pharmaceutical	633,779	Daewoong Pharmaceutical	778,671
7	Yuhan Corporation	612,974	LG Chem	588,447	HK inno.N	772,748
8	LG Chem	511,151	Yuhan Corporation	576,776	LG Chem	751,817
9	Dong-A ST	463,862	Handok	516,934	Yuhan Corporation	602,553
10	JW Pharmaceutical	457,869	Dong-A ST	476,777	Daewoong Bio	551,946
11	Handok	451,232	Daewoong Bio	473,511	Handok	542,536
12	Daewoong Bio	431,391	Moderna Korea	456,096	JW Pharmaceutical	527,347
13	Dongkook Pharmaceutical	373,581	JW Pharmaceutical	451,971	Dong-A ST	506,905
14	Boryung Pharmaceutical	357,557	AstraZeneca Korea	405,547	Daewon Pharmaceutical	436,331
15	Ildong Pharmaceutical	342,709	Boryung Pharmaceutical	362,179	Boryung Corp.	394,213
16	Jeil Pharmaceutical	342,541	Dongkook Pharmaceutical	354,328	Dongkook Pharmaceutical	388,632
17	Daewon Pharmaceutical	298,783	Samjin Pharmaceutical	333,753	Samjin Pharmaceutical	354,273
18	Hanlim Pharmaceutical	294,628	Ildong Pharmaceutical	329,885	Ildong Pharmaceutical	348,137
19	Samjin Pharmaceutical	290,025	Daewon Pharmaceutical	302,936	Korea Hutec Pharmaceutical	338,913
20	Korea Hutec Pharmaceutical	284,872	Korea Hutec Pharmaceutical	294,939	SK Chemicals	322,340

出所：食品医薬品安全処

<表2-7> 国内医薬品上位20品目生産額現況(2022)　　　　　　　　　(単位：百万ウォン, %)

	2022		
	製品名	企業名	金額
1	Spikevax Inj.	Moderna Korea	913,011
2	Spikevax 2 Inj.	Moderna Korea	362,611
3	Remsima Inj. 100mg	Celltrion	184,933
4	Plavix Tab.75mg	Handok	152,476
5	K-CAB Tab. 50mg	HK inno.N	152,323
6	NABOTA Inj.	Daewoong Pharmaceutical	127,002
7	GC FLU Quadrivalent Pfs Inj.	Green Cross	116,601
8	CKD Gliatilin Soft Cap.	Chong Kun Dang	107,913
9	Gliatamin Soft Cap.	Daewoong Bio	97,278
10	Grotropin Injection Cartridge	Dong-A ST	95,816
11	Eutropin PEN Inj.	LG Chem	89,840
12	Eupolio Inj.	LG Chem	84,733
13	Truxima Inj. (Rituximab)	Celltrion	83,580
14	SK Albumin inj 20%	SK Plasma	83,577
15	Godex Cap.	Celltrion Pharm	77,558
16	Green Cross-Albumin Inj. 20%	Green Cross	70,613
17	Platless Tab.	Samjin Pharmaceutical	69,448
18	IV Globulin SN Inj. 5%	Green Cross	68,726
19	Livalo Tab. 2mg	JW Pharmaceutical	68,637
20	Rosuzet Tab.10/5mg	Hanmi Pharmaceutical	66,692

出所：食品医薬品安全処

<表2-8> 年度別原料・完成医薬品輸出入額推移　　　　　　　　　　　　　　　　（単位：千ドル）

	原料医薬品		完成医薬品	
	輸出	輸入	輸出	輸入
2017	1,474,267	1,841,158	2,596,994	3,738,510
2018	1,587,185	2,060,027	3,085,920	4,441,313
2019	1,699,214	2,169,728	3,495,931	4,737,780
2020	1,723,755	2,226,165	6,720,947	5,037,142
2021	1,985,026	2,092,854	7,943,397	7,750,494
2022	2,285,729	2,433,642	5,806,015	6,361,715

出所：食品医薬品安全処

<表2-9> 年度別・地域別医薬品輸入業者推移　　　　　　　　　　　　　　　　（単位：社）

	2016	2017	2018	2019	2020	2021	2022
計	382	401	416	417	394	341	315
ソウル	232	233	233	226	215	189	184
釜山	1	1	2	1	2	1	3
大邱	3	-	2	2	3	3	4
仁川	6	7	7	7	7	5	5
光州	3	3	3	3	3	3	3
大田	3	3	3	3	2	2	2
蔚山	-	-	-	-	-	-	-
世宗	1	1	1	1	1	2	1
京畿	97	113	122	127	123	91	83
江原	6	6	6	7	7	6	6
忠北	18	21	24	27	20	26	17
忠南	11	13	12	11	10	11	7
全北	-	-	-	-	-	-	-
全南	-	-	-	-	-	-	-
慶北	1	-	-	1	1	1	2
慶南	-	-	-	-	-	-	-
済州	-	-	-	1	-	-	-

出所：食品医薬品安全処

<表2-10> 年度別完成医薬品輸入額上位10品目推移　　　　　　　　　　　　　　　　　　　　（単位：千ドル）

	2020		2021		2022	
	品目名	金額	品目名	金額	品目名	金額
1	Avastin Inj.	90,316	Comirnaty Inj.	1,386,419	Comirnaty Inj.	465,220
2	Prevenar®13 Inj.	73,940	Moderna COVID-19 Vaccine Inj.	489,305	Veklury Intravenous Freeze-Dried Powder	257,617
3	Gardasil 9	61,302	Veklury Intravenous Freeze-Dried Powder	91,281	Comirnaty 2 Inj.	204,181
4	Lipitor tab. 10mg	59,134	Avastin Inj.	87,154	Spikevax inj.	157,498
5	Prolia pfs inj.	49,981	Pifeltro tab.	79,443	Keytruda inj.	92,509
6	Tagrisso tab. 80mg	49,319	Solaris Inj.	71,294	Prolia pfs inj.	91,357
7	Eylea Injection	45,811	Lipitor tab. 10mg	66,713	Gardasil 9 Pre-filled Syringe	61,162
8	Keytruda inj.	45,760	Eylea Injection	61,948	Avastin Inj.	47,256
9	Prograf Cap.1mg	44,608	Tagrisso tab. 80mg	61,449	Comirnaty Inj.0.1mg/ml	47,085
10	Viread Tab.	44,113	Gardasil 9Pre-filled Syringe	57,663	Eylea Injection	46,680

出所：食品医薬品安全処

<表2-11> 年度別原料医薬品輸入額上位10品目推移　　　　　　　　　　　　　　　　　　　　（単位：千ドル）

	2020		2021		2022	
	品目名	金額	品目名	金額	品目名	金額
1	Clopidogrel	42,822	Clopidogrel	42,,767	Clopidogrel	65,594
2	Tegoprazan	31,985	Choline Alfoscerate	42,381	Aripiprazole	37,332
3	Aripiprazole	28,553	Aripiprazole	33,673	Choline Alfoscerate (Crude Choline Alfoscerate)	33,880
4	Choline Alfoscerate	23,003	Glimepiride	30,797	Chenodeoxycholic acid	33,854
5	Tenofovir Disoproxil Fumarate	21,138	Omega 3 acid ethyl esters 90	30,455	Omega 3 acid ethyl esters 90	33,682
6	Lamivudine	20697	Choline Alfoscerate (Crude Choline Alfoscerate)	26,075	Choline Alfoscerate	30,596
7	Dolutegravir Sodium	19,325	Donepezil Hydrochloride	25,262	Donepezil Hydrochloride	29,209
8	Imotun Cap.	17,045	Iohexol	23,080	Cefaclor Cap.	21,867
9	Donepezil Hydrochloride	16,325	Imotun Cap.	18,835	Piperacillin Sodium, Tazobactam sodium	21,126
10	Glimepiride	15,867	Tenofovir Disoproxil Fumarate	18,375	Iohexol	20,971

出所：食品医薬品安全処

<表2-12> 国別医薬品輸出額上位10ヵ国現況 　　　　　　　　　　　　　　　　　　　　（単位：千ドル）

	2021		2022			
	国名	総輸出額	国名	総輸出額	完成医薬品	原料医薬品
1	ドイツ	1,835,226	アメリカ	985,990	813,768	172,222
2	アメリカ	1,231,818	日本	774,445	427,541	346,904
3	日本	808,856	ドイツ	735,518	638,638	96,880
4	中国	657,781	터키	539,414	518,019	21,395
5	터키	379,103	中国	451,293	110,787	340,506
6	パキスタン	313,502	オーストラリア	443,541	434,628	8,913
7	オランダ	306,347	イタリア	398,885	322,969	75,916
8	ベトナム	273,107	台湾	342,454	305,750	36,705
9	ベルギー	266,215	スイス	316,048	208,415	107,633
10	フィリピン	264,684	ブラジル	255,942	183,535	72,406

出所：食品医薬品安全処

<表2-13> 国別医薬品輸入額上位10ヵ国現況 　　　　　　　　　　　　　　　　　　　　（単位：千ドル）

	2021		2022			
	国名	総輸入額	国名	総輸入額	完成医薬品	原料医薬品
1	ドイツ	2,470,683	ドイツ	1,578,433	1,462,896	115,538
2	アメリカ	1,219,426	アメリカ	1,154,186	1,069,187	85,000
3	中国	814,839	中国	957,230	40,358	916,871
4	スペイン	581,763	アイルランド	564,280	554,619	9,661
5	スイス	569,626	スイス	487,783	452,663	35,120
6	イギリス	528,236	日本	481,540	240,463	241,077
7	日本	469,747	イギリス	465,476	442,167	23,309
8	フランス	434,171	フランス	435,904	236,052	199,852
9	アイルランド	374,812	オランダ	320,775	308,544	12,232
10	オランダ	362,432	インド	313,174	9,878	303,296

出所：食品医薬品安全処

<表2-14> 年度別完成医薬品国内自給度推移　　　　　　　　　　　　　　　　　　（単位：百万ウォン, %）

	生産	輸出	輸入	自給率
2017	17,551,029	2,935,850	4,226,311	77.6
2018	18,543,783	3,396,302	4,888,020	75.6
2019	19,842,532	4,076,640	5,524,773	74.1
2020	21,023,589	7,930,785	5,943,878	68.8
2021	22,445,107	9,092,092	8,8742,85	60.1
2022	25,571,174	7,502,533	8,220,598	68.7

出所：食品医薬品安全処

<表2-15> 年度別原料医薬品国内自給度推移　　　　　　　　　　　　　　　　　　（単位：百万ウォン, %）

	生産	輸出	輸入	自給率
2017	2,807,010	1,666,629	2,081,393	35.4
2018	2,561,639	1,746,824	2,267,225	26.4
2019	2,470,647	1,981,471	2,530,142	16.2
2020	3,542,591	2,034,048	2,626,897	36.5
2021	3,045,490	2,272,080	2,395,489	24.4
2022	3,379,161	2,953,619	3,144,739	11.9

出所：食品医薬品安全処

<表2-16> 品目別・年度別漢方薬生産額推移（上位10薬品）　　　　　　　　　　　　　　（単位：千ウォン）

	2020		2021		2022	
	品目名	金額	品目名	金額	品目名	金額
1	鹿茸	45,006,509	鹿茸	47,320,835	鹿茸	59,737,191
2	麝香	25,307,830	麝香	24,228,620	麝香	35,740,099
3	高麗人参	9,596,948	金箔	9,565,740	金箔	9,503,115
4	金箔	8,957,513	高麗人参	8,777,689	鹿茸切片	9,489,954
5	鹿茸切片	6,241,249	鹿茸切片	5,194,696	高麗人参	5,977,796
6	麻黄	4,050,087	熟地黄	4,152,859	熟地黄	5,090,580
7	熟地黄	3,486,883	茯苓	3,792,158	茯苓	4,916,837
8	麦門冬	3,361,542	麻黄	3,577,727	皇耆	4,161,977
9	半夏	3,034,810	皇耆	3,504,973	麻黄	3,592,442
10	皇耆	2,759,945	白朮	2,859,764	麦門冬	3,171,076

出所：食品医薬品安全処

<表2-17> 品目別・年度別漢方薬輸入額推移(上位10薬品)　　　　　　　　　　(単位：千ドル)

	2020		2021		2022	
	品目名	金額	品目名	金額	品目名	金額
1	麝香	33,820	鹿茸	34,242	鹿茸	39,364
2	鹿茸	31,183	牛黄	24,144	麝香	31,293
3	牛黄	20,859	麝香	22,036	牛黄	19,362
4	麻黄	3,759	麻黄	3,197	半夏	3,654
5	半夏	3,448	半夏	2,749	茯苓	3,212
6	甘草	2,262	茯苓	2,703	生鹿茸	3,005
7	茯苓	2,163	地黄	2,687	括蔞根	2,906
8	括蔞根	2,024	玄胡索	2,415	威靈仙	2,838
9	生鹿茸	1,886	白朮	2,300	麻黄	2,596
10	黄連	1,435	甘草	2,248	甘草	2,407

出所：食品医薬品安全処

3. 農薬・肥料

<表3-1> 用途別・年度別農薬生産・出荷推移　　　　　　　　　　　　　（単位：トン）

	生産			出荷		
	水稲用	園芸用及びその他	計	水稲用	園芸用及びその他	計
2013	2.213	17.049	19.262	2.264	16.797	19.061
2014	2,236	18,474	20,710	2,305	17,483	19,788
2015	2,532	19,478	22,010	2,013	17,469	19,482
2016	1,979	17,259	19,238	2,015	17,783	19,798
2017	1,969	17,879	19,848	1,886	18,157	20,043
2018	1,705	19,554	21,259	1,651	17,065	18,716
2019	1,444	15,766	17,210	1,562	15,183	16,745
2020	1,772	15,029	16,801	1,630	15,502	17,132
2021	1,918	17,384	19,302	1,792	17,222	19,014
2022	2,220	18,526	20,746	1,880	18,002	19,882

出所：農林畜産食品部

<表3-2> 年度別ha当たり農薬使用量推移　　　　　　　　　　　　　（単位：千ha, kg）

	全体		水稲	
	面積	使用量	面積	使用量
2013	1,749	10.9	832	2.7
2014	1,754	11.3	816	2.8
2015	1,681	11.6	799	2.5
2016	1,680	11.8	779	2.6
2017	1,641	12.2	754	2.5
2018	1,660	11.4	737	2.2
2019	1,643	10.2	730	2.1
2020	1,624	10.5	726	2.2
2021	1,614	11.8	780	2.3
2022	1,604	12.4	727	2.6

出所：農林畜産食品部

<表3-3> 主要農薬の農協引受価格推移 (単位：ウォン)

農薬商標名	規格	2018	2019	2020	2021	2022
○殺菌殺虫剤						
Modeny	1kg	13,400	12,730	12,730	12,630	13,300
Longkick	1kg	8,200	7,780	7,780	7,780	7,800
Duet	1kg	8,200	7,800	7,800	7,800	7,800
○殺虫剤						
Fanfare	250g	31,500	30,000	30,000	31,000	31,000
Cymet	3kg	7,000	6,650	6,650	6,950	8,000
○除草剤						
BASTA	500mℓ	9,600	8,100	8,750	8,750	12,000
Saksul	500mℓ	8,950	8,500	8,100	8,100	11,000

出所：農林畜産食品部

<表3-4> 年度別化学肥料生産量及び消費量推移 (単位：千トン, %)

			2017	2018	2019	2020	2021	2022
肥料総括	生産		843	853	836	795	739	762
	消費	千トン	442	446	432	431	461	410
		kg/ha	270	268	262	266	286	255
	自給率		191	191	194	184	160	186
窒素	生産		406	403	404	368	365	362
	消費		244	247	241	243	260	228
	自給率		166	163	167	151	140	159
リン酸	生産		266	271	264	261	230	246
	消費		87	90	86	79	84	77
	自給率		306	301	307	330	274	319
カリウム	生産		171	179	168	166	144	154
	消費		111	109	105	109	117	105
	自給率		154	164	160	152	123	147

出所：農林畜産食品部

<表3-5> 年度別農業用肥料需給実績推移 (単位：千トン)

		2017	2018	2019	2020	2021	2022
需要	計	470	472	463	453	505	434
	販売	442	446	432	431	461	410
	次年度繰越	28	26	31	22	44	24
供給	計	470	472	463	453	473	488
	在庫	26	31	28	19	22	44
	輸入	-	-	-	-	-	-
	引受け	444	441	435	434	451	444

注) 販売量以外は推定値である。

出所：農林畜産食品部

<表3-6> 年度別化学肥料販売量推移 (単位：千トン，%)

	3要素別				単・複肥別		
	計	窒素	リン酸	カリウム	計	単肥	複肥
2017	442(100)	244(55)	87(20)	111(25)	442(100)	79(18)	363(82)
2018	446(100)	247(55)	90(20)	109(25)	446(100)	81(18)	365(82)
2019	432(100)	241(56)	86(20)	105(24)	432(100)	80(19)	352(81)
2020	431(100)	243(56)	79(19)	109(25)	431(100)	74(17)	357(83)
2021	461(100)	260(57)	84(18)	117(25)	461(100)	79(17)	382(83)
2022	4101(100)	228(56)	77(19)	105(26)	410(100)	65(16)	345(84)

注) ( )は構成比。

出所：農林畜産食品部

<表3-7> 年度別肥料輸出入実績推移 (単位：千トン，百万ドル)

	輸出						輸入(千トン)
	物量					金額	
	全体	尿素	硫安	熔リン	複肥		
2016	865	-	297	-	568	249	721
2017	1,168	-	525	-	643	191	731
2018	1,162	-	526	-	636	276	734
2019	1,179	-	541	-	638	266	701
2020	1,028	-	372	-	656	229	774
2021	1,274	-	588	-	686	380	676
2022	776	-	228	-	547	506	603

出所：農林畜産食品部

4. バイオ

<表4-1> 分野別バイオ産業生産及び内需現況(2022) 　　　　　　　　　　(単位：百万ウォン, %)

区分	生産			
	国内販売	輸出	計	比重
全体	9,945,826	13,518,899	23,456,725	100.0
バイオ医薬品産業	1,889,422	3,740,830	5,630,252	24.0
バイオ化学・エネルギー産業	3,241,308	400,359	3,641,667	15.5
バイオ食品産業	1,821,489	2,830,911	4,652,400	19.8
バイオ環境産業	71,896	204	72,100	0.3
バイオ医療機器産業	1,815,253	3,861,487	5,676,740	24.2
バイオ装備及び機器産業	149,436	53,859	203,295	0.9
バイオ資源産業	83,026	11,504	94,530	0.4
バイオサービス産業	874,996	2,619,747	3,494,743	14.9

区分	内需			
	国内販売	輸入	計	比重
全体	9,946,826	4,246,577	14,193,403	100.0
バイオ医薬品産業	1,889,422	3,437,414	5,326,835	37.5
バイオ化学・エネルギー産業	3,241,308	345,680	3,586,988	25.3
バイオ食品産業	1,821,489	82,067	1,903,556	13.4
バイオ環境産業	71,896	142	72,038	0.5
バイオ医療機器産業	1,815,253	63,906	1,879,160	13.2
バイオ装備及び機器産業	149,436	292,629	442,065	3.1
バイオ資源産業	83,026	21,795	104,821	0.7
バイオサービス産業	874,996	2,944	877,940	6.2

出所：韓国バイオ協会

<表4-2> 年度別・分野別バイオ産業需給推移 (単位：億ウォン, %)

区分	生産				
	2019	2020	2021	2022	前年対比増減率
全体	126,586	171,983	213,971	234,657	9.7
バイオ医薬品産業	42,246	49,174	57,760	56,303	-2.5
バイオ化学・エネルギー産業	18,561	21,253	29,309	36,417	24.2
バイオ食品産業	39,903	40,925	41,529	46,524	12.0
バイオ環境産業	557	663	691	721	4.4
バイオ医療機器産業	10,438	38,976	55,501	56,767	2.3
バイオ装備及び機器産業	1,105	1,721	1,901	2,033	7.0
バイオ資源産業	1,257	1,211	928	945	1.8
バイオサービス産業	12,519	18,058	26,353	34,947	32.6

区分	内需				
	2019	2020	2021	2022	前年対比増減率
全体	81,836	95,776	141,521	141,934	0.3
バイオ医薬品産業	32,623	35,158	63,923	53,268	-16.7
バイオ化学・エネルギー産業	18,412	20,036	28,672	35,870	25.1
バイオ食品産業	16,385	17,824	19,022	19,036	0.1
バイオ環境産業	552	664	692	720	4.2
バイオ医療機器産業	3,638	9,074	11,725	18,792	60.3
バイオ装備及び機器産業	2,455	3,334	3,675	4,421	20.3
バイオ資源産業	1,308	1,292	1,008	1,048	4.0
バイオサービス産業	6,464	8,395	12,804	8,779	-31.4

出所：韓国バイオ協会

<表4-3> 年度別バイオ産業需給変動推移 (単位：億ウォン, %)

区分		2018年	2019年	2020年	2021年	2022年	年平均増減率
需給 (生産+輸入)	金額	123,348	147,250	196,288	261,665	277,123	22.4
	増減率	5.3	19.4	33.3	33.3	5.9	
生産 (国内販売+輸出)	金額	106,067	126,586	171,983	213,971	234,657	22.0
	増減率	4.5	19.3	35.9	24.4	9.7	
内需 (国内販売+輸入)	金額	70,966	81,836	95,776	141,521	141,937	18.9
	増減率	8.4	15.3	17.0	47.8	0.3	

出所：韓国バイオ協会

<表4-4> 年度別バイオ産業国内販売推移 (単位：億ウォン, %)

区分		2020年	2021年	2022年	年平均増減率
国内販売	金額	71,471	93,827	99,468	18.0
	増減率	16.8	31.3	6.0	

出所：韓国バイオ協会

<表4-5> 主要バイオ製品国内販売規模現況(2022)　　　　　　　　　　　　　　（単位：百万ウォン,％）

順位	コード名	製品名	国内販売額	構成比
1	2060	バイオ燃料	2542363	25.6
2	5020	体外診断	1595641	16.0
3	3050	飼料添加剤	919031	9.2
4	3010	健康機能食品	586682	5.9
5	1060	血液製剤	536255	5.4
6	1030	ワクチン	469706	4.7
7	2040	バイオ化粧品及び生活化学製品	441015	4.4
8	1000	その他バイオ医薬品	361794	3.6
9	8030	臨床・非臨床研究開発サービス	250887	2.5
10	5000	その他バイオ医療機器	219554	2.2
11	3030	食品添加物	212966	2.1
12	8010	バイオ委託生産・代行サービス	210330	2.1
13	8020	バイオ分析・診断サービス	189110	1.9
14	1040	ホルモン剤	152170	1.5
15	2050	バイオ農薬及び肥料	122082	1.2
16	1050	治療用抗体及びサイトカイン製剤	115231	1.2
17	8040	その他研究開発サービス	109721	1.1

出所：韓国バイオ協会

<表4-6> 主要バイオ産業製品輸出現況(2022)　　　　　　　　　　　　　　（単位：百万ウォン,％）

順位	コード名	製品名	輸出額	構成比
1	5020	体外診断	3,561,400	26.3
2	1050	治療用抗体及びサイトカイン製剤	2,626,490	19.4
3	8010	バイオ委託生産・代行サービス	2,504,483	18.5
4	3050	飼料添加剤	2,170,535	16.1
5	3030	食品添加物	585,442	4.3
6	1000	その他バイオ医薬品	489,131	3.6
7	5000	その他バイオ医療機器	300,086	2.2
8	1030	ワクチン	261,307	1.9
9	2060	バイオ燃料	223,891	1.7

出所：韓国バイオ協会

<表4-7> 年度別バイオ産業輸出変動推移 (単位：億ウォン,%)

区分		2018年	2019年	2020年	2021年	2022年	年平均増減率
輸出	金額	52,382	65,414	100,512	120,144	135,189	26.7
	増減率	1.4	24.9	53.7	19.5	12.5	

出所：韓国バイオ協会

<表4-8> 年度別・分野別バイオ産業輸出変動推移 (単位：億ウォン,%)

区分	2019	2020	2021	2022	前年対比増減率
全体	65,414	100,512	120,144	135,189	12.5
バイオ医薬品産業	26,066	32,417	34,447	37,408	8.6
バイオ化学・エネルギー産業	1,205	3,240	3,583	4,004	11.7
バイオ食品産業	24,085	24,143	23,562	28,309	20.1
バイオ環境産業	6	1	1	2	207.5
バイオ医療機器産業	7,343	30,374	44,356	38,615	-12.9
バイオ装備及び機器産業	405	477	507	539	6.2
バイオ資源産業	216	118	113	115	1.6
バイオサービス産業	6,089	9,688	13,575	26,197	93.0

出所：韓国バイオ協会

<表4-9> 年度別バイオ産業輸入変動推移 (単位：億ウォン,%)

区分		2020年	2021年	2022年	年平均増減率
輸入	金額	24,305	47,693	42466	32.2
	増減率	17.6	96.2	-11.0	

出所：韓国バイオ協会

<表4-10> 主要バイオ産業製品輸入現況(2022)　　　　　　　　　　　　（単位：百万ウォン，％）

順位	コード名	製品名	輸入額	構成比
1	1080	遺伝子医薬品	1,151,635	27.1
2	1050	治療用抗体及びサイトカイン製剤	1,038,712	24.5
3	1030	ワクチン	467,327	11.0
4	1040	ホルモン剤	380,852	9.0
5	2060	バイオ燃料	236,328	5.6
6	6000	その他バイオ装備及び機器	213,161	5.0
7	1060	血液製剤	197,430	4.6
8	1000	その他バイオ医薬製品	139,796	3.3
9	6030	多機能及びその他分析機器	58,649	1.4
10	3010	健康機能食品	58,603	1.4
11	2030	研究・実験用酵素及び試薬類	58,359	1.4

出所：韓国バイオ協会

<表4-11> 年度別・分野別バイオ産業輸入推移　　　　　　　　　　　　（単位：億ウォン，％）

区分	2020	2021	2022	前年対比増減率	年平均増減率
全体	24,305	47,693	42,466	-11.0	32.2
バイオ医薬品産業	18,455	40,610	37,374	15.4	36.5
バイオ化学・エネルギー産業	2,022	2,945	3,457	17.4	30.7
バイオ食品産業	1,042	1,055	821	-22.2	-11.2
バイオ環境産業	2	1	1	-4.5	-7.9
バイオ医療機器産業	471	580	639	10.1	16.5
バイオ装備及び機器産業	2,089	2,282	2,926	28.2	18.4
バイオ資源産業	199	193	218	12.9	4.6
バイオサービス産業	25	26	29	13.3	8.9

出所：韓国バイオ協会

<表4-12> 年度別・分野別バイオ産業総投資規模推移 (単位：百万ウォン，%)

区分	2020 投資費	2020 構成比	2021 投資費	2021 構成比	2022 投資費	2022 構成比	前年対比増減率
全体	2,788,305	100.0	3,269,942	100.0	4,125,495	100.0	26.2
バイオ医薬産業	1,809,555	64.9	1,822,435	55.7	1,905,706	46.2	4.6
バイオ化学エネルギー産業	192,793	6.9	208,646	6.4	178,041	4.3	-14.7
バイオ食品産業	186,206	6.7	151,734	4.6	142,304	3.4	-6.2
バイオ環境産業	22,155	0.8	16,764	0.5	10,860	0.3	-35.2
バイオ医療機器産業	264,241	9.5	304,018	9.3	567,507	13.8	86.7
バイオ装備及び機器産業	27,985	1.0	31,809	1.0	27,431	0.7	-13.8
バイオ資源産業	14,099	0.5	13,857	0.4	11,521	0.3	-16.9
バイオサービス産業	271,271	9.7	720,679	22.0	1,282,125	31.1	77.9

出所：韓国バイオ協会

<表4-13> 年度別・分野別バイオ産業研究開発費及び施設投資額推移 (単位：百万ウォン，%)

区分	2020 研究開発	2020 施設投資	2021 研究開発	2021 施設投資	2022 研究開発	2022 施設投資	前年対比増減率 研究開発	前年対比増減率 施設投資
全体	2,080,205	708,100	2,263,081	1,006,861	2,385,340	1,740,155	5.4	72.8
バイオ医薬産業	1,492,979	316,576	1,533,534	288,901	1,605,698	300,008	4.7	3.8
バイオ化学エネルギー産業	130,423	62,370	165,921	42,725	135,718	42,863	-18.5	0.3
バイオ食品産業	101,674	84,532	120,419	31,315	112,216	30,088	-6.8	-3.9
バイオ環境産業	13,291	8,864	12,027	4,737	8,794	2,066	-26.9	-56.4
バイオ医療機器産業	150,872	113,369	187,802	116,216	246,440	321,068	31.2	176.3
バイオ装備及び機器産業	19,179	8,806	22,649	9,160	22,554	4,877	-0.4	-46.8
バイオ資源産業	11,986	2,113	12,509	1,348	10,258	1,263	-18.0	-6.3
バイオサービス産業	159,801	111,470	208,220	512,459	244,203	1,037,922	17.3	102.5

出所：韓国バイオ協会

<表4-14> 年度別バイオ産業投資変動推移 　　　　　　　　　　　　　　　　　　　　（単位：億ウォン，%）

区分		2018	2019	2020	2021	2022	年平均増減率
総投資費	金額	23,998	25,930	27,883	32,699	41,255	14.5
	増減率	8.3	8.1	7.5	17.3	26.2	
研究開発費	金額	16,974	18,397	20,802	22,631	23,853	8.9
	増減率	13.4	8.4	13.1	8.8	5.4	
施設投資費	金額	7,024	7,533	7,081	10,069	17,402	25.5
	増減率	-2.3	7.2	6.0	42.2	72.8	

出所：韓国バイオ協会

<表4-15> バイオ医薬品市場規模推移 　　　　　　　　　　　　　　　　　　　　（単位：億ウォン，%）

区分	市場規模	生産	輸出	輸入	貿易収支	前年対比成長率
2019	26,001	25,377	14,968	15,592	-624	16.6
2020	33,029	39,300	23,825	17,555	6,271	27.0
2021	70,111	47,398	18,169	40,883	-22,713	112.3
2022	51,663	54,127	36,000	33,536	2,464	-26.3

注) 市場規模=生産+輸入-輸出。

出所：韓国製薬バイオ協会

<表4-16> 年度別バイオ医薬品生産実績推移 　　　　　　　　　　　　　　　　　　　　（単位：億ウォン，%）

区分	2019	2020	2021	2022	2023	年平均成長率(2019-2023)
生産額	25,377	39,300	47,398	54,127	49,936	18.4
前年対比成長率	-2.8	54.9	20.6	14.2	-7.7	

出所：食品医薬品安全処

<表4-17> 製剤別バイオ医薬品生産実績推移 (単位：億ウォン，%)

順位		生産額			前年対比成長率
		2022	2023	占有率	
1	遺伝子組換え医薬品	19,156	25,714	51.5	34.2
2	ワクチン	20,243	7,556	15.1	-62.7
3	毒素/抗毒素	4,899	5,840	11.7	28.0
4	血漿分画製剤	4,503	5,129	10.3	4.7
5	血液製剤	4,563	4,863	9.7	8.0
6	細胞・遺伝子治療剤	762	834	1.7	9.4
	総生産実績	54,127	49,936	100.0	-7.7

出所：食品医薬品安全処

<表4-18> 会社別バイオ医薬品上位10社生産実績現況 (単位：億ウォン，%)

順位	企業名	生産額			前年対比成長率
		2022	2023	比重	
1	Celltrion	12,212	15,541	31.1	27.3
2	Green Cross	6,751	6,236	12.5	-7.6
3	LG Chem	4,325	4,708	9.4	8.8
4	ISU ABXIS	1,098	2,895	5.8	163.7
5	Dong-A ST	1,452	1,890	3.8	30.2
6	Daewoong Pharmaceutical	1,647	1,697	3.4	3.0
7	SK Plasma	1,403	1,618	3.2	15.4
8	SK Bioscience	950	1,527	3.1	60.7
9	HUGEL	851	1,359	2.7	59.8
10	Medytox	1,024	1,102	2.2	7.6
	総生産実績	54,127	49,936	100.0	-7.7

出所：食品医薬品安全処

<表4-19> 品目別バイオ医薬品上位10品目生産実績現況　　　　　　　　　　　　（単位：億ウォン，%）

順位	品目名	企業名	生産額 2022	生産額 2023	比重	前年対比成長率
1	Remsima undiluted solution	Celltrion	6,442	5,412	10.8	-16.0
2	Remsima Inj. 100mg	Celltrion	1,849	2,323	4.7	25.6
3	Remsima Inj Hypodermic Injection undiluted solution	Celltrion	0	2,145	4.3	-
4	Growtropin Injection Cartridge	Dong-A ST	958	1,483	3.0	54.8
5	Yuflyma undiluted solution	Celltrion	0	1,404	2.8	-
6	Eutropin S Pen Inj.	LG Chem	206	1,369	2.7	565.4
7	NABOTA Inj.	Daewoong Pharmaceutical	1,270	1,306	2.6	2.8
8	Avastin Inj. 400mg	ISU ABXIS	242	1,200	2.4	396.2
9	ABCERTIN undiluted solution	ISU ABXIS	421	1,192	2.4	183.0
10	Herzuma undiluted solution	Celltrion	772	1,164	2.3	50.7
	総生産実績		54,127	49,936	100.0	-7.7

出所：食品医薬品安全処

<表4-20> 年度別バイオ医薬品輸出入実績推移　　　　　　　　　　　　（単位：万ドル，%）

区分	輸出	増減率	輸入	増減率	貿易収支
2019	128,318	-17.7	133,672	10.1	-5,354
2020	201,907	57.3	148,766	11.3	53,141
2021	158,738	-21.4	357,175	140.1	-198,437
2022	278,593	75.5	259,528	-27.3	19,065
2023	212,637	-23.7	194,003	-25.2	18,634

出所：食品医薬品安全処

<表4-21> 会社別バイオ医薬品上位10社輸入実績現況 (単位：万ドル，%)

順位	企業名	輸入額 2022	輸入額 2023	比重	前年対比増減率
1	Roche Korea	15,491	21,006	10.8	35.6
2	MSD Korea	21,047	20,410	10.5	-3.0
3	Sanofi-Aventis Korea	10,693	13,630	7.0	27.5
4	Korean Pfizer Pharmaceutical	82,222	12,542	6.5	-84.7
5	Janssen Korea	9,714	11,029	5.7	13.5
6	Novo Nordisk Pharmaceuticals	13,098	10,877	5.6	-17.0
7	Amgen Korea	10,910	10,592	5.5	-2.9
8	Novartis Korea	9,094	10,204	5.3	12.2
9	Takeda Pharmaceutical Korea	7,168	8,596	4.4	19.9
10	AstraZeneca Korea	2,230	7,668	4.0	243.9
	総輸入実績	259,528	194,003	100.0	-25.2

出所：食品医薬品安全処

<表4-22> 品目別バイオ医薬品上位10品目輸入実績現況 (単位：万ドル，%)

順位	品目名	企業名	輸入額 2022	輸入額 2023	比重	前年対比成長率
1	Keytruda inj.	MSD Korea	9,251	11,808	6.1	27.6
2	Prolia pfs inj.	Amgen Korea	9,136	7,324	3.8	-19.8
3	Avastin Inj.	Roche Korea	4,726	5,260	2.7	11.3
4	Gardasil 9 Pre-filled Syringe	MSD Korea	6,116	4,432	2.3	-27.5
5	Prevenar®13 Inj.	Korean Pfizer Pharmaceutical	3,397	4,167	2.1	22.7
6	Shingrix inj.	Glaxo Smith Kline	4,132	4,132	2.1	0.0
7	Eylea Pre-filled Syringe	Bayer Korea	902	4,121	2.1	356.7
8	Humira pen Inj.40mg/0.4ml	AbbVie Korea	3,664	3,968	2.0	8.3
9	Saxenda Inj.6mg/ml	Novo Nordisk Pharmaceuticals	3,060	3,906	2.0	27.6
10	Perjeta Inj.	Roche Korea	2,858	3,722	1.9	30.3
	総輸入実績		259,528	194,003	100.0	-25.2

出所：食品医薬品安全処

<表4-23> 製剤別バイオ医薬品輸出実績現況　　　　　　　　　　　　　　　　（単位：万ドル，%）

順位	製剤区分	輸出額			前年対比増減率
		2022	2023	比重	
1	遺伝子組換え医薬品	158,389	173,267	81.5	9.4
2	毒素/抗毒素	19,369	16,471	7.7	-15.0
3	血漿分画製剤	10,172	12,679	6.0	24.6
4	ワクチン	90,663	10,221	4.8	-88.7
	総輸出実績	278,593	212,637	100.0	-23.7

出所：食品医薬品安全処

<表4-24> 製剤別バイオ医薬品輸入実績現況　　　　　　　　　　　　　　　　（単位：万ドル，%）

順位	製剤区分	輸入額			前年対比増減率
		2022	2023	比重	
1	遺伝子組換え医薬品	136,710	155,970	80.4	14.1
2	ワクチン	113,732	26,608	13.7	-76.6
3	血漿分画製剤	3,782	4,477	2.3	18.4
4	毒素/抗毒素	2,263	3,491	1.8	54.3
5	細胞・遺伝子治療剤	3,041	3,457	1.8	13.7
	総輸入実績	259,528	194,003	100.0	-25.2

出所：食品医薬品安全処

<表4-25> 国別バイオ医薬品輸出実績現況（上位10カ国）　　　　　　　　（単位：万ドル，%）

順位	国名	輸出額 2022	輸出額 2023	比重	前年対比成長率
1	テュルキエ(トルコ)	38,955	43,954	20.7	12.8
2	アメリカ	39,306	30,072	14.1	-23.5
3	ハンガリー	15,915	23,012	10.8	44.6
4	ポルトガル	1,874	22,478	10.6	1099.8
5	ドイツ	21,046	17,403	8.2	-17.3
6	ブラジル	17,052	13,211	6.2	-22.5
7	ベルギー	7,124	8,021	3.8	12.6
8	日本	11,369	4,434	2.1	-61.0
9	アメリカ領ヴァージン諸島	0	4,267	2.0	-
10	エクアドル	1,959	3,820	1.8	95.0
	総輸出実績	278,593	212,637	100.0	-23.7

出所：食品医薬品安全処

<表4-26> 国別バイオ医薬品輸入実績現況（上位10カ国）　　　　　　　　（単位：万ドル，%）

順位	国名	輸入額 2022	輸入額 2023	比重	前年対比成長率
1	アメリカ	58,085	56,933	29.3	-2.0
2	ドイツ	95,286	30,382	15.7	-68.1
3	スイス	16,141	22,244	11.5	37.8
4	ベルギー	14,140	18,623	9.6	31.7
5	デンマーク	16,006	14,682	7.6	-8.3
6	オランダ	12,846	13,301	6.9	3.5
7	日本	5,993	9,440	4.9	57.5
8	アイルランド	8,117	8,481	4.4	4.5
9	オーストリア	5,516	6,385	3.3	15.8
10	フランス	4,080	6,000	3.1	47.1
	総輸入実績	259,528	194,003	100.0	-25.2

出所：食品医薬品安全処

<表4-27> 医薬品別バイオ医薬品臨床承認推移 　　　　　　　　　　　　　　　　　　　　　　　　　　　（単位：件）

	合成医薬品	バイオ医薬品					生薬(漢方)製剤	総計
		遺伝子組換え	生物学的製剤	細胞治療剤	遺伝子治療剤など	小計		
2019	476	132	36	27	7	202	36	714
2020	485	210	39	31	11	291	23	799
2021	499	243	50	18	11	322	21	842
2022	447	203	30	9	9	251	13	711

出所：韓国製薬バイオ協会

<表4-28> 製薬会社及び研究者臨床承認推移 　　　　　　　　　　　　　　　　　　　　　　　　　　（単位：件）

	製薬会社臨床			研究者臨床	全臨床
	国内	多国家	計		
2019	250	288	538	176	714
2020	256	355	611	188	799
2021	267	412	679	163	842
2022	247	348	595	116	711

出所：韓国製薬バイオ協会

<表4-29> 段階別製薬会社臨床試験承認推移 　　　　　　　　　　　　　　　　　　　　　　　　（単位：件）

	国内臨床					多国家臨床					合計				
	1相	2相	3相	その他	計	1相	2相	3相	その他	計	1相	2相	3相	その他	計
2019	168	28	50	4	250	46	80	159	3	288	214	108	209	7	538
2020	178	32	41	5	256	91	99	160	5	355	269	131	201	10	611
2021	184	38	41	4	267	90	130	180	12	412	274	168	221	16	679
2022	177	29	40	1	247	92	102	147	7	348	269	131	187	8	595

出所：韓国製薬バイオ協会

<表4-30> 効能群別臨床試験承認推移 (単位：件)

	抗がん	心血管系	内分泌系	中枢神経系	消化器系	泌尿器系	抗生物質など	呼吸器系	免疫抑制剤	血液	その他	計
2019	207	60	69	54	65	15	24	23	19	22	156	714
2020	309	60	64	31	62	18	66	17	20	22	130	799
2021	321	90	62	37	50	13	60	36	13	22	138	842
2022	259	82	92	38	37	16	41	26	15	14	91	711

出所：韓国製薬バイオ協会

9章

繊維・衣類・雑貨

1. 繊維産業

1) 繊維産業総括

<表1-1> 品目別繊維類輸出入現況 (単位:百万ドル,%)

	2022.12		2022.1~12	
	輸出	輸入	輸出	輸入
繊維原料	95	16	1,178	175
	-14.3	52.3	-10.0	7.7
繊維糸	109	160	1,449	2,167
	-29.1	-29.7	-11.7	-3.1
織物	506	187	6,058	2,408
	-19.6	-13.2	-1.5	0.9
繊維製品	334	1,153	3,622	15,150
	-6.1	3.6	-2.3	12.1
計	1,044	1,516	12,308	19,900
	-16.4	-3.2	-3.9	8.7

注) 下段は前年対比増加率。

出所:韓国繊維輸出入協会

<表1-2> 月別繊維類輸出入現況(2022) (単位:百万ドル,%)

	輸出		輸入		貿易収支
	金額	増減率	金額	増減率	
2022年	12,308	-3.9	19,900	8.7	-7,592
1月	1,112	22.1	1,716	25.7	-604
2月	970	14.9	1,395	10.1	-425
3月	1,155	7.4	1,717	9.8	-562
4月	1,099	-0.1	1,529	2.4	-430
5月	1,117	4.1	1,505	18.9	-388
6月	1,018	-9.3	1,425	10.0	-407
7月	1,026	-9.9	1,681	15.5	-655
8月	930	-1.0	2,035	23.0	-1105
9月	966	-5.6	2,032	12.7	-1066
10月	921	-19.2	1,887	4.0	-965
11月	951	-20.2	1,464	-16.7	-512
12月	1,044	-16.4	1,516	-3.2	-473

出所:韓国繊維輸出入協会

<表1-3> 品目別繊維類輸出現況　　　　　　　　　　　　　　　　　（単位：千ドル，トン，％）

	2021		2022		増減率(累計)	
	金額	物量	金額	物量	金額	物量
人造繊維	1,249,285	873,037	1,123,711	755,189	-10.0	-13.5
再生繊維	59,775	14,180	54,240	13,020	-9.3	-8.2
繊維原料	**1,309,060**	**887,217**	**1,177,950**	**768,209**	**-10.0**	**-13.4**
天然繊維糸	145,147	29,865	117,223	20,214	-19.2	-32.3
-絹糸	0	0	1	0	-	-
-毛糸	20,820	868	24,027	1,194	15.4	37.6
-綿糸	103,831	24,856	72,734	15,726	-29.9	-36.7
-麻糸及びその他の糸	20,495	4,142	20,461	3,294	-0.2	-20.5
人造繊維長繊維糸	1,453,513	414,977	1,295,971	321,461	-10.8	-22.5
人造繊維紡績糸	42,764	6,138	36,028	4,141	-15.7	-32.5
繊維糸	**1,641,424**	**450,980**	**1,449,223**	**345,816**	**-11.7**	**-23.3**
絹織物	20,524	198	27,989	280	36.4	41.6
毛織物	31,491	1,619	30,182	1,545	-4.2	-4.5
綿織物	322,777	24,922	287,629	20,736	-10.9	-16.8
人造長繊維織物	1,317,130	127,211	1,456,575	140,108	10.6	10.2
人造短繊維織物	259,707	21,636	277,684	22,799	7.0	5.5
編物	2,424,200	312,272	2,253,875	278,531	-7.0	-10.8
その他織物	1,776,996	256,369	1,724,173	229,828	-2.7	-10.4
繊維織物	**6,152,825**	**744,227**	**6,058,105**	**693,828**	**-1.5**	**-6.8**
衣類	2,183,662	98,428	2,180,496	89,950	-0.1	-8.6
-網織製衣類	721,565	31,189	739,034	28,840	2.4	-7.5
-織物製衣類	1,036,935	46,507	1,034,087	44,792	-0.3	-3.7
-皮衣類及びその他	40,065	1,444	41,562	995	3.7	-31.1
-衣類付属品	385,097	19,289	365,813	15,323	-5.0	-20.5
その他繊維製品	1,525,813	476,972	1,441,862	425,688	-5.5	-10.7
繊維製品	**3,709,475**	**575,401**	**3,622,358**	**515,638**	**-2.3**	**-10.4**
繊維類合計	**12,812,784**	**2,657,825**	**12,307,636**	**2,323,491**	**-3.9**	**-12.6**

出所：韓国繊維輸出入協会

<表1-4> 品目別繊維類輸入現況　　　　　　　　　　　　　　　　　　　　　　　　（単位：千ドル，トン，％）

	2021		2022		増減率(累計)	
	金額	物量	金額	物量	金額	物量
人造繊維	60,986	35,128	57,363	30,931	-5.9	-11.9
再生繊維	101,308	28,094	117,512	28,643	16.0	2.0
繊維原料	**162,294**	**63,222**	**174,875**	**59,574**	**7.7**	**-5.8**
天然繊維糸	771,517	195,736	645,185	135,422	-16.4	-30.8
-絹糸	4,247	62	6,228	79	46.6	27.5
-毛糸	54,408	1,918	61,893	2,099	13.8	9.4
-綿糸	652,927	183,795	519,772	124,284	-20.4	-32.4
-麻糸及びその他の糸	59,935	9,961	57,293	8,960	-4.4	-10.1
人造繊維長繊維糸	1,167,844	535,865	1,226,903	530,867	5.1	-0.9
人造繊維紡績糸	297,056	98,299	295,246	86,923	-0.6	-11.6
繊維糸	**2,236,417**	**829,900**	**2,167,334**	**753,212**	**-3.1**	**-9.2**
絹織物	21,774	191	26,792	235	23.0	23.1
毛織物	88,898	1,331	99,257	1,377	11.7	3.4
綿織物	353,261	68,735	342,593	58,259	-3.0	-15.2
人造長繊維織物	166,082	28,026	188,398	29,287	13.7	4.6
人造短繊維織物	243,299	45,329	263,581	45,901	8.2	1.2
編物	161,844	29,410	180,199	31,975	11.3	8.7
その他織物	1,350,991	317,568	1,306,882	295,959	-3.3	-6.8
繊維織物	**2,386,149**	**490,589**	**2,407,701**	**462,993**	**0.9**	**-5.6**
衣類	11,233,199	467,130	12,924,762	504,276	15.1	8.0
-網織製衣類	4,328,620	173,485	4,999,168	188,595	15.5	8.7
-織物製衣類	5,751,696	205,414	6,755,090	225,112	17.4	9.6
-皮衣類及びその他	443,765	28,409	354,124	26,991	-20.2	-5.0
-衣類付属品	709,118	59,823	816,381	63,578	15.1	6.3
その他繊維製品	2,280,794	497,099	2,225,437	490,482	-2.4	-1.3
繊維製品	**13,513,992**	**964,230**	**15,150,199**	**994,758**	**12.1**	**3.2**
繊維類合計	**18,298,853**	**2,347,941**	**19,900,109**	**2,270,537**	**8.7**	**-3.3**

出所：韓国繊維輸出入協会

<表1-5> 国別繊維類輸出現況 (単位:千ドル,トン,%)

順位	区分	2022 金額	2022 重量	増減率 金額	増減率 重量	輸出単価 金額
1	ベトナム	2,503,482	260,149	-3.9	-10.9	10.74
2	中国	1,554,669	153,201	-11.2	-29.7	11.61
3	アメリカ	1,675,660	299,224	-1.0	-13.3	5.49
4	インドネシア	815,089	106,952	-6.1	-9.0	7.96
5	日本	636,656	109,476	-13.2	-3.1	5.89
6	テュルキエ(トルコ)	450,556	149,832	9.5	-10.3	3.30
7	香港	289,477	16,287	-3.4	-24.6	18.30
8	バングラデシュ	230,453	33,047	-4.8	-7.7	5.71
9	インド	230,784	106,423	0.0	-14.2	1.96
10	台湾	154,396	27,318	-8.7	-16.4	6.43
11	フィリピン	183,357	55,745	-12.6	-13.2	3.83
12	アラブ首長国連邦	161,919	27,130	29.5	24.5	6.99
13	イタリア	207,088	63,603	13.2	-3.5	2.57
14	マレーシア	160,888	82,195	-1.0	-14.2	2.11
15	ドイツ	180,300	55,084	-8.7	-5.6	2.50
16	カンボジア	143,434	27,626	-4.3	-20.2	5.91
17	タイ	153,839	45,950	-3.4	-5.0	3.70
18	ロシア	120,967	27,245	-14.6	-33.4	3.85
19	サウジアラビア	115,194	17,236	66.0	52.0	7.86
20	スペイン	128,477	36,556	3.1	-5.9	3.50

注)1. 上位20か国。
2. 実績は累計。
3. 輸出単価は12月当月。

出所:韓国繊維輸出入協会

<表1-6> 国別繊維類輸入現況　　　　　　　　　　　　　　　　　　　　　（単位：千ドル，トン，%）

順位	区分	2022 金額	2022 重量	増減率 金額	増減率 重量	輸入単価 金額
1	中国	7,694,690	1,216,697	7.4	-0.6	5.72
2	ベトナム	4,985,702	515,156	9.8	-1.8	804
3	イタリア	1,230,943	14,482	16.7	10.4	8010
4	日本	547,510	74,831	-2.4	-7.0	673
5	インドネシア	796,868	82,864	4.4	-19.7	847
6	バングラデシュ	575,640	31,099	24.9	5.4	2267
7	アメリカ	347,985	32,438	11.4	-8.9	1084
8	ミャンマー	482,162	22,380	46.8	36.8	1958
9	インド	439,964	72,282	1.4	-22.0	578
10	フランス	181,717	4,702	20.6	22.7	4857
11	カンボジア	195,812	5,421	15.4	15.4	3461
12	ポルトガル	189,419	1,249	14.6	2.6	13593
13	タイ	211,324	26,072	-15.3	-27.3	704
14	ドイツ	152,441	7,784	0.7	-15.0	2609
15	ルーマニア	174,961	833	30.3	86.7	32625
16	パキスタン	131,140	17,092	20.6	-14.0	789
17	フィリピン	175,403	14,149	9.2	8.8	1245
18	テュルキエ(トルコ)	172,345	5,608	3.9	-13.4	2548
19	マレーシア	165,221	60,100	-30.0	-9.3	300
20	イギリス	115,222	3,232	-1.0	-0.5	7475

注）1. 上位20か国。
2. 実績は累計。
3. 輸出単価は12月当月。

出所：韓国繊維輸出入協会

<表1-7> 月別・品目別織物類輸出現況(2022)　　　　　　　　　　　　　　　(単位：千ドル)

	1月	2月	3月	4月	5月	6月
編物	215,131	399,892	633,351	855,238	1,072,509	1,261,401
その他の織物	107,114	199,756	315,267	421,051	519,390	609,592
ポリエステル織物	83,633	157,648	249,465	337,730	437,067	528,370
不織布	30,866	59,092	89,497	121,076	151,523	178,202
ナイロン織物	21,153	37,782	61,741	85,664	109,846	129,953
ポリエステル短繊維織物	17,746	33,286	47,837	66,683	86,973	108,817
純綿織物	17,939	34,500	56,396	77,651	97,314	116,155
タイヤコード	21,298	36,159	52,048	69,146	88,602	103,283
その他合繊織物	7,096	13,258	21,295	29,276	39,019	48,330
混紡綿織物	5,855	10,186	16,746	21,866	27,798	33,228
再生織物	5,449	10,621	17,041	22,461	28,340	33,538
再生短繊維織物	3,232	6,105	9,673	12,026	14,612	16,464
パイルアニール織物	3,647	6,217	9,927	13,668	17,352	20,591
純絹織物	1,611	3,296	4,998	6,988	9,540	11,727
純毛織物	780	1,543	3,497	5,657	8,795	11,822
刺繍	964	1,696	2,797	3,752	4,913	5,946
その他合繊短繊維織物	416	1,096	2,475	3,721	4,820	5,812
紡毛織物	158	446	1,834	2,924	4,460	6,002
麻織物	904	2,158	3,109	3,955	4,539	4,898
混紡絹織物	356	550	706	1,192	1,601	2,001
その他毛織物	-	-	-	-	32	32
ノイル織物	-	-	-	-	-	-
織物類合計	545,348	1,015,287	1,599,700	2,161,725	2,729,045	3,236,164

<続く>

9章 繊維・衣類・雑貨

	7月	8月	9月	10月	11月	12月
編物	1,445,085	1,591,589	1,758,067	1,912,891	2,077,932	2,253,875
その他の織物	704,502	794,303	882,203	961,828	1,051,339	1,145,918
ポリエステル織物	616,061	694,652	777,223	855,509	944,569	1,040,172
不織布	209,260	236,729	263,359	289,249	311,396	337,358
ナイロン織物	152,437	169,641	189,058	206,743	229,567	255,716
ポリエステル短繊維織物	134,791	149,328	166,292	184,770	204,244	227,416
純綿織物	135,320	149,109	165,598	182,049	199,659	216,361
タイヤコード	117,979	134,737	147,272	157,563	166,652	178,032
その他合繊織物	57,240	64,496	70,387	77,250	85,806	94,937
混紡綿織物	38,196	43,051	49,960	57,485	64,800	71,268
再生織物	38,934	44,527	50,482	55,796	60,317	65,750
再生短繊維織物	19,076	22,547	26,424	30,701	35,620	40,049
パイルアニール織物*	25,397	28,485	30,938	33,828	35,871	39,606
純絹織物	13,895	16,203	18,044	20,010	22,296	23,898
純毛織物	15,097	16,487	17,561	18,125	18,983	20,042
刺繍	7,419	8,387	9,557	10,895	12,329	13,612
その他合繊短繊維織物	6,957	7,775	8,556	8,972	9,635	10,219
紡毛織物	7,399	8,397	8,984	9,347	9,701	10,108
麻織物	5,271	5,609	6,264	6,857	8,084	9,647
混紡絹織物	2,384	2,645	2,842	3,218	3,753	4,061
その他毛織物	32	32	32	32	32	32
ノイル織物	-	-	-	-	12	29
織物類合計	3,752,832	4,188,729	4,649,103	5,083,118	5,552,597	6,058,106

注）累計
＊パイルアニール織物-タオルやビロードのように表面をテナ毛羽のようにでこぼこに織った布。

出所：韓国繊維輸出入協会

<表1-8> 月別・品目別織物類輸入現況(2022)　　　　　　　　　　　　　　　(単位：千ドル)

	1月	2月	3月	4月	5月	6月
その他の織物	52,121	94,171	143,267	189,343	239,212	287,144
不織布	43,933	82,167	130,668	169,302	214,755	258,667
純綿織物	29,074	54,943	82,665	109,869	139,253	166,413
ポリエステル短繊維織物	19,719	31,706	47,468	62,010	77,830	92,618
タイヤコード	12,120	23,670	36,682	49,631	69,990	91,203
編物	14,843	29,757	45,515	60,540	79,195	95,604
ポリエステル織物	11,815	17,771	27,323	36,359	46,528	55,397
純毛織物	3,150	6,311	10,166	15,228	20,978	26,716
再生 短繊維織物	6,537	11,128	15,543	20,469	25,928	30,539
その他合繊織物	3,176	6,863	11,056	15,040	19,378	23,084
紡毛織物	1,213	2,904	5,207	7,929	12,234	18,559
麻織物	5,129	8,563	13,237	16,504	20,815	24,804
混紡綿織物	3,420	6,028	8,925	12,140	14,988	17,788
パイルアニール織物	990	1,731	2,755	3,760	5,762	8,872
ナイロン織物	2,319	3,981	5,339	7,156	10,020	12,562
純絹織物	1,789	3,085	5,140	6,457	9,098	11,496
その他合繊短繊維織物	1,040	2,013	3,087	4,199	5,324	6,431
再生織物	1,142	1,664	2,904	3,566	4,265	5,104
刺繍	622	880	1,287	1,772	2,282	2,777
混紡絹織物	185	347	585	903	1,472	1,614
その他毛織物	-	-	15	17	20	20
ノイル織物	-	-	5	7	7	12
織物類合計	214,337	389,683	598,839	792,201	1,019,334	1,237,424

<続く>

9章 繊維・衣類・雑貨

	7月	8月	9月	10月	11月	12月
その他の織物	336,104	381,366	424,986	467,109	509,091	553,093
不織布	296,224	337,667	375,873	412,957	450,931	489,800
純綿織物	190,817	215,928	240,529	264,451	285,912	305,175
ポリエステル短繊維織物	109,048	125,119	141,702	160,211	179,192	196,998
タイヤコード	110,898	132,863	146,458	161,272	177,460	190,930
編物	112,011	125,880	139,026	154,404	167,527	180,199
ポリエステル織物	64,146	73,975	82,948	91,679	100,449	109,484
純毛織物	32,218	36,910	40,276	45,227	51,837	58,172
再生短繊維織物	35,118	38,441	42,244	45,787	49,023	53,424
その他合繊織物	27,605	31,136	34,332	37,941	40,950	44,697
紡毛織物	25,261	34,061	37,143	38,675	40,108	40,982
麻織物	27,652	30,016	32,023	33,947	36,639	40,446
混紡綿織物	20,708	23,745	26,641	29,757	33,682	37,418
パイルアニール織物	11,965	14,423	16,954	20,453	23,855	25,792
ナイロン織物	15,028	16,584	18,074	20,073	21,938	24,648
純絹織物	13,879	16,317	18,125	19,817	21,410	23,501
その他合繊短繊維織物	7,199	8,743	9,880	11,130	12,271	13,159
再生織物	5,839	6,504	7,282	8,031	8,909	9,569
刺繍	3,310	3,931	4,550	5,299	6,028	6,822
混紡絹織物	1,819	2,124	2,468	2,739	3,080	3,236
その他毛織物	32	32	34	38	40	103
ノイル織物	12	49	49	49	53	55
織物類合計	1,446,803	1,655,814	1,416,611	1,563,937	1,711,294	1,854,610

注）累計

出所：韓国繊維輸出入協会

<表1-9> 月別・国別織物類輸出現況(2022)　　　　　　　　　　　　　　　　　　　　　（単位：千ドル）

	1月	2月	3月	4月	5月	6月
ベトナム	157,195	291,020	458,204	633,750	806,841	960,722
アメリカ	64,373	118,643	192,446	266,746	339,860	402,581
中国	36,409	81,919	140,166	194,450	252,457	302,076
インドネシア	57,853	107,566	168,718	217,191	268,336	316,061
日本	17,529	34,758	50,120	64,918	80,267	94,708
テュルキエ(トルコ)	15,728	27,824	42,790	57,845	75,676	91,884
バングラデシュ	16,376	28,358	45,713	61,191	74,430	85,326
カンボジア	13,151	22,052	34,315	45,015	54,505	63,519
アラブ首長国連邦	8,933	16,138	26,478	34,868	44,150	52,617
香港	8,124	19,813	28,681	37,953	45,987	5,456
フィリピン	10,356	18,043	27,827	36,107	44,544	53,723
サウジアラビア	6,592	13,749	19,949	36,996	35,188	42,716
スペイン	7,063	13,136	20,479	27,654	36,430	45,133
カナダ	6,635	10,880	18,183	24,052	29,319	34,166
インド	6,667	12,266	20,207	27,839	33,969	39,138
イタリア	8,032	12,226	17,944	25,083	31,276	35,090
タイ	6,497	11,807	17,411	23,939	29,821	35,328
メキシコ	4,813	8,912	15,242	20,533	26,990	32,152
ミャンマー	5,279	9,412	13,469	18,418	22,595	25,683
フランス	4,867	7,780	12,139	17,609	23,508	26,476
モロッコ	3,013	6,953	12,028	15,161	19,196	23,272
イギリス	3,926	7,571	11,358	16,351	20,576	26,111
ドイツ	4,318	7,503	11,183	14,637	18,905	22,891
オーストラリア	4,444	7,403	12,100	15,430	18,673	21,746
ハイチ	4,376	8,447	14,623	18,979	22,733	26,142
織物類合計	478,173	895,732	1,417,150	1,923,736	2,433,499	2,887,715

<続く>

9章 繊維・衣類・雑貨

	7月	8月	9月	10月	11月	12月
ベトナム	1,110,302	1,230,023	1,373,683	1,507,541	1,665,032	1,825,618
アメリカ	463,443	521,005	572,094	623,206	671,090	718,704
中国	359,092	404,447	446,615	492,612	539,515	587,816
インドネシア	366,146	401,343	444,009	480,957	520,952	571,250
日本	11,002	123,556	138,203	151,829	167,295	182,751
テュルキエ(トルコ)	106,041	117,794	126,958	139,016	153,462	172,411
バングラデシュ	98,614	110,131	122,066	133,797	145,985	159,430
カンボジア	72,560	78,470	88,438	96,346	103,929	114,629
アラブ首長国連邦	63,487	72,372	82,206	91,736	101,056	111,536
香港	63,662	72,812	81,347	88,974	97,315	105,794
フィリピン	60,276	69,227	77,396	82,481	92,559	101,069
サウジアラビア	50,315	58,701	67,202	76,706	84,422	95,055
スペイン	50,725	56,851	61,613	65,552	68,591	74,302
カナダ	39,940	44,505	51,538	56,651	61,961	67,924
インド	43,820	48,807	53,619	57,656	62,251	67,721
イタリア	41,292	45,906	51,424	55,530	60,201	66,164
タイ	41,358	45,872	50,375	54,582	59,879	64,369
メキシコ	37,299	43,299	48,763	53,184	58,358	63,135
ミャンマー	29,680	33,133	37,389	41,194	46,583	50,431
フランス	30,152	33,602	37,158	40,756	44,632	47,598
モロッコ	27,314	30,661	33,408	36,681	40,353	46,727
イギリス	30,584	33,056	35,688	38,122	40,016	42,900
ドイツ	26,831	29,978	33,126	35,971	38,498	41,054
オーストラリア	25,402	28,536	31,711	35,364	37,942	41,002
ハイチ	30,984	34,597	38,276	39,650	39,580	40,735
織物類合計	3,348,337	3,734,087	4,146,029	4,536,444	4,961,877	5,419,390

注）累計

出所：韓国繊維輸出入協会

<表1-10> 月別・国別織物類輸入現況(2022)　　　　　　　　　　　　　　　　（単位：千ドル）

	1月	2月	3月	4月	5月	6月
中国	128,570	212,049	324,387	418,672	544,377	657,059
日本	20,272	41,784	63,879	85,510	103,502	126,682
ベトナム	12,901	24,623	38,804	52,463	69,391	89,452
イタリア	9,948	20,018	33,711	49,280	65,659	82,881
インド	15,893	33,566	49,585	66,157	81,798	91,589
アメリカ	3,800	8,629	12,323	18,809	24,574	31,896
インドネシア	3,548	7,573	12,454	16,982	20,746	24,856
台湾	5,005	9,845	13,098	16,378	20,848	23,805
パキスタン	2,073	4,827	8,023	10,700	13,708	18,072
フランス	1,549	3,946	6,632	8,730	11,199	13,529
ドイツ	1,685	3,400	5,064	6,793	8,842	10,559
イギリス	895	2,076	3,687	4,920	6,447	8,346
テュルキエ(トルコ)	1,184	2,346	3,198	4,650	6,053	7,344
マレーシア	783	1,935	3,532	4,964	6,677	7,051
タイ	1,046	2,404	3,410	4,881	6,115	7,677
スペイン	749	1,415	2,120	3,049	3,804	4,621
フィリピン	308	690	1,325	1,811	2,349	2,900
イスラエル	270	676	1,421	1,918	2,205	2,352
ルクセンブルク	509	845	1,323	1,569	1,963	2,392
ベルギー	177	652	1,115	1,491	1,941	2,284
スイス	354	507	788	1,052	1,426	1,700
バングラデシュ	500	783	1,279	1,645	2,123	2,311
ポルトガル	349	552	868	1,066	1,484	1,897
ウズベキスタン	372	562	755	755	1,891	2,332
ラトビア	283	490	719	1,003	1,308	1,432
織物類合計	213,023	386,193	593,500	785,248	1,010,430	1,225,019

<続く>

9章 繊維・衣類・雑貨

	7月	8月	9月	10月	11月	12月
中国	766,792	876,572	980,951	1,088,749	1,193,311	1,292,959
日本	145,534	163,210	179,727	196,703	214,404	231,264
ベトナム	105,201	123,906	137,634	151,373	166,624	182,998
イタリア	101,106	120,358	131,199	144,946	162,516	178,814
インド	103,349	114,843	126,346	135,915	144,152	150,087
アメリカ	37,865	44,436	49,157	53,627	56,963	62,465
インドネシア	30,437	34,466	38,558	42,281	46,737	49,070
台湾	27,819	31,018	34,357	37,452	41,243	44,552
パキスタン	20,736	23,669	27,282	30,955	33,338	36,981
フランス	16,331	19,067	19,888	20,945	22,222	25,655
ドイツ	12,699	14,530	16,476	18,487	20,252	22,466
イギリス	10,161	11,949	13,477	15,050	16,205	17,908
テュルキエ(トルコ)	8,416	9,671	10,398	11,790	12,907	14,178
マレーシア	7,996	9,114	10,389	11,016	11,661	13,138
タイ	8,737	9,404	10,201	10,916	11,780	12,651
スペイン	5,098	6,059	6,970	7,525	8,174	8,810
フィリピン	3,446	3,916	4,529	5,026	5,503	6,420
イスラエル	2,967	3,248	3,750	4,320	4,959	5,930
ルクセンブルク	3,297	3,794	4,228	4,681	4,966	5,430
ベルギー	2,580	2,968	3,422	4,059	4,397	5,158
スイス	2,637	2,836	3,062	3,436	3,896	4,248
バングラデシュ	2,862	3,278	3,518	3,689	4,018	4,227
ポルトガル	2,116	2,329	2,479	2,630	2,889	3,078
ウズベキスタン	2,555	2,785	2,894	2,894	2,945	2,945
ラトビア	1,535	1,821	1,976	2,147	2,357	2,499
織物類合計	1,432,272	1,639,247	1,822,868	2,010,612	2,198,419	2,383,931

注) 累計

出所：韓国繊維輸出入協会

<表1-11> 繊維ファッション産業需給現況　　　　　　　　　　　　　　　　　　　　（単位：2020=100，％）

区分	2021				2022			
	10月	11月	12月	累計(1～12月)	10月	11月	12月	累計(1～12月)
生産指数	122.4	11.2	103.9	106.0	111.9	99.0	92.7	102.5
	41.9	45.0	43.2	6.0	-8.6	-11.0	-10.8	-3.3
出荷指数	116.7	112.9	108.4	107.4	96.5	95.2	94.1	97.4
	30.3	28.1	24.5	7.4	-17.3	-15.7	-13.2	-9.3
在庫指数	93.9	91.7	89.0	96.1	94.2	92.1	88.9	91.2
	-11.2	-11.6	-13.8	-5.7	0.3	0.4	-0.1	-5.1
稼働率指数	-	-	-	-	-	-	-	-
	-	-	-	-	-	-	-	-

注）1. 繊維ファッション産業は繊維，衣類，化学繊維を含む。稼働率指数は統計庁の更新により今後更新予定。
2. 下段は増減率、増減率は前年同期対比。

出所：韓国繊維産業連合会

<表1-12> 化繊需給現況　　　　　　　　　　　　　　　　　　　　　　　　　　　　（単位：千トン，％）

区分	2021				2022			
	10月	11月	12月	累計(1～12月)	10月	11月	12月	累計(1～12月)
生産量	127.7	125.3	124.9	1,536.8	94.5	93.3	97.6	1,288.1
	6.3	6.1	-1.8	18.3	-26.0	-25.5	-21.8	-16.2
出荷量	127.1	114.6	107.7	1,350.5	94.4	90.2	93.4	1192.1
	13.7	4.7	-7.3	13.3	-25.7	-21.3	-13.3	-11.7
在庫量	114.1	112.8	116.8	116.8	108.6	103.1	99.4	1,349.8
	24.1	25.2	23.5	23.5	-4.8	-8.6	-14.9	0.5

注）1. 物量基準。
2. 下段は増減率、増減率は前年同期対比。

出所：韓国繊維産業連合会

<表1-13> 綿紡需給現況 (単位：2020=100,％)

区分	2021				2022			
	10月	11月	12月	累計 (1〜12月)	10月	11月	12月	累計 (1〜12月)
生産指数	96.1	96.2	99.6	99.0	85.7	89.2	84.5	90.2
	-2.2	-3.8	2.4	-1.0	-10.8	-7.3	-15.2	-8.8
出荷指数	96.2	96.7	92.0	96.5	78.1	88.0	108.0	84.3
	-17.1	-5.1	-12.5	-3.5	-18.8	-9.0	17.4	-12.6
在庫指数	55.4	50.4	53.2	63.8	81.1	82.0	68.7	69.3
	-33.6	-37.9	-27.8	-13.5	46.4	62.7	29.1	8.7

注) 下段は増減率、増減率は前年同期対比。

出所：韓国繊維産業連合会

<表1-14> 織物需給現況 (単位：2020=100,％)

区分	2021				2022			
	10月	11月	12月	累計 (1〜12月)	10月	11月	12月	累計 (1〜12月)
生産指数	103.3	109.5	111.8	102.6	100.6	103.3	97.6	102.2
	-4.9	-3.4	5.1	2.5	-2.6	-5.6	-12.8	-0.3
出荷指数	116.0	114.2	118.1	107.4	103.4	108.5	109.8	107.7
	5.5	2.8	13.1	7.4	-10.8	-5.0	-7.1	0.3
在庫指数	98.2	97.2	93.9	100.8	89.9	88.5	84.9	92.5
	-1.2	-0.9	-6.1	0.8	-8.4	-9.0	-9.5	-8.2

注) 下段は増減率、増減率は前年同期対比。

出所：韓国繊維産業連合会

<表1-15> 衣類国内小売販売及びオンラインショッピング取引現況　　　　　（単位：十億ウォン，％）

区分	2021				2022			
	10月	11月	12月	累計(1～12月)	10月	11月	12月	累計(1～12月)
小売販売額	6,472	6,453	5,861	60,184	6,526	6,048	6,318	64,236
	14.9	15.1	31.8	16.2	0.8	-6.3	7.8	6.7
オンラインショッピング取引額	1,830	1,997	1,896	17,374	1,937	1,995	1,957	19,315
	12.1	12.7	23.7	15.1	5.8	-0.1	3.2	11.2

注）下段は増減率、増減率は前年同期対比。

出所：韓国繊維産業連合会

<表1-16> 衣類需給現況　　　　　（単位：2020=100，％）

区分	2021				2022			
	10月	11月	12月	累計(1～12月)	10月	11月	12月	累計(1～12月)
生産指数	128.8	111.2	99.9	103.6	121.8	102.5	93.8	104.6
	3.5	4.9	12.5	3.6	-5.4	-7.8	-6.1	1.0
出荷指数	129.7	119.9	99.8	102.2	114.1	103.2	95.8	96.4
	0.6	1.5	6.2	2.2	-12.0	-13.9	-4.0	-5.7
在庫指数	91.5	89.5	88.4	96.7	97.7	95.3	92.6	93.5
	-8.8	-10.1	-8.3	0.3	6.8	6.5	4.8	-3.2

注）下段は増減率、増減率は前年同期対比。

出所：韓国繊維産業連合会

<表1-17> 毛糸輸出実績推移　　　　　（単位：百万ドル，％）

区分	2021				2022			
	10月	11月	12月	累計(1～12月)	10月	11月	12月	累計(1～12月)
梳毛糸	174	83	338	4,795	1,071	239	88	5,798
	195.7	-41.6	114.2	65.8	515.7	189.9	74.1	20.9
紡毛糸	755	400	42	14,832	701	349	450	16,552
	-51.3	-43.6	-79.2	-1.1	-7.2	-12.7	960.3	11.6
その他毛糸	125	123	68	1,194	45	84	20	1,677
	126.7	180.0	739.7	23.0	-63.6	-31.8	-71.1	40.5
合計	1,054	606	448	20,820	1,817	672	557	24,027
	-36.7	-32.3	21.0	10.4	72.4	11.0	24.3	15.4

注）下段は増減率、増減率は前年同期対比。

出所：韓国繊維産業連合会

<表1-18> 毛織物輸出実績 (単位：百万ドル, %)

区分	2021				2022			
	10月	11月	12月	累計(1〜12月)	10月	11月	12月	累計(1〜12月)
梳毛織物	681	1,052	1,705	16,991	564	857	1,059	20,042
	13.6	12.2	65.7	-0.4	-36.0	-18.5	-37.9	18.0
紡毛織物	419	656	327	14,500	363	354	407	10,108
	-16.8	75.8	-24.9	12.9	-13.4	-46.0	24.4	-30.3
その他織物	0	0	0	0	0	0	0	32
	0.0	0.0	0.0	-95.4	0.0	0.0	0.0	6,955.8
合計	1,300	1,707	2,032	31,491	927	1,211	1,466	30,182
	1.6	30.3	38.8	5.3	-28.7	-29.1	-27.8	-4.2

注）下段は増減率、増減率は前年同期対比。

出所：韓国繊維産業連合会

<表1-19> 毛織物輸入実績 (単位：百万ドル, %)

区分	2021				2022			
	10月	11月	12月	累計(1〜12月)	10月	11月	12月	累計(1〜12月)
梳毛織物	4,270	4,827	5,530	47,659	4,846	6,603	6,335	58,164
	48.6	-13.6	16.9	-3.4	13.5	36.8	14.5	22.0
紡毛織物	2,659	2,560	1,968	41,091	1,643	1,433	874	40,982
	107.0	73.3	78.1	16.1	-38.2	-44.0	-55.6	-0.3
その他織物	8	34	50	146	4	2	63	103
	13.6	32.1	318.6	0.1	-54.8	-93.7	25.4	-29.6
合計	6,938	7,422	7,548	88,896	6,493	8,038	7,272	99,249
	66.6	4.7	29.1	4.8	-6.4	8.3	-3.7	11.6

注）下段は増減率、増減率は前年同期対比。

出所：韓国繊維産業連合会

<表1-20> 毛糸(原料)輸入実績 (単位：千ドル, トン, %)

区分			2021				2022			
			10月	11月	12月	累計(1～12月)	10月	11月	12月	累計(1～12月)
ウールトップ	金額		4,850	4,974	7,655	74,837	4,421	2,662	4,809	79,198
			17.4	18.7	32.7	14.8	-8.8	-46.5	-37.2	5.8
	重量		284	363	546	4,675	307	211	341	4,636
			-4.9	10.2	43.7	9.1	8.1	-41.8	-37.6	-0.8
炭化ウール	金額		3,552	5,389	2,438	49,075	3,313	3,572	2,418	48,239
			65.1	76.8	-36.4	19.5	-6.7	-33.7	-0.8	-1.7
	重量		408	581	266	5,233	374	429	330	5,280
			47.2	46.7	-44.5	13.2	-8.4	-26.2	24.3	0.9

注）下段は増減率、増減率は前年同期対比。

出所：韓国繊維産業連合会

<表1-21> 品目別毛糸輸入実績 (単位：百万ドル, %)

区分	2021				2022			
	10月	11月	12月	累計(1～12月)	10月	11月	12月	累計(1～12月)
梳毛糸	2,903	2,713	1,429	30,283	2,914	2,403	1,790	33,963
	31.0	21.1	-12.6	2.6	0.4	-11.4	25.3	12.2
紡毛糸	1,743	1,215	462	20,405	2,205	1,005	520	23,370
	76.7	16.5	-21.5	15.3	26.5	-17.3	12.6	14.5
その他毛糸	458	370	329	3,719	364	278	357	4,559
	44.3	-1.9	-24.1	24.5	-20.5	-24.9	8.3	22.6
合計	5,104	4,299	2,220	54,408	5,483	3,687	2,666	61,893
	45.0	17.4	-16.5	8.4	7.4	-14.2	20.1	13.8

注）下段は増減率、増減率は前年同期対比。

出所：韓国繊維産業連合会

<表1-22> 羊毛価格現況　　　　　　　　　　　　　　　　　　（単位：オーストラリアセント/kg）

区分	EMI	17μm	18μm	18.5μm	19μm	19.5μm
2022年12/16	1,327	2,247	1,931	1,787	1,667	1,599
11/24	1,256	2,114	1,802	1,687	1,583	1,492
10/27	1,300	2,241	1,877	1,713	1,606	1,504
9/30	1,255	2,320	1,807	1,637	1,539	1,464
8/24	1,342	2,616	2,057	1,800	1,627	1,506
7/14	1,388	2,751	2,165	1,879	1,688	1,566
6/23	1,474	2,766	2,262	2,023	1,821	1,667
5/26	1,420	2,711	2,211	1,970	1,743	1,562
4/28	1,377	2,628	2,127	1,898	1,690	1,521
3/25	1,384	2,598	2,138	1,916	1,686	1,529
2/25	1,421	2,701	2,185	1,933	1,708	1,554
1/28	1,407	2,563	2,142	1,920	1,727	1,562

注) μ(ミクロン)：太さ単位(1μ=mmの1/1000を意味)
EMI：東部価格指数I(Eastern Market Indicator)

出所：韓国繊維産業連合会

2) 綿紡産業

<表1-23> 紡績会社生産現況 (単位：トン, %)

区分	2021				2022			
	10月	11月	12月	累計 (1～12月)	10月	11月	12月	累計 (1～12月)
紡績糸	9,411	9,161	9,386	103,723	6,401	6,366	6,101	91,762
	12.8	6.3	7.2	3.9	-32.0	-30.5	-35.0	-11.5

注）下段は増減率、増減率は前年同期対比。

出所：韓国繊維産業連合会

<表1-24> 原綿価格現況 (単位：US￠/LB)

区分	'22.2	'22.3	'22.4	'22.5	'22.6	'22.7	'22.8	'22.9	'22.9	'22.10	'22.11
'A' Index	134.65	156.55	166.05	157.45	139.30	131.40	130.60	103.80	89.50	99.10	99.25

注）毎月末Cotlook Limited発表基準。

出所：韓国繊維産業連合会

<表1-25> 綿糸輸出現況 (単位：千ドル, M/T, %)

区分	2021				2022			
	10月	11月	12月	累計 (1～12月)	10月	11月	12月	累計 (1～12月)
金額	9,440	10,341	11,282	103,831	3,010	5,539	7,851	72,735
	65.2	159.1	92.1	86.7	-68.1	-46.4	-30.4	-29.9
重量	2,142	2,280	2,439	24,856	711	1,349	2,205	15,726
	6.4	81.5	39.2	35.5	-66.8	-40.8	-9.6	-36.7

注）下段は増減率、増減率は前年同期対比。

出所：韓国繊維産業連合会

<表1-26> 主要国別綿糸輸出現況　　　　　　　　　　　　　　　　　　　　　　　　（単位：千ドル，%）

区分	2021				2022			
	10月	11月	12月	累計(1〜12月)	10月	11月	12月	累計(1〜12月)
アメリカ	3,938	4,452	5,316	35,808	1,206	1,507	1,813	32,246
	88.8	387.4	165.4	73.3	-69.4	-66.2	-65.9	-9.9
グアテマラ	1042	2,560	2,287	18,289	766	1,230	2,032	15,983
	6477	220.1	1,291.2	365.9	-26.5	-52.0	-11.2	-12.6
中国	345	1,023	296	11,408	564	1,938	1,954	5,889
	-786	1.4	-79.7	21.6	63.5	89.4	559.7	-48.4
ベトナム	988	1,022	834	8,215	177	413	395	4,267
	2927	26.2	1.0	-1.2	-82.1	-59.6	-52.6	-48.1
合計	9,440	10,341	11,282	103,831	3,010	5,539	7,851	72,735
	65.2	159.1	92.1	86.7	-68.1	-46.4	-30.4	-29.9

注）下段は増減率、増減率は前年同期対比。

出所：韓国繊維産業連合会

<表1-27> 綿糸輸入現況　　　　　　　　　　　　　　　　　　　　　　　　（単位：千ドル，M/T，%）

区分	2021				2022			
	10月	11月	12月	累計(1〜12月)	10月	11月	12月	累計(1〜12月)
金額	53,632	62,110	70,212	652,927	32,008	30,194	34,834	519,772
	68.7	95.7	70.1	65.8	-40.3	-51.4	-50.4	20.4
重量	13,846	15,503	17,234	183,795	8,151	8,001	10,278	124,284
	12.6	31.6	18.2	27.0	-41.1	-48.4	-40.4	-32.4

注）下段は増減率、増減率は前年同期対比。

出所：韓国繊維産業連合会

<表1-28> 主要国別綿糸輸入現況　　　　　　　　　　　　　　　　　　　　（単位：千ドル, %）

区分	2021				2022			
	10月	11月	12月	累計(1~12月)	10月	11月	12月	累計(1~12月)
ベトナム	28,488	33,166	33,579	318,990	18,277	17,850	20,031	288,551
	79.6	92.1	52.6	63.5	-35.8	-46.2	-40.3	-9.5
インド	11,883	10,981	17,438	140,141	5,775	5,620	8,274	117,565
	72.8	88.0	109.0	69.1	-51.4	-48.8	-52.6	-16.1
中国	5,067	5,754	7,130	43,458	2,645	2,700	2,261	35,874
	31.7	87.8	58.4	-9.7	-47.8	53.1	-68.3	-45.2
パキスタン	1,440	1,600	2,538	25,447	2,961	1,754	1,892	28,672
	6.0	12.8	87.9	58.8	105.6	9.6	-25.4	12.7
合計	53,632	62,110	70,212	652,927	32,008	30,194	34,834	519,772
	68.7	95.7	70.1	65.8	-40.3	-51.4	-50.4	-20.4

注）下段は増減率、増減率は前年同期対比。

出所：韓国繊維産業連合会

2. 化学繊維

〈表2-1〉会社別化繊生産能力推移　　　　　　　　　　　　　　　　　（単位：トン/年）

	会社名	2020	2021	2022
Acrylic SF	Taekwang Industrial Co., Ltd.	64,800	64,800	64,800
	小計	64,800	64,800	64,800
Nylon F	Hyosung TNC Co., Ltd.	36,000	36,000	-
	HS Hyosung Co., Ltd.	13,300	7,500	5,000
	KP Camtech Co., Ltd.	19,000	-	-
	Taekwang Industrial Co., Ltd.	45,360	48,960	48,960
	小計	113,660	92,460	53,960
Polyester F	Daehan Synthetic Fiber Co., Ltd.	51,840	51,840	51,840
	Huvis Corp.	101,800	101,800	75,000
	Hyosung TNC Co., Ltd.	132,000	132,000	132,000
	HS Hyosung Co., Ltd.	110,800	110,800	36,000
	KP Camtech Co., Ltd.	32,900	-	-
	TK Chemical Co., Ltd.	115,270	115,270	94,269
	Seong-an Synthetics Co., Ltd.	80,000	80,000	8,000
	Toray Advanced Materials Korea Inc.	84,245	84,245	84,245
	小計	708,855	675,955	553,354
Polyester SF	Huvis Corp.	381,000	350,000	350,000
	Toray Advanced Materials Korea Inc.	251,825	247,835	247,835
	Taekwang Industrial Co., Ltd.	72,000	72,000	72,000
	小計	704,825	669,835	669,835
Spandex	Hyosung TNC Co., Ltd.	24,000	24,000	24,000
	TK Chemical Co., Ltd.	30,000	30,000	12,000
	小計	54,000	54,000	36,000
	合計	1,646,140	1,557,050	1,377,949

出所：韓国化繊協会

<表2-2> 品目別化繊生産推移 (単位：トン)

	合成繊維					
	Acrylic	Nylon			Polyester	
		Filament	Staple	計	Filament	Staple
2017	56,007	95,241	-	95,241	604,346	621,150
2018	49,952	89,911	-	89,911	595,350	637,252
2019	41,430	67,802	-	67,802	528,722	536,443
2020	31,068	46,516	-	46,516	396,855	547,733
2021	40,296	68,642	-	68,642	495,284	627,771
2022	45,189	37,003	-	37,003	433,873	503,440

	合成繊維		合計	稼働率
	Polyester 計	Spandex		
2017	1,225,496	46,900	1,423,644	78.9
2018	1,232,602	43,620	1,416,085	78.4
2019	1,065,165	49,180	1,223,577	73.9
2020	944,588	28,840	1,051,012	65.1
2021	1,123,055	36,531	1,268,524	81.5
2022	937,313	30,365	1,049,870	76.2

出所：韓国化繊協会

<表2-3> 年度別Acrylic需給推移 (単位：トン)

	生産	出荷				在庫
		内需	直輸出	ローカル	計	
2014	50,393	1,095	30,419	19,805	51,319	3,662
2015	43,706	1,125	29,772	14,271	45,168	2,200
2016	52,911	1,189	36,703	13,959	51,851	3,265
2017	56,007	966	41,073	13,483	55,522	3,556
2018	49,952	1,004	42,293	6,718	50,015	3,491
2019	41,430	1,215	39,059	1,556	41,830	3,092
2020	31,068	964	31,587	664	33,215	936
2021	40,296	940	38,912	545	40,397	791
2022	45,189	889	40,215	2,807	43,919	1,903

注) 会員会社基準

出所：韓国化繊協会

<表2-4> 年度別Nylon Filament需給推移 (単位：トン)

	生産	出荷				在庫
		内需	直輸出	ローカル	計	
2014	114,917	27,216	33,946	52,796	113,958	10,864
2015	106,764	26,986	30,850	47,395	105,231	12,416
2016	101,097	26,573	28,985	44,071	99,629	13,911
2017	95,241	27,523	26,052	43,932	97,507	11,662
2018	89,911	23,712	24,769	43,902	92,383	9,217
2019	67,802	21,357	23,017	25,306	69,680	6,635
2020	46,516	16,993	16,472	15,755	49,220	3,960
2021	68,642	21,094	23,740	23,233	68,067	4,558
2022	37,003	17,958	6,905	12,197	37,060	3,152

注) 会員会社基準

出所：韓国化繊協会

<表2-5> 年度別Polyester Filament需給推移 (単位：トン)

	生産	出荷				在庫
		内需	直輸出	ローカル	計	
2014	65,9020	266,626	139,266	260,012	664,924	53,224
2015	622,270	252,832	133,018	233,956	619,806	55,714
2016	625,397	218,475	143,616	259,589	621,680	59,457
2017	604,346	205,530	145,910	259,104	610,544	53,232
2018	595,315	203,841	136,910	247,697	588,448	60,117
2019	528,722	191,351	157,098	187,741	536,190	53,593
2020	396,855	155,468	129,161	122,843	407,475	42,547
2021	495,284	196,838	157,679	138,178	492,693	44,944
2022	433,873	201,621	112,303	120,777	434,700	44,016

注) 会員会社基準

出所：韓国化繊協会

<表2-6> 年度別Polyester Staple Fiber需給推移 (単位：トン)

	生産	出荷				在庫
		内需	直輸出	ローカル	計	
2014	542,830	79,060	407,893	49,297	536,250	27,113
2015	567,185	81,068	428,722	54,347	564,136	30,858
2016	589,073	83,068	459,666	46,883	589,616	30,315
2017	621,150	78,253	502,100	42,040	622,393	29,080
2018	637,252	77,915	506,738	36,833	612,486	44,841
2019	536,443	74,539	437,169	36,134	547,840	33,445
2020	547,733	78,345	410,399	53,384	542,128	39,046
2021	627,771	113,635	444,869	57,820	616,324	50,496
2022	503,440	114,916	360,028	42,429	517,372	36,565

注) 会員会社基準

出所：韓国化繊協会

<表2-7> 年度別Chemical Fiber総需給推移 (単位：トン)

	生産	出荷				在庫
		内需	直輸出	ローカル	計	
2014	1,367,160	372,997	611,544	381,910	1,366,451	94,863
2015	1,339,925	362,011	622,362	349,969	1,334,341	101,188
2016	1,368,478	329,305	668,970	364,502	1,362,776	106,948
2017	1,376,744	312,272	715,135	358,559	1,385,966	97,530
2018	1,372,465	306,471	710,710	335,150	1,352,331	117702
2019	1,174,397	288,462	656,343	250,737	1,195,540	96,765
2020	1,022,172	251,770	587,619	192,646	1,032,038	86,489
2021	1,231,993	332,507	665,200	219,776	1,217,481	100,789
2022	1,019,505	335,384	519,451	178,210	1,033,051	85,636

注) 会員会社基準

出所：韓国化繊協会

<表2-8> 品目別化繊類輸出推移 (単位：百万ドル，千トン)

	全体		長繊維		短繊維	
	金額	重量	金額	重量	金額	重量
2016	2,266	1,228	1,141	372	1,125	856
2017	2,507	1,306	1,200	384	1,307	922
2018	2,939	1,362	1,376	403	1,563	959
2019	2,631	1,290	1,331	398	1,300	891
2020	2,126	1,203	1,013	342	1,112	861
2021	2,763	1,302	1,454	415	1,309	887
2022	2,474	1,090	1,296	321	1,178	768

注) 短繊維は再生繊維を含む。

出所：韓国化繊協会

<表2-9> 品目別Acrylic輸出推移 (単位：千ドル，トン)

	Staple		紡績糸		S織物		合計	
	金額	重量	金額	重量	金額	重量	金額	重量
2016	81,388	49,202	6,053	739	13,420	899	100,861	5,0840
2017	108,168	54,887	5,221	585	11,894	726	125,283	56,198
2018	115,510	48,240	6,523	903	12,552	813	134,585	49,956
2019	83,802	41,347	5,758	758	17,433	1,016	106,933	43,121
2020	53,348	32,523	4,972	735	11,154	702	69,474	33,960
2021	104,032	40,320	4,701	622	13,903	903	122,636	41,845
2022	113,099	45,256	6,937	604	9,731	684	129,767	46,544

出所：韓国化繊協会

<表2-10> 品目別Nylon輸出推移　　　　　　　　　　　　　　　　　（単位：千ドル，トン）

	Filament		Staple	
	金額	重量	金額	重量
2014	290,073	48,155	23,145	2,379
2015	265,136	47,319	25,485	2,621
2016	240,638	48,185	27,598	2,744
2017	263,958	47,891	36,705	3,290
2018	304,858	48,628	45,604	3,574
2019	294,673	39,267	53,494	3,650
2020	231,719	26,718	46,508	3,407
2021	315,493	37,033	57,709	4,167
2022	302,216	25,120	69,477	4,112

	F織物		T/C混		合計	
	金額	重量	金額	重量	金額	重量
2014	310,771	14,625	26,602	4,191	650,591	69,350
2015	254,571	12,326	26,654	4,449	571,846	66,714
2016	229,118	12,927	28,329	4,888	525,683	68,744
2017	221,555	12,182	28,501	4,571	550,719	67,934
2018	241,764	12,527	26,617	4,067	618,843	68,796
2019	225,369	12,741	25,827	3,762	599,363	59,420
2020	175,219	9,346	21,345	3,031	474,791	42,502
2021	241,764	12,439	21,707	1,933	636,673	55,572
2022	255,716	13,527	17,620	1,024	645,029	43,783

出所：韓国化繊協会

<表2-11> 品目別Polyester輸出推移　　　　　　　　　　　　　　　　　　　　　　（単位：千ドル，トン）

	Filament		Staple		紡績糸		F織物	
	金額	重量	金額	重量	金額	重量	金額	重量
2014	572,970	261,254	1,005,018	650,106	65,762	10,330	1,811,774	150,099
2015	519,054	220,866	864,352	684,619	45,468	7,120	1,610,844	140,581
2016	499,019	227,581	837,791	719,811	50,004	8,509	1,450,300	133,504
2017	527,616	235,095	947,769	771,301	48,968	8,240	1,393,013	132,874
2018	589,536	254,996	1,144,583	804,442	39,336	6,979	1,361,802	131,405
2019	583,704	270,886	897,352	737,027	32,959	6,673	1,299,151	127,828
2020	410,814	226,905	751,745	709,328	15,202	2,431	821,129	87,839
2021	518,791	264,262	884,901	734,621	18,287	2,882	962,647	103,407
2022	431,083	190,745	768,597	627,407	13,068	1,759	1,040,172	111,846

	T/C混		S織物		合計	
	金額	重量	金額	重量	金額	重量
2014	249,106	64,844	301,749	26,891	4,006,379	1,163,524
2015	239,606	67,857	263,546	25,563	3,542,870	1,146,606
2016	222,708	66,958	245,254	24,977	3,314,334	1,181,340
2017	227,030	69,737	238,546	23,475	3,382,942	1,240,722
2018	234,448	70,466	270,843	24,369	3,640,548	1,292,657
2019	223,625	68,574	264,703	24,814	3,301,494	1,235,802
2020	163,936	55,981	191,662	18,364	2,354,488	1,100,848
2021	184,706	52,752	200,593	18,128	2,769,925	1,176,052
2022	153,166	38,441	227,416	19,905	2,633,502	990,103

出所：韓国化繊協会

<表2-12> 品目別Synthetic Fiber輸出推移　　　　　　　　　　　　　　　　　　（単位：千ドル，トン）

	Filament		Staple		紡績糸		F織物	
	金額	重量	金額	重量	金額	重量	金額	重量
2014	1,277,774	347,657	1,301,823	758,739	104,218	16,013	2,189,403	133,809
2015	1,224,329	361,091	1,104,351	789,241	77,049	11,171	1,934,177	164,118
2016	1,133,499	371,533	1,045,498	840,640	72,281	12,078	1,766,920	126,637
2017	1,213,855	383,119	1,256,052	911,700	69,114	11,376	1,685,881	158,596
2018	1,376,374	402,568	1,500,360	945,296	56,231	9,138	1,674,124	155,630
2019	1,326,154	398,084	1,221,962	873,246	48,925	8,751	1,594,293	151,516
2020	1,009,895	341,514	1,043,463	845,132	27,545	4,028	1,060,329	107,215
2021	1,447,463	414,422	1,249,196	872,958	35,851	4,882	1,265,899	123,296
2022	1,288,736	320,939	1,123,711	755,189	32,521	3,656	1,390,825	135,400

<続く>

	T/C混		S織物		Waste		合計	
	金額	重量	金額	重量	金額	重量	金額	重量
2014	275,708	69,035	316,307	27,907	612	908	5,465,845	1,354,068
2015	266,260	72,307	276,711	26,379	316	758	4,883,195	1,425,065
2016	251,037	71,846	258,873	25,884	1,083	1,831	4,529,191	1,450,449
2017	256,531	74,308	250,567	24,214	597	950	4,731,597	1,564,263
2018	261,065	74,533	284,463	25,190	818	899	5,147,435	1,613,254
2019	249,452	72,336	283,131	25,834	750	719	4,724,667	1,530,486
2020	185,281	59,012	203,603	19,070	491	251	3,530,607	1,376,222
2021	206,413	54,684	217,123	19,047	481	179	4,422,426	1,489,468
2022	170,786	39,465	237,635	20,633	745	150	4,244,959	1,275,432

出所：韓国化繊協会

<表2-13> 品目別Rayon輸出推移　　　　　　　　　　　　　　　　（単位：千ドル，トン）

	Filament		Staple		紡績糸		F織物	
	金額	重量	金額	重量	金額	重量	金額	重量
2014	6,447	343	864	275	29,842	6,327	115,582	8,882
2015	6,271	344	999	377	20,904	4,778	99,888	7,612
2016	7,181	410	772	242	18,101	4,133	73,154	5,142
2017	6,336	361	984	344	17,687	3,999	70,576	4,933
2018	5,179	309	849	353	15,693	3,137	73,105	5,023
2019	4,590	276	2,092	732	13,125	2,679	75,621	458
2020	2,926	165	1,225	414	6,776	1,399	40,950	2,782
2021	4,264	241	564	160	6,882	1,253	51,285	3,887
2022	5,565	318	44	23	3,507	484	65,750	4,707

	T/C混		S織物		合計	
	金額	重量	金額	重量	金額	重量
2014	2,531	288	77,648	4,690	232,914	20,805
2015	4,466	515	80,139	4,985	212,667	18,611
2016	3,332	517	66,622	4,076	169,162	14,520
2017	3,358	400	69,004	4,190	167,945	14,227
2018	2,028	189	66,307	4,291	163,161	13,302
2019	3,336	295	71,914	4,635	170,678	13,201
2020	5,579	273	41,812	2,359	99,268	7,392
2021	6,933	377	42,389	2,566	112,317	8,484
2022	7,245	354	40,049	2,166	122,160	8,052

出所：韓国化繊協会

<表2-14> 品目別Cellulosic Fiber輸出推移　　　　　　　　　　　　　　　　（単位：千ドル，トン）

	Filament		Staple		紡績糸		F織物	
	金額	重量	金額	重量	金額	重量	金額	重量
2014	7,258	448	111,209	20,657	32,791	6,820	115,582	8,882
2015	6,755	403	83,540	15,536	28,948	6,291	99,888	7,612
2016	7,,436	450	79,075	14,868	18,101	4,133	73,154	5,142
2017	6,413	369	50,786	10,481	17,687	3,999	70,576	4,933
2018	5,666	333	62,692	13,999	15,693	3,137	73,105	5,023
2019	5,125	301	78,000	18,134	13,125	2,679	75,621	4,584
2020	3,399	231	68,901	16,107	6,777	1,399	40,950	2,782
2021	6,169	558	59,775	14180	6,885	1,253	51,285	3,887
2022	7,235	522	54,240	13,020	3,507	484	65,750	4,707

	T/C混		S織物		Waste		合計	
	金額	重量	金額	重量	金額	重量	金額	重量
2014	2,531	288	77,648	4,690	51	32	347,070	41,817
2015	4,466	515	80,139	4,985	-	-	303,736	35,342
2016	3,332	517	66,622	4,076	-	-	247,720	29,186
2017	3,358	400	69,004	4,190	-	-	217,824	24,372
2018	2,028	189	66,307	4,291	-	-	225,491	26,972
2019	3,336	295	71,914	4,635	-	-	247,121	30,628
2020	5,579	273	41,812	2,359	-	-	167,418	23,151
2021	6,933	377	42,389	2,566	-	-	173,436	22,821
2022	7,245	354	40,049	2,166	-	-	178,026	21,253

出所：韓国化繊協会

<表2-15> 品目別Chemical Fiber輸出推移　　　　　　　　　　　　　　　　　　（単位：千ドル，トン）

	Filament		Staple		紡績糸		F織物	
	金額	重量	金額	重量	金額	重量	金額	重量
2014	1,285,032	348,105	1,413,033	779,397	134,066	22,340	2,304,984	185,131
2015	1,231,084	361,493	1,187,891	804,777	98,096	15,958	2,034,065	171,730
2016	1,140,935	371,983	1,124,572	855,508	90,382	16,211	1,840,074	163,843
2017	1,220,268	383,487	1,306,838	922,181	86,801	15,376	1,756,457	163,530
2018	1,376,041	402,900	1,563,052	959,295	71,924	12,275	1,747,229	160,653
2019	1,331,278	398,385	1,299,961	891,380	62,049	11,430	1,669,914	156,100
2020	1,013,293	341,745	1,112,364	861,239	34,322	5,428	1,101,279	109,997
2021	1,453,633	414,981	1,308,971	887,138	42,736	6,134	1,317,184	127,183
2022	1,295,971	321,461	1,177,950	768,209	36,028	4,140	1,456,575	140,108

	T/C混		S織物		Waste		合計	
	金額	重量	金額	重量	金額	重量	金額	重量
2014	278,239	69,323	394,010	32,597	663	941	5,698,531	1,406,612
2015	270,727	72,821	356,850	31,365	318	758	5,179,031	1,458,902
2016	254,368	72,363	325,495	29,960	125	1,831	4,775,951	1,511,699
2017	258,890	74,708	319,571	28,403	597	950	4,949,422	1,588,635
2018	263,093	74,721	350,770	29,481	818	899	5,372,927	1,640,224
2019	252,788	72,631	355,044	30,469	750	719	4,971,784	1,561,114
2020	190,860	59,286	245,415	21,429	491	251	3,698,024	1,399,375
2021	213,346	55,061	259,511	21,613	481	179	4,595,862	1,512,289
2022	178,032	39,819	277,684	22,799	745	150	4,422,985	1,296,686

出所：韓国化繊協会

<表2-16> 品目別化繊輸入推移　　　　　　　　　　　　　　　　　　　　（単位：百万ドル，千トン）

	全体		長繊維		短繊維	
	金額	重量	金額	重量	金額	重量
2017	1,334	610	1,153	534	181	76
2018	1,383	586	1,204	516	179	71
2019	1,372	630	1,177	552	195	78
2020	1,071	568	910	500	161	68
2021	1,330	599	1,168	536	162	63
2022	1,402	591	1,227	531	175	60

出所：韓国化繊協会

<表2-17> 品目別Acrylic輸入推移　　　　　　　　　　　　　　　　　　　　　　（単位：千ドル，トン）

	Staple		紡績糸		S織物		合計	
	金額	重量	金額	重量	金額	重量	金額	重量
2015	8,828	228	90,087	22,363	9,651	769	108,566	25,413
2016	6,333	2,081	86,455	25,416	9,848	741	102,636	28,238
2017	6,671	2,209	81,728	23,580	10,568	878	98,967	26,667
2018	5,668	1,693	72,059	17,555	10,934	1,271	88,661	20,519
2019	4,230	1,165	63,720	16,318	10,257	818	78,207	18,301
2020	4,299	1,246	44,776	12,737	9,147	633	58,222	14,616
2021	5,881	1,527	53,202	12,112	9,792	633	68,875	14,272
2022	6,956	1,579	60,061	13,324	11,828	774	78,845	15,677

出所：韓国化繊協会

<表2-18> 品目別Nylon輸入推移　　　　　　　　　　　　　　　　　　　　　　（単位：千ドル，トン）

	Filament		Staple		F織物	
	金額	重量	金額	重量	金額	重量
2014	188,755	38,944	12,160	1,407	25,816	2,669
2015	167,969	38,641	12,531	1,600	23,649	1,926
2016	151,496	39,427	15,509	2,965	21,857	2,090
2017	169,592	42,701	13,241	1,938	20,633	2,053
2018	167,750	37,351	15,454	2,387	21,408	2,606
2019	195,955	47,960	16,564	2,429	24,601	2,648
2020	155,589	45,049	12,686	1,838	17,323	1,389
2021	213,911	51,681	15,620	2,350	19,698	1,482
2022	257,821	60,644	15,175	2,249	24,648	1,789

	T/C混		合計	
	金額	重量	金額	重量
2014	61,948	12,045	288,679	55,065
2015	61,032	12,470	265,181	54,637
2016	63,532	13,815	252,393	58,297
2017	53,044	11,630	256,510	58,322
2018	56,347	12,192	260,959	54,536
2019	57,746	11,703	294,866	64,740
2020	49,968	11,720	235,566	59,996
2021	73,874	12,876	323,103	68,389
2022	100,595	14,357	398,239	79,039

出所：韓国化繊協会

<表2-19> 品目別Polyester輸入推移　　　　　　　　　　　　　　　　　　（単位：千ドル，トン）

	Filament		Staple		紡績糸		F織物	
	金額	重量	金額	重量	金額	重量	金額	重量
2014	488,938	258,504	28,891	16,014	257,378	94,533	168,400	33,598
2015	413,803	264,687	26,560	18,048	237,495	96,358	160,543	32,977
2016	398,496	286,179	25,008	20,464	233,879	104,211	131,522	28,353
2017	443,105	285,946	26,645	19,924	194,096	84,124	121,477	24,442
2018	477,502	267,618	28,291	17,893	205,080	80,012	117,842	20,973
2019	474,736	309,105	28,066	21,767	157,271	66,345	130,765	24,098
2020	353,368	279,885	22,748	20,353	122,238	60,834	99,915	18,511
2021	424,301	272,167	19,395	15,684	158,888	64,153	117,196	20,945
2022	432,857	262,294	19,143	13,922	164,202	58,361	109,484	18,956

	T/C混		S織物		合計	
	金額	重量	金額	重量	金額	重量
2014	62,137	20,382	173,086	41,625	1,178,830	464,656
2015	58,305	19,912	169,447	44,121	1,066,153	476,103
2016	54,771	18,701	169,254	48,832	1,012,930	506,740
2017	55,153	19,633	165,549	47,430	1,006,025	481,499
2018	62,147	22,915	167,497	45,552	1,058,359	454,963
2019	77,150	28,397	158,105	44,079	1,026,093	493,791
2020	77,470	32,723	140,363	37,641	816,102	449,947
2021	93,153	32,619	182,949	38,711	995,882	444,279
2022	89,116	27,725	196,998	38,926	1,011,800	420,183

出所：韓国化繊協会

<表2-20> 品目別Synthetic Fiber輸入推移　　　　　　　　　　　　　　（単位：千ドル，トン）

	Filament		Staple		紡績糸		F織物	
	金額	重量	金額	重量	金額	重量	金額	重量
2014	1,081,720	445,474	77,374	34,829	391,660	122,944	207,900	38,438
2015	1,004,901	456,357	65,566	33,718	351,403	122,048	200,059	37,479
2016	989,568	504,805	61,980	38,590	345,870	132,984	166,710	33,383
2017	1,057,659	517,102	60,366	38,346	296,457	110,774	158,436	30,419
2018	1,104,768	497,607	64,507	36,103	299,724	100,970	156,716	27,769
2019	1,085,879	535,332	66,946	41,847	245,276	86,047	173,050	30,697
2020	844,264	488,123	56,010	38,632	192,842	77,815	137,325	24,529
2021	1,087,815	520,262	60,989	35,128	241,734	79,869	156,519	27,554
2022	1,135,270	515,211	57,363	30,931	251,165	75,077	178,829	28,884

<続く>

	T/C混		S織物		Waste		合計	
	金額	重量	金額	重量	金額	重量	金額	重量
2014	124,085	32,427	183,354	42,284	22,745	14,081	2,088,568	730,477
2015	119,337	32,382	179,405	44,909	11,929	10,526	1,932,600	737,419
2016	118,243	32,516	179,363	49,589	10,142	11,562	1,871,676	803,429
2017	108,197	31,263	176,379	48,326	10,203	13,265	1,867,697	789,495
2018	118,494	34,387	178,664	46,837	11,541	13,199	1,934,414	756,872
2019	134,896	40,100	168,659	44,914	15,544	15,751	1,890,250	794,688
2020	127,438	44,443	150,307	38,299	11,361	13,750	1,519,547	725,591
2021	167,028	45,495	194,037	39,404	14,535	13,905	1,922,656	761,616
2022	189,711	42,082	210,157	39,785	11,492	12,087	2,033,987	744,057

出所：韓国化繊協会

<表2-21> 品目別品目別Rayon輸入推移　　　　　　　　　　　　　　　（単位：千ドル，トン）

	Filament		Staple		紡績糸		F織物	
	金額	重量	金額	重量	金額	重量	金額	重量
2014	58203	10185	72439	31234	68728	22946	10551	895
2015	47,018	8,257	63,890	29,239	81,458	28,454	10,529	798
2016	37,957	6,942	69,497	29,576	110,889	36,744	10,554	633
2017	43,825	7,945	60,924	24,189	105,665	33,836	7,573	310
2018	47,812	8,577	53,766	20,285	97579	30,207	9,245	456
2019	41,227	7,300	47,039	17,520	69477	23,853	11,287	572
2020	30,747	5,770	30,867	12,257	49,898	19,461	8,388	419
2021	35,429	6,818	39,392	14,052	59,722	18,429	9,204	454
2022	28,094	4,452	43,069	13,427	44,082	11,847	9,569	403

	T/C混		S織物		合計	
	金額	重量	金額	重量	金額	重量
2014	8,335	1,141	21,677	3,115	240,233	69,516
2015	4,953	827	21,773	3,032	229,621	70,607
2016	7,069	1,140	29,535	4,295	265,501	79,330
2017	6,299	979	35,629	5,275	259,915	72,534
2018	5,761	777	41,716	5,834	255,879	66,136
2019	7,416	853	42,462	5,718	218,908	55,816
2020	4,574	555	42,314	5,676	166,788	44,138
2021	7,634	869	49,577	5,939	200,958	46,561
2022	1,219	94	53,368	6,110	179,401	36,333

出所：韓国化繊協会

<表2-22> 品目別Cellulosic Fiber輸入推移　　　　　　　　　　　　　　　　（単位：千ドル,トン）

	Filament		Staple		紡績糸		F織物	
	金額	重量	金額	重量	金額	重量	金額	重量
2014	156,252	25,606	145,859	45,015	74,715	24,251	10,551	895
2015	132,608	22,019	126,432	41,185	89,255	30,083	10,529	798
2016	99,933	17,236	141,026	45,614	110,927	36,749	10,554	633
2017	95,836	17,289	120,905	37,875	105,668	33,836	7,573	310
2018	98,924	18,225	114,353	34,492	97,579	30,207	9,245	456
2019	91,035	16,769	127,892	36,127	69,477	23,853	11,287	572
2020	65,911	12,252	104,989	29,264	49,903	19,461	8,388	419
2021	80,017	15,598	101,308	28,094	55,322	18,430	9,204	454
2022	91,633	15,656	117,512	28,643	44,082	11,847	9,569	403

	T/C混		S織物		Waste		合計	
	金額	重量	金額	重量	金額	重量	金額	重量
2014	8,335	1,141	21,677	3,115	7	19	417,396	100,042
2015	4,953	828	21,773	3,032	-	-	385,550	97,945
2016	7,069	1,140	29,539	4,295	-	-	399,048	105,667
2017	6,299	979	35,629	5,275	-	-	371,910	95,564
2018	5,761	777	41,716	5,834	-	-	367,578	89,991
2019	7,416	853	42,462	5,718	6	20	349,575	83,912
2020	4,574	555	42,314	5,676	5	24	276,084	67,651
2021	7,634	869	49,577	5,939	-	-	303,062	69,384
2022	1,219	94	53,368	6,110	-	-	317,383	62,753

出所：韓国化繊協会

<表2-23> 品目別Chemical Fiber輸入推移　　　　　　　　　　　　　　　　（単位：千ドル/トン）

	Filament		Staple		紡績糸		F織物	
	金額	重量	金額	重量	金額	重量	金額	重量
2014	1,237,972	471,080	233,233	79,844	46,1601	146,197	218,451	39,332
2015	1,137,508	478,377	191,999	74,903	433,133	150,512	210,588	38,277
2016	1,089,501	522,041	203,005	84,204	456,598	169,733	177,264	34,016
2017	1,153,496	534,391	181,271	76,221	402,125	144,609	166,010	30,729
2018	1,203,693	515,832	178,861	70,595	397,303	131,177	165,961	28,225
2019	1,176,914	552,101	194,837	77,974	314,753	109,899	184,337	31,270
2020	910,175	500,377	160,999	67,896	242,745	97,275	145,713	24,919
2021	1,167,832	535,860	162,297	63,222	297,256	98,299	165,722	28,007
2022	1,226,906	530,867	174,875	59,574	295,246	86,923	188,384	29,291

<続く>

	T/C混		S織物		Waste		合計	
	金額	重量	金額	重量	金額	重量	金額	重量
2014	132,419	33,569	205,031	45,398	22,482	14,099	2,511,182	829,501
2015	124,290	33,210	201,178	47,941	11,929	10,526	2,310,625	833,746
2016	125,312	33,656	208,903	53,885	10,142	11,562	2,270,725	909,097
2017	144,497	32,241	212,007	53,601	10,203	13,265	2,239,609	885,057
2018	124,255	35,164	220,381	52,671	11,541	13,199	2,301,995	846,863
2019	142,313	40,953	211,121	50,632	15,550	15,771	2,239,825	878,600
2020	132,012	44,998	192,621	43,975	11,366	13,774	1,795,631	793,244
2021	174,662	46,364	243,614	45,344	14,535	13,905	2,225,718	831,001
2022	190,930	42,176	263,477	45,882	11,493	12,091	2,351,311	806,804

出所:韓国化繊協会

<表2-24> 年度別Spandex輸出入推移　　　　　　　　　　　　　　　　　(単位:千ドル/トン)

	輸出		輸入	
	金額	重量	金額	重量
2014	186,721	23,949	51,855	7,379
2015	179,750	25,689	53,419	8,648
2016	163,341	27,060	48,558	9,516
2017	173,059	29,072	41,377	8,093
2018	172,863	26,626	43,226	8,125
2019	157,299	25,177	43,170	8,367
2020	127,724	20,405	43,522	8,932
2021	280,035	29,099	82,547	10,067
2022	203,124	22,387	68,986	9,789

出所:韓国化繊協会

<表2-25> 国別化繊類輸出推移 (単位：千ドル/トン)

	2019		2020		2021		2022	
	金額	重量	金額	重量	金額	重量	金額	重量
中国	405,136	159,363	374,457	146,739	448,753	129,086	323,321	74,354
香港	29,818	6,367	18,299	3,910	28,761	4,773	6,732	894
アメリカ	411,532	193,252	330,474	179,473	391,114	186,974	402,955	161,918
インドネシア	102,741	42,478	74,138	35,596	105,322	40,952	109,988	43,272
パキスタン	26,192	12,695	23,567	16,030	33,360	16,463	22,862	8,487
ベトナム	158,676	72,670	135,757	71,952	157,119	67,643	143,279	60,295
バングラデシュ	30,035	11,688	20,176	8,622	54,522	15,106	42,904	13,953
ドイツ	82,544	46,174	70,634	43,415	86,875	48,352	84,592	46,459
テュルキエ(トルコ)	246,947	117,791	205,225	126,739	273,069	143,000	256,333	118,477
タイ	39,444	17,796	25,442	14,249	29,624	16,365	28,142	15,089
インド	68,940	30,727	54,567	25,569	101,555	33,322	81,326	24,230
ブラジル	47,253	25,184	35,607	22,518	47,144	24,467	39,487	20,751
カナダ	18,402	14,897	17,442	13,335	21,694	14,743	18,608	11,608
イギリス	42,245	31,789	32,402	30,446	34,813	28,894	31,562	26,500
日本	146,900	67,525	98,642	53,919	102,935	55,701	96,344	54,120
台湾	40,736	16,957	35,168	16,516	47,699	17,300	32,085	12,792
世界計	2,631,239	1,289,765	2,125,657	1,202,984	2,762,604	1,302,119	2,473,565	1,089,453

出所：韓国化繊協会

<表2-26> 国別Nylon Filament輸出推移　　　　　　　　　　　　　　　　　　　　　　　（単位：千ドル，トン）

	2019		2020		2021		2022	
	金額	重量	金額	重量	金額	重量	金額	重量
アジア	136,887	18,288	114,535	12,947	122,100	14,442	94,180	7,892
日本	12,823	2,812	7,126	1,530	8,130	1,742	2,203	431
台湾	5,968	927	3,215	544	3,869	641	2,386	314
中国	58,731	5,408	63,286	4,800	50,795	4,260	44,245	2,805
香港	10,295	1,901	5,116	1,184	6,437	1,228	253	39
パキスタン	1,879	302	1,207	168	597	92	796	112
スリランカ	724	93	368	39	928	60	313	14
ベトナム	20,991	2,780	15,575	2,488	20,381	2,808	16,984	2,131
タイ	3,565	850	1,425	304	2,090	527	724	108
シンガポール	-	-	1	0	-	-	-	-
フィリピン	1,525	222	776	93	1,396	139	1,234	112
インドネシア	7,857	1,125	5,389	642	10,091	1,190	6,959	742
マレーシア	1,537	524	205	9	121	5	92	4
中東	1,650	186	949	136	3,466	345	2,530	145
ヨーロッパ	80,345	8,456	56,709	5,919	100,060	10,129	95,705	7,410
北米	40,419	5,109	38,574	3,660	54,291	4,709	83,729	5,778
アメリカ	40,332	5,107	38,462	3,656	53,867	4,697	83,574	5,771
カナダ	87	3	112	4	425	12	154	7
中南米	34,812	7,149	20,070	3,855	34,499	7,330	25,617	3,847
ブラジル	9,802	1,756	6,834	794	10,503	2,083	7,061	783
メキシコ	21,347	4,496	10,318	2,308	17,235	3,543	15,222	2,336
アフリカ	504	73	850	200	1,008	75	407	39
大洋州	57	6	32	2	68	4	31	2
世界計	294,673	39,267	231,719	26,718	315,493	37,033	302,199	25,113

出所：韓国化繊協会

<表2-27> 国別Polyester Filament輸出推移　　　　　　　　　　　　　　　　（単位：千ドル，トン）

	2019		2020		2021		2022	
	金額	重量	金額	重量	金額	重量	金額	重量
アジア	172,510	65,520	112,825	48,293	130,511	51,872	126,295	48,304
日本	27,518	10,500	17,508	7,591	18,784	7,777	18,839	7,837
台湾	4,925	2,144	4,048	1,607	4,355	1,674	4,038	1,512
中国	44,466	14,040	26,994	8,081	36,381	9,497	31,601	8,365
香港	377	77	1,280	322	859	211	50	7
パキスタン	106	142	226	255	567	599	31	1
スリランカ	6	-	-	-	-	-	-	-
バングラデシュ	2,085	501	1,334	352	2,606	555	2,712	585
インド	14,254	7,874	7,053	5,443	11,563	7,426	11,521	6,799
ベトナム	42,870	17,454	34,407	16,543	29,143	13,479	27,396	12,783
マレーシア	539	173	106	41	14	19	1	-
フィリピン	6,932	3,152	4,607	2,575	5,550	3,206	4,276	2,243
インドネシア	22,046	7,263	11,846	4,164	16,283	5,812	22,301	6,969
中東	24,885	12,887	14,539	7,639	19,034	9,204	17,908	7,685
エジプト	21,992	11,570	10,640	6,211	14,370	7,550	14,814	6,529
ヨーロッパ	244,047	123,816	178,788	113,493	237,077	136,068	190,434	92,252
テュルキエ（トルコ）	145,758	78,297	117,522	82,311	150,703	96,682	118,735	61,989
イタリア	7,468	3,005	4,674	1,978	7,797	3,301	5,565	2,076
北米	111,002	54,866	80,589	45,014	104,972	54,205	71,407	32,285
アメリカ	110,208	54,627	79,236	44,492	104,036	53,876	70,822	32,103
中南米	27,801	12,285	19,496	10,707	23,649	11,591	21,506	8,966
ブラジル	10,638	5,437	7,197	4,700	7,218	4,228	4,864	2,340
メキシコ	10,824	4,118	7,513	3,562	9,741	4,301	8,038	3,072
アフリカ	3,427	1,503	4,550	1,758	3,514	1,319	3,401	1,196
大洋州	32	9	27	1	34	2	21	1
世界計	583,704	270,886	410,814	226,905	518,791	264,262	430,972	190,689

出所：韓国化繊協会

<表2-28> 国別Polyester POY/FDY/DTY輸出推移　　　　　　　　　　　　　　　（単位：千ドル，トン）

	2020		2021		2022	
	金額	重量	金額	重量	金額	重量
POY	25,932	25,148	19,014	16,497	8,234	5,135
アメリカ	3,039	2,310	3,865	2,718	2,935	2,398
テュルキエ(トルコ)	19,706	21,631	10,749	11,703	2,014	1,345
エジプト	30	19	1,157	705	733	393
ベトナム	1,464	274	1,878	507	1,266	314
日本	678	225	745	266	609	250
インド	137	169	147	340	140	207
FDY	194,118	10,379	265,908	143,296	234,996	112,011
テュルキエ(トルコ)	64,420	43,190	100,783	67,151	81,584	46,441
アメリカ	28,782	14,190	32,699	16,348	29,534	13,543
インドネシア	9,669	3,597	14,216	5,186	20,144	6,416
ベトナム	15,974	9,151	12,245	7,572	10,014	6,371
ドイツ	7,132	4,191	11,303	5,910	10,362	5,353
中国	4,275	4,191	22,973	5,775	20,564	5,197
DTY	48,719	22,916	69,354	29,790	70,097	28,651
アメリカ	6,576	2,130	17,466	7,788	20,469	8,170
テュルキエ(トルコ)	13,784	8,945	15,617	8,536	13,300	6,647
ベトナム	10,041	5,170	9,724	4,362	11,174	5,159
中国	3,022	1,002	4748	1,408	5,224	1,550
エジプト	1,315	733	4,202	1,933	3,709	1,406
日本	2,384	814	2,630	849	2,589	1,042

出所：韓国化繊協会

<表2-29> 国別Acrylic Staple Fiber輸出推移 　　　　　　　　　　　　　　　　（単位：千ドル，トン）

	2019		2020		2021		2022	
	金額	重量	金額	重量	金額	重量	金額	重量
アジア	78,893	39,305	44,769	27,064	83,556	32,519	64,372	26,275
日本	73	32	88	40	117	40	130	46
台湾	1,168	519	1,566	769	1,376	473	1,337	511
中国	21,054	11,249	8,817	5,358	14,919	6,236	2,093	559
香港	158	68	45	22	26	11	13	80
バングラデシュ	3,162	1,494	2,647	1,574	16,926	6,549	16,034	6,689
パキスタン	8,389	4,049	7,088	4,570	9,955	3,907	6,396	2,538
インド	3,187	1,517	488	332	453	259	143	95
ベトナム	1,525	661	1,501	720	2,834	1,005	843	343
タイ	5,615	2,778	4,640	2,802	6,816	2,550	4,492	1,808
マレーシア	-	-	11	-	7	-	3	-
インドネシア	32,107	15,752	17,443	10,624	29,838	11,380	30,955	12,867
中東	252	115	365	230	418	138	7,319	2,809
イラン	-	-	-	-	-	-	-	-
ヨーロッパ	1,594	754	6,701	4,433	14,850	5,294	32,431	13,081
北米	50	6	13	1	153	52	207	74
中南米	2,356	855	485	226	2,550	940	5,107	1,683
メキシコ	988	403	89	44	486	177	2,855	928
アフリカ	626	311	957	568	2,423	747	3,646	1,334
大洋州	-	-	59	1	82	1	17	-
世界計	83,802	41,347	53,348	32,523	104,032	40,320	113,099	45,256

出所：韓国化繊協会

<表2-30> 国別Polyester Staple Fiber輸出推移　　　　　　　　　　　　　　　　（単位：千ドル，トン）

	2019		2020		2021		2022	
	金額	重量	金額	重量	金額	重量	金額	重量
アジア	283,126	224,373	233,051	207,862	248,399	199,091	207,698	154,455
日本	48,195	37,310	35,112	30,521	36,070	29,108	39,325	30,741
台湾	7,229	6,263	6,337	6,087	6,502	5,913	5,788	4,993
中国	86,889	76,549	68,514	67,444	62,170	54,552	36,451	28,287
香港	1,899	1,571	718	524	1,000	791	88	23
パキスタン	7,944	7,115	9,546	10,165	11,500	10,664	5,199	4,604
バングラデシュ	10,551	7,033	6,861	5,025	7,382	5,121	7,131	4,595
スリランカ	185	162	120	96	298	207	38	25
ベトナム	64,330	46,054	56,830	46,045	57,984	42,763	56,111	37,847
タイ	12,239	8,945	9,499	7,875	14,083	10,900	14,073	10,686
フィリピン	964	813	786	758	1,196	1,166	849	782
インドネシア	16,319	12,525	15,750	13,274	22,667	16,554	21,426	16,111
中東	17,046	14,097	15,198	15,636	20,956	18,319	16,556	14,122
ヨーロッパ	340,728	297,865	286,433	288,466	353,785	310,522	317,869	279,087
ドイツ	40,181	31,752	34,877	30,593	38,834	30,616	39,567	30,951
テュルキエ（トルコ）	24,043	20,196	24,785	23,352	30,196	23,278	32,645	26,323
イタリア	48,174	44,025	38,241	40,753	50,068	46,306	46,694	42,863
北米	160,423	127,603	133,931	122,717	146,989	117,125	134,187	110,019
アメリカ	148,762	117,596	124,512	112,999	135,196	106,604	124,571	101,834
中南米	56,850	43,956	52,840	47,996	75,467	59,096	59,194	45,249
ブラジル	16,188	13,288	13,599	13,307	15,839	13,044	15,421	12,797
メキシコ	16,113	12,344	15,518	13,543	20,563	15,337	17,429	12,580
アフリカ	16,482	8,906	10,779	6,528	13,768	7,131	12,034	5,753
大洋州	22,697	20,228	19,513	20,123	25,538	23,336	20,868	18,578
世界計	897,352	737,027	751,745	709,328	884,901	734,621	768,406	627,263

出所：韓国化繊協会

<表2-31> 国別化繊類輸入推移 (単位：千ドル，トン)

	2019		2020		2021		2022	
	金額	重量	金額	重量	金額	重量	金額	重量
台湾	53,708	16,668	44,954	14,868	39,162	13,943	41,725	12,733
日本	158,438	31,920	126,127	27,117	147,127	30,940	139,868	30,493
アメリカ	145,674	27,172	109,944	20,961	111,582	21,810	138,361	23,313
中国	591,114	348,371	497,114	349,018	676,013	377,847	703,541	379,104
ロシア	58	19	15	1	298	93	39	-
シンガポール	4,275	505	3,866	449	2,592	290	1,696	220
カナダ	9,636	1,729	7,261	1,315	10,139	1,806	15,166	2,603
タイ	20,631	13,201	11,746	9,073	13,775	9,268	12,905	7,307
イギリス	10,780	2,462	13,292	2,799	8,571	1,662	8,335	1,202
インド	45,690	30,696	23,385	18,718	19,053	12,149	16,762	9,506
イタリア	1,897	161	3,579	333	2,208	65	3,888	174
ドイツ	19,447	3,125	16,210	2,948	15,697	2,473	15,639	2,213
マレーシア	70,284	63,974	45,447	48,362	52,349	50,868	52,655	43,383
インドネシア	18,854	11,632	11,124	7,914	12,133	6,756	13,176	6,370
世界計	1,371,751	630,075	1,071,174	568,273	1,330,129	599,083	1,401,781	590,441

出所：韓国化繊協会

<表2-32> 国別Nylon Filament輸入推移 (単位：千ドル，トン)

	2020		2021		2022	
	金額	重量	金額	重量	金額	重量
アジア	129,672	40,835	183,831	46,996	226,154	56,168
中国	66,525	22,258	98,949	25,874	124,561	32,559
ベトナム	31,362	12,760	56,894	16,552	69,662	18,752
台湾	15,726	2,863	12,976	1,971	17,891	2,584
日本	13,895	2,381	13,011	2,204	12,633	2,054
インドネシア	1,072	202	1,010	175	965	158
タイ	362	72	831	185	379	51
ヨーロッパ	8,936	1,312	8,844	1,265	7,634	756
ドイツ	3,529	777	4,256	869	3,141	522
イギリス	2,724	205	1,878	139	1,252	64
イタリア	2,113	291	416	14	1,533	95
スペイン	-	-	103	9	1	-
中東	1,478	250	1,421	242	797	120
北米	15,247	2,617	19,501	3,152	22,879	3,569
カナダ	7,122	1,304	9,998	1,791	14,638	2,536
アメリカ	8,125	1,313	9,503	1,361	8,241	1,032
中南米	255	36	314	27	360	30
ブラジル	7	1	127	22	236	27
メキシコ	248	35	182	5	123	3
アフリカ	-	-	-	-	-	-
南アフリカ	-	-	-	-	-	-
大洋州	-	-	-	-	-	-
世界計	155,589	45,049	213,911	51,681	257,824	60,644

出所：韓国化繊協会

<表2-33> 国別Polyester Filament輸入推移　　　　　　　　　　　　　　　　　　　　　　（単位：千ドル，トン）

	2020		2021		2022	
	金額	重量	金額	重量	金額	重量
アジア	350,575	278,859	421,806	271,672	430,799	262,032
日本	2,638	164	2,631	193	3,034	161
台湾	15,844	4,379	11,594	2,636	9,173	2,004
中国	256,196	208,209	327,444	213,459	335,092	206,962
香港	5	-	14	3	-	-
マレーシア	12,687	14,395	11,394	10,546	12,680	10,691
タイ	5,497	4,950	5,862	4,401	6,787	4,746
インドネシア	5,141	3,378	6,802	3,658	8,513	4,171
ヨーロッパ	1,916	227	1,737	148	1,549	138
スイス	161	53	186	43	216	43
ドイツ	1,164	97	971	28	742	40
フランス	2	-	3	-	5	-
ポーランド	180	29	324	43	321	37
イタリア	226	10	97	2	83	2
オランダ	8	-	8	-	-	-
中東	83	5	1	-	3	-
北米	788	781	448	260	322	65
アメリカ	780	780	447	260	321	65
カナダ	8	1	-	-	1	-
中南米	6	12	79	27	94	35
メキシコ	-	-	73	27	82	34
アフリカ	1	-	230	60	90	23
南アフリカ	1	-	230	60	90	23
世界計	353,368	279,885	424,301	272,167	432,857	262,294

出所：韓国化繊協会

<表2-34> 国別Polyester POY/FDY/DTY輸入推移　　　　　　　　　　　　　　　　　　　（単位：千ドル，トン）

	2020		2021		2022	
	金額	重量	金額	重量	金額	重量
POY	47,872	53,501	51,478	46,160	54,706	44,196
中国	24,838	27,966	32,187	2,878	33,063	26,658
マレーシア	12,633	14,359	11,366	10,525	12,566	10,606
タイ	3,386	3,485	3,862	3,314	5,249	4,153
ベトナム	5,565	6,335	3,631	3,296	3,471	2,748
日本	217	3	242	4	278	5
台湾	95	41	3	1	54	15
アメリカ	375	524	78	160	16	9
FDY	57,317	49,804	59,925	40,032	61,751	37,564
中国	51,940	47,245	52,105	36,847	50,614	32,935
インドネシア	2,876	1,759	5,098	2,689	6,660	3,233
台湾	1,345	321	1,137	195	1,621	280
ベトナム	204	189	98	29	1,325	951
日本	361	11	654	12	903	20
DTY	187,682	130,245	224,596	127,268	22,065	124,292
中国	127,507	90,978	172,729	98,540	178,694	102,242
ベトナム	20,755	16,109	20,514	13,326	17,187	10,065
インド	20,067	16,682	17,037	11,192	14,578	8,714
台湾	14,067	3,892	9,857	2,232	7,118	1,569
インドネシア	1,503	1,343	1,491	850	1,787	925

出所：韓国化繊協会

<表2-35> 国別Acrylic Staple Fiber輸入推移　　　　　　　　　　　　　　（単位：千ドル，トン）

	2020		2021		2022	
	金額	重量	金額	重量	金額	重量
アジア	2,660	721	3,936	1,028	5,124	1,187
日本	2,106	527	2,863	673	3,491	622
台湾	18	10	-	-	1	-
中国	315	102	858	290	1,082	418
香港	13	-	-	-	-	-
インドネシア	2	-	2	-	446	108
タイ	206	82	213	65	92	31
ヨーロッパ	1,265	497	1,625	475	1,320	361
イタリア	3	-	-	-	-	-
ドイツ	-	-	-	-	-	-
イギリス	-	-	-	-	32	6
スペイン	101	9	91	7	-	-
中東	-	-	-	-	-	-
北米	370	27	316	23	509	31
アメリカ	367	27	315	23	509	31
中南米	-	-	-	-	1	-
アフリカ	-	-	3	1	1	-
大洋州	-	-	-	-	-	-
世界計	4,299	1,246	5,881	1,527	6,956	1,579

出所：韓国化繊協会

<表2-36> 国別Polyester Staple Fiber輸入推移　　　（単位：千ドル，トン）

	2019		2020		2021		2022	
	金額	重量	金額	重量	金額	重量	金額	重量
アジア	26,630	21,095	21,228	19,550	18,588	15,434	18,027	13,624
日本	1,007	175	933	264	766	161	722	189
台湾	3,072	1,351	1,695	578	450	211	512	205
中国	7,918	5,982	9,433	8,172	9,854	7,105	9,232	6,445
香港	-	-	1	-	-	-	-	-
スリランカ	-	-	-	-	-	-	-	-
ベトナム	2,586	3,218	3,570	4,444	3,159	3,951	2,668	3,478
タイ	6,467	5,469	2,796	2,906	2,324	2,149	1,738	1,338
インドネシア	5,226	4,598	2,467	2,813	1,788	1,634	1,576	1,159
マレーシア	13	3	-	-	-	-	1,579	810
中東	-	-	-	-	-	-	-	-
ヨーロッパ	476	248	866	488	539	151	523	184
ドイツ	266	171	239	159	221	69	71	18
イギリス	134	29	123	26	189	37	170	32
テュルキエ(トルコ)	-	-	142	52	116	42	152	38
オランダ	20	11	95	67	7	2	125	96
北米	761	359	499	214	268	99	593	114
アメリカ	761	359	499	214	268	99	593	69
中南米	29	21	134	83	-	-	-	-
アフリカ	170	44	-	-	-	-	-	-
大洋州	-	-	21	18	-	-	-	-
オーストラリア	-	-	21	18	-	-	-	-
世界計	28,066	21,767	22,748	20,353	19,395	15,684	19,143	13,922

出所：韓国化繊協会

10章 食品産業

1. 食品産業

1) 食品生産

<表1-1> 国内産業対比食品産業生産比重

	国内GDP (億ウォン)	製造業GDP (億ウォン)	生産額(億ウォン)				国内GDP 対比(%)	製造業 GDP(%)
			合計	食品など	畜産物	健康機能食品		
2021	20,574,482	5,223,312	931,580	597,871	306,589	27,120	4.5	17.8
2022	21,505,760	5,511,540	1,048,190	675,142	344,998	28,050	4.9	19.0
2023	22,363,294	5,466,640	1,084,875	699,308	357,983	27,585	4.9	19.8

注) 国内総生産(元系列,名目)及び製造業GDP(元系列,名目)(資料：韓国銀行経済統計システム,2024.3)
出所：食品医薬品安全処,食品安全情報センター

<表1-2> 食品産業製造業者推移 (単位：社)

	2019	2020	2021	2022	2023	年平均成長率(%)
合計	41,601	42,803	44,470	45,383	45,048	2.0
食品など[1]	31,438	31,802	32,596	33,077	32,958	1.2
畜産物	9,655	10,480	11,335	11,740	11,499	4.5
健康機能食品	508	521	539	566	591	3.9

注) 1) 食品製造業(酒類,照射処理を含む),添加物製造業,容器・包装類製造業(陶器製の容器類含む)を含む。
出所：食品医薬品安全処,食品安全情報センター

<表1-3> 年度別食品産業生産実績[1]推移

		生産額(億ウォン)			最近3年 年平均 成長率(%)	前年対比 成長率(%)
		2021	2022	2023		
製造会社	食品など[2]	597,871	675,142	699,308	8.2	3.6
	畜産物	306,589	344,998	357,983	8.1	3.8
	健康機能食品	27,120	28,050	27,585	0.9	-1.7
	合計	931,580	1,048,190	1,084,875	7.9	3.5

注) 1) 生産実績は生産額基準。
2) 食品製造業(酒類,照射処理を含む),添加物製造業,容器・包装類製造業(陶器製の容器類含む)を含む。
出所：食品医薬品安全処,食品安全情報センター

<表1-4> 業種別食品産業生産実績現況

		2022		2023		前年対比成長率(%)
		生産額(億ウォン)	比率(%)	生産額(億ウォン)	比率(%)	
食品など	食品製造加工業	584,342	55.7	618,402	57.0	5.8
	畜産物	23,038	2.2	23,139	2.1	0.4
	容器・包装類製造業(陶器製の容器類含む)	67,762	6.5	57,767	5.3	-14.8
	小計	675,142	64.4	699,308	64.5	3.6
畜産物	食肉加工業	81,584	7.8	84,057	7.7	3.0
	乳加工業	60,436	5.8	60,410	5.6	0.0
	卵加工業	6,286	0.6	6,931	0.6	10.3
	食肉包装処理業	196,692	18.8	206,584	19.0	5.0
	小計	344,998	32.9	357,983	33.0	3.8
健康機能食品		28,050	2.7	27,585	2.5	-1.7
合計		1,048,190	100.0	1,084,875	100.0	3.5

出所：食品医薬品安全処，食品安全情報センター

<表1-5> 加工食品生産実績現況(上位5品目)　　　　　　　　　　　(単位：億ウォン，%)

	2022 生産実績	生産額	占有率[1]		2023生産実績	生産額	占有率[1]
1	即席摂取,便宜食品類[2]	44,616	7.6	1	即席摂取,便宜食品類[2]	51,722	8.4
2	ソース類[3]	39,729	6.8	2	ソース類[3]	45,155	7.3
3	パン類	32,755	5.6	3	パン類	36,676	5.9
4	その他水産物加工品	29,321	5.0	4	その他水産物加工品	30,995	5.0
5	油湯麺	29,210	5.0	5	油湯麺	28,057	4.5
	小計(上位5品目)	175,631	30.1		小計(上位5品目)	192,605	31.1

注) 1) 食品製造加工品(酒類，照射処理を含む) 全生産額中の占有率を意味する。
2) 即席摂取，便宜食品類：即席摂取食品，新鮮便宜食品，インスタント調理食品，かんたん調理セットを含む。
3) ソース類：ソース，マヨネーズ，トマトケチャップ，複合調味食品を含む。

出所：食品医薬品安全処，食品安全情報センター

<表1-6> 食品別生産実績現状（上位20品目） (単位：億ウォン，%)

	2022生産実績	生産額	占有率[1]		2023生産実績	生産額	占有率[1]
1	包装肉(豚)	86,848	8.9	1	包装肉(豚)	93,527	9.1
2	包装肉(牛)	71,547	7.3	2	包装肉(牛)	73,545	7.2
3	味付け肉類[2]	51,066	5.2	3	味付け肉類[2]	53,161	5.2
4	即席摂取，便宜食品類	44,616	4.6	4	即席摂取，便宜食品類	51,722	5.0
5	ソース類[3]	39,729	4.1	5	ソース類[3]	45,155	4.4
6	パン類	32,755	3.3	6	パン類	36,676	3.6
7	包装肉(鶏)	32,731	3.3	7	包装肉(鶏)	33,060	3.2
8	その他水産物加工品	29,321	3.0	8	その他水産物加工品	30,995	3.0
9	油湯麺	29,210	3.0	9	油湯麺	28,057	2.7
10	コーヒー	26,034	2.7	10	菓子	27,841	2.7
11	菓子	25,719	2.6	11	コーヒー	27,369	2.7
12	植物性油脂類[4]	21,377	2.2	12	その他農産加工品類[6]	21,851	2.1
13	その他加工品[5]	19,713	2.0	13	その他加工品[5]	20,841	2.0
14	炭酸飲料類	19,394	2.0	14	炭酸飲料類	20,624	2.0
15	その他農産加工品類[6]	19,299	2.0	15	植物性油脂類[4]	19,852	1.9
16	牛乳類[7]	17,897	1.8	16	牛乳類[7]	18,749	1.8
17	小麦粉類[8]	15,264	1.8	17	焼酎	15,486	1.5
18	焼酎	14,885	1.5	18	キムチ類[9]	15,442	1.5
19	キムチ類[9]	14,012	1.4	19	小麦粉類[8]	14,837	1.4
20	ハム類[10]	13,953	1.4	20	その他飲料[11]	14,640	1.4

注) 1) 食品産業全生産額中の占有率を意味する。(容器・包装類除外)
2) 味付け肉類：味付け肉．粉砕加工肉製品，カルビ加工品，天然ケーシングを含む。
3) ソース類：ソース，マヨネーズ，トマトケチャップ，複合調味食品を含む。
4) 植物性油脂類：大豆油，トウモロコシ油，菜種油，ミカン油，ごま油など植物性油脂類に改訂された類型を含む。
5) その他加工品：菓子類，パン類またはもち類やインスタント食品類に該当しない食品。
6) その他 農産加工品類：穀類加工品，豆類加工品，薯類加工品，果物加工品など含む。
7) 牛乳類：牛乳，白原乳を含む。
8) 小麦粉類：小麦粉，栄養強化小麦粉を含む。
9) キムチ類：キムチ，ヤンニョムを含む。
10) ハム類：ハム，生ハム，プレスハムを含む。
11) その他飲料：ミックス飲料，飲料ベースを含む。

出所：食品医薬品安全処，食品安全情報センター

<表1-7> 食品添加物生産実績現況(上位5品目)　　　　　　　　　　　　　　　　　　　　(単位：億ウォン, %)

	2022生産実績	生産額	占有率[1]		2023生産実績	生産額	占有率[1]
1	水酸化ナトリウム液	5,939	25.8	1	水酸化ナトリウム液	6,732	29.1
2	ミックス製剤	3,796	16.5	2	ミックス製剤	3,863	16.7
3	過酸化水素	793	3.4	3	塩酸	934	4.0
4	ゼラチン	740	3.2	4	ゼラチン	814	3.5
5	塩酸	656	2.8	5	香料	687	3.0
	小計(上位5品目)	11,924	51.8		小計(上位5品目)	13,029	56.3

注) 1) 食品添加物全生産額中の占有率を意味する。

出所：食品医薬品安全処, 食品安全情報センター

<表1-8> 畜産物生産実績現況(上位5品目)　　　　　　　　　　　　　　　　　　　　(単位：億ウォン, %)

	2022生産実績	生産額	占有率[1]		2023生産実績	生産額	占有率[1]
1	包装肉(豚)	86,848	25.2	1	包装肉(豚)	93,527	26.1
2	包装肉(牛)	71,547	20.7	2	包装肉(牛)	73,545	20.5
3	味付け肉類[2]	51,066	14.8	3	味付け肉類[2]	53,161	14.9
4	包装肉(鶏)	32,731	9.5	4	包装肉(鶏)	33,060	9.2
5	牛乳類[3]	17,897	5.2	5	牛乳類[3]	18,749	5.2
	小計(上位5品目)	260,087	75.4		小計(上位5品目)	272,042	76.0

注) 1) 畜産物加工品は包装肉全生産額中の占有率を意味する。
2) 味付け肉類：味付け肉, 粉砕加工肉製品, カルビ加工品, 天然ケーシングを含む。
3) 牛乳類：牛乳, 白原乳を含む。

出所：食品医薬品安全処, 食品安全情報センター

<表1-9> 健康機能食品生産実績現況(上位5品目)　　　　　　　　　　　　　　　　　(単位：億ウォン, %)

	2022生産実績	生産額	占有率[1]		2023生産実績	生産額	占有率[1]
1	紅参	5,896	21.0	1	紅参	4,644	16.8
2	ビタミン及びミネラル	3,817	13.6	2	ビタミン及びミネラル	4,389	15.9
3	プロバイオティクス	3,642	13.0	3	プロバイオティクス	3,551	12.9
4	EPA及びDHA含有油脂	2,233	8.0	4	EPA及びDHA含有油脂	1,932	7.0
5	ヘモヒムアンジェリカなどのミックスエキス	1,152	4.1	5	ヘモヒムアンジェリカなどのミックスエキス	1,016	3.7
	小計(上位5品目)	16,740	59.7		小計(上位5品目)	15,532	56.3

注) 1) 健康機能食品全生産額中の占有率を意味する。

出所：食品医薬品安全処, 食品安全情報センター

<表1-10> 加工食品上位10社の生産実績現況　　　　　　　　　　　　　　　（単位：億ウォン，%）

	企業名(2022)	生産額	占有率[1]		企業名(2023)	生産額	占有率[1]
1	CJ CheilJedang Corp.	30,243	5.2	1	CJ CheilJedang Corp.	30,294	4.9
2	Nongshim Co., Ltd.	22,280	3.8	2	LOTTE Chilsung Beverage Co., Ltd.	23,344	3.8
3	LOTTE Chilsung Beverage Co., Ltd.	22,196	3.8	3	Nongshim Co., Ltd.	22,969	3.7
4	HITEJINRO Co., Ltd.	16,689	2.9	4	OTTOGI Corp.	15,803	2.6
5	OTTOGI Corp.	13,580	2.3	5	HITEJINRO Co., Ltd.	15,217	2.5
6	Samyang Foods Inc.	11,786	2.0	6	LOTTE Wellfood Co., Ltd.	12,725	2.1
7	Samyang Corp.	10,234	1.8	7	Samyang Corp.	10,488	1.7
8	Daesang Corp.	10,076	1.7	8	Daesang Corp.	10,305	1.7
9	Dongsuh Foods Corp	9,842	1.7	9	Samyang Foods Inc.	10,160	1.6
10	Paris Croissant Co., Ltd.	7,802	1.3	10	Dongsuh Foods Corp	10,115	1.6
	小計(上位10社)	154,728	26.5		小計(上位10社)	162,420	26.1

注) 1) 食品製造加工業(酒類，照射処理を含む)全生産額中の占有率を意味する。(法人会社基準)

出所：食品医薬品安全処，食品安全情報センター

<表1-11> 食品添加物上位10社の生産実績現況　　　　　　　　　　　　　（単位：億ウォン，%）

	企業名(2022)	生産額	占有率[1]		企業名(2023)	生産額	占有率[1]
1	Hanwha Solutions(注)	592	11.3	1	Hanwha Solutions(注)	3,444	14.9
2	LG Chem Ltd.	2,512	10.9	2	LG Chem Ltd.	2,597	11.2
3	OCI Co., Ltd.	1,525	6.6	3	Daesang Corp.	1,430	6.2
4	Daesang Corp.	1,443	6.3	4	Paik Kwang Industrial Co., Ltd.	1,178	5.1
5	Paik Kwang Industrial Co., Ltd.	1,160	5.0	5	OCI Co., Ltd.	1,012	4.4
6	MSC Co., Ltd.	925	4.0	6	MSC Co., Ltd.	748	3.2
7	Hansol Chemical Co., Ltd.	798	3.5	7	Hansol Chemical Co., Ltd.	675	2.9
8	UNID Co., Ltd.	658	2.9	8	Geltech Co., Ltd.	541	2.3
9	Daepyung Co., Ltd.	557	2.4	9	Samyang Fine Technology Corp.	539	2.3
10	Samyang Fine Technology Corp.	469	2.0	10	Samyang Corp.	411	2.1
	小計(上位10社)	12,638	54.9		小計(上位10社)	12,639	54.6

注) 1) 食品添加物製造業全生産額中の占有率を意味する。(法人会社基準)

出所：食品医薬品安全処，食品安全情報センター

<表1-12> 畜産物上位10社の生産実績現況　　　　　　　　　　　　　　　　　　（単位：億ウォン，％）

	企業名(2022)	生産額	占有率[1]		企業名(2023)	生産額	占有率[1]
1	Seoul Dairy Coop.	11,194	3.2	1	Seoul Dairy Coop.	12,119	3.4
2	Maeil Dairies Co., Ltd.	7,226	2.1	2	Harim Co., Ltd.	7,944	2.2
3	Harim Co., Ltd.	7,029	2.0	3	Maeil Dairies Co., Ltd.	7,170	2.0
4	Binggrae Co., Ltd.	6,097	1.8	4	LOTTE Wellfood Co., Ltd.	6,959	1.9
5	Namyang Dairy Products Co., Ltd.	5,217	1.5	5	Binggrae Co., Ltd.	6,212	1.7
6	CJ CheilJedang Corp.	4,721	1.4	6	Namyang Dairy Products Co., Ltd.	5,126	1.4
7	LOTTE Confectionery Co., Ltd.	4,333	1.3	7	CJ CheilJedang Corp.	4,929	1.4
8	Dongwon F&B Co., Ltd.	4,264	1.2	8	Dongwon F&B Co., Ltd.	4,777	1.3
9	Nonghyup Moguchon Co., Ltd.	3,389	1.0	9	Nonghyup Moguchon Co., Ltd.	3,472	1.0
10	Bugyeong Pig Farmers Cooperative	3,133	0.9	10	Dodram Food Co., Ltd.	3,257	0.9
	小計(上位10社)	56,604	16.4		小計(上位10社)	61,966	17.3

注) 1) 畜産物加工業(乳加工，卵加工，食肉加工)及び食肉包装処理業全生産額中の占有率を意味する。(法人会社基準)

出所：食品医薬品安全処，食品安全情報センター

<表1-13> 健康機能食品上位10社の生産実績現況　　　　　　　　　　　　　　（単位：億ウォン，％）

	企業名(2022)	生産額	占有率[1]		企業名(2023)	生産額	占有率[1]
1	Korea Ginseng Corp.	3,898	13.9	1	Korea Ginseng Corp.	3,009	10.9
2	Kolmar BNH Co., Ltd.	2,966	10.6	2	Novarex Co., Ltd.	2,661	9.6
3	Novarex Co., Ltd.	2,406	8.6	3	Kolmar BNH Co., Ltd.	2,614	9.5
4	Suheung Co., Ltd.	1,602	5.7	4	Chong Kun Dang Healthcare Corp	1,171	4.2
5	HY Co., Ltd.	1,369	4.9	5	HY Co., Ltd.	1,164	4.2
6	Cosmax Bio Co., Ltd.	1,163	4.1	6	Cosmax Bio Co., Ltd.	1,145	4.2
7	Chong Kun Dang Healthcare Corp	1,073	3.8	7	Cosmax NBT Inc.	961	3.5
8	Cosmax NBT Inc.	965	3.4	8	Suheung Co., Ltd.	924	3.3
9	Alpha Bio, Inc.	671	2.4	9	Natural Way Co., Ltd.	817	3.0
10	Amorepacific Corp.	667	2.4	10	Alpha Bio, Inc.	697	2.5
	小計(上位10社)	16,781	59.8		小計(上位10社)	15,163	55.0

注) 1) 健康機能食品製造業(専門，ベンチャー)全生産額中の占有率を意味する。(法人会社基準)

出所：食品医薬品安全処，食品安全情報センター

2) 輸入食品

<表1-14> 品目群別食品輸入推移　　　　　　　　　　　　　　　　（単位：件，トン，百万ドル）

		2018	2019	2020	2021	2022
計	件数	728,114	738,082	750,993	814,618	802,200
	物量	18,553,556	18,441,149	18,332,908	18,936,539	19,476,547
	金額	27,337,055	27,472,957	27,262,396	32,577,910	38,110,296
農・林産物	件数	71,258	69,518	70,193	73,454	69,210
	物量	8,808,119	8,662,756	8,813,466	8,850,627	8,992,984
	金額	5,285,819	5,016,222	5,144,519	6,098,385	7,120,188
畜産物	件数	115,410	115,152	106,302	118,151	124,269
	物量	1,672,768	1,662,144	1,511,084	1,615,180	1,850,160
	金額	6,867,384	6,937,364	6,519,128	8,034,055	9,944,221
水産物	件数	99,920	100,070	95,887	93,029	86,162
	物量	1,115,071	1,030,152	1,042,775	1,131,321	1,195,529
	金額	4,749,658	4,497,896	4,153,112	4,471,335	4,973,189
加工食品	件数	271,736	279,840	286,225	317,790	321,370
	物量	6,190,252	6,305,710	6,139,757	6,424,608	6,492,808
	金額	6,872,816	7,230,504	7,383,793	9,032,594	10,641,619
健康機能食品	件数	12,043	13,104	13,809	14,572	13,938
	物量	13,531	16,066	19,824	22,536	27,040
	金額	610,751	785,963	912,150	1,098,762	1,161,944
食品添加物	件数	39,074	39,608	40,079	41,697	39,942
	物量	373,908	386,181	416,842	436,562	443,410
	金額	926,831	954,451	1,042,580	1,178,247	1,421,823
器具または容器・包装	件数	118,673	120,790	138,498	155,925	147,309
	物量	379,907	378,140	389,160	455,705	474,615
	金額	2,023,787	2,050,557	2,107,113	2,664,533	2,847,312

出所：食品医薬品安全処

<表1-15> 食品輸入額上位10カ国推移 (単位：千ドル, %)

	2020			2021			2022		
	国名	金額	占有率	国名	金額	占有率	国名	金額	占有率
全体	総計	27,262,396	100.0	総計	32,577,910	100.0	総計	38,110,296	100.0
上位10か国	小計	18,975,363	69.6	小計	22,409,353	68.8	小計	25,913,448	68.8
1位	アメリカ	6,221,207	22.8	アメリカ	7,237,408	22.2	アメリカ	7,907,107	20.7
2位	中国	4,683,734	17.2	中国	5,460,309	16.8	中国	6,009,153	15.8
3位	オーストラリア	2,294,097	8.4	オーストラリア	2,823,351	8.7	オーストラリア	3,322,742	8.7
4位	ベトナム	1,273,952	4.7	ベトナム	1,462,926	4.5	ベトナム	1,682,345	4.4
5位	ロシア	954,934	3.5	ロシア	1,323,946	4.1	ブラジル	1,432,420	3.8
6位	ドイツ	809,694	3.0	ブラジル	954,328	2.9	ロシア	1,427,528	3.7
7位	タイ	778,539	2.9	タイ	859,569	2.6	タイ	1,130,509	3.0
8位	ブラジル	762,890	2.8	カナダ	797,460	2.4	カナダ	1,050,823	2.8
9位	ニュージーランド	617,631	2.3	スペイン	786,748	2.4	スペイン	1,048,734	2.8
10位	カナダ	578,686	2.1	ニュージーランド	703,308	2.2	ニュージーランド	902,087	2.4

出所：食品医薬品安全処

<表1-16> 農産物輸入額上位10カ国推移 (単位：千ドル, %)

	2020			2021			2022		
	国名	金額	占有率	国名	金額	占有率	国名	金額	占有率
全体	総計	5,144,519	100.0	総計	6,098,385	100.0	総計	7,120,188	100.0
上位10か国	小計	4,265,621	82.9	小計	4,892,246	80.2	小計	5,701,741	80.1
1位	アメリカ	1,579,100	30.7	アメリカ	1,748,521	28.7	アメリカ	1,733,601	24.3
2位	中国	881,945	17.1	中国	980,944	16.1	中国	1,094,290	15.4
3位	オーストラリア	421,627	8.2	ブラジル	550,995	9.0	ブラジル	735,686	10.3
4位	ブラジル	397,426	7.7	オーストラリア	447,300	7.3	オーストラリア	647,475	9.1
5位	フィリピン	256,207	5.0	フィリピン	267,012	4.4	ウクライナ	329,505	4.6
6位	ベトナム	209,201	4.1	ベトナム	228,811	3.8	ベトナム	280,303	3.9
7位	チリ	141,905	2.8	チリ	175,453	2.9	フィリピン	273,933	3.8
8位	ニュージーランド	135,379	2.6	ニュージーランド	175,111	2.9	コロンビア	210,348	3.0
9位	セルビア	121,655	2.4	ペルー	162,286	2.7	カナダ	204,330	2.9
10位	コロンビア	121,175	2.4	ロシア	155,813	2.6	ペルー	192,271	2.7

出所：食品医薬品安全処

10章　食品産業

<表1-17>　畜産物輸入額上位10カ国推移　　　　　　　　　　　　　　　　　　　　　　　　（単位：千ドル，%）

	2020			2021			2022		
	国名	金額	占有率	国名	金額	占有率	国名	金額	占有率
全体	総計	6,519,128	100.0	総計	8,084,055	100.0	総計	9,944,221	100.0
上位10か国	小計	5,905,953	90.6	小計	7,212,018	89.8	小計	8,924,948	89.8
1位	アメリカ	2,592,484	39.8	アメリカ	3,301,948	41.1	アメリカ	3,866,672	38.9
2位	オーストラリア	1,449,266	22.2	オーストラリア	1,715,807	21.4	オーストラリア	1,983,289	19.9
3位	ドイツ	378,663	5.8	スペイン	434,612	5.4	スペイン	589,741	5.9
4位	ニュージーランド	363,586	5.6	オランダ	398,195	5.0	ニュージーランド	531,349	5.3
5位	オランダ	251,594	3.9	ニュージーランド	387,846	4.8	オランダ	523,985	5.3
6位	ブラジル	233,678	3.6	カナダ	225,305	2.8	ブラジル	467,590	4.7
7位	スペイン	218,678	3.4	ブラジル	217,232	2.7	カナダ	377,249	3.8
8位	カナダ	153,986	2.4	フランス	207,976	2.6	フランス	210,403	2.1
9位	フランス	141,718	2.2	オーストリア	165,307	2.1	タイ	188,514	1.9
10位	チリ	122,300	1.9	チリ	157,790	2.0	チリ	186,157	1.9

出所：食品医薬品安全処

<表1-18>　水産物輸入額上位10カ国推移　　　　　　　　　　　　　　　　　　　　　　　　（単位：千ドル，%）

	2020			2021			2022		
	国名	金額	占有率	国名	金額	占有率	国名	金額	占有率
全体	総計	4,153,112	100.0	総計	4,471,335	100.0	総計	4,973,189	100.0
上位10か国	小計	3,249,311	78.2	小計	3,676,420	82.2	小計	3,981,187	80.1
1位	中国	881,404	21.2	ロシア	1,151,824	25.8	ロシア	1,347,119	27.1
2位	ロシア	879,854	21.2	中国	867,007	19.4	中国	849,923	17.1
3位	ノルウェー	419,370	10.1	ノルウェー	571,231	12.8	ノルウェー	613,322	12.3
4位	ベトナム	344,675	8.3	ベトナム	318,376	7.1	ベトナム	365,569	7.4
5位	ペルー	188,018	4.5	日本	148,353	3.3	日本	171,223	3.4
6位	アメリカ	127,103	3.1	タイ	138,339	3.1	ペルー	158,089	3.2
7位	日本	109,769	2.6	台湾	131,817	2.9	カナダ	136,370	2.7
8位	タイ	109,246	2.6	ペルー	127,767	2.9	アメリカ	119,574	2.4
9位	カナダ	97,082	2.3	カナダ	115,810	2.6	タイ	117,076	2.4
10位	アルゼンチン	92,791	2.2	アメリカ	105,896	2.4	チリ	102,921	2.1

出所：食品医薬品安全処

<表1-19> 加工食品輸入額上位10カ国推移 (単位：千ドル, %)

		2020			2021			2022	
	国名	金額	占有率	国名	金額	占有率	国名	金額	占有率
全体	総計	7,383,793	100.0	総計	9,082,594	100.0	総計	10,641,619	100.0
上位10か国	小計	5,162,278	69.9	小計	6,286,545	69.6	小計	7,396,372	69.5
1位	中国	1,423,878	19.3	中国	1,672,578	18.5	中国	1,899,142	17.8
2位	アメリカ	1,162,415	15.7	アメリカ	1,250,502	13.8	アメリカ	1,314,957	12.4
3位	ベトナム	621,640	8.4	ベトナム	793,036	8.8	ベトナム	929,249	8.7
4位	オーストラリア	394,562	5.3	オーストラリア	615,185	6.8	オーストラリア	647,524	6.1
5位	タイ	322,657	4.4	マレーシア	420,388	4.7	タイ	564,560	5.3
6位	マレーシア	316,212	4.3	イタリア	393,351	4.4	マレーシア	557,006	5.2
7位	イタリア	264,002	3.6	タイ	322,628	3.6	イタリア	399,481	3.8
8位	スペイン	220,333	3.0	フランス	320,047	3.5	フランス	381,613	3.6
9位	フランス	218,409	3.0	スペイン	266,382	2.9	イギリス	366,382	3.4
10位	ドイツ	218,171	3.0	ドイツ	232,448	2.6	スペイン	336,457	3.2

出所：食品医薬品安全処

<表1-20> 健康機能食品輸入額上位10カ国推移 (単位：千ドル, %)

		2020			2021			2022	
	国名	金額	占有率	国名	金額	占有率	国名	金額	占有率
全体	総計	912,150	100.0	総計	1,098,762	100.0	総計	1,161,944	100.0
上位10か国	小計	823,259	90.3	小計	982,549	89.4	小計	1,033,920	89.0
1位	アメリカ	464,455	50.9	アメリカ	530,083	48.2	アメリカ	499,836	43.0
2位	カナダ	88,529	9.7	ドイツ	128,430	11.7	ドイツ	211,298	18.2
3位	ドイツ	83,208	9.1	カナダ	99,106	9.0	カナダ	89,508	7.7
4位	インド	52,156	5.7	インド	63,024	5.7	インド	69,886	6.0
5位	台湾	35,093	3.8	台湾	36,449	3.3	イタリア	34,753	3.0
6位	デンマーク	26,152	2.9	中国	33,295	3.0	台湾	34,231	2.9
7位	中国	24,331	2.7	イタリア	32,944	3.0	中国	29,477	2.5
8位	オーストラリア	17,888	2.0	オーストラリア	23,744	2.2	オーストラリア	23,253	2.0
9位	フランス	17,846	2.0	デンマーク	18,302	1.7	フランス	21,222	1.8
10位	イタリア	13,603	1.5	フランス	17,062	1.6	スペイン	20,456	1.8

出所：食品医薬品安全処

<表1-21> 食品添加物輸入額上位10カ国推移 (単位：千ドル, %)

	2020			2021			2022		
	国名	金額	占有率	国名	金額	占有率	国名	金額	占有率
全体	総計	1,042,580	100.0	総計	1,178,247	100.0	総計	1,421,823	100.0
上位10か国	小計	849,043	81.4	小計	954,968	81.0	小計	1,158,237	81.5
1位	中国	317,271	30.4	中国	368,725	31.3	中国	453,923	31.9
2位	アメリカ	111,218	10.7	アメリカ	119,880	10.2	アメリカ	136,424	9.6
3位	インドネシア	73,970	7.1	インドネシア	87,206	7.4	インドネシア	117,373	8.3
4位	タイ	71,633	6.9	タイ	75,532	6.4	パキスタン	87,280	6.1
5位	パキスタン	67,090	6.4	パキスタン	73,382	6.2	タイ	85,815	6.0
6位	日本	55,862	5.4	日本	59,450	5.0	ドイツ	68,478	4.8
7位	ドイツ	55,106	5.3	ドイツ	58,473	5.0	日本	60,441	4.3
8位	フランス	34,842	3.3	フランス	45,634	3.9	フランス	55,822	3.9
9位	オランダ	31,290	3.0	インド	33,508	2.8	ニュージーランド	51,400	3.6
10位	デンマーク	30,762	3.0	オランダ	33,178	2.8	デンマーク	41,281	2.9

出所：食品医薬品安全処

<表1-22> 器具または容器・包装類輸入額上位10カ国推移 (単位：千ドル, %)

	2020			2021			2022		
	国名	金額	占有率	国名	金額	占有率	国名	金額	占有率
全体	総計	2,107,113	100.0	総計	2,664,533	100.0	総計	2,847,312	100.0
上位10か国	小計	1,908,825	90.6	小計	2,398,912	90.0	小計	2,556,232	89.8
1位	中国	1,106,173	52.5	中国	1,462,353	54.9	中国	1,599,587	56.2
2位	アメリカ	184,432	8.8	アメリカ	180,577	6.8	アメリカ	236,043	8.3
3位	日本	148,941	7.1	日本	153,709	5.8	日本	134,113	4.7
4位	イタリア	95,999	4.6	イタリア	113,515	4.3	イタリア	120,584	4.2
5位	ベトナム	87,412	4.1	ベトナム	108,764	4.1	ドイツ	96,154	3.4
6位	タイ	79,367	3.8	タイ	106,057	4.0	タイ	93,379	3.3
7位	ドイツ	72,019	3.4	ドイツ	84,787	3.2	ベトナム	91,966	3.2
8位	フランス	66,676	3.2	フランス	78,166	2.9	フランス	77,789	2.7
9位	イギリス	34,728	1.6	マレーシア	68,933	2.6	インドネシア	60,875	2.1
10位	マレーシア	33,079	1.6	イギリス	42,051	1.6	イギリス	45,744	1.6

出所：食品医薬品安全処

<表1-23> 農産物輸入額上位10品目推移 (単位：千ドル, %)

順位	2020 品目	金額	占有率	2021 品目	金額	占有率	2022 品目	金額	占有率
	総計	5,144,519	100.0	総計	6,098,385	100.0	総計	7,120,188	100.0
	小計	3,455,738	67.2	小計	4,126,440	67.7	小計	5,255,737	73.8
1	小麦	654,677	12.7	大豆	833,854	13.7	小麦	1,082,993	15.2
2	大豆	593,837	11.5	小麦	756,877	12.4	大豆	948,381	13.3
3	トウモロコシ	480,052	9.3	トウモロコシ	696,641	11.4	トウモロコシ	940,258	13.2
4	コーヒー	462,218	9.0	コーヒー	556,736	9.1	コーヒー	907,137	12.7
5	米	303,311	5.9	米	360,361	5.9	米	432,493	6.1
6	バナナ	277,169	5.4	バナナ	288,623	4.7	バナナ	284,292	4.0
7	オレンジ	188,608	3.7	オレンジ	199,856	3.3	胡麻	173,515	2.4
8	葡萄	188,350	3.7	チェリー(さくらんぼ)	167,949	2.8	オレンジ	165,524	2.3
9	唐辛子	159,547	3.1	葡萄	167,641	2.7	唐辛子	161,396	2.3
10	アーモンド	147,970	2.9	アーモンド	161,063	2.6	キウイ	159,748	2.2

出所：食品医薬品安全処

<表1-24> 畜産物輸入額上位10品目推移 (単位：千ドル, %)

順位	2020 品目	金額	占有率	2021 品目	金額	占有率	2022 品目	金額	占有率
	総計	6,519,128	100.0	総計	8,084,055	100.0	総計	9,944,221	100.0
	小計	6,030,472	92.5	小計	7,398,972	92.1	小計	8,537,852	85.9
1	牛肉	3,151,852	48.3	牛肉	4,015,179	50.0	牛肉	4,356,444	43.8
2	豚肉	1,376,254	21.1	豚肉	1,806,530	22.5	豚肉	1,859,093	18.7
3	ナチュラルチーズ	583,049	8.9	ナチュラルチーズ	560,883	7.0	ナチュラルチーズ	760,987	7.7
4	鶏肉	261,452	4.0	鶏肉	235,386	2.9	鶏肉	473,276	4.8
5	混合粉乳	173,618	2.7	混合粉乳	206,293	2.6	羊肉	270,471	2.7
6	羊肉	147,344	2.3	羊肉	168,865	2.1	混合粉乳	257,403	2.6
7	味付け肉	125,324	1.9	味付け肉	134,651	1.7	味付け肉	191,404	1.9
8	加工バター	85,999	1.3	バター	110,593	1.4	バター	160,305	1.6
9	バター	66,147	1.0	加工バター	88,601	1.1	加工バター	115,477	1.2
10	加工チーズ	59,435	0.9	加工チーズ	71,991	0.9	乳クリーム	92,992	0.9

出所：食品医薬品安全処

<表1-25> 水産物輸入額上位10品目推移 (単位：千ドル, %)

順位	2020			2021			2022		
	品目	金額	占有率	品目	金額	占有率	品目	金額	占有率
	総計	4,153,112	100.0	総計	4,471,335	100.0	総計	4,973,189	100.0
	小計	2,292,317	55.2	小計	2,397,065	53.6	小計	2,688,300	54.1
1	冷凍イカ	419,004	10.1	冷蔵サケ	400,212	9.0	冷凍スケトウダラ	437,324	8.8
2	冷凍エビ	293,630	7.1	冷凍スケトウダラ	333,427	7.5	冷蔵サケ	434,161	8.7
3	冷蔵サケ	292,263	7.0	冷凍エビ	282,151	6.3	冷凍イカ	340,467	6.8
4	冷凍スケトウダラ	245,794	5.9	冷凍イカ	245,996	5.5	冷凍エビ	267,818	5.4
5	活タラバガニ	237,250	5.7	活ズワイガニ	231,917	5.2	冷凍マグロ	261,467	5.3
6	冷凍イイダコ	173,307	4.2	冷凍イイダコ	199,041	4.5	活ズワイガニ	232,759	4.7
7	活ズワイガニ	169,288	4.1	冷凍マグロ	194,808	4.4	冷凍イイダコ	197,398	4.0
8	冷凍マグロ	165,374	4.0	活タラバガニ	193,466	4.3	活タラバガニ	184,779	3.7
9	冷凍カニ	149,171	3.6	冷凍テナガダコ	160,586	3.6	冷凍テナガダコ	174,226	3.5
10	冷凍テナガダコ	147,236	3.5	冷凍カニ	155,461	3.5	冷凍カニ	157,901	3.2

出所：食品医薬品安全処

<表1-26> 加工食品輸入額上位10品目推移 (単位：千ドル, %)

順位	2021			2022		
	品目	金額	占有率	品目	金額	占有率
	総計	9,032,594	100.0	総計	10,641,619	100.0
	小計	5,184,252	57.4	小計	6,101,834	57.3
1	精製・加工を施さなければならない食品原料	1,966,496	21.8	精製・加工を施さなければならない食品原料	2,292,030	21.5
2	果実酒	591,519	6.5	その他水産物加工品	743,784	7.0
3	その他水産物加工品	540,223	6.0	果実酒	625,925	5.9
4	果・菜加工品	532,460	5.9	果・菜加工品	583,758	5.5
5	コーヒー	395,349	4.4	コーヒー	427,488	4.0
6	すり身	256,921	2.8	ウイスキー	376,058	3.5
7	その他加工品	247,340	2.7	すり身	293,240	2.8
8	菓子	228,194	2.5	キャンデー類	260,537	2.4
9	キャンデー類	220,923	2.4	薯類加工品	257,441	2.4
10	ビール	204,827	2.3	菓子	240,573	2.3

出所：食品医薬品安全処

表1-27> 健康機能食品輸入額上位10品目推移 　　　　　　　　　　　　（単位：千ドル, %）

順位	2021			2022		
	品目	金額	占有率	品目	金額	占有率
	総計	1,098,762	100.0	総計	1,161,944	100.0
	小計	929,553	84.6	小計	990,154	85.2
1	複合栄養素製品	269,801	24.6	複合栄養素製品	337,330	29.0
2	栄養素機能性複合製品	205,007	18.7	栄養素機能性複合製品	202,577	17.4
3	個別認定型健康機能食品	138,541	12.6	個別認定型健康機能食品	166,671	14.3
4	プロバイオティクス	126,291	11.5	プロバイオティクス	96,668	8.3
5	EPA及びDHA含有油脂製品	83,898	7.6	EPA及びDHA含有油脂製品	95,252	8.2
6	タンパク質	32,547	3.0	タンパク質	26,714	2.3
7	ビタミン C	27,350	2.5	ビタミン C	26,682	2.3
8	コエンザイムQ10	17,752	1.6	ミルクシスル（カルドゥス・マリアヌス）エキス	13,933	1.2
9	ミルクシスル（カルドゥス・マリアヌス）エキス	14,593	1.3	アロエゲル	13,033	1.1
10	アロエゲル	13,774	1.3	コエンザイムQ10	11,295	1.0

出所：食品医薬品安全処

<表1-28> 食品添加物輸入額上位10品目推移 　　　　　　　　　　　　（単位：千ドル, %）

順位	2021			2022		
	品目名	金額	占有率	品目名	金額	占有率
	総計	1,178,247	1000	総計	1,421,823	100.0
	小計	573,912	487	小計	690,598	48.6
1	ミックス製剤	236,900	201	ミックス製剤	228,849	16.1
2	L-グルタミン酸ナトリウム	67,360	57	L-グルタミン酸ナトリウム	93,088	6.5
3	酢酸澱粉	57,551	49	カゼインナトリウム	75,205	5.3
4	カゼインナトリウム	41,378	35	酢酸澱粉	73,927	5.2
5	天然香料	37,540	32	香料	64,396	4.5
6	ゼラチン	35,634	30	ゼラチン	37,158	2.6
7	合成香料	28,563	24	カラギナン	34,049	2.4
8	酵母エキス	26,396	22	酵母エキス	30,018	2.1
9	ビタミンC	22,083	19	レンネットカゼイン	28,089	2.0
10	リン酸	20,507	17	リン酸	25,820	1.8

出所：食品医薬品安全処

<表1-29> 器具または容器、包装類輸入額上位10品目推移 　　　　　　　　　　　(単位：千ドル, %)

順位	2021 品目名	金額	占有率	2022 品目名	金額	占有率
	総計	2,664,533	100.0	総計	2,847,312	100.0
	小計	2,340,184	87.8	小計	2,527,054	88.8
1	ポリプロピレン	605,619	22.7	ポリプロピレン	778,699	27.3
2	金属製	466,664	17.5	金属製	463,611	16.3
3	ポリエチレン	392,799	14.7	ポリエチレン	444,575	15.6
4	フッ素樹脂	280,483	10.5	フッ素樹脂	250,581	8.8
5	ゴム製	217,908	8.2	陶磁器製	197,125	6.9
6	陶磁器製	182,035	6.8	ゴム製	183,828	6.5
7	木製	55,506	2.1	無着色ガラス製	59,107	2.1
8	無着色ガラス製	53,616	2.0	ポリアセタール	52,777	1.9
9	ポリエチレンテレフタレート	45,590	1.7	木製	52,325	1.8
10	ポリアミド	39,964	1.5	ポリエチレンテレフタレート	44,426	1.6

出所：食品医薬品安全処

2. 食品原料、添加物、醬類

1) 製粉、澱粉、澱粉糖

<表2-1> 年度別小麦加工能力・実績推移　　　　　　　　　　　　　　（単位：トン）

	工場数	加工能力	加工実績	稼働率(%)
2018	10	3,084,600	2,159,000	70.0
2019	10	3,084,600	2,169,000	70.3
2020	10	3,084,600	2,158,000	70.0
2021	10	3,084,600	2,203,000	71.4
2022	10	3,084,600	2,195,000	71.2
2023	10	3,084,600	2,177,000	70.6

出所：韓国製粉協会

<表2-2> 原産地別小麦導入量推移　　　　　　　　　　　　　　　　（単位：トン）

	アメリカ	オーストラリア	カナダ	ロシア	その他	合計
2018	1,012,000	1,006,000	121,000	-	5,000	2,144,000
2019	1,078,000	1,076,000	136,000	-	5,000	2,295,000
2020	1,115,000	949,000	117,000	-	1,000	2,182,000
2021	1,020,000	1,053,000	131,000	-	-	2,204,000
2022	952,000	1,189,000	155,000	-	-	2,296,000
2023	960,000	1,042,000	130,000	-	-	2,132,000

出所：韓国製粉協会

<表2-3> 種類別小麦粉生産実績推移　　　　　　　　　　　　　　　（単位：トン）

	中力小麦粉	強力小麦粉	薄力小麦粉	ミックス小麦粉	全粒小麦粉	合計
2018	1,293,000	280,000	170,000	-	-	1,743,000
2019	1,302,000	272,000	164,000	-	-	1,738,000
2020	1,291,000	281,000	161,000	-	-	1,733,000
2021	1,319,000	290,000	166,000	-	-	1,775,000
2022	1,334,000	288,000	157,000	-	-	1,779,000
2023	1,318,000	290,000	163,000	-	-	1,771,000

出所：韓国製粉協会

<表2-4> 年度別一人当たり小麦粉消費量推移　　　　　　　　　　　　　　　　（単位：トン）

	国内加工小麦粉 消費(販売量)	輸入小麦粉 消費(輸入量)	小麦粉総消費量	1人当たり(kg)
2018	1,963,000	20,000	1,983,000	33.8
2019	1,992,000	15,000	2,007,000	34.2
2020	2,002,000	12,000	2,017,000	34.3
2021	2,066,000	14,000	2,080,000	35.7
2022	2,074,000	15,000	2,089,000	36.0
2023	2,071,000	15,000	2,086,000	35.7

出所：韓国製粉協会

<表2-5> 玉粉及び澱粉用原料トウモロコシ使用量及び玉粉・澱粉生産量推移　　　（単位：トン）

	トウモロコシ使用量		生産量	
	コーンフラワー用	澱粉用	コーンフラワー	澱粉
2017	75,070	2,238,099	67,700	1,536,975
2018	73,185	2,245,684	65,413	1,544,763
2019	69,384	2,208,141	62,880	1,535,358
2020	68,374	2,124,857	61,773	1,488,143
2021	65,895	2,169,645	62,067	1,518,635
2022	64,631	2,106,082	60,559	1,4642,50

出所：食品流通年鑑

<表2-6> 澱粉糖産業のトウモロコシ導入量推移　　　　　　　　　　　（単位：千トン，百万ドル）

	2018	2019	2020	2021	2022
導入量	2,363	2,380	2,123	2,286	2,309
金額	523	517	451	685	894

出所：食品流通年鑑

<表2-7> 用途別トウモロコシ澱粉処分量推移　　　　　　　　　　　　　　　　　（単位：トン）

	澱粉処分量	用途別				
		澱粉	水あめ	葡萄糖	果糖	その他
2018	1,526,158	556,609	458,361	95,128	330,438	85,622
2019	1,522,782	610,810	433,178	57,670	334,024	87,066
2020	1,439,828	529,728	447,405	85,310	322,378	88,215
2021	1,492,652	574,076	448,195	57,645	326,298	86,438
2022	1,440,781	538,196	426,726	83,101	308,775	83,982

出所：食品流通年鑑

<表2-8> 産地別輸入トウモロコシ購入実績推移　　　　　　　　　　　（単位：千トン, 百万ドル）

	2020		2021		2022	
	重量	金額	重量	金額	重量	金額
セルビア	531	112	484	137	272	104
ロシア連邦	230	48	440	129	152	58
アメリカ	455	100	307	110	153	65
ブルガリア	143	30	351	117	125	48
ブラジル	320	60	305	85	386	144
ウクライナ	292	62	61	21	818	314
その他	152	39	338	86	404	161
合計	2,123	451	2,286	685	2,310	894

出所：食品流通年鑑

<表2-9> 種類別澱粉輸出実績推移　　　　　　　　　　　　　　　　　　（単位：トン）

	2018	2019	2020	2021	2022
小麦澱粉	1	21	1	13	0
トウモロコシ澱粉	32,265	38,899	41,267	42,218	33,752
ジャガイモ澱粉	42	87	160	539	130
さつまいも澱粉	53	71	21	68	38
その他澱粉	86	58	104	81	53
変性澱粉	1,052	874	1,012	1,018	681
合計	33,499	39,989	42,565	43,937	34,684

出所：食品流通年鑑

<表2-10> 国別トウモロコシ澱粉輸出実績推移　　　　　　　　　　　　　　　　　　（単位：トン）

	2017	2018	2019	2020	2021	2022
台湾	9,473	2,571	4,103	6,969	9,476	9,900
フィリピン	5,773	1,886	418	306	365	213
マレーシア	18,605	18,216	22,084	20,170	19,960	15,239
バングラデシュ	2,563	1,871	2,264	1,455	1,437	656
インドネシア	2,709	2,610	2,721	2,180	2,530	2,809
中国	40	3	74	46	38	22
パキスタン	1,436	1,437	1,323	1,582	1,571	1,647
香港	1,602	1,386	1,422	1,026	1,404	1,602
ベトナム	1,833	1,712	2,214	6,048	2,790	1,496
その他	535	573	2,278	1,485	2,647	185
合計	44,568	32,265	38,902	41,267	42,218	33,771

出所：食品流通年鑑

<表2-11> 韓国の中国製澱粉糖輸入推移　　　　　　　　　　　　　　　　　　　　（単位：トン）

	2018	2019	2020	2021	2022
粉末葡萄糖	33,987	43,819	47,618	49,114	56,593
葡萄糖シロップ	810	306	35	87	199
麦芽糖	784	729	397	163	255
水あめ類	53,358	64,673	64,330	43,146	49,540
ソルビトール	2,296	4,751	10,004	10,593	10,411
その他糖アルコール類	3,739	2,434	3,241	4,855	6,201
合計	96,974	116,712	125,625	107,958	121,199

出所：食品流通年鑑

<表2-12> 年度別澱粉製品輸入実績推移 (単位：トン)

		2019	2020	2021	2022
一般澱粉	小麦澱粉	17,643	15,553	17,045	20,289
	トウモロコシ澱粉	13,388	9,360	9,059	13,333
	ジャガイモ澱粉	78,636	94,566	95,967	94,599
	タピオカ澱粉	12,388	12,706	12,423	35,967
	さつまいも澱粉	24,049	23,587	26,193	25,349
	その他澱粉	1,104	950	1,175	1,647
	小計	147,208	156,722	161,862	191,184
変性澱粉	デキストリン	3,053	3,264	3,728	3,921
	アルファ澱粉 または 糊化澱粉	8,440	10,993	12,675	11,503
	エーテル化または エステル化澱粉	89,478	95,956	98,122	114,271
	その他変性澱粉	13,530	12,134	14,986	16,568
	小計	114,501	122,347	129,511	146,263
澱粉小計		261,709	279,069	291,373	337,447
澱粉糖	粉末葡萄糖	45,732	49,372	50,882	58,426
	葡萄糖シロップ	514	410	605	704
	42%果糖	636	775	1,015	845
	結晶果糖	7,015	5,683	6,484	7,449
	55%果糖	3,459	2,905	2,829	3,312
	麦芽糖	808	437	198	284
	水あめ類	74,093	75,006	53,634	59,181
	ソルビトール	9,739	16,987	19,619	15,556
	マンニトール	718	758	611	818
	その他糖アルコール類	5,946	6,777	8,393	9,070
澱粉糖小計		148,660	159,110	143,270	155,645
合計		410,369	438,179	434,643	493,092

出所：食品流通年鑑

2) 食用油脂

<表2-13> 年度別食用油主要原料輸入実績推移 (単位：トン，千ドル)

	大豆		大豆油（粗油）		トウモロコシ		トウモロコシ油（粗油）		カノーラ油（粗油）	
	輸入量	輸入額	輸入量	輸入額	輸入量	輸入額	輸入量	輸入額	輸入量	輸入額
2017	1,034,238	433,468	294,883	251,725	2,302,582	459,798	6,028	5,267	116,192	96,815
2018	1,001,949	433,716	275,501	224,072	2,363,588	522,928	3,890	3,078	101,054	84,739
2019	979,543	387,225	334,662	247,859	2,380,973	516,941	5,296	3,775	138,432	107,348
2020	1,048,433	426,174	340,054	267,136	2,123,533	451,029	3,061	2,729	123,534	101,513
2021	989,911	529,503	398,428	507,228	2,286,167	685,427	6,074	7,864	154,617	211,450
2022	984,497	652,697	324,863	530,816	2,309,877	893,830	352	609	133,589	232,363

出所：食品流通年鑑

<表2-14> 種類別家庭用食用油小売市場規模推移 (単位：億ウォン，％)

		2019	2020	2021	前年比	CAGR
大豆油	販売額	760	786	791	10	2
	構成比	23	25	22	1	-2
トウモロコシ油	販売額	153	159	163	15	3
	構成比	5	5	5	0	-1
カノーラ油	販売額	1,150	832	992	-13	-7
	構成比	35	27	28	-6	-10
オリーブ油	販売額	554	643	776	29	18
	構成比	17	21	22		14
グレープシードオイル	販売額	404	400	426	12	3
	構成比	12	13	12	1	-1
ひまわり油	販売額	98	102	127	19	14
	構成比	3	3	4	0	10
玄米油	販売額	5	4	1	-25	-62
	構成比	0	0	0	0	-64
その他（ミックス油）	販売額	200	200	299	14	22
	構成比	6	6	8	0	18
合計	販売額	3,322	3,125	3,575	7	4

出所：食品流通年鑑

<表2-15> 食用油脂類国内販売額上位10社現況(2021)

順位	企業名	国内販売額(千ウォン)
1	Ottogi Corporation	454,612,410
2	CJ CheilJedang Corp.	434,845,153
3	LOTTE Food Co., Ltd.	354,918,244
4	Sajo Daerim Co., Ltd.	248,006,248
5	BNB Korea Co., Ltd.	113,296,553
6	Samyang Corp.	91,861,354
7	Dong Suh Co., Ltd.	81,795,824
8	Jinyuone Co., Ltd.	79,316,081
9	Ottogi Milk Co., Ltd.	76,812,440
10	Umac Co., Ltd.	66,227,700
上位10会社合計		2,001,692,007

注) 2021年食品及び食品添加物生産実績統計。

出所：食品流通年鑑

<表2-16> 種類別ごま油生産規模推移　　　　　　　　　　　　　　　(単位：トン, 百万ウォン, %)

		2017	2018	2019	2020	2021
ごま油	生産量	24,490	26,287	28,116	27,868	21,060
	生産額	178,917	191,044	202,756	238,989	239,108
	比重	100.0	99.9	100.0	100.0	100.0
抽出ごま油	生産量	5	25	22	20	34
	生産額	43	111	40	50	113
	比重	0.0	0.1	0.0	0.0	0.0
合計	生産量	24,495	26,312	28,138	27,888	31,094
	生産額	176,960	191,155	202,796	239,039	239,221

注) 1. 元の資料の合計を百万ウォン単位で四捨五入したため合計の一の桁多少の誤差が発生している。
2. ごま油：ごま油+抽出ごま油。

出所：食品流通年鑑

<表2-17> 種類別ごま油出荷規模推移 (単位:トン,百万ウォン,%)

		2017	2018	2019	2020	2021
ごま油	出荷量	23,817	25,942	26,479	26,007	28,920
	出荷額	203,928	223,397	235,607	273,468	280,532
	比重	100.0	99.9	99.9	100.0	99.9
抽出ごま油	出荷量	5	25	22	18	27
	出荷額	54	176	138	98	157
	比重	0.0	0.1	0.1	0.0	0.1
合計	出荷量	23,822	25,967	26,501	26,025	28,947
	出荷額	203,982	223,573	235,745	273,566	280,689

注) 1. 元の資料の合計を百万ウォン単位で四捨五入したため合計の一の桁多少の誤差が発生している。
2. ごま油:ごま油+抽出ごま油。

出所:食品流通年鑑

<表2-18> 種類別えごま油生産規模推移 (単位:トン,百万ウォン,%)

		2017	2018	2019	2020	2021
えごま油	生産量	3,421	5,409	4,366	4,181	4,656
	生産額	34,646	38,777	41,176	60,552	61,334
	比重	100.0	99.9	100.0	100.0	100.0
抽出えごま油	生産量	12	12	9	6	5
	生産額	17	30	20	14	23
	比重	0.0	0.1	0.0	0.0	0.0
合計	生産量	3,433	5,421	4,395	4,187	4,661
	生産額	34,663	38,807	41,196	60,566	61,356

注) 1. 元の資料の合計を百万ウォン単位で四捨五入したため合計の一の桁多少の誤差が発生している。
2. えごま油:えごま油+抽出えごま油。

出所:食品流通年鑑

<表2-19> 種類別えごま油出荷規模推移　　　　　　　　　　　（単位：トン，百万ウォン，％）

		2017	2018	2019	2020	2021
えごま油	出荷量	3,062	5,053	3,711	3,957	4,250
	出荷額	39,070	43,488	44,315	68,625	67,293
	比重	99.9	99.8	99.9	99.9	99.9
抽出えごま油	出荷量	12	12	9	6	5
	出荷額	54	66	53	43	71
	比重	0.1	0.2	0.1	0.1	0.1
合計	出荷量	3,074	5,065	3,720	3,963	4,255
	出荷額	39,124	43,554	44,368	68,669	67,365

注）1. 元の資料の合計を百万ウォン単位で四捨五入したため合計の一の桁多少の誤差が発生している。
2. えごま油：えごま油+抽出えごま油。

出所：食品流通年鑑

<表2-20> 年度別ごま油輸出入推移　　　　　　　　　　　（単位：トン，千ドル，ドル/kg）

	輸出			輸入		
	輸出量	輸出額	輸出単価	輸入量	輸入額	輸入単価
2017	481	4,101	8.52	687	2,408	3.51
2018	583	4,623	7.93	497	2,001	4.03
2019	614	5,323	8.67	510	2,083	4.08
2020	966	8,233	8.52	707	2,441	3.46
2021	1,120	9,004	8.04	728	2,552	3.51

注）ごま油 HSコード 1515.50.0000（ごま油とその付随的な獲得物）

出所：食品流通年鑑

<表2-21> 年度別えごま油輸出入推移　　　　　　　　　　　（単位：トン，千ドル，ドル/kg）

	輸出			輸入		
	輸出量	輸出額	輸出単価	輸入量	輸入額	輸入単価
2017	168	2,221	13.20	930	2,648	2.85
2018	214	2,695	12.57	969	3,152	3.25
2019	262	4,336	16.58	1,206	3,431	2.84
2020	244	3,095	12.68	1,251	4,060	3.25
2021	91	1,560	17.22	1,029	4,760	4.63

注）えごま油のHSコード 1515.90.1000（えごま油とその付随的な獲得物）

出所：食品流通年鑑

<表2-22> 会社別伝統油小売市場規模現況　　　　　　　　　　　　　　　　（単位：百万ウォン，％）

	2020			2021		
	全体	上半期	下半期	全体	上半期	下半期
全体	138,928	67,832	71,096	146,920	72642	74278
	100.0	100.0	100.0	100.0	100.0	100.0
Ottogi	59,158	29,821	29,337	64091	32114	31977
	42.6	44.0	41.3	43.6	44.2	43.1
CJ Cheiljedang	45,923	21,402	24,521	48441	23444	24997
	33.1	31.6	34.5	33.0	32.3	33.7
Sajo Haepyo	8,504	4,532	3,972	7705	3716	3989
	6.1	6.7	5.6	5.2	5.1	5.4
Daesang	4,122	1,991	2,131	3735	1964	1771
	3.0	2.9	3.0	2.5	2.7	2.4
Store Brand	3,160	1,630	1,530	3103	1344	1759
	2.3	2.4	2.2	2.1	1.9	2.4
その他	18,062	8,457	9,605	19846	10061	9785
	13.0	12.5	13.5	13.5	13.9	13.2

注）1. 元の資料の合計を百万ウォン単位で四捨五入したため合計の一の桁多少の誤差が発生している。
2. 下段は占有率。

出所：食品流通年鑑

3) 調味食品・醤油製造業

<表2-23> 品目別全飴類生産規模推移　　　　　　　　　　　　（単位：トン，百万ウォン，%）

		2017	2018	2019	2020	2021
水あめ	生産量	432,720	457,544	453,030	414,061	445,069
		90.4	90.4	91.2	89.3	87.8
	生産額	195,295	223,540	216,092	200,037	248,733
		83.1	83.8	84.2	76.6	77.2
デキストリン	生産量	40,647	39,143	37,176	41,035	43,070
		8.5	7.7	7.5	8.9	8.5
	生産額	29,311	28,526	28,665	43,259	52,182
		12.5	10.7	11.2	16.6	16.2
その他の飴	生産量	5,264	9,696	6,359	8,480	18,848
		1.1	1.9	1.3	1.8	3.7
	生産額	10,359	14,693	11,895	17,750	21,361
		4.4	5.5	4.6	6.8	6.6
合計	生産量	478,631	506,383	496,565	463,576	506,987
	生産額	234,964	266,759	256,652	261,046	322,276

注) 1. 元の資料の合計を百万ウォン単位で四捨五入したため合計の一の桁多少の誤差が発生している。
2. 下段は比重。

出所：食品流通年鑑

<表2-24> 品目別全飴類出荷規模推移　　　　　　　　　　　　（単位：トン，百万ウォン，%）

		2017	2018	2019	2020	2021
水あめ	出荷量	364,232	417,444	400,646	345,846	368,916
		89.4	89.8	90.6	88.0	87.4
	出荷額	237,943	259,576	262,901	226,796	273,973
		83.3	83.4	84.7	72.6	80.6
デキストリン	出荷量	39,757	38,580	35,237	40,370	34,550
		9.2	8.3	8.0	10.3	8.2
	出荷額	33,128	32,515	31,100	53,409	37,267
		11.6	10.4	10.0	17.1	11.0
その他の飴	出荷量	6,039	8,935	6,173	6,956	18,659
		1.4	1.9	1.4	1.8	4.4
	出荷額	14,486	19,202	16,251	32,088	28,543
		5.1	6.2	5.2	10.3	8.4
合計	出荷量	430,028	464,959	442,056	393,172	422,125
	出荷額	285,557	311,293	310,252	312,294	339,782

注) 1. 元の資料の合計を百万ウォン単位で四捨五入したため合計の一の桁多少の誤差が発生している。
2. 下段は比重。

出所：食品流通年鑑

10章　食品産業

<表2-25> 品目別全飴類輸出規模推移　　　　　　　　　　　　　　　　　　　　（単位：トン，千ドル，％）

		2017	2018	2019	2020	2021
水あめ	輸出量	638	6,412	791	9,555	20,655
		57.4	94.1	36.8	76.6	75.1
	輸出額	550	2,618	698	4,679	10,519
		54.5	84.5	34.0	66.5	35.5
デキストリン	輸出量	458	357	1,329	2,214	6,737
		41.2	5.2	61.9	17.8	24.5
	輸出額	423	336	1,239	1,896	18,981
		41.8	10.8	60.4	26.9	64.0
その他の飴	輸出量	15	42	27	697	100
		1.4	0.6	1.3	5.6	0.4
	輸出額	38	144	114	464	164
		3.7	4.7	5.5	6.6	0.6
合計	輸出量	1,111	6,811	2,147	12,466	27,492
	輸出額	1,011	3,098	2,050	7,039	29,664

注) 1. 元の資料の合計を百万ウォン単位で四捨五入したため合計の一の桁多少の誤差が発生している。
2. 下段は比重。

出所：食品流通年鑑

<表2-26> 品目別全飴類輸入規模推移　　　　　　　　　　　　　　　　　　　　（単位：トン，千ドル，％）

		2017	2018	2019	2020	2021
水あめ	輸入量	28,373	22,461	30,019	26,072	4,129
		44.5	35.7	43.0	36.8	8.4
	輸入額	12,488	10,995	13,628	12,130	3,311
		37.5	29.4	32.4	29.8	8.2
デキストリン	輸入量	34,542	38,405	37,661	42,607	44,772
		54.1	61.1	53.9	60.2	90.8
	輸入額	20,328	25,432	27,381	27,565	36,857
		6.1	67.9	65.1	67.7	91.0
その他の飴	輸入量	889	1,964	2,197	2,126	410
		1.4	3.1	3.1	3.0	0.8
	輸入額	446	1,028	1,045	1,036	340
		1.3	2.7	2.5	2.5	0.8
合計	輸入量	63,804	62,830	69,876	70,805	49,310
	輸入額	33,261	37,455	42,054	40,731	40,507

注) 1. 元の資料の合計を百万ウォン単位で四捨五入したため合計の一の桁多少の誤差が発生している。
2. 下段は比重。

出所：食品流通年鑑

<表2-27> 醤類販売額推移

		販売額占有率(%)			販売額(百万ウォン)		
		2019	2020	2021	2019	2020	2021
全体		100	100	100	1,143,184	1,266,329	1,296,960
製造業者別	CJCheiljedang	19	19	19	221,764	239,805	252,057
	Sempio Foods	13	15	15	154,883	192,763	195,352
	Daesang Co., Ltd)	13	16	15	151,761	207,063	208,676
	その他	54	50	51	614,776	626,698	640,875
種類別	醤油	32	33	32	375,454	421,022	412,514
	味噌	13	11	11	153,280	133,404	137,260
	コチュジャン	22	24	25	258,651	304,615	323,094

注) 販売額=国内販売額+輸出額 ドル*為替レート。
*為替レート 1166.11ウォン(2019年)、1180.01ウォン(2020年)、1144.61ウォン(2021年)。

出所：食品流通年鑑

<表2-28> 品目別醤類売上高推移

		売上高占有率(%)			売上高(百万ウォン,国内)		
		2019	2020	2021	2019	2020	2021
醤油	全体	100	100	100	248,336	257,861	231,841
	Sempio Foods	60	61	59	148,963	157,560	137,142
	Daesang Co., Ltd)	18	18	20	45,584	47,521	47,130
	その他	22	21	21	53,789	52,781	47,569
味噌	全体	100	100	100	102,251	109,184	103,998
	CJCheiljedang	49	50	49	50,444	54,329	50,835
	Daesang Co., Ltd)	23	23	24	23,340	25,290	24,504
	その他	28	27	27	28,465	29,565	28,659
コチュジャン	全体	100	100	100	205,061	217,163	210,080
	CJCheiljedang	47	47	47	95,257	101,928	98,187
	Daesang Co., Ltd)	38	37	38	78,289	79,840	79,386
	その他	15	16	15	31,516	35,395	32,507

出所：食品流通年鑑

<表2-29> 醬油小売市場推移 (単位：百万ウォン, %)

	2018	2019	2020	2021	品目別比重
ミックス醬油	126,759	123,274	125,245	113,118	48.8
醸造醬油	89,645	87,265	91,442	80,448	34.7
うすくち醬油	23,711	23,747	26,167	25,161	10.8
その他	14,993	14,050	15,007	13,113	5.7
全体	255,108	248,336	257,861	231,840	100.0

注) 1. 醬油品目も区分は流通チャンネルの分類であり, 食品公典の必ずしも一致しない。
2. 百万ウォンを基準にして作成したので、合計値の一の桁に多少の誤差がある。

出所：食品流通年鑑

<表2-30> 味噌小売市場推移 (単位：百万ウォン)

	2018	2019	2020	2021
味噌	99,570	102,250	109,184	103,998

注) 1. 味噌製品以外の味噌ベースの混合醬及びソース類製品も含まれる。
2. 百万ウォンを基準にして作成したので、合計値の一の桁に多少の誤差がある。

出所：食品流通年鑑

<表2-31> 味噌小売市場推移 (単位：百万ウォン)

	2018	2019	2020	2021
一般コチュジャン	154,089	152,702	164,626	158,188
チョコチュジャン	44,998	43,181	46,892	46,849
その他コチュジャン	9,527	9,178	5,645	5,043
全体	208,614	205,061	217,163	210,080

注) 1. コチュジャン全体は一般コチュジャン, チョコチュジャン, その他コチュジャンの合計, その他コチュジャンには調味コチュジャンが含まれる。
2. 百万ウォンを基準にして作成したので、合計値の一の桁に多少の誤差がある。

出所：食品流通年鑑

<表2-32> 品目別醬類生産及び売上現況(2021)

	生産現況			売上現況			
	生産能力 (トン)	生産量 (トン)	生産額 (千ウォン)	国内販売量 (トン)	国内販売額 (千ウォン)	輸出量 (トン)	輸出額 (ドル)
合計	2,882,512	722,367	902,744,326	578,449	1,198,909,298	45,085	85,662,551
韓食味噌玉	20,834	2,896	13,284,936	2,217	18,421,858	0	200
改良味噌玉	12,792	2,360	10,526,864	2,073	13,842,233	0	680
韓食醬油	27,604	9,214	18,421,210	5,044	26,446,740	389	823,291
醸造醬油	97,602	69,051	74,452,154	57,114	143,824,072	2,477	4,018,147
酸分解醬油	334,290	62,299	36,646,570	52,044	35,013,367	1,717	988,252
酵素分解醬油	0	0	2,400	0	1,200	-	-
ミックス醬油	450,426	168,357	118,690,956	150,138	192,435,802	7,504	7,094,495
韓食味噌	20,127	2,667	29,190,929	2,205	26,231,133	22	288,514
味噌	478,233	119,814	115,533,623	73,693	128,524,931	4,912	7,631,325
コチュジャン	713,064	148,359	228,734,090	108,668	268,294,185	20,587	47,875,994
チュンジャン	52,360	18,734	22,708,618	16,554	26,201,000	721	1,170,836
チョングッチャン	125,949	13,097	65,709,194	13,709	80,092,297	130	402,026
混合醬	538,067	104,727	166,241,041	94,330	234,911,815	6,580	15,207,247
その他醬類	11,163	791	3,601,739	660	4,668,666	47	161,542

出所：食品流通年鑑

<表2-33> 大豆輸出入推移 (単位：千ドル，トン)

	輸出量	輸入量	輸出額	輸入額	貿易収支
2020	15,313.8	10,288.9	16,074	14,889	1,185
2021	16,590.3	11,342.1	18,603	17,149	1,454
2022	15,207.0	12,061.9	17,285	17,020	265

出所：食品流通年鑑

<表2-34> 国別大豆輸出入推移 (単位：千ドル，トン)

		輸出量	輸入量	輸出額	輸入額	貿易収支
アメリカ	2020	3,244.9	316.7	3,490	530	2,960
	2021	3,401.1	358.6	3,568	653	2,914
	2022	3,048.0	370.9	3,347	652	2,694
ロシア	2020	2,491.3	0.0	2,199	0	2,199
	2021	2,906.9	0.0	2,616	0	2,616
	2022	2,534.6	0.0	2,520	0	2,520
中国	2020	1,171.3	3,302.9	1,264	4,212	-2,948
	2021	1,543.9	3,714.8	1,697	5,052	-3,355
	2022	808.2	4,064.2	990	5,449	-4,459
日本	2020	100.6	2,624.6	129	5,166	-5,037
	2021	94.0	2,912.9	144	5,868	-5,724
	2022	106.9	3,298.7	111	5,423	-5,312

出所：食品流通年鑑

<表2-35> 味噌輸出入推移 (単位：千ドル, トン)

	輸出量	輸入量	輸出額	輸入額	貿易収支
2020	61,844	36,452	11,723	4,585	7,138
2021	58,321	37,156	10,969	4,892	6,077
2022	56,002	36,824	10,628	4,673	5,955

出所：食品流通年鑑

<表2-36> 国別味噌輸出入推移 (単位：千ドル, トン)

		輸出量	輸入量	輸出額	輸入額	貿易収支
アメリカ	2020	1,946.5	3.2	3,906	141	3,765
	2021	2,144.2	5.2	3,972	58	3,914
	2022	1,769.6	3.1	3,883	36	3,847
中国	2020	1,264.6	2,271.6	2,214	2,269	-55
	2021	992.0	2,148.7	1,910	2,354	-444
	2022	756.6	1,985.9	1,369	2,174	-804
フィリピン	2020	451.4	0.0	760	0	760
	2021	393.7	0.0	601	0	601
	2022	608.7	0.0	936	0	936
日本	2020	262.1	1,346.8	407	2,124	-1,716
	2021	283.3	1,536.5	519	2,420	-1,901
	2022	270.1	1,652.0	411	2,357	-1,946

出所：食品流通年鑑

<表2-37> コチュジャン輸出入推移 (単位：千ドル，トン)

	輸出量	輸入量	輸出額	輸入額	貿易収支
2020	21,542.0	148.0	50,932	131	50,801
2021	22,986.0	191.2	52,798	240	52,558
2022	23,187.6	167.0	52,575	195	52,380

出所：食品流通年鑑

<表2-38> 国別コチュジャン輸出入推移 (単位：千ドル，トン)

		輸出量	輸入量	輸出額	輸入額	貿易収支
アメリカ	2020	5,591.4	0.2	13,484	4	13,480
	2021	6,294.7	0.1	14,065	2	14,063
	2022	6,203.8	0.5	15,578	3	15,575
中国	2020	3,958.0	147.5	8,803	125	8,678
	2021	3,295.5	183.6	7,397	189	7,208
	2022	2,977.5	161.9	6,486	162	6,324
日本	2020	2,357.9	0.0	5,271	0	5,271
	2021	2,675.1	0.0	5,954	0	5,953
	2022	2,911.0	0.0	5,866	0	5,866

出所：食品流通年鑑

3. 加工食品

1) 菓子、製パン、ラーメン

<表3-1> スナック類市場規模推移　　　　　　　　　　　　　　（単位：10億ウォン, %）

	2018	2019	2020	2021	2022	比重	前年対比増減率（'21〜'22）
菓子類.パン類.もち類	6,212	6,578	6,848	7,088	7,997	100.0	12.8
菓子類	2,268	2,313	2,394	2,362	2,737	34.2 (100.0)	15.9
スナック類	1,316	1,201	1,291	1,197	1,446	18.1 (52.8)	20.8

注) 1. 菓子類の市場規模は細部品目(ビスケット, スナック, 韓菓, ウェーハ, クッキー, クラッカー, その他)の販売実績の合計基準。
2. 比重の括弧内の数字は菓子類市場全体(100%)を基準としたときの細部品目別の比重を意味する。

出所：食品産業統計情報

<表3-2> スナック類生産規模推移　　　　　　　　　　　　　　（単位：10億ウォン, %）

	2018	2019	2020	2021	2022	前年対比増減率（'21〜'22）
菓子類	2,174	2,248	2,232	2,291	2,572	12.3
スナック類	1,195	1,129	1,126	1,054	1,369	29.9
スナック類 比重	55.0	50.2	50.4	46.0	53.2	-

注) 菓子類 生産規模≒ 細部品目(ビスケット, スナック, 韓菓, ウェーハ, クッキー, クラッカー, その他)の生産実績の合計基準。

出所：食品産業統計情報

<表3-3> スナック類主要企業現況(2022)　　　　　　　　　　　　　　　　　　　（単位：百万ウォン，%）

	企業名	売上高	比重
	総売上	1,900,837	100.0
1	Nongshim	457,457	24.1
2	Orion	457,219	24.1
3	Crown Confectionery	182,478	9.6
4	Lotte Wellfood	177,349	9.3
5	Haitai Confectionery	150,585	7.9
6	その他	475,748	25.0

注）2022年の売上高(1兆9,008億ウォン)は国内主要流通チャンネルの情報を収集したもの(aT FIS)によって国内すべての流通チャンネルからの売上高の合計(全数)と異なる場合があり，2022年に食品医薬品安全処の'食品などの生産実績'で提示したスナック類の販売額(1兆4,460億ウォン)と違いがある。

出所：食品産業統計情報

<表3-4> スナック類輸出規模推移　　　　　　　　　　　　　　　　　　　　　（単位：千ドル，%）

	2018	2019	2020	2021	2022	前年対比増減率('21～'22)
菓子類	89,455	94,754	124,333	117,364	133,323	13.6
スナック類	54,672	48,383	93,787	90,131	103,530	14.9
スナック類 比重	61.1	51.1	75.4	76.8	77.7	-

注）菓子類の輸出規模は細部品目(ビスケット，スナック，韓菓，ウェーハ，クッキー，クラッカー，その他)の輸出実績の合計基準。

出所：食品産業統計情報

<表3-5> 国別スナック類輸出推移　　　　　　　　　　　　　　　　　　　　　　　　（単位：千ドル，%）

		2018	2019	2020	2021	2022	比重	前年対比増減率（'21～'22）
	合計	34,855	33,390	45,454	77,826	71,632	100.0	-8.0
1	中国	10,381	10,274	17,447	37,666	32,105	44.8	-14.8
2	オーストラリア	6,699	6,843	5,771	8,329	7,932	11.1	-4.8
3	日本	1,130	1,331	1,688	6,278	6,532	9.1	4.0
4	台湾	1,645	1,619	2,250	4,445	4,870	6.8	9.6
5	香港	1,241	1,370	2,381	4,991	4,741	6.6	-5.0
6	アメリカ	3,979	3,294	5,250	3,628	3,750	5.2	3.4
7	フィリピン	50	685	4,132	2,919	2,877	4.0	-1.4
8	ベトナム	2,712	2,111	1,578	2,139	2,556	3.6	19.5
9	ニュージーランド	887	815	1,144	2,018	1,405	2.0	-30.4
10	タイ	314	316	545	1,084	962	1.3	-11.3

注) 1. HS Code 1904.10(穀物や穀物加工品を膨らませたり炒めて得られた調理食料品)基準。
2. 食品医薬品安全処が集計した国内スナック類輸出額(103,530千ドル)は国内スナック類製造加工企業が食品医薬品安全処に報告した実績(生産，販売，輸出等)を基準とし，ITC Trademapの輸出額(71632千ドル)は国内の関税庁に申告された輸出額を基準にして集計しているので実績に違いが発生。.

出所：食品産業統計情報

<表3-6> 品目別スナック類輸出規模推移　　　　　　　　　　　　　　　　　　　　（単位：千ドル，%）

	2019	2020	2021	2022	2023	比重	前年対比増減率（'22～'23）
スナック類	33,389	45,448	75,443	71,632	76,178	100.0	6.3
穀物調製品（膨張、炒め物）	20,092	3,213	54,620	53,749	58,886	77.3	9.6
コーンフレーク	11,568	10,263	15,489	13,401	13,268	17.4	-1.0
ポン菓子	1,457	2,417	2,191	2,378	2,429	3.2	2.1
コーンチップ	273	639	3,143	2,104	1,596	2.1	-24.1

注) 全スナック類はHS Code 1904.10(穀物や穀物加工品を膨らませたり炒めて得た調理料品)基準。

出所：食品産業統計情報

<表3-7> 菓子類・パン類・餅類主要輸出企業現況(2022)　　　　　　　　　　（単位：千ドル，%）

	企業名	売上高	比重		企業名	売上高	比重
1	Orion Corporation	37,693,053	15.2	11	Lotte Confectionery Co., Ltd.	6,137,863	2.5
2	Cosmos Confectionery Co., Ltd.	27,211,467	11.0	12	Haitai Confectionery Food Co., Ltd.	5,753,150	2.3
3	Nongshim Co., Ltd.	15,699,255	6.3	13	Donghwa CNF Co., Ltd.	3,995,380	1.6
4	Agricultural corporation Youngpoong Co., Ltd.	14,530,824	5.9	14	Jukam F&C Co., Ltd.	3,403,794	1.4
5	Crown Confectionery Co., Ltd.	10,806,297	4.4	15	CheongWoo Confectionery Co., Ltd.	3,253,683	1.3
6	Wooyang Co., Ltd.	10,654,660	4.3	16	Gaemi Food Co., Ltd.	3,164,082	1.3
7	Daeyoung Food Co., Ltd.	9,537,796	3.9	17	Songhak Food Co., Ltd.	2,785,503	1.1
8	CJ CheilJedang Corp.	9,224,575	3.7	18	Gungjeonbang Co., Ltd.	2,534,296	1.0
9	Paris Croissant Co., Ltd.	8,786,709	3.6	19	Dongwon F&B Co., Ltd.	2,328,779	0.9
10	J&E Co., Ltd.	6,763,565	2.7	20	Kunyoung Confectionery Co.,Ltd.	2,127,768	0.9

注）各企業別比重は2022年の国内菓子類.パン類.もち類の輸出額(2億7,136万ドル)に占める比重を意味する。

出所：食品産業統計情報

<表3-8> スナック類輸入推移　　　　　　　　　　　　　　　　　　　　（単位：千ドル，%）

	2018	2019	2020	2021	2022	前年対比増減率('21～'22)	年平均増減率('18～'22)
スナック類	24,703	28,655	31,167	40,198	37,854	-5.8	11.3

注）HS Code 1904.10(穀物や穀物加工品を膨らませたり炒めて得られた調理食料品)基準。

出所：食品産業統計情報

<表3-9> 品目別スナック類輸入規模推移　　　　　　　　　　　　　　　（単位：千ドル，%）

	2019	2020	2021	2022	2023	比重	前年対比増減率('22～'23)
スナック類	28,655	31,168	40,198	37,854	38,259	100.0	1.1
穀物調製品(膨張、炒め物)	25,307	26,841	33,055	33,671	34,557	90.3	2.6
コーンフレーク	1,742	3,202	6,202	3,998	2,918	7.6	-27.0
ポン菓子	1,583	1,121	934	179	776	2.0	333.5
コーンチップ	24	4	7	6	8	0.02	33.3

注）全スナック類はHS Code 1904.10(穀物や穀物加工品を膨らませたり炒めて得られた調理食料品)基準。

出所：食品産業統計情報

<表3-10> 国別スナック類輸入推移 (単位：千ドル, %)

		2018	2019	2020	2021	2022	比重	前年対比増減率（'21～'22）
	合計	24,703	28,655	31,167	40,198	37,854	100.0	-5.8
1	ベルギー	5,543	7,321	7,476	10,505	9,031	239	-14.0
2	中国	3,178	5,989	6,250	7,760	8,687	22..9	11.9
3	アメリカ	7,721	7,632	9,481	10,398	7,813	20.6	-24.9
4	台湾	1,611	1,320	1,384	3,050	3,325	8.8	9.0
5	イタリア	626	626	1,048	943	1,508	4.0	59.9
6	タイ	2,041	2,102	1,457	990	1,056	2.8	6.7
7	スイス	137	138	397	1,513	887	2.3	-41.4
8	オーストラリア	240	115	164	1,088	874	2.3	-19.7
9	マレーシア	646	174	322	809	842	2.2	4.1
10	ポーランド	109	336	498	424	684	1.8	61.3

注) HS Code 1904.10(穀物や穀物加工品を膨らませたり炒めて得られた調理食料品)基準。

出所：食品産業統計情報

<表3-11> 流通チャネル別スナック類オン・オフライン小売比重推移 (単位：%)

	2018	2019	2020	2021	2022
オフライン	97.5	97.0	95.5	94.3	94.7
オンライン	2.5	3.0	4.5	5.7	5.3

注) HS Code 1904.10(穀物や穀物加工品を膨らませたり炒めて得られた調理食料品)基準。

出所：食品産業統計情報

10章　食品産業

<表3-12> 流通チャネル別スナック類小売額及び比重　　　　　　　　　　（単位：千ドル，%）

	売上高		比重	前年対比増減率
	2021	2022		('21～'22)
総売上	1,750,137	1,900,837	100.0	8.6
コンビニ	561,395	612,288	32.2	9.1
大型割引マート	371,382	428,431	22.5	15.4
独立スーパー	365335	398,076	20.9	9.0
チェーンスーパー	256,795	259,,513	13.7	1.1
一般食品店	184,010	190,969	10.0	3.8
デパート	11,217	11,560	0.6	3.1

注) 1. 独立スーパーは小規模法人や個人が運営する中大型店舗で週間売上が1,700万ウォン以上の流通チャンネルを意味し，一般食品店は小規模法人や個人が運営する中大型店舗のうち売上が1,700万ウォン未満に分類。
2. 国内主要流通チャンネルの一部POSの情報を収集したものであり，国内すべての流通チャンネルの売上高の合計（全数）と異なる場合がある。

出所：食品産業統計情報

<表3-13> スナック類販売規模推移　　　　　　　　　　　　　　　　（単位：10億ウォン，%）

	2018	2019	2020	2021	2022	前年対比増減率 ('21～'22)	年平均増減率 ('18～'22)
スナック類	1,316	1,201	1,291	1,197	1,446	20.8	2.4

出所：食品産業統計情報

<表3-14> 製品別スナック類販売ランキング　　　　　　　　　　　　　（単位：千ドル，%）

	売上高		比重	前年対比増減率 ('21～'22)
	2021	2022		
総売上	1,750,137	1,900,837	100.0	8.6
セウカン（かっぱえびせん）(Nongshim)	114,237	133,304	7.0	16.7
ポカチップ（ポテトチップス）(Orion)	93,849	92,089	4.8	-1.9
プリングルズ(Nongshim Kellogg)	69,733	86,143	4.5	23.5
コックコーン(Lotte Wellfood)	78,143	83,857	4.4	7.3
イカピーナッツ(Orion)	60,796	67,614	3.6	11.2
マッドンサン(Haitai Confectionery)	58,194	56,448	3.0	-3.0
ハニーバターチップス(Haitai Confectionery)	46,419	46,932	2.5	1.1
コックチップ(Orion)	62,395	46,206	2.4	-25.9
サンチップ(Orion)	38,320	44,019	2.3	14.9
その他	1,128,051	1,244,225	65.5	10.3

注) その他はストアブランドの売上高とその他の売上高と合算基準。

出所：食品産業統計情報

<表3-15> 種類別氷菓類生産現況(2023)　　　　　　　　　　　　　　　　（単位：トン，千ウォン）

	生産能力	生産量	生産額
計	3,324,810	613,566	307,825,007
氷菓	1,052,283	68,982	186,459,574
食用氷	1,456,513	209,290	99,730,341
漁業用氷	816,013	335,293	21,635,092

出所：食品流通年鑑

<表3-16> 種類別氷菓類売上現況(2023)　　　　　　　　　　　　　　（単位：トン，千ウォン，ドル）

	国内販売量	国内販売額	輸出量	輸出額
計	587,285	369,750,938	1,665	4,237,161
氷菓	58,724	207,456,628	1,098	3,834,231
食用氷	196,607	136,922,025	567	402,930
漁業用氷	331,954	25,372,285	-	-

出所：食品流通年鑑

<表3-17> 種類別氷菓類国内販売額推移　　　　　　　　　　　　　　　　　（単位：千ウォン，％）

	2022			2023		
	国内販売額	占有率	増加率	国内販売額	占有率	増加率
計	467,812,839	100.00	18.11	369,750,938	100.00	-20.96
氷菓	327,608,609	70.03	23.12	207,456,628	56.11	-36.68
食用氷	119,552,818	25.56	10.02	136,922,025	37.03	14.53
漁業用氷	20,651,411	4.41	-3.17	25,372,285	6.86	22.86

出所：食品流通年鑑

<表3-18> 品目別氷菓類市場規模推移 (単位：億ウォン，%)

	2019	2020	2021	2022	増加率
バー	4,500	4,600	3,800	4,000	5.3
コーン	2,900	2,700	2,500	2,500	-
カップ	2,900	3,000	2,700	2,800	3.7
チューブ(ペンシル)	1,700	1,400	1,200	1,300	8.3
ホーム	1,900	2,100	1,900	1,800	-5.3
その他(プレミアム)	1,800	1,400	1,400	1,300	-7.1
合計	15,700	15,250	13,560	13,800	1.8

注) 実績は業界推定によるもので多少の差異がある。

出所：食品流通年鑑

<表3-19> 品目別パン類生産現況(2023)

	生産能力(T)	生産量(T)	生産額(千ウォン)
パン類(ドーナツ)	71,349	23,067	148,690,804
パン類(食パン)	223,665	91,126	257,841,948
パン類(カステラ)	50,558	12,840	98,163,115
パン類(ケーキ)	240,864	97,187	971,123,638
パン類(パイ)	61,800	13,869	99,389,279
パン類(ピザ)	521,572	50,445	198,379,972
パン類(ホットドッグ)	440,980	25,883	167,218,545
パン類(ティラミス)	4,719	469	7,298,758
パン類(ムースケーキ)	3,255	589	8,874,366
パン類(その他)	1,873,596	417,190	1,710,638,245
計	3,492,358	732,665	3,667,618,670

出所：食品医薬品安全処

<表3-20> 品目別パン類売上現況(2023)

	国内販売量(T)	国内販売額(千ウォン)	輸出量(T)	輸出額($)
パン類(ドーナツ)	20,823	316,934,335	45	286,642
パン類(食パン)	90,637	265,250,188	29	88,215
パン類(カステラ)	12,637	112,578,192	81	208,240
パン類(ケーキ)	93,786	1,111,267,983	1,150	3,921,354
パン類(パイ)	14,543	138,200,574	178	1,514,913
パン類(ピザ)	48,042	227,936,089	372	1,244,063
パン類(ホットドッグ)	23,547	151,817,298	2,686	17,592,796
パン類(ティラミス)	442	9,137,869	2	41,538
パン類(ムースケーキ)	524	12,810,209	-	-
パン類(その他)	404,692	2,074,612,422	5,274	13,864,503
計	709,673	4,420,545,159	9,817	38,762,264

出所：食品医薬品安全処

<表3-21> 種類別麺類生産現況(2023)

	生産能力(T)	生産量(T)	生産額(千ウォン)
生麺	862,854	69,078	148,871,926
熟麺	1,407,560	270,885	589,032,426
乾麺	647,359	137,177	431,311,199
油湯麺(袋麺)	4,801,785	559,709	1,874,848,977
油湯麺(カップ麺)	1,454,837	166,224	930,860,805
計	9,174,395	1,203,073	3,974,925,333

出所：食品流通年鑑

<表3-22> 種類別麺類売上現況(2023)

	国内販売量(T)	国内販売額(千ウォン)	輸出量(T)	輸出額($)
生麺	65,932	171,749,813	1,816	4,334,170
熟麺	243,640	582,306,775	24,654	68,846,836
乾麺	126,403	460,619,975	3,526	12,657,333
油湯麺(袋麺)	352,737	1,397,875,616	197,333	830,938,382
油湯麺(カップ麺)	141,188	933,504,050	25,349	178,085,606
計	929,900	3,546,056,230	252,678	1,094,862,327

出所：食品流通年鑑

<表3-23> 類型別ラーメン出荷規模推移　　　　　　　　　　　　　　　（単位：トン，百万ウォン，％）

		2017	2018	2019	2020	2021
油湯麺 （袋麺）	出荷量	354,474	964,553	369,853	522,142	359,998
	出荷額	1,318,979	1,246,605	1,194,211	848,487	1,114,869
油湯麺 （カップ麺）	出荷量	106,249	272,836	122,992	748,869	117,478
	出荷額	692,875	720,070	755,962	713,492	711,888
合計	出荷量	460,723	1,237,389	492,845	1,271,011	477,476
	出荷額	2,011,854	1,966,675	1,950,173	1,561,979	1,826,757

注）元の資料の合計を百万ウォン単位で四捨五入したため合計の一の桁で多少の誤差が生じている。

出所：食品流通年鑑

<表3-24> 年度別ラーメン輸出入推移　　　　　　　　　　　　　　　　　（単位：トン，千ドル，％）

	輸出				輸入			
	輸出量	前年対比 増減率	輸出額	前年対比 増減率	輸入量	前年対比 増減率	輸入額	前年対比 増減率
2017	110,115	-	380,991	-	947	-	3,856	-
2018	115,977	5.3	413,094	8.4	1,034	9.1	4,532	17.5
2019	137,285	18.4	466,996	13.0	1,244	20.3	5,191	14.5
2020	177,322	29.2	603,574	29.2	1,175	-5.5	4,679	-9.9
2021	194,214	9.5	674,403	11.7	1,715	46.0	10,236	118.8

出所：食品流通年鑑

2) 乳加工、肉加工

<表3-25> 乳牛飼育頭数推移　　　　　　　　　　　　　　　　　　　　（単位：頭, 戸, kg）

	2019	2020	2021	2022	2023
総頭数	1,620,064	1,632,973	1,606,236	1,564,305	1,540,978
経産牛頭数	962,415	960,606	938,646	907,936	907,054
搾乳牛頭数	816,129	814,595	795,972	769,930	769,181
酪農家数	24,943	24,492	24,445	23,923	22,729
戸当たり飼育頭数	260	267	263	261	271
戸当たり生産量	110,018	113,480	111,243	109,937	113,708

注）本データは四半期別の家畜統計で標本農家を対象にした四半期別の発表であり、農林部の月別生産統計資料と多少の違いがある。

出所：韓国乳加工協会

<表3-26> 牛乳生産費推移　　　　　　　　　　　　　　　　　　　　（単位：ウォン/l, ウォン）

	牛乳生産費			乳牛当たり収益性		
	費用	副産物収入	生産費	粗収入	所得	純収益
2019	833	42	791	10,418,731	3,844,302	2,701,033
2020	851	42	809	10,656,922	3,810,674	2,660,968
2021	886	43	843	10,720,622	3,650,593	2,433,534
2022	986	27	959	10,663,605	2,800,915	1,529,136
2023	1023	20	1003	11,219,739	3,085,909	1,730,574

注）1. 1 l = 1.03kg
2. 粗収入：必要な経費を差し引かない収入。これから経費を引いたのが所得。

出所：韓国乳加工協会

<表3-27> 地域別原乳生産量現況(2023) (単位:トン)

	1月	2月	3月	4月	5月	6月	7月	8月	9月	10月	11月	12月
全体	162,727	150,135	170,347	166,958	169,134	159,838	161,379	157,113	155,670	160,466	153,870	162,276
京畿	69,204	64,239	73,082	71,742	72,705	68,785	69,717	67,561	66,872	69,293	66,323	69,812
江原	7,781	7,150	8,076	7,893	8,095	7,775	7,970	7,817	7,692	7,805	7,397	7,719
忠北	7,947	7,259	8,163	7,977	8,058	7,610	7,671	7,501	7,369	7,539	7,283	7,732
忠南	29,227	26,969	30,397	29,611	29,929	28,266	28,542	27,705	27,594	28,506	27,446	29,008
全北	11,899	10,855	12,187	12,000	12,246	11,677	11,743	11,482	11,366	11,609	11,147	11,822
全南	11,290	10,345	11,830	11,701	11,826	11,077	11,081	10,853	10,805	11,129	10,663	11,283
慶北	13,391	12,258	13,950	13,596	13,692	12,868	12,918	12,689	12,572	12,886	12,441	13,078
慶南	10,839	9,997	11,394	11,202	11,363	10,648	10,633	10,422	10,325	10,616	10,130	10,744
済州	1,149	1,063	1,268	1,236	1,220	1,132	1,104	1,083	1,075	1,083	1,040	1,078

出所:韓国乳加工協会

<表3-28> 地域別原乳受取価格現況(2023) (単位:ウォン/l)

	1月	2月	3月	4月	5月	6月	7月	8月	9月	10月	11月	12月
全体	1,162.73	1,162.81	1,163.89	1,163.24	1,162.43	1,157.88	1,150.24	1,141.36	1,149.62	1,250.14	1,253.73	1,253.52
京畿	1,163.34	1,164.62	1,162.73	1,163.05	1,161.55	1,156.29	1,147.92	1,142.39	1,142.16	1,247.53	1,252.63	1,248.16
江原	1,157.44	1,161.95	1,161.22	1,160.42	1,155.93	1,143.48	1,131.90	1,127.93	1,147.80	1,253.58	1,256.96	1,254.65
忠北	1,164.60	1,164.23	1,165.98	1,163.31	1,166.61	1,163.06	1,157.22	1,151.18	1,153.43	1,253.22	1,252.83	1,256.49
忠南	1,166.45	1,167.46	1,167.30	1,167.11	1,167.30	1,164.12	1,157.92	1,152.32	1,159.36	1,252.60	1,256.68	1,257.12
全北	1,157.41	1,157.69	1,158.29	1,157.14	1,157.24	1,152.18	1,144.07	1,133.92	1,145.84	1,246.27	1,247.83	1,251.07
全南	1,160.56	1,160.54	1,162.85	1,162.54	1,161.14	1,156.37	1,149.29	1,138.05	1,147.07	1,249.05	1,253.67	1,249.93
慶北	1,169.39	1,169.13	1,168.96	1,168.75	1,168.65	1,166.58	1,159.95	1,149.56	1,161.19	1,257.21	1,259.24	1,258.69
慶南	1,169.07	1,159.41	1,168.97	1,168.48	1,157.35	1,151.14	1,134.86	1,120.48	1,113.10	1,242.23	1,256.19	1,256.54

出所:韓国乳加工協会

<表3-29> 原乳需給推移　　　　　　　　　　　　　　　　　　　　　　　　　　　　　　　(単位：トン)

	前期繰越	生産			消費			在庫
		国内生産	輸入	生産計	国内消費	輸出	消費計	
2019	1,258,597	2,049,434	2,303,965	4,353,399	4,227,625	119,305	4,346,930	1,265,066
2020	1,558,323	2,088,786	2,433,635	4,522,421	4,345,185	124,988	4,470,173	1,610,571
2021	1,665,604	2,034,384	2,511,938	4,546,322	4,448,459	130,829	4,579,288	1,632,638
2022	1,167,767	1,975,414	2,524,991	4,500,405	4,410,490	126,248	4,536,738	1,131,414

注) 1. 国内生産は原乳合格量(乳業者-収乳量)基準である。
2. 輸入及び輸出は輸出入乳製品を原乳に換算した量である。
3. 在庫は月末の粉乳の在庫を原乳に換算した量である。

出所：韓国乳加工協会

<表3-30> 原乳使用実績推移　　　　　　　　　　　　　　　　　　　　　　　　　　　　(単位：トン)

	2020	2021	2022	2023
飲用乳用	1,522,692	1,753,481	1,725,473	1,689,617
加工用	566,094	280,903	249,941	240,296
計	2,088,786	2,034,384	1,975,414	1,929,913

注) 1. 2020年の飲用乳用原乳は市乳, 白色加工生産に投入された原乳量であり、2021年以降飲用用原乳は市乳, 発酵乳, 乳飲料生産に投入された原乳量。
2. 2020年の加工用は市乳以外のその他乳製品の生産に投入された原乳量であり、2021年以降の加工用は飲用用のほかその他乳製品の生産に投入された原乳量。

出所：韓国乳加工協会

<表3-31> 乳製品消費推移　　　　　　　　　　　　　　　　　　　　　　　　　　　　　(単位：kg)

			2019	2020	2021	2022	2023
国内消費量	総量(トン)		4,227,625	4,345,185	4,448,459	4,410,490	4,308,350
	1人当たり		81.8	83.9	86.1	85.7	83.9
1人当たり消費量	市乳	白色	26.7	26.3	26.6	26.2	25.9
		加工	6.3	5.5	5.4	5.4	5.0
	発酵乳	液状	8.8	8.3	8.4	8.0	7.1
		糊状	2.4	2.6	2.7	2.4	2.2
	チーズ	ナチュラル	2.2	2.6	2.7	2.7	2.9
		加工	1.0	1.0	1.0	1.0	0.8

出所：韓国乳加工協会

<表3-32> 市乳需給推移 (単位：トン)

		2020	2021	2022	2023
生産	白色市乳	1,362,497	1,371,011	1,346,629	1,328,956
	加工市乳	285,267	280,815	279,915	255,255
	輸入(白色)	0	0	0	0
	輸入(加工)	0	0	0	0
	計	1,647,764	1,651,826	1,626,544	1,584,211
消費	白色市乳	1,362,497	1,371,011	1,346,629	1,328,956
	加工市乳	285,267	280,815	279,915	255,255
	輸出(白色)	0	0	0	0
	輸出(加工)	0	0	0	0
	計	1,647,764	1,651,826	1,626,544	1,584,211

出所：韓国乳加工協会

<表3-33> 発酵乳需給推移 (単位：トン)

		2020	2021	2022	2023
生産	液状発酵乳	438,173	439,282	413,330	369,152
	糊状発酵乳	133,426	139,285	123,544	111,625
	輸入(液状)	976	2,008	1,850	1,995
	輸入(糊状)	45	84	155	176
	計	572,620	580,659	538,879	482,948
消費	液状発酵乳	432,229	433,365	411,772	366,807
	糊状発酵乳	132,490	138,314	124,556	111,562
	輸出(液状)	4,805	3,848	3,898	4,311
	輸出(糊状)	47	44	245	260
	計	569,571	575,571	540,471	482,940

出所：韓国乳加工協会

<表3-34> チーズ需給推移 (単位:トン)

		2020	2021	2022	2023
生産	ナチュラルチーズ	3,516	3,054	2,756	1,966
	加工チーズ	41,155	41,355	36,787	29,208
	輸入(ナチュラル)	132,978	140,484	138,965	147,746
	輸入(加工)	15,024	16,039	15,131	14,008
	計	192,673	200,932	193,639	192,928
消費	ナチュラルチーズ	134,405	137,693	137,194	150,976
	加工チーズ	53,826	53,736	51,129	41,987
	輸出(ナチュラル)	233	669	449	351
	輸出(加工)	511	644	795	1,042
	計	188,975	192,742	189,567	194,356

出所:韓国乳加工協会

<表3-35> クリーム需給推移 (単位:トン)

		2020	2021	2022	2023
生産	クリーム	45,350	46,008	32,531	30,024
	輸入(クリーム)	31,159	35,425	44,501	42,386
	計	76,509	81,433	77,032	72,410
消費	クリーム	58,911	70,844	70,839	71,116
	輸出(クリーム)	794	608	667	598
	計	59,705	71,452	71,506	71,714

出所:韓国乳加工協会

<表3-36> 練乳需給推移 (単位:トン)

		2020	2021	2022	2023
生産	練乳	11,872	12,951	15,674	16,163
	輸入(練乳)	53	61	65	71
	計	11,925	13,012	15,739	16,234
消費	練乳	4,410	4,113	3,501	1,579
	輸出(練乳)	7,347	9,679	11,782	14,993
	計	11,757	13,792	15,283	16,572

出所:韓国乳加工協会

<表3-37> バター需給推移 (単位：トン)

		2020	2021	2022	2023
生産	バター	3,574	2,034	1,937	1,749
	輸入(バター)	15,291	24,101	29,927	29,801
	計	18,865	26,135	31,864	31,550
消費	バター	17,832	26,381	31,684	31,855
	輸出(バター)	100	10	25	5
	計	17,932	26,391	31,709	31,860

出所：韓国乳加工協会

<表3-38> 粉ミルク需給推移 (単位：トン)

		2020	2021	2022	2023
生産	調製粉乳	12,501	10,755	9,683	7,712
	全脂粉乳	1,289	1,049	749	423
	脱脂粉乳	12,974	7,404	5,813	5,970
	輸入(調製)	4,656	4,798	4,763	4,914
	輸入(電池)	5,515	4,545	6,857	5,022
	輸入(脱脂)	17,469	14,510	14,690	8,481
	計	54,404	43,061	42,555	32,522
消費	調製粉乳	8,831	5,784	5,116	6,469
	全脂粉乳	6,937	5,735	7,572	5,315
	脱脂粉乳	26,190	24,375	23,328	16,301
	輸出(調製)	8,348	9,155	9,063	6,019
	輸出(電池)	48	30	43	14
	輸出(脱脂)	62	1	3	4
	計	50,416	45,081	45,125	34,122

出所：韓国乳加工協会

<表3-39> 乳製品輸入推移　　　　　　　　　　　　　　　　　　　　（単位：トン，千ドル，％）

	2021		2022		2023	
	物量	金額	物量	金額	物量	金額
ミルクとクリーム	58,709	124,640	75,964	181,464	79,794	190,169
脱脂粉乳	14,509	42,307	14,691	57,032	8,481	28,142
全脂粉乳	4,545	18,909	6,856	33,478	5,022	24,383
練乳	56	147	66	461	71	850
乳糖	23,142	32,778	21,583	34,320	22,435	37,322
バターミルク	16	131	0	3	0	8
バター	24,099	146,434	29,928	202,202	29,801	217,118
ホエー	84,918	200,479	84,484	253,318	78,315	212,305
チーズ	156,521	685,366	154,096	792,750	161,754	862,605
発酵乳	2,091	12,509	2,005	14,235	2,171	12,812
調製粉乳	4,799	97,501	4,763	90,051	4,914	96,762
牛乳調製品	613	6,930	654	7,605	736	10,101
アイスクリーム	8,208	48,112	7,946	45,124	7,421	46,447
合計	382,231	1,416,246	403,034	1,12,047	400,913	1,739,021

出所：韓国乳加工協会

<表3-40> 乳製品輸出推移　　　　　　　　　　　　　　　　　　　　（単位：トン，千ドル，％）

	2021		2022		2023	
	物量	金額	物量	金額	物量	金額
ミルクとクリーム	7,932	14,198	4,584	8,040	4,357	8,126
脱脂粉乳	0	10	1	16	4	40
全脂粉乳	28	254	43	337	14	455
練乳	9,679	18,055	11,783	22,215	14,993	29,309
乳糖	40	52	50	77	103	106
バターミルク	0	0	0	0	0	0
バター	11	106	24	66	5	76
ホエー	3,396	12,241	3,307	18,084	3,263	18,787
チーズ	1,316	9,507	1,244	9,726	1,393	8,799
発酵乳	3,893	6,487	4,145	6,706	4,571	7,129
調製粉乳	9,121	104,623	9,064	105,673	6,019	73,933
牛乳調製品	2,209	4,556	564	2,154	439	2,937
アイスクリーム	18,676	64,544	21,652	70,535	25,585	87,058
合計	56,298	234,635	56,461	243,637	60,754	236,758

出所：韓国乳加工協会

<表3-41> 年度別肉加工生産量推移 (単位：トン, %)

	ハム	ソーセージ	ベーコン	缶	合計	前年比
2011	64,240	53,939	5,451	39,351	162,980	4.0
2012	61,425	56,470	5,856	39,483	163,234	0.2
2013	62,332	65,667	6,710	46,637	181,348	11.1
2014	59,788	67,512	7,268	50,884	185,442	2.3
2015	61,345	65,447	8,440	47,230	182,461	-1.6
2016	64,660	70,596	9,265	56,270	200,791	10.0
2017	64,620	77,542	10,325	58,713	211,199	5.2
2018	63,158	77,158	10,832	63,723	214,871	1.7
2019	61,182	83,043	11,361	58,003	213,589	-0.6
2020	59,711	88,063	12,760	60,594	221,128	3.5
2021	70,150	92,127	15,611	68,138	246,026	7.0
'20年対比増加率	9.9	0.2	19.5	11.8	7.0	-

注) 1. 韓国肉加工協会15の会員会社の資料。
2. '21年度国内全生産量：330千トンを推定。

出所：韓国肉加工協会

<表3-42> 年度別肉加工販売量推移 (単位：トン, %)

	ハム(1)	ソーセージ(2)	ベーコン(3)	缶ハム(4)	畜肉小計(A)(1+2+3+4)	ミックスソーセージ(B)	合計(A+B)
2017	65,910	78,968	10,169	56,743	211,790	27,064	238,854
2018	62,505	78,968	10,169	56,743	211,790	27,064	238,854
2019	60,993	83,342	11,315	57,370	213,020	24,428	237,448
2020	64,825	92,780	12,983	60,266	230,854	26,071	256,925
2021	69,553	91,909	15,562	67,872	244,897	26,436	271,333
2022	74,403	96,767	15,649	67,870	544,688	26,106	280,795
'21年対比増加率	7.0	5.3	0.6	0.0	4.0	-1.2	3.5

注) 1. 小数点1桁で四捨五入。
2. 前年比：前年累計対比。

出所：食品流通年鑑

<表3-43> 類型別・年度別食肉加工品輸入推移　　　　　　　　　　（単位：トン，千ドル，%）

	ソーセージ			豚肉缶			合計		
	金額	重量	前年比	金額	重量	前年比	金額	重量	前年比
2016	36,081	10,735.0	18.3	19,781	5,196.8	18.6	55,862	15,931.8	18.4
2017	38,005	10,923.9	1.8	17,561	3,925.9	-24.5	55,566	14,849.8	-6.8
2018	36,943	10,128.3	-7.3	14,292	3,072.8	-21.7	51,235	13,201.1	-11.1
2019	39,766	10,828.7	6.9	13,233	2,790.8	-9.2	52,999	13,619.5	3.2
2020	41,299	10,774.3	-0.5	13,155	2,725.0	-2.4	54,454	13,499.3	-0.9
2021	45,193	11,104.0	3.1	10,678	2,174.8	-20.2	55,871	13,278.8	-1.6

出所：食品流通年鑑

3) 水産加工

<表3-44> 年度別水産物加工実績推移 　　　　　　　　　　　　　　　　　　　(単位：kg)

	総計	冷凍品	缶詰品	練製品	素乾品	塩乾品	煮乾品
2015	1,829,028,399	1,180,534,122	89,770,935	162,906,539	22,654,732	19,921,833	29,183,298
2016	1,574,950,765	775,959,805	96,832,214	119,574,658	21,491,808	1,124,954	5,329,887
2017	1,291,630,055	591,675,541	72,601,295	125,845,081	15,542,426	2,167,792	4,495,161
2018	1,356,579,217	541,997,799	78,121,503	144,901,317	24,288,669	2,624,793	5,048,432
2019	1,085,522,705	357,166,388	69,638,561	157,627,532	17,374,014	1,761,673	3,702,165
2020	1,305,415,497	446,621,332	49,090,115	194,962,197	14,085,717	4,397,075	6,251,422
2021	1,373,401,940	435,514,688	48,999,401	197,655,646	25,567,756	1,159,789	3,065,749
2022	1,299,739,844	449,061,334	57,329,905	184,474,473	13,145,175	14,164,445	4,050,822

	海藻製品	寒天	調味加工品	魚油粉	塩蔵品	塩辛品	水産皮革品	その他製品
2015	152,593,189	850,942	50,133,589	25,672,018	24,183,015	40,091,023	0	30,533,164
2016	194,419,100	157,124	202,624,470	29,216,709	55,431,132	44,337,763	193	38,450,948
2017	264,035,215	249,082	82,820,924	17,286,707	15,347,491	63,262,087	8,662	36,301,591
2018	275,995,092	259,050	89,245,961	29,055,851	38,368,684	65,552,780	0	61,119,286
2019	197,759,646	213,500	73,974,750	38,623,413	23,024,513	80,328,106	6,105	64,322,339
2020	223,694,617	267,260	99,437,985	40,293,211	13,355,700	75,682,351	5,275	137,171,240
2021	201,860,942	234,700	102,103,130	17,746,414	16,356,236	68,753,473	24,400	254,359,616
2022	228,392,149	1,229,498	95,106,479	7,497,796	16,344,486	82,489,772	0	146,453,510

出所：海洋水産部

<表3-45> 品目別練製品加工実績推移 　　　　　　　　　　　　　　　　　　　(単位：kg)

区分	2018	2019	2020	2021	2022
かにかま	23,367,858	18,186,779	45,766,783	40,658,747	41,193,121
魚肉ソーセージ	11,631,156	6,298,195	5,993,705	9,307,057	7,422,722
揚げかまぼこ	101,251,663	119,717,219	84,991,143	93,761,473	104,328,495
蒸しかまぼこ	1,257,049	1,909,533	44,661,218	27,173,515	5,236,215
焼きかまぼこ	2,251,237	1,551,112	1,036,922	1,094,471	1,401,258
その他	5,142,354	9,964,694	12,512,426	25,660,383	24,892,662
合計	144,901,317	157,627,532	194,962,197	197,655,646	184,474,473

出所：海洋水産部

<表3-46> 品目別冷凍品加工実績推移 (単位：kg)

区分	2018	2019	2020	2021	2022
イカ	48,370,484	39,110,640	35,530,637	39,846,467	48,419,057
スケトウダラ	36,845,207	17,627,571	24,772,957	40,617,744	46,586,598
カレイ	3,886,265	3,651,603	2,507,139	2,959,849	4,016,736
サバ	113,525,989	60,718,382	48,701,227	87,466,324	87,935,847
大邱	1,058,618	1,138,585	843,156	2,187,975	10,051,665
イシモチ	10,017,122	9,896,533	11,011,800	10,207,244	2,481,969
サンマ	23,160,691	10,103,972	4,815,953	5,403,399	5,652,740
タチウオ	7,314,751	5,968,054	5,950,404	8,184,015	11,885,763
マアジ	5,261,150	6,370,491	12,660,965	18,084,141	8,256,429
エビ	4,770,522	3,435,138	2,298,879	3,240,653	3,566,044
サワラ	11,469,984	13,576,026	17,041,729	12,411,787	10,300,839
イワシ	25,017,715	765,603	2,750,020	2,684,264	5,455,555
マナガツオ	578,271	359,587	409,887	592,147	189,769
フグ	10,602,744	774,285	326,262	620,417	411,908
フウセイ	678,648	1,870,503	1,948,900	2,641,181	254,516
テナガダコ	507,323	555,921	698,276	700,369	569,247
ワタリガニ	4,267,960	3,771,481	2,587,139	3,532,420	5,108,466
アマダイ	206,245	366,160	354,439	724,066	461,708
マグロ類	30,936,363	18,348,121	20,945,030	10,850,595	19,616,301
その他	98,569,485	69,643,481	151,404,907	90,598,705	89,915,402
コウイカ	1,715,251	1,387,407	1,192,354	2,665,479	2,092,204
エビ	2,405,490	5,885,452	3,117,407	4,076,114	3,993,524
アナゴ	1,029,121	1,532,679	3,003,497	1,336,745	1,341,895
スケトウダラ	7,263,914	11,755,474	12,483,076	4,543,219	16,044,408
すり身	3,273,630	3,636,833	3,131,108	3,617,704	4,246,912
トリガイ	320,478	322,918	20,900	18,823	7,542
カキ	7,545,017	8,547,819	6,968,283	5,387,318	4,787,365
アサリ	894,330	577,858	802,921	6,793,923	5,124,490
イガイ	1,009,362	1,668,072	1,551,414	395,665	1,277,102
その他	79,495,669	53,799,739	66,790,666	63,125,936	49,009,333
合計	541,997,799	357,166,388	446,621,332	435,514,688	449,061,334

出所：海洋水産部

<表3-47> 品目別缶詰加工実績推移　　　　　　　　　　　　　　　　　　　　　　　　　　　　　　（単位：kg）

区分	2018	2019	2020	2021	2022
サンマ	12,037,550	7,453,187	6,146,149	5,356,635	6,417,484
イワシ	0	0	0	0	158,124
サバ	2,611,635	1,870,793	1,944,369	1,593,804	2,072,867
カキ	1,364,861	2,812,632	1,409,597	1,629,581	1,555,027
ツブガイ	4,869,452	5,059,010	2,024,538	1,779,189	4,465,584
イガイ	3,024	127,876	32,343	36,376	39,676
アサリ	30,690	2,343	40,811	9,537	38,884
マグロ	36,727,814	37,139,291	37,144,508	38,489,029	42,474,543
その他	20,476,477	15,173,429	347,800	105,250	107,716
合計	78,121,503	69,638,561	49,090,115	48,999,401	57,329,905

出所：海洋水産部

<表3-48> 品目別素乾品加工実績推移　　　　　　　　　　　　　　　　　　　　　　　　　　　　　　（単位：kg）

区分	2018	2019	2020	2021	2022
イカ	3,564,023	1,616,408	1,221,188	7,642,186	2,232,550
スケトウダラ	11,861,634	11,967,915	8,867,725	14,301,127	9,073,942
エビ	4,187	44,730	4,135	400	3,325
白魚	0	1,234	0	0	736
タコ(白ダコ)	146	1,000	1,000	0	0
貝類	1,000	316	0	392,152	1,100,064
その他	8,857,679	3,742,411	3,991,669	3,231,891	734,558
合計	24,288,669	17,374,014	14,085,717	25,567,756	13,145,175

出所：海洋水産部

<表3-49> 品目別塩乾品加工実績推移　　　　　　　　　　　　　　　　　　　　　　　　　　　　　　（単位：kg）

区分	2018	2019	2020	2021	2022
イシモチ類	2,248,143	1,201,388	2,561,655	847,330	13,915,518
その他	376,650	560,285	1,835,420	312,459	248,927
合計	2,624,793	1,761,673	4,397,075	1,159,789	14,164,445

出所：海洋水産部

<表3-50> 品目別煮干品煮干品加工実績推移　　　　　　　　　　　　　　　　　(単位：kg)

区分	2018	2019	2020	2021	2022
カキ	854,194	893,388	1,478,527	896,604	822,044
カタクチイワシ	2,361,062	1,047,349	1,865,118	740,684	1,541,407
エビ	56,122	35,086	68,378	47,568	55,107
イガイ	28,894	274,623	826,206	317,925	713,405
その他	1,748,160	1,451,719	2,013,193	1,062,968	918,859
合計	5,048,432	3,702,165	6,251,422	3,065,749	4,050,822

出所：海洋水産部

<表3-51> 品目別海藻製品加工実績推移　　　　　　　　　　　　　　　　　(単位：kg)

区分	2018	2019	2020	2021	2022
乾燥海苔	130,263,634	53,588,373	38,742,912	37,869,637	48,837,168
乾燥ワカメ	9,978,018	18,228,195	20,346,125	19,900,148	15,039,518
塩蔵ワカメ	89,581,441	78,770,117	106,274,402	94,490,708	120,601,211
乾燥コンブ	5,153,539	3,516,001	2,270,547	2,099,333	4,041,523
ヒジキ	336,822	202,248	216,603	248,410	166,840
海藻類	19,421,668	18,853,977	9,135,302	16,993,141	34,245,520
塩蔵コンブ	9,095,824	7,812,437	5,386,038	4,669,120	103,941
その他	12,164,146	16,788,298	41,322,688	25,590,445	5,356,428
合計	275,995,092	197,759,646	223,694,617	201,860,942	228,392,149

出所：海洋水産部

<表3-52> 品目別寒天加工実績推移　　　　　　　　　　　　　　　　　(単位：kg)

区分	2018	2019	2020	2021	2022
糸寒天	0	0	198,260	148,100	106,218
粉寒天	44,050	213,500	69,000	77,500	1,116,000
その他	215,000	0	0	9,100	7,280
合計	259,050	213,500	267,260	234,700	1,229,498

出所：海洋水産部

<表3-53> 品目別調味加工品加工実績推移 (単位：kg)

区分	2018	2019	2020	2021	2022
味付け海苔	36,908,022	33,106,438	49,681,922	51,355,475	65,296,281
調味イカ	37,774,887	28,971,165	11,127,386	20,792,680	19,334,359
調味カワハギ	1,189,353	928,219	1,131,214	966,778	919,281
調味スケトウダラ	364,123	1,074,684	1,120,380	573,940	709,476
その他	13,009,576	9,894,244	36,377,083	28,414,257	8,847,082
合計	89,245,961	73,974,750	99,437,985	102,103,130	95,106,479

出所：海洋水産部

<表3-54> 品目別魚油粉加工実績推移 (単位：kg)

区分	2018	2019	2020	2021	2022
イカ油	347,840	633,600	0	4,800,000	396,200
その他魚肝油	1,016,792	20,537,402	19,403,670	769,780	3,984,880
魚粉,魚肥	1,614,926	14,880,747	1,783,820	7,713,808	2,067,475
その他	26,076,293	2,571,664	19,205,721	4,462,826	1,049,241
合計	29,055,851	38,623,413	40,393,211	17,746,414	7,497,796

出所：海洋水産部

<表3-55> 品目別塩辛品加工実績推移 (単位：kg)

区分	2018	2019	2020	2021	2022
カタクチイワシの塩辛	9,012,705	17,345,017	21,521,252	19,815,327	26,749,369
エビの塩辛	9,118,206	3,856,164	6,412,550	5,583,668	5,513,118
スルメイカの塩辛	4,252,850	3,754,061	4,383,003	3,765,321	6,156,297
貝の塩辛	144,524	63,073	24,007	202,995	96,202
カキ(牡蠣の塩辛)	396,566	315,778	384,582	627,654	734,603
ウニの塩辛	603	958	0	30	198,623
明太子	5,118,970	4,680,256	4,534,669	2,363,542	5,425,892
スケトウダラの内臓の塩辛	1,776,470	1,278,003	2,147,919	1,963,486	2,212,669
キングチの塩辛	107,155	164,465	101,754	100,577	141,549
その他	35,624,731	48,870,331	36,172,615	34,330,873	35,261,450
合計	65,552,780	80,328,106	75,682,351	68,753,473	82,489,772

出所：海洋水産部

<表3-56> 品目別塩蔵品加工実績推移 (単位:kg)

区分	2018	2019	2020	2021	2022
サバ	23,767,565	19,323,297	9,293,280	12,928,459	12,488,326
数の子	6,188	331,720	229,700	0	0
その他	14,594,931	3,369,496	3,832,720	3,427,777	3,856,160
合計	38,368,684	23,024,513	13,355,700	16,356,236	16,344,486

出所:海洋水産部

4) 冷凍食品

<表3-57> 冷凍加工食品オフライン全市場規模推移　　　　　　　　　　（単位：億ウォン，%）

区分	2018	2019	2020	2021	2022	前年比
冷凍加工食品全体	12,463	12,391	13,805	13,264	13,269	0.0
冷凍餃子	4,738	4,814	5,129	4,647	4,568	-1.7
調理冷凍	7,725	7,577	8,676	8,617	8,700	1.0

注）B2Cオフライン資料はニールセン販売額基準。

出所：食品流通年鑑

<表3-58> 会社別冷凍加工食品市場占有率推移　　　　　　　　　　（単位：%）

区分	2018	2019	2020	2021	2022	前年比
CJCheiljedang	31.2	31.5	31.6	31.0	29.7	-1.3
PB	9.7	10.0	11.0	13.0	13.8	0.8
Pulmuone	6.4	8.8	9.1	8.6	9.0	0.4
Dongwon	8.1	6.9	6.4	6.5	6.3	-0.2
Ottogi	8.9	7.6	7.3	6.7	7.2	0.5
Daesang	5.1	4.8	3.8	4.1	4.3	0.2

注）B2Cオフライン資料はニールセン販売額基準。

出所：食品流通年鑑

<表3-59> 会社別冷凍餃子市場占有率推移　　　　　　　　　　（単位：%）

区分	2018	2019	2020	2021	2022	前年比
CJCheiljedang	43.5	42.8	45.8	47.4	45.9	-1.5
Pulmuone	10.4	15.3	14.8	13.6	13.3	-0.3
Haitai Confectionery	14.1	13.0	13.1	12.4	12.1	-0.3
DongwonF&B	11.3	9.1	8.6	9.2	8.6	-0.6

注）B2Cオフライン資料はニールセン販売額基準。

出所：食品流通年鑑

<表3-60> 細部カテゴリー別冷凍餃子市場規模推移 (単位：億ウォン, %)

区分	2018	2019	2020	2021	2022	前年比
冷凍餃子全体	4,738	4,814	5,129	4,647	4,568	-1.7
ギョウザマンドゥ	2,346	2,317	2,268	2,172	2,351	7.9
王/手餃子*	560	1,044	1,512	1,198	414	-0.5
水餃子	630	552	543	514	487	-5.4
焼き餃子	746	513	451	417	948	-20.6

注）B2Cオフライン資料はニールセン販売額基準。
* 出版社注：王餃子-普通の餃子より大きい餃子、手餃子-手造り餃子

出所：食品流通年鑑

<表3-61> 会社別調理冷凍食品市場占有率推移 (単位：%)

区分	2018	2019	2020	2021	2022	前年比
CJCheiljedang	23.7	24.3	23.2	22.1	21.2	-0.9
PB	13.2	14.8	16.2	18.6	19.3	0.7
Ottogi	12.3	9.7	9.4	8.5	8.4	-0.1
Pulmuone	3.9	4.7	5.8	6.0	6.8	0.8
Daesang	7.6	7.2	5.4	5.6	5.2	-0.4

注）B2Cオフライン資料はニールセン販売額基準。

出所：食品流通年鑑

<表3-62> 細部カテゴリー別調理冷凍市場規模推移 (単位：億ウォン, %)

区分	2018	2019	2020	2021	2022	前年比
調理冷凍全体	7,725	7,577	8,676	8,617	8,700	1.0
揚物類	1,641	1,752	2,065	2,125	2,085	-1.9
韓食のおかず	1,254	1,127	1,179	1,063	1,115	5.8
ピザ	931	674	854	886	919	3.8
冷凍ご飯	871	845	926	911	870	-4.4
ホットドッグ	592	742	778	694	678	-2.2
ベーカリー	231	297	410	409	385	-5.8
冷凍麺	145	217	222	217	241	11.2
洋食のおかず	211	142	116	108	103	-5.3

注）B2Cオフライン資料はニールセン販売額基準。

出所：食品流通年鑑

5) キムチ製造

<表3-63> キムチ国内消費量推移　　　　　　　　　　　　　　　　　　　（単位：トン，％）

	合計(a)	自家調製キムチ	商品キムチ			商品化率(b/a)	海外依存度(c/a)
			小計(b)	韓国産	外国産(c)		
2017	2,015,476	1,323,328	692,148	416,517	275,631	34.3	13.7
2018	1,991,338	1,274,253	717,085	426,343	290,742	36.0	14.6
2019	1,929,522	1,084,954	844,569	538,519	306,049	43.8	15.9
2020	1,955,081	1,252,810	702,271	421,084	281,187	36.9	14.4
2021	1,965,840	1,269,761	696,079	455,472	240,606	35.4	12.2
2022	1,886,024	1098,987	787,037	523,602	263,435	41.7	14.0

注) 1. 2022年の数値は、商品キムチ韓国産は計量モデルにより予測した暫定値である。
2. 自家調理キムチは家庭または外・給食店舗で直接漬けて消費したキムチの量であり、合計から商品キムチの数量を引いたものである。

出所：食品流通年鑑

<表3-64> 国内キムチ市場規模及び原産地別平均単価推移

	販売額(卸売，百万ウォン)				平均単価(ウォン/kg)		価格比(k/c)
	韓国産	外国産	占有率(%)	合計	韓国産(k)	外国産(c)	
2015	1,016,978	211,409	17.2	1,228,387	2,462	943	2.61
2020	1,319,145	296,786	18.4	16,155,931	3,133	1,055	2.97
2021	1,376,572	265,762	16.2	1,642,334	2,595	1,105	2.35
2022	1,846,278	361,172	16.4	2,207,449	3,526	1,371	2.57

注) 1. 2022年の数値は、商品キムチの韓国産は計量モデルによって予測した暫定値である。
2. 外国産の販売額はドル表示輸入額(韓国貿易協会)に為替レート(売買基準率の年間平均，韓国銀行)，税率，流通費用などを適用して卸売価格に換算した値である。

出所：食品流通年鑑

<表3-65> 年度別・月別白菜価格推移 (単位：ウォン/kg)

	1	2	3	4	5	6	7	8	9	10	11	12	年平均
2020	1,033	980	964	1,086	1,171	927	1,162	1,971	2,596	1,230	656	507	1,187
2021	597	842	40	1,070	716	617	764	1,021	1,335	741	1,086	885	894
2022	881	879	1,005	1,116	1,003	1,002	1,726	1,933	3,234	1,323	732	645	1,290
変動率	47.6	4.4	-3.4	4.3	40.1	62.4	125.9	89.3	142.2	78.5	-32.6	-27.1	44.3

出所：食品流通年鑑

<表3-66> 年度別・月別大根価格推移 (単位：ウォン/kg)

	1	2	3	4	5	6	7	8	9	10	11	12	年平均
2020	1,090	598	517	514	489	613	682	923	1,296	855	556	562	723
2021	726	518	447	479	480	505	624	671	565	527	615	560	560
2022	599	581	564	559	713	726	1,086	1,210	1,637	1,399	745	640	870
変動率	-17.5	12.2	26.2	16.7	48.5	43.8	74.0	80.3	189.7	165.5	21.1	14.3	55.4

出所：食品流通年鑑

<表3-67> 年度別・月別乾唐辛子価格推移 (単位：ウォン/kg)

	1	2	3	4	5	6	7	8	9	10	11	12	年平均
2020	13,337	13,253	13,361	13,533	13,575	14,737	15,087	20,591	29,041	27,073	27,491	26,484	18,932
2021	25,680	25,680	25,527	25,593	25,593	25,684	25,760	23,269	19,681	18,837	18,676	18,884	23,247
2022	18,600	18,461	18,100	18,100	18,100	18,117	18,426	19,068	20,322	22,248	21,541	20,920	19,332
変動率	-27.6	-28.1	-29.1	-29.3	-29.3	-29.5	-28.5	-18.1	3.3	18.1	15.3	10.8	-16.8

出所：食品流通年鑑

<表3-68> 年度別・月別乾長ネギ価格推移 (単位：ウォン/kg)

	1	2	3	4	5	6	7	8	9	10	11	12	年平均
2020	1,657	1,363	1,064	1,265	1,664	1,852	1,982	3,081	3,178	3,019	2,982	2,400	2,120
2021	3,608	5,223	4,960	4,182	2,898	1,276	1,212	1,592	1,916	1,803	1,927	1,690	2,664
2022	1,664	1,627	1,844	1,480	1,835	1,960	2,273	2,647	2,403	2,320	2,237	2,161	2,044
変動率	-53.9	-68.8	-62.8	-64.6	-36.7	53.6	87.5	66.3	25.4	28.7	16.1	27.9	-23.3

出所：食品流通年鑑

<表3-69> 年度別・月別皮を剥いたニンニク(国産)価格推移 (単位：ウォン/kg)

	1	2	3	4	5	6	7	8	9	10	11	12	年平均
2020	3,997	3,924	3,886	3,915	4,179	4,260	5,452	6,826	6,897	6,883	6,883	6,883	5,331
2021	6,883	7,069	7,241	7,453	7,503	7,267	7,841	8,003	7,860	7,839	8,178	8,389	7,639
2022	8,172	8,100	8,207	8,646	8,700	8,773	8,778	8,550	8,340	8,198	8,183	8,175	8,407
変動率	18.7	14.6	13.3	16.0	16.0	20.7	12.0	6.4	6.1	4.6	0.1	-2.6	10.1

出所：食品流通年鑑

<表3-70> 年度別・月別玉ねぎ価格推移 (単位：ウォン/kg)

	1	2	3	4	5	6	7	8	9	10	11	12	年平均
2020	929	1,100	1,173	1,178	1,003	701	803	1,025	1,182	1,187	1,277	1,368	1,074
2021	1,826	2,038	1,934	1,192	703	691	738	880	957	942	990	925	1,143
2022	771	621	570	624	791	1,377	1,478	1,518	1,527	1,533	1,564	1,536	1,166
変動率	-578	-695	-70.5	-47.7	12.5	99.3	100.3	72.5	59.6	62.7	58.0	66.1	2.0

出所：食品流通年鑑

<表3-71> キムチ生産実績推移

	生産能力 (トン, a)	生産量 (トン, b)	b/a (%)	生産額 (百万ウォン, c)	c/b (ウォン/kg)	国内販売量 (トン)	国内販売額 (百万ウォン)
2015	2,186,520	437,944	20.0	917,653	2,095	413,138	1,016,978
2019	3,514,336	471,698	13.4	1,160,666	2,461	538,519	1,255,593
2020	4,178,309	464,165	11.1	1,199,121	2,583	421,084	1,319,145
2021	6,138,929	474,439	7.7	1,244,061	2,622	530,466	1,376,572
CAGR	18.8	1.3	-14.7	5.2	3.8	4.3	5.2

注) CAGRは2015年から2021年までの年平均増加率である。

出所：食品流通年鑑

<表3-72> 主要国別キムチ輸出額推移 (単位：千ドル, %)

		2021			2022		
		輸出額	占有率	増加率	輸出額	占有率	増加率
1	日本	80,124	50.1	12.7	60,996	43.3	-23.9
2	アメリカ	28,254	17.7	22.5	29,098	20.7	3.0
3	香港	7,718	4.8	-0.5	7,270	5.2	-5.8
4	オランダ	5,448	3.4	5.8	6,429	4.6	18.0
5	オーストラリア	5,125	3.2	-9.2	5,883	4.2	14.8
6	台湾	6,913	4.3	17.8	5,490	3.9	-20.6
7	イギリス	5,501	3.4	44.7	5,309	3.8	-3.5
8	カナダ	3,044	1.9	-8.0	3,702	2.6	21.6
9	パキスタン	3,723	2.3	-7.6	3,193	2.3	-14.3
10	マレーシア	2,342	1.5	3.9	2,188	1.6	-6.6
	合計	146,192	92.6	-	129,559	92.2	-
	集中度	-	0.292	-	-	0.242	-

注) 順位は2022年基準であり、増加率は前年対比の輸出額の増加率である。集中度はハーフィンダール・ハーシュマン指数であり、すべての対象国別の輸出額占有率の平方和により求める。

出所：食品流通年鑑

4. 飲料、高麗人参、健康機能食品

1) 飲料、コーヒー

<表4-1> 飲料類市場規模推移　　　　　　　　　　　　　　　　　　（単位：10億ウォン, %）

	2018	2019	2020	2021	2022	比重	前年対比増減率（'21～'22）
合計	8,446	8,544	8,588	9,583	10,312	100.0	7.6
コーヒー	2,576	2,664	2,718	3,117	3,172	30.8	1.8
炭酸飲料	1,878	1,940	2,015	2,296	2,626	25.5	14.4
ミックス飲料	943	903	910	983	1,172	11.4	19.2
液状茶	602	651	640	697	716	6.9	2.7
果物ジュース	467	470	474	468	436	4.2	-6.9
豆乳	481	419	413	432	433	4.2	0.2
果物飲料	395	346	320	359	404	3.9	12.7
高麗人参/紅参飲料	305	308	304	286	325	3.1	13.6
飲料ベース	278	299	252	266	305	3.0	14.6
浸出茶	212	222	219	288	304	3.0	5.8
固形茶	188	185	190	228	267	2.6	17.0
炭酸水	27	32	40	68	55	0.5	-17.9
乳酸菌及びその他発酵飲料	91	102	89	93	95	0.9	1.4
濃縮果汁/果菜粉	3	3	3	2	1	0.01	-32.5

出所：食品産業統計情報

<表4-2> 飲料類生産規模推移 (単位：10億ウォン，%)

	2018	2019	2020	2021	2022	比重	前年対比増減率（'21～'22）
合計	6,478	7,017	6,513	7,303	8,565	100.0	17.3
コーヒー	1,950	2,103	2,001	2,200	2,603	30.4	18.4
炭酸飲料	1,216	1,506	1,336	1,624	1,889	22.1	16.3
ミックス飲料	843	862	791	888	1,041	12.1	17.2
液状茶	541	577	555	564	637	7.4	13.0
豆乳	287	294	285	288	505	5.9	75.1
果物飲料	355	327	260	322	391	4.6	21.5
果物ジュース	353	401	375	423	388	4.5	-8.3
高麗人参/紅参飲料	275	248	255	266	275	3.2	3.6
飲料ベース	240	260	215	229	273	3.2	19.0
浸出茶	167	178	168	170	221	2.6	29.9
固形茶	155	145	143	177	207	2.4	16.4
乳酸菌及びその他発酵飲料	78	93	87	88	83	1.0	-6.0
炭酸水	17	19	40	62	51	0.6	-18.3
濃縮果汁/果菜粉	3	3	3	2	2	0.02	-16.5

出所：食品産業統計情報

<表4-3> 飲料類主要企業現況(2022) (単位：億ウォン，%)

	企業名	売上高	比重		企業名	売上高	比重
1	LOTTE Chilsung Beverage Co., Ltd.	2,075	20.1	11	Kwang Dong Pharmaceutical Co., Ltd.	143	1.4
2	Dongsuh Foods Corp	1,051	10.2	12	Namyang Dairy Products Co., Ltd.	138	1.3
3	Coca-Cola Beverage Co., Ltd.	1,020	9.9	13	Sahmyook Foods	105	1.0
4	Maeil Dairies Co., Ltd.	344	3.3	14	Teazen Agricultural Corporation	100	1.0
5	DONG-A Otsuka Co., Ltd.	266	2.6	15	Lotte-Nestlé Korea Co., Ltd.	93	0.9
6	Samyang Packaging Corporation	231	2.2	16	Seoul F&B Co., Ltd.	91	0.9
7	Woongjin Food Co., Ltd.	172	1.7	17	Ilhwa Co., Ltd. Chuncheon Plant	84	0.8
8	Dr.Chung's Food Co., Ltd.	159	1.5	18	Dongwon Systems Corp.	82	0.8
9	Hai Tai HTB Co., Ltd.	154	1.5	19	Daesang Corp.	66	0.6
10	Korea Ginseng Corporation	153	1.5	20	CK Corporations Co., Ltd.	66	0.6

出所：食品産業統計情報

<表4-4> 飲料類輸出規模推移 (単位：千ドル，%)

	2019	2020	2021	2022	2023	比重	前年対比増減率('22〜'23)
合計	597,886	594,778	709,302	746,421	746,421	100.0	5.1
飲料[1]	411,195	399,325	470,182	496,284	496,284	69.7	10.2
果実ジュース[2]	81,567	76,085	109,173	109,127	109,127	12.8	-7.6
高麗人参飲料[3]	39,910	54,347	59,563	61,638	61,638	8.0	2.0
コーヒー飲料[4]	64,261	63,632	68,403	68,403	77,610	9.2	-6.8
野菜ジュース[5]	953	1,390	1,981	1,981	1,762	0.2	-19.1

注) 1. AG Code 159(飲料)中のHS Code 2202(飲料類)に該当する品目の輸出額合計基準。
2. AG Code 11690(果実ミックスウォーター)中のHS Code 2009(果実・ナッツジュース)に該当する品目とAG Code 11691(単一果実調製品)中のHS Code 2002(飲料類)に該当する品目の輸出額合計基準。
3. AG Code 15593(高麗人参飲料)中のHS Code 2202(飲料類)に該当する品目の輸出額合計基準。
4. AG Code 15111(コーヒー調製品)中のHS Code 2101.12(コーヒー及びコーヒーエキス・エッセンス濃縮物を基本材料とした調製品)に該当する品目の輸出額合計基準。
5. AG Code 12177(野菜ジュース)に該当する品目の輸出額合計基準。
6. 該当輸出額は aT(KATI 農食品輸出情報)が提供する統計を基盤にして算出したので食品医薬品安全処が'食品などの生産実績'で提示した2022年の飲料輸出額(733,492千ドル)と僅かな差ある。

出所：食品産業統計情報

<表4-5> 飲料類主要輸出企業現況(2022) (単位：千ドル，%)

	企業名	売上高	比重		企業名	売上高	比重
1	Lotte-Nestlé Korea Co., Ltd.	596,138	19.7	11	Namyang Dairy Products Co., Ltd.	20,531	2.8
2	DONG-A Otsuka Co., Ltd.	144,927	9.0	12	Hansung Food & Farming Cooperative Corporation	19,657	2.7
3	OKF Beverage Co., Ltd.	65,895	8.9	13	Maeil Dairies Co., Ltd.	18,347	2.5
4	Cosmax NBT Inc.	65,338	5.9	14	SAMGAK FMC Well-Being Land Co., Ltd.	9,953	1.4
5	LOTTE Chilsung Beverage Co., Ltd.	43,531	4.5	15	Yein T&G Inc.	8,584	1.2
6	Woongjin Food Co., Ltd.	32,992	3.8	16	Duwon Agricultural Cooperative Yuja Processing Center	9,263	1.1
7	Cowell Foods Co., Ltd.	27,698	3.5	17	Da Jung Co., Ltd	8,251	1.1
8	Kkoh shaem Food Co., Ltd.	25,739	3.4	18	Dongsuh Foods Corp	8,124	1.1
9	Korea Ginseng Corporation	24,793	3.3	19	Korea Mcnulty Co., Ltd	8,002	1.1
10	Pure plus Co., Ltd.	24,397	3.2	20	Tulip International Inc.	7,701	1.0

注) 各企業別比重は2022年の国内飲料類の輸出額(7億3,549万ドル)に占める比重を意味する。

出所：食品産業統計情報

<表4-6> 国別飲料類輸出推移　　　　　　　　　　　　　　　　　　　　　　　　　（単位：千ドル, %）

		2019	2020	2021	2022	2023	比重	前年対比増減率（'22～'23）
	合計	597,886	594,778	709,302	746,421	784,496	100.0	5.1
1	中国	126,086	138,179	198,460	179,789	210,291	26.8	17.0
2	アメリカ	92,033	96,336	97,001	104,846	103,198	13.2	-1.6
3	ベトナム	41,330	42,857	46,429	71,130	65,712	8.4	-7.6
4	カンボジア	83,933	74,139	73,364	74,665	54,932	7.0	-26.4
5	ロシア	31,368	28,195	33,233	34,921	37,174	4.7	6.5
6	香港	13,682	14,017	20,063	21,333	36,787	4.7	72.4
7	日本	21,239	19,335	24,900	31,512	34,470	4.4	9.4
8	台湾	6,942	10,777	13,790	19,959	23,754	3.0	19.0
9	インドネシア	9,395	11,186	19,144	19,285	23,160	3.0	20.1
10	オランダ	4,905	9,322	13,856	10,635	14,034	1.8	32.0

注) 1. AG Code 159(飲料), AG Code 11690(果実ミックスウォーター), AG Code 11691(単一果実調製品), AG Code 15593(高麗人参飲料), AG Code 12177(野菜ジュース)中のHS Code 2202(飲料類)とHS Code 2009(果実・ナッツジュース)に該当する品目とAG Code 15111(コーヒー調製品)中のHS Code 2101.12(コーヒー及びコーヒーエキス．エッセンス濃縮物を基本材料とした調製品)に該当する品目の輸出額合計基準。
2. 該当輸出額は aT(KATI 農食品輸出情報)が提供する統計を基盤にして算出したので食品医薬品安全処が'食品などの生産実績'で提示した2022年の飲料輸出額(733,492千ドル)と僅かな差ある。

出所：食品産業統計情報

<表4-7> 飲料類輸入規模推移　　　　　　　　　　　　　　　　　　　　　　　　（単位：千ドル, %）

	2018	2019	2020	2021	2022	比重	前年対比増減率（'21～'22）
合計	313,821	329,034	331,567	337,487	350,288	100.0	3.8
2.8果物ジュース（HS Code 2009)	217,509	235,428	243,091	220,575	215,210	61.4	-2.4
-2.4飲料（HS Code 2202)	96,312	93,606	88,476	116,912	135,078	38.6	15.5

注) HS Code 2202(砂糖やその他の甘味料または味や香りを加えた水(ミネラルウォーター、炭酸水を含む)その他アルコールを含まない飲料)及びHS Code 2009(果実・ナッツジュース及び野菜ジュース)基準。

出所：食品産業統計情報

<表4-8> 飲料類主要輸入品目推移- 果菜ジュース(HS Code 2009)　　　　　　　　　（単位：千ドル, %）

区分	HS Code	2018	2019	2020	2021	2022	比重	前年対比増減率('21~'22)
合計		217,509	235,428	243,091	220,575	215,210	100.0	-2.4
その他果物ジュース	2009.89	76,502	104,186	120,977	87,231	73,097	34.0	-16.2
オレンジジュース(冷凍)	2009.11	42,120	35,085	27,145	24,838	27,370	12.7	10.2
ミックスジュース	2009.90	18,950	18,963	18,408	21,711	22,960	10.7	5.8
葡萄ジュース(その他)	2009.69	25,868	23,343	20,909	22,439	22,055	10.2	-1.7
リンゴジュース(その他)	2009.79	11,316	12,554	12,222	13,840	14,810	6.9	7.0
オレンジジュース(冷凍していないもの, 20Bx 以下)	2009.12	4,898	5,625	10,412	13,378	12,669	5.9	-5.3
グレープフルト・ポメロジュース(その他)	2009.29	9,913	8,929	8,121	7,033	9,584	4.5	36.3
その他柑橘類ジュース(20Bx 以下)	2009.31	9,980	7,945	6,179	6,892	9,198	4.3	33.5
リンゴジュース(20Bx 以下)	2009.71	6,898	6,978	7,039	8,432	8,246	3.8	-2.2
その他柑橘類ジュース(その他)	2009.39	4,034	3,448	4,434	5,518	5,709	2.7	3.5
グレープフルト・ポメロジュース(20Bx 以下)	2009.21	1,308	1,589	1,081	3,203	2,724	1.3	-15.0
パイナップルジュース(その他)	2009.49	2,694	3,244	3,459	2,628	2,695	1.3	2.5
葡萄ジュース(30Bx 以下)	2009.61	1,004	1,341	942	1,339	1,972	0.9	47.3
クランベリー、リンゴンベリージュース	2009.81	602	790	662	839	1,124	0.5	34.0
パイナップルジュース(20Bx 以下)	2009.41	890	856	657	501	561	0.3	12.0
オレンジジュース(その他)	2009.19	495	491	331	574	239	0.1	-58.4
トマトジュース	2009.50	36	61	114	178	196	0.1	10.1

出所：食品産業統計情報

<表4-9> 飲料類主要輸入品目推移- 飲料類(HS Code 2202)　　　　　　(単位：千ドル, %)

区分	HS Code	2018	2019	2020	2021	2022	比重	前年対比増減率('21～'22)
合計		96,312	93,606	88,476	116,912	135,078	100.0	15.5
その他飲料	2202.99	61,898	60,174	56,191	75,085	89,519	66.3	19.2
砂糖、甘味料及び香りを加えた水(ミネラルウォーター、炭酸水を含む)	2202.10	33,546	32,061	29,360	34,245	37,712	27.9	10.1
ノンアルコールビール	2202.91	866	1,370	2,926	7,582	7,848	5.8	3.5

出所：食品産業統計情報

<表4-10> 主要国別飲料類輸入推移　　　　　　(単位：千ドル, %)

		2018	2019	2020	2021	2022	比重	前年対比増減率('21～'22)
	合計	313,821	329,034	331,567	337,487	350,288	100.0	3.8
1	アメリカ	88,790	82,295	72,871	68,597	59,976	17.1	-12.6
2	スペイン	44,489	49,918	50,459	48,241	49,900	14.2	3.4
3	タイ	18,768	22,268	22,155	27,975	33,800	9.6	20.8
4	中国	14,630	11,410	12,519	19,143	25,084	7.2	31.0
5	ドイツ	17,815	21,167	20,332	24,056	22,305	6.4	-7.3
6	チリ	14,597	14,307	16,531	18,235	20,266	5.8	11.1
7	イタリア	9,469	11,413	11,456	16,407	19,753	5.6	20.4
8	ベトナム	15,275	20,359	17,616	13,540	19,118	5.5	41.2
9	テュルキエ(トルコ)	11,673	19,656	39,415	22,233	16,098	4.6	-27.6
10	オーストラリア	3,289	4,305	4,859	9,036	12,422	3.5	37.5

注) HS Code 2202(砂糖やその他の甘味料または味や香りを加えた水(ミネラルウォーター、炭酸水を含む))、その他アルコールを含まない飲料)及びHS Code 2009(果実・ナッツジュース及び野菜ジュース)基準。

出所：食品産業統計情報

<表4-11> 流通チャンネル別飲料類小売比重(2022)　　　　　　　　　　　　　　　　　　(単位：%)

	飲料類	炭酸飲料	果物飲料	液状茶	豆乳	液状コーヒー
デパート	0.6	0.4	1.7	0.4	1.0	0.2
大型割引マート	11.3	12.5	18.8	7.7	18.1	5.6
チェーンスーパー	8.7	10.1	10.6	4.7	19.0	4.6
コンビニ	56.1	46.9	44.4	75.3	19.0	75.2
独立スーパー	15.7	19.9	16.8	8.0	30.5	9.4
一般食品店	7.7	10.3	7.7	4.0	12.4	5.0

注）1. 飲料類の比重は炭酸飲料，果物飲料，液状茶，豆乳，液状コーヒーの流通チャンネル別の比重を加算して分ける方法で算出。
2. 独立スーパーは小規模法人や個人が運営する中大型店舗で週間売上が1,700万ウォン以上の流通チャンネルを意味し，一般食品店は小規模法人や個人が運営する中大型店舗で週間売上が1,700万ウォン未満のところ分類。
3. 国内主要流通チャンネルの一部POSの情報を収集したものであり，国内すべての流通チャンネルの売上高の合計（全数）と異なる場合がある。

出所：食品産業統計情報

<表4-12> 流通チャネル別飲料類オン・オフライン小売比重推移　　　　　　　　　　　(単位：%)

		2018	2019	2020	2021	2022
飲料類	オフライン	92.5	90.1	85.5	83.1	84.5
	オンライン	7.5	10.0	14.6	17.0	15.6
ノンアルコール飲料	オフライン	93.3	91.0	89.0	87.8	88.2
	オンライン	6.7	9.0	11.0	12.3	11.8
全飲料	オフライン	91.7	89.1	81.9	78.3	80.7
	オンライン	8.3	10.9	18.1	21.7	19.3

注）1. 飲料類はノンアルコール飲料の全飲料のオン・オフラインチャンネル別比重を合算して分ける方式で算出。
2. ノンアルコール飲料はボトルミネラルウォーター，ジュース類，RTDコーヒー及び茶類，清涼飲料を含み，全飲料はコーヒー，茶，ココアを含む。

出所：食品産業統計情報

<表4-13> 飲料類販売規模推移 　　　　　　　　　　　　　　　　　　　　　　（単位：10億ウォン，%）

	2018	2019	2020	2021	2022	比重	前年対比増減率（'21～'22）
合計	8,446	8,544	8,588	9,583	10,312	100.0	7.6
コーヒー	2,576	2,664	2,718	3,117	3,172	30.8	1.8
炭酸飲料	1,878	1,940	2,015	2,296	2,626	25.5	14.4
ミックス飲料	943	903	910	983	1,172	11.4	19.2
液状茶	602	651	640	697	716	6.9	2.7
果物ジュース	467	470	474	468	436	4.2	-6.9
豆乳	481	419	413	432	433	4.2	0.2
果物飲料	395	346	320	359	404	3.9	12.7
高麗人参/紅参飲料	305	308	304	286	325	3.1	13.6
飲料ベース	278	299	252	266	305	3.0	14.6
浸出茶	212	222	219	288	304	3.0	5.8
固形茶	188	185	190	228	267	2.6	17.0
炭酸水	27	32	40	68	55	0.5	-17.9
乳酸菌及びその他発酵飲料	91	102	89	93	95	0.9	1.4
濃縮果汁/果菜粉	3	3	3	2	1	0.01	-32.5

出所：食品産業統計情報

<表4-14> 種類別コーヒー消費量推移 (単位：百万杯)

	インスタントコーヒー	インスタントドリップコーヒー	コーヒーミックス	コーヒー飲料	ドリップコーヒー	合計
2020	2,400	1,800	11,400	4,490	5,500	25,550
2021	2,300	1,800	10,600	4,960	5,900	25,560
2022	2,100	1,800	10,300	4,860	6,100	25,160

出所：食品流通年鑑

<表4-15> コーヒー市場における小売店売上高推移 (単位：億ウォン, %)

	インスタントコーヒー		インスタントドリップコーヒー		コーヒーミックス		コーヒー飲料	
	金額	増減率	金額	増減率	金額	増減率	金額	増減率
2020	887	-0.4	2,029	2.9	7,428	-8.3	13,820	0.4
2021	796	-10.3	1,918	-5.5	7,049	-5.1	14,455	4.6
2022	751	-5.7	1,877	-2.2	7,160	1.6	14,612	1.1

出所：食品流通年鑑

<表4-16> 会社別インスタントコーヒー販売金額及び物量推移 (単位：億ウォン, トン)

	Dongseo Food		Lotte-Nestlé Korea Co., Ltd.		その他	
	金額	物量	金額	物量	金額	物量
2020	643	1,557	175	375	69	128
2021	564	1,323	168	361	64	121
2022	535	1,132	161	327	54	89

出所：食品流通年鑑

<表4-17> 会社別インスタントコーヒー市場占有率推移(物量基準) (単位：%)

	Dongseo Food	Lotte-Nestlé Korea Co., Ltd.	その他
2020	75.6	18.2	6.2
2021	73.3	20.0	6.7
2022	73.1	21.1	5.8

出所：食品流通年鑑

<表4-18> 会社別インスタント豆コーヒー(アメリカーノ)販売金額及び物量推移　　(単位：億ウォン/トン)

	Dongseo Food Kanu		Lotte Nestle Crema		Namyang Dairy Lookas 9		その他	
	金額	物量	金額	物量	金額	物量	金額	物量
2020	1,488	774	63	45	53	44	59	33
2021	1,415	724	43	34	41	34	55	30
2022	1,361	652	30	23	37	29	130	60

注) アメリカーノはブラック製品と、コーヒーと砂糖が入っているスイート製品の合計である。

出所：食品流通年鑑

<表4-19> 会社別インスタント豆コーヒー(アメリカーノ)物量基準市場占有率推移　　(単位：%)

	Dongseo Food Kanu	Lotte Nestle Crema	Namyang Dairy Looka	その他
2020	86.3	5.0	5.0	3.7
2021	88.1	4.1	4.1	3.7
2022	85.4	3.0	3.8	7.8

出所：食品流通年鑑

<表4-20> 会社別インスタント豆コーヒー(ラテ)販売金額及び物量推移　　(単位：億ウォン/トン)

	Dongseo Food Kanu		Ediya Beanist		Namyang Dairy Lookas 9		その他	
	金額	物量	金額	物量	金額	物量	金額	物量
2020	242	949	7	28	109	473	8	32
2021	256	1,012	7	29	94	423	8	30
2022	216	797	7	28	79	332	17	53

出所：食品流通年鑑

<表4-21> 会社別インスタント豆コーヒー(ラテ)物量基準市場占有率推移　　(単位：%)

	Dongseo Food Kanu	Ediya Beanist	Namyang Dairy Lookas 9	その他
2020	64.1	1.9	31.9	2.1
2021	67.7	2.0	28.3	2.0
2022	65.9	2.3	27.4	4.4

出所：食品流通年鑑

<表4-22> 会社別コーヒーミックス販売金額及び物量推移　　　　　　　　　　　　　　（単位：億ウォン，トン）

	Dongseo Food		Namyang Dairy Products Co., Ltd.		Lotte-Nestlé Korea Co., Ltd.		その他	
	金額	物量	金額	物量	金額	物量	金額	物量
2020	6,582	64,878	535	5,552	248	2,555	62	417
2021	6,275	61,622	475	4,964	220	2,272	80	651
2022	6,384	57,346	488	4,813	185	1,847	103	709

出所：食品流通年鑑

<表4-23> 会社別コーヒーミックス市場占有率推移（物量基準）　　　　　　　　　　　　　　（単位：％）

	Dongseo Food	Namyang Dairy Products Co., Ltd.	Lotte-Nestlé Korea Co., Ltd.	その他
2020	88.4	7.6	3.5	0.6
2021	88.7	7.1	3.3	0.9
2022	88.6	7.4	2.9	1.1

出所：食品流通年鑑

<表4-24> 会社別コーヒー飲料販売金額及び物量推移　　　　　　　　　　　　　　（単位：億ウォン，トン）

	Dongseo Food		Maeil Dairies		Lotte Chilsung Beverage		その他	
	金額	物量	金額	物量	金額	物量	金額	物量
2020	2,329	49,581	2,231	35,903	3,453	86,183	5,808	131,756
2021	2,398	49,872	2,254	37,322	3,649	95,763	6,154	138,484
2022	2,293	43,153	1,961	30,547	3,658	96,253	6,700	143,099

出所：食品流通年鑑

<表4-25> 会社別コーヒー飲料市場占有率推移（物量基準）　　　　　　　　　　　　　　（単位：％）

	Dongseo Food	Maeil Dairies	Lotte Chilsung Beverage	その他
2020	16.1	11.8	28.4	43.4
2021	15.5	11.6	29.8	43.1
2022	13.8	9.8	30.5	45.9

出所：食品流通年鑑

2) 高麗人参

<表4-26> 年度別高麗人参生産推移

	計		未契約栽培(申告圃)		契約栽培(指定圃)		農家戸数(戸)
	面積(ha)	生産量(トン)	面積(ha)	生産量(トン)	面積(ha)	生産量(トン)	
2016	14,679	20,386	7,689	10,130	6,990	10,256	22,945
2017	14,832	23,310	8,088	11,966	6,024	11,344	21,008
2018	15,452	23,265	10,489	14,078	4,963	9,187	20,556
2019	14,770	19,582	10,349	11,608	4,421	7,974	16,981
2020	15,160	23,896	10,637	16,729	4,523	7,167	17,707
2021	14,729	20,772	9,771	14,895	4,958	5,877	19,044
2022	14,734	22,020	9,061	14,902	5,673	7,118	18,236

出所：農林畜産食品部

<表4-27> 市道別高麗人参栽培現況(2022)　　　　　　　　　　　　　　(単位：ha, 戸)

	計		未契約栽培(申告圃)		契約栽培(指定圃)	
	面積	農家数	面積	農家数	面積	農家数
計	14,734	18,236	9,061	7,832	5,673	10,404
仁川	150	309	68	202	82	107
光州	3	2	3	2	0	0
大田	42	46	42	46	0	0
世宗	98	93	76	51	22	42
京畿	2,311	3,428	825	929	1,486	2,499
江原	2,446	4,551	501	489	1,945	4,062
忠北	2,770	3,586	2,015	1,868	755	1,718
忠南	2,295	2,480	1,879	1,813	416	667
全北	2,381	1,671	2,105	1,345	276	326
全南	359	282	191	101	168	181
慶北	1,750	1,713	1,231	913	519	800
慶南	129	75	125	73	4	2

出所：農林畜産食品部

10章 食品産業

<表4-28> 市道別高麗人参生産量及び生産実績現況(2022)　　　　　　　　　(単位：M/T, 億ウォン)

	総生産		農協+高麗人参公社買上	
	生産量	生産額	買上量	買上額
仁川	306	95	168	43
光州	20	6	0	0
大田	86	26	0	0
世宗	161	50	17	6
京畿	3,220	1,270	1,942	773
江原	2,818	1,240	2,461	1,004
忠北	3,240	1,123	1,312	414
忠南	4,030	1,232	984	268
全北	3,957	1,221	360	111
全南	497	183	177	73
慶北	3,569	1,228	977	334
慶南	116	35	5	1
計	22,020	7,709	8,404	3,027

注) 2022年の高麗人参生産額は推定値で、買上量及び買上額は農協、KCC高麗人参公社の実際の資料である。

出所：農林畜産食品部

<表4-29> 年度別高麗人参栽培面積変動推移　　　　　　　　　　　　　　　　　　(単位：ha)

	植栽面積					総耕作面積				
	計	畑	%	水田	%	計	畑	%	水田	%
2016	3,283	2,068	63.0	1,215	37.0	14,679	9,556	65.1	5,123	34.9
2017	2,977	1,864	62.6	1,113	37.4	14,832	9,596	64.7	5,236	35.3
2018	3,209	1,941	60.5	1,268	39.5	15,452	9,827	63.6	5,625	36.4
2019	3,191	1,841	57.7	1,350	42.3	14,770	8,854	59.9	5,916	40.1
2020	3,474	2,262	65.1	1,212	34.9	15,160	9,517	62.8	5,643	37.2
2021	3,032	1,928	63.6	1,104	36.4	14,729	9,235	62.7	5,494	37.3
2022	2,665	1,399	52.5	1,266	47.5	14,734	7,426	50.4	7,308	49.6

出所：農林畜産食品部

<表4-30> 年度別高麗人参生産量推移

	計			契約栽培(指定圃)			未契約栽培(申告圃)		
	収穫面積	生産量	生産額	収穫面積	生産量	生産額	収穫面積	生産量	生産額
	ha	トン	百万ウォン	ha	トン	百万ウォン	ha	トン	百万ウォン
2016	3,225	20,386	768,637	1,664	10,580	385,990	1,561	9,806	382,647
2017	3,737	23,310	813,463	1,887	11,686	425,126	1,850	11,624	388,337
2018	3,984	23,265	830,672	1,450	9,187	360,032	2,534	14,078	470,640
2019	2,967	19,582	702,874	1,197	7,974	359,822	1,770	11,608	343,052
2020	3,462	23,896	819,088	1,008	7,167	315,550	2,454	16,729	503,538
2021	2,847	20,772	704,364	772	5,877	251,489	2,075	14,895	452,875
2022	3,161	22,020	770,965	928	7,118	316,622	2,233	14,902	454,343

注) 2022年の生産額は推定値である。

出所：農林畜産食品部

<表4-31> 市道別・年根別高麗人参生産現況(2022)

	3年根		4年根		5年根		6年根		合計	
	面積	生産量	面積	生産量	面積	生産量	面積	生産量	面積	生産量
	ha	トン	ha	トン	ha	トン	ha	トン	ha	トン
合計	14	63	422	2,251	864	5,180	1,861	14,526	3,161	22,020
仁川	0	0	0	0	3	14	40	292	43	306
光州	0	0	0	0	0	0	3	20	3	20
大田	0	0	1	3	8	58	2	25	11	86
世宗	0	3	0	15	19	98	7	45	26	161
京畿	0	0	15	83	37	243	371	2,894	423	3,220
江原	0	0	0	0	2	13	331	2,805	333	2,818
忠北	4	20	58	338	132	746	258	2,136	452	3,240
忠南	1	7	117	793	265	1,729	200	1,501	583	4,030
全北	8	31	216	919	259	1,243	267	1,764	750	3,957
全南	1	2	1	3	14	72	63	420	79	497
慶北	0	0	13	89	115	891	316	2,589	444	3,569
慶南	0	0	1	8	10	73	3	35	14	116

出所：農林畜産食品部

<表4-32> 年度別高麗人参需給動向

	需要				供給		
	消費	1人当たり消費	輸出	計	生産	輸入	計
	トン	kg/人	トン	トン	トン	トン	トン
2016	16,554	0.32	4,206	20,760	20,386	374	20,760
2017	19,635	0.38	4,075	23,710	23,310	400	23,710
2018	19,146	0.37	4,257	23,403	23,265	138	23,403
2019	15,638	0.30	4,080	19,718	19,582	136	19,718
2020	19,598	0.38	4,442	24,040	23,896	144	24,040
2021	15,515	0.30	5,360	20,875	20,772	103	20,875
2022	16,400	0.32	5,778	22,178	22,020	158	22,178

注) 1. 物動料：水参基準。
2. 水参換算製造収率適用原形参26%，粉末23%(原形参の90%水準)，エキス16.9%(原形参の65%水準)，乾燥エキス11%(エキスの65%水準)，茶類10%(容量の10%)，飲料類0.3%(容量の0.3%)。
3. 1人当たり消費量適用総人口数：51628千人(2022年推計人口数適用，統計庁)。

出所：農林畜産食品部

<表4-33> 最近5カ年の高麗人参価格動向　　　　　　　　　　　　　　　(単位：ウォン/12～14片/750g)

年		2017	2018	2019	2020	2021	2022
平均	27,197	27,299	30,083	28,539	25,396	24,667	25,924
1	27,767	26,500	30,000	30,000	26,333	26,000	25,833
2	28,050	25,167	32,250	30,000	26,333	26,500	26,000
3	27,650	26,000	31,500	28,083	27,167	25,500	26,000
4	28,167	28,500	31,500	30,167	25,667	25,000	26,250
5	28,100	29,000	30,417	29,750	26,667	24,667	26,500
6	28,600	31,167	31,000	29,500	28,000	23,333	26,833
7	28,333	29,167	31,250	31,000	26,750	23,500	26,500
8	27,450	28,583	29,583	29,417	25,583	24,083	29,500
9	27,260	26,833	29,333	30,300	23,750	26,083	27,583
10	24,533	25,167	27,667	24,500	22,000	23,333	23,167
11	24,950	26,500	27,833	24,250	23,000	23,167	21,667
12	25,500	25,000	28,667	25,500	23,500	24,833	25,250

出所：農林畜産食品部

<表4-34> 高麗人参主要国輸出実績推移(最近3カ年)

		2020		2021(A)		2022(B)		B/A(%)	
		物量(トン)	千($)	物量(トン)	千($)	物量(トン)	千($)	物量	金額
計(a)		11,894	229,764	13,652	266,968	15,965	269,731	16.9	1.0
中華圏(b)	中国	2,020	82,102	2,852	102,618	1,590	91,667	-44.2	-10.7
	香港	612	23,734	261	23,572	256	17,266	-2.0	-26.8
	台湾	628	17,637	899	20,462	923	24,725	2.6	20.8
	小計	3,260	123,383	4,011	146,652	2,769	133,658	-31.0	-8.9
日本		737	38,224	619	33,994	950	34,355	53.4	1.1
アメリカ		1,165	27,947	1,468	3,350	2,059	33,911	16.5	-1.3
ベトナム		5,492	21,813	5,958	29,378	9,014	44,126	51.3	50.2
金額比重(b/a,%)		53.6		54.9		49.6		-	

出所：農林畜産食品部

<表4-35> 高麗人参類及び高麗人参製品類輸出実績推移(最近3カ年)

	2020		2021(A)		2022(B)		B/A(%)	
	物量(トン)	千($)	物量(トン)	千($)	物量(トン)	千($)	物量	金額
計(a)	11,894	229,764	13,652	266,968	15,965	269,731	16.9	1.0
○ 本参	234	61,425	299	74,524	294	79,126	-1.8	6.2
水参	32	1,270	39	1,522	34	1,322	-14.8	-12.5
白参	18	3,184	22	3,914	19	3,426	-11.9	-12.5
紅参	184	56,971	238	69,088	241	74,368	1.2	7.6
- 中華圏	208	58,086	255	67,801	257	73,482	0.8	8.4
中国	117	35,062	161	45,697	162	50,409	0.6	10.3
香港	58	13,850	62	14,714	54	11,452	-12.3	-22.2
台湾	33	9,174	32	7,391	41	11,621	29.2	57.2
○ 製品	11,660	168,339	13,353	192,444	15,672	190,605	17.4	-1.0
金額比重(b/a,%)	73.2		72.1		70.7		-	

出所：農林畜産食品部

<表4-36> 品目別高麗人参輸出実績推移　　　　　　　　　　　　　　　　　（単位：トン，千$）

	2019		2020		2021		2022	
	数量	金額	数量	金額	数量	金額	数量	金額
計	10,575	210,277	11,894	229,764	13,652	266,968	15,965	269,731
○ 紅参類	3,169	152,401	2,905	158,245	3,227	187,745	4,103	189,607
- 紅参	222	67,341	184	56,971	238	69,088	241	74,368
- 紅参錠	411	28,698	497	39,702	585	46,529	614	38,607
- 紅参粉	34	7,292	29	5,758	28	4,780	26	4,908
- 紅参調製品	2,502	49,070	2,195	55,814	2,377	67,348	3,222	71,724
○ 白参類	242	15,808	256	15,455	349	17,118	431	16,195
- 白参	25	4,317	18	3,184	22	3,914	19	3,426
- 白参錠	22	6,554	21	6,607	54	7,257	32	6,676
- 白参粉	6	1,477	5	1,751	5	1,459	5	1,256
- 白参調製品	189	3,460	211	3,912	269	4,488	375	4,837
○ その他	7,164	42,068	8,734	56,065	10,076	62,104	11,433	63,928
- 高麗人参飲料	7,122	40,106	8,687	54,430	9,963	59,563	11,356	61,656
- 液汁	9	337	15	357	73	969	42	901
- 副産物	1	69	0	8	1	49	1	31
- 水参	31	1,503	32	1,270	39	1,522	34	1,332
	1	53	0	0	0	1	0	0

出所：農林畜産食品部

<表4-37> 年度別高麗人参輸入推移 (単位：トン，千$)

	2019		2020		2021		2022	
	数量	金額	数量	金額	数量	金額	数量	金額
計	58	3,564	62	6,599	66	4,207	89.4	3,057.1
小計	1.0	50	6.9	133	22.2	303	24.7	284.0
水参	0.6	29.3	6.5	121.2	22.1	290.7	24.5	273.8
白参(原形参)	0.4	16.5	0.4	12.1	0.1	12.4	0.2	10.2
小計	57	3,514	55	6,466	44	3,904	64.7	2,773.1
白参粉	4.0	409.8	4.4	236.1	6.7	399.2	5.0	156.4
白参錠	12.9	2,221	9.6	1,406	5.7	654.7	13.5	1,591.6
白参차	0.3	3.7	0.5	12.9	5.6	77.9	0.6	25.5
紅参(原形参)	0.2	52	9.5	4,128	4.3	1,633.6	0.1	3.9
紅参粉	-	0.1	-	1.1	-	0.8	0.1	22.2
紅参錠	2.0	73.2	0.8	58.6	1.3	119.2	0.6	42.3
紅参차	4.3	428	2.8	183.9	4.9	747.4	2.4	159.8
高麗人参液汁	32.9	321	27.7	424.2	15.2	269.2	28.5	591.3
高麗人参飲料	0.2	5.5	0.3	14.7	0.1	2.2	13.9	177.0
高麗人参副産物	-	0.3	-	0.2	-	2.3	0.0	3.1

出所：農林畜産食品部

3) 健康機能食品

<表4-38> 健康機能食品市場規模推移 (単位:億ウォン,%)

	2018	2019	2020	2021	2022	前年対比増減率('21〜'22)	年平均増減率('18〜'22)
国内市場規模	30,689	37,257	41,753	50,583	53,606	6.0	15.0
販売実績	25,221	29,508	33,254	40,321	41,695	3.4	13.4
内需用	23,962	28,081	30,990	38,015	38,914	2.4	12.9
輸出用	1,259	1,427	2,264	2,306	2,781	20.6	21.9
輸入額	6,727	9,176	10,763	12,568	15,010	19.4	22.2

注) 1. 国内市場規模は売上-輸出+輸入を基準にして算出。
2. 輸出用販売実績と輸入額の為替レートは1\$=1,101ウォン('18), 1,166ウォン('19), 1,180ウォン('20), 1,144ウォン('21), 1,292ウォン('22)を適用。

出所:食品産業統計情報

<表4-39> 健康機能食品生産推移 (単位:億ウォン,トン,%)

	2018	2019	2020	2021	2022	前年対比増減率('21〜'22)	年平均増減率('18〜'22)
生産額	17,288	19,464	22,642	27,120	28,050	3.4	12.9
生産量	52,771	71,681	76,696	136,915	144,110	5.3	28.3

出所:食品産業統計情報

<表4-40> 原料別健康機能食品製品数現況(2022) (単位:個,%)

	製品群	製品数	比重		製品群	製品数	比重
	全体	36,821	100.0	10	オオバコ由来植物繊維	784	2.1
1	ビタミン及びミネラル	8,937	24.3	11	マリーゴールドの花のエキス	780	2.1
2	プロバイオティクス	4,981	13.5	12	フラクトオリゴ糖	653	1.8
3	紅参	4,365	11.9	13	ソウパルメットの果実エキス	539	1.5
4	個別認定型	2,942	8.0	14	難消化性マルトデキストリン	501	1.4
5	EPA及びDHA含有油脂	1,935	5.3	15	緑茶エキス	424	1.2
6	ガルシニアカンボジアエキス	1,675	4.5	16	タンパク質	403	1.1
7	ミルクシスルエキス	1,092	3.0	17	高麗人参	371	1.0
8	メチルサルフォニルメタン(MSM)	901	2.4	18	イチョウの葉エキス	359	1.0
9	プロポリスエキス	787	2.1		その他	4,392	11.9

注)各製品別比重は2022年の国内健康機能食品の販売額(3兆8.914億ウォン)に占める比重を意味する。

出所:食品産業統計情報

<表4-41> 機能性原料認定推移 (単位：件)

	2013	2014	2015	2016	2017	2018	2019	2020	2021	2022
合計	33	42	16	4	4	12	29	14	23	45
新規認定	20	25	11	2	2	9	23	11	19	35
追加認定	13	17	5	2	2	3	6	3	4	10

出所：食品産業統計情報

<表4-42> 健康機能食品製造会社推移 (単位：社, 億ウォン, %)

	2018	2019	2020	2021	2022	前年対比増減率('21～'22)	年平均増減率('18～'22)
事業者数	500	508	521	539	566	5.0	3.1
業体当たり平均売上高	50	58	64	75	74	-1.3	10.3

出所：食品産業統計情報

<表4-43> 健康機能食品主要企業現況(2022) (単位：億ウォン, %)

	企業名	売上高	比重		企業名	売上高	比重
1	Korea Ginseng Corp.	7,708	19.8	11	Korea Eundan Healthcare Co., Ltd.	663	1.7
2	HY Co., Ltd.	4,470	11.5	12	Amorepacific Corp.	617	1.6
3	Kolmar BNH Co., Ltd.	3,093	7.9	13	Hanmi Trading Co., Ltd.	570	1.5
4	Novarex Co., Ltd.	2,676	6.9	14	BL Healthcare, Inc.	531	1.4
5	Chong Kun Dang Healthcare Corp	2,578	6.6	15	Korea Eundan Co., Ltd.	511	1.3
6	Suheung Co., Ltd.	2,029	5.2	16	Cell Biotech Co Ltd.	488	1.3
7	ILDONG foodis Inc.	1,333	3.4	17	Daedong Korea Ginseng Co., Ltd.	355	0.9
8	Cosmax Bio Co., Ltd.	1,235	3.2	18	Maiim Co., Ltd.	349	0.9
9	Cosmax NBT Inc.	1,126	2.9	19	CNS Pharm Korea Co.,Ltd.	335	0.9
10	RP Bio Inc.	759	2.0	20	Pio Pharm Co.,Ltd.	310	0.8

注) 1. 各企業別比重は2022年の国内健康機能食品販売額(3兆8,914億ウォン)に占める比重を意味する。
2. 国内健康機能食品の主要生産企業(生産実績報告会社)の売上高を基準にして算出、流通専門販売員の売上額は含まない。

出所：食品産業統計情報

<表4-44> 健康機能食品輸出推移 (単位：億ウォン，%)

	2018	2019	2020	2021	2022	前年対比増減率('21～'22)	年平均増減率('18～'22)
全体	1,259	1,427	2,264	2,306	2,781	20.6	21.9
告示型	1,098	1,112	1,652	1,531	2,306	50.6	20.4
個別認定型	161	315	612	775	475	-38.7	31.1

注) 輸出額の為替レートは1$=1,101ウォン('18)，1,166ウォン('19)，1,180ウォン('20)，1,144ウォン('21)，1,292ウォン('22)を適用。

出所：食品産業統計情報

<表4-45> 健康機能食品主要輸出品目(告示型)現況(2022) (単位：億ウォン，%)

	品目類型	輸出額	比重		品目類型	輸出額	比重
	全体(41品目)	2,306	100.0	11	スピルリナ	31	1.3
1	プロバイオティクス	638	27.7	12	オオバコ由来植物繊維	23	1.0
2	紅参	551	23.9	13	テアニン	18	0.8
3	ビタミン及びミネラル	366	15.9	14	タンパク質	17	0.7
4	EPA及びDHA含有油脂	208	9.0	15	ソウパルメットの果実エキス	15	0.7
5	ミルクシスルエキス	97	4.2	16	プロポリスエキス	12	0.5
6	高麗人参	65	2.8	17	アロエの葉	11	0.5
7	クロレラ	43	1.9	18	NAG(N-アセチルグルコサミニダーゼ)	11	0.5
8	マリーゴールドの花のエキス	42	1.8	19	難消化性マルトデキストリン	10	0.4
9	ガルシニアカンボジアエキス	35	1.5	20	ヘマトコッカスエキス	9	0.4
10	コエンザイムQ10	35	1.5		その他(21品目)	66	2.9

出所：食品産業統計情報

<表4-46> 健康機能食品主要輸出品目(個別認定型)現況(2022)　　　　　　　(単位：億ウォン，％)

	品目類型	輸出額	比重		品目類型	輸出額	比重
	全体(25品目)	475	100.0	10	プーアール茶エキス	8	1.7
1	ヘモヒムアンジェリカなどのミックスエキス	308	64.8	11	白首烏などの複合エキス	7	1.5
2	青りんごエキスアップルフェノン	36	7.6	12	UREXプロバイオティクス	7	1.5
3	ウコンエキス(ターマシン)	17	3.6	13	ベータグルカン粉末	2	0.4
4	納豆菌培養粉末	17	3.6	14	リプリノール-緑イ貝抽出オイル	1	0.2
5	ルテインゼアキサンチン複合エキス	16	3.4	15	レモンバームエキスミックスエキス	1	0.2
6	MS-10 アザミ複合エキス	14	2.9	16	MR-10タンポポなどの複合エキス	1	0.2
7	フィッシュコラーゲンペプチド	13	2.7	17	キトオリゴ糖	1	0.2
8	ザクロ濃縮液	13	2.7	18	当帰抽出粉末(Nutragen)	1	0.2
9	あまづらの葉酒精抽出粉末	11	2.3		その他(7品目)	1	0.02

出所：食品産業統計情報

<表4-47> 健康機能食品の輸入推移　　　　　　　(単位：億ウォン，万ドル，トン，件，％)

	2018	2019	2020	2021	2022	前年対比増減率('21～'22)	年平均増減率('18～'22)
輸入額(億ウォン)	6,727	9,176	10,763	12,568	15,010	19.4	22.2
輸入額(万ドル)	61,097	78,696	91,214	106,861	116,178	8.7	17.4
輸入量	13,491	16,066	19,824	23,076	27,040	17.2	19.0
輸入申告件数	12,043	13,104	13,809	14,572	13,938	-4.4	3.7

注）輸入額の為替レートは1$=1,101ウォン('18)，1,166ウォン('19)，1,180ウォン('20)，1,144ウォン('21)，1,292ウォン('22)を適用。

出所：食品産業統計情報

<表4-48> 主要品目別健康機能食品輸入現況(2022)　　　　　　　　　　（単位：億ウォン，トン，％）

順位	品目類型	輸入額	占有率	輸入量	占有率
	全体	15,010	100.0	27,040	100.0
1	複合栄養素製品	4,356	29.0	8,361	30.9
2	栄養機能性複合製品	2,617	17.4	2,904	10.7
3	プロバイオティクス	1,249	8.3	325	1.2
4	EPA及びDHA含有油脂	1,231	8.2	2,846	10.5
5	タンパク質	345	2.3	1,150	4.3
6	ビタミンC	345	2.3	489	1.8
7	Lactobacillus gasseri BNR17(第2017-6号)	253	1.7	41	0.2
8	ミルクシスル(カルドゥス・マリアヌス)エキス	180	1.2	187	0.7
9	アロエゲル	168	1.1	200	0.7
10	(低分子コラーゲンペプチド(第2013-30号)	150	1.0	209	0.8

注) 輸入額の為替レートは1$=1,292ウォン('22)を適用。

出所：食品産業統計情報

<表4-49> 主要品目別健康機能食品輸入現況(輸入届出件数)(2022)　　　　　　（単位：件，％）

	品目類型	輸入件数	比重		品目類型	輸入件数	比重
	全体(92品目)	13,938	100.0	11	アロエゲル	128	0.9
1	栄養素，機能性複合製品	3,620	26.0	12	スピルリナ	105	0.8
2	複合栄養素製品	2,945	21.1	13	テアニン	102	0.7
3	プロバイオティクス	1,178	8.5	14	オオバコ由来植物繊維	92	0.7
4	EPA及びDHA含有油脂	668	4.8	15	フラクトオリゴ糖	73	0.5
5	個別認定原料	612	4.4	16	オーツ麦食物繊維	31	0.2
6	タンパク質	396	2.8	17	グァーガム/グァーガム加水分解物	28	0.2
7	ビタミンC	343	2.5	18	イヌリン/チコリエキス	24	0.2
8	ガルシニアカンボジアエキス	203	1.5	19	ポリデキストロース	22	0.2
9	メチルサルフォニルメタン(MSM)	172	1.2	20	大豆タンパク	5	0.04
10	ミルクシスルエキス	150	1.1		その他	3041	21.8

出所：食品産業統計情報

<表4-50> 健康機能食品主要輸入国現況(輸入額)(2022)　　　(単位：万ドル, %)

	輸入国	輸入額	比重		輸入国	輸入額	比重
	全体(47か国)	116,177.7	100.0	11	ノルウェー	1,412.3	1.2
1	アメリカ	49,966.8	43.0	12	ニュージーランド	1,394.9	1.2
2	ドイツ	21,129.8	18.2	13	メキシコ	1,174.5	1.0
3	カナダ	8,950.8	7.7	14	アルゼンチン	885.0	0.8
4	インド	6,988.6	6.0	15	フィンランド	795.3	0.7
5	イタリア	3,475.3	3.0	16	オランダ	745.1	0.6
6	台湾	3,423.1	2.9	17	デンマーク	688.5	0.6
7	中国	2,947.7	2.5	18	イギリス	580.7	0.5
8	オーストラリア	2,325.3	2.0	19	マレーシア	554.2	0.5
9	フランス	2,122.2	1.8	20	チリ	527.4	0.5
10	スペイン	2,045.6	1.8		その他	3,531.8	3.0

出所：食品産業統計情報

<表4-51> 健康機能食品主要輸入国現況(輸入件数)(2022)　　　(単位：件, %)

	輸入国	輸入件数	比重		輸入国	輸入件数	比重
	全体(47か国)	13,938	100.0	11	スペイン	143	1.0
1	アメリカ	6,294	45.2	12	イギリス	90	0.6
2	カナダ	2,288	16.4	13	イスラエル	26	0.2
3	ドイツ	1,403	10.1	14	ベトナム	18	0.1
4	インド	759	5.4	15	タイ	12	0.1
5	中国	561	4.0	16	ペルー	6	0.04
6	オーストラリア台湾	469	3.4	17	コロンビア	4	0.03
7	イタリア	277	2.0	18	テュルキエ(トルコ)	2	0.01
8	ニュージーランド	188	1.3		EU(27か国)	2,348	16.8
9	日本	172	1.2		ASEN(10か国)	63	0.5
10	フランス	170	1.2		中米(5か国)	19	0.1

注) 輸入国は韓国とFTAを締結した国を選定。

出所：食品産業統計情報

<表4-52> 健康機能食品主要輸入業者現況(2022)　　　　　　　　　　　　　　　(単位：万ドル，%)

	輸入国	輸入額	比重		輸入国	輸入額	比重
	全体(47か国)	116,177.7	100.0	16	VIXXOL Corporation Banwol factory	1,235.2	1.1
1	PM-International Korea LLC.	15,271.6	13.1	17	Natural Life Co., Ltd.	1,175.5	1.0
2	Amway Korea Co., Ltd.	14,930.1	12.9	18	Newtree Co., Ltd.	1,163.4	1.0
3	Unicity Korea Co., Ltd.	4,440.4	3.8	19	Chong Kun Dang Heathcare Co., Ltd.	1,129.3	1.0
4	Juyenong NS Co., Ltd.	3,876.1	3.3	20	Daehan Chemtech Co., Ltd.	1,113.5	1.0
5	USANA Health Science Korea Co., Ltd.	3,318.6	2.9	21	Kolmar BNH Co., Ltd. Eumseong Plant	977.7	0.8
6	GlaxoSmithKline Consumer Healthcare Korea Co., Ltd.	2,556.6	2.2	22	Suheung Co., Ltd.	882.7	0.8
7	Venus Bio Limited	2,416.1	2.1	23	Esther Formula	871.0	0.7
8	Novarex Co., Ltd.	2,258.8	1.9	24	Hecto Healthcare Co., Ltd.	867.7	0.7
9	Acebiome Co., Ltd.	1,968.4	1.7	25	Synergy World Wide Korea	849.4	0.7
10	Dong-A Pharmaceutical Co., Ltd.	1,712.5	1.5	26	Fine BS Co., Ltd.	842.2	0.7
11	Unity Global Manufacturing Co., Ltd.	1,541.2	1.3	27	NRISE Inc.	811.1	0.7
12	Costco Korea Co., Ltd.	1,485.5	1.3	28	Danisco Nutrition & Biosciences Korea Ltd.	808.4	0.7
13	Korea Solgar Inc.	1,394.0	1.2	29	Raydel Korea Co., Ltd.	781.3	0.7
14	H.PIO Co., Ltd.	1,386.8	1.2	30	BTC Co., Ltd.	684.1	0.6
15	FromBIO, Inc.	1,303.5	1.1		その他	42,125.3	36.3

注) 輸入国は韓国とFTAを締結した国を選定。

出所：食品産業統計情報

<表4-53> 健康機能食品国内販売推移　　　　　　　　　　　　　　　(単位：億ウォン，トン，%)

	2018	2019	2020	2021	2022	前年対比増減率('21～'22)	年平均増減率('18～'22)
販売額	23,292	28,081	30,990	38,015	38,914	2.4	13.7
販売量	45,309	67,196	72,951	136,963	13,309	-2.7	31.0

出所：食品産業統計情報

<表4-54> 品目別健康機能食品売上推移 (単位：億ウォン, %)

		2018	2019	2020	2021	2022	比重	前年対比増減率('21～'22)
	全体	20,897	22,910	25,058	30,323	30,878	100.0	1.8
1	紅参	10,773	10,283	10,125	9,919	9,297	30.1	-6.3
2	プロバイオティクス	2,615	4,242	4,822	7,309	6,339	20.5	-13.3
3	ビタミン及びミネラル	2,388	2,602	2,760	3,161	4,239	13.7	34.1
4	EPA及びDHA含有油脂	658	957	1249	2,321	2,610	8.5	12.5
5	タンパク質	68	270	375	552	1,684	5.5	205.1
6	メチルサルフォニルメタン(MSM)	151	194	339	661	687	2.2	3.9
7	ミルクシスルエキス	813	428	394	460	527	1.7	14.6
8	ガルシニアカンボジアエキス	373	385	328	476	522	1.7	9.7
9	オオバコ由来植物繊維	188	182	196	244	459	1.5	88.1
10	ソウパルメットの果実エキス	159	196	294	437	442	1.4	1.1
11	その他	2,710	3,171	4,176	4,783	4,072	13.2	-14.9

注）1. 品目別売上高は告示型製品の該当年度の内需販売実績を基準にして作成。
2. 健康機能食品は品目別売上高上位10社の品目を基準にして作成。
3. メチルサルフォニルメタン(MSM)はMethyl sulfonyl methane(ジメチルスルホン)を意味。

出所：食品産業統計情報

<表4-55> 機能性別健康機能食品売上比重(2022) (単位：%)

順位	機能性	売上比重	順位	機能性	売上比重
1	血行改善	13.1	11	皮膚の健康	1.8
2	記憶力改善	12.9	12	血中コレステロールの改善	1.7
3	免疫機能の改善	11.7	13	関節/骨の健康	1.6
4	抗酸化	11.1	14	肝臓の健康	1.4
5	疲労改善	10.8	15	運動遂行能力の向上	0.7
6	更年期女性	10.2	16	子供の身長成長の改善	0.5
7	腸の健康	10.0	17	血糖調節	0.5
8	目の健康	4.1	18	前立腺の健康	0.5
9	血中中性脂肪の改善	3.2	19	カルシウム吸収促進	0.4
10	体脂肪の減少	2.1	-	その他	1.9

出所：食品産業統計情報

5. 簡便調理食、外食産業

1) 簡便調理食

<表5-1> インスタント食品及び簡便食品セット(ミールキット)市場規模推移　　　　(単位：百万ウォン, %)

	2018	2019	2020	2021	2022	前年対比増減率('21～'22)	年平均増減率('18～'22)
インスタント食品類	3,708,069	4,205,909	4,425,382	4,985,850	5,853,188	17.4	12.1
比重	100.0	100.0	100.0	100.0	100.0	-	-
インスタント調理食品	1,317,778	1,694,899	2,010,327	2,350,749	2,788,612	18.6	20.6
比重	35.5	40.3	45.4	47.1	47.6	-	-
即席摂取食品	1,529,522	1,583,075	1,416,163	1,544,417	1,696,096	9.8	2.6
比重	41.2	37.6	32.0	31.0	29.0	-	-
餃子及び餃子の皮	655,766	725,726	757,044	765,566	806,796	5.4	5.3
比重	17.7	17.3	17.1	15.4	13.8	-	-
新鮮便宜食品	181,734	184,531	224,640	229,656	285,051	24.1	11.9
比重	4.9	4.4	5.1	4.6	4.9	-	-
かんたん調理セット	-	-	1,468	81,625	249,648	205.8	1,203.9
比重	-	-	0.03	1.6	4.3	-	-
生食及び生食含有食品	22,269	17,678	14,929	13,836	26,984	95.0	4.9
比重	0.6	0.4	0.3	0.3	0.5	-	-

注) かんたん調理セット(ミールキット)生産規模の年平均増加率は2020/2022基準。

出所：食品産業統計情報

<表5-2> インスタント食品及び簡便食品セット(ミールキット)生産額推移　　　　(単位：百万ウォン，%)

	2018	2019	2020	2021	2022	前年対比増減率('21～'22)	年平均増減率('18～'22)
インスタント食品類	3,581,323	4,158,420	4,003,288	4,604,495	5,230,747	13.6	9.9
比重	100.0	100.0	100.0	100.0	100.0	-	-
インスタント調理食品	1,149,552	1,528,999	1,737,362	2,108,360	2,277,471	8.0	18.6
比重	32.1	36.8	43.4	45.8	43.5	-	-
即席摂取食品	1,697,521	1,821,801	1,400,893	1,534,053	1,724,465	12.4	0.4
比重	47.4	43.8	35.0	33.3	33.0	-	-
餃子及び餃子の皮	556,394	625,834	643,924	684,291	756,579	10.6	8.0
比重	15.5	15.0	16.1	14.9	14.5	-	-
新鮮便宜食品	156,965	165,455	205,851	213,439	250,721	17.5	12.4
比重	4.4	4.0	5.1	4.6	4.8	-	-
かんたん調理セット	-	-	1,316	53,816	208,985	288.3	1,160.2
比重	-	-	0.03	1.2	4.0	-	-
生食及び生食含有食品	20,892	16,332	13,942	10,535	12,526	18.9	-12.0
比重	0.6	0.4	0.3	0.2	0.2	-	-

注）かんたん調理セット(ミールキット)生産規模の年平均増加率は2020/2022基準。

出所：食品産業統計情報

<表5-3> インスタント食品及び簡便食品セット(ミールキット)生産量推移　　　　(単位：トン，%)

	2018	2019	2020	2021	2022	前年対比増減率('21～'22)	年平均増減率('18～'22)
インスタント食品類	1,229,641	1,288,538	1,296,688	5,061,842	1,557,985	-69.2	6.1
比重	100.0	100.0	100.0	100.0	100.0	-	-
インスタント調理食品	375,193	471,704	617,614	4,322,865	771,277	-82.2	19.7
比重	30.5	36.6	47.6	85.4	49.5	-	-
即席摂取食品	622,659	560,377	418,845	452,055	488,460	8.1	-5.9
比重	50.6	43.5	32.3	8.9	31.4	-	-
餃子及び餃子の皮	190,681	203,024	203,572	220,801	208,289	-5.7	2.2
比重	15.5	15.8	15.7	4.4	13.4	-	-
新鮮便宜食品	39,672	52,383	55,464	58,193	61,751	6.1	11.7
比重	3.2	4.1	4.3	1.1	4.0	-	-
かんたん調理セット	-	-	232	7,436	27,423	268.8	987.2
比重	-	-	0.02	0.1	1.8	-	-
生食及び生食含有食品	1,436	1,048	960	489	785	60.5	-14.0
比重	0.1	0.1	0.1	0.01	0.1	-	-

注）かんたん調理セット(ミールキット)生産規模の年平均増加率は2020/2022基準。

出所：食品産業統計情報

<表5-4> インスタント食品生産業者推移　　　　　　　　　　　　　　　　　　（単位：会社数, %）

	2018	2019	2020	2021	2022	前年対比 増減率 ('21～'22)	年平均 増減率 ('18～'22)
インスタント食品類	2,005	2,106	2,166	2,394	2,644	10.4	7.2

注) 1. インスタント食品類は大きく生食及び生食含有製品, 即席摂取食品(弁当, ハンバーガー, 禅食(ソンシク), のり巻き, その他), 新鮮便宜食品(新芽野菜, カットフルーツ, その他), インスタント調理食品(弁当, スンデ(豚の腸詰め), スープ(グッグ), スープ(タン), スープ(スプ), その他), かんたん調理セット(ミールキット), 餃子及び餃子の皮で構成されている。
2. かんたん調理セット(ミールキット)の生産事業者数は2020年から集計及び反映され始めた。

出所：食品産業統計情報

<表5-5> 会社別・ブランド別簡便食品セット(ミールキット)市場比重推移　　　　　　　　（単位：%）

		2018	2019	2020	2021	2022
PBブランド	-	-	36.0	41.6	50.5	58.3	59.2
fresheasy	fresheasy	5.8	4.6	11.4	12.0	11.9
Korea Yakult	eats on	29.0	12.8	9.6	7.7	8.0
CJCheiljedang	COOKIT	-	7.9	6.9	5.0	4.5
My Chef	MYCHEF	17.4	4.2	4.3	3.7	3.9
その他	-	-	11.8	28.8	17.4	13.4	12.5

出所：食品産業統計情報

<表5-6> 簡便食品セット(ミールキット)輸出規模推移　　　　　　　　　　　　　　（単位：千ドル, %）

	2018	2019	2020	2021	2022	前年対比 増減率 ('21～'22)	年平均 増減率 ('18～'22)
インスタント食品類	487,969	555,643	195,114	198,749	645,905	225.0	81.9
かんたん調理セット	-	-	-	-	88	-	-
かんたん調理セット 比重	-	-	-	-	0.01	-	-

出所：食品産業統計情報

<表5-7> インスタント食品輸出上位20社及び輸出実績(2022)　　　　　　　　　（単位：千ドル, %）

順位	企業名	輸出額	順位	企業名	輸出額
1	Ottogi Corporation	321,125	11	Agricultural Corporation Humanwell	3,695
2	Korean Air C&D Service Co., Ltd.	137,955	12	CNS Food System Co., Ltd.	2,711
3	Gate Gourmet Co., Ltd.	42,991	13	Eden F&C Co., Ltd.	2,103
4	CJ Cheiljedang	42,587	14	Agricultural Corporation Youngpoong Co., Ltd.	1,986
5	Sharp Aviation K Co., Ltd.	20,618	15	Sungbo Co., Ltd	1,556
6	Foodware Co., Ltd.	19,816	16	SJ Korea Co., Ltd.	1,511
7	LSG Sky Chefs Korea	19,652	17	SEYEON FOODS	1,401
8	GMF Co., Ltd.	8,571	18	Samyang Refrigeration Co., Ltd.	860
9	Dongwon F&B Co., Ltd.	4,183	19	Bio Port Korea Inc.	634
10	Samyang Foods Co., Ltd.	3,969	20	Nongshim Taekyung Co., Ltd	557
	インスタント食品全輸出額	645,905 (100.0)		インスタント食品上位20会社輸出額	638,481 (98.9)

出所：食品産業統計情報

<表5-8> インスタント食品及び簡便食品セット（ミールキット）販売額推移　　　（単位：百万ウォン, %）

	2018	2019	2020	2021	2022	前年対比増減率（'21～'22）	年平均増減率（'18～'22）
インスタント食品類	3,708,069	4,205,909	4,425,382	4,985,850	5,853,188	17.4	15.0
かんたん調理セット	-	-	1,468	81,625	249,648	204.9	1481.1
かんたん調理セット比重	-	-	0.03	1.64	4.27	-	-

出所：食品産業統計情報

<表5-9> インスタント食品生産上位20社及び実績現況(2022)　　　　　　　（単位：百万ウォン，%）

順位	企業名	輸出額	順位	企業名	輸出額
1	CJ Cheiljedang㈱	993,875	11	Sias Co., Ltd.	66,819
2	Ottogi Corporation	437,874	12	Hanhook Delica Fresh Co., Ltd.	66,648
3	Dongwon F&B Co., Ltd.	146,835	13	Delicap Co., Ltd.	65,939
4	Shinsegae Food Co., Ltd.	133,231	14	Lotte Fresh Deli No. 1 Co., Ltd.	64,707
5	Vegestar Co., Ltd.	118,274	15	Sandfarm Co., Ltd	64,621
6	BGF Food Co., Ltd.	110,598	16	Umji Food Co., Ltd.	54,326
7	Foodware	86,713	17	LOTTE Confectionery Co., Ltd.	53,844
8	Agricultural Corporation Co., Ltd. Hanwoomul	86,516	18	Ottogi Frozen Foods Co., Ltd.	53,697
9	Lotte Fresh Deli No. 2 Co., Ltd.	70,861	19	GMF Co., Ltd.	52,551
10	MDS Korea Co., Ltd.	67,411	20	Proun Co., Ltd.	52,106
	インスタント食品全生産額	5,853,188 (100.0)		インスタント食品上位20会社生産額	2,847,445

出所：食品産業統計情報

2) 外食産業

<表5-10> 会社別ファーストフード売上・店舗数推移　　　　　　（単位：億ウォン，%，店）

ブランド名	会社名	売上高			売上増減率			店舗数		
		2020	2021	2022	19/20	20/21	21/22	2020	2021	2022
ロッテリア	LOTTERIA GRS Co., Ltd.	6,635	6,800	6,800	-20.9	1.83	0.6	1,330	1,294	1,268
マクドナルド	McDonald's Korea Ltd.	7,910	8,500	8,500	25.1	9.68	-2.0	410	436	407
KFC	KFC Korea Ltd.	1,974	2,200	2,200	-5.9	6.33	4.8	160	188	195
バーガーキング	BKR Co., Ltd.	5,713	6,800	6,800	13.6	18.7	0.2	400	440	440
マムズタッチ	MOM'S TOUCH&Co.	2,860	3,200	3,200	-1.0	5.2	6.3	1,314	1,348	1,352

注) 1. マムズタッチを運営するHaimarrow Food Service. Co. Ltdが2021年3月に社名をMOM'S TOUCH&Co.に変更した。
2. 金融監督電子公示システム及び公正取引委員会加盟事業情報提供システムの公開資料を参考にしている。

出所：食品流通年鑑

<表5-11> 会社別ファミリーレストラン売上・店舗数推移　　　　　　（単位：億ウォン，%，店）

ブランド名	会社名	売上高			売上増減率			店舗数		
		2020	2021	2022	19/20	20/21	21/22	2020	2021	2022
Outback Steakhouse Korea	bhc Group	2,974	3,928	4,120	16.9	32.0	4.8	94	118	125
VIPS	CJ Foodville Corporation	1,000	1,338	1,400	-17.3	3.3	4.6	80	60	70
Ashley	E-Land Eats Co., Ltd.	2,320	2,008	2,100	-1.8	-13.4	4.5	78	145	140

注) 1. Outback Steakhouse Koreaは2021年11月にbhcグループに引き受けられた。
2. 金融監督電子公示システム及び公正取引委員会加盟事業情報提供システムの公開資料を参考にしている。

出所：食品流通年鑑

<表5-12> 会社別ピザ売上・店舗数推移　　　　　　　　　　　　　　　　　　　　　　　（単位：億ウォン, %, 店）

ブランド名	会社名	売上高			売上増減率			店舗数		
		2020	2021	2022	19/20	20/21	21/22	2020	2021	2022
ピザハット	Korea Pizza Hut Co., Ltd.	1,197	966	940	3.4	-19.2	-2.6	350	357	400
Mr. Pizza	MP Daesan Inc.	467	315	300	-24.4	-32.5	-4.7	262	260	250
Domino's	Cheong-O Dpk Co.,Ltd.	2,328	2,235	2,300	14.0	-3.9	2.9	462	420	477

注）金融監督電子公示システム及び公正取引委員会加盟事業情報提供システムの公開資料を参考にしている。

出所：食品流通年鑑

<表5-13> 会社別チキン売上・店舗数推移　　　　　　　　　　　　　　　　　　　　　　　（単位：億ウォン, %, 店）

ブランド名	会社名	売上高			売上増減率			店舗数		
		2020	2021	2022	19/20	20/21	21/22	2020	2021	2022
BBQ	Genesis BBQ	2,436	3,200	3,624	31.2	13.2	10.3	1,746	1,555	1,590
Kyochon Chicken	Kyochon F&B	3,693	4,358	4,935	18.0	13.2	1.0	1,273	1,399	1,364
bhc Chicken	(注)bhc	3,186	4,004	4,771	25.6	19.1	6.3	1,629	1,770	1,635

注）金融監督電子公示システム及び公正取引委員会加盟事業情報提供システムの公開資料を参考にしている。

出所：食品流通年鑑

<表5-14> 会社別コーヒー売上・店舗数推移　　　　　　　　　　　　　　　　　　　　　　　（単位：億ウォン, %, 店）

ブランド名	会社名	売上高			売上増減率			店舗数		
		2020	2021	2022	19/20	20/21	21/22	2020	2021	2022
Starbucks	Starbucks Coffee Korea Co., Ltd.	19,284	21,212	25,939	3.1	10.0	22.8	1,503	1,679	1,750
Hollys	Hollys F&B	1,406	1,159	980	-14.7	-17.5	-15.4	586	550	535
EDIYA Coffee	EDIYA Inc.	2,239	2,434	2,000	1.4	8.7	-17.8	2,885	3,018	3,000
A Twosome Place	A Twosome Place Co., Ltd.	3,641	4,141	4,117	9.9	13.7	-0.5	1,329	1,462	1,400

注）金融監督電子公示システム及び公正取引委員会加盟事業情報提供システムの公開資料を参考にしている。

出所：食品流通年鑑

6. 代替食品

<表6-1> 分野別代替食品市場規模現況

市場区分	市場規模		出所
	2022年以前	2022年	
植物性食品	-	323億ウォン (2,483万ドル)	Expert Market Reseasch(2023)
植物性肉類	-	212億ウォン	食品医薬品安全処(2023)
	-	260億ウォン (2,000万ドル)	Marketandmarket(2022)
植物性代替牛乳	-	-	Euromonitor(2022)
食用昆虫		-	農林畜産食品部(2022)

出所：食品産業統計情報

<表6-2> 類型別代替食品(国内生産+輸入)現況

類型	数量(件)	比率(%)	類型	数量(件)	比率(%)
豆類加工品	342	33.3	穀類加工品	20	1.9
その他加工品	153	14.9	かんたん調理セット	7	0.7
インスタント調理食品	133	12.9	その他発酵飲料	7	0.7
ミックス飲料	132	12.8	煮物類	6	0.6
餃子	53	5.2	その他食用油脂加工品	4	0.4
即席摂取食品	47	4.6	澱粉加工品	3	0.3
その他農産加工品	42	4.1	果物加工品	2	0.2
ソース	27	2.6	薯類加工品	2	0.2
乳酸菌飲料	24	2.3	複合調味食品	1	0.1
模造チーズ	22	2.1	調製食品	1	0.1

出所：食品産業統計情報

<表6-3> 目的別代替食品現況

目的	数量(件)	比率(%)
食肉及び食肉加工品代替	640	80.8
乳製品代替	73	9.2
牛乳代替	52	6.5
水産加工品代替	26	3.3
卵代替	5	0.2

出所：食品産業統計情報

<表6-4> 代替食品輸入国数・製品数・輸入量推移

年度	輸入国(国数)	製品数(件)	輸入量(トン)
2015	7	26	159
2016	9	25	243
2017	8	26	255
2018	10	37	340
2019	10	58	446
2020	17	168	1,540
2021	21	181	2,638

出所：食品産業統計情報

<表6-5> 流通チャネル別植物性食品市場規模推移 (単位：百万ドル, %)

	2016	2017	2018	2019	2026(f)	比重('26)
B2B	15.6	19.0	22.9	46.1	70.8	41.2
B2C	23.0	27.8	33.2	65.7	100.9	58.8
コンビニ	3.1	3.7	4.4	8.7	13.6	7.9
食料品店	3.0	3.6	4.4	8.7	13.3	7.7
直輸入	4.6	5.6	6.7	13.2	20.0	11.6
大型マート	3.7	4.5	5.2	10.4	16.3	9.5
オンライン小売	6.4	7.8	9.3	18.3	28.0	16.3
伝統店	2.2	2.6	3.2	6.4	9.7	5.6

注) 2026年の市場規模は予測値である。

出所：食品産業統計情報

11章 その他製造業

11章 その他製造業

1. タイヤ工業

<表1-1> 自動車タイヤ生産・販売推移(数量) (単位: 千本)

			2020	2021	2022	2023.1-11
乗用車用	生産		59,355	62,807	68,850	59,462
			58,600	62,027	68,037	58,782
	販売	内需	16,186	17,110	17,124	15,312
			16,179	17,023	17,029	15,209
		輸出	46,267	50,412	51,617	47,665
			45,553	49,708	50,955	47,263
小型トラック用	生産		12,740	13,866	15,110	12,476
			12,695	13,823	15,072	12,441
	販売	内需	4,276	4,351	4,057	3,786
			4,259	4,335	4,043	3,772
		輸出	6,928	8,280	8,656	7,238
			6,912	8,262	8,642	7,226
トラックバス用	生産		3,771	3,666	3,876	2,598
			3,668	3,553	3,770	2,508
	販売	内需	1,553	1,610	1,562	1,359
			1,465	1,524	1,480	1,294
		輸出	2,833	2,943	2,965	1,830
			2,821	2,926	2,954	1,821
建設・産業・農業機械用	生産		441	542	536	421
			-	-	-	-
	販売	内需	387	394	373	293
			-	-	-	-
		輸出	116	136	151	131
			-	-	-	-
計	生産		76,307	80,881	88,371	74,957
			74,964	79,403	86,879	73,731
	販売	内需	22,392	23,464	23,117	20,750
			21,903	22,881	22,553	20,276
		輸出	56,144	61,770	63,389	56,863
			55,286	60,896	62,551	56,310

注) 上段はタイヤの総数量、下段はラジアルタイヤの数量である。

出所：大韓タイヤ工業協会

<表1-2> 自動車タイヤ生産・販売推移(重量) (単位: トン)

			2020	2021	2022	2023.1-11
乗用車用	生産		626,761	654,221	708,881	610,485
			621,843	649,199	703,618	606,480
	販売	内需	174,758	183,581	183,384	163,012
			174,650	183,093	182,857	162,416
		輸出	486,740	527,340	533,998	489,719
			483,597	524,061	530,924	487,679
小型トラック用	生産		181,567	197,736	215,114	172,266
			178,047	194,049	211,362	168,790
	販売	内需	43,355	44,424	451,842	39,144
			42,141	42,988	40,361	37,563
		輸出	111,772	131,361	134,492	110,085
			110,469	129,679	132,876	108,724
トラックバス用	生産		204,552	195,593	206,650	136,913
			199,265	189,572	200,912	132,236
	販売	内需	79,929	82,854	81,063	70,142
			75,680	78,574	76,893	66,914
		輸出	158,586	161,689	159,633	100,090
			157,971	160,810	159,045	99,626
建設・産業・農業機械用	生産		11,142	13,686	13,669	10,974
			-	-	-	-
	販売	内需	10,342	10,558	10,243	8,154
			-	-	-	-
		輸出	3,159	3,636	4,071	3,620
			-	-	-	-
計	生産		1,024,022	1,061,236	1,144,315	930,637
			999,155	1,032,820	1,115,892	907,507
	販売	内需	308,385	321,417	316,532	280,452
			292,472	304,656	300,111	266,893
		輸出	760,256	824,026	832,194	703,513
			752,037	814,550	822,845	696,029

注) 上段はタイヤの総数量、下段はラジアルタイヤの数量である。

出所：大韓タイヤ工業協会

<表1-3> 自動車タイヤ内需(新車用及び交換用)販売推移(数量)　　　　　　　　　　　　　　　(単位：千本)

	乗用車用			小型トラック用			トラック・バス用			建設・産業・農業機械用			計		
	新車用	交換用	計	新車用	交換用	計	新車用	交換用	計	新車用	交換用	計	新車用	交換用	計
2021	4,432	12,677	17,110	855	3,496	4,351	275	1,335	1,610	264	130	394	5,826	17,638	23,464
	4,346	12,677	17,023	846	3,489	4,335	219	1,305	1,524	-	-	-	5,410	17,471	22,881
2022	4,597	12,527	17,124	710	3,347	4,057	259	1,303	1,562	249	125	373	5,815	17,303	23,117
	4,502	12,527	17,029	705	3,338	4,043	207	1,273	1,480	-	-	-	5,414	17,139	22,553
2023.1-11	3,558	11,754	15,312	692	3,094	3,786	208	1,151	1,359	45	109	154	4,642	16,108	20,750
	3,455	11,754	15,209	687	3,085	3,772	166	1,128	1,294	-	-	-	4,308	15,968	20,276

注) 上段はタイヤの総数量、下段はラジアルタイヤの数量である。

出所：大韓タイヤ工業協会

<表1-4> 自動車タイヤ内需(新車用及び交換用)販売推移(重量)　　　　　　　　　　　　　　　(単位：トン)

	乗用車用			小型トラック用			トラック・バス用			建設・産業・農業機械用			計		
	新車用	交換用	計	新車用	交換用	計	新車用	交換用	計	新車用	交換用	計	新車用	交換用	計
2021	46,735	136,846	183,581	8,939	35,485	44,424	12,349	70,505	82,854	7,353	3,204	10,558	75,376	246,040	321,417
	46,248	136,846	183,093	8,054	34,935	42,988	9,426	69,148	78,574	-	-	-	63,728	240,928	304,656
2022	48,424	134,960	183,384	7,396	34,446	41,842	12,479	68,583	81,063	7,203	3,040	10,243	75,502	241,030	316,532
	47,897	134,960	182,857	6,779	33,582	40,361	9,739	67,154	76,893	-	-	-	64,415	235,696	300,111
2023.1-11	36,837	126,175	163,012	7,166	31,977	39,144	10,044	60,098	70,142	1,380	2,632	4,012	59,569	220,883	280,452
	36,241	126,175	162,416	6,563	31,000	37,563	7,889	59,025	66,914	-	-	-	50,693	216,200	266,893

注) 上段はタイヤの総数量、下段はラジアルタイヤの数量である。

出所：大韓タイヤ工業協会

<表1-5> 地域別タイヤチューブ輸出推移(金額)　　　　　　　　　　　　　　　(単位：千ドル)

	北米	ヨーロッパ	中東	中南米	アジア	アフリカ	大洋州	計
2019	1,393,497	1,049,361	471,773	212,509	172,115	83,962	88,305	3,471,522
2020	1,211,136	927,510	359,810	159,693	146,523	51,587	73,657	2,929,916
2021	1,016,654	1,165,946	350,506	191,949	232,092	13,754	94,249	3,065,150
2022	1,230,767	1,154,401	362,832	229,319	251,897	17,595	90,823	3,337,634
2023.1-11	999,143	1,227,824	371,091	185,154	213,793	14,146	77,865	3,089,016

注) 通関基準。

出所：大韓タイヤ工業協会

<表1-6> 種類別自動車タイヤ輸入推移(数量及び金額)　　　　　　　　　　　　　(単位: 本, 千ドル)

	乗用車用		トラック・バス用		産業用・農業機械用		計	
	数量	金額	数量	金額	数量	金額	数量	金額
2019	11,003,054	640,195	2,448,465	234,422	723,370	57,958	14,174,889	932,575
2020	10,979,941	668,641	2,380,938	230,554	640,854	53,712	14,001,733	952,907
2021	11,188,727	724,657	2,350,128	251,063	724,902	62,464	14,263,757	1,038,184
2022	12,252,150	687,559	2,175,031	244,542	735,955	66,022	15,163,136	998,123
2023.1-11	10,770,001	740,443	2,076,092	210,481	586,509	62,839	13,432,602	1,013,763

注) 通関基準。

出所：大韓タイヤ工業協会

<表1-7> 国別乗用車用ラジアルタイヤ輸入推移(数量及び金額)　　　　　　　　　(単位: 本, 千ドル)

	中国	タイ	ドイツ	日本	アメリカ	ポルトガル	スロバキア	その他	計
2021	1,696,075	2,576,134	743,115	798,789	678,842	1,054,220	323,984	2,768,714	10,639,873
	55,874	187,407	54,763	47,356	58,320	84,359	16,596	201,072	705,747
2022	1,863,554	2,877,683	406,663	680,030	578,985	939,472	249,507	4,206,540	11,802,434
	62,484	209,554	31,163	37,056	56,244	72,785	14,391	188,813	672,490
2023.1-11	2,476,938	3,598,801	282,607	557,966	294,601	1,047,552	31,608	2,003,624	10,293,697
	96,166	273,401	25,777	30,977	36,010	79,285	2,348	184,079	728,043

注) 上段は数量、下段は金額。

出所：大韓タイヤ工業協会

<表1-8> 国別バス用(小型トラック含む)ラジアルタイヤ輸入推移(数量及び金額)　(単位: 本, 千ドル)

	中国	タイ	フランス	日本	ドイツ	インドネシア	スロバキア	その他	計
2021	1,547,764	520,062	31,200	29,281	12853	32,347	13,703	69,146	2,256,356
	147,232	69,631	1,649	3,467	623	1,414	1,616	12,948	238,580
2022	1,477,745	465,812	28,324	42,525	12,723	15,571	10,357	55,711	2,108,768
	149,162	64,640	1,331	4,246	609	926	1,230	13,457	235,601
2023.1-11	1,608,387	265,876	40,677	32,907	15,098	1,308	8,456	54,786	2,027,495
	143,211	43,264	1,948	3,452	715	102	753	10,745	204,190

注) 上段は数量、下段は金額。

出所：大韓タイヤ工業協会

<表1-9> 二輪車用タイヤ生産・販売推移(数量及び重量)　　　　　　　　　　　　　　(単位：千本，トン)

				2020	2021	2022	2023.1-11
自転車用	生産			70	63	75	44
				39	35	41	24
	販売	内需		-	-	-	-
				-	-	-	-
		輸出		-	-	-	-
				-	-	-	-
運搬車用	生産			3	3	0	0
				8	7	0	0
	販売	内需		-	-	-	-
				-	-	-	-
		輸出		-	-	-	-
				-	-	-	-
オートバイ用	生産			1,515	1,711	1,699	1,155
				3,986	4,494	4,390	2,983
	販売	内需		469	490	459	377
				1,275	1,418	1,304	1,075
		輸出		1,023	1,217	1,196	851
				1,501	1,212	1,116	946
計	生産			1,588	1,777	1,774	1,199
				4,033	4,537	4,431	3,007
	販売	内需		469	490	459	377
				1,275	1,418	1,304	1,075
		輸出		1,023	1,217	1,196	851
				1,501	1,212	1,116	946

注)　上段は数量、下段は重量である。

出所：大韓タイヤ工業協会

<表1-10> 二輪車用チューブ生産・販売推移(数量及び重量)　　　　　　　　　　　　　(単位：千本，トン)

			2019	2020	2021	2022	2023.1-11
二輪車用チューブ	生産		361	352	426	389	251
			558	531	644	613	457
	販売	内需	315	275	324	319	253
			486	446	510	503	494
		輸出	71	64	61	60	101
			117	102	95	93	170

注)　上段は数量、下段は重量である。

出所：大韓タイヤ工業協会

<表1-11> 国別二輪車用タイヤ輸入推移(数量及び金額)　　　　　　　　　　　　　　　　(単位: 本, ドル)

	中国	インドネシア	ベトナム	台湾	タイ	ドイツ	その他	計
2021	1,017,082	524,540	223,081	126,690	143,259	54,977	88,327	2,177,956
	6,164,729	6,637,479	806,899	1,599,041	2,333,748	2,871,723	3,116,735	23,530,354
2022	1,011,640	504,609	246,023	1,22,525	144,437	52,760	97,467	2,179,461
	6,064,808	6,148,399	941,991	1,735,802	2,868,944	2,995,890	4,285,748	25,041,582
2023.1-11	699,373	332,863	170,578	98,338	97,112	33,774	59,426	1,491,464
	4,568,053	5,227,731	652,181	1,422,174	2,128,028	2,025,642	3,278,505	19,302,314

注) 上段は数量、下段は金額。

出所：大韓タイヤ工業協会

<表1-12> 国別二輪車用チューブ輸入推移(数量及び金額)　　　　　　　　　　　　　　　(単位: 本, ドル)

	ベトナム	中国	インドネシア	タイ	台湾	日本	その他	計
2021	1,058,819	1,200,266	153,509	145,350	51,365	688	48,311	2,658,208
	964,943	1,720,402	291,178	165,060	97,303	14,058	223,236	3,476,180
2022	1,403,103	1,056,234	176,106	124,784	29,612	762	21,995	2,812,596
	1,413,774	1,621,715	362,495	151,065	73,350	12,222	142,243	3,776,864
2023.1-11	950,326	700,034	93,755	105,365	3,106	1,224	5,961	1,859,771
	880,194	1,027,819	166,128	125,771	7,922	9,540	98,643	2,316,017

注) 上段は数量、下段は金額。

出所：大韓タイヤ工業協会

<表1-13> 年度別廃タイヤ発生量及びリサイクル推移 (単位：トン, %)

				2020		2021		2022	
				重量	構成比	重量	構成比	重量	構成比
リサイクル実績	協会	加工利用	ゴム粉末	69,203	18.2	72,255	18.8	79,614	20.9
			ロープ	613	0.2	342	0.1	338	0.1
			小計	69,816	18.4	72,597	18.9	79,952	21.0
		熱利用	セメントキルン	141,695	37.4	143,762	37.5	118,845	31.2
			固形燃料	91,414	24.1	89,100	23.2	124,857	32.8
			小計	233,109	61.4	232,862	60.7	243,702	64.0
		輸出		5,966	1.6	5,941	1.5	4,648	1.2
		計		308,891	81.4	311,400	81.1	328,302	86.2
	제3자	再生タイヤ生地		14,408	3.8	13,842	3.6	12,251	3.2
		中古車輸出装着		27,447	7.2	28,857	7.5	26,300	6.9
		計		41,855	11.0	42,699	111	38,551	10.1
再活用実績合計				350,746	92.5	354,099	92.3	366,853	96.3
その他				28,614	7.5	29,701	77	14,147	3.7
発生量				379,360	100.0	383,800	100.0	381,000	100.0

出所：大韓タイヤ工業協会

<表1-14> 利用方法別廃タイヤ処理推移 (単位: トン)

	物質再活用	セメントキルン	固形燃料	輸出	計
2020	63,869	157373	98,174	5,962	311,606
2021	68,728	143,601	90,608	5,932	309,577
2022	79,952	143,762	124,857	4,648	328,302
2023.1-11	69,330	115,865	97,099	5,564	287,858

出所：大韓タイヤ工業協会

<表1-15> 世界の天然ゴム生産及び消費推移　　　　　　　　　　　　　　　　　　　（単位：kt）

	1四半期		2四半期		3四半期		4四半期		年間	
	生産量	消費量	生産量	消費量	生産量	消費量	生産量	消費量	生産量	消費量
2020	3,110	1,840	2,671	3,053	3469	3,112	3,830	3,507	13,080	11,512
2021	3,271	2,212	2,964	3,594	3653	3,452	3,922	3,608	13,809	12,867
2022	3,384	3,536	3,178	3,526	3794	3,616	4,121	3,628	14,477	14,306
2023	3,319	3,437	-		-		-		3,319	3,437

出所：大韓タイヤ工業協会

<表1-16> 地域別天然ゴム生産（消費）推移　　　　　　　　　　　　　　　　　　（単位：kt）

	アジア・大洋州		ヨーロッパ・中東・アフリカ		アメリカ		合計	
2020	11,471	(9,764)	1,259	(1,512)	350	(1,413)	13,080	(12,689)
2021	12,042	(10,580)	1,397	(1,742)	370	(1,746)	13,809	(14,069)
2022	12,433	(10,847)	1,679	(1,694)	365	(1,765)	14,477	(14,306)
2023.1四半期	2,763	(5,403)	455	(412)	102	(386)	3,319	(6,202)

出所：大韓タイヤ工業協会

<表1-17> 韓国の天然ゴム消費推移　　　　　　　　　　　　　　　　　　　　　　（単位：kt）

	2019	2020	2021	2022	2023
1四半期	87.3	79.7	82.1	87.9	77.9
2四半期	88.2	71.3	86.9	80.6	-
3四半期	91.1	75.8	86.0	103.5	-
4四半期	87.7	70.7	84.4	102.1	-
合計	354.2	297.5	339.3	374.1	77.9

出所：大韓タイヤ工業協会

<表1-18> 世界の合成ゴム生産及び消費推移　　　　　　　　　　　　　　　　　　　　　　(単位: kt)

	1四半期		2四半期		3四半期		4四半期		年間	
	生産量	消費量	生産量	消費量	生産量	消費量	生産量	消費量	生産量	消費量
2020	3,798	3,643	3,488	3,440	3,798	3,793	3,878	3,960	14,962	14,836
2021	3,942	4,022	3,891	3,911	3,835	3,876	3,883	3,960	15,550	15,769
2022	3,866	3,898	3,737	3,906	3,863	3,881	3,768	3,717	15,233	15,402
2023	3,621	3,711	-	-	-	-	-	-	3,621	3,711

出所：大韓タイヤ工業協会

<表1-19> 地域別合成ゴム生産(消費)推移　　　　　　　　　　　　　　　　　　　　　　(単位: kt)

	アジア・大洋州		ヨーロッパ・中東・アフリカ		アメリカ		合計	
2020	8,284	(8,475)	3,678	(3,316)	3,000	(3,045)	14,962	(14,836)
2021	8,976	(9,237)	4,107	(3,745)	2,467	(2,787)	15,550	(15,769)
2022	8,594	(8,818)	3,849	(3,711)	2,790	(2,873)	15,233	(15,402)
2023.1四半期	2,078	(2,055)	928	(955)	613	(701)	3,618	(3,711)

出所：大韓タイヤ工業協会

<表1-20> 韓国の合成ゴム生産(消費)推移　　　　　　　　　　　　　　　　　　　　　　(単位: kt)

	2020		2021		2022		2023	
1四半期	417.5	(39.0)	435.4	(40.5)	391.0	(34.6)	345.6	(34.3)
2四半期	375.2	(37.9)	446.7	(42.1)	362.6	(28.9)	-	
3四半期	450.4	(25.4)	359.4	(33.4)	302.4	(28.6)	-	
4四半期	411.6	(41.7)	367.4	(25.7)	303.0	(36.9)	-	
合計	1,654.7	(144.0)	1,609.0	(141.7)	1,359.1	(128.9)	345.6	(34.3)

出所：大韓タイヤ工業協会

2. 窯業

1) セメント産業

<表2-1> セメント需給現況(総括)(2022)　　　　　　　　　　　　　　　　　(単位：トン, %)

			SAMPYO	KGM	HANIL	Hanil Hyundai	Asia	Sungshin
供給	生産	クリンカー	6,784,236	11,785,518	5,003,647	4,437,126	3,097,321	5,975,708
		稼働率	67.5	79.9	70.2	64.6	74.7	61.7
		セメント	7,930,260	1,224,687	5,829,783	5,170,894	3,612,364	6,908,951
	輸入	クリンカー	-	-	-	-	-	-
		セメント	-	-	-	-	-	-
需要	出荷	クリンカー 粉砕	6,415,034	10,199,009	4,943,718	4,383,572	3,097,399	5,965,612
		内需	41,612	512,158	-	-	5,956	-
		輸出	193,060	884,120	-	-	-	-
		計	6,649,706	11,595,287	4,943,718	4,383,572	3,103,355	5,965,612
		セメント 内需	7,852,948	10,121,740	5,759,193	5,132,791	3,462,993	6,852,122
		PC	6,847,683	9,361,494	5,479,812	5,077,952	3,401,835	6,525,219
		SC	1,005,265	760,246	279,381	54,839	61,158	326,903
		輸出	-	935,116	10,248	-	-	-
		計	7,852,948	11,056,856	5,769,441	5,132,791	3,462,993	6,852,122
輸出計(クリンカー+セメント)			193,060	1,819,236	10,248	-	-	-
総出荷(内需+輸出)			8,046,008	11,940,976	5,769,441	5,132,791	3,462,993	6,852,122
在庫		クリンカー	250,603	678,101	129,085	211,739	55,832	136,112
		セメント	208,280	231,722	132,148	74,639	91,156	94,622

			Halla	HanKook	Korea	DaeHan	その他	合計
供給	生産	クリンカー	5,202,527	-	602,139	-	-	42,889,222
		稼働率	63.6	-	91.2	-	-	69.8
		セメント	5,774,977	1,350,733	925,156	1,284,365	-	51,062,170
	輸入	クリンカー	-	-	-	-	-	-
		セメント	-	-	5,000	359,000	17,581	539,815
需要	出荷	クリンカー 粉砕	4,511,532	528,415	604,450	-	-	40,648,741
		内需	33,016	-	-	-	-	592,742
		輸出	620,030	-	-	-	-	1,697,210
		計	5,164,578	528,415	604,450	-	-	42,938,693
		セメント 内需	5,700,053	1,352,557	920,469	2,320,103	17,581	49,650,784
		PC	3,927,161	-	363,766	-	17,581	41,160,737
		SC	1,772,892	1,352,557	556,703	2,320,103	-	8,490,047
		輸出	-	-	-	-	-	945,364
		計	5,700,053	1,352,557	920,469	2,320,103	17,581	50,596,148
輸出計(クリンカー+セメント)			620,030	-	-	-	-	2,642,574
総出荷(内需+輸出)			6,320,083	1,352,557	920,469	2,320,103	17,581	52,293,358
在庫		クリンカー	214,233	36,463	23,948	-	-	1,736,116
		セメント	163,716	36,623	20,102	57,365	-	1,110,373

出所：韓国セメント協会

<表2-2> 会社別クリンカー生産能力及び稼働率現況　　　　　　　　　　　(単位：千トン, %)

	SAMPYO	KGM	HANIL	Hanil Hyundai	Asia	Sungshin	Halla	Korea	合計
生産能力	10,045	14,758	7,131	6,864	4,146	9,686	8,184	660	61,474
稼働率	67.5	79.9	70.2	64.6	74.7	61.7	63.6	91.2	69.8

注) 2022年

出所：韓国セメント協会

<表2-3> 年度別製造業及びセメント産業平均稼働率推移　　　　　　　　(単位：%)

	2013	2014	2015	2016	2017	2018	2019	2020	2021	2022	平均
製造業	76.5	76.1	74.5	73.5	73.5	73.8	73.2	71.3	74.7	74.8	74.2
セメント産業	71.5	72.2	75.8	79.2	78.4	73.8	74.7	68.1	70.6	69.8	73.6

出所：韓国セメント協会

<表2-4> 年度別クリンカー需給推移(総括)　　　　　　　　　　　　　(単位：トン)

	生産	粉砕	出荷	内需	輸出	輸入	在庫
2018	45,350,992	41,730,801	4,948,052	660,852	4,287,200	-	1,304,453
2019	45,931,738	40,535,600	6,357,644	958,024	5,399,620	-	1,309,354
2020	41,893,679	37,802,661	4,788,117	593,565	4,194,552	-	1,294,431
2021	43,429,912	39,792,703	4,198,120	625,848	3,572,272	-	1,418,846
2022	42,889,222	40,648,741	2,289,952	592,742	1,697,210	-	1,736,116
1月	3,103,537	3,083,021	229,570	36,880	192,690	-	1,007,184
2月	2,780,365	2,486,247	133,322	34,432	98,890	-	1,202,292
3月	3,217,339	3,325,948	142,992	48,422	94,570	-	998,898
4月	3,590,764	3,669,254	80,571	31,591	48,980	-	871,428
5月	3,956,772	3,850,391	89,775	40,275	49,500	-	928,100
6月	3,499,329	3,229,305	105,256	57,706	47,550	-	1,149,228
7月	3,837,323	3,501,008	203,456	34,556	168,900	-	1,315,577
8月	3,470,580	3,244,532	256,799	62,599	194,200	-	1,358,600
9月	3,723,676	3,099,185	227,517	40,247	187,270	-	1,810,083
10月	4,024,608	3,993,589	242,683	55,323	187,360	-	1,652,834
11月	3,978,347	3,736,426	256,972	68,972	188,000	-	1,699,658
12月	3,706,582	3,429,835	321,039	81,739	239,300	-	1,736,116

出所：韓国セメント協会

<表2-5> 年度別セメント需給推移(総括) (単位:トン)

	生産	出荷	内需	輸出	輸入	在庫
2018	52,092,607	52,393,362	51,236,889	1,156,473	662,000	1,229,041
2019	50,635,456	50,664,514	49,483,212	1,181,302	599,320	1,196,521
2020	47,518,187	48,249,640	47,162,007	1,087,633	512,870	858,205
2021	50,449,908	50,405,145	49,364,141	1,041,004	549,800	873,423
2022	51,062,170	50,596,148	49,650,784	945,364	539,815	1,110,373
1月	3,791,314	3,461,694	3,358,764	102,930	52,000	1,172,857
2月	3,063,338	2,945,907	2,914,099	31,808	33,000	1,287,496
3月	4,251,499	4,685,936	4,592,007	93,929	60,000	858,926
4月	4,694,109	4,822,772	4,764,549	58,223	55,420	732,427
5月	4,862,511	4,791,383	4,724,390	66,993	71,650	797,545
6月	4,085,614	3,953,166	3,890,474	62,692	45,645	910,438
7月	4,435,853	4,218,304	4,156,060	62,244	32,000	1,084,063
8月	4,137,128	4,094,296	3,970,945	123,651	55,000	1,138,695
9月	3,885,797	3,932,158	3,871,342	60,816	43,100	1,065,514
10月	5,006,198	4,917,920	4,825,564	92,356	30,000	1,118,495
11月	4,609,208	4,414,807	4,347,223	67,584	32,000	1,277,052
12月	4,239,601	4,357,805	4,235,367	122,438	30,000	1,110,373

出所:韓国セメント協会

<表2-6> セメント産業生産推移(総括) (単位:トン,%)

	クリンカー	増減率	セメント PC	増減率	SC	増減率	合計	増減率
2014	44,815,936	1.0	38,128,629	2.0	8,919,271	-9.9	47,047,900	-0.5
2015	47,015,261	4.9	42,293,695	10.9	9,750,000	9.3	52,043,695	10.6
2016	49,147,686	4.5	45,887,385	8.5	10,619,808	8.9	56,507,193	8.6
2017	48,657,426	-1.0	46,569,811	1.5	10,830,024	2.0	57,399,835	1.6
2018	45,350,992	6.8	42,701,738	-8.3	9,390,869	-13.3	52,092,607	-9.2
2019	45,931,738	1.3	41,914,664	-2.0	8,720,792	-7.1	50,635,456	-2.8
2020	41,893,679	-8.8	38,891,575	-7.2	8,626,612	-1.1	47,518,187	-6.2
2021	43,429,912	3.7	41,523,714	6.8	8,926,194	3.5	50,449,908	6.2
2022	42,889,222	-1.2	42,567,246	2.5	8,494,924	-4.8	51,062,170	1.2

注)PC:ポルトランドセメント,SC:スラグセメント。

出所:韓国セメント協会

<表2-7> セメント産業内需推移(総括)　　　　　　　　　　　　　　　　　　　　(単位：トン，%)

	セメント					
	PC	増減率	SC	増減率	合計	増減率
2014	34,841,243	-1.2	8,865,572	-10.7	43,706,915	-3.2
2015	40,958,594	17.6	9,778,608	10.3	50,737,202	16.1
2016	45,172,485	10.3	10,583,075	8.2	55,755,560	9.9
2017	45,838,414	1.5	10,872,163	2.7	56,710,577	1.7
2018	41,802,076	-8.8	9,434,813	-13.2	51,236,889	-9.7
2019	40,711,094	-2.6	8,772,118	-7.0	49,483,212	-3.4
2020	38,521,980	-5.4	8,640,027	-1.5	47,162,007	-4.7
2021	40,348,004	4.7	9,016,137	4.4	49,364,141	4.7
2022	41,160,737	2.0	8,490,047	-5.8	49,650,784	0.6

注) PC：ポルトランドセメント，SC：スラグセメント。

出所：韓国セメント協会

<表2-8> 品目別セメント産業内需推移　　　　　　　　　　　　　　　　　　　　(単位：トン，%)

	セメント					
	包装	増減率	バルク	増減率	合計	増減率
2014	2,481,184	2.4	41,225,731	3.3	43,706,915	3.2
2015	2,567,966	3.5	48,169,236	16.8	50,737,202	16.1
2016	2,569,777	0.1	53,185,783	10.4	55,755,560	9.9
2017	2,408,575	6.3	54,302,002	2.1	56,710,577	1.7
2018	2,095,985	13.0	49,140,904	9.5	51,236,889	9.7
2019	1,850,711	11.7	47,632,501	3.1	49,483,212	3.4
2020	1,781,431	-3.7	45,380,576	-4.7	47,162,007	-4.7
2021	1,656,480	-7.0	47,707,661	5.1	49,364,141	4.7
2022	1,552,222	-6.3	48,098,562	0.8	49,650,784	0.6

出所：韓国セメント協会

<表2-9> 需要別セメント産業内需推移 (単位:トン,%)

	セメント					
	民需	増減率	官需	増減率	合計	増減率
2014	43,427,308	-2.8	279,607	-41.7	43,706,915	-3.2
2015	50,443,657	16.2	293,545	5.0	50,737,202	16.1
2016	55,457,966	9.9	297,594	1.4	55,755,560	9.9
2017	56,365,780	1.6	344,797	15.9	56,710,577	1.7
2018	50,956,336	-9.6	280,553	-18.6	51,236,889	-9.7
2019	49,259,381	-3.3	223,831	-20.2	49,483,212	-3.4
2020	46,949,913	-4.7	212,094	-5.2	47,162,007	-4.7
2021	49,162,715	4.7	201,426	-5.0	49,364,141	4.7
2022	49,472,118	0.6	178,666	-11.3	49,650,784	0.6

出所:韓国セメント協会

<表2-10> セメント産業輸出推移 (単位:トン,%)

	クリンカー		セメント		合計	
		増減率		増減率		増減率
2014	5,601,873	1.9	3,923,389	10.4	9,525,262	5.3
2015	4,446,585	-20.6	2,901,889	-26.0	7,348,474	-22.9
2016	3,263,899	-26.6	1,778,706	-38.7	5,042,605	-31.4
2017	2,251,076	-31.0	1,137,777	-36.0	3,388,853	-32.8
2018	4,287,200	90.5	1,156,473	1.6	5,443,673	60.6
2019	5,399,620	25.9	1,181,302	2.1	6,580,922	20.9
2020	4,194,552	-22.3	1,087,633	-7.9	5,282,185	-19.7
2021	3,572,272	-14.8	1,041,004	-4.3	4,613,276	-12.7
2022	1,697,210	-52.5	945,364	-9.2	2,642,574	-42.7

出所:韓国セメント協会

<表2-11> セメント産業輸入推移 (単位:トン,%)

	クリンカー		セメント		合計	
		増減率		増減率		増減率
2014	15,177	-59.4	881,681	15.9	896,858	12.4
2015	-	-	1,157,505	31.3	1,157,505	29.1
2016	62,616	-	1,150,870	-0.6	1,213,486	4.8
2017	36,601	-41.5	854,363	-25.8	890,964	-26.6
2018	-	-100.0	662,000	-22.5	662,000	-25.7
2019	-	-	599,320	-9.5	599,320	-9.5
2020	-	-	512,870	-14.4	512,870	-14.4
2021	-	-	549,800	7.2	549,800	7.2
2022	-	-	539,815	-1.8	539,815	-1.8

出所:韓国セメント協会

<表2-12> 輸送手段別セメント産業輸送推移 (単位:千トン,%)

	鉄道		陸送		海送		合計		輸出
		構成比		構成比		構成比		構成比	
2014	14,039	27.5	14,788	28.9	22,268	43.6	51,095	100.0	9,511
2015	14,747	26.8	18,968	34.4	21,344	38.8	55,059	100.0	7,336
2016	13,474	23.4	23,159	40.2	20,964	36.4	57,597	100.0	5,029
2017	13,238	22.9	22,563	39.1	21,910	38.0	57,711	100.0	3,389
2018	12,346	22.5	21,758	39.7	20,705	37.8	54,809	100.0	5,444
2019	11,002	20.1	21,960	40.1	21,780	39.8	54,742	100.0	6,581
2020	10,196	20.0	20,795	40.8	19,986	39.2	50,977	100.0	5,282
2021	10,417	19.8	21,767	41.4	20,408	38.8	52,592	100.0	4,613
2022	8,875	17.3	22,988	44.7	19,519	38.0	51,382	100.0	2,642

注)海送には輸出を含む。

出所:韓国セメント協会

2) 骨材工業

<表2-13> 年度別骨材許可実績及び採取実績推移　　　　　　　　　　（単位：百万㎥）

	2016	2017	2018	2019	2020	2021	2022
供給実績	168.0	171.0	136.0	143.0	132.0	136.0	114.5
許可実績	118.0	106.0	81.0	82.0	114.0	111.0	91.6
採取実績	88.0	87.0	58.0	62.0	59.0	63.0	42.6
申告量	80.0	80.0	78.0	70.0	73.0	75.0	117.2

出所：国土交通部

<表2-14> 供給元別骨材採取構成比推移　　　　　　　　　　（単位：％）

	2017	2018	2019	2020	2021	2022
河川骨材	3.0	2.1	1.6	0.9	0.6	0.6
海骨材	25.0	12.5	1.7	12.7	14.6	13.8
山林骨材	68.0	80.3	89.7	79.9	79.2	60.1
陸上骨材	4.0	5.1	7.0	6.6	6.6	6.3

出所：国土交通部

<表2-15> 種類別・四半期別骨材採取実績(全国)(2022)　　　　　　　　　　　(単位：千m³)

区分		砂					砂利				
		1四半期	2四半期	3四半期	4四半期	計	1四半期	2四半期	3四半期	4四半期	計
許可実績	計	6,866	7,373	7,042	3,853	21,393	22,129	17,146	17,247	13,387	70,204
	河川骨材	127	103	103	95	428	59	90	54	89	292
	陸上骨材	659	851	892	865	3,265	53	56	48	52	209
	山林骨材	3,350	3,735	3,764	1,625	12,472	22,014	16,993	17,143	13,243	69,889
	海骨材	2,730	2,684	2,283	1,269	5,227	3	7	2	3	15
申告実績	計	11,004	11,722	11,878	11,253	45,238	18,045	19,709	19,291	17,214	71,972
	選別破砕	8,894	9,547	9,766	9,351	37,412	18,022	19,679	19,266	17,193	71,872
	選別洗浄	2,031	2,104	2,052	1,831	7,545	23	31	25	21	100
許可採取実績	計	3,760	4,700	2,810	3,417	11,537	6,945	8,641	7,861	7,548	30,996
	河川骨材	19	53	30	36	138	40	79	46	69	234
	陸上骨材	418	636	407	663	1,751	21	19	14	24	78
	山林骨材	1,243	1,661	1,426	1,492	5,823	6,881	6,537	7,799	7,453	30,670
	海骨材	2,001	2,279	946	1,155	3,825	3	7	2	3	14
申告採取実績	計	5,966	7,412	6,361	6,626	26,019	10,696	13,385	11,459	12,682	45,758
	選別破砕	4,917	6,333	5,311	5,823	22,236	10,690	1,368	11,441	12,659	45,694
	選別洗浄	1,049	1,079	1,050	802	3,783	6	17	18	23	64

<続く>

区分		砂				
		1四半期	2四半期	3四半期	4四半期	計
許可実績	計	28,934	24,519	24,584	17,240	91,597
	河川骨材	186	193	157	184	720
	陸上骨材	712	906	940	917	3,474
	山林骨材	25,363	20,728	21,203	14,868	82,160
	海骨材	2,733	2,691	2,285	1,272	5,242
申告実績	計	29,050	31,431	31,169	28,468	117,210
	選別破砕	26,917	29,225	29,032	26,544	109,284
	選別洗浄	2,054	2,135	2,077	1,852	7,645
許可採取実績	計	10,705	13,341	10,671	10,965	42,533
	河川骨材	59	132	76	105	372
	陸上骨材	439	655	421	686	1,829
	山林骨材	8,125	10,198	9,225	8,946	36,494
	海骨材	2,004	2,285	948	1,158	3,839
申告採取実績	計	16,661	20,796	17,820	19,306	71,778
	選別破砕	15,607	19,700	16,752	18,482	67,931
	選別洗浄	1,055	1,096	1,068	825	3,847

出所：国土交通部

<表2-16> 市道別骨材採取許可実績(2021) （単位：千㎥）

	砂	砂利	合計
ソウル	-	-	-
釜山	-	-	-
大邱	-	-	-
仁川	5,946	664	6,610
光州	-	-	-
大田	-	-	-
蔚山	-	12,136	12,136
世宗	21	60	81
京畿	10,454	12,680	23,134
江原	1,102	3,914	5,016
忠北	457	10,613	11,070
忠南	3,409	6,049	9,458
全北	1,103	1,511	5,965
全南	630	8,790	9,420
慶北	2,111	6,018	8,129
慶南	5,290	9,764	15,054
済州	-	2,217	2,217
EEZ	2,654	-	2,654

出所：国土交通部

<表2-17> 市道別骨材許可採取実績(2022) (単位:千㎥)

	砂	砂利	合計
ソウル	-	-	-
釜山	-	-	-
大邱	-	-	-
仁川	-	636	636
光州	-	-	-
大田	-	-	-
蔚山	-	1,695	1,695
世宗	25	-	25
京畿	1,282	4,191	5,473
江原	1,882	3,089	4,971
忠北	-	-	-
忠南	662	4,408	5,070
全北	577	4,016	4,593
全南	794	5,525	6,319
慶北	1,179	2,897	4,077
慶南	955	4,045	5,943
済州	-	495	495
EEZ	3,237	-	3,137

出所:国土交通部

<表2-18> 市道別骨材申告採取実績(2022)　　　　　　　　　　　　　　　　(単位：千㎥)

	砂	砂利	合計
ソウル	-	-	-
釜山	1,698	1,697	3,395
大邱	94	293	387
仁川	501	548	1,049
光州	-	-	-
大田	-	-	-
蔚山	474	774	1,248
世宗	834	729	1,563
京畿	15,361	25,703	41,064
江原	657	2,017	2,674
忠北	661	708	1,369
忠南	2,185	3,936	6,121
全北	395	821	1,216
全南	414	2,349	2,763
慶北	1,281	1,491	2,773
慶南	256	4,172	5,222
済州	413	519	932
EEZ	-	-	-

出所：国土交通部

3. 木材・家具工業

1) 木材工業

<表3-1> 年度別木材パネル生産及び供給推移 (単位：㎥)

		2018	2019	2020	2021	2022
合板	最大生産可能量	588,000	617,000	363,000	298,000	378,000
	生産量	286,280	242,906	232,509	241,472	268,266
	国給量	308,521	245,145	232,898	262,588	250,976
ハードボード	生産量	-	-	-	-	-
	国内供給量	-	-	-	-	-
パーティクルボード	生産量	843,337	806,844	857,113	857,929	785,213
	国内供給量	814,780	829,380	873,066	849,240	737,051
中密度繊維板	生産量	1,740,403	1,358,858	1,400,380	1,612,403	1,470,259
	国内供給量	1,633,047	1,237,795	1,411,258	1,595,999	1,299,201

出所：森林庁

<表3-2> 年度別原木需給実績推移 (単位：千㎥, %)

			2018	2019	2020	2021	2022
需要量		合計	7,607	6,889	6,718	6,844	6,310
	内需用	計	7,605	6,889	6,718	6,844	6,310
		坑木	-	-	-	-	-
		パルプ	843	935	904	725	738
		合板	200	194	117	175	187
		一般	6,562	5,760	5,697	5,944	5,385
	輸出用	計	2	-	-	-	-
		合板	-	-	-	-	-
		製材木その他	2	-	-	-	-
供給量		合計	7,607	6,889	6,718	6,844	6,310
	原木供給量	計	7,607	6,889	6,718	6,844	6,310
		国内材	4,577	4,273	4,049	3,811	3,700
		輸入材	3,030	2,616	2,669	3,033	2,610
	自給率		60.2	62.0	60.3	55.7	58.6

出所：森林庁

<表3-3> 用途別国内材供給実績推移 (単位：千㎥)

	2018	2019	2020	2021	2022
合計	4,577	4,605	4,447	4,502	4,309
坑木	-	-	-	-	-
パルプ材	843	935	904	725	738
一般材	3,734	3,670	3,543	3,777	3,571

出所：森林庁

<表3-4> 年度別・地域別チップ生産実績推移 (単位：社，人，千㎥)

	事業者数	従業員数	年間生産可能量	生産量
2018	10	162	630,000	439,173
2019	10	162	770,000	464,087
2020	10	148	770,000	401,000
2021	10	147	770,000	410,012
2022	10	140	770,000	352,804
ソウル	-	-	-	-
釜山	-	-	-	-
大邱	-	-	-	-
仁川	-	-	-	-
光州	-	-	-	-
大田	1	17	55,000	25,834
京畿	-	-	-	-
江原	3	29	165,000	93,019
忠北	2	24	110,000	59,241
忠南	-	-	-	-
全北	3	33	165,000	81,526
全南	-	-	-	-
慶北	4	29	220,000	81,161
慶南	1	8	55,000	12,023
済州	-	-	-	-

注) 1. BDT(Bon Dried Ton)：木材に含まれる水分を除去した重量。
2. 10社の工場の位置を基準にして作成。

出所：森林庁

<表3-5> 年度別パルプ生産実績推移 (単位:M/T)

	化学パルプ	グラウンドパルプ	合計
2017	437,150	67,692	504,842
2018	499,422	75,876	575,298
2019	453,798	56,143	509,941
2020	392,593	46,604	439,197
2021	423,751	55,493	479,244
2022	226,530	50,417	276,947

出所:森林庁

<表3-6> 年度別・地域別木材ペレット生産実績推移 (単位:トン)

	事業者数	時間当たり生産量	年間生産可能量	生産量
2018	24	120	467,700	187,745
2019	21	144	564,016	243,287
2020	18	117	578,096	331,202
2021	19	141.3	892,400	658,336
2022	20	165.2	1,072,400	737,006
ソウル	-	-	-	-
釜山	-	-	-	-
大邱	-	-	-	-
仁川	-	-	-	-
光州	-	-	-	-
大田	-	-	-	-
蔚山	-	-	-	-
世宗	1	3	12,800	1,047
京畿	2	95	48,400	8,318
江原	2	9	47,160	13,710
忠北	3	46	321,000	261,071
忠南	-	-	-	-
全北	2	26	181,500	129,123
全南	3	10.9	48,480	2,966
慶北	2	10	60,000	49,643
慶南	3	49.8	352,500	270,997
済州	1	1	560	131

出所:森林庁

<表3-7> 年度別パーティクルボード輸出入推移　　　　　　　　　　　　　　　　　　（単位：千ドル，トン）

	輸出		輸入	
	重量	金額	重量	金額
2016	1,950	1,947	828,814	198,760
2017	1,459	1,523	1,029,496	282,210
2018	1,440	1,462	1,033,220	257,669
2019	1,146	1,149	772,460	173,951
2020	1,142	993	766,181	166,849
2021	909	1,100	898,132	272,654
2022	213	307	790,773	237,410

出所：関税庁

<表3-8> 年度別合板輸出入推移　　　　　　　　　　　　　　　　　　（単位：千ドル，トン）

	輸出		輸入	
	重量	金額	重量	金額
2016	2,501	4,517	1,076,186	756,056
2017	2,498	3,431	1,117,340	778,007
2018	2,031	3,563	1,096,181	897,209
2019	1,919	4,891	985,584	723,392
2020	1,634	4,574	997,511	716,859
2021	1,971	4,408	1,032,288	837,127
2022	2,468	6,292	911,716	778,401

注) HS 4412

出所：関税庁

<表3-9> 年度別製材木輸出入推移　　　　　　　　　　　　　　　　　　（単位：千ドル，トン）

	輸出		輸入	
	重量	金額	重量	金額
2017	22,608	22,068	1,510,996	709,256
2018	19,030	20,612	1,445,210	724,652
2019	21,549	23,103	1,364,571	626,527
2020	9,685	11,076	1,259,517	575,831
2021	4,008	6,957	1,271,398	852,301
2022	3,653	6,177	1,091,151	680,001

注) HS 4407

出所：関税庁

2) 家具工業

<表3-10> 椅子輸出入推移　　　　　　　　　　　　　　　　　　　（単位：千ドル，トン）

	輸出		輸入		貿易収支
	重量	金額	重量	金額	
2019	117,220	881,392	258,060	1,306,068	-424,676
2020	91,294	733,167	298,525	1,465,932	-732,765
2021	101,116	826,021	296,340	1,681,111	-855,090
2022	96,176	842,438	256,770	1,599,313	-756,875

注) HS 9401

出所：関税庁

<表3-11> 医療用家具輸出入推移　　　　　　　　　　　　　　　　（単位：千ドル，トン）

	輸出		輸入		貿易収支
	重量	金額	重量	金額	
2019	1,419	17,395	2,884	29,139	-11,744
2020	1,203	15,102	3,013	30,100	-14,998
2021	1,374	19,254	2,960	23,971	-4,717
2022	830	13,187	2,823	25,434	-12,247

注) HS 9402

出所：関税庁

<表3-12> その他家具及びその部分品輸出入推移　　　　　　　　　（単位：千ドル，トン）

	輸出		輸入		貿易収支
	重量	金額	重量	金額	
2019	43,919	182,773	368,702	972,383	-769,610
2020	47,868	196,526	426,834	1,081,941	-885,415
2021	48,564	203,086	444,322	1,201,117	-998,031
2022	46,349	201,121	384,088	1,101,043	-899,992

注) HS 9403

出所：関税庁

<表3-13> マットレス支持物等輸出入推移　　　　　　　　　　　　　　　（単位：千ドル，トン）

	輸出		輸入		貿易収支
	重量	金額	重量	金額	
2019	9,128	58,813	66,664	444,854	-386,041
2020	6,843	47,251	71,781	474,105	-426,854
2021	9,711	61,939	77,315	543,235	-481,296
2022	8,338	61,505	71,161	488,388	-426,883

注）HS 9404

出所：関税庁

4. 製紙・パルプ工業

<表4-1> 年度別紙類生産実績推移 (単位：トン)

	新聞用紙	印刷用紙	包装用紙	衛生用紙	白板紙	ダンボール原紙	その他	合計
2019	719,945	2,605,325	162,739	555,719	1,625,943	5,328,640	363,760	11,342,017
2020	569,811	2,321,346	227,327	582,679	1,468,536	5,783,055	406,347	11,333,884
2021	473,804	2,443,726	247,456	556,117	1,443,221	5,983,065	446,860	11,594,249
2022	504,687	2,420,166	229,196	547,001	1,477,248	5,646,280	429,756	11,254,334
2023	451,657	2,187,381	219,876	529,345	1,417,801	5,455,000	416,073	10,677,133

出所：韓国製紙連合会

<表4-2> 月別紙類生産実績推移(2023) (単位：トン)

	新聞用紙	印刷用紙	包装用紙	衛生用紙	白板紙	ダンボール原紙	その他	合計
1	43,344	176,103	20,052	44,592	124,276	446,538	32,301	887,206
2	35,997	166,185	19,633	44,039	115,156	426,070	33,856	840,936
3	41,450	184,568	19,998	44,952	123,988	466,186	34,951	916,093
4	40,516	171,889	18,954	43,064	115,630	439,328	38,308	867,686
5	42,466	173,258	19,984	43,624	107,229	462,270	31,812	880,643
6	32,881	184,465	18,435	42,917	118,192	443,029	41,944	881,863
7	42,518	182,738	19,674	43,917	117,590	465,924	31,205	903,566
8	36,886	184,249	17,723	44,712	116,034	438,184	33,419	871,207
9	31,610	177,319	16,865	43,062	105,977	446,523	31,362	852,718
10	39,701	193,526	16,171	44,926	123,025	466,657	36,180	920,186
11	27,693	189,743	14,827	44,898	126,689	477,601	37,237	918,688
12	36,595	204,043	17,563	44,642	124,015	476,690	33,457	937,005

出所：韓国製紙連合会

<表4-3> 年度別紙類内需推移 (単位：トン)

	新聞用紙	印刷用紙	包装用紙	衛生用紙	白板紙	ダンボール原紙	その他	合計
2019	506,423	1,451,127	142,442	512,745	770,925	4,775,394	295,493	8,454,549
2020	445,183	1,357,813	163,805	538,580	758,634	5,160,784	406,347	8,722,054
2021	418,251	1,420,461	160,824	522,139	765,353	5,411,220	346,133	9,044,361
2022	380,517	1,377,423	158,030	503,735	754,328	5,171,959	317,771	8,663,763
2023	340,236	1,250,366	137,207	492,871	726,183	4,994,050	299,706	8,240,619

出所：韓国製紙連合会

<表4-4> 月別紙類内需実績推移(2023) (単位：トン)

	新聞用紙	印刷用紙	包装用紙	衛生用紙	白板紙	ダンボール原紙	その他	合計
1	27,289	101,533	11,853	40,981	59,828	408,757	24,815	675,056
2	27,153	91,237	11,713	40,113	68,908	389,493	22,043	650,660
3	31,626	97,951	12,985	42,941	54,686	427,687	24,573	692,449
4	29,718	89,284	11,225	40,826	54,279	395,059	23,805	644,196
5	32,260	93,822	11,608	40,833	56,514	416,137	24,995	0
6	26,833	93,877	11,896	40,502	58,869	422,279	25,480	679,736
7	27,364	95,935	11,196	39,393	58,486	403,819	24,313	660,506
8	27,201	97,839	11,330	40,970	59,823	418,890	24,856	680,909
9	26,178	105,848	10,922	40,746	56,412	419,158	24,654	683,918
10	26,983	120,564	11,082	42,291	63,737	432,659	26,240	723,556
11	29,085	142,301	11,048	41,668	78,352	444,965	28,795	776,214
12	28,546	118,490	10,349	41,607	56,289	413,865	26,858	696,004

出所：韓国製紙連合会

<表4-5> 年度別製紙類輸出実績推移 (単位：トン)

	新聞用紙	印刷用紙	包装用紙	衛生用紙	白板紙	ダンボール原紙	その他	合計
2019	212,884	1,132,473	26,015	46,778	843,717	513,630	62,433	2,837,930
2020	131,458	955,914	63,970	41,379	697,513	727,169	82,212	2,699,615
2021	55,674	1,019,395	85,492	37,592	645,191	514733	97,473	2,455,550
2022	112,604	1,030,848	71,514	42,525	676,650	433,506	107,783	2,475,430
2023	111,505	966,269	81,979	39,090	667,263	455,681	110,028	2,431,815

出所：韓国製紙連合会

<表4-6> 月別製紙類輸出実績推移(2023) (単位：トン)

	新聞用紙	印刷用紙	包装用紙	衛生用紙	白板紙	ダンボール原紙	その他	合計
1	11,776	75,196	6,365	3,517	63,388	33,220	5,711	199,173
2	13,239	78,325	8,607	4,067	56,580	34,538	9,774	205,130
3	14,075	75,529	7,869	3,356	51,792	39,081	10,793	202,495
4	8,070	80,737	7,588	2,912	58,501	39,936	10,594	208,338
5	10,106	79,043	8,140	3,003	51,853	39,939	10,680	0
6	7,887	75,160	8,032	2,877	49,644	42,694	8,590	194,884
7	10,311	79,608	6,359	2,506	55,998	41,750	9,273	205,805
8	8,973	82,343	6,902	3,242	54,024	42,350	7,863	205,697
9	10,738	84,897	6,435	3,599	49,860	33,077	8,733	197,339
10	6,188	85,356	4,955	3,261	59,727	37,049	9,086	205,622
11	6,142	85,593	4,983	3,315	59,877	35,119	11,311	206,340
12	4,000	85,633	5,744	3,435	56,019	36,959	5,875	197,665

出所：韓国製紙連合会

5. 楽器工業

<表5-1> 年度別ピアノ輸出入推移　　　　　　　　　　　　　　　　（単位：千ドル，トン）

	輸出		輸入		貿易収支
	重量	金額	重量	金額	
2018	15,842	10,487	1,104	16,439	-5,952
2019	17,766	12,924	1,109	16,936	-4,012
2020	15,123	11,591	896	13,893	-2,302
2021	17,991	13,463	834	14,584	-1,121
2022	12,018	8,010	924	18,080	-10,071

注) HS 9201

出所：関税庁

<表5-2> 年度別ギター・弦楽器輸出入推移　　　　　　　　　　　　（単位：千ドル，トン）

	輸出		輸入		貿易収支
	重量	金額	重量	金額	
2018	74	4,042	742	22,259	-18,217
2019	38	2,618	794	24,015	-21,397
2020	36	1,778	760	23,112	-21,334
2021	45	2,325	938	29,002	-26,677
2022	24	1,548	876	30,343	-28,794

注) HS 9202

出所：関税庁

<表5-3> 年度別管楽器輸出入推移　　　　　　　　　　　　　　　　（単位：千ドル，トン）

	輸出		輸入		貿易収支
	重量	金額	重量	金額	
2018	132	2,858	512	48,041	-45,183
2019	129	2,444	524	50,636	-48,192
2020	114	2,002	350	36,358	-34,356
2021	56	1,346	296	35,026	-33,680
2022	85	2,089	209	31,296	-29,207

注) HS 9205

出所：関税庁

<表5-4> 年度別打楽器輸出入推移 (単位:千ドル,トン)

	輸出		輸入		貿易収支
	重量	金額	重量	金額	
2018	123	853	759	10,870	-10,017
2019	135	1,021	845	12,565	-11,544
2020	166	1,182	817	12,186	-11,004
2021	284	1,996	1,004	15,057	-13,061
2022	241	1,847	978	14,595	-12,748

注) HS 9206

出所:関税庁

12章 建設・住宅

1. 建設業

<表1-1> 地域別総合建設企業及び建設業登録分布現況　　　　　　　　　（単位：事業者数）

区分	会社分布						登録分布					
	合計	土建	土木	建築	産業設備	造園	合計	土建	土木	建築	産業設備	造園
全体	18,887	3,101	4,888	10,429	94	375	21,545	3,101	4,888	11,650	444	1,462
ソウル	2,472	261	227	1,888	25	71	2,674	261	227	1,926	93	167
地方	16,415	2,840	4,661	8,541	69	304	18,871	2,840	4,661	9,724	351	1295
釜山	946	131	113	679	2	21	1,020	131	113	714	13	49
大邱	631	78	94	435	-	24	702	78	94	465	7	58
仁川	770	82	99	558	3	28	855	82	99	590	20	64
光州	567	83	68	407	-	9	615	83	68	428	4	32
大田	519	67	86	354	-	12	580	67	86	377	6	44
蔚山	280	63	49	155	3	10	310	63	49	169	9	20
世宗	82	25	18	37	-	2	93	25	18	42	-	8
京畿	3,471	444	457	2,465	30	75	3,797	444	457	2,572	104	220
江原	1,189	178	629	364	2	16	1,407	178	629	505	20	75
忠北	881	191	317	355	5	13	1,034	191	317	430	25	71
忠南	930	195	319	398	5	13	1,103	195	319	477	26	86
全北	1,163	245	451	451	2	14	1,387	245	451	568	17	106
全南	1,577	394	679	490	8	6	1,889	394	679	652	36	128
慶北	1,444	301	567	550	3	23	1,767	301	567	689	37	173
慶南	1,385	256	564	536	6	23	1,681	256	564	694	26	141
済州	580	107	151	307	-	15	631	107	151	352	1	20

注) 2022. 12. 31基準。

出所：国土交通部

<表1-2> 発注機関別・工種別総合建設企業契約実績　　　　　　　　　　　（単位：10億ウォン，件）

		土木	建築	産業設備	造園	合計
政府機関	件数	3,407	3,666	47	117	7,237
	金額	3,373.7	2,898.5	81.3	53.5	6,407.0
地方自治体	件数	11,674	7,670	231	1,153	20,728
	金額	12,994.3	9,606.2	523.9	2,282.0	25,406.3
公共団体	件数	816	1,168	87	79	2,150
	金額	1,130	2,340	300	502	4,274
公企業	件数	4,631	4,464	161	342	9,598
	金額	11,474.5	4,600.4	1,204.9	411.1	17,691.0
在韓外国機関	件数	105	141	3	1	250
	金額	200.4	197.4	2.7	-	400.6
民間	件数	7,017	49,106	627	1,078	57,828
	金額	9,178.5	111,382.5	12,603.6	1,218.9	134,383.5
合計	件数	27,650	66,215	1,156	2,770	97,791
	金額	38,351.6	131,025.5	14,717.4	4,468.4	188,562.9

注）2022.12.31基準。

出所：国土交通部

<表1-3> 発注機関別・工種別総合建設企業既成実績　　　　　　　　　　（単位：10億ウォン，件）

		土木	建築	産業設備	造園	合計
政府機関	件数	3,695	4,056	59	127	7,937
	金額	2,933	3,003	54	50	6,039
地方自治体	件数	15,132	9,434	367	1,437	26,370
	金額	8,809	6,463	491	657	16,420
公共団体	件数	1,049	1,540	149	92	2,830
	金額	1,213	1,511	229	47	3,000
公企業	件数	5,708	5,251	275	718	11,952
	金額	8,487	8,336	1,516	512	18,851
在韓外国機関	件数	118	167	6	2	293
	金額	148	223	3	1	375
民間	件数	9,419	68,061	1,015	1,489	79,984
	金額	12,555	143,517	13,284	1,505	170,881
合計	件数	35,121	88,509	1,871	3,865	129,366
	金額	34,144	163,053	15,578	2,771	215,546

注）2022.12.31基準。

出所：国土交通部

<表1-4> 地域別専門建設業登録分布現況　　　　　　　　　　　　　　　　　　　　　　（単位：社）

区分	計	ソウル	釜山	大邱	仁川	光州	大田	蔚山	世宗
事業者数	69,241	9,612	3,303	2,114	2,701	2,014	1,821	1,477	331
登録数	92,440	11,687	4,128	2,548	3,503	2,416	2,152	1,898	456
地盤造成・舗装工事業	11,956	1,167	391	271	358	188	184	193	68
屋内建築工事業	8,827	2,682	567	353	404	364	257	118	48
金属・窓戸・屋根・建築物組立工事業	9,608	933	423	285	387	308	214	169	35
塗装・湿式・防水・石工事業	9,969	1,060	360	240	358	286	215	245	29
造園植栽・施設物工事業	7,150	495	244	240	316	179	208	150	77
鉄筋・コンクリート工事業	13,035	586	377	186	290	188	134	180	65
構造物解体・足場工事業	4,342	686	266	107	173	135	90	106	14
上下水道設備工事業	8,629	1,165	357	195	404	170	215	151	45
鉄道・軌道工事業	43	20	2	1	1	2	2	-	-
鉄鋼構造物工事業	809	145	36	21	34	12	16	36	1
水中・浚渫工事業	443	30	55	-	20	-	1	9	-
昇降機・索道工事業	741	145	70	41	56	22	26	19	-
機械設備・ガス工事業	9,796	1,449	576	352	201	296	341	400	41
施設維持管理業	7,092	1,124	404	256	201	266	249	122	33

区分	京畿	江原	忠北	忠南	全北	全南	慶北	慶南	済州
事業者数	13,399	3,748	3,224	4,061	3,933	5,169	5,807	5,077	1,450
登録数	16,673	5,380	4,857	5,880	5,770	7,522	8,584	6,930	2,056
地盤造成・舗装工事業	2,048	742	909	834	795	1,021	1,725	822	240
屋内建築工事業	1,758	224	234	276	283	244	377	484	154
金属・窓戸・屋根・建築物組立工事業	2,074	618	509	574	581	700	831	730	237
塗装・湿式・防水・石工事業	1,673	680	508	676	669	934	751	1,034	251
造園植栽・施設物工事業	1,646	436	393	470	442	538	594	554	168
鉄筋・コンクリート工事業	1,358	967	872	1,271	1,338	1,820	1,854	1,218	331
構造物解体・足場工事業	771	292	139	259	236	369	340	281	78
上下水道設備工事業	1,579	491	529	523	521	582	872	557	273
鉄道・軌道工事業	9	-	2	1	1	-	-	-	2
鉄鋼構造物工事業	157	18	40	49	36	79	61	56	12
水中・浚渫工事業	13	29	3	22	22	64	63	82	30
昇降機・索道工事業	213	13	27	16	15	9	24	35	10
機械設備・ガス工事業	2,345	367	347	565	356	559	562	603	136
施設維持管理業	1,029	503	345	344	475	603	530	474	134

注) 2022. 12. 31基準。

出所：国土交通部

<表1-5> 市道別・請負別専門建設業契約実績現況　　　　　　　　　　　　（単位：件，百万ウォン）

区分	合計 件数	合計 金額	元請 件数	元請 金額	下請 件数	下請 金額
合計	792,166	121,868,919	666,341	36,151,118	125,825	85,717,801
ソウル	128,228	40,478,180	100,276	9,863,424	27,952	30,614,756
釜山	34,716	6,822,566	27,459	1,652,069	7,257	5,170,497
大邱	24,142	4,678,442	18,239	968,584	5,903	3,709,858
仁川	28,040	4,966,955	21,903	1,167,270	6,137	3,799,685
光州	19,579	4,020,155	14,394	685,694	5,185	3,334,462
大田	21,120	3,722,974	16,920	802,646	4,200	2,920,328
蔚山	19,032	2,834,510	19,824	1,734,713	2,208	1,099,797
世宗	3,170	274,202	2,880	113,466	290	160,736
京畿	147,694	24,083,765	116,459	6,797,072	31,235	17,286,693
江原	41,337	2,164,505	39,123	1,327,084	2,214	837,421
忠北	29,462	3,982,566	25,338	1,295,815	4,124	2,686,750
忠南	45,345	4,299,247	40,911	1,741,083	4,434	2,558,164
全北	42,132	3,133,148	38,126	1,308,431	4,006	1,824,717
全南	60,833	6,193,715	54,538	2,454,715	6,295	3,739,000
慶北	77,493	4,629,363	71,500	2,130,216	5,993	2,499,147
慶南	58,655	4,421,992	53,061	1,711,795	5,594	2,710,197
済州	11,188	1,162,632	8,390	397,041	2,798	765,592

注）2022. 12. 31基準。

出所：国土交通部

<表1-6> 業種別・請負別専門建設業契約実績現況　　　　　　　　　（単位：件，百万ウォン）

区分	合計		元請		下請	
	件数	金額	件数	金額	件数	金額
合計	792,166	121,868,919	666,341	36,151,118	125,825	85,717,801
地盤造成・舗装工事業	67,143	18,431,461	52,579	3,124,669	14,564	15,306,792
屋内建築工事業	105,595	14,085,201	92,810	7,572,879	12,785	6,512,322
金属窓戸・屋根建築物組立工事業	81,580	12,496,136	59,240	2,390,993	22,340	10,105,143
塗装・湿式・防水・石工事業	71,663	9,708,269	51,721	2,397,764	19,942	7,310,505
造園植栽・施設物工事業	53,159	4,039,629	48,611	2,105,325	4,548	1,934,305
鉄筋・コンクリート工事業	80,309	24,548,672	70,441	19,321,706	9,868	22,616,966
構造物解体・足場工事業	21,661	2,655,314	15,170	1,052,385	6,491	1,602,929
上下水道設備工事業	74,122	3,497,303	68,852	2,010,625	5,270	1,486,678
鉄道・軌道工事業	272	2,221,707	234	126,695	3.8	95,012
鉄鋼構造物工事業	4,227	5,562,803	366	203,762	3.861	5,359,042
水中・浚渫工事業	848	636,779	657	207,806	191	428,973
昇降機・索道工事業	4,412	417,079	2,545	141,778	1,867	275,302
機械設備・ガス工事業	171,714	22,309,756	151,048	10,036,365	20,666	12,273,391
施設維持管理業	55,461	3,258,810	52,067	2,848,367	3,394	410,444

注) 2022.12.31基準。

出所：国土交通部

<表1-7> 市道別・細分工種別専門建設業契約実績(合計)現況　　　　　　　　　（単位：件，百万ウォン）

		土木	建築	産業設備	造園	合計
ソウル	件数	11,644	107,437	4,881	4,266	128,228
	金額	3,530,106	34,486,969	1,592,432	868,674	40,478,180
釜山	件数	3,715	27,192	1,522	2,287	34,716
	金額	906,255	5,397,487	306,912	211,912	6,822,566
大邱	件数	1,708	19,140	1,060	2,234	24,142
	金額	229,431	4,233,810	102,286	112,915	4,678,442
仁川	件数	3,410	20,529	2,006	2,095	28,040
	金額	544,053	3,968,925	251,183	202,793	4,966,955
光州	件数	1,626	15,589	1,352	1,012	19,579
	金額	190,029	3,639,310	67,899	122,917	4,020,155
大田	件数	2,067	16,414	1,706	933	21,120
	金額	300,606	3,247,445	112,930	61,993	3,722,974
蔚山	件数	2,291	9,518	6,253	970	19,032
	金額	152,937	1,061,557	1,564,119	55,896	2,834,510
世宗	件数	536	2,111	150	373	3,170
	金額	71,142	155,735	18,687	28,638	284,202
京畿	件数	30,057	96,599	8,605	12,433	147,694
	金額	2,934,125		1,241,332	1,220,061	
江原	件数	12,581	23,769	1,786	3,201	41,337
	金額	740,198	1,148,908	159,705	115,694	2,164,505
忠北	件数	11,560	14,307	1,385	2,210	29,462
	金額	888,853	2,711,718	241,133	140,863	3,982,566
忠南	件数	14,561	22,995	3,832	3,957	45,345
	金額	1,025,175	2,398,639	698,035	177,398	4,299,247
全北	件数	18,490	18,131	3,404	2,107	42,132
	金額	830,641	1,945,315	206,142	151,049	3,133,148
全南	件数	27,152	23,121	7,361	3,188	60,833
	金額	1,533,985	2,703,932	1,738,928	216,871	6,193,715
慶北	件数	37,933	29,047	5,830	4,683	77,493
	金額	1,194,530	2,421,355	828,014	185,464	4,629,363
慶南	件数	23,332	21,794	2,528	11,001	58,655
	金額	863,858	2,891,892	323,742	342,501	4,421,992
済州	件数	2,198	7,932	269	789	11,188
	金額	197,034	827,670	48,404	89,525	1,162,632
全国	件数	204,861	475,625	53,930	57,750	792,166
	金額	16,132,958	91,928,915	9,501,882	4,305,164	121,868,919

注) 2022.12.31基準。

出所：国土交通部

<表1-8> 市道別・請負別専門建設業既成実績現況　　　　　　　　　　　　（単位：件，百万ウォン）

	合計		元請		下請	
	件数	金額	件数	金額	件数	金額
計	906,047	131,301,914	711,835	40,679,188	194,212	90,622,727
ソウル	156,047	43,148,026	108,961	11,313,234	47,086	31,834,792
釜山	41,482	7,697,606	30,024	1,899,744	11,458	5,797,862
大邱	28,413	4,869,046	19,598	1,099,451	8,815	3,769,595
仁川	33,345	5,505,443	23,580	1,320,190	9,765	4,185,253
光州	23,642	4,220,165	15,435	816,807	8,207	3,403,359
大田	24,294	3,778,730	17,930	932,544	6,364	2,846,185
蔚山	20,979	3,036,364	18,050	1,841,274	2,929	1,195,090
世宗	3,580	360,807	3,077	148,442	503	212,365
京畿	173,807	26,386,989	125,530	7,748,617	48,277	18,638,372
江原	43,951	2,196,118	40,918	1,418,295	3,033	777,823
忠北	33,025	4,338,120	26,785	1,445,002	6,240	2,893,119
忠南	49,470	4,690,407	42,981	1,873,073	6,489	2,817,334
全北	46,739	3,397,369	41,050	1,496,268	5,689	1,901,101
全南	67,608	6,724,058	58,413	2,566,279	9,195	4,157,780
慶北	83,164	5,247,959	74,923	2,414,104	8,241	2,833,855
慶南	63,699	4,475,207	55,636	1,917,112	8,063	2,558,094
済州	12,802	1,229,500	8,944	428,751	3,858	800,749

注) 2022. 12. 31基準。

出所：国土交通部

<表1-9> 業種別・請負別専門建設業既成実績現況　　　　　　　　　　　　（単位：件，百万ウォン）

区分	合計		元請		下請	
	件数	金額	件数	金額	件数	金額
合計	906,047	131,301,914	711,835	40,679,188	194,212	90,622,727
地盤造成・舗装工事業	79,754	19,626,438	55,802	3,213,531	23,952	16,412,907
屋内建築工事業	116,182	15,193,104	98,573	8,516,383	17,609	6,676,720
金属・窓戸・屋根建築物組立工事業	100,548	13,422,331	65,637	2,868,172	34,911	10,554,158
塗装・湿式・防水・石工事業	85,764	9,964,383	55,090	2,499,979	30,674	7,464,404
造園植栽・施設物工事業	58,145	4,522,352	51,425	2,297,840	6,720	2,224,512
鉄筋・コンクリート工事業	90,901	23,615,603	73,449	2,009,130	17,452	21,606,473
構造物解体・足場工事業	26,006	3,114,217	16,946	1,392,235	9,060	1,721,982
上下水道設備工事業	79,205	4,033,324	71,613	2,321,794	7,592	1,711,530
鉄道・軌道工事業	361	221,667	283	161,071	78	60,596
鉄鋼構造物工事業	6,395	5,385,799	469	211,764	5,926	5,174,035
水中・浚渫工事業	1,190	963,140	766	218,138	424	745,002
昇降機・索道工事業	6,097	589,813	3,395	221,858	2,702	367,955
機械設備・ガス工事業	194,870	26,410,322	162,144	11,076,555	32,726	15,333,767
施設維持管理業	60,629	4,239,424	56,243	3,670,738	4,386	568,686

注) 2022. 12. 31基準。

出所：国土交通部

<表1-10> 市道別設備建設業登録数及び企業数現況　　　　　　　　　　（単位：事業者数）

地域	事業者数	登録数		
		合計	機械設備工事業	ガス施設施工業1種
全国	10,107	10,787	9,277	1,510
ソウル	1,456	1,554	1,332	222
釜山	581	608	524	84
大邱	352	367	325	42
仁川	540	572	503	69
光州	297	312	279	33
大田	359	380	334	46
蔚山	413	472	391	81
世宗	47	50	43	7
京畿	2,446	2,625	2,190	435
江原	388	404	363	41
忠北	359	381	335	46
忠南	576	612	522	90
全北	372	394	343	51
全南	575	626	549	77
慶北	595	642	553	89
慶南	615	649	571	78
済州	136	139	120	19

注）2022. 12. 31基準。

出所：国土交通部

<表1-11> 市道別・請負別設備建設業契約及び既成実績　　　　　　　　　　　　　　　（単位：百万ウォン）

	合計			
	契約		既成	
	件数	金額	件数	金額
全国	17,172	22,231,450	194,870	26,410,322
ソウル	30,655	6,659,196	36,914	8,476,838
釜山	9,455	871,219	10,964	1,033,521
大邱	6,370	620,359	7,265	645,923
仁川	5,753	698,084	6,854	806,983
光州	6,781	787,236	7,772	813,019
大田	7,663	631,105	8,446	714,728
蔚山	7,874	1,746,360	8,546	1,802,665
世宗	505	28,140	643	72,291
京畿	37,030	4,469,467	42,030	5,712,245
江原	5,308	323,208	5,826	350,972
忠北	4,116	432,232	4,502	446,263
忠南	7,990	982,199	8,800	1,077,898
全北	8,769	421,294	9,485	471,837
全南	11,286	1,519,757	12,213	1,672,339
慶北	13,260	1,148,657	14,452	1,412,858
慶南	7,550	808,012	8,325	788,010
済州	1,347	84,925	1,833	111,931

	元請				下請			
	契約		既成		契約		既成	
	件数	金額	件数	金額	件数	金額	件数	金額
全国	151,048	10,036,365	162,144	11,076,555	20,664	12,195,085	32,726	15,333,767
ソウル	25,225	1,968,662	27,834	2,141,077	5,430	1,690,535	9,080	6,335,761
釜山	8,151	348,979	8,801	413,794	1,304	522,240	2,163	619,727
大邱	5,369	210,153	5,638	226,203	1,001	410,206	1,627	419,721
仁川	4,953	369,316	5,394	387,103	800	328,768	1,460	419,880
光州	5,780	183,142	6,094	204,456	1001	604,094	1,678	608,563
大田	6,892	297,924	7,203	357,807	771	333,181	1,243	356,920
蔚山	7,402	1,118,860	7,822	1,156,000	472	627,500	724	646,665
世宗	448	15,147	501	33,564	57	12,993	142	38,727
京畿	32,334	2,069,347	34,563	2,457,114	4,696	2,400,120	7,467	3,255,131
江原	5,030	248,556	5,415	255,016	278	74,651	411	95,956
忠北	3,661	291,732	3,887	302,486	455	140,500	615	143,777
忠南	7,233	594,996	7,759	597,296	757	387,202	1,041	480,602
全北	8,257	312,623	8,731	330,292	512	108,671	754	141,545
全南	10,518	977,988	11,176	1,028,605	768	541,769	1,037	643,733
慶北	11,972	664,915	12,828	761,924	1,288	483,743	1,624	650,934
慶南	6,858	335,607	7,287	382,570	692	472,405	1,038	405,439
済州	965	28,418	1,211	41,246	382	56,506	622	70,686

注) 2022.12.31基準。

出所：国土交通部

<表1-12> 市道別・業種別設備建設業契約及び既成実績　　　　　　　　　　　（単位：百万ウォン）

	合計				機械設備工事業	
	契約		既成		契約	
	件数	金額	件数	金額	件数	金額
全国	171,712	22,231,450	194,870	26,410,322	134,094	20,764,173
ソウル	30,655	6,659,196	36,914	8,476,838	25,330	6,221,928
釜山	9,455	871,219	10,964	1,033,521	7,761	827,451
大邱	6,370	620,359	7,265	645,923	5,080	596,279
仁川	5,753	698,084	6,854	806,983	4,560	668,524
光州	6,781	787,236	7,772	813,019	3,844	742,444
大田	7,663	631,105	8,446	714,728	6,711	602,064
蔚山	7,874	1,746,360	8,546	1,802,665	7,366	1,684,298
世宗	505	28,140	643	72,291	212	23,783
京畿	37,030	4,469,467	42,030	5,712,245	25,151	4,011,943
江原	5,308	323,208	5,826	350,972	4,129	290,375
忠北	4,116	432,232	4,502	446,263	3,527	394,584
忠南	7,990	982,199	8,800	1,077,898	5,620	907,185
全北	8,769	421,294	9,485	471,837	6,920	386,844
全南	11,286	1,519,757	12,213	1,672,339	9,721	1,477,638
慶北	13,260	1,148,657	14,452	1,412,858	10,962	1,083,508
慶南	7,550	808,012	8,325	788,010	6,254	768,225
済州	1,347	84,925	1,833	111,931	946	77,102

	機械設備工事業		ガス施工業（1種）			
	既成		契約		既成	
	件数	金額	件数	金額	件数	金額
全国	153,085	24,823,667	37,618	1,467,277	41,785	1,586,655
ソウル	30,922	7,993,576	5,325	437,269	5,992	483,262
釜山	8,933	982,049	1,694	43,768	2,031	51,472
大邱	5,851	615,494	1,290	24,080	1,414	30,430
仁川	5,428	763,447	1,193	29,560	1,426	43,536
光州	4,668	767,291	2,937	44,792	3,104	45,729
大田	7,388	670,824	952	29,042	1,058	43,904
蔚山	7,985	1,731,276	508	62,062	561	71,389
世宗	342	66,918	293	4,357	301	5,373
京畿	28,874	5,247,822	11,879	457,523	13,156	464,424
江原	4,574	324,825	1,179	32,833	1,252	26,147
忠北	3,887	414,501	589	37,648	615	31,762
忠南	6,260	996,658	2,370	75,013	2,540	81,240
全北	7,397	419,713	1,849	34,450	2,088	42,124
全南	10,367	1,626,519	1,565	42,120	1,846	45,819
慶北	11,975	1,344,405	2,298	65,150	2,477	68,453
慶南	6,957	745,452	1,296	39,788	1,368	42,557
済州	1,277	102,897	401	7,823	556	9,035

注) 2022.12.31基準。

出所：国土交通部

<表1-13> 業種別・工種別・請負別設備建設業契約及び既成実績 (単位：百万ウォン)

	合計				元請	
	契約		既成		契約	
	件数	金額	件数	金額	件数	金額
合計	171,712	22,231,450	194,870	26,410,322	151,048	10,036,365
機械設備工事業	134,094	20,764,173	153,085	24,823,667	118,451	9,266,846
冷暖房・空気調和設備	32,899	4,497,467	37,905	5,291,310	29,448	1,795,842
給排水・給湯・衛生設備	25,443	4,140,181	30,958	5,044,177	19,625	795,318
台所・洗濯設備	318	21,938	325	17,938	270	9,970
地域暖房設備	418	199,826	545	263,227	389	169,560
プラント設備	17,543	3,544,194	18,458	3,905,659	16,576	2,359,466
自動制御設備	1,978	279,060	2,820	370,579	1,400	78,503
冷凍・冷蔵設備	4,454	536,051	4,707	689,831	433	310,826
舞台装置設備	333	34,973	450	49,750	277	28,347
クリーンルーム設備	1,101	629,247	1,261	1,004,064	982	204,457
地熱など新再生エネルギー設備	669	91,048	841	98,674	611	48,762
クリーンネット設備	132	62,791	212	59,428	65	15,275
その他	48,806	6,727,398	54,603	8,029,030	44,485	3,450,520
ガス施工業(1種)	37,618	1,467,277	41,785	1,586,655	32,597	769,519

<続く>

	元請		下請			
	既成		契約		既成	
	件数	金額	件数	金額	件数	金額
合計	162,144	11,076,555	20,664	12,195,085	32,726	15,333,767
機械設備工事業	126,800	10,226,370	15,643	11,497,327	26,285	14,597,297
冷暖房・空気調和設備	32,227	1,936,801	3,451	2,701,625	5,678	3,354,509
給排水・給湯・衛生設備	20,860	1,005,187	5,818	3,344,864	10,098	4,038,991
台所・洗濯設備	275	10,066	48	11,967	50	7,872
地域暖房設備	488	205,449	29	30,266	57	57,777
プラント設備	17,136	2,403,271	967	1,184,728	1,322	1,502,388
自動制御設備	1,621	107,121	578	200,557	1,199	263,458
冷凍・冷蔵設備	4,484	317,819	131	225,225	223	372,012
舞台装置設備	369	40,986	56	6,626	81	8,764
クリーンルーム設備	1,071	238,849	119	424,789	190	765,215
地熱など新再生エネルギー設備	681	54,036	58	42,286	160	44,638
クリーンネット設備	92	16,934	67	47,517	120	42,494
その他	47,496	3,889,850	4,321	3,276,877	7,107	4,139,179
ガス施工業（1種）	35,344	850,185	5,021	697,758	6,441	736,470

注）2022.12.31基準。

出所：国土交通部

2. 国内建設

<表2-1> 項目別建設投資構成比推移 　　　　　　　　　　　　　　　　　　　　　　　(単位：兆ウォン，%)

区分	2019		2020		2021		2022	
	金額	比重	金額	比重	金額	比重	金額	比重
○建設投資	262.4	100.0	262.9	100.0	265.0	100.0	257.6	100.0
－ 建物建設	188.1	71.7	181.0	68.8	190.9	72.0	188.9	73.3
．住宅用建物	93.4	35.6	88.8	33.8	93.0	35.1	90.3	35.0
．非住宅用建物	94.7	36.1	92.1	35.0	97.8	36.9	98.7	38.3
－ 土木建設	74.2	28.3	81.6	31.0	74.19	28.0	68.6	26.6

出所：大韓建設協会

<表2-2> 民間・公共別建設投資構成比推移 　　　　　　　　　　　　　　　　　　　　(単位：兆ウォン，%)

区分	2019		2020		2021		2022	
	金額	比重	金額	比重	金額	比重	金額	比重
建設投資	262.4	100.0	262.6	100.0	265.0	100.0	257.6	100.0
民間	204.1	77.8	202.4	84.1	209.4	79.0	204.8	79.5
政府	58.3	22.2	60.2	15.9	55.6	21.0	52.8	20.5

注) 当年の価格。

出所：大韓建設協会

<表2-3> 年度別・資材別・用途別建築物着工推移 　　　　　　　　　　　　　　　　　　　　　(単位：棟)

区分	合計	資材別				合計	用途別			
		鉄筋及び鉄骨造	組積造	木造	その他		住宅用	商業用	工業用	教育・社会及びその他
2018	216,102	196,341	5,112	11,828	2,821	216,102	81,300	50,588	15,056	69,158
2019	194,947	176,444	4,525	10,011	3,967	194,947	65,763	46,995	13,260	68,929
2020	185,640	167,800	3,590	10,102	4,148	185,640	66,084	48,072	13,936	57,548
2021	185,841	168,073	2998	10,897	3,873	185,841	73,145	55,025	14,185	43,486
2022	153,205	138,121	2,113	9,503	3,468	153,205	58,847	52,426	12,220	29,712
01	9,280	8,396	135	517	232	9,280	3,342	3,100	839	1,999
02	9,733	8,910	96	522	205	9,733	3,813	3,336	669	1,915
03	15,702	14,215	193	973	321	15,702	6,193	5,266	1,221	3,022
04	16,510	14,864	200	1,066	380	16,510	6,787	5,450	1,276	2,997
05	16,419	14,747	237	1,044	391	16,419	6,564	5,490	1,259	3,106
06	14,392	12,936	211	895	350	14,392	5,620	4,892	1,134	2,746
07	12,553	11,283	207	812	251	12,553	4,845	4,288	904	2,516
08	12,046	10,863	174	716	293	12,046	4,731	4,107	1,026	2,182
09	11,642	10,465	163	759	255	11,642	4,381	3,975	41	2,345
10	12,145	10,979	180	764	222	12,145	4,430	4,385	1,024	2,306
11	12,727	11,430	179	836	282	12,727	4,602	4,597	1,053	2,475
12	10,056	9,033	138	599	286	10,056	3,539	3,540	874	2,103

出所：国土交通部

<表2-4> 年度別・資材別・用途別建築物着工延床面積推移　　　　　　　　　　　　　　　（単位：千㎡）

区分	合計	資材別				合計	用途別			
		鉄筋及び鉄骨造	組積造	木造	その他		住宅用	商業用	工業用	教育・社会及びその他
2015	152,618	150,537	849	1,173	59	152,618	68,166	41,841	15,987	26,624
2016	143,866	141,722	748	1,346	50	143,866	62,061	38,930	15,459	27,426
2017	127,801	125,902	494	1,285	120	127,801	48,677	37,740	15,442	25,943
2018	121,221	119,594	277	1,091	259	121,221	38,933	35,379	14,999	31,910
2019	109,671	107,667	193	923	890	109,671	33,359	28,486	28,486	14,935
2020	123,700	121,884	162	930	723	123,700	40,260	31,885	15,183	36,372
2021	135,299	133,666	150	1,038	425	135,299	46,783	37,091	15,980	35,445
2022	110,840	109,406	115	888	432	110,840	34,684	31,138	15,026	29,991
01	7,309	7,229	5	55	21	7,309	1,700	2,423	1,013	2,174
02	7,294	7,229	6	50	8	7,294	2,480	1,886	814	2,114
03	11,636	11,499	11	101	25	11,636	3,370	3,500	1,531	3,236
04	11,115	10,982	9	100	24	11,115	3,441	3,004	1,988	2,682
05	10,958	10,838	11	96	13	10,958	3,241	3,289	1,642	2,786
06	10,140	9,984	13	82	60	10,140	3,388	2,943	1,267	2,543
07	9,128	9,033	10	73	12	9,128	2,847	2,555	1,145	2,581
08	9,808	9,715	11	69	14	9,808	3,114	2,673	1,070	2,951
09	10,240	10,079	10	67	85	10,240	4,113	2,437	1,076	2,614
10	7,570	7,460	10	70	31	7,570	2,323	2,138	1,475	1,635
11	8,710	8,614	12	75	9	8,710	2,475	2,729	1,239	2,266
12	6,930	6,745	7	48	130	6,930	2,192	1,562	768	2,408

出所：国土交通部

<表2-5> 年度別・資材別・用途別建築許可推移 (単位：棟)

区分	合計	資材別				合計	用途別			
		鉄筋及び鉄骨造	組積造	木造	その他		住宅用	商業用	工業用	文教・社会及びその他
2018	270,811	245,375	9,246	12,750	3,440	196,956	98,611	73,012	16,592	82,596
2019	237,034	212,577	8,377	11,549	4,531	237,034	74,424	67,084	14,248	81,278
2020	223,388	198,537	8,249	12,016	4,586	223,388	72,565	71,518	15,317	63,988
2021	232,431	206,482	8,640	12,845	4,464	232,431	82,866	85,124	15,915	48,526
2022	201,315	178,827	6,904	11,480	4,104	201,315	70,869	78,802	13,990	37,654
01	14,848	13,265	526	784	273	14,848	4,942	5,870	1,136	2,900
02	13,432	11,975	487	698	272	13,432	4,423	5,575	976	2,458
03	18,270	16,195	647	1,061	367	18,270	6,704	6,912	1,300	3,354
04	20,515	18,094	702	1,239	480	20,515	7,605	7,848	1,496	3,566
05	20,794	18,297	847	1,226	424	20,794	7,414	8,337	1,309	3,734
06	17,767	15,825	592	981	369	17,767	6,575	6,954	1,149	3,089
07	17,037	15,077	587	1,036	337	17,037	5,972	6,630	1,229	3,206
08	17,214	15,426	530	927	331	17,214	5,851	6,926	1,113	3,324
09	14,630	12,930	434	933	333	14,630	5,381	5,591	1,113	2,545
10	14,572	12,920	524	850	278	14,572	5,123	5,663	972	2,814
11	16,571	14,754	553	933	331	16,571	5,748	6,572	1,126	3,125
12	15,665	14,069	475	812	309	15,665	5,131	5,924	1,071	3,539

出所：国土交通部

<表2-6> 年度別・資材別・用途別建築許可延床面積推推移　　　　　　　　　　　（単位：千㎡）

区分	合計	資材別				合計	用途別			
		鉄筋及び鉄骨造	組積造	木造	その他		住宅用	商業用	工業用	文教・社会及びその他
2018	160,964	158,573	686	1,167	538	160,964	57,325	44,755	16,247	42,638
2019	144,293	142,120	563	1,039	571	144,293	46,242	38,260	16,372	43,419
2020	147,310	145,112	639	1,059	500	147,310	46,062	41,558	16,982	42,708
2021	173,206	170,680	782	1,193	550	173,206	57,576	49,016	17,322	49,292
2022	181,474	179,323	659	1,024	467	181,474	64,510	47,058	18,801	51,105
01	13,736	13,553	50	65	68	13,736	5,027	3,328	1,851	3,519
02	11,862	11,703	54	69	36	11,862	3,342	3,107	1,412	4,002
03	15,058	14,882	63	102	11	15,058	5,054	3,924	1,693	4,387
04	17,899	17,654	75	107	64	17,899	6,488	4,998	1,709	4,705
05	19,522	19,263	89	116	54	19,522	6,207	5,274	1,980	6,061
06	14,961	14,731	52	89	89	14,961	5,901	3,710	1,485	3,864
07	15,614	15,446	50	92	26	15,614	5,880	4,114	1,505	4,115
08	15,990	15,807	40	84	59	15,990	5,548	4,696	1,505	4,241
09	13,929	13,779	44	80	25	13,929	5,367	3,503	1,674	3,385
10	14,445	14,305	54	76	10	14,445	4,828	3,503	1,789	4,326
11	12,967	12,825	48	79	15	12,967	4,932	3,459	964	3,612
12	15,489	15,372	39	66	12	15,489	5,937	3,442	1,223	4,887

出所：国土交通部

<表2-7> 地域別骨材所要量及び比重現況(2022) (単位：千㎥)

		骨材所要量			地域別比重	骨材原別所要量	
		2021	2022	前年対比		砂(48%)	砂利(52%)
計		242,891	249,205	2.6	100.0	119,620	129,585
首都圏	小計	99,493	103,094	3.6	41.4	49,486	53,608
	ソウル	19,608	20,435	4.2	8.2	9,809	10,626
	仁川	22,850	23,674	3.6	9.5	11,364	12,310
	京畿	57,035	58,985	3.4	23.7	28,313	30,672
江原		11,797	12,211	3.5	4.9	5,861	6,350
忠北		12,039	12,460	3.5	5.0	5,981	6,479
大田忠南世宗	小計	23,657	24,172	2.2	9.7	11,603	12,569
	大田	2,896	2,990	3.2	1.2	1,435	1,555
	忠南	16,965	17,195	1.4	6.9	8,254	8,941
	世宗	3,796	3,987	5.0	1.6	1,914	2,073
全北		9,705	10,217	5.3	4.1	4,904	5,313
光州全南	小計	16,777	16,787	0.1	6.7	8,058	8,729
	光州	4,789	4,745	-0.9	1.9	2,278	2,467
	全南	11,988	12,042	0.5	4.8	5,780	6,262
大邱慶北	小計	25,580	26,566	3.9	10.7	12,751	13,815
	大邱	6,490	6,630	2.2	2.7	3,182	3,448
	慶北	19,090	19,936	4.4	8.0	9,569	10,367
釜山蔚山慶南	小計	38,268	38,215	-0.1	15.3	18,344	19,871
	釜山	14,821	15,160	2.3	6.1	7,277	7,883
	蔚山	6,028	4,714	-21.8	1.9	2,263	2,451
	慶南	17,419	18,341	5.3	7.4	8,804	9,537
済州		5,575	5,483	-1.7	2.2	2,632	2,851

出所：国土交通部

<表2-8> 地域別・四半期別砂需要量算定現況(2022) （単位：千㎥）

		1/4四半期	2/4四半期	3/4四半期	4/4四半期	計
計		23,326	32,058	31,580	32,656	119,620
首都圏	小計	9,650	13,262	13,064	13,510	49,486
	ソウル	1,913	2,629	2,590	2,678	9,809
	仁川	2,216	3,046	3,000	3,102	11,364
	京畿	5,521	7,588	7,475	7,729	28,313
江原		1,143	1,571	1,547	1,600	5,861
忠北		1,166	1,603	1,579	1,633	5,981
大田忠南世宗	小計	2,263	3,110	3,063	3,168	11,603
	大田	280	385	379	392	1,435
	忠南	1,610	2,212	2,179	2,253	8,254
	世宗	373	513	505	523	1,914
全北		956	1,314	1,295	1,339	4,904
光州全南	小計	1,571	2,160	2,127	2,200	8,058
	光州	444	611	601	622	2,278
	全南	1,127	1,549	1,526	1,578	5,780
大邱慶北	小計	2,486	3,417	3,366	3,481	12,751
	大邱	620	853	840	869	3,182
	慶北	1,866	2,564	2,526	2,612	9,569
釜山蔚山慶南	小計	3,577	4,916	4,843	5,008	18,344
	釜山	1,419	1,950	1,921	1,987	7,277
	蔚山	441	606	597	618	2,263
	慶南	1,717	2,359	2,324	2,403	8,804
済州		513	705	695	719	2,632

出所：国土交通部

<表2-9> 地域別・四半期別砂利需要量算定現況(2022)　　　　　　　　　　(単位：千㎥)

		1/4四半期	2/4四半期	3/4四半期	4/4四半期	計
計		25,269	34,729	34,210	35,377	129,585
首都圏	小計	10,454	14,367	14,153	14,635	53,608
	ソウル	2,072	2,848	2,805	2,901	10,626
	仁川	2,400	3,299	3,250	3,361	12,310
	京畿	5,981	8,220	8,097	8,373	30,672
江原		1,238	1,702	1,676	1,734	6,350
忠北		1,263	1,736	1,710	1,769	6,479
大田 忠南 世宗	小計	2,451	3,368	3,318	3,431	12,569
	大田	303	417	411	425	1,555
	忠南	1,743	2,396	2,360	2,441	8,941
	世宗	404	556	547	566	2,073
全北		1,036	1,424	1,403	1,450	5,313
光州 全南	小計	1,702	2,339	2,304	2,383	8,729
	光州	481	661	651	673	2,467
	全南	1,221	1,678	1,653	1,710	6,262
大邱 慶北	小計	2,694	3,702	3,647	3,771	13,815
	大邱	672	924	910	941	3,448
	慶北	2,022	2,778	2,737	2,830	10,367
釜山 蔚山 慶南	小計	3,875	5,325	5,246	5,425	19,871
	釜山	1,537	2,113	2,081	2,152	7,883
	蔚山	478	657	647	669	2,451
	慶南	1,860	2,556	2,518	2,604	9,537
済州		556	764	753	778	2,851

出所：国土交通部

<表2-10> 骨材源別骨材供給比率現況(2022)　　　　　　　　　　　　　　　（単位：千㎥, %）

		計		砂		砂利	
		供給	比重	供給	比重	供給	比重
計		262,974	100.0	126,653	100.0	136,321	100.0
許可	小計	141,342	53.7	68,157	53.8	73,185	53.7
	河川骨材	5,687	2.1	5,168	4.1	519	0.4
	海骨材(沿岸)	9,240	3.5	9,240	7.3	0	0.0
	海骨材(EEZ)	6,450	2.4	6,450	5.1	0	0.0
	山林骨材	106,901	40.7	35,110	27.7	71,791	52.7
	陸上骨材	13,064	5.0	12,189	9.6	875	0.6
申告及びその他*		121,632	46.3	58,496	46.2	63,136	46.3

注）＊ 砕石骨材, 再生骨材, スラグ骨材など。

出所：国土交通部

<表2-11> 地域別骨材許可供給計画現況(2022) (単位：千㎥)

		砂					砂利					合計
		河川	海	山林	陸上	計	河川	海	山林	陸上	計	
計		5,168	15,690	35,110	12,189	68,157	519	0	71,791	875	73,185	141,342
首都圏	小計	0	7,040	11,849	0	18,889	0	0	17,456	0	17,456	36,345
	ソウル	0	0	0	0	0	0	0	0	0	0	0
	仁川	0	5,490	720	0	6,210	0	0	780	0	780	6,990
	京畿	0	1,550	11,129	0	12,679	0	0	16,676	0	16,676	29,355
江原		80	0	2,933	2,268	5,281	52	0	4,075	193	4,320	9,601
忠北		0	0	1,155	974	2,129	0	0	5,535	0	5,535	7,664
大田忠南世宗	小計	0	2,200	4,064	1,650	7,914	0	0	9,028	0	9,028	16,942
	大田	0	0	0	0	0	0	0	0	0	0	0
	忠南	0	2,200	4,064	1,650	7,914	0	0	8,128	0	8,128	16,042
	世宗	0	0	0	0	0	0	0	900	0	900	900
全北		0	0	1,507	1,444	2,951	0	0	4,424	0	4,424	7,375
光州全南	小計	0	0	4,156	1,177	5,333	0	0	6,913	90	7,003	12,336
	光州	0	0	0	0	0	0	0	0	0	0	0
	全南	0	0	4,156	1,177	5,333	0	0	6,913	90	7,003	12,336
大邱慶北	小計	1,168	0	3,788	3,046	8,002	467	0	9,836	592	10,895	18,897
	大邱	0	0	0	100	100	0	0	0	0	0	100
	慶北	1,168	0	3,788	2,946	7,902	467	0	9,836	592	10,895	18,797
釜山蔚山慶南	小計	3,920	0	4,658	1,530	10,108	0	0	13,364	0	13,364	23,472
	釜山	0	0	0	0	0	0	0	0	0	0	0
	蔚山	0	0	1,000	0	1,000	0	0	2,685	0	2,685	3,685
	慶南	3,920	0	3,658	1,530	9,108	0	0	10,679	0	10,679	19,787
済州		0	0	1,000	100	1,100	0	0	1,160	0	1,160	2,260
西海EEZ		0	4,900	0	0	4,900	0	0	0	0	0	4,900
南海EEZ		0	1,550	0	0	1,550	0	0	0	0	0	1,550

出所：国土交通部

3. 海外建設

<表3-1> 地域別海外建設受注金額推移

(単位：百万ドル)

区分	2017	2018	2019	2020	2021	2022
合計	29,006	32,116	22,320	35,129	30,580	30,981
中東	14,578	9,204	4,757	13,297	11,220	9,021
アジア	12,493	16,208	12,531	11,576	9,253	12,205
北米・太平洋	555	1,041	566	547	3,934	4,536
中南米	362	730	280	6,917	1,379	604
アフリカ	698	1,222	1,713	1,196	199	1,204
ヨーロッパ	320	3,709	2,469	1,596	4,596	3,411

出所：国土交通部

<表3-2> 地域別海外建設受注件数推移

(単位：件数)

区分	2017	2018	2019	2020	2021	2022
合計	624	662	667	564	499	580
中東	70	47	52	35	34	33
アジア	415	424	419	373	299	302
北米・太平洋	19	40	30	22	23	59
中南米	45	34	53	35	45	55
アフリカ	38	46	47	46	35	52
ヨーロッパ	37	71	66	53	63	79

出所：国土交通部

<表3-3> 工種別海外建設受注金額推移

(単位：百万ドル)

区分	2017	2018	2019	2020	2021	2022
合計	29,006	32,116	22,319	35,129	30,580	30,981
土木	5,139	7,162	4,539	9,838	5,859	5,851
- 道路	3,703	3,328	2,405	1,220	2,730	676
- 港湾	947	1,356	1,037	1,749	85	434
- 空港	1	75	48	1,929	1,320	362
- その他	488	2,403	1,049	4,940	1,724	4,379
建築	2,408	5,379	4,912	5,028	4,096	8,659
- 住宅	202	543	198	328	84	317
- 病院	290	940	9	440	97	28
- 学校	70	39	53	3	58	96
- 競技場	4	-	-	159	-	-
- その他	1,846	3,857	4,652	4,098	3,857	8,218
産業設備	19,913	18,377	10,870	18,636	16,399	13,100
- 発電所	6,020	2,629	1,638	4,343	3,236	3,663
- ガス処理施設	451	151	1,291	1,145	1,170	804
- 一般工場	495	1,328	143	684	258	1,051
- その他	12,947	14,269	7,798	12,464	11,735	7,582
電気	730	358	711	683	3,089	1,296
通信	-20	21	78	89	29	103
サービス	836	819	1,209	855	1,109	1,972
- 設計	140	120	481	162	179	160
- 監理	122	115	99	117	93	103
- 技術支援	20	10	32	23	39	13
- その他	554	574	597	553	798	1,696

出所：国土交通部

<表3-4> 工種別海外建設受注件数推移　　　　　　　　　　　　　　　　　　　　（単位：件数）

区分	2017	2018	2019	2020	2021	2022
合計	624	662	667	564	499	580
土木	48	57	49	45	27	25
- 道路	26	24	18	11	10	11
- 港湾	5	7	10	8	1	1
- 空港	1	6	4	6	4	1
- その他	16	20	17	20	12	12
建築	232	243	197	90	82	134
- 住宅	9	8	8	7	4	5
- 病院	2	7	0	2	3	2
- 学校	2	5	2	3	2	4
- 競技場	0	-	-	1	-	-
- その他	219	223	187	77	73	123
産業設備	65	51	58	49	58	55
- 発電所	19	10	6	6	6	5
- ガス処理施設	0	2	1	3	2	1
- 一般工場	7	6	3	11	14	18
- その他	39	33	48	29	36	26
電気	54	41	88	106	73	74
通信	7	6	7	12	10	16
サービス	218	264	268	262	249	276
- 設計	46	84	100	66	65	53
- 監理	33	47	29	29	23	26
- 技術支援	13	6	12	21	11	14
- その他	126	127	127	146	150	183

出所：国土交通部

<表3-5> 年度別海外建設人材進出推移 (単位：人)

区分	2017	2018	2019	2020	2021	2022
合計	15,769	12,843	11,190	9,649	10,014	10,205
中東	8,218	6,316	5,318	3,922	3,601	3,310
－ サウジアラビア	1,167	587	648	540	913	1,155
－ リビア	-	-	-	-	5	14
－ イラン	1	-	-	-	-	-
－ その他	7,050	5,729	4,670	3,382	2,683	2,141
アジア	5,823	5,280	4,566	4,399	4,083	4,259
－ パキスタン	662	557	500	510	513	542
－ タイ	42	181	288	276	203	202
－ マレーシア	673	458	382	243	167	266
－ インドネシア	449	430	451	414	680	1,182
－ フィリピン	400	327	245	180	315	338
－ その他	3,597	3,327	2,700	2,776	2,205	1,729
北米・太平洋	191	78	113	146	203	225
中南米	756	398	240	160	486	827
アフリカ	681	442	553	540	427	538
ヨーロッパ	100	329	400	482	1,214	1,046

出所：国土交通部

4. 住宅建設

<표4-1> 年度別公共住宅建設実績推移
(単位：戸)

	合計	国家機関	自治体	土地 住宅公社	住宅 事業者	その他
2014	63,320	-	3,704	48,309	11,221	-
2015	76,428	-	6,278	58,855	11,295	-
2016	75,802	-	7,702	57,613	10,487	-
2017	76,629	-	15,227	57,155	4,247	-
2018	81,082	-	13,139	66,203	1,740	-
2019	93,626	-	9,365	76,771	7,490	-
2020	81,801	-	6570	73,346	1,885	-
2021	66,884	-	10,197	55,681	1,006	-
2022	39,914	-	10,345	28,458	3,111	

出所：国土交通部

<表4-2> 類型別・年度別住宅建設実績推移
(単位：戸)

	単独住宅 (多家口を含む)	アパート	連立住宅	多世帯住宅
2014	74,979	347,687	10,898	81,687
2015	88,293	534,931	19,308	122,796
2016	96,768	506,816	17,983	104,481
2017	88,239	468,116	16,313	80,773
2018	76,099	406,165	12,220	59,652
2019	51,881	378,169	13,382	44,543
2020	49,857	351,700	11,315	44,642
2021	57,596	423,363	17,571	46,882
2022	48,283	427,650	12,461	33,397

出所：国土交通部

<表4-3> 部門別・類型別住宅着工実績推移 (単位：戸)

区分		計	ソウル	仁川	京畿	釜山	大邱	光州	大田	蔚山
総計		383,404	62,585	22,218	101,605	17,377	15,417	9,051	9,124	9,080
公共部門		34,594	3,017	3,012	14,939	3,062	481	406	262	1,312
小計	国民賃貸	6,185	46	-	4,357	-	1	406	-	194
	公共賃貸	15,815	2,608	943	6,119	281	480	-	262	1,118
	公共分譲	12,594	363	2,069	4,463	2,781	-	-	-	-
自治体	小計	9,676	1,375	1,535	1,617	2,823	379	-	162	80
	国民賃貸	62	46	-	-	-	1	-	-	-
	公共賃貸	2,900	1,242	-	944	42	378	-	162	80
	公共分譲	6,714	87	1,535	673	2,781	-	-	-	-
LH公社	小計	23,313	417	1,477	13,232	1	50	406	100	1,232
	国民賃貸	6,123	-	-	4,357	-	-	406	-	194
	公共賃貸	11,310	141	943	5,085	1	50	-	100	1,038
	公共分譲	5,880	276	534	3,790	-	-	-	-	-
住宅会社	小計	1,605	1,225	-	90	238	52	-	-	-
	国民賃貸	-	-	-	-	-	-	-	-	-
	公共賃貸	1,605	1,225	-	90	238	52	-	-	-
	公共分譲	-	-	-	-	-	-	-	-	-
民間部門	小計	348,810	59,568	19,206	86,666	14,315	14,936	8,645	8,862	7,768
	民間賃貸	30,130	8,276	-	4,951	-	-	-	765	-
	民間分譲	318,680	51,292	19,206	81,715	14,315	14,936	8,645	8,097	7,768

<続く>

12章　建設・住宅

区分			世宗	江原	忠北	忠南	全北	全南	慶北	慶南	済州
総計			2,217	15,730	17,569	25,099	11931	13,771	21,861	21,278	7,491
公共部門			1,889	1,012	1,364	1,138	1263	520	367	150	400
	小計	国民賃貸	-	370	116	-	198	440	42	-	15
		公共賃貸	854	642	1,248	-	320	80	325	150	385
		公共分譲	1,035	-	-	1,138	745	-	-	-	-
	自治体	小計	-	-	-	893	745	-	-	-	67
		国民賃貸	-	-	-	-	-	-	-	-	15
		公共賃貸	-	-	-	-	-	-	-	-	52
		公共分譲	-	-	-	893	745	-	-	-	-
	LH公社	小計	1,889	1,012	1,364	245	518	520	367	150	333
		国民賃貸	-	370	116	-	198	440	42	-	-
		公共賃貸	854	642	1,248	-	320	80	325	150	333
		公共分譲	1,035	-	-	245	-	-	-	-	-
	住宅会社	小計	-	-	-	-	-	-	-	-	-
		国民賃貸	-	-	-	-	-	-	-	-	-
		公共賃貸	-	-	-	-	-	-	-	-	-
		公共分譲	-	-	-	-	-	-	-	-	-
民間部門	小計		328	14,718	16,205	23,961	10,668	13,251	21,494	21,128	7,091
	民間賃貸		-	1,718	2,433	2,935	916	2,458	3,993	1,597	88
	民間分譲		328	13,000	13,772	21,026	9,752	10,793	17,501	19,531	7,003

注) 2022. 12. 31. 累計。

出所：国土交通部

<表4-4> 部門別・類型別住宅竣工実績推移 (単位：戸)

区分		計	ソウル	仁川	京畿	釜山	大邱	光州	大田	蔚山
総計		413,798	56,229	39,487	133,200	27,358	21,088	12,453	11,733	4,761
公共部門		78,585	6,490	3,532	38,536	1,677	2,022	634	446	580
小計	国民賃貸	15,825	507	40	4,741	332	1,058	-	-	437
	公共賃貸	42,263	5,720	930	20,039	859	964	101	446	143
	公共分譲	20,497	263	2,562	13,756	486	-	533	-	-
自治体	小計	13,442	2,825	3,112	4,712	-	-	533	-	437
	国民賃貸	752	315	-	-	-	-	-	-	437
	公共賃貸	9,249	2,381	550	4,575	-	-	-	-	-
	公共分譲	3,441	129	2,562	137	-	-	533	-	-
LH公社	小計	62,271	3,031	312	33,674	1,437	2,022	54	446	100
	国民賃貸	15,073	192	40	4,741	332	1,058	-	-	-
	公共賃貸	30,282	2,705	272	15,314	619	964	54	446	100
	公共分譲	16,916	134	-	13,619	486	-	-	-	-
住宅会社	小計	2,872	634	108	150	240	-	47	-	43
	国民賃貸	-	-	-	-	-	-	-	-	-
	公共賃貸	2,732	634	108	150	240	-	47	-	43
	公共分譲	140	-	-	-	-	-	-	-	-
民間部門	小計	335,213	49,739	35,955	94,664	25,681	19,066	11,819	11,287	4,181
	民間賃貸	20,006	6,116	3,578	2,103	140	431	654	270	-
	民間分譲	315,207	43,623	32,377	92,561	25,541	18,635	11,165	11,017	4,181

<続く>

区分		世宗	江原	忠北	忠南	全北	全南	慶北	慶南	済州
総計		4,294	9,606	10,988	30,871	12,875	16,090	8,661	10,161	3,943
公共部門		2,028	237	2,648	9,519	3,599	2,230	2,890	1,437	80
小計	国民賃貸	734	60	2,444	3,680	831	270	-	691	-
	公共賃貸	497	177	204	5,131	2,222	1,820	2,264	746	-
	公共分譲	797	-	-	708	546	140	626	-	80
自治体	小計	-	-	-	815	928	-	-	-	80
	国民賃貸	-	-	-	-	-	-	-	-	-
	公共賃貸	-	-	-	815	928	-	-	-	-
	公共分譲	-	-	-	-	-	-	-	-	80
LH公社	小計	2,028	237	2,648	8,704	2,671	600	2,870	1,437	-
	国民賃貸	734	60	2,444	3,680	831	270	-	691	-
	公共賃貸	497	177	204	4,316	1,294	330	2,244	746	-
	公共分譲	797	-	-	708	546	-	626	-	-
住宅会社	小計	-	-	-	-	-	1,630	20	-	-
	国民賃貸	-	-	-	-	-	-	-	-	-
	公共賃貸	-	-	-	-	-	1,490	20	-	-
	公共分譲	-	-	-	-	-	140	-	-	-
民間部門	小計	2,266	9,369	8,340	21,352	9,276	13,860	5,771	8,724	3,863
	民間賃貸	326	720	-	2,853	565	1,189	868	120	73
	民間分譲	1,940	8,649	8,340	18,499	8,711	12,671	4,903	8,604	3,790

注) 2022. 12. 31. 累計。

出所：国土交通部

<表4-5> 年度別・市道別住宅未分譲推移　　　　　　　　　　　　　　　　　　　　（単位：戸, %）

区分	2019年12月	2020年12月	2021年12月	2022年12月	2021.12月対比	
					増減	増減率
計	47,797	19,005	17,710	68,107	50,397	284.6
ソウル	151	49	54	953	899	1,664.8
釜山	2,115	973	949	2,640	1,691	178.2
大邱	1,790	280	1,977	13,445	11,468	580.1
仁川	966	466	425	2,494	2,069	486.8
光州	148	31	27	291	264	977.8
大田	724	638	460	3,239	2,779	604.1
蔚山	1,269	468	397	3,570	3,173	799.2
京畿	5,085	1,616	1,030	7,588	6,558	636.7
江原	5,945	3,115	1,648	2,648	1,000	60.7
忠北	1,672	273	304	3,225	2,921	960.9
忠南	5,569	2,510	1,012	8,509	7,497	740.8
世宗	-	-	30	6	-24	-1.0
全北	1,043	661	133	2,520	2,387	1,794.7
全南	1,857	1,059	2,163	3,029	866	40.0
慶北	6,122	2,154	4,386	7,674	3,288	75.0
慶南	12,269	3,617	1,879	4,600	2,721	144.8
済州	1,072	1,095	836	1,676	840	100.5
首都圏	6,202	2,131	1,509	11,035	9,526	631.3
地方	41,595	16,874	16,201	57,072	40,871	252.3

出所：国土交通部

13章 環境産業

1. 大気環境

<表1-1> 都市別亜硫酸ガス汚染度推移 (単位：ppm)

	ソウル	釜山	大邱	仁川	大田	光州	蔚山
2012	0.005	0.006	0.005	0.007	0.004	0.004	0.008
2013	0.006	0.007	0.004	0.007	0.004	0.005	0.008
2014	0.006	0.007	0.004	0.007	0.004	0.004	0.008
2015	0.006	0.007	0.003	0.006	0.004	0.003	0.008
2016	0.006	0.007	0.004	0.006	0.003	0.003	0.007
2017	0.005	0.005	0.003	0.006	0.003	0.003	0.006
2018	0.004	0.005	0.003	0.005	0.002	0.003	0.006
2019	0.004	0.005	0.003	0.005	0.002	0.003	0.005
2020	0.003	0.004	0.002	0.004	0.002	0.003	0.004
2021	0.003	0.003	0.002	0.003	0.003	0.003	0.003
2022	0.003	0.003	0.002	0.003	0.003	0.003	0.003

注 平均値。

出所：環境部

<表1-2> 都市別微細粉塵(PM10)汚染度推移 (単位：$\mu g/m^3$)

	ソウル	釜山	大邱	仁川	大田	光州	蔚山
2012	41	43	43	47	39	38	46
2013	45	49	45	49	42	42	47
2014	46	48	45	49	41	41	46
2015	46	45	46	52	45	42	45
2016	48	44	43	50	44	40	43
2017	44	44	42	45	45	40	43
2018	40	42	40	40	44	41	40
2019	42	36	39	43	42	42	37
2020	35	30	34	33	33	30	30
2021	38	31	35	39	36	33	30
2022	33	27	30	33	31	28	29

注 平均値。

出所：環境部

<表1-3> 都市別二酸化窒素(NO2)汚染度推移　　　　　　　　　　　　　　　　　　(単位：ppm)

	ソウル	釜山	大邱	仁川	大田	光州	蔚山
2012	0.033	0.020	0.024	0.030	0.021	0.019	0.023
2013	0.030	0.020	0.021	0.027	0.021	0.019	0.023
2014	0.033	0.021	0.023	0.028	0.021	0.020	0.024
2015	0.033	0.020	0.024	0.028	0.020	0.019	0.023
2016	0.032	0.020	0.021	0.026	0.019	0.019	0.023
2017	0.031	0.021	0.020	0.025	0.019	0.018	0.022
2018	0.030	0.020	0.020	0.024	0.018	0.019	0.022
2019	0.028	0.019	0.020	0.025	0.019	0.018	0.020
2020	0.024	0.016	0.017	0.020	0.017	0.014	0.018
2021	0.023	0.015	0.016	0.021	0.017	0.014	0.017
2022	0.021	0.015	0.015	0.019	0.017	0.014	0.017

注 平均値。

出所：環境部

<表1-4> 都市別オゾン(O3)汚染度推移　　　　　　　　　　　　　　　　　　(単位：ppm)

	ソウル	釜山	大邱	仁川	大田	光州	蔚山
2012	0.021	0.029	0.026	0.024	0.024	0.027	0.027
2013	0.022	0.029	0.025	0.025	0.024	0.029	0.028
2014	0.023	0.029	0.026	0.026	0.026	0.029	0.028
2015	0.022	0.029	0.026	0.025	0.025	0.029	0.028
2016	0.024	0.029	0.026	0.026	0.028	0.030	0.027
2017	0.025	0.032	0.029	0.027	0.029	0.030	0.031
2018	0.023	0.029	0.027	0.025	0.027	0.028	0.028
2019	0.025	0.030	0.029	0.028	0.025	0.030	0.031
2020	0.025	0.031	0.028	0.029	0.027	0.029	0.032
2021	0.028	0.033	0.030	0.031	0.030	0.033	0.033
2022	0.029	0.033	0.032	0.031	0.030	0.033	0.034

注 平均値。

出所：環境部

<表1-5> 都市別一酸化炭素(CO)汚染度推移 (単位:ppm)

	ソウル	釜山	大邱	仁川	大田	光州	蔚山
2012	0.5	0.4	0.5	0.6	0.5	0.5	0.5
2013	0.5	0.4	0.5	0.6	0.4	0.5	0.5
2014	0.5	0.4	0.4	0.6	0.5	0.5	0.5
2015	0.5	0.4	0.4	0.6	0.5	0.5	0.5
2016	0.5	0.4	0.4	0.6	0.5	0.5	0.5
2017	0.5	0.4	0.4	0.6	0.4	0.5	0.6
2018	0.5	0.4	0.4	0.5	0.4	0.5	0.5
2019	0.5	0.4	0.5	0.5	0.4	0.4	0.5
2020	0.5	0.4	0.4	0.5	0.4	0.4	0.5
2021	0.5	0.3	0.4	0.5	0.5	0.5	0.4
2022	0.4	0.3	0.4	0.5	0.4	0.4	0.4

注 平均値。

出所:環境部

<表1-6> 都市別鉛(Pb)汚染度推移 (単位:$\mu g/m^3$)

	ソウル	釜山	大邱	仁川	光州	大田	蔚山
2012	0.041	0.058	0.040	0.078	0.027	0.045	0.060
2013	0.067	0.027	0.031	0.060	0.020	0.050	0.031
2014	0.037	0.023	0.026	0.041	0.014	0.031	0.037
2015	0.024	0.022	0.025	0.028	0.014	0.027	0.028
2016	0.026	0.020	0.026	0.026	0.013	0.024	0.034
2017	0.023	0.014	0.020	0.022	0.012	0.019	0.022
2018	0.019	0.016	0.020	0.019	0.006	0.013	0.027
2019	0.026	0.018	0.024	0.019	0.011	0.016	0.019
2020	0.021	0.015	0.021	0.024	0.008	0.018	0.040
2021	0.020	0.014	0.016	0.016	0.006	0.011	0.035
2022	0.018	0.014	0.017	0.012	0.007	0.013	0.037

出所:環境部

<表1-7> 年度別主要都市の雨水酸度推移 (単位：pH)

	ソウル	釜山	大邱	仁川	光州	大田	蔚山
2012	4.7	5.0	5.0	4.5	5.2	4.7	5.1
2013	4.4	4.9	5.0	4.4	5.2	4.8	5.2
2014	4.8	5.0	5.1	4.7	5.4	5.1	5.0
2015	4.8	5.5	5.2	4.9	5.1	5.0	5.0
2016	5.1	5.3	5.3	4.9	5.6	5.2	5.1
2017	5.3	5.2	5.0	5.0	5.0	5.1	5.4
2018	5.1	5.4	5.6	5.0	6.0	5.2	5.0
2019	4.9	5.4	5.3	4.9	5.8	5.3	4.9
2020	4.9	5.3	5.3	4.9	6.0	5.4	5.3
2021	5.5	5.8	5.8	5.4	6.3	5.4	5.7
2022	5.5	5.5	5.6	5.6	6.8	6.1	5.4

出所：環境部

<表1-8> 年度別オゾン注意報発令推移 (単位：ppm)

区分	施行地域	発令日数	発令回数	最初の発令日	最終発令日	時間最高濃度
2012	65	29	66	4.80	9.22	0.163
2013	66	39	160	5.22	8.28	0.179
2014	69	29	129	4.25	9.16	0.188
2015	72	33	133	4.27	8.30	0.177
2016	78	55	241	5.50	9.24	0.183
2017	87	59	276	4.30	9.24	0.198
2018	106	66	489	4.19	9.23	0.200
2019	141	60	498	5.3	9.30	0.218
2020	154	46	293	4.25	9.28	0.209
2021	154	67	400	4.20	10.3	0.208
2022	162	63	406	4.18	10.2	0.232

出所：環境部

13章　環境産業

<表1-9> 年度別主要都市の黄砂発生推移

		ソウル	江陵	大田	大邱	全州	光州	釜山
2018	回数	4(5)	4(9)	3(4)	3(5)	3(5)	3(5)	4(5)
	期間	4.6 4.15 5.24 11.27〜11.28	4.6〜4.7 4.15 5.24〜5.25 11.27〜11.30	4.6 4.15 11.28	4.6 4.15 11.28〜11.30	4.6 4.15 11.28〜11.30	4.6 4.15 11.28〜11.30	4.6 4.15 5.24 11.28〜11.30
2019	回数	2(3)	1(2)	2(2)	3(3)	2(2)	3(3)	2(2)
	期間	10.31〜11.1 11.18	10.31〜11.1	4.5 11.18	10.29 11.1 11.18	11.1 11.18	10.29 11.1 11.18	10.29 11.1
2020	回数	5(6)	2(2)	2(2)	1(1)	2(2)	3(3)	1(1)
	期間	2.22 4.22 5.11 10.22 11.1〜11.2	4.22 10.22	2.22 4.4	2.22	2.22 10.22	2.22 4.4 10.22	2.22
2021	回数	6(14)	7(14)	7(12)	7(12)	5(10)	7(12)	5(7)
	期間	1.13〜1.14 3.16〜3.18 3.29〜3.30 4.16〜4.17 5.7〜5.9 5.24〜5.25	1.13〜1.14 3.16〜3.17 3.23 3.29〜3.30 4.16〜4.17 5.7〜5.9 5.24〜5.25	1.14 3.16〜3.17 3.29〜3.30 4.17 4.28 5.7〜5.9 5.24〜5.25	3.16 3.23 3.29〜3.30 4.17 4.28〜4.29 5.7〜5.9 5.24〜5.25	3.29〜3.30 4.17 4.28〜4.29 5.7〜5.9 5.24〜5.25	1.16 3.16 3.29〜3.30 4.17 4.28〜4.29 5.7〜5.9 5.24〜5.25	3.16 3.29〜3.30 4.17 5.7〜5.9 5.25
2022	回数	3(5)	3(4)	2(4)	2(2)	3(4)	3(4)	2(3)
	期間	3.4〜3.5 4.27〜4.28 12.13	3.4〜3.5 4.27 12.13	3.4〜3.5 4.27〜4.28	3.5 12.13	3.5 4.27〜4.28 12.13	3.5 4.27〜4.28 12.13	3.5 12.13〜12.14

注)( )は発生日数。

出所：環境部

2. 水質環境

<表2-1> 4大河川主要地点水質汚染度推移(BOD)　　　　　　　　　　　　(単位:mg/L)

	漢江(ハンガン)(八堂(パルタン)ダム)	洛東江(ナクトンガン)(勿禁(ムルグム))	錦江(クムガン)(大清(テチョン)ダム)	栄山江(ヨンサンガン)(住岩(チュアム)ダム)
2013	1.1	2.3	1.0	0.8
2014	1.2	2.3	1.0	0.7
2015	1.3	2.2	1.0	0.9
2016	1.3	2.0	0.9	0.9
2017	1.1	2.0	0.8	0.8
2018	1.2	2.0	0.9	0.9
2019	1.2	1.9	0.8	0.9
2020	1.1	1.7	0.9	0.8
2021	1.1	1.9	0.8	1.0
2022	1.0	2.1	0.7	1.3

出所：環境部

<表2-2> 4大河川主要地点水質汚染度推移(COD)　　　　　　　　　　　　(単位:mg/L)

	漢江(ハンガン)(八堂(パルタン)ダム)	洛東江(ナクトンガン)(勿禁(ムルグム))	錦江(クムガン)(大清(テチョン)ダム)	栄山江(ヨンサンガン)(住岩(チュアム)ダム)
2013	3.7	6.0	4.1	2.8
2014	3.5	6.3	4.0	2.7
2015	3.5	6.4	3.8	2.8
2016	3.9	6.4	4.2	2.9
2017	3.7	6.2	4.3	3.0
2018	3.8	6.8	4.8	3.4
2019	3.9	5.8	4.7	3.5
2020	3.7	5.8	4.9	3.4
2021	3.6	6.2	4.6	3.0
2022	3.4	6.2	4.4	3.5

出所：環境部

<表2-3> 4大河川主要地点水質汚染度推移(T-P)　　　　　　　　　　　　　　　　　　　(単位:mg/L)

	漢江(ハンガン) (八堂(パルタン)ダム)	洛東江(ナクトンガン) (勿禁(ムルグム))	錦江(クムガン) (大清(テチョン)ダム)	栄山江(ヨンサンガン) (住岩(チュアム)ダム)
2013	0.037	0.064	0.018	0.009
2014	0.023	0.068	0.015	0.012
2015	0.022	0.043	0.012	0.016
2016	0.025	0.040	0.018	0.016
2017	0.027	0.033	0.014	0.012
2018	0.034	0.039	0.023	0.016
2019	0.031	0.038	0.026	0.017
2020	0.038	0.040	0.025	0.012
2021	0.031	0.042	0.013	0.011
2022	0.027	0.034	0.010	0.018

出所：環境部

<表2-4> 4大河川主要地点水質汚染度推移(T-N)　　　　　　　　　　　　　　　　　　　(単位:mg/L)

	漢江(ハンガン) (八堂(パルタン)ダム)	洛東江(ナクトンガン) (勿禁(ムルグム))	錦江(クムガン) (大清(テチョン)ダム)	栄山江(ヨンサンガン) (住岩(チュアム)ダム)
2013	2.200	2.780	1.431	0.762
2014	2.004	2.964	1.305	0.711
2015	1.982	2.425	1.136	0.734
2016	2.208	2.625	1.204	0.779
2017	2.172	2.660	1.297	0.679
2018	2.230	2.928	1.649	0.741
2019	2.094	2.638	1.374	0.681
2020	2.207	2.514	1.457	0.805
2021	2.122	2.497	1.270	0.650
2022	2.213	2.281	1.251	0.545

出所：環境部

<表2-5> 4大河川主要地点水質汚染度推移(クロロフィル-a)　　　　　(単位:mg/m³)

	漢江(ハンガン) (八堂(パルタン)ダム)	洛東江(ナクトンガン) (勿禁(ムルグム))	錦江(クムガン) (大清(テチョン)ダム)	栄山江(ヨンサンガン) (住岩(チュアム)ダム)
2013	12.9	29.6	7.9	2.5
2014	10.3	27.9	8.1	2.4
2015	10.6	21.2	8.7	3.9
2016	12.6	19.6	6.5	3.0
2017	9.7	25.4	6.1	3.1
2018	12.6	25.8	9.4	3.6
2019	13.4	23.2	7.6	3.6
2020	14.0	18.0	7.2	4.1
2021	15.1	27.5	8.6	3.4
2022	11.2	22.2	7.8	2.8

出所：環境部

<表2-6> 市道別地下水施設現況　　　　　(単位：ヵ所)

	総計	用途別				許可形態別
		生活用	工業用	農業用	その他	許可施設
全国	1,774,692	850,907	13,412	907,139	3,234	30,943
ソウル	7,330	4,912	174	2,230	14	814
釜山	6,605	5,104	169	1,266	66	356
大邱	5,876	2,976	190	2,702	8	553
仁川	21,365	8,666	76	12,565	58	292
光州	13,184	5,762	185	7,235	2	360
大田	21,072	15,292	196	5,582	2	253
蔚山	6,300	3,870	167	2,254	9	210
世宗	23,509	11,795	161	11,549	4	558
京畿	288,637	165,554	2,925	119,274	884	5,512
江原	123,177	75,819	791	46,502	65	1,845
忠北	187,815	97,238	1,835	88,577	165	2,873
忠南	314,603	150,846	1,481	161,031	1,245	4,294
全北	243,066	85,900	742	156,204	220	2,396
全南	262,707	120,376	1,004	141,144	183	2,300
慶北	139,978	49,596	1,640	88,548	194	5,893
慶南	104,882	45,844	1,549	57,385	104	2,434
済州	4,586	1,357	127	3,091	11	0

<続く>

13章 環境産業

	許可形態別		井戸形態別				
	申告施設	簡易及びその他施設	管井	掘井戸	集水暗渠	井戸	区分不可
全国	1,617,482	126,267	581,857	4,662	638	2,898	1,184,637
ソウル	6,501	15	4,055	49	12	22	3,192
釜山	6,124	125	2,468	42	3	14	4,078
大邱	5,308	15	3,097	66	0	0	2,713
仁川	19,893	1,180	7,237	164	4	2	13,958
光州	12,819	5	2,185	1	0	0	10,998
大田	17,952	2,867	12,825	237	32	162	7,816
蔚山	5,810	280	678	3	0	2	5,617
世宗	22,948	3	6,341	0	0	1	17,167
京畿	262,462	20,663	81,756	322	29	527	206,003
江原	118,336	2,996	47,303	807	72	29	74,966
忠北	176,966	7,976	59,075	91	14	20	128,615
忠南	272,355	37,954	66,904	497	32	70	247,100
全北	206,985	33,685	83,272	1,104	299	628	157,763
全南	256,690	3,717	110,523	495	47	803	150,839
慶北	123,958	10,127	44,550	716	28	318	94,366
慶南	102,375	73	49,588	68	66	300	54,860
済州	0	4,586	0	0	0	0	4,586

注) 2022.12.31基準。

出所：環境部

<表2-7> 市道別地下水利用現況 (単位: ㎥/年)

	総計	用途別				許可形態別
		生活用	工業用	農業用	その他	許可施設
全国	3,039,154	1,208,476	165,035	1,641,733	23,910	312,992
ソウル	16,090	13,526	516	1,961	87	4,469
釜山	27,145	19,978	996	4,422	1,749	5,592
大邱	20,324	9,732	2,248	7,944	400	5,517
仁川	52,939	25,346	729	26,545	319	2,330
光州	17,404	8,998	1,983	6,420	3	3,817
大田	24,479	15,913	1,183	7,381	2	2,001
蔚山	24,502	17,873	1,950	4,666	13	2,346
世宗	23,229	8,430	3,069	11,580	150	4,175
京畿	437,672	218,544	27,866	184,872	6,390	50,146
江原	190,797	94,046	8,873	87,398	480	28,675
忠北	296,891	99,814	20,481	175,217	1,379	36,898
忠南	396,768	135,725	17,528	240,306	3,209	38,825
全北	257,798	70,350	8,774	176,717	1,957	19,923
全南	346,136	101,480	15,184	227,268	2,204	25,360
慶北	351,006	112,997	34,923	199,163	3,923	52,940
慶南	295,196	106,911	16,772	171,029	484	29,978
済州	260,779	148,813	1,960	108,844	1,162	0

<続く>

	許可形態別		井戸形態別				
	申告施設	簡易及び その他施設	管井	掘井戸	集水暗渠	井戸	区分不可
全国	2,318,647	407,514	1,035,522	7,910	2,592	2,113	1,991,016
ソウル	11,257	365	7,479	18	37	18	8,538
釜山	19,874	1,679	10,572	40	24	30	16,480
大邱	14,336	472	11,204	33	0	0	9,087
仁川	48,315	2,293	25,035	1,411	16	2	26,475
光州	13,586	2	4,711	0	0	0	12,694
大田	19,956	2,522	13,608	177	21	65	10,608
蔚山	18,076	4,079	3,751	7	0	37	20,706
世宗	18,903	150	9,482	0	0	0	13,746
京畿	366,782	20,744	145,344	1,016	1,288	337	289,687
江原	150,439	11,683	87,821	1,621	407	122	100,825
忠北	255,471	4,522	96,413	143	85	22	200,227
忠南	314,896	43,046	98,707	537	281	23	297,219
全北	217,042	20,833	80,680	678	91	172	176,177
全南	313,831	6,945	136,256	570	196	357	208,757
慶北	271,182	26,884	128,771	1,240	55	808	220,131
慶南	264,702	516	175,689	419	90	119	118,880
済州	0	260,779	0	0	0	0	260,779

注) 2022.12.31基準。

出所：環境部

3. 上下水道

<表3-1> 市道別上水道普及現況(2022)

	総人口 (千人)	給水人口 (千人)	普及率 (%)
全国	52,629	52,322	99.4
ソウル	9,668	9,668	100.0
釜山	3,361	3,361	100.0
大邱	2,393	2,393	100.0
仁川	3,039	3,039	100.0
光州	1,454	1,454	100.0
大田	1,467	1,467	100.0
蔚山	1,129	1,129	100.0
世宗	389	389	100.0
京畿	13,972	13,845	99.1
江原	1,557	1,527	98.1
忠北	1,636	1,609	98.3
忠南	2,194	2,160	98.4
全北	1,805	1,800	99.8
全南	1,857	1,811	97.6
慶北	2,658	2,628	98.9
慶南	3,351	3,343	99.8
済州	700	700	100.0

出所：環境部

<表3-2> 年度別上水道普及推移

	総人口 (千人)	給水人口 (千人)		全国普及率 (%)		農漁村普及率 (%)	
2014	52,419	51,712	(50,373)	98.6	(96.1)	91.5	(69.1)
2015	52,672	52,045	(50,804)	98.8	(96.5)	92.3	(71.0)
2016	52,858	52,259	(50,971)	98.9	(96.4)	92.7	(72.8)
2017	52,950	52,468	(51,247)	99.1	(96.8)	94.3	(75.6)
2018	53,073	52,653	(51,499)	99.2	(97.0)	94.8	(77.0)
2019	53,122	52,747	(51,667)	99.3	(97.3)	95.4	(78.6)
2020	52,975	52,644	(51,646)	99.4	(97.5)	96.1	(80.6)
2021	52,733	52,397	(51,495)	99.4	(97.7)	95.9	(81.6)
2022	52,629	5,232	(51,456)	99.4	(97.8)	96.3	(82.8)

注) 1. ( )は地方・広域上水道に対する数値。(村上水道及び小規模給水施設は除外)
2. 農漁村普及率：全国の面地域の普及率。

出所：環境部

<表3-3> 行政区域別上水道普及水準(2022)

区分		総人口(千人)	給水人口(千人)		給水普及率(%)	
			村、小規模を含む	地方及び広域	村、小規模を含む	地方及び広域
全国		52,629	52,322	51,456	99.4	97.8
特・広域市		22,510	22,510	22,466	100.0	99.8
特別自治区		389	389	388	100.0	99.7
特別自治道		700	700	532	100.0	76.0
市地域	洞地域	20,088	20,025	20,006	99.7	99.6
	邑地域	4,518	4,445	4,381	98.4	97.0
	面地域	4,424	4,253	3,685	96.1	83.3
面地域 (農漁村)	全国	4,652	4,482	3,851	96.3	82.8
	特・広域市	143	143	111	100.0	77.1
	特別自治区	46	46	44	100.0	97.4
	特別自治道	39	39	12	100.0	30.3
	市・郡	4,424	4,253	3,685	96.1	83.3
邑・面地域	全国	10,006	9,763	8,989	97.6	89.8
	特・広域市	768	768	732	100.0	95.3
	特別自治区	92	92	90	100.0	97.8
	特別自治道	204	204	102	100.0	50.0
	市・郡	8,942	8,698	8,066	97.3	90.2

出所：環境部

<表3-4> 取水源別施設容量現況(2022)

	施設容量(千㎥/日)		年間取水量(百万㎥/年)	
総計	33,206	100.0	6,979	100.0
ダム	14,714	44.3	3,346	47.9
河川表流水	15,519	46.7	2,994	42.9
河川伏流水	1,871	5.6	431	6.2
地下水	604	1.8	155	2.2
その他貯水池	498	1.5	53	0.8

注) 右側は占有率である。

出所：環境部

<表3-5> 年度別取水場稼働率推移 (単位：%)

	2017	2018	2019	2020	2021	2022
全国	68.8	70.1	66.8	67.5	70.4	68.7
地方上水道	64.5	66.4	62.4	62.5	64.0	63.2
広域上水道	74.7	75.3	72.6	74.3	79.1	76.2

出所：環境部

<表3-6> 市道別取水場現況(2022)

区分	取水場 (カ所)	施設容量 (千㎥/日)	年間総取水量 (千㎥/年)	取水場稼働率 (%)
総計	509	33,206	6,979,437	68.7
地方上水道	478	19,084	3,616,826	63.2
ソウル	4	6,160	1,047,089	53.4
釜山	4	2,914	420,841	49.4
大邱	4	1,079	217,800	71.0
仁川	4	705	177,544	76.2
光州	2	383	86,875	83.5
大田	2	1,350	216,874	48.4
蔚山	1	270	67,302	79.4
世宗	0	0	0	0.0
京畿	27	1,476	326,207	75.0
江原	76	1,015	219,567	74.0
忠北	34	335	94,718	92.6
忠南	11	102	11,620	47.4
全北	17	158	41,579	90.1
全南	79	279	65,986	89.8
慶北	84	938	220,622	88.2
慶南	52	1,341	276,264	68.8
済州	77	579	125,939	82.1
広域上水道	31	14,122	3,362,612	76.2

出所：環境部

<表3-7> 市道別浄水場施設現況(2022)

区分	浄水場 (ヵ所)	施設容量 (千m³/日)	年間総生産量* (千m³/年)	浄水場稼働率 (％)
総計	478	27,468	6,599,126	78.7
地方上水道(浄水場)	440	20,216	4,609,980	75.3
ソウル	6	4,800	1,112,234	73.7
釜山	4	1,547	370,478	81.6
大邱	5	1,340	283,522	74.2
仁川	7	1,958	383,683	65.7
光州	2	740	179,572	81.9
大田	3	1,200	215,466	54.4
蔚山	2	550	128,208	76.0
世宗	0	0	0	0.0
京畿	41	3,187	735,633	73.9
江原	76	840	206,019	83.4
忠北	22	332	90,322	90.2
忠南	11	116	17,629	61.0
全北	17	149	40,183	92.3
全南	87	703	148,242	70.0
慶北	84	1,014	286,312	103.5
慶南	56	1,397	287,512	68.7
済州	17	344	124,963	118.9
広域上水道(浄水場)	38	7,252	1,989,146	87.9

注) * 年間総生産量：浄水処理後、生産した後浄水地から送水施設に設置された流量計を通過して流出する量。

出所：環境部

<表3-8> 年度別浄水場稼働率推移 (単位：%)

	2017	2018	2019	2020	2021	2022
全国	77.3	79.8	77.2	77.1	79.4	78.7
地方上水道(浄水場)	75.2	77.9	75.1	74.8	75.1	75.3
広域上水道(浄水場)	83.1	85.1	83.1	83.5	91.2	87.9

出所：環境部

<表3-9> 方式別浄水処理施設現況(2022) (単位：千㎥/日)

	計	急速ろ過方式	高度処理方式	緩速ろ過方式	膜ろ過方式	消毒だけの方式	その他
施設容量	27,468 (100.0%)	13,802 (50.2%)	12,677 (46.2%)	540 (2.0%)	229 (0.8%)	215 (0.8%)	5 (0.02%)

出所：環境部

<表3-10> 年度別水道管延長推移

	2017	2018	2019	2020	2021	2022
総計(km)	209,034	217,150	222,259	228,323	233,701	240,839
地方上水道(km)	203,701	211,771	216,721	222,641	227,943	235,030
広域上水道(km)	5,333	5,379	5,538	5,682	5,758	5,809

出所：環境部

<表3-11> 年度別上水道総給水量分析推移

	2017	2018	2019	2020	2021	2022
総給水量(百万㎥)	6,492	6,656	6,666	6,651	6,765	6,808
1人1日あたり給水量(L)	340.6	347.9	346.9	345.5	352.9	355
流水量(百万㎥)	5,529	5,652	5,683	5,698	5,813	5,874
流水率(%)	85.2	84.9	85.2	85.7	85.9	86.3
漏水量(百万㎥)	682	721	701	691	688	673
漏水率(%)	10.5	10.8	10.5	10.4	10.2	9.9

出所：環境部

<表3-12> 業種別水道水使用量推移

		2017	2018	2019	2020	2021	2022
水道料金賦課量（百万㎥）	計	5,529	5,652	5,683	5,698	5,813	5,874
	家庭用	3,451	3,529	3,564	3,714	3,789	3,726
	業務用	137	135	120	100	100	38
	営業用	1,607	1,671	1,674	1,572	1,575	1,700
	浴場	73	71	69	52	35	39
	工業用	145	136	139	146	147	240
	その他業種	8	12	13	11	61	8
	噴水用	102	94	102	101	112	116
	その他	14	15	15	14	75	8

出所：環境部

<表3-13> 地域別1人1日当たり水道水使用量推移　　　　　　　　　（単位：L/人/日）

	2017	2018	2019	2020	2021	2022
全国	289.2	294.7	294.9	295.3	302.4	305.6
ソウル	289.1	292.5	291.3	286.3	289.0	289.1
釜山	264.6	266.7	266.3	265.9	271.1	273.1
大邱	286.1	287.4	288.3	287.5	295.7	295.4
仁川	308.3	318.2	318.1	316.4	325.7	317.5
光州	287.1	296.9	294.3	296.4	304.7	306.1
大田	309.3	312.8	312.3	303.0	298.5	317.9
蔚山	266.1	267.8	268.2	270.6	274.7	276.2
世宗	250.5	249.5	247.3	252.1	258.4	254.5
京畿	287.0	292.9	293.6	294.3	301.2	305.1
江原	323.0	331.8	331.8	319.7	339.2	342.6
忠北	381.8	399.0	409.6	412.4	432.3	447.0
忠南	303.9	297.9	300.9	308.7	315.9	333.9
全北	275.8	288.1	285.8	288.1	303.2	304.0
全南	256.9	267.5	270.2	276.7	288.7	290.5
慶北	304.3	310.0	309.3	313.7	327.2	332.9
慶南	255.0	260.4	260.5	268.4	273.5	275.3
済州	313.3	320.9	319.9	320.9	334.0	343.0

出所：環境部

<表3-14> 市道別水道料金現況(2022)

	総給水量 (千m³/年)	年間賦課量 (千m³)	賦課額 (百万ウォン)	平均単価 (ウォン/m³)	生産原価 (ウォン/m³)	現実化率 (%)
全国	6,807,909	5,873,941	4,392,690	747.8	1,027.5	72.8
ソウル	1,112,234	1,066,502	674,978	632.9	747.9	84.6
釜山	370,478	340,917	299,591	878.8	955.8	91.9
大邱	283,522	266,489	177,994	667.9	836.0	79.9
仁川	385,275	348,965	223,311	639.9	879.0	72.8
光州	179,660	162,468	105,026	646.4	830.4	77.8
大田	215,466	203,779	108,127	530.6	647.0	82.0
蔚山	128,208	113,084	94,606	836.6	1,119.9	74.7
世宗	40,785	36,013	31,562	876.4	1,951.5	44.9
京畿	1,725,443	1,537,574	1,056,604	687.2	858.9	80.0
江原	247,716	182,830	188,632	1031.7	2,165.9	47.6
忠北	281,356	250,318	208,356	832.4	1,076.5	77.3
忠南	305,278	251,731	240,509	955.4	1,436.0	66.5
全北	267,588	198,783	186,327	937.3	1,323.5	70.8
全南	248,464	183,251	158,748	866.3	1,474.6	58.7
慶北	430,610	318,270	273,215	858.4	1,558.7	55.1
慶南	421,364	325,369	285,827	878.5	1,357.1	64.7
済州	164,462	87,597	79,275	905.0	1,147.7	78.9

出所：環境部

<表3-15> 年度別水道料金変化推移

	2016	2017	2018	2019	2020	2021	2022
料金(ウォン/m³)	703.4	723.3	736.9	738.6	718.9	720.8	747.8
生産原価(ウォン/m³)	868.0	898.2	914.3	944.6	976.6	989.2	1,027.5
現実化率(%)	81.1	80.5	80.6	78.2	73.6	72.9	72.8

出所：環境部

<表3-16> 市道別下水道普及現況(2022)　　　　　　　　　　　　　　　　(単位：人, %)

	総人口(A)	総下水処理人口(B+C)	公共下水処理人口(B)	廃水処理人口(C)	普及率 ((B+C)/A)×100
全国	52,628,623	50,059,320	49,650,042	189,018	95.1
ソウル	9,667,669	9,667,669	9,667,669	0	100.0
釜山	3,360,675	3,346,827	3,346,827	0	99.6
大邱	2,393,259	2,366,279	2,366,279	0	98.9
仁川	3,039,163	2,959,958	2,959,958	0	97.4
光州	1,454,017	1,439,940	1,439,940	0	99.0
大田	1,466,666	1,436,646	1,430,283	6,363	98.0
蔚山	1,129,042	1,119,481	1,119,481	0	99.2
世宗	388,927	380,362	379,966	0	97.8
京畿	13,972,297	13,403,636	13,377,178	48	95.9
江原	1,556,970	1,421,742	1,411,013	100	91.3
忠北	1,636,328	1,464,538	1,380,073	83,144	89.5
忠南	2,194,196	1,829,298	1,799,221	28,126	83.4
全北	1,804,548	1,655,421	1,553,482	15,145	91.7
全南	1,856,685	1,557,940	1,528,940	14,077	83.9
慶北	2,657,547	2,245,778	2,192,024	36,265	84.5
慶南	3,350,883	3,110,666	3,044,569	5,750	92.8
済州	699,751	653,139	653,139	0	93.3

出所：環境部

<表3-17> 年度別下水道料金推移　　　　　　　　　　　　　　　　　　　　　　　　（単位：ウォン/㎥, %)

	平均料金(A)	生産原価(B)	現実化率(A/B)×100
2017	521.3	1,134.7	45.9
2018	559.2	1,228.3	45.5
2019	597.8	1,248.1	47.9
2020	580.1	1,303.3	44.5
2021	602.1	1,329.5	45.3
2022	634.7	1,392.5	45.6

出所：環境部

<表3-18> 市道別下水道料金現況(2022)

	年間賦課量 A (千トン)	賦課額 B (百万ウォン)	平均単価 C=(B×1000)/A (ウォン/トン)	生産原価 D (ウォン/トン)	現実化率 E=(C/D)×100 (%)
全国	5,675,084	3,602,208	634.7	1,392.5	45.6
ソウル	1,055,307	680,402	644.7	1,213.5	53.1
釜山	377,486	243,054	643.9	969.5	66.4
大邱	277,568	166,228	598.9	779.2	76.9
仁川	315,613	206,899	655.5	784.3	83.6
光州	161,575	93,942	581.4	791.6	73.5
大田	165,089	88,776	537.7	665.7	80.8
蔚山	180,154	157,952	876.8	1,054.1	83.2
世宗	33,763	27,419	812.1	2,762.7	29.4
京畿	1,473,943	950,643	645.0	1,326.7	48.6
江原	153,543	93,461	608.7	2,732.0	22.3
忠北	177,397	136,467	769.3	1,964.6	39.2
忠南	185,414	119,057	642.1	2,531.5	25.4
全北	189,964	143,862	757.3	1,874.4	40.4
全南	178,079	89,496	502.6	1,811.8	27.7
慶北	340,179	153,160	449.5	1,837.1	24.5
慶南	326,999	188,108	575.3	1,606.6	35.8
済州	82,469	63,283	767.4	3,011.6	25.5

出所：環境部

<表3-19> 年度別・地域別糞尿処理施設推移 (単位：ヵ所, m³/日)

	2020		2021		2022	
	施設数	施設容量	施設数	施設容量	施設数	施設容量
計	185	41,110	186	42,149	188	42,622
ソウル	3	12,500	3	12,500	3	12,500
釜山	1	3,500	1	3,500	1	3,500
大邱	2	2,200	2	2,200	2	2,200
仁川	6	1,826	6	2,626	6	2,626
光州	1	1,000	1	1,000	1	1,000
大田	1	900	1	900	1	900
蔚山	1	380	1	380	1	380
世宗	2	67	2	67	2	67
京畿	34	5,942	34	5,942	35	6,442
江原	17	1,690	17	1,690	17	1,690
忠北	13	1,448	13	1,448	13	1,448
忠南	15	1,550	14	1,400	14	1,400
全北	13	1,041	14	1,331	14	1,291
全南	23	1,910	23	1,910	24	2,005
慶北	25	1,905	25	1,955	25	1,872
慶南	20	2,363	21	2,413	21	2,413
済州	8	888	8	887	8	888

出所：環境部

<表3-20> 年度別・地域別下水処理場推移 (単位：ヵ所)

	施設数1)	施設容量(㎥/日)				処理量(㎥/日)			
		計	物理的2)	生物学的3)	高度4)	計	物理的2)	生物学的3)	高度4)
2018	671	25,845,900	0	605,950	25,239,950	20,702,187	4,551	578,731	20,118,906
2019	681	26,067,480	0	811,450	25,256,030	20,288,172	2,478	468,316	19,817,379
2020	698	26,244,080	0	698,450	25,545,630	21,015,949	0	490,161	20,525,789
2021	704	26,491,730	0	701,650	25,790,080	20,969,202	0	468,690	20,500,501
2022	714	26,585,960	0	597,650	25,988,310	20,657,102	0	192,410	20,515,342
ソウル	4	4,980,000	0	220,000	4,760,000	4,238,346	0	0	4,261,323
釜山	13	1,909,100	0	187,000	1,722,100	1,357,275	0	109,428	1,247,846
大邱	8	1,877,950	0	0	1,877,950	1,158,706	0	0	1,158,706
仁川	17	1,156,510	0	9,000	1,147,510	870,893	0	0	870,893
光州	3	736,000	0	0	736,000	638,771	0	0	638,771
大田	2	901,000	0	0	901,000	621,679	0	0	621,679
蔚山	8	734,000	0	0	734,000	621,621	0	0	621,621
世宗	9	165,720	0	0	165,720	107,701	0	0	107,689
京畿	174	6,794,250	0	41,450	6,752,800	5,443,256	0	1,417	5,441,838
江原	69	741,620	0	0	741,620	636,280	0	0	636,280
忠北	38	617,450	0	21,500	595,950	556,023	0	10,596	544,831
忠南	67	857,090	0	3,200	853,890	705,479	0	3,485	701,994
全北	55	1,021,320	0	19,700	1,001,620	787,157	0	8,218	778,940
全南	83	734,050	0	17,300	716,750	518,257	0	994	515,173
慶北	81	1,502,630	0	49,100	1,453,530	1,094,068	0	44,670	1,079,772
慶南	75	1,599,270	0	29,400	1,569,870	1,061,254	0	13,602	1,047,652
済州	8	258,000	0	0	258,000	240,335	0	0	240,334

出所：環境部

<表3-21> 市道別公共下水処理水再利用現況(2022)

	施設数(社)	施設容量(千トン/年)	年間下水処理量(千トン/年)	下水処理水再利用現況(千トン/年)			処理水再利用率(%)
				総計	場内用水	場外用水	
全国	714	26,586	7,378,907.1	1,136,754.4	502,181.3	634,573.1	15.4
ソウル	4	4,980	1,555,382.7	128,251.9	70,336.8	57,915.1	8.2
釜山	13	1,909	467,885.5	138,246.0	114,321.8	23,924.2	29.5
大邱	8	1,878	403,585.5	98,116.1	36,259.4	61,856.7	24.3
仁川	17	1,157	295,128.5	47,446.2	10,649.8	36,796.4	16.1
光州	3	736	211,399.8	31,160.9	6,424.5	24,736.4	14.7
大田	2	901	225,146.6	11,691.4	11,623.5	67.9	5.2
蔚山	8	734	232,030.4	37,177.9	6,015.8	31,162.1	16.0
世宗	9	166	39,224.5	2,919.1	2,256.7	659.4	7.4
京畿	174	6,794	1,907,397.7	316,109.7	125,681.9	190,427.8	16.6
江原	69	742	253,554.1	19,637.5	15,184.6	4,452.9	7.7
忠北	38	617	185,445.7	15,989.4	6,608.0	9,381.4	8.6
忠南	67	857	234,613.6	42,596.0	14,830.5	27,765.5	18.2
全北	55	1,021	277,335.0	40,017.7	8,295.0	31,722.7	14.4
全南	83	734	253,207.1	24,906.1	12,743.2	12,162.9	9.8
慶北	81	1,503	362,006.2	131,434.3	33,199.0	98,235.3	36.3
慶南	75	1,599	380,352.4	49,305.8	26,120.3	23,185.5	13.0
済州	8	258	95,211.8	1,751.4	1,630.5	120.9	1.8

出所：環境部

4. 廃棄物

<表4-1> 年度別・種類別廃棄物発生推移　　　　　　　　　　　　　　　　　（単位：万トン/年, %）

区分		2018	2019	2020	2021	2022
総計	発生量	16,283	18,149	19,546	19,738	18,645
	増加率	3.9	11.5	7.7	1.0	-5.5
生活廃棄物[1]	発生量	2,045	2,116	2,254	2,270	2,304
	増加率	4.8	3.4	6.6	0.7	1.5
事業所排出施設系廃棄物	発生量	6,122	7,396	8,087	8,490	8,106
	増加率	1.7	20.8	9.3	5.0	-4.5
建設廃棄物	発生量	7,554	8,070	8,644	8,381	7,618
	増加率	5.4	6.8	7.1	-3.0	-9.1
指定廃棄物[2]	発生量	562	568	561	598	617
	増加率	3.2	1.1	-1.2	6.6	3.3

注) 1. 生活廃棄物は生活廃棄物, 事業所生活廃棄物, 工事現場生活廃棄物をすべて含む数値である。
2. 指定廃棄物は事業所指定廃棄物と医療廃棄物を含む数値である。

出所：環境部

<表4-2> 年度別生活廃棄物の性状変化推移　　　　　　　　　　　　　　　　　（単位：万トン/年）

区分		2018	2019	2020	2021	2022
総計		2,045	2,116	2,254	2,270	2,304
混合排出[1]	小計	933	1,077	852	882	869
	廃紙類	189	182	186	207	164
	廃合成樹脂類	178	271	190	189	228
	廃ガラス類	27	23	23	26	22
	廃金属類	18	16	16	19	17
	その他	521	584	437	442	438
分別排出[2]	小計	583	516	886	900	935
	廃紙類	156	129	140	131	129
	廃合成樹脂類	145	131	251	279	308
	その他	283	256	495	490	497
飲食物類廃棄物分別排出	小計	528	522	516	488	500

注) 1. 混合排出：生活(家庭)廃棄物の従量制方式など**混合排出と事業装備(非)排出施設系廃棄物の混合排出**それぞれの数値の合計。
2. 分別排出：生活(家庭)廃棄物の再活用可能な資源の分別排出と事業所非排出施設廃棄物の性状別排出それぞれの数値の合計。

出所：環境部

<表4-3> 年度別生活(家庭)廃棄物の性状変化推移　　　　　　　　　　　　　　　(単位：万トン/年)

区分		2018	2019	2020	2021	2022
総計		1,706	1,676	1,730	1,675	1,675
従量制方式式による混合排出	小計	743	765	804	815	826
	廃紙類	182	178	183	187	155
	廃合成樹脂類[1]	137	161	171	175	216
	廃ガラス類	23	22	23	24	21
	廃金属類	16	16	16	18	16
	その他[2]	385	388	412	411	418
再活用可能資源分別排出	小計	476	431	459	413	394
	廃紙類	142	127	139	126	119
	廃合成樹脂類	97	95	116	116	114
	その他[3]	237	208	204	171	161
飲食物類廃棄物分別排出	小計	488	480	467	448	455

注) 1. '18年までは'プラスチック類'という項目で集計されたが，'19年から"廃合成樹脂類"の範囲と名称変更。
2. 従量制方式など混合排出その他：廃ゴム類，廃繊維類，廃木材類，廃土砂類，廃タイル及び廃磁器類，練炭灰などを含む。
3. 再活用可能資源分別排出その他：古鉄類，金属缶，廃ゴム類，廃ガラス瓶類，廃衣類，廃繊維類，廃蛍光灯，廃電池類，農業廃棄物，廃食用油，廃電気電子製品，廃家具類などを含む。

出所：環境部

<表4-4> 年度別事業所(非)排出施設系廃棄物の性状変化推移　　　　　　　　　　(単位：万トン/年)

区分		2018	2019	2020	2021	2022
総計		339	440	524	594	628
混合排出[1]	小計	190	312	48	67	43
	廃紙類	7	4	3	19	9
	廃合成樹脂類[2]	41	110	19	14	12
	廃ガラス類	4	1	0.3	2	1
	廃金属類	2	1	0.2	1	1
	その他[3]	136	195	25	31	20
性状別排出[4]	小計	108	85	427	487	541
	廃紙類	14	2	1	4	11
	廃合成樹脂類	48	36	136	163	194
	その他[5]	46	48	291	319	336
飲食物類廃棄物分別排出	小計	41	43	49	40	44

注) 1. 事業装備排出施設系廃棄物排出特性を考慮した分類基準により名称及び統計集計方式を変更(既存の従量制方式などの混合排出→混合排出)。
2. '18年までは'プラスチック類'という項目で集計されたが，'19年から"廃合成樹脂類"の範囲に名称変更。
3. 従量制方式など混合排出その他：廃ゴム類，廃繊維類，廃木材類，廃土砂類，廃タイル及び廃磁器類，練炭灰などを含む。
4. 事業装備排出施設系廃棄物排出特性を考慮した分類基準によって名称変更(既存の再活用可能資源分別排出→'20年度から混合排出以外の分別排出)。
5. 混合排出以外の分別排出その他：廃ゴム類，廃繊維類，廃木材類，廃食用油，有機性汚泥類，廃金属類，廃ガラス類，照明廃棄物(廃蛍光灯等)，廃土砂類及び廃コンクリート類，廃タイルおよび廃磁器片，燃焼残留物(練炭灰等)，廃電池類，無機性汚泥類，廃電気電子製品，その他を含む。

出所：環境部

<表4-5> 年度別排出施設系事業場廃棄物の性状変化推移　　　　　　　　　　　　　　（単位：万トン/年）

区分		2018	2019	2020	2021	2022
総計		6,122	7,396	8,087	8,490	8,106
可燃性	小計	1,484	1,725	2,031	2,189	2,214
	廃紙, 廃木材	122	133	159	184	171
	廃合成高分子化合物[1]	497	587	601	696	746
	有機性汚泥類	563	571	686	712	727
	その他[2]	302	433	584	597	570
不燃性	小計	4,638	5,671	6,056	6,301	5,892
	鉱物類	1,683	2,230	3,039	3,030	2,720
	燃焼灰類[3]	1,438	1,517	1,380	1,482	1,367
	廃金属類	76	96	116	158	94
	無機性汚泥類	691	909	858	840	886
	その他[4]	750	919	663	791	825

注) 1. 廃合成高分子化合物：廃繊維類, 廃合成樹脂類, 廃合成ゴム類の合計。
2. 可燃性その他：廃電気電子製品類, 動植物性残渣, 廃食用油, その他可燃性のその他を含む。
3. 燃焼灰類：燃焼残留物, 焼却灰, 粉塵類の合計。
4. 不燃性その他：廃鉱物沙・廃砂, 廃石材・廃コンクリート類, 廃石膏及び廃石灰, 廃触媒, 廃吸着剤・廃吸収剤, ガラス・陶磁器片類, その他不燃性のその他を含む。

出所：環境部

<表4-6> 年度別建設廃棄物の性状変化推移　　　　　　　　　　　　　　（単位：万トン/年）

区分			2018	2019	2020	2021	2022
総計[1]			7,554	8,070	8,644	8,381	7,618
可燃性	小計		97	91	102	89	94
	廃木材		29	31	42	35	34
	廃合成樹脂		67	59	59	53	60
	その他		1	1	1	1	0
不燃性	小計		6,598	7,080	7,681	7,548	6,733
	建設廃材類	廃コンクリート	4,783	5,030	5,394	5,449	4,748
		廃アスファルトコンクリート	1,378	1,502	1,584	1,378	1,215
		建設廃土石	259	306	409	470	498
		その他	130	199	209	149	152
	建設汚泥		46	41	84	100	118
	その他		2	1	1	2	1
混合建設廃棄物			858	897	860	743	790
その他			1	2	2	2	1

注) 1) 可燃性建設廃材類その他：廃繊維, 廃壁紙。不燃性建設廃材類その他：廃金属類, 廃ガラス, 廃タイル及び廃陶磁器。建設廃材類その他：廃レンガ, 廃ブロック, 廃瓦。

出所：環境部

<表4-7> 年度別指定廃棄物の性状変化推移　　　　　　　　　　　　　　　　（単位：万トン/年）

区分		2018	2019	2020	2021	2022
総計		562	568	561	598	617
事業者指定廃棄物	小計	538	544	541	576	594
	廃酸	100	105	103	118	123
	廃アルカリ	9	11	11	14	17
	廃油	113	117	119	127	125
	廃有機溶剤	118	121	121	134	141
	廃合成高分子化合物	2	2	2	2	2
	粉塵	58	54	52	54	52
	汚泥類	47	42	39	36	43
	その他[1]	90	92	95	91	91
医療廃棄物		24	24	20	22	23

注) 1. その他は鉱滓，焼却灰，安定化または固形化処理水，廃耐火物及び陶磁器の破片，廃農薬，廃アスベスト，廃有毒物，廃鉱物沙及び廃砂，廃触媒，廃塗料及び廃ラッカー，廃吸着剤及び廃吸収剤，ハロゲン系有機溶剤，PCB含有廃棄物を含む。

出所：環境部

<表4-8> 廃棄物処理方法変化推移　　　　　　　　　　　　　　　　　　　（単位：万トン/年）

区分	2020		2021		2022	
	発生量	構成比	発生量	構成比	発生量	構成比
総計	19,546	100.0	19,738	100.0	18,645	100.0
埋立	1,002	5.1	1,046	5.3	944	5.1
焼却	1,015	5.2	979	5.0	977	5.2
再活用	17,076	87.4	17,161	86.9	16,188	86.8
その他	453	2.3	552	2.8	537	2.9

出所：環境部

<表4-9> 生活廃棄物処理方法変化推移　　　　　　　　　　　　　　　　　　　　　　（単位：万トン/年）

区分	2020		2021		2022	
	発生量	構成比	発生量	構成比	発生量	構成比
総計	2,254	100.0	2,270	100.0	2,304	100.0
埋立	265	11.8	292	12.9	236	10.2
焼却	575	25.5	564	24.9	553	24.0
再活用	1,342	59.5	1,287	56.7	1,379	59.8
その他[1]	72	3.2	127	5.6	137	5.9

注) '18年度までは'再活用'に含まれていた焼却を除外した中間処分量(機械的(圧縮, 破砕等), 化学的(固形化, 中和, 凝集等), 生物学的(好気性, 嫌気性等)処分等が'19年度から'その他'項目に分離された。

出所：環境部

<表4-10> 事業場排出施設廃棄物処理方法変化推移　　　　　　　　　　　　　　　　（単位：万トン/年）

区分	2020		2021		2022	
	発生量	構成比	発生量	構成比	発生量	構成比
総計	8,087	100.0	8,490	100.0	8,106	100.0
埋立	566	7.0	617	7.3	603	7.4
焼却	348	4.3	321	3.8	328	4.0
再活用	6,821	84.3	7,166	84.4	6,815	84.1
その他[1]	352	4.4	386	4.6	360	4.4

注) '18年度までは'その他'は海域排出量のみを含んでいたが, '19年からは焼却を除外した中間処分量(機械的(圧縮, 破砕等), 化学的(固形化, 中和, 凝集等), 生物学的(好気性, 嫌気性等)の処分等), 海域排出量などをすべて含む。

出所：環境部

<表4-11> 建設廃棄物処理方法変化推移　　　(単位：万トン/年)

区分	2020 発生量	2020 構成比	2021 発生量	2021 構成比	2022 発生量	2022 構成比
総計	8,644	100.0	8,381	100.0	7,618	100.0
埋立	73	0.8	49	0.6	11	0.1
焼却	15	0.2	14	0.2	15	0.2
再活用	8,556	99.0	8,318	99.3	7,593	99.7

出所：環境部

<表4-12> 指定廃棄物処理方法変化推移　　　(単位：万トン/年)

区分	2020 発生量	2020 構成比	2021 発生量	2021 構成比	2022 発生量	2022 構成比
総計	561	100.0	598	100.0	617	100.0
埋立	99	17.6	88	14.7	95	15.4
焼却	76	13.6	81	13.5	81	13.1
再活用	357	63.7	390	65.3	401	65.0
その他[1]	29	5.1	39	6.5	40	6.5

注）'18年度まではその他=(その他処理量+最終保管量)-昨年度の繰越量であったが，'19年から'その他'は 焼却を除外した中間処分量(機械的(圧縮, 破砕等), 化学的(固形化, 中和, 凝集等), 生物学的(好気性, 嫌気性等)処分等)である。

出所：環境部

<表4-13> 処理主体別廃棄物処理現況(2022)　　　　　　　　　　　　　　　(単位：万トン/年, %)

区分		計	構成比	再活用	焼却	埋立	その他
総計	計	18,645	100.0	16,188	977	944	537
	公共処理	1,229	6.6	409	459	348	13
	自家処理	2,689	14.4	2,159	156	259	115
	委託処理	14,727	79.0	13,620	361	337	409
生活系廃棄物	計	2,304	100.0	1,379	553	236	137
	公共処理	1,083	47.0	409	436	225	13
	自家処理	19	0.8	14	1	1	2
	委託処理	1,202	52.2	956	116	9	121
事業所排出施設系廃棄物	計	8,106	100.0	6,815	328	603	360
	公共処理	141	1.7	0	24	118	0
	自家処理	2,612	32.2	2,105	150	251	106
	委託処理	5,353	66.0	4,710	154	234	254
建設廃棄物	計	7,618	100.0	7,593	15	11	0
	公共処理	5	0.1	0	0	5	0
	自家処理	28	0.4	28	0	0	0
	委託処理	7,585	99.6	7,565	15	6	0
指定廃棄物	計	617	100.0	401	81	95	40
	公共処理	1	0.1	0	0	1	0
	自家処理	30	4.9	12	5	7	6
	委託処理	587	95.1	389	77	87	34

出所：環境部

<表4-14> 廃棄物埋立施設現況(2022)

| 区分 | 施設数(カ所) | 使用開始申告埋立容量(㎥) | 残余埋立 | | '22埋立量(トン/年) |
			容量(㎥)	比率(%)	
計	299	649,109,854	191,457,679	100	12,102,619
公共処理施設	209	446,570,946	127,767,237	67	4,237,770
自家処理施設	32	113,375,921	34,907,153	18	1,767,254
最終処分会社	58	89,162,987	28,783,289	15	6,097,594

出所：環境部

<表4-15> 廃棄物焼却施設現況(2022)

区分	施設数(ヵ所)	施設容量(トン/日)	'22年焼却量(トン/年)
計	407	39,389	9,074,392
公共処理施設	183	19,842	5,031,601
自家処理施設	100	7,111	930,414
中間処分会社	124	12,436	3,112,376

出所：環境部

<表4-16> 廃棄物処理業者現況(2022)　　　　　　　　　　　　　　（単位：ヵ所）

区分	総計	収集運搬業	中間処分業	最終処分業[1]	中間再活用業	最終再活用業	総合再活用業	建設廃棄物中間処理業
総計[2]	16,902	9,586	207	58	1,477	209	4,774	591
生活/事業所廃棄物	12,949	6,828	119	34	1,385	207	4,376	-
建設廃棄物	2,596	2,005	-	-	-	-	-	591
指定廃棄物	1,357	753	88	24	92	2	398	-

注) 1) 建設廃棄物再活用促進に関する法律によると，建設廃棄物 最終処分事業所は別途規定されておらず，建設廃棄物は事業所廃棄物のカテゴリーに含まれている。
2) 廃棄物種類別処理会社の種類別数量選定時に，生活/事業所/建設廃棄物及び指定/医療廃棄物処理会社間の重複を許可。.

出所：環境部

14章 運輸業

1. 運輸産業

<表1-1> 年度別国内旅客輸送推移(1)　　　　　　　　　　　　　　　　　　　　（単位：千人，％）

		合計	鉄道	地下鉄
2017	輸送人員	33,336,714	1,490,257	3,604,712
	分担率	100.0	4.5	10.8
	増加率	0.5	2.8	0.9
2018	輸送人員	33,595,786	1,521,590	3,618,352
	分担率	100.0	4.5	10.8
	増加率	0.8	2.1	0.4
2019	輸送人員	33,972,470	1,571,415	3,705,150
	分担率	100.0	4.6	10.9
	増加率	1.1	3.2	2.4
2020	輸送人員	29,197,761	1,122,872	2,677,582
	分担率	100.0	3.8	9.2
	増加率	-14.1	-28.5	-27.7
2021	輸送人員	34,144,138	1,170,749	2,759,948
	分担率	100.0	3.4	8.1
	増加率	16.9	4.3	3.1

		公路	海運	航空
2017	輸送人員	28,192,366	16,910	32,406
	分担率	84.6	-0.1	0.1
	増加率	-0.4	-9.6	4.8
2018	輸送人員	28,409,618	14,625	31,601
	分担率	84.6	0.0	0.1
	増加率	0.8	-13.5	-2.5
2019	輸送人員	28,649,339	14,585	32,981
	分担率	84.3	-	0.1
	増加率	0.8	-0.3	4.4
2020	輸送人員	25,361,541	10,603	25,164
	分担率	86.9	-	0.1
	増加率	-11.5	-27.3	-23.7
2021	輸送人員	30,168,830	11,464	33,147
	分担率	88.4	0.0	0.1
	増加率	19.0	8.1	31.7

注) 1. 公路：2011年から乗用車統計を含む。
2. 鉄道：2016年の韓国鉄道統計改編結果を反映。
3. 地下鉄：2020年の地下鉄の一部(ソウル交通公社1-8号線)人-キロ輸送実績は含まない。

出所：国土交通部

<表1-2> 年度別国内旅客輸送推移(2)　　　　　　　　　　　　　　　　　　　　(単位：百万人-km, %)

		合計	鉄道	地下鉄	公路	海運	航空
2017	人-キロ	496,319	46,295	43,669	393,196	916	12,243
	分担率	100.0	9.3	8.8	79.2	0.2	2.5
	増加率	0.0	-12.2	0.5	0.0	0.0	3.6
2018	人-キロ	504,501	48,027	44,166	399,604	822	11,882
	分担率	100.0	9.5	8.8	79.2	0.2	2.4
	増加率	1.6	3.7	1.1	1.6	-10.2	-2.9
2019	人-キロ	515,247	54,964	45,418	401,575	857	12,433
	分担率	100.0	10.7	8.8	78.1	0.2	2.4
	増加率	2.1	14.4	2.8	0.5	4.3	4.6
2020	人-キロ	389,765	35,942	12,795	330,992	548	9,488
	分担率	100.0	9.2	3.3	85.0	0.1	2.4
	増加率	-24.4	-34.6	-71.8	-17.6	-36.1	-23.7
2021	人-キロ	445,722	38,434	31,901	362,395	639	12,353
	分担率	100.0	8.6	7.2	81.3	0.1	2.8
	増加率	14.5	6.9	149.3	9.5	16.7	30.2

注) 1. 公路：2011年から乗用車統計を含む。
2. 鉄道：2016年の韓国鉄道統計改編結果を反映。
3. 地下鉄：2020年の地下鉄の一部(ソウル交通公社1-8号線)人-キロ輸送実績は含まない。

出所：国土交通部

<表1-3> 手段別国内旅客輸送推移(1)　　　　　　　　　　　　　　　　　　　　(単位：人)

	合計	鉄道	地下鉄	公路	海運	航空
2014	30,507,070,535	1,263,471,741	2,526,166,677	26,678,513,445	14,271,134	24,647,538
2015	31,029,472,434	1,269,416,684	2,522,900,417	27,193,794,268	15,380,931	27,980,134
2016	33,158,710,802	1,449,534,022	3,572,126,844	28,090,713,818	15,422,957	30,912,922
2017	33,336,713,506	1,490,319,240	3,604,711,728	28,192,366,422	16,909,861	32,406,255
2018	33,595,786,156	1,521,590,005	3,618,351,700	28,409,618,357	14,625,484	31,600,610
2019	33,972,470,366	1,570,414,601	3,705,150,240	28,649,339,420	14,585,137	32,980,968
2020	29,197,761,446	1,122,872,106	2,677,581,971	25,361,540,491	10,602,840	25,164,038
2021	34,144,137,927	1,170,748,511	2,759,947,980	30,168,830,445	11,464,345	33,146,646

注) 1. 公路：2011年から乗用車統計を含む。
2. 鉄道, 地下鉄：2016年の韓国鉄道統計改編結果を反映。
3. 地下鉄：2020年の地下鉄の一部(ソウル交通公社1-8号線)人-キロ輸送実績は含まない。

出所：国土交通部

<表1-4> 手段別国内旅客輸送推移(2)　　　　　　　　　　　　　　　　　　　　　　　（単位：人-キロ）

	合計	鉄道	地下鉄	公路	海運	航空
2015	464,853,178,101	40,343,344,718	28,027,629,713	385,018,129,392	757,404,496	10,706,669,782
2016	490,070,973,630	43,384,161,232	43,487,083,151	390,540,864,228	839,080,084	11,819,784,935
2017	496,319,281,683	46,295,448,881	43,668,948,497	393,195,981,635	915,668,809	12,243,233,861
2018	504,500,811,274	48,026,687,966	44,166,099,623	399,603,633,568	822,233,607	11,882,156,510
2019	515,246,732,524	54,963,785,317	45,417,590,166	401,574,796,094	857,327,174	12,433,233,773
2020	389,765,161,039	35,942,446,897	12,794,990,683	330,991,511,549	547,833,019	9,488,378,891
2021	445,722,187,486	38,434,251,499	31,901,021,016	362,395,073,453	639,353,558	12,352,487,960

注) 1. 公路：2011年から乗用車統計を含む。. 月別 公路(乗用車) 統計없음.
2. 鉄道, 地下鉄：2016年の韓国鉄道統計改編結果を反映。.
3. 地下鉄：2020年の地下鉄の一部(ソウル交通公社1-8号線)人-キロ輸送実績は含まない。

出所：国土交通部

<表1-5> 年度別国際旅客推移　　　　　　　　　　　　　　　　　　　　　　　　　　（単位：千人）

		人			千人-キロ		
		合計	海運	航空	合計	海運	航空
2017	輸送人員	79,684	2,728	76,956	231,398	-	231,398
	分担率	100.0	3.4	96.6	100.0	-	100.0
	増加率	5.2	-1.8	5.4	9.0	-	9.0
2018	輸送人員	85,925	-	85,925	251,747	-	251,747
	分担率	-	-	-	-	-	-
	増加率	11.7	-	11.7	8.8	-	8.8
2019	輸送人員	93,355	2,969	90,386	269,322	-	269,322
	分担率	100.0	3.2	96.8	100.0	-	100.0
	増加率	4.8	-0.4	5.2	7.0	-	7.0
2020	輸送人員	14,409	169	14,240	52,826	-	52,826
	分担率	100.0	1.2	98.8	100.0	-	100.0
	増加率	-84.5	-94.3	-84.2	-80.4	-	-80.4
2021	輸送人員	3,209	-	3,209	19,426	-	19,426
	分担率	100.0	-	100.0	100.0	-	100.0
	増加率	-77.7	-100.0	977.5	-63.2	-	-63.2

注) 海運の人-kmは含まない。

出所：国土交通部

<表1-6> 年度別・輸送手段別国際旅客推移　　　　　　　　　　　　　　　　　　（単位：人）

	合計		海運		航空	
	輸送量	指数	輸送量	指数	輸送量	指数
2014	59,424,779	207	2,646,020	145	56,778,759	211
2015	64,051,422	223	2,617,018	144	61,434,404	228
2016	75,777,506	264	2,776,696	152	73,000,810	271
2017	79,683,866	277	2,728,147	150	76,955,719	286
2018	85,925,288	309	2,980,000	164	85,925,288	319
2019	93,354,640	325	2,969,000	163	90,385,640	336
2020	14,408,734	50	168,812	9	14,239,922	53
2021	3,209,364	11	-	-	3,209,364	12
01	211,468	-	-	-	211,468	-
02	165,890	-	-	-	165,890	-
03	184,211	-	-	-	184,211	-
04	178,129	-	-	-	178,129	-
05	206,462	-	-	-	206,462	-
06	246,697	-	-	-	246,697	-
07	291,269	-		-	291,269	-
08	339,820	-	-	-	339,820	-
09	289,529	-	-	-	289,529	-
10	310,443	-	-	-	310,443	-
11	369,475	-	-	-	369,475	-
12	415,971	-	-	-	415,971	-

<続く>

(単位：人-キロ)

	合計		海運		航空	
	輸送量	指数	輸送量	指数	輸送量	指数
2014	173,643,425,127	193	-	-	173,643,425,127	194
2015	187,736,721,402	208	-	-	187,736,721,402	210
2016	212,261,253,909	237	-	-	212,261,253,909	237
2017	231,398,037,659	257	-	-	231,398,037,659	259
2018	251,747,144,593	279	-	-	251,747,144,593	281
2019	269,322,159,636	299	-	-	269,322,159,636	301
2020	52,825,973,790	59	-	-	52,825,973,790	59
2021	1,942,5504,763	22	-	-	19,425,504,763	22
01	-	-	-	-		-
02	-	-	-	-		-
03	-	-	-	-		-
04	-	-	-	-		-
05	-	-	-	-		-
06	-	-	-	-		-
07	-	-	-	-		-
08	-	-	-	-		-
09	-	-	-	-		-
10	-	-	-	-		-
11	-	-	-	-		-
12	-	-	-	-		-

注) 海運の人-kmは含まない。

出所：国土交通部

<表1-7> 年度別国内貨物総括推移　　　　　　　　　　　　　　　　　　　　（単位：千トン，%）

		合計	鉄道	公路	海運	航空
2016	輸送トン数	1,975,640	32,555	1,799,565	143,227	293
	分担率	100.0	1.6	91.1	7.2	0.1
	増加率	2.5	-12.2	2.2	11.4	1.7
2017	輸送トン数	2,028,558	31,670	1,854,011	142,587	290
	分担率	100.0	1.6	91.4	7.0	-
	増加率	2.7	-2.7	3.0	-0.4	-1.0
2018	輸送トン数	2,047,201	30,915	1,895,686	120,327	273
	分担率	100.0	1.5	92.6	5.9	0.0
	増加率	0.9	-2.4	2.2	-15.6	-5.8
2019	輸送トン数	1,983,572	28,664	1,847,241	107,408	259
	分担率	100.0	1.4	93.1	5.4	-
	増加率	-3.1	-7.3	-2.6	-10.7	-5.2
2020	輸送トン数	1,927,888	26,277	1,788,917	111,513	182
	分担率	100.0	1.4	92.8	5.8	0
	増加率	-2.8	-8.3	-3.2	3.8	-29.8
2021	輸送トン数	1,990,292	26,780	1,848,182	115,125	205
	分担率	100.0	1.3	92.9	5.8	0
	増加率	3.3	1.9	3.3	3.2	12.5

<続く>

(単位：百万トン-キロ, %)

		合計	鉄道	公路	海運	航空
2016	輸送トン数	180,824	8,414	135,259	37,036	115
	分担率	100.0	4.7	74.7	20.5	0.1
	増加率	4.0	-11.2	2.2	16.3	2.7
2017	輸送トン数	182,571	8,229	140,374	33,855	112
	分担率	100.0	4.5	76.9	18.5	-
	増加率	1.0	-2.2	3.8	-8.6	-2.6
2018	輸送トン数	179,794	7,878	143,530	28,282	105
	分担率	100.0	4.4	79.8	15.7	0.1
	増加率	-1.5	-4.3	2.2	-16.5	-6.0
2019	輸送トン数	175,094	7,357	139,862	27,774	100
	分担率	100.0	4.2	79.9	15.9	0.1
	増加率	-2.6	-6.6	-2.6	-1.8	-5.1
2020	輸送トン数	171,006	6,652	135,446	28,835	72
	分担率	100.0	3.9	79.2	16.9	0.0
	増加率	-2.3	-9.6	-3.2	3.8	-27.8
2021	輸送トン数	176,541	6,757	13,933	29,770	81
	分担率	100.0	3.8	79.3	16.9	0
	増加率	3.2	1.6	3.3	3.2	11.7

注) 1. 公路：2011年から非営業用貨物車の統計を含む。
2. 公路：2015年に営業用貨物車統計の作成方法を変更。(2017.1.17. 統計変更承認を反映)

出所：国土交通部

<表1-8> 年度別・輸送手段別国内貨物輸送量推移　　　　　　　　　　　　　　　（単位：トン）

	合計	鉄道	公路	海運	航空
	輸送量	輸送量	輸送量	輸送量	輸送量
2017	2,028,558,438	31,669,610	1,854,011,394	142,587,307	290,127
2018	2,047,200,833	30,914,733	1,895,685,967	120,326,940	273,193
2019	1,983,571,847	28,663,738	1,847,241,007	107,408,372	258,730
2020	1,926,888,436	26,276,962	1,788,916,715	111,512,974	181,785
2021	1,990,291,935	26,779,766	1,848,182,388	115,125,198	204,583
01	11,035,808	1,999,980	-	9,024,731	11,097
02	9,622,971	1,771,347	-	7,835,758	15,866
03	12,200,839	2,494,410	-	9,690,046	16,383
04	12,182,442	2,380,426	-	9,785,006	17,010
05	12,062,284	2,277,613	-	9,767,834	16,837
06	11,969,696	2,306,168	-	9,646,609	16,919
07	12,535,241	2,380,627	-	10,137,669	16,945
08	11,474,691	2,187,905	-	9,270,149	16,637
09	10,845,636	1,966,801	-	8,861,120	17,715
10	12,682,379	2,312,711	-	10,350,080	19,588
11	12,306,936	2,319,307	-	9,967,195	20,434
12	13,190,626	2,382,471	-	10,789,001	19,154

<続く>

(単位：トン-km)

	合計	鉄道	公路	海運	航空
	輸送量	輸送量	輸送量	輸送量	輸送量
2017	182,570,969,045	8,229,194,876	140,374,443,761	33,855,250,543	112,079,865
2018	179,794,421,374	7,877,511,772	143,529,788,426	28,281,788,247	105,332,929
2019	175,093,635,112	7,357,429,858	139,861,831,308	27,774,084,712	100,289,234
2020	171,006,188,277	6,652,427,975	135,445,871,396	28,835,469,049	72,419,857
2021	176,540,600,006	6,757,079,208	139,933,106,956	29,769,532,321	80,881,521
01	-	518,953,642	-	-	-
02	-	461,487,607	-	-	-
03	-	635,910,634	-	-	-
04	-	596,056,844	-	-	-
05	-	563,687,194	-	-	-
06	-	573,196,896	-	-	-
07	-	598,692,902	-	-	-
08	-	553,700,666	-	-	-
09	-	501,328,673	-	-	-
10	-	583,632,939	-	-	-
11	-	570,677,534	-	-	-
12	-	599,753,678	-	-	-

注) 1. 公路：2011年から非営業用貨物車の統計を含む。公路の非営業用月別統計はなし。
2. 公路：2015年に営業用貨物車統計の作成方法を変更(2017.1.17. 統計変更承認を反映)
公路の月別トン，トン-km 統計は未算定。
3. 海運：2020年までの旅客船の貨物輸送量は月別貨物輸送実績に含まれている。2021年からは旅客船の貨物輸送量が除外された数値である。
4. 海運：トン-キロの統計はなし。

出所：国土交通部

<表1-9> 年度別国際貨物総括推移　　　　　　　　　　　　　　　　　　　（単位：千トン）

		トン		
		合計	海運	航空
2016	輸送トン数	1,246,378	1,242,597	3781
	分担率	100.0	99.7	0.3
	増加率	2.1	2.1	7.4
2017	輸送トン数	1,316,521	1,312,489	4,032
	分担率	100.0	99.7	0.3
	増加率	5.6	5.6	6.6
2018	輸送トン数	1,410,094	1,405,925	4,169
	分担率	100.0	99.7	0.3
	増加率	7.1	7.1	3.4
2019	輸送トン数	1,433,256	1,429,150	4,106
	分担率	100.0	99.7	0.3
	増加率	1.6	1.7	-1.5
2020	増加率	1,279,299	1,276,228	3,071
	分担率	100.0	99.8	0.2
	増加率	-10.7	-10.7	-23.5
2021	増加率	1,355,995	1,352,575	3,420
	分担率	100.0	99.7	0.3
	増加率	6.0	6.0	11.4

注) 1. 公路：2011年から非営業用貨物車の統計を含む。
2. 公路：2015年に営業用貨物車統計の作成方法を変更(2017.1.17. 統計変更承認を反映)

出所：国土交通部

<表1-10> 年度別・輸送手段別国際貨物推移　　　　　　　　　　　　　　　　　　　　　（単位：トン）

	合計		海運		航空	
	輸送量	指数	輸送量	指数	輸送量	指数
2014	1,188,051,936	161	1,184,641,194	162	3,410,742	133
2015	1,220,300,498	166	1,216,781,726	166	3,518,772	137
2016	1,246,377,969	169	1,242,597,061	169	3,780,908	147
2017	1,316,520,988	179	1,312,489,474	179	4,031,514	157
2018	1,410,094,089	192	1,405,925,305	192	4,168,784	162
2019	1,433,165,560	195	1,429,149,574	195	4,015,986	156
2020	1,279,298,631	174	1,276,227,638	174	3,070,993	120
2021	1,355,995,477	184	1,352,575,230	184	3,420,247	133
01	112,193,626	-	111,926,262	-	267,364	-
02	104,028,316	-	103,786,143	-	242,173	-
03	118,271,931	-	117,978,742	-	293,189	-
04	112,534,306	-	112,249,481	-	284,825	-
05	113,080,879	-	112,792,937	-	287,942	-
06	111,009,739	-	110,726,758	-	282,981	-
07	119,936,296	-	119,642,807	-	293,489	-
08	111,930,717	-	111,647,759	-	282,958	-
09	111,646,276	-	111,352,274	-	294,002	-
10	116,245,903	-	115,947,806	-	298,097	-
11	110,117,887	-	109,824,975	-	292,912	-
12	114,999,602	-	114,699,286	-	300,316	-

出所：国土交通部

2. 陸上輸送

<表2-1> 輸送手段別輸送実績推移(1)　　　　　　　　　　　　　　　　　　　　　（単位：人，トン）

	旅客輸送				
	合計	バス			
		小計	高速	市内	市外
2017	28,192,366,421	5,968,577,185	31,656,993	5,364,888,816	225,875,482
2018	28,409,618,357	5,835,522,477	31,932,711	5,250,985,425	206,365,344
2019	28,649,339,421	5,794,025,556	30,262,233	5,239,503,217	198,699,581
2020	25,361,540,491	4,104,429,646	15,681,078	3,884,234,738	92,410,059
2021	30,168,830,444	4,026,906,535	14,798,650	3,825,475,197	80,227,722

	旅客輸送			貨物輸送		
	バス 貸切	タクシー	乗用車	合計	非営業用	営業用
2017	346,155,894	3,519,691,507	18,704,097,729	1,854,011,394	844,458,607	1,009,552,787
2018	346,238,997	3,503,996,790	19,070,099,089	1,895,685,967	863,440,396	1,032,245,571
2019	325,560,525	3,397,893,188	19,457,420,676	1,847,241,007	841,374,855	1,005,866,152
2020	112,103,771	2,498,268,257	18,758,842,588	1,788,916,715	814,809,511	974,107,204
2021	106,404,956	2,522,714,589	23,619,209,320	1,848,182,388	841,803,632	1,006,378,756

注) 1) 市内バス(農漁村バスを含む、村バスは含まない)
2) '11年から(旅客)乗用車，(貨物)非営業貨物車を含む，月別の統計はなし。
3) 公路：貨物輸送'15年から営業用貨物車の統計作成方法が変更('17.1.17. 統計変更承認を反映)，公路の営業用月別統計はなし。

出所：国土交通部

<表2-2> 輸送手段別輸送実績推移(2)　　　　　　　　　　　　　　　　　　　　（単位：人-キロ，トン-キロ）

	旅客輸送				
	合計	バス			
		小計	高速	市内	市外
2017	393,195,981,635	118,800,007,671	7,260,903,569	37,334,547,928	17,954,223,925
2018	399,603,633,568	118,591,535,913	7,228,090,000	36,904,618,000	18,253,994,000
2019	401,574,796,094	115,534,066,406	6,786,175,000	37,210,533,000	18,688,406,000
2020	330,991,511,549	56,988,361,356	3,458,629,000	27,231,279,000	8,098,074,000
2021	362,395,073,453	53,378,767,744	3,184,766,000	25,710,864,000	7,243,558,000

<続く>

	旅客輸送			貨物輸送		
バス	タクシー	乗用車	合計	非営業用	営業用
貸切						
2017	56,250,332,249	13,403,776,430	260,992,197,534	140,374,443,761	33,567,966,101	106,806,477,660
2018	56,204,833,913	12,585,530,563	268,426,567,093	143,529,788,426	34,322,508,736	109,207,279,690
2019	52,848,952,406	14,251,416,996	271,789,312,692	139,861,831,308	33,445,384,262	106,416,447,046
2020	18,200,379,356	10,172,216,441	263,830,933,752	135,445,871,396	32,389,388,679	103,056,482,718
2021	17,239,579,744	10,247,289,257	298,769,016,452	139,933,106,956	33,462,428,522	106,470,678,434

注) 1) 市内バス(農漁村バスを含む、村バスは含まない)。
2) '11年から(旅客)乗用車, (貨物)非営業貨物車を含む, 月別の統計はなし。
3) 公路：貨物輸送'15年から営業用貨物車の統計作成方法を変更('17.1.17. 統計変更承認を反映), 公路の営業用月別統計はなし。

出所：国土交通部

<表2-3> 年度別鉄道総括指標推移

	運転成績			
	列車キロ Train-km	(株)SR SR-km	機関車キロ Engine-km	(株)SR SR-km
2017	133,731,270.2	16,351,377.6	1,091,810,089.2	186,864,456.0
2018	136,222,766.6	16,343,716.0	1,117,957,046.5	182,179,149.0
2019	134,116,833.1	16,519,422.6	1,107,730,854.2	183,159,294.0
2020	132,115,793.0	16,579,060.3	1,115,088,427.6	178,227,527.0
2021	133,429,217.4	16,525,951.2	1,127,620,648.5	179,610,268.0
2022	134,786,414.6	16,524,682.3	1,141,181,168.6	181,793,019.0

	運転成績			
	車両キロ Car-km	(株)SR SR-km	換算車両キロ Converted Car-km	(株)SR SR-km
2017	1,424,761,103.2	150,949,704.0	1,757,541,370.2	187,177,633.0
2018	1,463,173,147.1	147,115,694.0	1,779,406,227.0	182,423,460.0
2019	1,435,110,635.5	146,527,435.2	1,737,073,725.1	181,694,019.6
2020	1,412,433,290.1	142,582,021.6	1,696,874,782.2	176,801,706.8
2021	1,414,098,719.2	143,688,214.4	1,706,375,975.7	178,173,385.9
2022	1,393,264,572.3	145,434,415.2	1,687,435,884.6	180,338,674.8

	車両保有						
	高速車両 KTX	(株)SR SR	機関車 Locomotive	動車 Diesel Rail Car	電動車 Electric Rail Car	客車 Passenger Car	貨車 Freight Car
2017	1,530	100	456	150	2,558	920	10,865
2018	1,530	100	440	150	2,569	909	10,500
2019	1,530	100	429	121	2,562	821	10,359
2020	1,560	100	418	121	2,627	761	10,008
2021	1,644	100	401	121	2,776	713	9,813
2022	1,644	100	401	80	2,699	626	9,124

出所：国土交通部

<表2-4> 年度別鉄道貨物輸送実績推移 (単位：トン)

	合計	コンテナ	セメント	石炭	油類
2019	28,663,738	9,473,178	11,328,554	1,587,619	165,481
2020	26,276,962	8,841,318	1,0249,757	1,441,887	187,842
2021	26,779,766	9,373,455	10,442,389	1,309,828	164,191
2022	23,623,473	8,429,147	8,994,218	1,317,553	132,588
01	1,968,009	701,126	741,670	92,721	11,808
02	1,794,843	677,647	655,826	77,372	8,759
03	2,142,710	786,235	770,720	97,765	14,112
04	2,158,024	746,691	841,268	114,995	9,661
05	2,210,261	760,659	884,360	121,126	14,216
06	1,867,933	605,605	774,372	109,144	10,981
07	2,155,533	770,258	820,328	121,152	12,460
08	2,018,615	782,273	687,580	132,553	11,439
09	1,761,498	667,831	659,376	94,125	8,072
10	2,005,605	658,440	815,048	124,041	12,894
11	1,723,436	613,779	660,628	124,879	12,206
12	1,817,006	658,603	683,042	107,680	5,980

	鉱石	鉄鋼	一般その他	建設	純事業用	受委託事業用
2019	1,276,625	2,516,045	1,798,980	105,909	157,623	253,724
2020	1,117,326	2,319,565	1,645,582	58,523	144,618	270,544
2021	1,193,169	2,328,946	1,546,158	68,510	150,017	203,101
2022	1,183,039	1,934,082	1,292,427	76,968	119,632	143,819
01	102,369	179,014	117,495	8,480	10,572	2,754
02	88,558	165,061	104,492	2,988	9,354	4,786
03	105,390	196,788	135,611	13,512	10,455	12,122
04	110,564	190,883	115,305	4,014	11,150	13,493
05	114,143	182,227	100,949	7,620	9,851	15,110
06	84,864	160,753	96,852	4,517	8,783	12,062
07	103,026	170,527	124,876	5,270	10,116	17,520
08	100,021	174,139	100,515	3,826	11,340	14,929
09	65,016	136,593	104,736	4,843	9,484	11,422
10	125,776	139,498	91,681	13,280	8,556	16,391
11	100,143	89,881	89,958	6,256	11,266	14,440
12	83,169	148,718	109,957	2,362	8,705	8,790

出所：国土交通部

<表2-5> 年度別鉄道車両保有推移　　　　　　　　　　　　　　　　　　　　　　　　　　（単位：両）

	高速鉄道車両	ディーゼル機関車	動車	電気機関車	幹線型電気動車	ITX-青春	電気動車	客車	発電車	貨車	クレーン
2018	1,530(KTX) 100(SRT)	265	150	175	166	64	2,569	909	113	10,500	15
2019	1,530(KTX) 100(SRT)	254	121	175	166	64	2,562	821	113	10,359	15
2020	1,530(KTX) 100(SRT) 30(KTX-EUM)	243	121	175	166	64	2,627	761	99	10,008	13
2021	1,530(KTX) 100(SRT) 114(KTX-EUM)	226	121	175	166	64	2,566	-	680	9,813	13
2022	1,530(KTX) 100(SRT) 114(KTX-EUM)	220	80	175	166	64	2,699		626	9,124	12

出所：国土交通部

<表2-6> 営業用自動車輸送総括

	人口（千人）	自動車台数（台）	旅客輸送		貨物輸送		道路総延長（km）
			人員	人-キロ	輸送トン数	トン-キロ	
2016	51,696	21,803,351	9,664,557,702	136,271,697,926	912,469,840	94,307,798,848	108,780
2017	51,779	22,528,295	9,488,268,692	118,800,007,671	1,009,552,787	106,806,477,660	110,091
2018	51,826	23,202,555	9,339,519,268	131,177,066,475	1,032,245,571	109,207,279,690	110,714
2019	51,850	23,667,366	9,191,918,744	129,785,483,402	1,005,866,152	106,416,447,046	111,314
2020	51,829	24,365,979	6,602,697,903	67,160,577,797	974,107,204	103,056,482,718	112,977
2021	51,639	24,911,101	6,549,621,125	63,626,057,001	1,006,378,756	106,470,678,434	113,405

注）1. 営業用自動車(旅客：バス，タクシー)，(貨物：営業用貨物車)の輸送実績である。
2. 2015年から営業用貨物車の統計作成方法を変更（'17.1.17. 統計変更承認を反映）。

出所：国土交通部

<表2-7> 年度別自動車登録台数推移 （単位：台）

		2018	2019	2020	2021	2022
合計	計	23,202,555	23,677,366	24,365,979	24,911,101	25,503,078
	官用	90,100	92,297	93,957	95,949	97,854
	自家用	21,539,573	21,908,362	22,521,686	22,986,733	23,502,344
	営業用	1,572,882	1,676,707	1,720,336	1,828,419	1,902,880
乗用車	計	18,676,924	19,177,517	19,860,955	20,410,648	20,952,759
	官用	32,819	33,344	33,619	34,548	35,071
	自家用	17,663,188	18,071,723	18,686,570	19,168,262	19,647,975
	営業用	980,917	1,072,450	1,140,766	1,207,838	1,269,713
乗用車	計	843,794	811,799	783,842	749,968	723,961
	官用	22,540	23,014	23,938	24,460	24,755
	自家用	696,898	663,494	639,504	608,894	583,625
	営業用	124,356	125,291	120,400	116,614	115,581
貨物車	計	3,590,939	3,592,588	3,615,245	3,631,975	3,696,317
	官用	31,957	33,072	33,391	33,800	34,587
	自家用	3,152,275	3,143,102	3,156,602	3,159,844	3,211,121
	営業用	406,707	416,412	425,252	438,331	450,609
特装車	計	90,898	95,464	105,937	118,510	130,041
	官用	2,784	2,867	3,009	3,141	3,441
	自家用	27,212	30,043	39,010	49,733	59,623
	営業用	60,902	62,554	63,918	65,636	66,977
二輪車	計	2,208,424	2,236,895	2,289,009	2,213,837	2,197,763
	官用	25,914	27,083	26,810	25,195	24,696
	自家用	2,181,510	2,209,812	2,262,199	2,188,642	2,173,067

出所：国土交通部

<表2-8> 市道別自動車登録台数現況(2022)　　　　　　　　　　　　　　　　（単位：台）

	合計				乗用車			
	計	官用	自家用	営業用	計	官用	自家用	営業用
ソウル	3,193,351	12,954	2,974,854	205,543	2,763,730	4,770	2,633,529	125,431
釜山	1,499,503	4,760	1,330,036	164,707	1,262,621	1,754	1,146,738	114,129
大邱	1,230,183	3,498	1,173,543	53,142	1,040,968	999	1,012,839	27,130
仁川	1,692,760	4,254	1,405,659	282,847	1,442,976	1609	1,205,301	236,066
光州	714,401	2,356	679,234	32,811	598,879	868	583,614	14,397
大田	707,928	2,199	672,663	33,066	599,041	677	581,422	16,942
蔚山	588,079	1,902	564,727	21,450	498,713	733	490,607	7,373
京畿	6,378,632	18,422	6,110,121	250,089	5,311,946	7,695	5,226,499	77,752
世宗	193,711	877	189,232	3,602	171,636	342	170,149	1,145
江原	851,553	6,388	818,873	26,292	655,244	1,913	640,895	12,436
忠北	916,455	4,209	873,326	38,920	718,750	1,415	700,464	16,871
忠南	1,211,477	6,008	1,164,460	41,009	934,596	1,978	919,182	13,436
全北	977,834	5,607	934,825	37,402	749,991	1,902	733,153	14,936
全南	1,236,858	6,778	986,850	243,230	938,175	2,295	727,240	208,640
慶北	1,523,914	7,821	1,467,542	48,551	1,143,496	2,712	1,127,239	13,545
慶南	1,896,515	7,417	1,743,397	145,701	1,539,666	2,582	1,430,811	106,273
済州	689,924	2,404	413,002	274,518	582,331	827	318,293	263,211

	乗合車				貨物車			
	計	官用	自家用	営業用	計	官用	自家用	営業用
ソウル	96,085	3,842	77,022	15,221	322,706	3,929	259,206	59,571
釜山	38,269	1,274	30,869	6,126	186,622	1,580	149,619	35,423
大邱	27,784	972	22,960	3,852	156,736	1,386	135,310	20,042
仁川	42,120	1,143	33,251	7,726	198,795	1,358	163,774	33,663
光州	17,996	602	15,076	2,318	93,843	801	78,857	14,185
大田	18,163	567	15,423	2,173	87,184	878	74,085	12,221
蔚山	13,445	492	11,022	1,931	72,439	632	61,898	9,909
京畿	190,926	4,396	154,717	31,813	847,730	5,709	713,505	128,516
世宗	4,251	221	3,550	480	17,013	255	14,942	1,816
江原	26,640	1,623	22,027	2,990	164,898	2,626	153,280	8,992
忠北	27,947	1,058	23,159	3,730	163,939	1,592	146,863	15,484
忠南	39,034	1,314	32,416	5,304	230,689	2,408	209,225	19,056
全北	30,618	1,359	25,246	4,013	191,846	2,165	173,709	15,972
全南	38,072	1,677	27,840	8,555	251,845	2,594	228,312	20,939
慶北	45,356	1,800	38,245	5,311	325,053	2,989	297,580	24,484
慶南	49,492	1,924	40,209	7,359	297,125	2,681	268,072	26,372
済州	17,763	491	10,593	6,679	87,854	1,004	82,884	3,966

<続く>

	特装車				二輪車		
	計	官用	自家用	営業用	計	官用	自家用
ソウル	10,830	413	5,097	5,320	420,357	4,322	416,035
釜山	11,991	152	2,810	9,029	133,074	1,235	131,839
大邱	4,695	141	2,434	2,120	120,740	1,113	119,627
仁川	8,869	144	3,333	5,392	81,414	894	80,520
光州	3,683	85	1,687	1,911	36,118	477	35,641
大田	3,540	77	1,733	1,730	40,236	551	39,685
蔚山	3,482	45	1,200	2,237	63,330	431	62,899
京畿	28,030	622	15,400	12,008	427,543	4,669	422,874
世宗	811	59	591	161	11,312	114	11,198
江原	4,771	226	2,671	1,874	62,757	937	61,820
忠北	5,819	144	2,840	2,835	87,871	1,094	86,777
忠南	7,158	308	3,637	3,213	127,761	1,570	126,191
全北	5,379	181	2,717	2,481	99,625	1,274	98,351
全南	8,766	212	3,458	5,096	111,344	1,813	109,531
慶北	10,009	320	4,478	5,211	183,566	1,869	181,697
慶南	10,232	230	4,305	5,697	156,890	1,840	155,050
済州	1,976	82	1,232	662	33,825	493	33,332

出所：国土交通部

3. 海上輸送

<表3-1> 海運貨物輸送[1]推移(入港)　　　　　　　　　　　　　　　　　　(単位：千R/T)

	総計	糧穀	油類[2]	セメント	有煙炭	木材[3]	鉄鉱石	鉄鋼[4]	その他
2018	1,024,881	11,123	249,865	16,810	144,676	22,932	79,130	50,469	449,876
2019	1,035,254	10,615	250,354	16,776	137,434	23,261	79,945	55,585	461,284
2020	955,954	10,509	234,029	15,934	119,925	18,429	74,949	47,396	434,783
2021	1,005,907	11,404	233,920	17,195	124,388	20,672	79,555	48,091	470,682
2022	985,162	11,594	237,582	18,304	120,398	19,179	70,906	46,414	460,785
01	92,265	849	22,587	1,415	10,883	1,733	7,276	3,970	43,552
02	75,546	1,081	18,886	1,240	9,855	1,510	5,510	3,743	33,721
03	85,609	1,154	20,006	1,521	9,859	1,738	5,762	4,439	41,130
04	76,557	861	17,765	1,594	8,486	1,608	4,880	4,081	37,282
05	85,711	1,169	19,555	1,756	9,463	1,840	7,267	4,294	40,367
06	76,671	790	17,167	1,507	9,991	1,592	6,316	3,749	35,559
07	86,939	935	21,825	1,520	11,721	1,679	5,746	4,017	39,496
08	86,584	1,056	20,554	1,526	11,449	1,523	6,544	3,421	40,511
09	75,470	781	18,508	1,310	9,378	1,369	5,587	3,213	35,324
10	72,127	1,094	19,447	1,725	9,567	1,575	6,008	4,058	38,653
11	80,302	1,083	20,356	1,726	9,341	1,536	5,499	4,124	36,637
12	81,381	741	20,926	1,463	10,405	1,475	4,511	3,304	38,556

注) 1) 国内，国際貨物輸送の実績である。
2) 原油(瀝青油)，石油+石油精製品/石油ガス及びその他ガスは除外。
3) 原木+木材，木炭，コルクなど。
4) 古鉄+鉄鋼及びその製品。

出所：統計庁

<表3-2> 海運貨物輸送[1]推移(出港)　　　　　　　　　　　　　　　　　　　　(単位：千R/T)

	総計	糧穀	油類[2]	セメント	有煙炭	木材[3]	鉄鉱石	鉄鋼[4]	その他
2018	599,774	789	120,011	21,821	523	9,517	632	53,121	393,360
2019	608,712	535	128,057	23,082	1,211	10,049	321	56,641	388,816
2020	543,299	593	118,182	21,088	1,043	8,859	605	53,364	339,565
2021	576,918	864	120,012	21,456	2,919	9,639	483	52,090	369,455
2022	560,684	692	119,328	20,646	2,823	8,198	519	51,643	356,835
01	50,354	65	10,629	1,679	263	800	6	4,843	32,069
02	44,452	61	9,077	1,356	243	679	10	4,074	28,952
03	48,241	57	10,331	1,650	284	742	12	4,729	30,436
04	47,023	64	9,309	1,664	173	752	34	4,384	30,643
05	49,321	91	11,078	1,852	176	792	38	4,470	30,824
06	43,265	75	8,739	1,587	59	738	54	4,210	27,803
07	50,293	61	10,322	1,731	254	699	80	4,382	32,764
08	47,336	43	10,483	1,804	321	630	38	4,151	29,866
09	42,815	43	9,359	1,530	243	508	78	3,585	27,469
10	46,258	48	9,718	2,000	334	631	49	4,481	28,997
11	46,542	51	9,880	1,971	222	592	65	4,135	29,626
12	44,786	33	10,403	1,821	250	637	55	4,198	27,389

注) 1) 国内, 国際貨物輸送実績である。
2) 原油(瀝青油), 石油+石油 精製品/石油ガス及びその他ガスは除外。
3) 原木+木材, 木炭, コルクなど。
4) 古鉄+鉄鋼及びその製品。

出所：統計庁

<表3-3> 年度別船舶入出港推移

	総計		入港			
			外航船			
			韓国船		外国船	
	隻	トン	隻	トン	隻	トン
2018	370,317	4,041,099,663	20,622	148,169,185	60,349	1,664,241,335
2019	366,763	4,116,450,002	19,849	155,509,314	60,368	1,680,865,699
2020	354,934	4,066,381,697	17,540	161,571,424	57,509	1,641,686,027
2021	354,227	4,096,104,838	17,550	174,326,218	55,606	1,630,440,640
2022	362,732	4,153,848,135	16,190	176,051,426	56,279	1,647,656,052
01	31,644	370,410,844	1,375	14,122,559	4,965	148,349,889
02	27,340	312,012,095	1,288	14,040,050	4,229	123,560,845
03	31,837	359,982,581	1,428	14,226,521	4,929	143,096,743
04	30,392	335,115,513	1,340	14,020,815	4,651	132,521,230
05	31,925	352,518,555	1,402	14,425,365	4,847	139,435,327
06	28,772	320,858,597	1,333	14,037,434	4,362	127,141,892
07	31,470	362,288,194	1,370	14,861,633	4,775	143,125,939
08	30,680	349,465,269	1,358	14,906,934	4,718	139,621,345
09	26,861	313,248,644	1,157	14,605,786	4,246	123,045,224
10	30,577	355,305,355	1,400	15,540,621	4,768	140,959,453
11	30,523	359,705,094	1,429	17,118,951	4,870	141,458,073
12	30,711	362,937,394	1,310	14,144,757	4,919	146,340,092

			沿岸船		合計		出航 外航船 入港	
			隻	外航船	隻	トン	隻	トン
2018	80,971	1,812,410,520	104,115	計	185,086	2,018,975,905	20,603	144,992,707
2019	80,217	1,836,375,013	103,075	隻 トン	2,052,702,108		19,803	153,030,146
2020	75,049	1,803,257,451	102,277	224,461,922	177,326	2,027,719,373	17,541	159,711,231
2021	73,156	1,804,766,858	103,929	239,656,017	177,085	2,044,422,875	17,559	172,835,190
2022	72,469	1,823,707,478	108,807	250,450,338	181,276	2,074,157,816	16,198	174,718,281
01	6,340	162,472,448	9,458	21,908,734	15,798	184,381,182	1,391	14,120,994
02	5,517	137,600,895	8,156	19,204,119	13,673	156,805,014	1,318	14,282,940
03	6,357	157,323,264	9,566	22,378,641	15,923	179,701,905	1,412	13,882,649
04	5,991	146,542,045	9,189	20,107,694	15,180	166,649,739	1,343	14,105,359
05	6,249	153,860,692	9,690	22,506,707	15,939	176,367,399	1,415	13,837,983
06	5,695	141,179,326	8,712	19,900,801	14,407	161,080,127	1,315	13,907,225
07	6,145	157,987,572	9,552	21,613,276	15,697	179,600,848	1,372	14,824,376
08	6,076	153,528,279	9,254	21,697,248	15,330	175,225,527	1,365	14,483,062
09	5,403	137,651,010	8,026	19,042,242	13,429	156,693,252	1,152	14,197,725
10	6,168	156,500,074	9,114	20,806,209	15,282	177,306,283	1,399	15,596,880
11	6,299	158,577,024	8,976	20,675,089	15,275	179,252,113	1,420	17,324,505
12	6,229	160,484,849	9,114	20,609,578	15,343	181,094,427	1,296	14,154,583

<続く>

14章　運輸業

	出航							
	外航船				沿岸船		合計	
	外国船		計					
	隻	トン	隻	トン	隻	トン	隻	トン
2018	60,513	1,670,565,666	81,116	1,815,558,373	104,115	206,565,385	185,231	2,022,123,758
2019	60,593	1,694,390,653	80,396	1,847,420,799	103,075	216,327,095	183,471	2,063,747,894
2020	57,790	1,654,489,171	75,331	1,814,200,402	102,277	224,461,922	177,608	2,038,662,324
2021	55,704	1,639,190,756	73,263	1,812,025,946	103,929	239,656,017	177,192	2,051,681,963
2022	56,451	1,654,521,700	72,649	1,829,239,981	108,807	250,450,338	181,456	2,079,690,319
01	4,997	149,999,934	6,388	164,120,928	9,458	21,908,734	15,846	186,029,662
02	4,193	121,720,022	5,511	136,002,962	8,156	19,204,119	13,667	155,207,081
03	4,936	144,019,386	6,348	157,902,035	9,566	22,378,641	15,914	180,280,676
04	4,680	134,252,721	6,023	148,358,080	9,189	20,107,694	15,212	168,765,774
05	4,881	139,806,466	6,296	153,644,449	9,690	22,506,707	15,986	176,151,156
06	4,338	125,970,444	5,653	139,877,669	8,712	19,900,801	14,365	159,778,470
07	4,849	146,249,694	6,221	161,074,070	9,552	21,613,276	15,773	182,687,346
08	4,731	138,059,432	6,096	152,542,494	9,254	21,697,248	15,350	174,239,742
09	4,254	123,315,425	5,406	137,513,150	8,026	19,042,242	13,432	156,555,392
10	4,782	141,595,983	6,181	157,192,863	9,114	20,806,209	15,295	177,999,072
11	4,852	142,453,387	6,272	159,777,892	8,976	20,675,089	15,248	180,452,981
12	4,958	147,078,806	6,254	161,233,389	9,114	20,609,578	15,368	181,842,967

出所：海洋水産部

<表3-4> トン級別船舶入港現況

	合計		沿岸船	
	隻(No.)	総トン数(G/T)	隻(No.)	総トン数(G/T)
合計	180,848	2,069,898,841	108,379	246,191,363
100トン未満	21,407	11,527,314	21,309	11,519,887
100 ～ 500トン未満	40,610	31,658,172	38,711	30,014,325
500 ～ 1,000トン未満	13,839	10,682,658	12,248	9,467,769
1,000 ～ 3,000トン未満	28,877	57,560,251	16,789	32,017,614
3,000 ～ 5,000トン未満	13,177	54,318,722	6,432	26,696,467
5,000 ～ 7,000トン未満	11,487	67,290,309	7,008	41,538,794
7,000 ～ 10,000トン未満	15,565	142,028,189	3,451	30,554,761
10,000 ～ 15,000トン未満	2,841	37,127,217	377	5,070,992
15,000 ～ 20,000トン未満	5,434	97,738,873	191	3,792,256
20,000 ～ 25,000トン未満	3,241	71,661,742	855	17,895,583
25,000 ～ 30,000トン未満	4,912	137,260,643	726	20,053,553
30,000 ～ 50,000トン未満	8,096	310,350,451	172	5,797,874
50,000 ～ 60,000トン未満	2,405	133,466,229	16	853,031
60,000 ～ 75,000トン未満	2,676	175,859,552	10	624,985
75,000 ～ 100,000トン未満	2,611	234,326,319	5	450,306
100,000トン以上	3,670	497,042,200	79	9,843,166

	外航船					
	計		韓国船		外国船	
	隻(No.)	総トン数(G/T)	隻(No.)	総トン数(G/T)	隻(No.)	総トン数(G/T)
合計	72,469	1,823,707,478	16,190	176,051,426	56,279	1,647,656,052
100トン未満	98	7,427	82	6,356	16	1,071
100 ～ 500トン未満	1,899	1,643,847	1,059	1,291,494	840	352,353
500 ～ 1,000トン未満	1,591	1,214,889	675	549,382	916	665,507
1,000 ～ 3,000トン未満	12,088	25,542,637	3,391	6,475,385	8,697	19,067,252
3,000 ～ 5,000トン未満	6,745	27,622,255	2,675	11,064,192	4,070	16,558,063
5,000 ～ 7,000トン未満	4,479	25,751,515	1,336	7,515,919	3,143	18,235,596
7,000 ～ 10,000トン未満	12,114	111,473,428	4,034	37,586,101	8,080	73,887,327
10,000 ～ 15,000トン未満	2,464	32,056,225	530	7,605,003	1,934	24,451,222
15,000 ～ 20,000トン未満	5,243	93,946,617	676	11,917,954	4,567	82,028,663
20,000 ～ 25,000トン未満	2,386	53,766,159	208	4,608,364	2,178	49,157,795
25,000 ～ 30,000トン未満	4,186	117,207,090	319	8,970,858	3,867	108,236,232
30,000 ～ 50,000トン未満	7,924	304,552,577	430	17,205,518	7,494	287,347,059
50,000 ～ 60,000トン未満	2,389	132,613,198	185	10,390,203	2,204	122,222,995
60,000 ～ 75,000トン未満	2,666	175,234,567	263	18,207,466	2,403	157,027,101
75,000 ～ 100,000トン未満	2,606	233,876,013	214	18,571,855	2,392	215,304,158
100,000トン以上	3,591	487,199,034	113	14,085,376	3,478	473,113,658

注) 20222.12.31基準。

出所：海洋水産部

<表3-5> 年度別貨物輸送推移(総括) (単位：R/T)

	総計	沿岸貨物[1]	外航貨物[2]	
			合計	
			計	入港
2018	1,526,252,245	120,326,940	1,405,925,305	915,509,210
2019	1,548,589,146	119,439,572	1,429,149,574	927,845,761
2020	1,398,612,465	122,384,827	1,276,227,638	844,441,495
2021	1,478,965,335	126,390,105	1,325,575,230	890,782,047
2022	1,441,547,239	133,904,788	1,307,642,451	867,244,866
01	132,671,228	12,008,718	120,662,510	81,288,475
02	111,818,524	9,823,519	101,995,005	66,544,761
03	124,761,926	11,361,800	113,400,126	75,607,501
04	114,664,067	11,035,424	103,628,643	66,672,739
05	125,470,596	11,854,746	113,615,850	74,993,618
06	111,794,444	10,548,895	101,245,549	67,412,919
07	127,987,408	11,784,728	116,202,680	76,506,314
08	125,483,650	11,684,061	113,799,589	76,648,027
09	109,843,161	10,803,992	99,039,169	65,970,426
10	120,097,293	11,190,010	108,907,283	72,487,468
11	118,326,281	10,840,992	107,485,289	70,626,491
12	118,628,662	10,967,904	107,660,758	72,486,127

	外航貨物			
	合計	韓国船		
	出航	計	入港	出航
2018	490,416,095	138,642,703	79,841,354	58,801,349
2019	501,303,813	141,921,775	78,851,711	63,070,064
2020	431,786,143	138,384,329	85,374,046	53,010,283
2021	461,793,183	152,731,392	90,412,289	62,319,103
2022	440,397,585	144,902,574	85,886,542	59,016,032
01	39,374,035	11,949,437	6,784,898	5,164,539
02	35,450,244	11,724,198	6,472,401	5,251,797
03	37,792,625	12,338,918	7,380,813	4,958,105
04	36,955,904	12,090,001	7,297,551	4,792,450
05	38,622,232	11,688,921	6,628,622	5,060,299
06	33,832,630	11,606,927	7,346,989	4,259,938
07	39,696,366	12,602,770	7,635,522	4,967,248
08	37,151,562	12,127,132	7,154,143	4,972,989
09	33,068,743	11,947,424	7,122,475	4,824,949
10	36,419,815	12,812,436	7,716,372	5,096,064
11	36,858,798	13,127,785	7,825,570	5,302,215
12	35,174,631	10,886,625	6,521,186	4,365,439

<続く>

	外航貨物		
	外国船		
	計	入港	出航
2018	1,267,282,602	835,667,856	431,614,746
2019	1,287,227,799	848,994,050	438,233,749
2020	1,137,843,309	759,067,449	378,775,860
2021	1,199,843,838	800,369,758	399,474,080
2022	1,162,739,877	781,358,324	381,381,553
01	108,713,073	74,503,577	34,209,496
02	90,270,807	60,072,360	30,198,447
03	101,061,208	68,226,688	32,834,520
04	91,538,642	59,375,188	32,163,454
05	101,926,929	68,364,996	33,561,933
06	89,638,622	60,065,930	29,572,692
07	103,599,910	68,870,792	34,729,118
08	101,672,457	69,493,884	32,178,573
09	87,091,745	58,847,951	28,243,794
10	96,094,847	64,771,096	31,323,751
11	94,357,504	62,800,921	31,556,583
12	96,774,133	65,964,941	30,809,192

注) 1) 沿岸貨物は沿岸貨物船(入港基準)と沿岸旅客船(入出航基準)の輸送実績を含む。
2) 外航旅客船の輸送貨物は外航貨物に含まれる。

出所：海洋水産部

4. 航空輸送

<表4-1> 国内旅客輸送実績推移　　　　　　　　　　　　　　　　　　　　　　　（単位：人，旅客キロ）

	人員			旅客キロ		
	計	定期	不定期	計	定期	不定期
2018	31,600,610	31,067,088	533,522	11,882,156,510	11,671,277,064	210,879,446
2019	32,980,968	32,236,818	744,150	12,433,233,773	12,150,002,733	283,231,040
2020	25,164,038	21,759,005	3,405,033	9,488,378,891	8,263,935,181	1,224,443,710
2021	33,146,646	30,437,773	2,708,873	12,352,487,960	11,380,653,812	971,834,148
2022	36,328,296	34,193,745	2,134,551	13,687,479,166	12,827,926,023	859,553,143
01	3,139,482	3,036,840	102,642	1,170,630,799	1,131,269,725	39,361,074
02	2,889,784	2,778,083	111,701	1,079,523,854	1,035,175,877	44,347,977
03	2,453,974	2,401,479	52,495	922,518,871	901,299,758	21,219,113
04	3,158,034	3,028,680	129,354	1,181,751,814	1,128,556,887	53,194,927
05	3,457,151	3,287,896	169,255	1,295,784,863	1,224,041,525	71,743,338
06	3,328,076	303,714	290,931	1,255,265,964	1,136,444,328	118,821,636
07	3,169,735	2,830,998	338,737	1,196,696,694	1,057,700,694	138,996,000
08	3,194,385	2,801,997	392,388	1,212,197,160	1,055,885,539	156,311,621
09	2,799,169	2,613,706	185,463	1,057,486,111	982,854,010	74,632,101
10	3,373,964	3,173,139	200,825	1,276,962,668	1,200,305,734	76,656,934
11	2,853,720	2,749,329	104,391	1,084,944,526	1,043,646,777	41,297,749
12	2,510,822	2,454,453	56,369	953,715,842	930,745,169	22,970,673

出所：国土交通部

<表4-2> 国際旅客輸送実績推移　　　　　　　　　　　　　　　　　　　　　　　（単位：人，旅客キロ）

	人員					
	計	定期	不定期	入国		
				小計	定期	不定期
2018	85,925,288	83,977,265	1,948,023	43,057,352	42,067,089	990,263
2019	90,385,640	88,718,376	1,667,264	45,240,463	44,409,187	831,276
2020	14,239,922	13,679,292	560,630	7,254,805	6,976,500	278,305
2021	3,208,695	2,889,805	318,890	1,567,130	1,452,822	114,308
2022	19,499,920	18,158,488	1,341,432	9,743,037	9,101,303	641,734
01	358,169	314,994	43,175	163,744	151,537	12,207
02	320,757	293,053	27,704	174,337	165,616	8,721
03	411,666	377,940	33,726	201,983	191,152	10,831
04	650,186	568,558	81,628	327,993	291,958	36,035
05	941,540	818,522	123,018	476,579	416,168	60,411
06	1,279,029	1,098,167	180,862	658,532	564,320	94,212
07	1,844,775	1,685,895	158,880	888,989	815,366	73,623
08	2,115,364	2,022,950	92,414	1,099,461	1,049,354	50,107
09	1,923,452	1,859,612	63,840	961,560	929,863	31,697
10	2,522,903	2,316,716	206,187	1,275,262	1,175,718	99,544
11	3,081,331	2,943,537	137,794	1,508,500	1,440,640	67,860
12	4,050,748	3,858,544	192,204	2,006,097	1,909,611	96,486

<続く>

	人員		
	出国		
	小計	定期	不定期
2018	42,867,936	41,910,176	957,760
2019	45,145,177	44,309,189	835,988
2020	6,985,117	6,702,792	282,325
2021	1,641,565	1,436,983	204,582
2022	9,756,883	9,057,185	699,698
01	194,425	163,457	30,968
02	146,420	127,437	18,983
03	209,683	186,788	22,895
04	322,193	276,600	45,593
05	464,961	402,354	62,607
06	620,497	533,847	86,650
07	955,786	870,529	85,257
08	1,015,903	973,596	42,307
09	961,892	929,749	32,143
10	1,247,641	1,140,998	106,643
11	1,572,831	1,502,897	69,934
12	2,044,651	1,948,933	95,718

	旅客キロ		
	計	定期	不定期
2018	251,747,144,593	247,248,475,641	4,498,663,952
2019	269,322,159,636	265,517,596,754	3,804,562,882
2020	52,825,973,790	50,927,152,950	1898,820,840
2021	19,425,504,763	18,317,495,484	1108,009,280
2022	93,185,602,310	89,681,096,682	3,504,505,628
01	2,313,756,585	2,131,873,543	181,883,042
02	1,891,098,587	1,799,629,691	91,468,896
03	2,441,071,494	2,325,747,374	115,324,121
04	3,933,640,097	3,638,203,505	295,436,592
05	5,700,488,703	5,296,147,810	404,340,894
06	7,279,587,580	6,626,810,775	652,776,805
07	9,698,243,566	9,221,326,877	476,916,689
08	10,678,417,425	10,438,705,065	239,712,361
09	9,996,321,319	9,839,208,104	157,113,215
10	11,816,678,361	11,471,206,343	345,472,018
11	12,389,722,721	12,167,577,433	222,145,288
12	15,046,575,872	14,724,660,163	321,915,709

出所：国土交通部

<表4-3> 国内貨物輸送実績推移 (単位：トン)

	合計	定期			不定期		
		計	貨物	郵便	計	貨物	郵便
2018	273,192	270,482	270,464	18	2,711	2,710	1
2019	258,730	255,578	255,575	2	3,152	3,152	-
2020	181,785	168,430	168,423	6	13,355	13,353	2
2021	204,585	195,260	195,252	8	9,325	9,324	0
2022	229,355	218,554	218,547	7	10,801	10,801	0
01	21,334	20,931	20,930	1	403	403	-
02	18,318	17,866	17,865	-	452	452	-
03	16,461	16,280	16,280	-	181	181	-
04	18,465	18,043	18,041	2	422	422	-
05	19,403	18,707	18,706	1	696	696	-
06	18,927	17,237	17,237	1	1,690	1,690	-
07	19,007	17,109	17,109	-	1,898	1,898	-
08	20,854	18,483	18,482	1	2,372	2,372	-
09	18,640	17,918	17,918	-	722	722	-
10	20,807	19,767	19,767	-	1,040	1,040	-
11	19,033	18,540	18,540	-	493	493	-
12	18,104	17,673	17,671	1	431	431	-

	合計	定期			不定期		
		計	貨物	郵便	計	貨物	郵便
2018	105,332,929	104,242,020	104,235,166	6,854	1,090,909	1,090,622	287
2019	100,290,102	99,075,491	99,074,623	868	1,214,611	1,214,611	-
2020	72,419,857	67,477,306	67,474,465	2,841	4,942,551	4,941,922	629
2021	80,881,521	77,473,928	77,470,538	3,390	3,407,593	3,407,549	44
2022	90,403,814	86,048,226	86,045,817	2,409	4,355,588	4,355,588	-
01	8,425,330	8,263,226	8,263,114	364	161,852	161,852	-
02	7,206,457	7,020,281	7,020,156	125	186,176	186,176	-
03	6,579,124	6,503,178	6,503,112	66	75,946	75,946	-
04	7,249,824	7,072,434	7,071,829	605	177,390	177,390	-
05	7,579,563	7,278,363	7,278,029	334	301,200	301,200	-
06	7,149,793	6,732,089	6,731,874	215	687,704	687,704	-
07	7,494,097	6,729,152	6,729,152	-	764,945	764,945	-
08	8,250,596	7,313,581	7,313,386	195	937,015	937,015	-
09	7,392,753	7,090,935	7,090,935	-	301,818	301,818	-
10	8,139,739	7,757,086	7,757,004	82	382,653	382,653	-
11	7,493,729	7,297,716	7,297,716	-	196,013	196,013	-
12	7,172,809	6,989,933	6,989,510	423	182,876	182,876	-

出所：国土交通部

<表4-4> 国際貨物輸送実績(1)推移 (単位:トン)

	合計	入出国		貨物区分		定期			
		入国	出国	貨物	郵便	計	入国		
							小計	貨物	郵便
2018	4,168,783	2,063,045	2,105,738	4,063,647	105,136	4,025,820	1,993,555	1,951,836	41,720
2019	4,015,907	1,986,669	2,029,238	3,906,901	109,006	3,876,584	1,914,022	1,869,410	44,612
2020	3,070,933	1,498,938	1,572,055	3,006,656	64,337	2,480,013	1,213,295	1,193,997	19,298
2021	3,420,162	1,710,651	1,709,512	3,363,874	56,288	2,483,911	1,250,471	1,235,975	14,496
2022	3320436	1,662,288	1,658,148	3,281,768	38,668	2,685,464	1,360,329	1,349,156	11,173
01	279613	136,958	142,655	275,620	3,993	202,180	101,359	100,419	939
02	246630	122,156	124,474	243,484	3,146	183,563	92,877	92,043	834
03	293024	144,587	148,437	289,258	3,766	211,760	106,105	105,237	868
04	277364	141,033	136,331	273,965	3,399	207,277	106,674	105,779	895
05	279151	141,383	137,768	276,213	2,938	208,890	108,142	107,354	788
06	273269	136,676	136,594	270,356	2,913	210,835	108,331	107,509	822
07	269023	136,031	132,992	266,110	2,913	229,707	117,263	116,316	946
08	270542	137,742	132,800	267,787	2,755	234,107	120,037	119,083	954
09	265349	131,965	133,384	262,633	2,716	232,639	115,710	114,831	878
10	282624	140,899	141,725	279,618	3,007	237,925	119,835	118,905	930
11	285460	142,538	142,922	282,089	3,371	255,175	127,860	126,778	1,083
12	298386	150,320	148,066	294,635	3,751	271,407	136,136	134,901	1,236

	定期			不定期						
	出国			計	入国			出国		
	小計	貨物	郵便		小計	貨物	郵便	小計	貨物	郵便
2018	2,032,265	1,969,733	62,532	142,962	69,489	69,410	79	73,473	72,668	805
2019	1,962,562	1,898,750	63,813	139,323	72,647	72,480	167	66,676	66,261	415
2020	1,266,719	1,236,491	30,228	590,980	285,643	277,089	8,554	305,337	299,079	6,257
2021	1,233,410	1,210,496	22,944	936,252	460,180	449,474	10,706	476,072	467,929	8,143
2022	1,325,134	1,306,200	18,934	634,973	301,958	297,545	4,413	333,014	328,867	4,147
01	100,821	99,049	1,772	77,433	35,600	34,888	712	41,834	41,264	570
02	90,686	89,251	1,435	63,067	29,279	28,825	454	33,788	33,366	422
03	105,654	104,113	1,541	81,265	38,481	37,702	779	42,783	42,206	577
04	100,604	99,178	1,426	70,087	34,359	33,813	546	35,727	35,195	532
05	100,748	99,454	1,294	70,261	33,241	32,768	473	37,020	36,637	383
06	102,503	101,156	1,348	62,434	28,344	27,970	374	34,090	33,721	370
07	112,445	110,907	1,537	39,315	18,768	18,540	228	20,547	20,346	201
08	114,069	112,676	1,394	36,435	17,705	17,510	195	18,731	18,519	212
09	116,929	115,480	1,449	32,710	16,255	16,097	158	16,455	16,224	231
10	118,090	116,420	1,670	44,700	21,065	20,903	161	23,635	23,390	245
11	127,314	125,443	1,871	30,285	14,677	14,505	173	15,608	15,364	244
12	135,271	133,074	2,197	26,979	14,184	14,024	159	12,796	12,636	160

出所:国土交通部

<表4-5> 国際貨物輸送実績(2)推移 (単位：トン-キロ)

	合計	貨物	郵便	定期	
				計	貨物
2018	19,342,425,708	18,889,470,710	452,954,998	18,403,388,814	17,956,457,596
2019	18,674,483,742	18,206,036,913	468,446,829	17,794,675,955	17,329,829,162
2020	15,739,129,769	15,448,623,421	290,506,348	12,725,783,162	12,489,488,525
2021	18,315,399,325	18,071,800,712	243,598,613	13,263,298,267	13,077,923,558
2022	17,796,219,327	17,621,707,719	174,511,608	14,478,401,438	14,324,811,224
01	1,532,823,511	1,514,289,645	18,533,866	1,110,185,286	1,095,756,660
02	1,350,294,010	1,336,049,388	14,244,622	1,001,230,419	989,671,328
03	1,580,021,994	1,564,308,692	15,713,302	1,142,235,311	1,130,253,655
04	1,511,769,918	1,497,199,048	14,570,870	1,145,541,669	1,133,728,057
05	1,508,325,379	1,495,064,089	13,261,290	1,160,534,332	1,149,413,908
06	1,444,779,141	1,432,005,827	12,773,314	1,112,444,306	1,101,685,246
07	1,463,601,648	1,450,244,523	13,357,125	1,244,154,634	1,231,738,090
08	1,466,483,183	1,453,614,357	12,868,826	1,272,465,084	1,260,092,388
09	1,399,492,907	1,386,609,638	12,883,269	1,243,497,020	1,231,129,763
10	1,514,345,314	1,499,950,610	14,394,704	1,271,505,190	1,257,751,148
11	1,490,247,641	1,475,160,477	15,087,164	1,348,381,375	1,333,771,609
12	1,534,034,681	1,517,211,425	16,823,256	1,426,226,812	1,409,809,372

	定期	不定期		
	郵便	計	貨物	郵便
2018	446,931,218	939,036,894	933,013,114	6,023,780
2019	464,846,793	879,807,787	876,207,751	3,600,036
2020	236,294,637	3,013,346,607	2,959,134,896	54,211,711
2021	185,374,709	5,052,101,058	4,993,877,154	58,223,904
2022	153,590,214	3,317,817,889	3,296,896,495	20,921,394
01	14,428,626	422,638,225	418,532,985	4,105,240
02	11,549,091	349,063,591	346,368,060	2,695,531
03	11,981,656	437,786,683	434,055,037	3,731,646
04	11,813,612	366,228,249	363,470,991	2,757,258
05	11,120,424	347,791,047	345,650,181	2,140,866
06	10,759,060	332,334,835	330,320,581	2,014,254
07	12,416,544	219,447,014	218,506,433	940,581
08	12,372,696	194,018,099	193,521,969	496,130
09	12,367,257	155,995,887	155,479,875	516,012
10	13,754,042	242,840,124	242,199,462	640,662
11	14,609,766	141,866,266	141,388,868	477,398
12	16,417,440	107,807,869	107,402,053	405,816

出所：国土交通部

<表4-6> 国内線運航実績推移

	運航回数	運航キロ	飛行時間	旅客数	旅客キロ	利用可能座席キロ	座席利用率
	回	km	Hour	人	km	km	%
2018	194,432	71,323,490	135,727	31,600,610	11,882,156,510	13,704,747,099	86.7
2019	195,349	71,936,173	136,696	32,980,968	12,433,233,773	13,995,960,781	88.8
2020	172,383	63,640,729	120,868	25,164,038	9,488,378,891	12,267,613,631	77.3
2021	212,690	78,207,246	148,729	33,146,646	12,352,487,960	15,019,668,320	82.2
2022	216,445	80,598,677	152,462	36,328,296	13,687,479,166	15,622,752,455	87.6
01	19,099	7,023,891	13,346	3,139,482	1,170,630,799	1,339,293,689	87.4
02	18,185	6,691,559	12,718	2,889,784	1,079,523,854	1,289,076,217	83.7
03	17,336	6,394,498	12,136	2,453,974	922,518,871	1,220,012,269	75.6
04	18,491	6,841,373	12,967	3,158,034	1,181,751,814	1,319,895,634	89.5
05	19,559	7,259,832	13,748	2,457,151	1,295,784,863	1,425,552,305	90.9
06	18,544	6,917,273	13,075	3,328,076	1,255,265,964	1,362,453,298	92.1
07	18,840	7,047,677	13,303	3,169,735	1,196,696,694	1,370,874,706	87.3
08	18,609	6,997,236	13,185	3,194,385	1,212,197,160	1,368,036,326	88.6
09	17,263	6,463,685	12,212	2,799,169	1,057,486,111	1,272,596,047	83.1
10	18,651	6,970,896	13,170	3,373,964	1,276,962,668	1,372,514,661	93.0
11	16,609	6,264,218	11,795	2,853,720	1,084,944,526	1,194,284,341	90.8
12	15,259	5,726,539	10,807	2,510,822	953,715,842	1,088,162,962	87.6

	トン-キロ				利用可能重量	重量(%)利用率
	旅客数	貨物	郵便	計		
2018	950,572,517	105,325,788	7,141	1,055,905,446	1,581,363,948	66.8
2019	994,658,702	100,289,234	868	1,094,948,804	1,671,246,441	65.5
2020	759,070,311	72,416,387	3,470	831,490,168	1,448,693,184	57.4
2021	988,199,050	80,878,087	3,434	1,069,080,571	1,776,310,111	60.2
2022	1,094,998,340	90,401,405	2,409	1,185,402,154	1,871,694,637	63.3
01	93,650,465	8,424,966	364	102,075,795	158,621,853	64.4
02	86,361,903	7,206,332	125	93,568,360	153,713,419	60.9
03	73,801,515	6,579,058	66	80,380,639	142,161,626	56.5
04	94,540,141	7,249,219	605	101,789,965	159,577,592	63.8
05	103,662,787	7,579,229	334	111,242,350	171,281,698	64.9
06	100,421,279	7,419,578	215	107,841,072	163,916,412	65.8
07	95,735,743	7,494,097	-	103,229,840	164,290,368	62.8
08	96,975,775	8,250,401	195	105,226,371	162,658,633	64.7
09	84,598,892	7,392,753	-	91,991,645	153,549,086	59.9
10	102,157,008	8,139,657	82	110,296,747	163,089,691	67.6
11	86,795,564	7,493,729	-	94,289,293	144,944,422	65.1
12	76,297,268	7,172,386	423	83,470,077	133,889,840	62.3

出所：国土交通部

<表4-7> 国際線運航実績推移

	運航回数	運航キロ	飛行時間	旅客数	旅客キロ	利用可能座席キロ	座席利用率
	回	km	Hour	人	km	km	%
2018	497,089	1,384,385,156	1,666,491	85,925,288	251,747,144,593	307,062,999,376	82.0
2019	528,239	1,471,896,831	1,775,062	90,385,640	269,322,159,636	328,246,950,317	82.0
2020	167,211	707,024,399	836,758	14,239,922	52,825,973,790	97,672,949,259	54.1
2021	131,422	718,003,390	842,965	3,208,695	19,425,504,763	60,720,878,127	32.0
2022	182,761	883,343,410	1,041,557	19,499,920	93,185,602,310	124,427,959,290	74.9
01	11,326	64,043,173	75,202	358,169	2,313,756,585	5,811,270,077	39.8
02	9,670	54,901,110	64,455	320,757	1,891,098,587	5,022,540,972	37.7
03	11,387	63,090,375	74,084	411,666	2,441,071,494	5,640,187,038	43.3
04	10,726	60,427,674	70,956	650,186	3,933,640,097	5,913,100,295	66.5
05	12,097	64,206,472	75,396	941,540	5,700,488,703	7,034,214,709	81.0
06	13,219	68,176,667	80,119	1,279,029	7,279,587,580	8,451,579,348	86.1
07	15,816	78,080,557	92,030	1,844,775	9,698,243,566	11,950,071,703	81.2
08	17,361	82,801,522	97,743	2,115,364	10,678,417,425	13,567,061,584	78.7
09	15,875	78,233,596	92,248	1,923,452	9,996,321,319	12,718,096,254	78.6
10	18,210	84,800,560	100,143	2,522,903	11,816,678,361	14,367,646,608	82.2
11	21,807	89,208,363	105,791	3,081,331	12,389,722,721	15,829,887,116	78.3
12	25,267	95,373,340	113,390	4,050,748	15,046,575,872	18,122,303,586	83.0

<続く>

	トン-キロ				利用可能 重量	重量 利用率
	旅客数	貨物	郵便	計		
2018	22,657,243,152	18,889,470,710	452,954,998	41,999,668,860	72,489,861,475	57.9
2019	24,238,994,612	18,206,036,913	468,446,829	42,913,478,354	74,857,122,578	57.3
2020	4,754,337,666	15,448,623,421	290,506,348	20,493,467,435	47,947,171,262	42.7
2021	1,748,295,428	18,071,800,712	243,598,613	20,063,694,753	51,635,149,264	38.9
2022	8,386,704,211	17,621,707,719	174,511,608	26,182,923,538	62,842,925,830	41.7
01	208,238,088	1,514,289,645	18,533,866	1,741,061,599	4,495,661,883	38.7
02	170,198,871	1,336,049,388	14,244,622	1,520,492,881	3,949,302,119	38.5
03	219,696,437	1,564,308,692	15,713,302	1,799,718,431	4,497,812,866	40.0
04	354,027,603	1,497,199,048	14,570,870	1,865,797,521	4,348,779,939	42.9
05	513,043,978	1,495,064,089	13,261,290	2,021,369,357	4,508,321,549	44.8
06	655,162,893	1,432,005,827	12,773,314	2,099,942,034	4,543,781,265	46.2
07	872,841,823	1,450,244,523	13,357,125	2,336,443,571	4,969,630,127	47.0
08	961,057,564	1,453,614,357	12,868,826	2,427,540,747	5,084,215,605	47.7
09	899,668,916	1,386,609,638	12,883,269	2,299,161,823	6,015,765,024	38.2
10	1,063,501,046	1,499,950,610	14,394,704	2,577,846,360	6,338,752,819	40.7
11	1,115,075,042	1,475,160,477	15,087,164	2,605,322,683	6,422,795,919	40.6
12	1,354,191,850	1,517,211,425	16,823,256	2,888,226,531	7,668,106,714	37.7

出所：国土交通部

15章

流通・金融産業

1. 流通産業

1) 流通産業総括

<表1-1> オフライン流通業者の売上比重及び増減率現況　　　　　　　　　　　(単位：%)

	2022		2023	
	売上比重	増減率	売上比重	増減率
大型マート	13.4	-7.6	12.7	0.5
デパート	18.1	15.8	17.4	2.2
コンビニ	16.4	10.8	16.7	8.1
準大規模店舗	2.8	-2.5	2.7	3.7
オフライン合計	50.8	6.0	49.5	3.7
オンライン合計	49.2	9.5	50.5	9.0
全体	100.0	7.7	100.0	6.3

出所：産業通商資源部

<表1-2> 月別前年同月比主要流通業者売上増減率現況(2023)　　　　　　　　(単位：%)

	1月	2月	3月	4月	5月	6月	7月	8月	9月	10月	11月	12月
全体	4.0	7.9	6.4	4.0	5.7	6.6	5.9	3.3	9.5	6.4	8.7	7.5
オフライン	-0.5	8.0	6.6	4.8	3.7	4.2	3.9	-1.2	7.2	0.5	4.5	4.5
オンライン	9.1	7.8	6.1	3.2	7.9	9.1	8.1	8.1	12.0	12.6	12.7	10.4

出所：産業通商資源部

2) 大型マート

<表1-3> 大型マート前年同期比売上増減率現況　　　　　　　　　　　　　　(単位：%)

	2022					2023				
	1Q	2Q	3Q	4Q	年間	1Q	2Q	3Q	4Q	年間
売上増加率	-5.8	-9.8	-9.4	-5.2	-7.6	0.3	1.8	1.2	-1.3	0.5

出所：産業通商資源部

<表1-4> 商品群別大型マート前年同月比売上増加率現況 (単位：%)

	非食品部門							食品	総計
	家電・文化	衣類	家庭・生活	スポーツ	雑貨	その他	小計		
'23.1月	-4.0	0.2	-6.9	2.8	0.7	5.6	-4.4	-3.8	-3.8
2月	-19.4	14.5	-1.6	10.9	10.8	13.9	-6.5	12.0	5.8
3月	-5.6	17.4	-1.6	14.7	10.4	6.9	0.4	1.3	1.2
4月	-4.7	-8.0	-0.4	-0.6	-6.8	8.1	-3.4	6.3	3.3
5月	1.8	-3.6	-5.3	-7.7	-6.3	5.5	-2.9	4.3	1.7
6月	-12.8	-1.3	-6.8	-7.0	-6.8	-5.7	-8.0	5.2	0.3
7月	-4.7	-3.6	-2.2	-10.5	-5.8	-3.5	-4.2	6.6	2.6
8月	-9.5	-7.2	-12.8	-4.8	-3.2	-5.3	-10.0	-7.9	-8.4
9月	-13.1	-11.5	0.8	-10.4	-7.3	-0.8	-6.5	17.9	10.0
10月	-1.5	1.9	-5.6	-5.2	-10.5	-7.2	-3.2	-4.4	-4.1
11月	-3.2	9.5	-6.2	2.5	5.2	-4.7	-1.6	3.2	1.3
12月	-5.1	-7.5	-5.7	-5.4	-15.8	0.9	-6.6	1.4	-1.2
'22年年間	-6.7	-0.7	-4.6	-3.3	-3.5	0.8	-4.7	3.0	0.5

出所：産業通商資源部

<表1-5> 月別大型マート購入件数・購入単価及び店舗当たり売上額増加率推移(2023) (単位：%)

	1月	2月	3月	4月	5月	6月	7月	8月	9月	10月	11月	12月
購入件数	-3.4	6.4	4.5	2.7	0.6	2.1	6.5	-1.2	-0.2	-2.7	0.7	1.2
購入単価	-0.4	-0.6	-3.2	0.6	1.1	-1.8	-3.6	-7.3	10.2	-1.4	0.6	-2.4
店舗あたり売上	-2.5	7.2	2.5	4.7	3.6	1.4	4.3	-7.0	11.8	-2.8	2.4	-0.1

出所：産業通商資源部

<表1-6> 商品群別大型マート売上比重推移　　　　　　　　　　　　　　　　　　　（単位：％）

	非食品部門							食品	総計
	家電・文化	衣類	家庭・生活	スポーツ	雑貨	その他	小計		
2023.9月	7.6	3.3	11.7	1.7	1.4	2.4	25.7	71.9	100.0
2023.10月	11.1	6.3	12.1	2.5	1.9	2.9	33.9	63.2	100.0
2023.11月	11.3	5.5	12.4	2.3	2.2	2.4	33.8	63.8	100.0
2023.12月	9.8	4.4	11.2	2.3	2.2	2.8	29.9	67.3	100.0
2023.年間	10.2	4.1	12.0	2.0	2.0	2.6	30.3	67.0	100.0

注）1. '23.12月の1人当たり購入単価：50,571ウォン（前年同月：51,791ウォン）
2. '23.12月の店舗あたり売上高：50.5億ウォン（前年同月：50.6億ウォン）／'23.12月の店舗数：375店

出所：産業通商資源部

3）デパート

<表1-7> 商品群別・月別デパート前年同月比売上増加率現況　　　　　　　　　　（単位：％）

	非食品部門								食品	総計
	雑貨	女性スーツ	女性カジュアル	男性衣類	子供スポーツ	家庭用品	海外有名ブランド	小計		
'23.1月	-0.6	-3.4	7.7	-2.2	7.1	-18.4	-7.2	-5.3	2.3	-3.7
2月	12.7	15.8	30.1	12.8	18.1	-7.1	2.1	6.8	17.2	8.6
3月	20.3	16.1	23.7	12.4	14.5	-7.8	3.3	8.3	16.2	9.5
4月	7.3	1.3	6.2	-2.2	1.3	-8.4	4.5	1.9	10.2	2.5
5月	2.6	-0.3	3.8	-6.0	-0.3	-13.0	1.9	-1.0	5.4	-0.2
6月	2.2	-0.6	7.9	-4.4	-1.0	-6.8	0.9	-0.2	4.6	0.3
7月	-2.2	-2.8	4.0	-4.0	0.0	2.7	3.7	1.4	6.6	2.1
8月	1.0	1.9	7.0	-6.8	-1.0	7.5	-7.6	-1.5	-21.8	-4.9
9月	-0.2	-7.5	-1.3	-11.4	-4.3	6.0	-3.5	-2.6	35.1	3.1
10月	-1.2	-4.0	1.0	-9.4	-4.5	-0.4	-3.1	-2.9	0.0	-2.6
11月	5.9	2.8	13.3	2.1	15.5	18.3	-1.6	6.2	8.8	6.8
12月	1.4	1.3	0.0	-1.9	-5.5	15.8	10.5	5.1	6.1	5.9
'23年間	3.6	1.6	7.8	-2.2	2.7	-1.9	0.5	1.3	6.5	2.2

注）海外有名ブランドは各社の分類基準。

出所：産業通商資源部

<表1-8> デパート前年同期比売上増減率推移 (単位:%)

	2022					2023				
	1Q	2Q	3Q	4Q	年間	1Q	2Q	3Q	4Q	年間
売上増加率	17.6	19.3	21.1	7.1	15.8	4.3	0.9	0.1	3.4	2.2

出所:産業通商資源部

<表1-9> 商品群別デパート売上比重推移(2023) (単位:%)

	非食品部門								食品	総計
	雑貨	女性スーツ	女性カジュアル	男性衣類	子供スポーツ	家庭用品	海外有名ブランド	小計		
2023.09	10.7	7.4	6.3	4.0	11.2	11.5	29.1	80.3	19.7	100.0
2023.10	10.1	8.4	8.2	5.4	13.9	12.9	30.2	89.1	10.9	100.0
2023.11	10.0	9.4	8.2	4.3	13.8	12.3	29.9	88.9	11.1	100.0
2023.12	10.6	7.0	7.0	5.1	11.7	10.3	35.2	86.9	13.1	100.0
2023年間	10.8	7.7	7.1	4.5	11.9	12.4	32.2	86.8	13.2	100.0

出所:産業通商資源部

<表1-10> デパートの購入件数・購入単価及び店舗当たり売上増加率推移 (単位:%)

	2023											
	1月	2月	3月	4月	5月	6月	7月	8月	9月	10月	11月	12月
購入件数	-0.5	14.4	13.9	2.8	-0.1	0.2	-0.5	2.5	0.5	-1.9	6.7	1.9
購入単価	-3.3	-5.1	-3.9	-0.3	-0.0	0.1	2.6	-7.2	2.6	-0.6	0.1	4.0
店舗あたり売上	-3.7	8.6	9.5	2.5	-0.2	0.3	2.1	-4.9	3.1	-2.6	6.8	5.9

注) 1. 23.12月の1人当たり購入単価:126,606ウォン(前年同月:121,735ウォン)
2. '23.12月の店舗あたり売上高:494.6億ウォン(前年同月:466.9億ウォン)/'23.12月の店舗数:60店

出所:産業通商資源部

4) コンビニ

<表1-11> コンビニ前年同期比売上増減率推移 (単位:%)

	2022					2023				
	1Q	2Q	3Q	4Q	年間	1Q	2Q	3Q	4Q	年間
売上増加率	9.5	10.7	11.3	11.4	10.8	9.4	9.5	7.6	6.1	8.1

出所:産業通商資源部

<表1-12> 商品群別コンビニ前年同月比売上増加率推移　　　　　　　　　　　　　　　　（単位：%）

	非食品部門				食品			総計
	生活用品	雑貨	タバコなどその他	小計	飲料など加工	即席(新鮮一部)	小計	
'23.1月	19.5	23.7	9.4	10.6	5.3	14.6	6.7	8.4
2月	16.7	14.0	6.0	7.0	11.0	24.3	13.0	10.2
3月	16.3	15.9	0.3	1.8	15.3	27.6	17.3	9.7
4月	17.8	24.1	4.3	5.8	9.5	22.5	11.6	8.9
5月	10.4	19.6	6.2	6.9	9.7	18.4	11.1	9.2
6月	4.4	15.4	7.3	7.3	11.5	19.6	12.8	10.3
7月	5.3	16.5	5.8	6.0	6.3	11.1	7.1	6.6
8月	-1.0	8.2	4.9	4.4	9.9	11.7	10.2	7.6
9月	8.5	16.3	5.3	5.8	9.9	13.8	10.5	8.5
10月	4.3	7.0	6.3	6.1	6.5	11.1	7.3	6.8
11月	6.4	8.9	3.6	4.0	3.3	10.4	4.4	4.2
12月	6.5	7.8	5.2	5.4	8.6	9.9	8.8	7.3
'23年間	8.8	14.4	5.3	5.9	8.8	15.8	9.9	8.1

出所：産業通商資源部

<表1-13> 商品群別コンビニ売上比重推移　　　　　　　　　　　　　　　　（単位：%）

	非食品部門				食品			総計
	生活用品	雑貨	タバコなどその他	小計	飲料など加工	即席(新鮮一部)	小計	
2023.09月	3.8	1.3	37.9	43.0	47.5	9.5	57.0	100.0
2023.10月	3.8	1.2	39.1	44.2	46.1	9.8	55.8	100.0
2023.11月	3.9	1.3	39.4	45.6	45.6	9.7	55.4	100.0
2023.12月	4.3	1.3	39.4	45.1	45.5	9.4	54.9	100.0
'23 年間	3.8	1.3	39.4	44.5	46.1	9.5	55.5	100.0

出所：産業通商資源部

<表1-14> 月別コンビニ購入件数及び購入単価増加率推移 (単位：%)

	2023											
	1月	2月	3月	4月	5月	6月	7月	8月	9月	10月	11月	12月
購入件数	7.7	14.7	14.6	7.8	5.7	8.7	3.9	7.0	6.9	6.3	2.1	6.8
購入単価	0.7	-4.0	-4.2	1.0	3.4	1.5	2.6	0.6	1.5	0.5	2.1	0.5

注) '23.12月の1人当たり購入単価：7,206ウォン(前年同月：7,172ウォン)

出所：産業通商資源部

<表1-15> 月別コンビニ店舗当たり売上額増加率及び店舗数推移 (単位：%)

	2023											
	1月	2月	3月	4月	5月	6月	7月	8月	9月	10月	11月	12月
店舗増加率	8.9	8.9	8.1	8.1	7.7	7.3	6.7	6.3	6.0	5.7	5.2	4.6
店舗あたり売上高	-0.4	1.2	1.5	0.8	1.4	2.8	-0.1	1.2	2.4	1.0	-0.9	2.6

注) '23.12月の店舗あたり売上高：5,012.4万ウォン(前年同月：4,887.0万ウォン)/'23.12月の店舗数：48,088店

出所：産業通商資源部

5) 準大規模店舗(SSM)

<表1-16> 準大規模店舗(SSM)前年同期比売上増減率推移 (単位：%)

	2022					2023				
	1Q	2Q	3Q	4Q	年間	1Q	2Q	3Q	4Q	年間
売上増加率	-1.7	-5.0	-3.7	0.5	-2.5	-1.1	5.6	6.2	4.2	3.7

出所：産業通商資源部

15章 流通・金融産業

<表1-17> 準大規模店舗(SSM)購入件数・購入単価及び店舗当たり売上増加率推移 (単位：%)

	2023											
	1月	2月	3月	4月	5月	6月	7月	8月	9月	10月	11月	12月
購入件数	-3.5	2.9	-0.8	0.3	2.3	4.0	3.8	4.2	4.9	3.8	1.6	4.7
購入単価	-1.1	0.3	-0.1	3.3	2.8	4.0	0.8	-1.0	6.2	-0.7	2.6	0.5
店舗あたり売上	-3.5	3.0	-1.8	2.2	3.4	5.5	2.0	1.4	8.7	0.8	0.8	2.3

注) 1. 23.12月の1人当たり購入単価：17,963ウォン(前年同月：17,874ウォン)
2. 23.12月の店舗あたり売上高：3.68億ウォン(前年同月：3.60億ウォン)/ '23.12月の店舗数：1,123店

出所：産業通商資源部

<表1-18> 商品群別準大規模店舗(SSM)前年同月比売上増加率推移 (単位：%)

	非食品部門			食品部門				総計
	日常用品	生活雑貨	小計	農水畜産	新鮮・調理食品	加工食品	小計	
'23.1月	7.2	1.3	4.6	7.5	3.6	1.0	4.5	4.5
2月	5.6	2.9	1.8	3.8	1.6	5.2	3.7	3.2
3月	4.7	1.4	1.9	3.0	1.0	2.0	0.9	1.0
4月	4.6	1.9	1.7	0.0	7.1	7.5	4.2	3.7
5月	4.3	5.3	0.0	2.5	10.0	6.8	5.7	5.2
6月	3.7	8.4	1.7	9.1	9.4	9.1	8.7	8.1
7月	3.8	4.1	0.5	2.9	4.1	8.6	5.1	4.6
8月	7.6	1.3	3.6	2.1	7.7	3.0	3.8	3.2
9月	5.3	2.6	1.7	15.8	7.1	12.8	12.7	11.3
10月	4.0	4.3	0.2	2.9	3.4	4.0	3.4	3.1
11月	6.0	2.7	2.0	7.7	4.2	2.1	4.8	4.2
12月	5.5	0.6	2.5	8.9	4.0	3.8	5.9	5.2
'23年間	15.2	2.4	1.6	3.3	8.7	20.4	4.2	3.7

出所：産業通商資源部

<表1-19> 商品群別準大規模店舗(SSM)売上比重推移　　　　　　　　　　　　（単位：％）

	非食品部門			食品部門				総計
	日常用品	生活雑貨	小計	農水畜産	新鮮・調理食品	加工食品	小計	
2023.09月	4.4	3.9	8.3	39.4	21.2	31.1	91.7	100.0
2023.10月	4.7	4.2	8.9	36.8	22.9	31.4	91.1	100.0
2023.11月	4.5	4.2	8.6	37.1	22.3	32.0	91.4	100.0
2023.12月	4.1	4.0	8.0	38.6	21.9	31.4	92.0	100.0
2023年間	4.5	4.0	8.5	38.2	22.4	30.9	91.5	100.0

出所：産業通商資源部

6) オンライン流通

<表1-20> 小売販売額中のオンラインショッピング取引額比重推移　　　（単位：経常金額，億ウォン，％）

	2022		2023		
	年間	12月，	年間	4/4^P	12月^P
○ 小売販売額(A)	6,255,518	542,374	6,356,491	1,632,760	546,019
○ オンラインショッピング取引額	2,098,790	188,976	2,273,470	611,961	203,574
－ オンラインショッピング取引額[1](B)	1,546,106	136,674	1,618,378	439,581	143,027
○ 比重(B/A)		24.7	25.2	25.5	26.9	26.2

注) 1)「旅行及び交通サービス，文化及びレジャーサービス，eクーポンサービス，飲食サービス，その他サービスの取引額」を除外

出所：統計庁

<表1-21> オンラインショッピング中のモバイル取引額推移　　　　　　　　（単位：億ウォン，％，%p）

	2022		2023		前月対比		前年同月対比	
	年間	12月	11月^P	12月^P	増減額	増減率	増減額	増減率
総取引額(A)	2,098,790	188,976	208,213	203,574	-4,639	-2.2	14,598	7.7
-モバイル取引額(B)	1,569,016	140,072	152,313	152,515	202	0.1	12,443	8.9
-比重(B/A)	74.8	74.1	73.2	74.9	-	0.7	-	0.8

出所：統計庁

15章 流通・金融産業

<表1-22> 商品群別オンラインショッピング取引額現況　　　　　　　　　　　（単位：10億ウォン）

	合計	コンピュータ及び周辺機器	家電, 電子, 通信機器	書籍	事務文具	衣服	靴	カバン
2023	228,860.7	8,709.4	21,278.5	2,428.4	1,917.1	21,478.1	3,956.7	2,838.9
2023. 1/4	53,923.3	2,541.5	5,016.8	690.8	491.5	4,900.3	952.2	739.1
2/4	55,905.1	2,032.3	5,026.6	543.6	443.2	5,390.3	1,048.2	717.9
3/4	57,318.7	1,999.4	5,156.7	601.5	420.9	4,609.2	878.0	712.2
4/4	61,713.6	2,136.2	6,078.4	592.4	561.5	6,577.9	1,078.3	669.7
2023.1	18,092.9	786.6	1,672.3	215.1	151.8	1,477.1	276.9	233.5
2	17,091.0	889.3	1,759.7	216.6	161.5	1,480.1	304.7	240.4
3	18,739.4	865.5	1,584.8	259.1	178.2	1,943.1	370.6	265.2
4	17,913.8	678.8	1,508.3	183.8	157.9	1,785.8	341.9	245.2
5	19,377.3	711.9	1,801.9	190.2	146.3	1,891.1	371.8	248.6
6	18,614.0	641.7	1,716.4	169.6	139.0	1,713.7	334.5	224.0
7	18,944.0	676.6	1,806.5	208.8	136.5	1,625.3	331.5	239.5
8	19,192.2	677.2	1,851.8	206.0	143.6	1,385.5	269.2	240.9
9	19,182.2	645.6	1,498.5	186.8	140.9	1,598.4	277.3	231.8
10	20,154.7	637.8	2,185.4	166.2	157.4	2,155.4	362.8	221.9
11	2,100.4	757.9	2,125.4	194.8	191.2	2,399.6	382.0	217.7
12	20,553.5	740.5	1,767.6	231.8	213.0	2,022.9	333.6	230.1

	ファッション用品及びアクセサリー	スポーツレジャー用品	化粧品	子供.幼児用品	飲食料品	農蓄水産物	生活用品	自動車用品
2023	3,878.5	5,943.5	11,872.1	5,243.2	29,841.5	10,848.9	17,305.8	4474.6
2023. 1/4	921.9	1,250.2	2,778.9	1,263.2	7,150.3	2,618.2	4,047.4	831.7
2/4	950.8	1,614.1	2,951.2	1,342.0	7,254.7	2,442.9	4,283.0	1,091.7
3/4	924.0	1,459.2	2,930.9	1,216.0	7,838.9	2,957.2	4,360.7	1,202.1
4/4	1,081.8	1,620.0	3,211.0	1,422.1	7,597.6	2,830.6	4,614.8	1,349.1
2023.1	310.4	371.2	925.4	404.9	2,566.5	1,070.0	1,329.2	234.2
2	288..1	376.5	878.7	397.8	2,133.6	731.1	1,271.4	236.5
3	323.4	502.4	974.8	460.5	2,450.2	817.1	1,446.8	361.0
4	308.9	519.7	971.8	458.6	2,350.2	785.1	1,359.6	267.2
5	332.9	567.9	1,021.9	472.7	2,497.5	834.0	1,474.6	307.6
6	309.0	526.4	957.4	410.7	2,407.0	823.9	1,448.7	517.0
7	325.4	493.4	945.4	412.0	2,475.1	846.7	1,476.8	291.0
8	313.7	477.9	988.9	405.2	2,625.7	933.1	1,483.1	331.3
9	284.9	488.0	996.7	398.8	2,738.2	1,177.4	1,400.8	579.8
10	292.5	590.0	1,046.8	444.1	2,465.4	886.9	1,505.7	411.4
11	368.5	577.1	1,101.8	457.0	2,582.1	934.3	1,573.1	553.9
12	420.9	452.9	1,062.4	521.0	2,550.1	1,009.3	1,536.0	383.8

<続>

	家具	ペット用品	旅行及び交通サービス	文化及びレジャーサービス	eクーポンサービス	飲食サービス	その他サービス	その他
2023	5,195.0	2,273.3	16,816.5	2,450.1	7,535.4	26,585.4	2,472.9	3499.4
2023. 1/4	1,338.9	593.3	5,311.3	595.9	2,237.6	6,362.3	554.5	735.7
2/4	1,287.0	617.1	5,952.5	816.0	2,362.8	6,413.5	601.9	721.4
3/4	1,297.2	637.3	6,539.8	788.2	2,560.7	6,855.0	723.2	650.4
4/4	1,413.2	665.7	6,333.8	779.1	2,903.7	6,770.3	695.9	730.3
2023.1	415.3	199.9	1,814.0	199.1	758.3	2,228.9	186.7	265.5
2	447.5	185.2	1,756.8	191.8	718.4	2,025.8	181.9	217.7
3	476.1	208.2	1,740.5	204.9	760.9	2,107.7	185.8	252.6
4	420.4	197.9	1,822.4	219.6	764.9	2,101.9	209.8	254.2
5	440.1	210.5	2,123.9	262.4	849.9	2,181.3	196.6	241.7
6	426.6	208.7	2,006.2	334.0	748.1	2,130.3	195.5	225.4
7	437.7	212.9	2,201.1	273.6	749.9	2,343.8	210.3	224.7
8	446.5	219.2	2,239.3	291.8	829.0	2,369.2	243.7	220.4
9	413.0	205.2	2,099.4	222.8	981.8	2,142.1	269.2	205.3
10	463.5	222.6	2128.9	272.7	909.5	2,189.6	216.1	222.1
11	466.1	218.8	2,034.1	257.6	932.5	2,161.2	240.3	258.5
12	463.6	224.3	2,170.7	248.7	1,061.7	2,419.5	239.4	249.7

出所：統計庁

<表1-23> 商品群別オンラインショッピング取引額前年同期比現況　　　　　　　　　　　　　　（単位：％）

	合計	コンピュータ及び周辺機器	家電, 電子, 通信機器	書籍	事務文具	衣服	靴	カバン
2023	8.4	-4.6	1.6	-5.5	7.6	7.0	2.2	3.0
2023. 1/4	6.9	-5.7	-1.8	-9.0	14.3	13.6	12.7	5.7
2/4	7.7	-2.7	1.4	-7.5	9.3	4.5	0.0	4.3
3/4	8.2	-5.2	-0.6	-5.0	3.6	3.5	-2.4	3.3
4/4	10.6	-4.4	6.9	0.4	4.0	6.9	-0.2	-1.3
2023.1	6.8	-8.2	1.5	-11.0	7.9	6.0	5.1	2.2
2	8.0	-5.8	-2.4	-5.4	16.7	18.4	19.8	5.5
3	6.0	-3.4	-4.6	-10.2	18.2	16.3	13.3	9.1
4	5.8	-5.3	-3.0	-12.6	8.7	1.0	0.5	7.9
5	9.0	-3.1	5.0	-4.8	11.9	8.2	0.7	6.8
6	8.3	0.6	1.9	-4.6	7.5	4.5	-1.2	-1.8
7	8.6	-3.2	1.8	-1.5	5.5	6.9	8.2	8.5
8	5.9	-6.7	3.4	-6.0	4.1	4.9	-9.0	1.6
9	10.2	-5.7	-7.5	-7.6	1.3	-0.8	-6.8	-0.1
10	11.4	-5.0	5.4	-3.3	2.0	7.1	10.4	0.8
11	13.0	-5.4	14.1	-2.2	9.0	14.9	1.3	-7.6
12	7.6	-2.9	1.1	5.7	1.4	-1.5	-10.9	3.3

	ファッション用品及びアクセサリー	スポーツレジャー用品	化粧品	子供幼児用品	飲食料品	農畜水産物	生活用品	自動車用品
2023	2.1	-2.2	7.3	0.9	11.9	14.4	4.1	5.0
2023. 1/4	1.1	1.1	-2.1	3.2	8.9	4.0	-2.3	-9.6
2/4	1.5	-2.0	4.0	1.0	12.9	11.9	4.8	-3.5
3/4	0.5	-5.5	11.2	-0.6	13.3	21.1	4.7	-5.6
4/4	4.8	-1.9	16.6	0.1	12.5	21.3	9.1	44.1
2023.1	-2.3	-5.3	-0.1	3.1	10.5	3.6	-1.7	-6.4
2	-1.7	2.5	-3.3	2.2	8.6	9.8	-4.6	-1.5
3	7.4	5.2	-2.8	4.2	7.5	-0.3	-0.9	-15.9
4	3.9	-5.2	6.3	-2.2	10.2	5.9	1.6	-5.4
5	3.0	-2.8	4.1	4.0	13.9	13.3	6.8	-20.7
6	-2.1	2.1	1.7	1.5	14.7	16.5	5.8	12.1
7	2.0	-6.0	10.5	0.9	15.0	18.3	6.8	1.7
8	2.0	-3.7	12.1	-2.0	4.5	4.5	1.8	-26.4
9	-2.8	-6.7	11.1	-0.8	21.6	41.2	5.5	8.1
10	-0.3	-0.8	15.6	4.0	14.2	20.5	10.8	61.0
11	13.7	4.5	19.9	1.6	13.1	22.2	10.7	46.9
12	1.5	-10.2	14.2	-4.1	10.4	21.0	5.9	26.4

<続く>

	家具	ペット用品	旅行及び交通サービス	文化及びレジャーサービス	eクーポンサービス	飲食サービス	その他サービス	その他
2023	2.7	10.6	43.5	21.6	33.6	-0.7	4.1	-18.9
2023. 1/4	-3.9	11.1	101.4	84.0	24.8	-10.8	0.8	-15.8
2/4	1.6	11.4	37.7	11.4	39.3	0.7	0.7	-15.9
3/4	4.2	9.6	33.7	8.5	34.7	4.3	5.2	-25.8
4/4	9.6	10.3	27.5	16.7	35.4	4.0	9.1	-18.1
2023.1	-6.3	12.6	94.2	61.3	20.3	-8.3	10.9	-5.1
2	-5.1	9.8	124.9	120.3	27.8	-11.2	1.5	-24.8
3	-0.6	10.9	88.9	80.9	26.5	-13.0	-8.3	-17.0
4	-0.4	10.8	40.4	30.7	37.8	-1.6	8.4	-13.6
5	2.8	12.5	40.3	3.9	36.0	2.9	0.1	-16.3
6	2.2	10.8	32.9	7.2	45.1	0.8	-5.9	-17.9
7	7.7	13.0	31.5	3.0	27.3	2.0	-5.5	-24.7
8	2.9	9.3	30.6	18.7	35.3	4.2	21.4	-26.1
9	2.2	6.5	39.7	3.5	40.5	7.1	2.0	-26.5
10	7.6	13.4	30.3	18.8	47.4	2.4	6.5	-20.8
11	11.8	9.0	29.1	27.0	25.5	4.2	1.4	-11.0
12	9.3	8.6	23.4	5.8	35.3	5.3	21.0	-22.3

出所：統計庁

<表1-24> 商品群別モバイルショッピング取引額現況　　　　　　　　　　（単位：10億ウォン）

	合計	コンピュータ及び周辺機器	家電,電子,通信機器	書籍	事務文具	衣服	靴	カバン
2023	169,032.0	4,383.1	148,173.7	1239.3	1177.7	16072.3	2,718.6	2,044.3
2023. 1/4	40,053.0	1,304.6	34,570.2	353.8	308.9	3740.0	626.3	528.8
2/4	41,184.9	1,304.6	3,466.5	267.6	272.9	4029.1	720.3	514.1
3/4	42,217.7	1,014.4	3,589.1	309.2	253.5	3410.6	606.1	519.1
4/4	45,576.4	1,006.0	4,304.9	308.7	342.4	4892.6	766.0	482.3
2023.1	13,611.0	410.7	1,166.0	116.5	97.0	1145.7	180.6	170.2
2	12,673.6	465.8	1,207.9	105.8	102.9	1,116.9	193.1	171.1
3	13,768.4	428.1	1,083.2	131.6	109.1	1,477.4	252.5	187.5
4	13,227.2	331.0	1,029.7	93.3	97.2	1,335.6	227.1	175.6
5	14,388.6	370.1	1,250.1	89.3	91.5	1,434.5	256.0	179.8
6	13,569.1	313.3	1,186.7	85.1	84.2	1,258.9	237.1	158.7
7	14,145.8	337.8	1,264.3	107.9	81.8	1,232.2	225.2	174.7
8	14,215.6	341.0	1,277.5	105.2	86.2	1,028.9	184.0	176.5
9	13,856.3	327.2	1,047.2	96.1	85.4	1,149.5	196.9	167.9
10	14,799.9	311.8	1,526.9	85.6	94.8	1,623.8	241.7	162.2
11	15,371.3	384.3	1,507.5	96.9	115.4	1,763.5	272.5	154.8
12	15,405.2	362.0	1,270.5	126.3	132.2	1,505.3	251.8	165.2

<続く>

	ファッション用品及びアクセサリー	スポーツレジャー用品	化粧品	子供.幼児用品	飲食料品	農蓄水産物	生活用品	自動車用品
2023	3,002.4	4,283.3	9,159.2	4,283.6	22,268.3	8,063.6	13,156.1	1,709.4
2023.1/4	704.6	894.4	2,198.7	1,036.5	5,282.6	1,934.1	3,069.7	385.7
2/4	725.0	1,168.2	2,217.9	1,094.3	5,387.6	1,817.4	3,238.8	429.7
3/4	708.3	1,061.1	2,249.5	998.4	5,862.9	2,192.4	3,337.2	426.6
4/4	864.5	1,159.7	2,493.1	1,154.5	5,735.2	2,119.6	3,510.4	67.4
2023.1	238.9	266.8	748.5	335.7	1,874.1	784.3	1,017.2	129.0
2	221.4	268.6	693.8	328.2	1,597.0	548.4	969.4	123.0
3	244.2	359.1	756.5	372.6	1,811.5	601.5	1,083.1	133.7
4	233.8	373.9	722.2	367.9	1,735.9	581.0	1,018.3	135.7
5	256.2	415.3	768.0	391.5	1,857.8	623.5	1,122.5	147.2
6	235.0	379.1	727.7	334.9	1,793.9	613.0	1,098.0	146.8
7	250.6	359.0	715.6	339.6	1,859.1	631.0	1,132.0	143.5
8	242.3	348.3	758.6	332.5	1,974.4	697.4	1,132.4	143.5
9	215.4	353.8	775.3	326.3	2,029.4	864.1	1,072.8	139.6
10	228.3	425.8	796.5	363.5	1,855.7	657.7	1,148.5	142.9
11	294.3	411.5	839.1	372.0	1,945.5	695.7	1,182.2	172.1
12	341.9	322.4	857.5	419.0	1,934.0	766.2	1,179.7	152.4

	家具	ペット用品	旅行及び交通サービス	文化及びレジャーサービス	eクーポンサービス	飲食サービス	その他サービス	その他
2023	3,941.3	2,058.5	16,130.5	1,731.5	7,724.6	25,961.0	1,271.4	1,834.4
2023.1/4	989.8	482.9	3,572.0	369.6	1,777.3	6,251.4	287.2	496.8
2/4	943.0	503.8	3,983.0	454.1	1,832.5	6,303.5	328.2	473.0
3/4	959.4	524.5	4,350.0	456.7	1,931.3	6,744.6	325.5	396.0
4/4	1,049.1	547.3	4,225.5	451.1	2,183.5	6,661.5	330.6	468.6
2023.1	309.6	163.5	1,230.0	131.1	624.3	2,189.8	93.3	188.1
2	332.6	150.3	1,167.6	119.5	561.7	1,991.0	95.0	142.8
3	347.6	169.1	1,174.3	119.0	591.4	2,070.6	98.9	165.8
4	306.1	161.9	1,242.0	125.2	585.2	2,064.5	115.7	168.3
5	325.4	172.2	1,404.5	149.7	667.8	2,143.9	110.1	161.7
6	311.5	169.7	1,336.5	179.2	579.5	2,095.1	102.3	143.0
7	323.9	175.6	1,481.2	168.2	592.2	2,305.3	110.5	134.5
8	329.4	179.3	1,495.8	166.7	626.4	2,331.4	122.7	135.4
9	306.1	169.6	1,373.0	121.9	712.7	2,107.9	92.3	126.1
10	346.5	182.1	1,388.9	152.2	665.8	2,153.6	104.6	140.5
11	359.0	179.6	1,370.0	142.5	700.4	2,126.6	116.1	169.9
12	343.6	185.6	1,466.7	156.4	817.3	2,381.2	109.9	158.2

出所：統計庁

<表1-25> 商品群別モバイルショッピング取引額前年同期比現況　　　　　　　　　　　　　　　　　　　（単位：%）

	合計	コンピュータ及び周辺機器	家電, 電子, 通信機器	書籍	事務文具	衣服	靴	カバン
2023	7.0	-4.1	5.2	-1.7	6.6	4.0	0.6	-1.3
2023. 1/4	4.9	-6.2	2.6	-8.4	13.7	11.3	6.7	-1.2
2/4	6.4	-2.3	6.0	-4.7	8.0	1.5	-0.9	0.2
3/4	6.1	-5.2	0.5	0.0	-0.1	-1.8	-3.0	-1.2
4/4	10.2	-2.2	11.2	8.5	4.8	5.2	0.2	-3.0
2023.1	5.9	-4.7	5.3	-8.9	10.5	5.4	1.3	-2.8
2	4.6	-7.0	0.4	-7.8	15.4	14.6	7.3	-2.2
3	4.2	-6.7	2.4	-8.3	14.9	13.8	10.4	1.3
4	4.4	-6.9	3.2	-9.0	9.1	-2.0	-5.3	2.8
5	8.5	-1.0	9.9	-2.7	9.5	6.5	4.5	3.5
6	6.1	1.4	4.6	-1.6	5.3	-0.2	-2.0	-5.8
7	6.6	-2.2	4.7	5.1	1.6	3.3	1.2	3.8
8	5.0	-7.4	6.1	-0.5	-0.2	0.5	-3.4	-2.2
9	6.8	-5.9	-9.8	-4.7	-1.5	-8.6	-7.2	-4.8
10	9.9	-4.8	7.5	2.3	1.4	5.8	0.0	-1.7
11	12.1	-4.8	18.2	4.9	9.9	12.3	7.0	-9.3
12	8.6	3.3	8.0	16.3	3.0	-2.7	-6.0	2.2

	ファッション用品及びアクセサリー	スポーツレジャー用品	化粧品	子供幼児用品	飲食料品	農畜水産物	生活用品	自動車用品
2023	0.6	-2.9	13.0	0.0	10.6	12.9	3.6	3.8
2023. 1/4	-2.7	0.3	9.1	1.7	5.4	-0.1	-3.6	4.2
2/4	-2.3	-3.1	9.3	-0.6	10.3	10.6	3.4	-0.6
3/4	-2.8	-7.1	14.0	-2.4	11.1	18.6	2.6	7.9
4/4	9.4	-1.0	19.2	1.4	15.5	23.5	12.1	3.9
2023.1	-4.6	-4.3	11.6	3.9	8.4	1.6	-0.2	1.4
2	-5.2	1.4	6.3	0.0	4.3	1.7	-6.6	8.4
3	1.7	3.2	9.3	1.2	3.4	-3.7	-3.8	3.3
4	-0.6	-6.9	12.6	-4.0	7.2	3.8	-0.4	0.3
5	0.2	-2.4	7.2	3.1	11.4	13.3	6.9	-2.1
6	-6.5	0.2	8.5	-1.0	12.3	14.9	3.6	0.2
7	-2.0	-7.8	12.1	-1.6	12.7	16.1	4.8	-3.0
8	0.3	-4.9	13.3	-3.5	3.9	4.9	-0.2	28.1
9	-6.9	-8.5	16.6	-2.1	17.5	34.8	3.4	3.2
10	4.0	-0.4	19.5	5.5	16.1	20.0	13.5	0.9
11	19.0	6.2	19.0	3.7	15.6	24.4	13.1	6.6
12	5.7	-9.5	19.2	-3.6	14.7	25.9	10.0	3.7

<続く>

	家具	ペット用品	旅行及び交通サービス	文化及びレジャーサービス	eクーポンサービス	飲食サービス	その他サービス	その他
2023	2.3	9.5	35.1	18.5	21.0	-0.4	-4.4	-25.6
2023. 1/4	-4.8	9.3	79.9	96.5	14.1	-10.5	-6.0	-20.3
2/4	0.5	8.6	33.2	4.7	25.2	1.0	-6.2	-22.4
3/4	3.0	7.1	26.5	2.4	20.8	4.6	-7.1	-36.9
4/4	11.2	12.9	19.9	14.8	23.8	4.2	1.8	-22.6
2023.1	-5.2	13.9	69.5	72.3	13.1	-8.0	7.0	-4.7
2	-6.0	6.6	96.4	133.5	15.0	-10.8	-7.3	-31.9
3	-3.2	7.4	76.4	95.8	14.2	-12.7	-14.6	-23.2
4	-1.3	8.0	37.6	26.2	22.7	-1.3	2.2	-18.8
5	3.2	10.3	34.0	-1.4	23.6	3.4	-7.4	-21.5
6	-0.4	7.3	28.6	-1.8	29.7	1.0	-13.1	-27.4
7	7.0	10.0	26.1	-2.5	17.0	2.3	-12.1	-36.5
8	1.6	7.0	22.7	5.7	22.3	4.4	4.2	-36.7
9	0.6	4.5	31.4	5.3	22.7	7.3	-13.7	-37.5
10	8.8	15.7	21.9	20.2	31.9	2.6	1.2	-25.9
11	12.8	11.2	21.8	22.2	13.6	4.4	-7.9	-13.7
12	12.0	11.9	16.5	4.4	27.3	5.5	15.3	-27.7

出所：統計庁

<表1-26> 商品群別オンラインショッピング取引額(総合モール)動向　　　　　　　　　　(単位：10億ウォン)

	合計	コンピュータ及び周辺機器	家電, 電子, 通信機器	書籍	事務文具	衣服	靴	カバン
2023	140,958.0	6,543.7	19,030.4	890.2	1,681.5	8,919.3	2,315.5	1,753.0
2023. 1/4	33,822.5	1,884.5	4,396.4	251.1	430.1	2,114.9	527.6	452.7
2/4	34,367.1	1,531.5	4,606.0	193.6	389.0	2309.5	624.8	444.0
3/4	34,831.1	1,514.1	4,631.7	221.3	363.1	1,850.8	509.7	438.9
4/4	37,937.2	1,613.5	5,396.4	224.2	499.4	2,644.0	653.4	417.4
2023.1	11,501.8	594.5	1,487.5	82.6	132.1	632.4	152.4	149.6
2	10,715.0	669.5	1,487.1	73.8	141.5	325.9	160.0	146.1
3	11,605.6	620.5	1,421.8	94.6	156.6	856.6	215.2	157.0
4	11,088.4	500.9	1,368.3	69.1	139.5	773.7	200.5	153.8
5	11,992.3	552.2	1,656.7	63.1	128.2	818.1	218.4	152.3
6	11,286.5	478.4	1,580.9	61.4	121.3	717.7	205.8	137.9
7	11,487.3	502.4	1,671.3	78.2	116.8	654.1	183.3	147.9
8	11,635.2	509.9	1,594.1	75.3	123.2	571.0	158.5	147.9
9	11,708.6	501.8	1,366.3	67.8	123.0	625.7	167.9	143.1
10	12,309.1	4769	1,833.9	60.7	138.3	903.2	209.0	140.2
11	13,050.3	589.4	1,938.2	72.4	169.9	958.7	235.2	136.3
12	12,577.8	547.2	1,624.4	91.1	191.1	782.2	208.6	140.9

	ファッション用品及びアクセサリー	スポーツレジャー用品	化粧品	子供幼児用品	飲食料品	農蓄水産物	生活用品	自動車用品
2023	2,863.0	5,557.4	10,200.9	4,915.3	25,830.9	9,650.0	16,181.6	1,492.2
2023. 1/4	677.1	1,168.9	2,380.0	1,185.1	6,154.0	2,329.9	3,775.7	338.1
2/4	711.9	1,503.2	2,559.2	1,257.9	6,259.1	2,162.6	3,996.0	375.4
3/4	672.1	1,359.9	2,518.0	1,142.3	6,825.2	2,642.9	4,090.8	375.9
4/4	801.8	1,525.4	2,743.7	1,330.0	6,592.6	2,514.6	4,319.1	402.8
2023.1	225.7	349.9	797.4	381.9	2,208.4	964.8	1,238.9	108.9
2	210.7	350.5	759.4	373.3	1,846.1	642.1	1,187.8	104.8
3	240.7	468.5	823.2	429.9	2,099.5	722.9	1,349.0	124.3
4	232.4	485.2	849.7	428.4	2,023.0	693.0	1,266.0	121.1
5	248.7	529.2	896.1	445.3	2,144.5	737.6	1,374.6	128.8
6	230.8	488.8	813.4	384.2	2,091.6	731.9	1,355.5	125.5
7	238.0	457.7	820.3	387.2	2,154.7	751.4	1,385.8	126.8
8	227.3	446.2	853.1	381.6	2,291.9	827.9	1,391.5	125.8
9	206.8	456.0	844.6	373.5	2,378.6	1,063.7	1,313.5	123.4
10	215.8	547.8	920.0	414.0	2,147.2	783.7	1,409.9	126.9
11	277.7	548.2	934.3	426.3	2,237.7	829.2	1,470.6	136.6
12	208.3	429.3	889.4	489.4	2,207.7	901.7	1,438.7	139.3

<続く>

	家具	ペット用品	旅行及び交通サービス	文化及びレジャーサービス	eクーポンサービス	飲食サービス	その他サービス	その他
2023	4,901.3	2,308.2	2,516.6	346.6	9,679.0	83.5	1,345.6	1,952.4
2023. 1/4	1,231.4	540.5	816.5	178.8	2,151.0	25.7	265.1	547.7
2/4	1,180.2	562.5	538.8	57.1	2,268.8	22.4	329.9	484.0
3/4	1,184.6	587.3	577.4	53.2	2,459.3	19.6	376.9	416.1
4/4	1,305.1	618.1	583.8	57.8	2,800.0	15.7	373.7	504.6
2023.1	382.8	183.3	333.7	75.7	725.8	9.3	88.5	195.8
2	412.1	167.3	323.6	82.6	691.1	8.2	87.7	163.6
3	436.5	189.9	159.3	20.2	734.0	8.3	88.9	188.3
4	385.7	180.0	164.3	18.1	736.3	8.1	120.8	170.2
5	404.4	192.0	185.7	19.2	816.5	7.8	104.2	168.7
6	390.1	190.4	188.9	19.7	716.0	6.5	104.8	145.0
7	400.8	196.4	215.4	20.9	715.1	7.1	118.8	137.0
8	405.3	202.1	188.9	18.3	797.3	6.7	148.4	142.7
9	378.5	188.7	173.1	14.0	946.9	5.7	109.6	136.5
10	429.9	205.9	178.6	17.8	875.8	5.5	116.8	151.1
11	448.4	204.4	201.2	19.1	899.0	4.9	133.2	178.8
12	426.8	207.8	204.0	20.8	1,025.2	5.4	123.7	174.7

出所：統計庁

<表1-27> 商品群別オンラインショッピング取引額(専門モール)動向　　　　　　(単位：10億ウォン)

	合計	コンピュータ及び周辺機器	家電, 電子, 通信機器	書籍	事務文具	衣服	靴	カバン
2023	87,902.7	2,165.7	2,248.1	1,588.2	235.6	12,558.8	1,641.2	1,085.9
2023. 1/4	20,100.9	657.0	620.4	439.7	61.4	2,785.3	424.6	286.5
2/4	21,537.9	500.8	420.6	350.0	54.2	3,081.1	423.4	273.9
3/4	22,487.6	485.2	525.1	380.3	57.9	2,758.4	368.3	273.3
4/4	23,776.4	522.7	682.0	368.2	62.2	3,933.9	424.9	252.3
2023.1	6,591.1	192.2	184.9	132.5	19.7	844.7	124.4	83.9
2	6,376.0	219.8	272.6	142.7	20.0	854.2	144.7	94.3
3	7,133.8	245.0	163.0	164.5	21.6	1,086.5	155.5	108.3
4	6,825.5	177.8	140.0	114.6	18.4	1,012.1	141.3	91.4
5	7,385.0	159.7	145.2	127.2	18.1	1,073.0	153.3	96.3
6	7,327.5	163.3	135.4	108.2	17.7	996.0	128.7	86.1
7	7,457.0	174.2	135.2	130.5	19.6	971.2	148.3	91.6
8	7,557.0	167.3	257.7	130.7	20.4	814.5	110.7	93.0
9	7,473.6	143.7	132.2	119.0	17.9	972.7	109.4	88.7
10	7,845.6	161.0	351.6	105.4	19.1	1,252.2	153.7	81.6
11	7,955.1	168.5	187.2	122.2	21.2	1,441.0	146.2	81.4
12	7,975.7	193.3	143.3	140.6	21.8	1,240.7	125.0	89.2

<続く>

	ファッション用品及びアクセサリー	スポーツレジャー用品	化粧品	子供.幼児用品	飲食料品	農畜水産物	生活用品	自動車用品
2023	1,015.6	386.1	1,671.2	327.9	4,010.6	1,198.9	1,124.2	2,982.4
2023. 1/4	244.8	81.3	398.9	78.1	996.3	288.3	271.7	493.7
2/4	238.9	110.9	392.0	84.1	995.7	280.4	286.9	716.3
3/4	251.8	99.3	413.0	73.6	1,013.7	314.3	269.9	826.2
4/4	280.0	94.6	467.3	92.1	1,005.0	316.0	295.7	946.3
2023.1	84.8	21.3	128.0	23.0	358.1	105.2	90.2	125.4
2	77.3	26.0	119.3	24.5	287.5	88.9	83.6	131.6
3	82.7	33.9	151.6	30.6	350.7	94.2	97.9	236.6
4	76.5	34.6	122.1	30.2	327.2	92.1	93.6	146.1
5	84.2	38.7	125.9	27.4	353.0	96.4	100.1	178.8
6	78.2	37.6	144.0	26.5	315.4	91.9	93.3	391.4
7	87.3	35.6	125.0	24.8	320.4	95.3	91.1	164.2
8	86.4	31.6	135.8	23.6	333.8	105.2	91.5	205.6
9	78.1	32.0	152.1	25.3	359.5	113.7	87.3	456.4
10	76.7	42.1	126.7	29.9	318.2	103.2	95.8	284.4
11	90.8	28.9	167.6	30.7	344.5	105.1	102.5	417.3
12	112.5	23.6	173.0	31.5	342.3	107.6	97.3	244.6

	家具	ペット用品	旅行及び交通サービス	文化及びレジャーサービス	eクーポンサービス	飲食サービス	その他サービス	その他
2023	435.0	205.2	21,620.7	2,632.5	385.9	26,317.7	1,229.9	885.4
2023. 1/4	107.5	52.9	4,494.7	417.3	86.6	6,336.5	289.4	188.0
2/4	106.8	54.6	5,413.7	758.9	94.1	6,391.1	272.1	237.4
3/4	112.5	50.1	5,962.4	735.0	101.5	6,835.4	346.2	234.2
4/4	108.1	47.6	5,750.0	721.3	103.7	6,754.6	322.2	225.8
2023.1	32.5	16.7	1,480.3	123.4	32.5	2,219.6	98.2	69.7
2	35.4	17.9	1,433.2	109.2	27.3	2,017.6	94.2	54.0
3	39.5	18.3	1,581.2	184.7	26.8	2,099.4	96.9	64.3
4	34.7	17.9	1,658.1	201.5	28.6	2,093.8	89.0	84.0
5	35.6	18.5	1,938.2	243.1	33.4	2,173.4	92.3	73.0
6	36.5	18.3	1,817.4	314.3	32.1	2,123.8	90.7	80.4
7	36.9	16.5	1,985.7	252.7	34.9	2,336.7	91.5	87.8
8	41.2	17.1	2,050.4	273.5	31.7	2,362.4	95.3	77.7
9	34.4	16.5	1,926.3	208.8	34.9	2,136.4	159.5	68.8
10	33.6	16.7	1,950.3	254.9	33.7	2,184.1	99.4	71.0
11	37.8	14.4	1,832.9	238.5	33.5	2,156.3	107.1	79.7
12	36.8	16.5	1,966.7	227.9	36.5	2,414.2	115.7	75.0

出所：統計庁

<表1-28> 商品群別オンラインモール取引額動向　　　　　　　　　　　　　　　（単位：10億ウォン）

	合計	コンピュータ及び周辺機器	家電,電子,通信機器	書籍	事務文具	衣服	靴	カバン
2023	174,731.9	6,879.7	18,589.8	983.1	1,696.7	13,078.0	2,057.9	1,552.3
2023. 1/4	40,849.8	1,966.9	4,330.7	275.2	425.6	3,002.1	475.5	401.3
2/4	42,565.3	1,615.1	4,398.1	214.4	392.1	3,349.7	567.1	393.5
3/4	44,269.4	1,595.7	4,567.4	244.1	373.8	2,874.7	459.9	387.5
4/4	47,047.3	1,702.0	5,293.6	249.4	249.4	3,851.6	555.3	370.0
2023.1	13,771.7	618.0	1,421.8	86.5	130.5	907.2	137.8	129.4
2	13,007.2	696.7	1,534.1	89.5	138.6	898.0	144.8	129.2
3	14,070.9	652.2	1,374.8	99.2	156.6	1,196.9	193.0	142.6
4	13,612.2	530.2	1,308.6	71.8	140.0	1,100.3	182.8	133.3
5	14,694.5	580.5	1,593.5	77.1	130.1	1,184.9	198.3	138.0
6	14,258.6	504.3	1,496.0	65.5	121.9	1,064.5	186.0	122.3
7	14,689.6	532.7	1,597.5	82.4	120.5	1,019.3	169.6	130.7
8	14,944.2	539.7	1,638.4	89.7	126.4	859.9	142.9	132.0
9	14,635.5	523.3	1,331.5	72.1	127.0	995.5	147.4	124.9
10	15,266.0	500.5	1,829.8	63.9	141.8	1,272.3	178.5	122.5
11	16,046.5	621.8	1,898.1	86.0	171.8	1,432.7	201.6	124.8
12	15,734.8	579.7	1,565.7	99.6	191.6	1,146.7	175.2	122.7

	ファッション用品及びアクセサリー	スポーツレジャー用品	化粧品	子供幼児用品	飲食料品	農蓄水産物	生活用品	自動車用品
2023	2,391.1	4,998.5	7,867.0	4,907.5	24,670.9	9,214.2	15,593.3	1,590.7
2023. 1/4	592.3	1,047.7	1,920.3	1,167.4	5,626.9	2,080.4	3,627.9	349.0
2/4	616.6	1,367.2	1,934.9	1,252.8	5,912.8	2,026.0	3,870.5	396.3
3/4	565.9	1,253.4	1,888.6	1,146.9	6,640.4	2,592.7	3,931.2	410.3
4/4	616.4	1,330.2	2,123.3	1,340.4	6,490.8	2,515.1	4,163.7	435.1
2023.1	198.2	312.3	657.9	374.3	2,010.1	844.3	1,186.7	110.2
2	182.6	317.8	608.5	369.2	1,690.4	587.2	1,140.9	109.5
3	211.5	417.6	653.8	423.9	1,926.4	648.8	1,300.3	129.3
4	202.0	430.6	634.4	426.1	1,872.7	630.6	1,227.9	124.9
5	216.8	484.8	671.6	442.4	1,995.1	671.4	1,332.4	133.9
6	197.8	451.8	628.8	384.2	2,045.0	724.0	1,310.2	137.6
7	202.6	424.2	615.6	386.9	2,096.6	748.7	1,331.7	134.4
8	189.7	415.4	641.1	382.6	2,230.7	822.3	1,338.2	136.5
9	173.6	413.8	631.8	377.3	2,313.1	1,021.7	1,261.3	139.4
10	180.5	474.5	677.7	419.1	2,096.6	787.8	1,352.1	141.6
11	209.2	481.9	732.1	429.9	2,217.5	831.1	1,423.0	148.1
12	226.6	373.8	713.6	491.5	2,176.7	896.3	1,388.5	145.4

<続く>

	家具	ペット用品	旅行及び交通サービス	文化及びレジャーサービス	eクーポンサービス	飲食サービス	その他サービス	その他
2023	4,721.0	2,413.7	9,991.9	1,911.5	10,032.9	24,836.7	2,204.4	2,549.1
2023.1/4	1,184.5	566.1	2,096.1	370.4	2,231.3	5,980.9	465.4	665.9
2/4	1,140.7	592.0	2,440.3	536.8	2,355.8	6,043.9	497.2	651.6
3/4	1,145.0	613.9	2,855.8	494.4	2,550.7	6,466.5	628.0	582.6
4/4	1,250.9	641.7	2,599.7	509.9	2,895.0	6,345.3	613.7	649.0
2023.1	367.2	190.7	724.8	113.9	755.4	2,095.9	156.0	242.4
2	399.9	177.2	698.8	126.3	716.7	1,901.8	153.5	196.2
3	417.4	198.2	672.5	130.2	759.3	1,983.2	156.0	227.3
4	372.7	189.0	736.3	151.1	763.3	1,983.0	173.0	227.6
5	392.0	201.5	807.9	159.0	547.0	2,058.2	159.9	217.9
6	375.9	201.5	896.1	226.7	745.6	2,002.7	164.3	206.0
7	387.5	205.1	1,004.7	164.4	746.5	2,213.7	171.4	202.9
8	393.1	211.2	1,004.5	177.3	825.4	2,237.8	213.9	195.6
9	364.4	197.6	846.5	152.7	978.8	2,015.0	242.7	184.1
10	407.4	214.4	867.2	188.1	907.0	2,059.2	188.1	195.5
11	431.6	210.8	822.2	181.2	929.7	2,018.8	213.7	229.1
12	411.9	216.6	910.2	140.5	1,058.4	2,267.3	211.9	224.4

出所：統計庁

<表1-29> 商品群別オン・オフライン並行モールのオンラインショッピング取引額動向　（単位：10億ウォン）

	合計	コンピュータ及び周辺機器	家電, 電子, 通信機器	書籍	事務文具	衣服	靴	カバン
2023	54,128.9	1,829.6	2,688.7	1,445.3	220.4	8,400.0	1,898.9	1,286.6
2023.1/4	13,073.5	574.5	686.1	415.6	65.8	1,898.2	476.7	337.9
2/4	13,339.8	417.2	628.5	329.2	51.1	2,041.0	481.1	324.4
3/4	13,049.3	403.7	589.3	357.4	47.1	1,734.6	418.1	324.6
4/4	14,666.3	434.2	784.8	343.0	56.4	2,726.3	523.0	299.7
2023.1	4,321.2	168.6	250.5	128.6	21.3	569.9	139.0	104.1
2	4,083.8	192.6	225.6	127.0	22.9	582.1	159.9	111.2
3	4,668.5	213.3	210.0	159.9	21.6	746.2	177.7	122.6
4	4,301.6	148.5	199.8	111.9	17.8	685.5	159.0	112.0
5	4,682.8	131.4	208.4	113.2	16.2	706.2	173.5	110.7
6	4,355.4	137.4	220.4	104.1	17.0	649.2	148.6	101.7
7	4,254.7	144.0	209.0	126.4	16.0	606.0	161.9	108.8
8	4,247.9	137.4	213.4	116.3	17.2	525.7	126.3	109.0
9	4,546.7	122.3	167.0	114.7	13.9	602.9	129.9	106.9
10	4,888.7	137.4	355.6	102.3	15.6	883.2	184.3	99.4
11	4,958.9	136.1	227.3	108.5	19.4	967.0	180.4	93.0
12	4,818.7	160.8	201.9	132.2	21.4	876.1	158.4	107.4

<続く>

	ファッション用品及びアクセサリー	スポーツレジャー用品	化粧品	子供幼児用品	飲食料品	農蓄水産物	生活用品	自動車用品
2023	1,487.4	945.0	4,005.1	335.7	5,170.6	1,634.7	1,712.6	2,883.9
2023. 1/4	329.6	202.4	858.6	95.8	1,523.4	537.8	419.5	482.7
2/4	334.3	246.9	1,016.3	89.2	1,341.9	416.9	412.4	695.4
3/4	358.1	205.8	1,042.4	69.1	1,198.5	384.4	429.5	791.9
4/4	465.5	289.8	1,087.7	81.6	1,106.8	315.5	451.1	914.0
2023.1	112.2	58.9	267.4	30.6	556.4	225.7	142.5	124.0
2	105.5	58.7	270.2	28.6	443.2	143.8	130.5	127.0
3	111.9	84.8	321.0	36.6	523.8	168.3	146.5	231.7
4	106.9	89.1	337.4	32.5	477.5	154.5	131.7	142.3
5	116.2	83.1	350.3	30.3	502.4	162.5	142.2	173.7
6	111.2	74.6	328.6	26.5	362.0	99.9	138.5	379.4
7	122.8	69.2	329.8	25.0	378.5	98.0	145.1	156.6
8	124.0	62.5	347.8	22.6	395.0	110.8	144.9	194.8
9	111.3	74.2	364.8	21.5	425.1	155.7	139.5	440.4
10	112.0	115.5	369.1	25.0	368.7	99.1	153.6	269.7
11	159.3	95.2	369.8	27.1	364.6	103.3	150.1	405.7
12	194.3	79.2	348.8	29.5	373.4	113.1	147.5	238.5

	家具	ペット用品	旅行及び交通サービス	文化及びレジャーサービス	eクーポンサービス	飲食サービス	その他サービス	その他
2023	615.3	99.7	14,145.5	1,067.6	32.0	1,564.5	371.1	288.7
2023. 1/4	154.4	27.2	3,215.2	225.5	6.3	381.4	89.0	69.8
2/4	146.4	25.1	3,512.2	279.2	7.0	369.6	104.7	69.8
3/4	152.1	23.4	3,684.0	293.7	10.0	388.5	95.1	67.7
4/4	162.3	24.0	3,734.1	269.2	8.7	425.0	82.2	81.4
2023.1	48.1	9.2	1,089.2	85.3	3.0	132.9	30.7	23.1
2	47.6	8.0	1,058.0	65.6	1.7	124.0	28.5	21.5
3	58.7	10.1	1,067.9	74.7	1.6	124.5	29.9	25.3
4	47.6	8.9	1,086.2	68.5	1.6	118.9	36.9	26.6
5	48.0	9.0	1,315.9	103.4	2.9	123.0	36.6	23.8
6	50.7	7.2	1,110.1	107.3	2.5	127.7	31.2	19.4
7	50.2	7.8	1,196.4	109..2	3.4	130.1	38.9	21.8
8	53.4	8.0	1,234.8	114.5	3.6	131.3	29.8	24.8
9	48.6	7.6	1,252.8	70.1	3.0	127.1	26.4	21.2
10	56.1	8.2	1,261.6	84.6	2.5	130.4	28.1	26.7
11	54.6	8.1	1,211.9	76.4	2.8	142.3	26.6	29.4
12	51.7	7.7	1,260.5	108.2	3.4	152.2	27.5	25.3

出所:統計庁

2. 金融産業

<表2-1> 年度別家計信用動向推移 (単位：兆ウォン, %)

		2019	2020	2021	2022	2023
家計信用	金額	1,600.1	1,726.1	1,862.1	1,867.0	1,886.4
	前年同期増減額	63.6	125.8	134.1	4.1	18.8
	前年同期増加率(%)	4.1	7.9	7.8	0.2	1.0
家計貸付	金額	1,504.6	1,630.2	1,755.8	1,749.3	1,768.3
	前年同期増減額	57.9	125.6	123.8	-7.8	18.4
	前年同期増加率(%)	4.0	8.3	7.6	-0.4	1.1
販売信用	金額	95.7	95.9	106.3	117.7	118.1
	前年同期増減額	5.6	0.2	10.4	11.9	0.4
	前年同期増加率(%)	6.3	0.2	10.8	11.2	0.3

出所：韓国銀行

<表2-2> 年度別企業資金調達推移 (単位：兆ウォン)

	2019	2020	2021	2022	2023
企業貸付	869.0	976.3	1,065.7	1,170.3	1,247.7
大企業	152.3	171.8	179.3	216.9	247.8
中小企業	716.7	804.6	886.4	953.4	999.9

注) 1. 銀行貸付。
2. 月末残高基準であり、大企業，中小企業の区分の変更によって00年以降の資料が算出されている。

出所：韓国銀行

<表2-3> 年度別保険会社の収入保険料規模推移 (単位：兆ウォン)

	2018	2019	2020	2021	2022
合計	201.7	212.9	221.9	224.9	252.7
生命保険	110.7	95.6	119.6	120.5	132.6
傷害保険	91.0	117.3	102.3	104.3	120.1

出所：金融委員会

<表2-4> 年度別保険会社財務状況推移　　　　　　　　　　　　　　　　　　（単位：兆ウォン）

	2018	2019	2020	2021	2022
合計	1,155.6	1,239.1	1,321.1	1,358.7	1,310.0
生命保険	856.9	918.2	977.3	992.3	938.2
傷害保険	298.7	320.7	343.9	366.3	371.8

注) 1. 総資産。
2. 会計年度末基準。

出所：金融委員会

<表2-5> 年度別保険会社支給余力比率推移　　　　　　　　　　　　　　　　（単位：％）

	2018	2019	2020	2021	2022
合計	261.9	268.9	275.1	246.2	205.9
生命保険	272.0	284.5	297.3	254.4	206.4
傷害保険	242.8	240.0	234.2	231.4	205.1

注) 会計年度末基準。

出所：金融委員会

<表2-6> 年度別相互貯蓄銀行BIS自己資本比率推移　　　　　　　　　　　（単位：％, 億ウォン）

	2018	2019	2020	2021	2022
BIS比率	14.41	14.83	14.23	13.31	13.15
自己資本	77,965	95,183	109,866	134,279	155,072
リスク加重資産	575,403	641,614	772,195	1,009,152	1,179,145

注) 1. BIS比率(％)＝自己資本/リスク加重資産。
2. '21年末基準で79の貯蓄銀行を対象にして算定。

出所：金融委員会

<表2-7> 年度別相互貯蓄銀行の固定以下与信比率推移　　　　　　　　　　（単位：％, 億ウォン）

	2018	2019	2020	2021	2022
固定以下与信比率	5.00	4.70	4.24	3.36	4.07
固定以下与信	29,726	30,624	32,909	33,806	46,876
総与信	591,977	650,569	776,099	1,005,263	1,150,627

出所：金融委員会

<表2-8> 年度別市場金利推移 (単位:期間中平均金利,%)

	2018	2019	2020	2021	2022
国債3年(平均)	2.10	1.53	0.99	1.39	3.20
国債5年(平均)	2.31	1.59	1.23	1.72	3.32
国債10年(平均)	2.50	1.70	1.50	2.07	3.37
会社債 3年(平均)	2.65	2.02	2.13	2.08	4.16
CD 91物(平均)	1.68	1.69	0.92	0.85	2.49
コール金利(1日物,平均)	1.52	1.59	0.70	0.61	2.02
基準金利	1.75	1.25	0.50	1.00	3.25

注) コール金利目標は月末基準であり, 国債10年は'00.11月から, コール金利目標は'99.4月からである。

出所:金融委員会

<表2-9> 年度別信用保証規模推移 (単位:兆ウォン)

	2018	2019	2020	2021	2022
総保証	93.4	97.3	129.0	141.0	150.0
信保	50.5	52.2	63.9	71.4	76.6
企保	22.4	22.1	25.7	26.5	46.7
地域信保	20.5	23.0	39.4	43.1	26.7

出所:金融委員会

<表2-10> 年度別クレジットカード会社調整自己資本比率推移 (単位:%,兆ウォン)

	2018	2019	2020	2021	2022
調整自己資本比率	22.9	22.3	22.3	20.9	19.4
調整総資産	114.9	122.6	130.2	148.5	168.7
調整自己資本	26.3	27.4	29.1	31.0	32.7

出所:金融委員会

<表2-11> 年度別外国人証券投資推移 (単位：兆ウォン, %)

		2018	2019	2020	2021	2022
保有金額	外国人保有金額	509.7	593.2	764.3	783.2	571.6
	有価証券市場	480.6	563.5	722.9	738.9	543.7
	KOSDAQ市場	25.4	25.4	38.6	44.3	27.9
時価総額対比(%)	外国人保有金額	31.3	33.3	31.4	29.6	27.5
	有価証券市場	35.8	38.2	36.5	33.5	30.8
	KOSDAQ市場	11.1	10.5	10.0	9.9	8.9

出所：金融委員会

<表2-12> 年度別銀行の固定以下与信比率推移 (単位：%, 兆ウォン)

	2018	2019	2020	2021	2022
固定以下与信比率	1.0	0.8	0.6	0.5	0.4
固定以下与信	18.2	15.3	14.0	11.8	10.1
総与信	1,872.6	1,980.6	2,171.8	2,371.9	2,532.4

出所：金融委員会

<表2-13> 年度別銀行の企業及び家計貸付延滞貸付債権比率推移 (単位：%)

	2018	2019	2020	2021	2022
企業貸付滞納率	0.5	0.5	0.3	0.3	0.4
家計貸付滞納率	0.3	0.3	0.2	0.2	0.4

出所：金融委員会

<表2-14> 種類別・年度別債権発行/流通推移 (単位:兆ウォン)

	2018	2019	2020	2021	2022
国債	640.8	688.0	805.4	925.5	1,019.5
地方債	21.0	21.4	24.8	27.9	29.3
特殊債	328.4	332.6	359.9	378.0	410.2
通貨安定債	171.6	164.4	159.3	140.3	112.7
金融債	446.0	471.8	532.3	569.1	588.9
会社債	300.2	340.5	323.5	422.0	432.2
計	1,908.0	2,018.7	2,261.3	2,462.8	2,592.8

出所:金融委員会

<表2-15> 年度別手形不渡率推移 (単位:%,兆ウォン,社)

	2018	2019	2020	2021	2022
不渡率(電子決済分を含む,%)	0.01	0.01	0.00	0.00	0.00
不渡金額	2.9	1.8	1.3	1.9	2.3
不渡事業者数	469	414	292	183	149

出所:金融委員会

<表2-16> 年度別一般銀行営業店舗推移 (単位：店)

	2018.12	2019.12	2020.12	2021.12	2022.12
国内	4,771	4,721	4,440	4,154	3,878
支店	4,082	4,005	3,852	3,607	3,380
出張所	689	716	588	547	498
国外	112	117	114	119	124
支店	54	58	60	60	62
事務所	19	17	12	16	19
現地法人	39	42	42	43	43
合計	4,883	4,838	4,554	4,273	4,002

出所：金融監督院

<表2-17> 年度別証券会社店舗推移 (単位：店)

	2018.12月末	2019.12月末	2020.12月末	2021.12月末	2022.12月末
本部部署	2,012	2,136	2,283	2,452	2,677
国内支店	978	910	860	836	810
国内営業所	112	115	120	83	71
国内事務所	9	1	0	6	22
海外支店	0	0	0	0	0
海外事務所	15	14	14	14	13
海外現地法人	48	51	51	53	52

出所：金融監督院

<表2-18> 証券会社資産健全性分類現況　　　　　　　　　　　　　　　　　　　　　（単位：百万ウォン）

	正常	要注意	固定	回収疑問	推定損失	合計
コールローン	0	0	0	0	0	0
信用供与金	35,546,799	208,505	2,036	3,020	9,581	35,769,939
買戻条件付き売買	11,166,361	0	0	0	0	11,166,361
貸付金	284,186	89	20,032	2,081	2,571	308,957
貸出金	18,030,497	334,477	547,111	114,054	76,332	19,102,472
買取貸付債権	537,380	34,761	143,013	43,264	174,350	932,769
代支払い	3,905	1,318	93,249	9,275	93,056	200,801
不渡債権	0	1,621	0	21,100	1,477	24,198
不渡手形	0	0	0	0	9,800	9,800
私募社債	4,029,149	459,652	153,259	131,835	46,096	4,819,990
信託勘定貸	0	0	0	0	0	0
その他資金の貸付け	224,968	16,026	55,733	68,051	18,196	382,975
仮払金	28,651	0	0	0	0	28,651
未収金	27,545,604	11,346	28,751	63,378	181,953	27,831,033
未収収益	2,479,989	4,968	5,693	21,364	46,001	2,558,011
債務保証	38,289,853	1,276,605	369,824	65,329	19,000	40,020,611
貸出金(総合金融)	0	0	180	0	4,179	4,360
割引手形(総合金融)	0	0	0	0	0	0
CMA運用資産(総合金融)	0	0	0	0	0	0
リース資産(総合金融)	39	0	0	0	0	39
その他	940,865	0	4,296	308	25,489	970,956
計	139,108,249	2,349,369	1,423,180	543,058	708,076	144,131,923

注) 2022年12月末。

出所：金融監督院

<表2-19> 証券会社の金融商品委託売買手数料現況　　　　　　　　　　　　　　（単位：百万ウォン）

区分	2021年12月末		2022年12月末	
	取引金額	手数料	取引金額	手数料
持分証券	13,947,864,695	6,084,961	8,326,741,028	3,351,234
債務証券	3,699,422,769	54,402	3,559,290,598	42,843
集団投資証券	559,456,221	80,167	504,540,884	61,780
投資契約証券	0	0	0	0
派生結合証券	75,318,435	12,930	76,091,108	12,897
外貨証券	527,743,256	850,400	571,012,225	723,441
その他証券	23,547,163	8,618	17,344,823	5,286
証券計	18,833,352,541	7,091,479	13,055,020,673	4,197,485
先物	24,698,259,082	719,976	28,352,712,106	627,639
オプション	557,906,645	215,648	850,911,238	176,752
リード	0	0	0	0
その他派生商品	48,910,073	13,496	39,852,754	7,149
派生商品合計	25,305,075,801	949,125	29,243,476,098	811,542
金融投資商品合計	44,138,428,343	8,040,602	42,298,496,770	5,009,027

出所：金融監督院

<表2-20> 年度別証券会社証券取引推移　　　　　　　　　　　　　　　　　　　（単位：百万ウォン）

区分	2019年12月末	2020年12月末	2021年12月末	2022年12月末
持分証券	220,004,425	391,325,888	484,182,757	330,507,879
債務証券	14,617,986,172	15,534,417,985	15,021,501,471	14,517,512,713
集団投資証券	1,113,482,484	1,117,124,995	1,347,138,537	1,209,355,640
投資契約証券	4,000	3,930	0	0
外貨証券	177,661,235	163,242,848	115,504,537	115,104,960
派生結合証券	60,304,779	60,548,299	57,435,609	58,838,756
その他証券	3,912,994	3,932,841	4,388,036	16,677,205
証券合計	16,193,356,093	17,270,596,789	17,030,150,944	16,247,997,150

出所：金融監督院

<表2-21> 年度別証券会社デリバティブ取引推移　　　　　　　　　　　　　　（単位：百万ウォン）

区分	2019年12月末	2020年12月末	2021年12月末	2022年12月末
場内派生商品合計	12,022,822,186	12,700,120,052	13,360,486,961	11,893,482,811
先物	6,848,293,318	8,212,708,355	8,212,284,319	7,867,934,524
オプション	5,174,528,868	4,487,411,695	5,148,202,646	4,025,548,288
その他	0	0	0	0
場外派生商品合計	2,190,027,551	1,941,399,012	2,575,148,475	5,024,403,741
リード	1,023,253,767	751,853,218	781,952,750	1,401,607,043
オプション	39,999,741	37,630,783	36,108,418	50,556,966
スワップ	1,126,661,609	1,150,822,232	1,756,358,615	3,571,696,997
その他	112,437	1,092,777	728,695	542,742

出所：金融監督院

<表2-22> 生命保険会社店舗及び販売店推移 (単位：店)

区分	2019年12月末	2020年12月末	2021年12月末	2022年12月末
店舗計	3,017	2,885	2,195	2,054
本部	103	95	87	80
支店	924	877	747	720
営業所	1,967	1,889	1,338	1,230
海外現地法人, 海外支店, 海外事務所	23	24	23	24
代理店計	6,429	6,385	6,154	6,126
個人	3,635	3,635	3,565	3,597
法人	2,794	2,750	2,589	2,529

出所：金融監督院

<表2-23> 生命保険会社資産健全性現況 (単位：百万ウォン, %)

区分	2021年12月末			2022年12月末		
	全体	固定以下金額	固定以下比率	全体	固定以下金額	固定以下比率
資金の貸付け	177,229,693	218,743	3.40	181,191,002	235,659	5.52
有価証券	755,945,017	786,117	5.54	686,045,065	1,159,175	13.39
保険未収金	587,703	10,448	120.81	975,077	10,582	52.62
未収金	1,336,906	279,431	678.38	1,651,484	251,568	652.27
仮払金	939	676	289.06	395	103	228.4
未収収益	7,326,195	16,733	3.97	7,607,536	19,484	7.94
受取手形	0	0	0	0	0	0
不渡手形	0	0	0	0	0	0
再保険資産	557,148	0	0	1,352,686	0	0
その他	1,472,124	470	2.92	1,231,818	465	9.18
合計	944,455,725	1,312,616	6.26	880,056,064	1,677,039	14.01

出所：金融監督院

<表2-24> 損害保険会社店舗及び代理店推移 (単位：店)

区分	2019年12月末	2020年12月末	2021年12月末	2022年12月末
店舗	2,945	2,931	2,864	2,772
本部	262	349	332	304
支店	483	492	487	467
補償事務所	360	377	338	277
営業所	1,781	1,654	1,646	1,665
海外現地法人, 海外支店, 海外事務所	59	59	61	59
代理店	27,769	28,247	29,144	29,197
個人	17,647	17,791	18,623	18,336
法人	10,122	10,456	10,521	10,861

出所：金融監督院

<表2-25> 損害保険損害保険会社資産健全性現況 (単位：百万ウォン, %)

区分	2021年12月末			2022年12月末		
	全体	固定以下金額	固定以下比率	全体	固定以下金額	固定以下比率
資金の貸付け	88,825,001	133,876	67.52	94,272,730	245,379	71.0
有価証券	223,504,091	580,587	3.59	218,291,642	682,774	5.2
保険未収金	2,905,032	253,127	167.97	3,106,602	246,697	190.62
未収金	857,272	80,392	299.59	1,032,774	86,618	310.2
仮払金	392	342	400	1,082	334	381.85
未収収益	1,673,355	417	0.27	1,901,270	473	0.24
受取手形	1,298	0	0	2,683	0	0
不渡手形	0	0	0	0	0	0
再保険資産	9,689,938	150	0.04	10,766,826	85	0.02
その他	144,526	175	0.56	657,037	163	0.53
合計	327,600,913	1,054,692	11.25	330,032,639	1,269,234	12.48

出所：金融監督院

<表2-26> クレジットカード会社営業店舗推移 (単位：店)

区分	2018年12月末	2019年12月末	2020年12月末	2021年12月末	2022年12月末
国内	235	206	192	197	145
支店	134	118	123	154	143
出張所	43	35	37	11	2
事務所	58	53	32	32	0
国外	13	13	14	41	19
支店	0	0	1	27	1
現地法人	11	10	11	11	14
事務所	2	3	2	3	4

出所：金融監督院

<表2-27> クレジットカード会社与信健全性推移 (単位：百万ウォン, %)

区分	2019年12月末	2020年12月末	2021年12月末	2022年12月末
健全性分類総債権	120,771,551	127,471,829	145,769,572	164,102,473
固定	7,444	8,273	6,957	29,498
回収疑問	874,011	801,805	733,740	851,701
推定損失	474,249	477,490	449,998	508,523
固定以下与信	1,355,702	1,287,571	1,190,697	1,389,093
貸倒引当金要積立額	8,058,038	8,377,001	9,049,552	10,283,640
貸倒引当金実積立額	8,449,166	8,905,164	9,675,343	11,060,094

出所：金融監督院

<表2-28> デビットカード利用実績推移 (単位：百万ウォン)

区分	2020.1 ～ 2020.12		2021.1 ～ 2021.12		2022.1 ～ 2022.12	
	当四半期	累計	当四半期	累計	当四半期	累計
デビットカード利用実績	25,188,664	100,595,958	27,107,055	103,996,531	27,349,006	106,429,229
銀行デビットカード利用実績	0	0	0	0	0	0
計	25,188,664	100,595,958	27,107,055	103,996,531	27,349,006	106,429,229

出所：金融監督院

<表2-29> クレジットカード利用実績推移 　　　　　　　　　　　　　　　　　　　　　　　　　（単位：百万ウォン）

区分		2021.1 ～ 2021.12		2022.1 ～ 2022.12	
		当四半期	累計	当四半期	累計
個人	信用販売(一時)	112,203,856	419,842,556	125,400,884	477,646,678
	信用販売(分割)	32,900,701	121,839,810	35,705,633	135,871,682
	現金サービス	12,959,955	50,070,932	13,419,835	52,334,726
	カードローン	9,600,074	47,989,552	8,064,789	42,689,458
	計	167,664,586	639,742,850	182,591,141	708,542,544
法人	信用販売(一時)	31,128,557	115,701,462	35,142,428	141,885,537
	信用販売(分割)	228,379	4,295,036	283,667	1,044,945
	現金サービス	258	751	330	1,153
	カードローン	0	0	0	0
	計	31,357,194	119,997,249	35,426,425	142,931,635
購入専用	信用販売(一時)	8,388,677	30,327,021	7,898,480	32,885,133
	信用販売(分割)	2,113	11,355	25,651	29,477
	計	8,390,790	30,338,376	7,924,131	32,914,610
総計	信用販売(一時)	143,332,413	535,544,018	160,543,312	619,532,215
	信用販売(分割)	33,129,080	126,134,846	35,989,300	136,916,627
	現金サービス	12,960,213	50,071,683	13,420,165	52,335,879
	カードローン	9,600,074	47,989,552	8,064,789	42,689,458
	計	199,021,780	759,740,099	218,017,566	851,474,179

出所：金融監督院

<表2-30> プリペイドカード利用実績推移 　　　　　　　　　　　　　　　　　　　　　　　　（単位：百万ウォン）

区分	2021.1 ～ 2021.12		2022.1 ～ 2022.12	
	当四半期	累計	当四半期	累計
前払カード利用実績	318,801	681,085	437,255	1,555,628

出所：金融監督院

<表2-31> カード購入実績推移 　　　　　　　　　　　　　　　　　　　　　　　　　　　　　（単位：百万ウォン）

区分	2020.1 ～ 2020.12		2021.1 ～ 2021.12		2022.1 ～ 2022.12	
	当四半期	累計	当四半期	累計	当四半期	累計
利用実績	179,435,016	696,226,592	203,888,634	766,357,765	224,318,873	864,433,699

出所：金融監督院

<表2-32> リース会社営業店舗推移　　　（単位：店）

区分	2019年12月末	2020年12月末	2021年12月末	2022年12月末
国内	139	130	128	121
支店	97	95	99	98
出張所	18	19	20	14
事務所	24	16	9	9
国外	9	12	14	20
支店	0	0	0	4
現地法人	9	11	12	12
事務所	0	1	2	4

出所：金融監督院

<表2-33> リース会社与信健全性　　　（単位：百万ウォン，%）

区分	2019年12月末	2020年12月末	2021年12月末	2022年12月末
健全性分類総債権	56,319,613	62,659,887	73,842,928	79,299,778
固定	329,310	287,884	266,806	556,722
回収疑問	356,075	290,367	292,949	393,047
推定損失	299,083	294,558	244,869	222,152
固定以下与信	984,468	872,807	804,622	1,171,920
貸倒引当金要積立額	1,021,328	1,028,612	1,080,919	1,303,609
貸倒引当金実積立額	1,161,025	1,239,604	1,335,084	1,656,683
固定以下与信比率	-	-	-	-
貸倒引当金積立比率(要積立額対比)	-	-	-	-
貸倒引当金積立比率(総与信対比)	-	-	-	-
貸倒引当金積立比率(固定以下与信対比)	-	-	-	-

出所：金融監督院

<表2-34> 割賦金融会社営業店舗推移 (単位：店)

区分	2019年12月末	2020年12月末	2021年12月末	20221年12月末
国内	227	211	219	204
支店	137	144	149	147
出張所	59	46	41	32
事務所	31	21	29	25
国外	31	32	34	37
支店	13	13	14	15
現地法人	16	17	18	19
事務所	2	2	2	3

出所：金融監督院

<表2-35> 割賦金融会社与信健全性推移 (単位：百万ウォン，％)

区分	2019年12月末	2020年12月末	2021年12月末	2022年12月末
健全性分類総債権	73,510,730	79,530,048	88,690,570	96,866,907
固定	760,397	678,037	633,359	717,553
回収疑問	778,777	585,333	520,735	628,920
推定損失	387,769	447,392	307,432	285,490
固定以下与信	1,926,943	1,710,763	1,461,525	1,631,960
貸倒引当金要積立額	1,785,141	1,671,570	1,562,678	1,740,677
貸倒引当金実積立額	2,019,830	2,082,794	2,042,237	2,377,650
固定以下与信比率	-	-	-	-
貸倒引当金積立比率(要積立額対比)	-	-	-	-
貸倒引当金積立比率(総与信対比)	-	-	-	-
貸倒引当金積立比率(固定以下与信対比)	-	-	-	-

出所：金融監督院

<表2-36> 新技術金融会社営業店舗推移 (単位：店)

区分	2019年12月末	2020年12月末	2021年12月末	2022年12月末
国内	17	15	13	15
支店	13	13	11	12
出張所	0	0	0	0
事務所	4	2	2	3
国外	6	6	7	8
支店	1	1	2	2
現地法人	4	4	4	6
事務所	1	1	1	0

出所：金融監督院

<表2-37> 新技術金融会社与信健全性推移 (単位：百万ウォン, %)

区分	2019年12月末	2020年12月末	2021年12月末	2022年12月末
健全性分類総債権	10,639,180	11,627,077	12,924,603	13,205,326
固定	54,247	46,922	37,808	72,551
回収疑問	23,551	22,686	24,446	29,796
推定損失	8,510	11,837	11,634	11,663
固定以下与信	86,308	81,446	73,889	111,010
貸倒引当金要積立額	118,139	136,803	151,395	196,351
貸倒引当金実積立額	165,683	182,098	178,546	229,724
固定以下与信比率	-	-	-	-
貸倒引当金積立比率(要積立額対比)	-	-	-	-
貸倒引当金積立比率(総与信対比)	-	-	-	-
貸倒引当金積立比率(固定以下与信対比)	-	-	-	-

出所：金融監督院

16章 観光産業

1. 観光産業

<表1-1> 年度別観光客入出国推移 (単位：千人, %, 百万ドル)

	入国		出国		観光収入		観光支出	
	人員数	増減	人員数	増減	観光収入	増減	観光支出	増減
2018	15,347	15.1	28,696	8.3	18,461.8	39.2	31,527.9	12.8
2019	17,503	14.0	28,714	0.1	20,744.9	12.4	29,260.5	-7.2
2020	2,519	-85.6	4,276	-85.1	10,181.1	-50.9	13,356.4	-54.4
2021	967	-61.6	1,223	-71.4	10,622.5	4.3	14,951.1	11.9
2022	3,198	230.7	6,554	436.1	11,781.4	10.9	17,078.7	14.2

注) 2022年の観光収入、観光支出、観光収支は暫定値。

出所：韓国観光公社

<表1-2> 年齢別観光客入国推移 (単位：人, %)

	2020		2021		2022	
	人員	成長率	人員	成長率	人員	成長率
20歳以下	205,188	-87.7	52,844	-74.2	281,525	432.7
21～30	615,541	-85.9	144,179	-76.6	755,095	423.7
31～40	512,768	-86.6	118,274	-76.9	647,902	447.8
41～50	342,698	-87.1	86,685	-74.7	433,815	400.4
51～60	274,802	-87.6	85,366	-68.9	346,563	306.0
61歳以上	184,114	-89.4	45,240	-75.4	228,319	404.7
乗務員	384,007	-63.0	434,415	13.1	504,798	16.2
計	2,519,118	-85.6	967,003	-61.6	3,198,017	230.7

出所：韓国観光公社

<表1-3> 国別訪韓観光客入国者数推移 (単位：人, %)

	2019	2020	2021	2022	'21年対比増減率
中国	6,023,021	686,430	170,215	277,358	33.6
日本	3,271,706	430,742	15,265	296,867	1,844.8
台湾	1,260,493	166,716	4,130	72,925	1,665.7
フィリピン	503,867	115,696	116,233	199,845	71.9
香港	694,934	88,878	1,258	61,195	4,764.5
ベトナム	553,731	81,939	22,946	185,061	706.5
タイ	571,610	76,568	8,319	179,259	2,054.8
インドネシア	278,575	66,762	46,563	106,750	129.3
マレーシア	408,590	48,550	4,488	70,449	1,469.7
ミャンマー	73,722	43,406	56,728	65,957	16.3
インド	143,367	33,830	31,338	64,829	106.9
モンゴル	113,599	21,476	5,769	62,670	986.3
パキスタン	246,142	18,009	7,525	165,272	2,096.3
ウズベキスタン	88,276	15,773	13,674	36,195	164.7
カンボジア	41,734	10,725	5,414	24,901	359.9
カザフスタン	52,966	10,240	7,212	30,273	319.8
テュルキエ(トルコ)	31,293	6,560	5,323	18,051	239.1
マカオ	52,462	5,905	36	440	1,122.2
スリランカ	18,338	5,070	4,057	15,437	280.5
バングラデシュ	17,952	4,530	2,946	15,274	418.5
中東	35,054	3,841	2,891	15,876	449.2
パキスタン	13,721	3,603	2,564	9,511	270.9
イスラエル	17,102	1,445	1,039	6,266	503.1
イラン	4,294	565	459	2,409	424.8
アジアその他	73,929	14,101	10,446	51,037	388.6
アジア州	14,590,478	1,961,360	546,838	1,984,107	262.8
アメリカ	1,044,038	220,417	204,025	543,648	166.5
カナダ	205,408	34,734	29,795	93,064	212.3
メキシコ	30,481	5,726	3,472	8,676	149.9
ブラジル	23,788	3,954	1,683	8,609	411.5
アメリカその他	41,943	6,656	2,850	13,775	383.3
アメリカ	1,345,658	271,487	241,825	667,772	176.1
ロシア	343,057	73,086	32,897	60,019	82.4
ドイツ	120,730	24,128	20,038	65,107	224.9
イギリス	143,676	20,419	8,974	44,806	399.3
フランス	110,794	19,371	15,700	62,619	298.8
オランダ	39,138	12,521	13,434	25,651	90.9
ウクライナ	27,667	11,568	14,206	13,305	6.3
イタリア	49,344	6,455	4,091	18,138	343.4
ポーランド	23,913	5,563	4,114	11,732	185.2
スペイン	30,656	3,649	2,719	14,367	428.4

<続く>

	2019	2020	2021	2022	'21年対比 増減率
ルーマニア	12,781	3,200	3,295	5,872	78.2
ギリシャ	9,756	3,038	3,317	5,586	68.4
フィンランド	13,912	3,033	2,861	5,511	92.6
ベルギー	14,539	2,497	2,148	7,728	259.8
オーストリア	12,570	2,397	1,920	6,556	241.5
スウェーデン	19,709	2,188	1,525	7,455	388.9
デンマーク	13,453	2,059	1,396	6,138	339.7
クロアチア	5,962	2,047	1,594	2,469	54.9
スイス	17,847	1,884	1,496	8,069	439.4
ポルトガル	11,425	1,856	1,400	3,827	173.4
ブルガリア	6,536	1,651	1,833	3,176	73.3
アイルランド	10,211	1,631	875	3,962	352.8
ノルウェー	11,770	1,507	921	4,574	396.6
欧州その他	45,810	9,163	6,576	19,420	195.3
欧州	**1,095,256**	**214,911**	**147,330**	**406,087**	**175.6**
オーストラリア	173,218	23,172	3,503	65,502	1769.9
ニュージーランド	38,954	6,598	1,660	15,722	847.1
大洋州その他	5,819	684	411	859	109.0
大洋州	**217,991**	**30,454**	**5,574**	**82,083**	**1,372.6**
南アフリカ共和国	13,144	3,143	1,195	5,516	361.6
アフリカその他	47,115	11,231	10,892	24,216	122.3
アフリカ州	**60,259**	**14,374**	**12,087**	**29,732**	**146.0**
国籍不詳	612	141	57	243	326.3
同胞	192,502	26,391	13,292	27,993	110.6
計	17,502,756	2,519,118	967,003	3198,017	230.7

注) 中東：GCC6か国(アラブ首長国連邦, サウジアラビア, カタール, オマーン, バーレーン, クウェート)

出所：韓国観光公社

<表1-4> 目的別訪韓観光客入国推移　　　　　　　　　　　　　　　　　　　　　　　　　　（単位：人, %）

	2020		2021		2022	
	人員	増加率	人員	増加率	人員	増加率
観光	1,653,471	-88.5	211,846	-87.2	1,998,937	843.6
商用	29,509	-83.5	21,290	-27.9	72,170	239.0
公用	16,571	-77.7	18,685	12.8	35,692	91.0
留学・研修	118,462	-68.5	80,084	-32.4	152,195	90.0
その他	701,105	-71.3	635,098	-9.4	939,023	47.9
計	2,519,118	-85.6	967,003	-61.6	3,198,017	230.7

出所：韓国観光公社

<表1-5> 外来旅行客入国数推移　　　　　　　　　　　　　　　　　　　　　　　　　　　（単位：人, %）

	2018	2019	2020	2021	2022
入国人員	15,346,879	17,502,756	2,519,118	967,003	3,198,017
増加率	15.1	14.1	-85.6	-61.6	230.7

出所：韓国観光公社

<表1-6> 交通手段別外来旅行客入国推移　　　　　　　　　　　　　　　　　　　　　　（単位：人, %）

		2020		2021		2022	
		人員	増加率	人員	増加率	人員	増加率
空港	仁川空港	1,794,296	-84.6	666,492	-62.9	2,655,623	298.4
	金海空港	147,314	-89.1	3,984	-97.3	98,019	2360.3
	金浦空港	148,120	-87.4	637	-99.6	72,849	11336.3
	済州空港	116,868	-90.4	23	-100.0	35,495	154226.1
	その他空港	33,913	-89.6	2,732	-91.9	16,820	515.7
港	釜山港	82,362	-81.8	93,936	14.1	100,766	7.3
	仁川港	33,597	-93.3	14,114	-58.0	17,140	21.4
	済州港	61	-99.9	10	-83.6	52	420.0
	その他港	162,587	-78.7	185,075	13.8	201,253	8.7
全体		2,519,118	-85.6	967,003	-61.6	3,198,017	230.7

出所：韓国観光公社

<表1-7> 性別入国者推移 (単位：人, %)

区分		2018	2019	2020	2021	2022
入国者数	計	15,346,879	17,502,756	2,519,118	967,003	3,198,017
	男性	6,229,185	6,768,303	978,594	335,894	1,403,186
	女性	8,195,792	9,695,380	1,156,517	196,694	1,290,033
	乗務員	921,902	1,039,073	384,007	434,415	504,798

出所：韓国観光公社

<表1-8> 年齢別韓国人出国推移 (単位：人, %)

	2020		2021		2022	
	人員	増加率	人員	増加率	人員	増加率
20歳以下	558,134	-84.3	102,987	-81.5	652,182	533.3
21～30	701,499	-85.5	152,869	-78.2	1,201,869	686.2
31～40	647,009	-88.1	182,322	-71.8	1,361,682	646.9
41～50	743,139	-85.7	164,647	-77.8	1,116,857	578.2
51～60	625,313	-86.8	116,863	-81.3	920,739	687.9
61歳以上	413,512	-87.0	83,513	-79.8	651,612	680.3
乗務員	587,400	-67.3	419,340	-28.6	649,090	54.8
計	4,276,006	-85.1	1,222,541	-71.4	6,554,031	436.1

出所：韓国観光公社

<表1-9> 交通手段別韓国人出国推移 (単位：人, %)

		2020		2021		2022	
		人員	増加率	人員	増加率	人員	増加率
空港	仁川空港	3,334,970	-84.3	1,043,443	-68.7	5,663,478	442.8
	金海空港	453,411	-88.2	6,351	-98.6	533,708	8303.5
	金浦空港	124,925	-87.7	8,889	-92.9	119,235	1241.4
	済州空港	17,341	-87.9	2,494	-85.6	13,404	437.4
	その他空港	160,829	-90.5	2,410	-98.5	73,914	2967.0
港	釜山港	66,477	-85.5	39,533	-40.5	41,852	5.9
	仁川港	17,786	-75.7	20,903	17.5	20,311	-2.8
	済州港	1,393	14.6	967	-30.6	1,390	43.7
	その他港	98,874	-41.8	97,551	-1.3	86,739	-11.1
全体		4,276,006	-85.1	1,222,541	-71.4	6,554,031	436.1

出所：韓国観光公社

<表1-10> 性別韓国人出国推移 (単位：人, %)

性別	2020		2021		2022	
	人員	増加率	人員	増加率	人員	増加率
男性	1,963,723	-85.6	466,056	-76.3	3,192,005	584.9
女性	1,724,883	-87.0	337,145	-80.5	2,712,936	704.7
乗務員	587,400	-67.3	419,340	-28.6	649,090	54.8
合計	4,276,006	-85.1	1,222,541	-71.4	6,554,031	436.1

出所：韓国観光公社

DAOC IRIより

▶ 2024年版よりFOCUSを削除しました。

▶ 第10章 食品産業
　－ これまで主要資料源としていた食品流通年鑑が2024年で廃刊となり、新たな資料源を採用したことにより内容を大幅に変更した。

DACO IRI 編

韓国の産業と市場　2024
＝産業概況及び市場動向データブック＝

発行日	2025年4月
発行者	酒井　洋昌
発行所	ビスタ ピー・エス
	〒333-0825　埼玉県川口市赤山1168-6
	Tel：048-229-7726
	E-mail：vistapssakai@gmail.com
	Web：http://www.vistaps.com
発売元	株式会社　極東書店
	〒101-8672　東京都千代田区神田三崎町2-7-10　帝都三崎町ビル
	Tel：03-3265-7532
印刷	韓国学術情報㈱

Ⓒ DACO IRI 2023　　（検印省略）　　無断転載禁止　　　落丁・乱丁本はお取替えいたします。
Printed in Korea　　ISBN 978-4-907379-46-9　C3033　　　価格は表紙に記載してあります。